Acta Borussica

Neue Folge

2. Reihe: Preussen als Kulturstaat

Union der deutschen Akademien der Wissenschaften

berlin-brandenburgische Akademie der Wissenschaften

ACTA BORUSSICA

Neue Folge

2. REIHE: PREUSSEN ALS KULTURSTAAT

Herausgegeben von der
Berlin-Brandenburgischen Akademie der Wissenschaften
(vormals Preußische Akademie der Wissenschaften)

unter der Leitung
von
Wolfgang Neugebauer

Abteilung II
Der preußische Kulturstaat in der politischen und sozialen Wirklichkeit

Band 5
Finanzierung des Kulturstaats in Preußen seit 1800

Reinhold Zilch

De Gruyter Akademie Forschung

Dieser Band wurde durch die Gemeinsame Wissenschaftskonferenz im Akademienprogramm mit Mitteln des Bundes (Bundesministerium für Bildung und Forschung) und des Landes Berlin (Senatsverwaltung für Wirtschaft, Technologie und Forschung) gefördert.

MIX
Papier aus verantwortungsvollen Quellen
FSC® C016439
www.fsc.org

ISBN 978-3-11-027745-6
e-ISBN (PDF) 978-3-11-036246-6
e-ISBN (EPUB) 978-3-11-039301-9

Library of Congress Cataloging-in-Publication Data
A CIP catalog record for this book has been applied for at the Library of Congress.

Bibliografische Information der Deutschen Nationalbibliothek
Die Deutsche Nationalbibliothek verzeichnet diese Publikation in der Deutschen Nationalbibliografie; detaillierte bibliografische Daten sind im Internet über http://dnb.dnb.de abrufbar.

Umschlagentwurf: Ingo Scheffler, Berlin
Lektorat: Anne Jobst, Berlin
Satz: work:at:Book, Martin Eberhardt, Berlin
Druck und Bindung: Hubert & Co. GmbH & Co. KG, Göttingen
Gedruckt auf säurefreiem Papier
Printed in Germany

www.degruyter.com

Inhalt

Finanzierung des Kulturstaats in Preußen seit 1800

Einleitung

REINHOLD ZILCH

1. Problemlage

Untersuchungen über die Entwicklung Preußens zum Kulturstaat schließen die Frage nach Ursachen und Triebkräften dieses komplexen gesellschaftlichen Prozesses ein. Ein ganz wesentlicher Aspekt ist die Rolle der Finanzen in zweierlei Hinsicht. Zum einen geht es darum, wie viel Geld vom Staat und insbesondere von seinem 1817 gegründeten Kultusministerium[1] wann für welche kulturellen Aufgaben beziehungsweise Ziele ausgegeben wurde und in welchem Verhältnis diese Summen zu den Staatsausgaben insgesamt standen. Zum anderen ist zu prüfen, wie groß das Volumen der staatlichen Gelder im Vergleich zu den kommunalen, kooperativen oder privaten Mitteln sowie den eigenen Einnahmen kultureller Institutionen war. Als weiterführende Frage ergibt sich daraus, wie weit dadurch die staatlichen Finanzierungsstrategien und damit die Kulturpolitik berührt, unterstützt oder sogar unterlaufen wurden.

Kulturhistorische Arbeiten zur Entwicklung Preußens haben Finanzierungsfragen bisher nur am Rande behandelt. Zugleich ist festzustellen, dass zwar zahlreiche Veröffentlichungen zur preußisch-deutschen Finanzgeschichte im 19.[2] und frühen 20. Jahrhundert einschließlich monographischer Untersuchungen zur Entwicklung der Staatsfinanzen vorliegen,[3] sich jedoch wenig an der Feststellung von Richard Tilly aus dem Jahre 1968 geän-

1 Nachstehend wird die im allgemeinen Sprachgebrauch und auch in der Literatur weit verbreitete Bezeichnung „Kultusministerium" über die gesamten mehr als 120 Jahre der Existenz des preußischen Ministeriums der geistlichen, Unterrichts- und Medizinalangelegenheiten verwendet, auch wenn es von 1817 bis 1934 eine Reihe teilweise tiefgreifender struktureller Veränderungen gab, die mehrfache Umbenennungen zur Folge hatten. Hierzu detailliert Bd. 1/1 der vorliegenden Reihe, v. a. S. 20–68.

2 Vgl. für die Frühzeit die umfangreiche Bibliographie von Kletke, Carl, Literatur über das Finanzwesen des Deutschen Reichs und der Deutschen Bundesstaaten, II. Abt.: Literatur über das Finanzwesen des Preußischen Staats, 3. Aufl., Berlin 1876.

3 Erste Überblicke bieten Schneider, Franz, Geschichte der formellen Staatswirtschaft von Brandenburg-Preußen, Berlin 1952; Weitzel, Otto, Die Entwicklung der Staatsausgaben in Deutschland. Eine Analyse der öffentlichen Aktivität in ihrer Abhängigkeit vom wirtschaftlichen Wachstum, wirtschafts- und sozialwiss. Diss., Erlangen-Nürnberg 1968; Leineweber, Norbert, Das säkulare Wachstum der Staatsausgaben. Eine kritische Analyse, Göttingen 1988; Müller, Erika, Theorie und Praxis des Staatshaushaltsplans im 19. Jahrhundert: am Beispiel von Preußen, Bayern, Sachsen und Württemberg, Opladen 1989; Schremmer, Eckart, Steuern und Staatsfinanzen während der Industrialisierung Europas: England, Frankreich, Preußen und das Deutsche Reich 1800 bis 1914, Berlin u. a. 1994; Buchholz, Werner, Geschichte der öffentlichen Finanzen in Europa in Spätmittelalter und Neuzeit. Darstellung, Analyse, Bibliographie, Berlin 1996; Ullmann, Hans-Peter, Der deutsche Steuerstaat. Geschichte der öffentlichen Finanzen vom 18. Jahrhundert bis heute, München 2005.

dert hat: „Die preußischen Staatsfinanzen des 19. Jahrhunderts waren immer und bleiben auch heute noch ein Geheimnis.“[4] Vorliegende Edition hat nun das Ziel, für eine noch zu schreibende moderne Gesamtdarstellung zur Finanzierung der kulturstaatlichen Aktivitäten in Preußen Basismaterial in Form von bisher ungedruckten Dokumenten sowie Statistiken, die ebenfalls den Akten entnommen oder aus den Quellen erarbeitet wurden, zur Verfügung zu stellen. Angesichts des großen Untersuchungszeitraums und einer thematischen Breite, die vom Schulwesen über die Wissenschaft und die Kirchen bis hin zur Kunst reicht und im zeitgenössischen Verständnis bis 1911 sogar noch die Medizinalpolitik mit umfasste, als auch wegen der komplizierten und letztlich oft unbefriedigenden Datenlage konzentriert sich vorliegender Band auf ausgewählte Themenfelder und Zeitabschnitte.

1.1 Aufbau des vorliegenden Bandes

Vorliegende Edition ist sowohl formal als auch sachlich und damit doppelt gegliedert. Formal besteht sie, den bisher erschienenen Bänden der Reihe „Preußen als Kulturstaat“ folgend, aus einem Einleitungsteil und einem sich anschließenden Dokumententeil. Als Besonderheit stellt aber die Einleitung nicht nur die separat abgedruckten 119 Dokumente vor, sondern enthält auch, direkt integriert, Quellenmaterial in Form von insgesamt 45 Tabellen. Das entlastet den Text um sonst zu wiederholende zahlreiche Daten und bietet dem Leser einen schnelleren Überblick über das umfangreiche Material im jeweiligen Sachzusammenhang.

In der Einleitung geht es zunächst um den *staatlichen* Kultusetat und in einem zweiten Schritt mittels eines Perspektivenwechsels um die *nichtstaatlichen* Fonds einschließlich Stiftungen zur Finanzierung kulturstaatlicher Aktivitäten. Für die vorparlamentarische Zeit bis 1848/49 werden als Basismaterial erstmals die wenigen überlieferten Daten zum Haushalt des preußischen Kultusministeriums in den Tabellen Nr. 2, 11 und 12 zusammengefasst. Der einzige bisher auffindbare Kultusetat aus der Zeit vor 1848/49, der für die Jahre 1820 bis 1823 aufgestellt worden war, sowie ein ebenfalls entdeckter Etatteil zum Bildungswesen für die Jahre 1822/23 werden ergänzend als Nr. 1 und Nr. 2 im Dokumententeil abgedruckt.

Für die Zeit ab 1849 wird in der Einleitung aus den gedruckten jährlichen Staatshaushaltsplänen Zahlenmaterial zum Kultusetat in den Tabellen Nr. 10 bis 20 in Form von über Jahrzehnte laufenden sogenannten „langen Reihen“ vorgelegt. Die Erfassung der Fonds des Kultusministeriums erfolgt sowohl im Rahmen der Gesamtstaatsausgaben (Tabellen Nr. 2–9) als auch gegliedert nach den fünf Haupttätigkeitsfeldern Schule, Wissenschaft,

4 Tilly, Richard, Finanzielle Aspekte der preußischen Industrialisierung 1815–1870, in: Fischer, Wolfram (Hrsg.), Wirtschafts- und sozialgeschichtliche Probleme der frühen Industrialisierung, Berlin 1968, S. 479.

Künste, Kirchen und Medizinalwesen (Tabellen Nr. 10–19). Aus den absoluten Größen in den Staatshaushaltsplänen werden die unterschiedlichen Entwicklungstempi der einzelnen Bereiche gegenüber wichtigen Basisjahren abgeleitet (Tabellen Nr. 14–17) und die wesentlichen Veränderungen in den Anteilen der Haupttätigkeitsfelder an den jährlichen Gesamtaufwendungen untersucht. Das gibt eine Grundlage für die Beantwortung der Frage, welche Kulturstaatsbereiche zu welchen Zeiten besonders gefördert wurden oder ins Hintertreffen gerieten. Die so gewonnenen Trendaussagen werden weiterhin an der demographischen Entwicklung gespiegelt (Tabellen Nr. 11 und Nr. 14–17), was Rückschlüsse auf die spezifischen Aufwendungen pro Kopf der Bevölkerung ermöglicht. Diesem schließen sich Abrisse zur finanziellen Entwicklung der genannten fünf ministerialen Haupttätigkeitsfelder des Kultusministeriums an. Es sei an dieser Stelle angemerkt, dass die verbreitete zeitgenössische Praxis, Aufwendungen für die Kirchen und religiöse Belange in den Etats als „Kultusausgaben" beziehungsweise „Kultusausgaben im engeren Sinne" zu bezeichnen, auch in der Forschungsliteratur zu finden ist und sich hieraus mehrfach begriffliche Überschneidungen oder Unschärfen ergeben. Diese werden noch dadurch vermehrt, dass erstens aus der Bezeichnung „Kultusministerium" der Begriff „Kultusetat" für den dem Ressort zur Verfügung gestellten Gesamthaushalt abgeleitet wird. Zweitens bezeichnen die Budgetposten „Kultusausgaben im engeren Sinne" sowie „Kultus und Unterricht gemeinsam" unterschiedliche Fonds, die sich nicht überschneiden. Während „Kultusausgaben im engeren Sinne" allein den Kirchen und religiösen Belangen zukommende Gelder sind, werden unter „Kultus und Unterricht gemeinsam" Summen geführt, die nicht auf den Bereich des Kultus oder des Unterrichts aufgeteilt wurden, wie zum Beispiel die Besoldung von Schullehren, die zugleich Küster waren.

Während der bereits erwähnte Kultusetat beziehungsweise der Etatteil zum Bildungswesen aus den frühen zwanziger Jahren des 19. Jahrhunderts[5] sowie die Tabellen Nr. 2 sowie Nr. 10 bis Nr. 12 zu den Budgets ab 1849 ein Daten- und Zahlengerüst für eine Analyse der staatlichen Finanzierung des Kulturstaats in Preußen darstellen, liefern die als Nr. 31 bis Nr. 117 des Dokumententeils abgedruckten Auszüge aus den ursprünglich nur für interne Zwecke angefertigten Protokollen der Budget- beziehungsweise Hauptkommission im Abgeordnetenhaus aus den Jahren von 1849 bis 1930 vertiefte Einblicke in zeitgenössische Debatten und Aushandlungsprozesse zwischen Legislative und Exekutive um die Ausgestaltung der Staatshaushalte in der parlamentarischen Zeit.

An die Abrisse zur finanziellen Entwicklung der genannten fünf ministerialen Haupttätigkeitsfelder des Kultusministeriums schließen sich in der Einleitung des vorliegenden Bandes Ausführungen zum Anteil wichtiger *nichtstaatlicher* Geldquellen wie kommunaler und privater Mittel einschließlich der Gelder aus Stiftungen an den Gesamtaufwendungen für den Kulturstaat an. Zunächst werden die von den Städten, Landgemeinden und Land-

5 Im vorliegenden Band Dok. Nr. 1 und 2.

kreisen aufgebrachten Summen, zusammengefasst für die einzelnen preußischen Provinzen sowie das Königreich, in den Tabellen Nr. 21 bis Nr. 26 aufgelistet. Dazu werden Daten aus zeitgenössischen Erhebungen des Königlichen Statistischen Bureaus aus der Zeit vom letzten Drittel des 19. Jahrhunderts bis zum Ersten Weltkrieg herangezogen. In einem weiteren Unterabschnitt der Einleitung wird die Finanzierung der öffentlichen Volksschulen näher betrachtet und damit am Beispiel des in der Regel von den Eltern zu zahlenden sogenannten Schulgeldes der Anteil privater Mittel an der Finanzierung einer kulturstaatlichen Einrichtung dargestellt (Tabellen Nr. 27 bis Nr. 29). Ein dritter Unterabschnitt beschreibt mit den Tabellen Nr. 30 bis Nr. 38 die kulturstaatlichen Aktivitäten von acht ausgewählten Städten an Hand der Kommunalhaushalte unter besonderer Berücksichtigung der Aufwendungen außerhalb des Unterrichtswesens. Da Stiftungen eine Sonderstellung unter den nichtstaatlichen Mitteln zur Finanzierung kulturstaatlicher Belange einnehmen, wird ihnen schließlich der vierte Unterabschnitt gewidmet. Während die hier aufgenommenen Tabellen Nr. 39 bis Nr. 43 Aussagen zum Anteil der Stiftungsgelder an der Finanzierung verschiedener Bereiche des Kulturstaats zwischen 1849 und 1930 ermöglichen, weisen die Tabellen Nr. 44 bis Nr. 46 die in einzelnen Jahren zwischen 1864 und 1910 in ganz Preußen als Stiftungen und Schenkungen zur Verfügung gestellten Kapitalien nach ihrem Verwendungszweck nach.

Eingebettet in die Gesamtdarstellung findet die Edition am Abschluss der Ausführungen zur vorparlamentarischen Zeit eine Ergänzung durch einen finanzhistorischen Exkurs zur Entstehung der modernen Haushaltsführung im Königreich Preußen und zur Entwicklung des Etats zu einem finanzpolitischen Steuerungsinstrument in der ersten Hälfte des 19. Jahrhunderts am Beispiel des Kultusministeriums auf der Basis der Dokumente Nr. 3 bis Nr. 30.

1.2 Quellenlage und Editionsstand

Die Quellenlage zur Finanzierung des Kulturstaats in Preußen ist unübersichtlich, in großen Teilen unbefriedigend, in anderen hingegen ausufernd. Aussagen hierzu überschneiden sich teilweise mit Einschätzungen zum Editionsstand, da eine Reihe von Quellen (nur noch) gedruckt vorliegt und das Ausgangsmaterial vor allem zeitgenössischer statistischer Erhebungen in vielen Fällen nicht mehr überliefert ist. Den größten Fundus zur Beschreibung der Finanzierung kulturstaatlicher Aktivitäten bieten die zahlreichen Akten des preußischen Kultusministeriums zusammen mit den korrespondierenden Stücken des Finanzministeriums und des Staatsministeriums, ohne dass jene Archivalien jedoch das gesamte inhaltliche Spektrum abdecken. Ergänzung findet dieses Material in den Archiven der Kommunen sowie mancher kulturstaatlicher Einrichtung, sofern diese überhaupt einschlägiges Schriftgut für den Untersuchungszeitraum besitzen. In der Regel handelt es sich ganz überwiegend um Dokumentationen zu Einzelfällen, während Akten, die die kulturstaatlichen Aktivitäten in der vollen thematischen Breite und für längere Zeiträume zusammenfassen, seltener sind. Insgesamt ist die Überlieferung aber gerade zur Staatsfinanzwirtschaft recht lückenhaft. In den Fachministerien einschließlich des Kultusministeriums und sogar im Finanzministerium wurde schon zeitgenössisch zahlreiches, im Tagesgeschäft entstandenes Schriftgut ausgesondert. Andere Dokumentenkonvolute und sogar ganze Aktenreihen wurden dann in den nachfolgenden Jahrzehnten als angeblich historisch wertlos makuliert, wie Dokumente der Ministerien und des Geheimen Staatsarchivs belegen.[6]

Sowohl in Archiven als auch in öffentlichen Bibliotheken finden sich drei Hauptgruppen von zeitgenössisch gedruckten Quellen: Einmal handelt es sich um die ab 1849 lückenlos vorliegenden Entwürfe der preußischen Staatsbudgets, die jeweils als Anlage den Einzeletat des Kultusministeriums enthalten, sowie um die vor allem ab dem letzten Drittel des 19. Jahrhunderts ebenfalls gedruckt herausgegebenen Haushaltsanschläge meist größerer Kommunen und wichtiger kulturstaatlicher Einrichtungen einschließlich einiger Stiftungen. Zum anderen handelt es sich um die umfangreichen Publikationen des Preußischen Statistischen Landesamts einschließlich seines Vorgängers[7] sowie um entsprechende veröffentlichte Erhebungen aus den Kommunen und kulturstaatlichen Institutionen beziehungsweise ihren Fachverbänden wie dem 1896 gegründeten Provinzialstädtetag in Preußen. In den von diesen Organisationen herausgegebenen Zahlenwerken liegen Daten zur Finanzierung kulturstaatlicher Belange aber in der Regel erst ab der zweiten Hälfte des 19. Jahrhunderts vor; die den gedruckten Statistiken zu Grunde liegenden Originalerfassungsbögen müssen jedoch, sofern sich nicht noch Kopien in einigen Regionalarchiven finden, wie auch die meisten Akten des Statistischen Landesamtes als vernichtet gelten. Das gleiche Schicksal erlitten vermutlich auch Materialien mehrerer aus der Literatur bekannter Datenerhebungen zur Kulturstaatlichkeit, die nicht zum Druck kamen.[8] An dritter Stelle sind hier die nur für den internen parlamentarischen (Tages-)Gebrauch als Behördendrucke oder Metallographien vervielfältigten Protokolle der Budget- beziehungsweise Hauptkommission im Abgeordnetenhaus zu nennen, die vertiefte Einblicke in zeitgenössische Debatten und Aushandlungsprozesse zwischen Legislative und Exekutive um die Ausgestaltung der Staatshaushalte bieten.

6 Vgl. Holtz, Bärbel/Spenkuch, Hartwin/Zilch, Reinhold, Geschäftsgang und Geschäftsverteilung, in: Bd. 1/1 der vorliegenden Reihe, S. 147 f.

7 Vgl. Festschrift des Königlich Preußischen Statistischen Bureaus zur Jahrhundertfeier seines Bestehens, Berlin 1905; Verzeichnis der Veröffentlichungen des Preußischen Statistischen Landesamts und anderer Schriften, die im Verlag des Preußischen Statistischen Landesamts erschienen sind, Berlin 1926. – Ein Überblick zur Entwicklung des Statistischen Bureaus bis in die 1860er jetzt bei Hoffmann, Frank, „Ein den thatsächlichen Verhältnissen entsprechendes Bild nicht zu gewinnen“. Quellenkritische Untersuchungen zur preußischen Gewerbestatistik zwischen Wiener Kongress und Reichsgründung, Stuttgart 2012, S. 60–169.

8 Vgl. zum Beispiel die Hinweise auf die Einschränkungen, die ab Kriegsende bei der Veröffentlichung einer Finanzstatistik der preußischen Gemeindefinanzstatistik zum Jahr 1911 vorgenommen wurden: Tetzlaff, Oskar, Finanzstatistik der preußischen Städte und Landgemeinden für das Rechnungsjahr 1911 [Teil 10]: Staat. Im amtlichen Auftrage bearbeitet, Berlin 1920, S. 5*–6*.

Trotz dieser zeitgenössisch gedruckten Quellen ist aber insgesamt gesehen der Editionsstand zur Finanzierung des Kulturstaats in Preußen unbefriedigend. Eine das gesamte thematische Spektrum des Kulturstaats abdeckende, moderne wissenschaftliche Quellenedition liegt bisher nicht vor. Die einleitend erwähnten Arbeiten von Buchholz, Leineweber, Müller, Schremmer und Ullmann[9] mit ihrem ausführlichen Tabellenmaterial bleiben durch eine Orientierung vor allem auf den Gesamtstaatshaushalt notwendig nur sehr allgemein.

Eine Ausnahmestellung besitzt eine Monographie von dem Geheimen Finanzrat im Finanzministerium Otto Schwarz zum Kultusetat, die jedoch bereits im Jahre 1900 veröffentlicht wurde.[10] Sie erfasst mit den vom Kultusministerium verwalteten Teilen des preußischen Staatshaushalts ganz wesentliche Bereiche der Finanzierung des Kulturstaats. Die Arbeit setzt jedoch mit vielen Zahlenreihen erst in der zweiten Hälfte des 19. Jahrhunderts, oft sogar in den 1870er Jahren, ein. Außerdem darf nicht außer Acht gelassen werden, dass Schwarz zwar einerseits amtliches Material benutzte, was Teile seines Buches in den Rang einer Sekundärquelle erhebt, andererseits aber auch eine ganze Reihe der mitgeteilten Daten wegen der großen Aktenverluste nicht mehr überprüfbar beziehungsweise nachvollziehbar ist. Er war unter anderem bemüht, zu einzelnen Haushaltsposten durchlaufende und über längere Zeiträume vergleichbare Zahlenreihen zu schaffen unter Eliminierung der Auswirkungen von Brüchen im Etataufbau bzw. den Veränderungen im Staatsgebiet oder in der Bevölkerungszahl. Dazu wurden u. a. Korrekturfaktoren verwendet, für die in der Regel eine Erläuterung fehlt. Als Beispiel mag die Berechnung der staatlichen Ausgaben für die Kirchen genommen werden. Hier nahm man für die Jahre „1849, 1866 und 1870 jedes Mal 2/3 von dem Abschnitt 'für Kultus und Unterricht gemeinsam' und für 1899 rund 15 Mill. Mark von diesem Titel hinzu“. Schwarz blieb Auskunft darüber schuldig, wie er auf jene zwei Drittel kam und überrascht zudem mit einer absoluten Zahl für das letztgenannte Jahr, die nur ungefähr einem Viertel des Etatpostens entspricht. Ungeachtet dieser methodischen Probleme bleibt sein Buch aber eine sehr wichtige Quelle für Spezialstudien zur Finanzierung des Kulturstaats in Preußen vor allem zu den Jahren von 1870 bis 1898/99.

Dem unbefriedigenden Editionsstand hinsichtlich der Finanzierung des Kulturstaats in seiner Gesamtheit entspricht die Situation auch bei den fünf Hauptbereichen Wissenschaft, Schule, Kirchen, Kunst und Medizinalwesen. Zwar enthalten manche Darstellungen zur Geschichte einzelner Kommunen, Universitäten, Schulen, Krankenhäuser, Kliniken, Institute, Museen, Theater usw. Abdrucke einschlägiger Dokumente beziehungsweise Etatstatistiken, jedoch gibt es nur wenige Arbeiten, die sich der Finanzierung jener Hauptbereiche unter Einbeziehung der Budgets des preußischen Staates zusammenfassend widmen.

9 Vgl. Anm. 3.

10 Schwarz, Otto, Der Staatshaushalt und die Finanzen Preußens. Unter Benutzung amtlicher Quellen, Bd. 2: Die Zuschußverwaltungen, 1. Buch: Die Verwaltung der geistlichen, Unterrichts- und Medizinal-Angelegenheiten, Berlin 1900; das Zitat S. 13.

Allein zu den Ausgaben für Wissenschaft und Forschung finden sich in modernen wissenschaftlichen Veröffentlichungen umfassendere sowie zugleich detailliertere Datenreihen und Materialien. An erster Stelle sind die Arbeiten von Frank R. Pfetsch zu nennen, der auf der Basis der in diesem Bereich schon relativ früh eingeführten und schnell ausdifferenzierten amtlichen Statistik sowie der gedruckten Staatshaushalte die deutsche Wissenschaftsfinanzierung ab 1850 dokumentiert und dabei auch auf die preußische Entwicklung eingeht.[11] Doch selbst bei Pfetsch wird „nur" die Finanzierung seitens des Staates erfasst – die privatwirtschaftlichen Aufwendungen in der bereits Ende des 19. Jahrhunderts eine wichtige Rolle spielenden Industrieforschung fehlen zum Beispiel ebenso wie die Gelder, die außeruniversitäre Institute, wissenschaftliche Gesellschaften und Vereine aus Geschäfts- oder Gebühreneinnahmen, Mitgliedsbeiträgen, Spenden oder eigenem Vermögen aufbrachten. Anzumerken bleibt schließlich, dass das groß angelegte „Datenhandbuch zur deutschen Bildungsgeschichte" in den bisher erschienenen Bänden die Finanzierung der Universitäten weitgehend ausblendet. Es bietet derzeit allein einige Tabellen zur „Studienförderung der preußischen Studenten an den preußischen Universitäten" für die Jahre von 1886/87 bis 1911/12 und gibt damit Auskunft über Stipendien, Freitische und Honorarermäßigungen.[12]

Der Editionsstand zur Finanzierung des Schulwesens ist sehr uneinheitlich. Verschiedene in dem mehrbändigen „Handbuch der Bildungsgeschichte" sowie in dem von Wolfgang Neugebauer verfassten Abriss zum Bildungswesen im „Handbuch der preußischen Geschichte"[13] aufgeführte Arbeiten sowie weitere Titel zu den finanziellen Aufwendungen behandeln meist nur einzelne Regionen, Zeiträume oder thematische Bereiche.[14] Wiederum bilden für den Blick auf ganz Preußen die Zahlen der ab 1849 gedruckten Staatshaushalte eine hochrangige Quellengruppe, während zusammenhängende Daten für die früheren Jahr-

11 Pfetsch, Frank R., Datenhandbuch zur Wissenschaftsentwicklung. Die staatliche Finanzierung der Wissenschaft in Deutschland 1850–1975, 2. Aufl., Köln 1985; Ders., Zur Entwicklung der Wissenschaftspolitik in Deutschland, Berlin 1974.

12 Titze, Hartmut u. a., Das Hochschulstudium in Preußen und Deutschland 1820–1844, Göttingen 1987, S. 282–290.

13 Handbuch der deutschen Bildungsgeschichte, Bd. 3: 1800–1870. Von der Neuordnung Deutschlands bis zur Gründung des Deutschen Reiches, hrsg. von Karl-Ernst und Peter Lundgreen, München 1987; ebd., Bd. 4: 1870–1918. Von der Reichsgründung bis zum Ende des Ersten Weltkrieges, hrsg. von Christa Berg, München 1991; ebd., Bd. 5: 1918–1945. Die Weimarer Republik und die nationalsozialistische Diktatur, hrsg. v. Dieter Langewiesche und Heinz-Elmar Tenorth, München 1989; Neugebauer, Wolfgang, Das Bildungswesen in Preußen seit der Mitte des 17. Jahrhunderts, in: Büsch, Otto (Hrsg.), Handbuch der preußischen Geschichte, Bd. 2: Das 19. Jahrhundert und Große Themen der Geschichte Preußens, Berlin/New York 1992, v. a. S. 652–689.

14 Vgl. zum Beispiel Büchner, Oskar, Steuerkraft und Schulverhältnisse in 33 Gemeinden Groß-Berlins im Jahre 1911, Neukölln 1913; Gerber, Heinrich, Die Volksschullast in ihrer Bedeutung für den Haushalt der preußischen Gemeinden, maschinenschriftl. Diss., Kiel 1923; Treykorn, Erna, Wirtschaftliche und finanzielle Entwicklung der Berliner Volksschule seit 1870, Berlin 1928; Jeismann, Karl-Ernst, Das preußische Gymnasium in Staat und Gesellschaft, Bd. 1 u. 2, Stuttgart 1996.

zehnte weitgehend fehlen. Zusätzlich sind jedoch große Erhebungen des Preußischen Statistischen Landesamtes sowohl zu den Schulen als auch zu den Gemeindefinanzen für die Zeit ab den 1860er Jahren zu nennen. Diese Statistiken erfassen zu einigen Stichjahren neben den staatlichen Fonds auch die für schulische Zwecke aufgewandten nichtstaatlichen Gelder wie die Leistungen der Kommunen und das von den Eltern zu zahlende Schulgeld.[15]

Zur Finanzierung der Kirchen ist der Editionsstand ebenfalls sehr uneinheitlich. Relativ gut aufgearbeitet sind für die evangelische und die katholische Kirche die disparaten, oft verstreut überlieferten Rechtsgrundlagen und damit auch das zur Verfügung stehende finanztechnische Instrumentarium im Untersuchungszeitraum.[16] Es fehlen jedoch zusammenfassende, den Untersuchungszeitraum abdeckende Statistiken, die eine Quantifizierung der für den kirchlichen Bereich in Preußen aufgewandten Gelder ermöglichen. Am besten ist der Editionsstand erneut hinsichtlich der staatlichen, in den gedruckten Etats Preußens ausgewiesenen Zahlungen an die Kirchen. Weit schlechter ist er für die Zeit vor 1849 sowie bei den von den Kommunen verausgabten Geldern für diese Zwecke, da nur für einen

15 Vgl. neben einigen Datenreihen in den Statistischen Jahrbüchern vor allem Engel, Ernst, Beiträge zur Statistik des Unterrichtswesens im Preußischen Staate und seinen älteren Provinzen. Die Zeit von 1818 bis 1864 resp. 1867 umfassend, Berlin 1869; Petersilie, Alwin, Die Öffentlichen Volksschulen in Preußen (einschließlich Mittelschulen und höhere Mädchenschulen) und die zur Unterhaltung derselben erforderlichen persönlichen und sächlichen Gesamtaufwendungen im Jahre 1878. Im Auftrage des Herrn Ministers der geistlichen, Unterrichts- und Medicinalangelegenheiten bearbeitet, Berlin 1882; Herrfurth, Ludwig/Tzschoppe, Walter von, Beiträge zur Finanzstatistik der Gemeinden in Preußen. Die Einnahmen und Ausgaben der preußischen Städte und Landgemeinden sowie das Sollaufkommen an direkten Staatssteuern, Kreis-, Provinzial-, Schul- und Kirchensteuern in denselben für das Jahr 1883/84. Unter Benutzung amtlicher Quellen bearbeitet, Berlin 1884; Das Schulwesen in Preußen 1926 im Staate, in den Provinzen und Regierungsbezirken. Im Auftrage der Herren Minister für Wissenschaft, Kunst und Volksbildung, für Handel und Gewerbe und für Landwirtschaft, Domänen und Forsten, Berlin 1931; Schneider, Karl/Petersilie, Alwin, Das gesamte Volksschulwesen im preußischen Staate im Jahre 1886. Im Auftrage des Herrn Ministers der geistlichen, Unterrichts- und Medizinalangelegenheiten bearbeitet, Berlin 1889, hier auch S. 1–28 ausführlich zur Entwicklung dieses Bereichs der Statistik.

16 Vgl. Niedner, Johannes, Die Ausgaben des preußischen Staats für die evangelische Landeskirche der älteren Provinzen. Ein Beitrag zur Geschichte der evangelischen Kirchenverfassung in Preußen, Stuttgart 1904; Schäfer, Fritz, Zur Finanzreform in der evangelischen Kirche in Preußen. Ein Beitrag zur Reform des Kirchlichen Finanzwesens für die Mitglieder der evangelischen kirchlichen Körperschaften, 2. Aufl., Gütersloh 1916; Denkschrift über den Umfang der Staatsleistungen der deutschen Länder an die evangelischen Kirchen bis zur Ablösung. Ausgearbeitet im Deutschen Evangelischen Kirchenbundesamt. Als Handschrift gedruckt, Berlin-Charlottenburg 1928; Breitfeld, Arthur, Die vermögensrechtliche Auseinandersetzung zwischen Kirche und Staat in Preußen auf Grundlage der Reichsverfassung, Breslau 1929; Gatz, Erwin (Hrsg.), Die Kirchenfinanzen, Freiburg, u. a. 2000; Lienemann, Wolfgang (Hrsg.), Die Finanzen der Kirche. Studien zu Struktur, Geschichte und Legitimation kirchlicher Ökonomie, München 1989; Frerk, Carsten, Finanzen und Vermögen der Kirchen in Deutschland, Aschaffenburg 2002; Fischer, Georg, Finanzierung der kirchlichen Sendung. Das kanonische Recht und die Kirchenfinanzierungssysteme in der Bundesrepublik Deutschland und den USA, Paderborn u. a. 2005.

Teil der (meist größeren) Kommunen die Haushalte, vermehrt ab dem letzten Drittel des 19. Jahrhunderts, überhaupt gedruckt worden waren und die hier interessierenden Fonds zudem oft nicht explizit ausgewiesen wurden. Das gilt ebenso für die vielen lokal- und regionalgeschichtlichen Studien, in denen Material zur Kirchengeschichte nur selten auch unter finanziellen Fragestellungen aufbereitet ist. Darüber hinaus mangelt es weitgehend an ganz Preußen erfassenden Statistiken, die nach den verschiedenen Bereichen des kirchlichen Lebens differenzieren; die bereits erwähnte Monographie von Otto Schwarz bietet trotz der erwähnten Berechnungsversuche letztlich nur wenige, über einige Jahre laufende Datenreihen. Ebenso mangelt es für den Untersuchungszeitraum an Angaben zu den weiteren Einnahmen der verschiedenen Glaubensgemeinschaften neben den staatlichen Geldern sowie zu den Gesamtaufwendungen im Bereich der Kirchen. Das hat nicht zuletzt mit einem – aus heutiger Sicht verwunderlichen – Desinteresse des preußischen Staates an entsprechenden Daten zu tun, denn noch 1908 stellte das Reichsschatzamt fest: „Eine umfassende Statistik der kirchlichen Steuern und Abgaben […] fehlte bisher durchaus."[17] Und so blieben die im Rahmen der Vorbereitung der Reichsfinanzreform bei allen (!) Kirchengemeinden (15.055 evangelische und 5.899 katholische) erhobenen Angaben zum Jahr 1907 die einzigen veröffentlichten Daten zu deren Steuereinnahmen im Untersuchungszeitraum.

Die für die Kirchen und religiösen Belange aufgebrachten Summen speisten sich aber auch noch aus drei weiteren Quellen, über deren Erträge fast nichts bekannt ist: Zunächst sind jene Beträge zu nennen, die von Angehörigen der Glaubensgemeinschaften freiwillig direkt an diese über die bereits genannten, auf Rechtsansprüchen beruhenden Gelder hinaus gezahlt beziehungsweise gespendet wurden. Zweitens sind hier die Einkünfte der Glaubensgemeinschaften aus eigenem weiteren (materiellen) Vermögen einschließlich der Beteiligung an Unternehmen usw. zu nennen. Drittens schließlich sind noch Einkünfte aus Gebühren anzuführen. Anzumerken bleibt schließlich, dass die Finanzierung kleiner christlicher Glaubensgemeinschaften nahezu unbearbeitet ist und hinsichtlich der jüdischen Gemeinden wegen der Vernichtung zahlreicher Quellen ebenfalls große weiße Flecken bestehen.[18]

Wie schon bei den drei vorgenannten Hauptbereichen der kulturstaatlichen Aktivitäten ist auch für die Kunstpolitik ein uneinheitlicher und letztlich unbefriedigender Editionsstand zu verzeichnen. In der Regel nur für die größten Kunstinstitutionen wie einige bekannte Museen oder Theater wurden, vor allem ab dem letzten Drittel des 19. Jahrhun-

17 Denkschriftenband zur Begründung des Entwurfs eines Gesetzes betreffend Änderungen im Finanzwesen (Zusammengestellt im Reichsschatzamt). Teil I: Das Finanzwesen der öffentlichen Körperschaften Deutschlands, in: Stenographische Berichte über die Verhandlungen des Deutschen Reichstags, Bd. 249, Drucks. Zu Nr. 1035, Berlin 1908, S. 762, die Angaben zu den Einnahmen S. 766 f. – Für Preußen differenzierte diese Statistik sowohl nach den Regierungsbezirken als auch nach Städten und Landgemeinden mit mehr als 10.000 Einwohnern.

18 Verstreutes Material ist zum Beispiel zu finden in der Zeitschrift für Demographie und Statistik der Juden (Berlin), Jg. 1905–1923, N.F. Jg. 1924–1931.

derts, überhaupt die Etats publiziert. Einige dieser Budgets waren Bestandteil der schon erwähnten, gedruckt vorliegenden Kommunalhaushalte, wobei dieses Material aber sowohl hinsichtlich des Grundaufbaus als auch des Detailreichtums sehr heterogen ist. Wiederum bilden für die Finanzierung der Kunst in Preußen die Zahlen der ab 1849 publizierten Staatsbudgets eine ganz wesentliche Quelle, während für die erste Hälfte des 19. Jahrhunderts der Editionsstand sehr disparat ist. Es sei an dieser Stelle darauf verwiesen, dass im Rahmen des Projektes „Preußen als Kulturstaat" für jene frühen Jahre einschlägiges, bisher unbekanntes Material zur Finanzierung der Kunstvereine sowie der Denkmalpflege bereitgestellt wird,[19] ohne dass aber daraus schon zusammenfassende Statistiken gewonnen werden können. Für die Zeit der Weimarer Republik liegen mit der Monographie von Kristina Kratz-Kessemeier zur Kunstpolitik des preußischen Kultusministeriums[20] Untersuchungen sowohl zu den in den Etats direkt enthaltenen Summen als auch zu Beträgen vor, die seitens der Regierungsbehörden zur Kunstförderung allgemeinen Haushaltspositionen entnommen wurden.

Der wiederum als heterogen und letztlich unbefriedigend zu bezeichnende Editionsstand zur Finanzierung des Medizinalwesens in Preußen zwischen 1817 und 1911 besitzt eine spezifische Ausprägung dadurch, dass viele medizinische Einrichtungen nicht nur hohe Kosten verursachten, sondern oft auch erhebliche Einnahmen verzeichneten. Krankenhäuser, Kliniken, medizinische Institute sowie Pflege- und Kuranstalten dienten sowohl der Heilung beziehungsweise Pflege als auch häufig der wissenschaftlichen Forschung. Die Einrichtungen basierten dabei auf unterschiedlichsten Eigentumsformen (staatlich, kommunal, privat oder Stiftungskapital), was sich in der Haushaltsführung widerspiegelte. Typisch war eine Mischfinanzierung, indem direkte Zahlungen der Patienten sowie Gelder seitens der Einrichtungsträger die Ausgaben deckten. Hinzu kamen verbreitet Zuschüsse von den Kommunen und den ab Mitte des 19. Jahrhunderts verstärkt aufkommenden Krankenkassen. Auch der Staat leistete Beiträge nicht zuletzt aus den Universitätsbudgets beziehungsweise aus Haushaltstiteln zur Wissenschaftsfinanzierung. Nur vereinzelt finden sich hierzu in der Literatur, vor allem in Festschriften, nähere Angaben. Allein die Finanzierung der Charité mit dem relativ hohen Anteil der ihr schon seit der Gründung zufließenden Staatsgelder sowie den Beiträgen der Stadt Berlin ist besser aufgearbeitet. Zusammenfassende, das gesamte Territorium der Monarchie abdeckende Statistiken zur Finanzierung der medizinischen Einrichtungen in Preußen fehlen jedoch. Die Finanzierung des Medizinalwesens in Preußen zwischen 1817 und 1911 erschöpfte sich aber nicht nur in der

19 Vgl. Holtz, Bärbel, Das Kultusministerium und die Kunstpolitik 1808/17 bis 1933, Bd. 2/1 der vorliegenden Reihe, v. a. S. 432–451, 470–492; Meinecke, Andreas, Geschichte der preußischen Denkmalpflege 1815 bis 1860, Bd. 4 der vorliegenden Reihe.

20 Kratz-Kessemeier, Kristina, Kunst für die Republik. Die Kunstpolitik des preußischen Kultusministeriums 1918 bis 1932, Berlin 2008.

Unterhaltung der genannten medizinischen Einrichtungen, sondern umfasste ebenso die zur human- und zeitweise auch veterinärmedizinischen öffentlichen Daseinsvorsorge seitens des Staates und der Kommunen aufgewandten Mittel. Hierzu zählten die Gelder zur Beaufsichtigung der Ärzte- und Apothekerschaft sowie der Hebammen durch beamtete Kreis- und Stadtärzte ebenso wie die Aufwendungen im Impfwesen, zur Einführung der wissenschaftlichen Hygiene, zum Aufbau eines die ganze Monarchie umfassenden Netzes von Medizinaluntersuchungsämtern oder die Etatposten zum Betrieb der 1901 gegründeten Staatlichen Versuchs- und Prüfungsanstalt für die Zwecke der Wasserversorgung und Abwasserbeseitigung; auch diese Summen sind in der Regel nur im Rahmen der entsprechenden Titel in den Staatsbudgets und, lückenhaft, über die publizierten Kommunalhaushalte erfasst.

1.3 Zu den Begriffen Staatshaushalt, Etat und Budget sowie zur Problematik statistischer ‚langer Reihen'

Im vorliegenden Band werden die in Quellen und Literatur oft parallel verwendeten Begriffe Staatshaushalt, Etat oder Budget (einschließlich ihrer Composita) ebenfalls gleichwertig benutzt. Unter diesen Bezeichnungen wird eine „bilanzierte, als Norm für die Haushaltsführung aufgestellte Übersicht der in einer bevorstehenden Finanzperiode beabsichtigten Ausgaben sowie der zur Deckung derselben vorgesehenen Einnahmen einer öffentlichen Wirtschaft"[21] verstanden, gemäß der von Georg Ritter von Schanz im ersten Drittel des 20. Jahrhunderts formulierten und auch heute noch weitgehend anerkannten Definition für ein „Budget". Es ist jedoch zu beachten, dass der in dieser Begriffsbestimmung liegende Totalitätsanspruch in der Praxis gewöhnlich durchbrochen wurde, was zu einer gewissen Unschärfe der meisten Budgets führte. An erster Stelle sind hier sogenannte Zusatz-, Nachtrags- oder Ergänzungshaushalte zu nennen, die in der Regel singulär entweder zur Bewältigung unvorhersehbarer, neu entstandener bedeutender Mehrausgaben oder zur Finanzierung großer Einzelprojekte aufgelegt wurden. Diese Sonderetats hatten oft nur eine kurze, gewöhnlich sich bis zum nächsten regulären Rechnungstermin erstreckende Laufzeit. Darin unterschieden sie sich von den an zweiter Stelle zu nennenden, vor allem in der ersten Hälfte des 19. Jahrhunderts existierenden Neben- oder Spezialetats, die ebenfalls Gelder

21 Schanz, Georg (Ritter von), Stichwort: Budget, in: Handwörterbuch der Staatswissenschaften, 2. Aufl., Bd. 2, Jena 1899, S. 1138; so auch in der 3. Auflage des Handwörterbuchs, Bd. 3, Jena 1909, S. 278, sowie in der 4. Auflage, Bd. 3, Jena 1926, S. 85. – In der 1. Auflage des Handwörterbuchs 1891 formulierte Schanz noch einen Budgetbegriff, der nicht zwingend eine Ausbilanzierung beinhaltete, sondern Annäherungen durch Schätzungen zuließ: „Unter Budget versteht man die Berechnung bzw. Schätzung der in einer bevorstehenden Finanzperiode erforderlichen Ausgaben sowie der zur Deckung derselben zu erwartenden Einnahmen einer öffentlichen Wirtschaft." Ders., Stichwort: Budget, in: ebd., 1. Aufl., Bd. 2, Jena 1891, S. 758.

außerhalb des Hauptetats erfassten und die aber regelmäßig sowie parallel zur Laufzeit der regulären Hauptetats aufgestellt wurden. Ab 1849 war es ein wesentliches Anliegen vor allem der Opposition im Abgeordnetenhaus, solche meist der parlamentarischen Kontrolle entzogenen Fonds in den (Haupt-)Staatshaushalt einzubinden. In den im vorliegenden Band edierten Protokollen der Budget- beziehungsweise Hauptkommission des Landtags finden sich hierzu mehrfach Debatten beziehungsweise entsprechende Beschlüsse.[22] Drittens wurde der Totalitätsanspruch des Budget-Begriffes dadurch unterlaufen, dass zeitgenössisch die Erlöse aus der Veräußerung von beweglichem oder unbeweglichem Eigentum sowie die Einnahmen und Ausgaben im Zusammenhang mit der Aufnahme von Anleihen durchaus unterschiedlich als Brutto- oder Nettosummen behandelt wurden. Ebenso wurden viertens Betriebs- und Verwaltungskosten einzelner Fonds in den Budgets nicht immer auf der Ausgabenseite mit verbucht, sondern oftmals nur die Saldi erfasst. Fünftens sei noch darauf verwiesen, dass außerdem der sogenannte ‚verdeckte Staatsbedarf' in der Regel keinen Eingang in die Etats fand, aber zum Beispiel in Form mietfreier Dienstwohnungen, unentgeltlicher Naturalleistungen und anderer sogenannter Emolumente gerade bei der Finanzierung des Kulturstaats in Preußen im Falle der Besoldung von Lehrern und Geistlichen eine gewichtige Rolle spielte.

Schließlich ist zu beachten, dass Budgets als Aufstellungen für jeweils *bevorstehende* Finanzierungsperioden in sich notwendig das Problem tragen, dass die *tatsächlichen* Kosten von den Planzahlen abweichen können. Da jedoch in der Regel nachfolgende Budgets die Überschüsse oder Defizite der Vorjahre in die neue Planung mit einbeziehen und sich so selbst größere Abweichungen über mehrere Haushaltsperioden ausgleichen, verzerrt die im vorliegenden Band praktizierte Beschränkung auf die Haushaltszahlen das Bild von der Finanzierung des Kulturstaats nur unwesentlich. Im Rahmen dieser Edition empfahl es sich nicht, auf die in Preußen als sogenannte Staatshaushaltsrechnungen[23] nur stark kumuliert und damit gegenüber den detaillierten Budgets weniger aussagekräftig publizierten tatsächlichen Etataufwendungen zurückzugreifen.

Wenngleich ein wesentliches Ziel vorliegender Edition zur Finanzierung des Kulturstaats in Preußen zwischen 1817 und 1933/34 darin besteht, über den gesamten Untersuchungszeitraum durchlaufende Statistiken, sogenannte „lange Reihen" aufzustellen, um Entwicklungen und Trends veranschaulichen zu können, hat man jedoch bei ihrer Auswertung drei grundsätzliche Probleme hinsichtlich der Vergleichbarkeit der Daten zu beachten. *Erstens* wurden bei den Etats des Kultusministeriums und der anderen Institutionen im Laufe der Jahrzehnte immer wieder unterschiedliche Termini und abweichende, beziehungsweise sich

22 Im vorliegenden Band S. 282 ff.

23 In der Regel gemäß Prüfung durch die Oberrechnungskammer und gegebenenfalls nach formloser Entlastung zum Abschluss der Budgetperiode durch das Parlament.

verändernde Begriffsinhalte für einzelne Haushaltsposten verwandt, was klare und konstante Zuordnungen in vielen Fällen schwierig gemacht hat.

Zweitens ist zu beachten, dass die amtliche Statistik in Preußen für die vorliegende Edition sachlich einschlägige Spezialerhebungen im Wesentlichen erst ab der zweiten Hälfte des 19. Jahrhunderts durchführte. Gerade für die Bereiche der Kulturstaatlichkeit herrschte – wie bei den Budgets – zudem eine sich über die Jahrzehnte wandelnde Begrifflichkeit. Hinzu kommen methodisch unterschiedliche Datenerhebungen sowie -bearbeitungen mit einer daraus folgenden unterschiedlichen Qualität und Aussagekraft des zeitgenössischen Materials.

Drittens schließlich ist zu berücksichtigen, dass Angaben zu finanziellen Aufwendungen für die entsprechenden Bereiche des Kulturstaats wie die Zahlen des Kultusetats als Teil des Gesamtstaatshaushalts über die Jahrzehnte betrachtet nur bedingt vergleich- und aggregierbare Größen sind und nur eine formale Homogenität aufweisen. Es entstehen teilweise unüberwindbare Schwierigkeiten, wenn es um Vergleiche über längere Zeiträume oder um Perioden geht, die große wirtschafts- und vor allem finanzhistorische Brüche und Zäsuren einschließen. So lassen sich kulturstaatliche Aufwendungen zum Beispiel des Jahres 1825 nicht mehr unmittelbar mit denen vom Jahre 1875 vergleichen, da sich in jenen fünf Jahrzehnten durch Industrialisierung und Modernisierung der Gesellschaft Preisstrukturen, Warenwelten und Nachfrageverhalten beziehungsweise die bei Kaufkraftberechnungen verwandten sogenannten Warenkörbe zwar schleichend, aber letztlich derart gravierend änderten, dass eine Anwendung der 1873 gesetzlich vorgeschriebenen Formel zur Umstellung der Taler- zur Markwährung ‚1 Taler = 3 Mark'[24] nur Kontinuität vortäuscht. – Ungeachtet dessen werden aber die für den vorliegenden Band aufgestellten durchlaufenden Tabellen nicht in Talern, sondern in Mark beziehungsweise Reichsmark geführt, um wenigstens in den Größenordnungen, Proportionen und Wachstumstempi der einzelnen Ausgabeposten Vergleiche zu ermöglichen.

Was die finanzhistorischen Brüche und Zäsuren betrifft, so war für Preußen beziehungsweise Deutschland vor allem der Wechsel von der Mark zur Reichsmark mit der Inflation 1914 bis 1923 derart fundamental, dass sich Geldbeträge selbst aus der unmittelbaren Vorkriegszeit oder von 1916/17 einfach nicht seriös mit denen von 1922/23 beziehungsweise gar von 1924/25 vergleichen lassen, obwohl aus verlässlichen Quellen taggenaue Kurse oder Entwertungsfaktoren ermittelbar sind. Die Dynamik des Geldverfalls war zeitweilig ebenso rasant wie der Einfluss der (nach-)kriegswirtschaftlichen Zwangsbewirtschaftung oder der der Abkopplung von den Weltmärkten so schwerwiegend, so dass auch bei korrekten Umrechnungen die tatsächlichen Proportionen verzerrt, beziehungsweise Aussagen zur Kaufkraft ad absurdum geführt werden. Die Währungsreform von 1923/24 erschöpfte sich zudem nicht in der Gleichung 1 Billion Mark = 1 Rentenmark = 1 Reichsmark, son-

24 Vgl. Münzgesetz vom 9.7.1873, RGBl., S. 233, Art. 14, § 2.

dern bezog neben der kurzzeitig eine Rolle spielenden Goldmark auch ein Aufwertungsrecht mit ein, das die verschiedenen Gruppen von Aktiva und Passiva in Abhängigkeit von ihren Ursprüngen beziehungsweise Verwendungszwecken unterschiedlich behandelte. Hinzu kommt, dass die nach dem Ersten Weltkrieg aufgestellten Kultusetats hinsichtlich der absoluten Größe der einzelnen Titel sogar schon vor ihrer Verabschiedung im Abgeordnetenhaus auf Grund der seit ihrer Aufstellung zwischenzeitlich vorangeschrittenen Geldentwertung sowie wegen gesamtstaatlicher und damit nicht in der Kompetenz des Kultusministeriums liegender Regelungen vor allem bei der Besoldung weitgehend obsolet geworden waren. Die Budgetsummen dienten aber dennoch mangels anderer Instrumentarien vor allem zur Orientierung der Verantwortlichen, um die Proportionen zwischen den einzelnen kulturstaatlichen Tätigkeitsfeldern gewährleisten zu können und insbesondere die angestrebten Strukturverschiebungen im Sinne einer neuen, republikanischen Kultuspolitik zu realisieren. Diese Rahmenbedingungen waren den Zeitgenossen durchaus bewusst und prägten zum Beispiel die Beratungen des Haushaltsausschusses der Verfassunggebenden Preußischen Landesversammlung zum Etat für 1920. Ohne an dieser Stelle quellenkritisch näher auf die diesbezüglichen Protokolle einzugehen,[25] sei hier festgehalten, dass sowohl Vertreter des Kultusministeriums als auch Parlamentarier den geringen Aussagewert der Budgetzahlen für dieses Haushaltsjahr betonten. Staatssekretär Carl-Heinrich Becker erklärte zum Beispiel Anfang Dezember 1920, „daß die Etatansätze nach dem heutigen Stande der Dinge reine Fiktionen seien, da ja der Etat schon vor 1 ½ Jahren aufgestellt“[26] worden sei. Hinsichtlich der Ausgaben für die Wissenschaft betonte er, dass sie „nicht einmal schätzungsweise festgestellt werden könnten. Im Haushalt 1920 seien für die dauernden Ausgaben der wissenschaftlichen Verwaltung 30,4 Millionen Mark zur Verfügung gestellt, die voraussichtlich um rund 87,6 Millionen Mark überschritten werden würden. Genaue Zahlen seien nicht möglich wegen der Unsicherheit der Besoldungsordnung sowie der Unsicherheit der Baukosten, der Löhne, der Heizmaterialien usw. Die voraussichtliche Überschreitung betrage bei den Personallasten 53,3 Millionen Mark, bei den Sachausgaben 34,3 Millionen Mark, so daß man mit einer Gesamtsumme für die speziell wissenschaftlichen Aufgaben – also Universität, Technische Hochschulen, Krankenhäuser, Charité und allgemein wissenschaftliche Verwaltung – von 120 Millionen Mark in ganz runden Zahlen rechnen könne. Das bedeute eine Überschreitung des Ansatzes um rund 300 v. H., so daß sich der Haushalt für diese Zwecke vervierfacht habe.“[27] Mit Genugtuung stellte der Staatssekretär aber fest, dass „diese Vervierfachung […] für die übrigen Zwecke der Staats-

25 Im vorliegenden Band Dok. Nr. 99–103.

26 Bericht zur Sitzung vom 4. Dezember 1920 des Hauptausschusses der Verfassunggebenden Preußischen Landesversammlung, im vorliegenden Band Dok. Nr. 101.

27 Dieses und das nachfolgende Zitat aus dem Bericht zu den Sitzungen vom 12., 13. und 26. November sowie 10. Dezember 1920 des Hauptausschusses der Verfassunggebenden Preußischen Landesversammlung, im vorliegenden Band Dok. Nr. 99.

verwaltung mindestens erreicht“ werde, „so daß das jetzige Verhältnis zwischen den wissenschaftlichen Ausgaben und den allgemeinen Verwaltungsausgaben nicht ungünstiger sei, als es im normalen Haushalt zum Ausdruck komme“. Der Abgeordnete Heinrich Cunow nannte in seinem Bericht zum Budgetentwurf „die im Etat angenommenen Summen […] mehr relativ, weil die Besoldungsreform noch nicht berücksichtigt und seit der Aufstellung des Etats eine bedeutende Preissteigerung eingetreten“[28] sei.

Schließlich sei an dieser Stelle darauf verwiesen, dass die ‚langen Reihen' sich auf das jeweilige Staatsterritorium Preußens beziehen und sowohl die Integration der neuen Provinzen in den 1860er Jahren als auch die Gebietsverluste im Gefolge des Ersten Weltkrieges beinhalten, was bei der Bewertung der Daten zu berücksichtigen ist.

2. Der preußische Staatshaushalt insgesamt und der Etat des Kultusministeriums

Wenn in der vorliegenden Untersuchung von „Staatsausgaben im Bereich des Kultusministeriums“ die Rede ist, dann werden darunter in der Regel Bruttoausgaben verstanden und die Einnahmen vernachlässigt. Zeitgenössisch wurden unter „eigenen Einnahmen“ haushaltstechnisch Gelder sehr heterogener Herkunft und unterschiedlichsten Rechtscharakters vereinigt. Es handelte sich

1. um Zahlungen an den Staat auf Grund rechtlicher Verpflichtungen,
2. um Entgelte für staatliche Leistungen als öffentliche Abgaben, Gebühren, Schulgeld usw., beziehungsweise Entschädigungen vor allem seitens einzelner Privatpersonen für staatlicherseits verauslagte Mieten, Heizungskosten usw., sowie
3. um Gelder aus besonderen Stiftungsfonds in Form von Zinsen, anderen Wirtschaftserträgen oder regelmäßigen Kapitalentnahmen.

28 Bericht zur Sitzung vom 4. Dezember 1920 des Hauptausschusses der Verfassunggebenden Preußischen Landesversammlung, im vorliegenden Band Dok. Nr. 101.

Tabelle 1 *Der Anteil der ordentlichen Einnahmen an den ordentlichen Ausgaben im Hauhalt des Kultusministeriums 1849 bis 1930 (in Mark/Reichsmark)*

Jahr (1)	Ordentliche Einnahmen (2)	Ordentliche Ausgaben (3)	Anteil der Einnahmen (Spalte (3) = 100) (4)
1849	216.876	10.138.530	2,1
1871	351.853	18.934.390	1,8
1881	2.304.652	49.710.973	4,6
1890	2.651.783	92.480.572	2,9
1900	5.115.055	139.595.854	3,6
1925	6.320.500	516.411.700	1,2
1930	24.825.500	710.170.680	3,5

Quellen:

Schwarz, Otto, Der Staatshaushalt und die Finanzen Preußens, Bd. 2: Die Zuschußverwaltungen, 1. Buch: Die Verwaltung der geistlichen, Unterrichts- und Medizinalangelegenheiten, Berlin 1900, S. 1;

Anlagen zum Staatshaushaltsetat für das Jahr vom 1. April 1890/91, Bd. 2, Berlin 1890, Anlage Nr. 21: Etat für das Ministerium der geistlichen, Unterrichts- und Medizinalangelegenheiten für das Jahr 1890/91, S. 4, 94;

Gesetz über die Feststellung des Haushaltsplans für das Rechnungsjahr 1925. Vom 4.1.1926, in: GS, S. 1;

Anlagen zum Haushaltsplan des Preußischen Staates für das Rechnungsjahr 1930, Berlin 1930, Anlage Nr. 19: Haushalt des Ministeriums für Wissenschaft, Kunst und Volksbildung für das Rechnungsjahr 1930, S. 34, 174;

eigene Berechnungen.

Der Anteil der ordentlichen Einnahmen an den ordentlichen Ausgaben schwankte zwischen 1,2 Prozent 1925 und 3,6 Prozent um Jahre 1900.[29] Gemessen an den Kultusetats insgesamt waren die Einnahmen also nur Bruchteile, auch wenn sich jene Gelder ab Ende des 19. Jahrhunderts jährlich zu einigen Millionen Mark beziehungsweise Reichsmark summierten. Angesichts des geringen Anteils der Einnahmen an der Deckung der Staatsausgaben, den Tabelle 1 zeigt, können sie in der Regel im Folgenden vernachlässigt werden. Hinsichtlich ihrer tatsächlichen Bedeutung darf aber nicht übersehen werden, dass es sich in Tabelle 1 um für den Gesamtstaat aggregierte Zahlen handelt und durchaus einzelne kulturstaatliche Projekte in hohem Maße von den ihnen zufließenden Geldern abhängig sein konnten.

29 Die für 1881 ausgewiesenen 4,6 Prozent können insofern als untypisch gelten, weil dieser Wert vor allem auf einer finanztechnischen Veränderung in der Haushaltsstruktur durch die Einbeziehung bisher im Staatshaushalt nicht berücksichtigter Geldquellen basierte; zu den Details vgl. Schwarz, Der Staatshaushalt und die Finanzen Preußens, Bd. 2, 1. Buch, S. 1.

2.1 Der Anteil des Kultusministeriums am Gesamtstaatshaushalt

Tabelle 2 dokumentiert mit dem „Anteil des Kultushaushalts an den Gesamtstaatsausgaben“ zwischen 1820 und 1930 eine zentrale Kategorie für die Fragestellung nach der Rolle der Finanzen bei der Entwicklung Preußens zu einem Kulturstaat. Dabei ist zu beachten, dass in der nachstehend vorgelegten Statistik jeweils von den Bruttoausgaben ausgegangen wird, sowie Ordinarium und Extraordinarium zusammengefasst werden, um zunächst ganz elementare Aussagen zur Belastung des Etats durch diesen Bereich der Daseinsvorsorge zu treffen; Daten zum weiterführenden Vergleich zwischen den ordentlichen und außerordentlichen Kultusausgaben sowie zur Zuordnung der extraordinären Mittel zu den einzelnen Haupttätigkeitsfeldern werden erst weiter unten mitgeteilt.

Tabelle 2 *Der Anteil des Hauhalts des Kultusministeriums an den Gesamtstaatsausgaben 1820 bis 1930 (in Mark/Reichsmark)*

Jahr (1)	Staatsausgaben gesamt (2)	*davon* Ausgaben des Kultusministeriums (3)	in % (Spalte (2) = 100) (4)
1820	152.589.450	6.000.000	3,9
1829	152.388.000	7.041.000	4,6
1835	155.220.000	8.049.000	5,2
1838	158.043.000	8.451.000	5,3
1850	287.698.818	10.865.025	3,8
1855	335.483.355	11.590.653	3,5
1860	391.845.765	12.889.305	3,3
1865	507.730.095	14.546.676	2,9
1870	504.304.116	20.231.487	4,0
1875	694.498.919	52.142.841	7,5
1880	799.200.581	56.501.300	6,5
1885	1.258.928.396	57.373.455	4,6
1890	1.591.613.142	98.630.424	6,0
1895	1.899.473.497	112.822.263	5,9
1900	2.472.266.033	153.468.730	6,1
1905	2.718.281.607	185.063.500	6,8
1910	3.930.231.344	280.607.577	7,1
1915	4.816.363.929	289.704.119	6,0
1920	5.725.088.764	298.568.831	5,2
1925	3.268.396.744	529.103.200	17,5
1930	4.356.959.020	754.763.920	17,7

Quellen:
Kabinettsordre betr. den Staatshaushalt und das Staatsschuldenwesen. Vom 17.1.1820, GS, S. 21;
Kabinettsordre, womit der Hauptfinanzetat für das Jahr 1829 publiziert wird. Vom 21.2.1829, GS, S. 13;
Kabinettsordre, mit welcher der Hauptfinanzetat für das Jahr 1835 publiziert wird. Vom 8.5.1835, GS, S. 61;
Kabinettsordre, mit welcher der Hauptfinanzetat für das Jahr 1838 publiziert wird. Vom 4.3.1838, GS, S. 196;
Kabinettsordre, mit welcher der Hauptfinanzetat für das Jahr 1844 publiziert wird. Vom 9.4.1844, GS, S. 93;
Votum des Finanzministers Friedrich von Motz vom 18.4.1827 betr. Übersichten der Finanzverwaltung für 1826 und der Rest-Verwaltung für 1825, in: GStA PK, I. HA Rep. 90 A, Nr. 1358, n. f.;
Vergleichende Übersicht von den fortdauernden und künftig wegfallenden Staatshaushaltsausgaben nach den Etats pro 1833 gegen die Etatsbeträge pro 1825, in: ebd.;
Ausgaben pro 1820 (Auflistung von unbekannter Hand vom 17.1.1820), in: GStA PK, I. HA Rep. 90 A, Nr. 4001, Bl. 295;
für die Jahre 1850 ff.: Staatshaushaltsetats und ihre Anlagen „Kultusministerium", passim;
eigene Berechnungen.

Eine Auswertung der Tabelle 2 kann angesichts der bereits erläuterten Unmöglichkeit quantitativer Vergleiche über den Zeitraum von mehr als einem Jahrhundert nur in einer Analyse der (synthetischen) qualitativen Kennziffern in Spalte (4) bestehen. Danach wurde das Grundniveau der für einzelne Stichjahre nachgewiesenen Anteile des Kultusetats an den Gesamtstaatsausgaben in Preußen zwischen 1820 und 1930 in gewichtigem Maße von den jeweiligen staatsrechtlichen Gegebenheiten bestimmt. Unter den Verhältnissen einer souveränen Monarchie, also die Daten die Stichjahre bis 1867/71 betreffend, lag der Anteil zwischen 2,9 und 5,3 Prozent, während sie für den Bundesstaat Preußen im Kaiserreich mit Werten zwischen 4,6 und 7,5 Prozent tendenziell teilweise deutlich darüber lagen. Dieses gegenüber der Vorperiode durchschnittlich höhere Niveau korrespondierte mit dem verstärkten Ausbau beziehungsweise dem Unterhalt preußischer kulturstaatlicher Einrichtungen von gesamtdeutscher Bedeutung wie den Berliner Museen und der Staatsbibliothek ab den 70er Jahren des 19. Jahrhunderts. Die Verdreifachung der Anteile in der Periode von 1925 bis 1930 resultierte dann aus dem erneuten Wandel in der Staatsform, der auch mit fundamentalen Veränderungen in den haushaltstechnischen Beziehungen der einzelnen Bundesstaaten zum nunmehr republikanischen Reich verbunden gewesen war. Nach 1918 entfielen wesentliche Transferzahlungen, die vordem aus dem preußischen Etat zu leisten waren. Dass dies noch nicht in den Daten für 1920 ablesbar ist, hängt damit zusammen, dass jener Etat unter den Bedingungen von Nachkriegskrise, Inflation und Reparationen noch ganz in der Tradition der vorangegangenen Haushalte aufgestellt worden war und sein Aufbau weitgehend dem der Wilhelminischen Zeit glich. Anzumerken bleibt, dass der Anteil des Kultusetats im Zeitraum zwischen 1820 und 1850 eine Varianz von 1,5 Prozentpunkten aufwies gegenüber 4,6 Prozentpunkten zwischen 1850 bis 1915. Die Unterperiode zwischen 1850 und 1870 hatte hingegen nur 1,1 Prozentpunkte, während die Schwankungen in den Jahrzehnten von 1870 bis 1915 dann 3,5 Prozentpunkte betrugen.

In den nachstehenden Tabellen 3 bis 9 wird auf der Basis der Tabelle 2 die Entwicklung des Anteils des Kultusetats an den Gesamtstaatsausgaben in einzelnen Perioden näher untersucht. Diese Werte werden mit den Steigerungsraten sowohl der Staatsausgaben als auch der Ausgaben des Kultusministeriums in Beziehung gesetzt.

Tabelle 3 umfasst die Jahre von 1820 bis 1850 und damit sowohl den Thronwechsel von Friedrich Wilhelm III. zu Friedrich Wilhelm IV. im Jahre 1840 als auch den Modernisierungsschub im Gefolge der Revolution von 1848/49 sowie den Übergang zur konstitutionellen Monarchie. Für die Politik des Kultusministeriums war zudem von Bedeutung, dass der seit der Gründung amtierende Minister Karl Freiherr vom Stein zum Altenstein ebenfalls im Jahre 1840 verstarb und bis 1850 mehrere Nachfolger hatte. Friedrich Eichhorn, der von 1840 bis Mitte März 1848 amtierte, konnte nicht den kulturpolitischen Einfluss Altensteins gewinnen.

Tabelle 3 *Der Anteil des Hauhalts des Kultusministeriums an den Gesamtstaatsausgaben und deren Steigerungsraten 1820 bis 1850 (in Mark)*

Jahr (1)	Staatsausgaben gesamt (2)	1820 = 100 (3)	*davon* Ausgaben des Kultus-ministeriums (4)	1820 = 100 (5)	(4) in % von (2) (6)
1820	152.589.450	100,0	6.000.000	100,0	3,9
1829	152.388.000	99,9	7.041.000	117,4	4,6
1835	155.220.000	101,7	8.049.000	134,2	5,2
1838	158.043.000	103,6	8.451.000	140,9	5,3
1850	287.698.818	188,5	10.865.025	181,1	3,8

Quellen:
Wie Tabelle 2;
eigene Berechnungen.

Zwischen 1820 und 1838 wuchs der Kultusetat bedeutend stärker als der Gesamtstaatshaushalt. Dahinter stand, dass das Kultusministerium unter Altenstein mit rund 2,5 Mio. Mark knapp die Hälfte des Zuwachses des Gesamtetats innerhalb dieser Zeitspanne für sich reklamieren konnte.[30] 1850 standen den Ministerialbeamten unter Adalbert von Ladenberg dann noch weitere rd. 2,4 Mio. Mark zur Verfügung, was den Kultusetat gegenüber 1820 immerhin auf über 180 Prozent anwachsen ließ. Jene rd. 2,4 Mio. Mark Aufwuchs zwischen 1838 und 1850 machten aber nur 1,9 Prozent der Zunahme des Gesamtstaatshaushalts im gleichen Zeitraum aus. Ob daraus ein geringerer Stellenwert kulturstaatlicher

30 Zum Aufwuchs zwischen 1820 und 1829, der zum Teil keine effektive Vermehrung der Mittel darstellte, sondern auf die Übernahme einzelner Etatposten vom Innenministerium zurückzuführen war, vgl. im vorliegenden Band, S. 18 und 38 f.

Belange als unter Altenstein abzuleiten ist, muss weiterführenden Forschungen vorbehalten bleiben. Auch wenn 1850 der Anteil um 0,1 Prozentpunkte unter dem von 1820 lag, so repräsentierten rund 10,9 Mio. Mark unter Berücksichtigung des Preisanstiegs in jenen drei Jahrzehnten deutlich mehr Kaufkraft als die 6 Mio. Mark von 1820, so dass effektiv mehr Geld für kulturstaatliche Zwecke zur Verfügung stand.

Tabelle 4 *Der Anteil des Hauhalts des Kultusministeriums an den Gesamtstaatsausgaben und deren Steigerungsraten 1850 bis 1915 (in Mark)*

Jahr (1)	Staatsausgaben gesamt (2)	1850 = 100 (3)	*davon* Ausgaben des Kultus-ministeriums (4)	1850 = 100 (5)	(4) in % von (2) (6)
1850	287.698.818	100,0	10.865.025	100,0	3,8
1855	335.483.355	116,6	11.590.653	106,7	3,5
1860	391.845.765	136,2	12.889.305	118,7	3,3
1865	507.730.095	176,5	14.546.676	133,9	2,9
1870	504.304.116	175,3	20.231.487	403,0	4,0
1875	694.498.919	241,4	52.142.841	479,9	7,5
1880	799.200.581	277,8	56.501.300	520,0	6,5
1885	1.258.928.396	437,6	57.373.455	528,0	4,6
1890	1.591.613.142	553,2	98.630.424	907,7	6,0
1895	1.899.473.497	660,2	112.822.263	1.038,4	5,9
1900	2.472.266.033	859,3	153.468.730	1.411,4	6,1
1905	2.718.281.607	944,8	185.063.500	1.703,3	6,8
1910	3.930.231.344	1.366,1	280.607.577	2.582,2	7,1
1915	4.816.363.929	1.674,1	289.704.119	2.666,4	6,0

Quellen:
Wie Tabelle 2;
eigene Berechnungen.

Tabelle 4 beschreibt den Anteil des Kultushaushalts an den Gesamtstaatsausgaben in der Zeit der konstitutionellen Monarchie zwischen 1850 und 1915. Die Zahlen des preußischen Staatshaushalts dieser Periode spiegeln vor allem ab dem letzten Drittel des 19. Jahrhunderts die bedeutend wachsende Wirtschaftskraft des Landes, die zu einer Zunahme der Steuereinnahmen und der Erträge der Staatsbetriebe führte. Bei einer auf das Basisjahr 1850 bezogenen Erhöhung des Gesamtbudgets „nur" um das 17fache wuchsen die für Kultuszwecke zur Verfügung gestellten Gelder immerhin auf mehr als das 26fache, was die finanzielle Grundlage für den rasanten Aufschwung Preußens als Kulturstaat bot. Für die sechseinhalb Jahrzehnte zwischen 1850 und 1915 weisen die Daten, bis auf das Stichjahr

1870 wegen der bereits diskutierten Zäsur von 1867/71 beim Übergang vom souveränen Einzelstaat zum Bundesstaat im Norddeutschen Bund beziehungsweise dann dem Deutschen Reich, keine weiteren, unmittelbar mit historischen Kontexten verbundenen Sprünge auf. Immerhin konnte das Kultusministerium aber 6,2 Prozent der Zunahme des Gesamtetats für sich reklamieren gegenüber 1,9 Prozent zwischen 1838 und 1850.

Tabelle 5 *Der Anteil des Hauhalts des Kultusministeriums an den Gesamtstaatsausgaben und deren Steigerungsraten 1875 bis 1915 (in Mark)*

Jahr (1)	Staatsausgaben gesamt (2)	1875 = 100 (3)	*davon* Ausgaben des Kultus-ministeriums (4)	1875 = 100 (5)	(4) in % von (2) (6)
1875	694.498.919	100,0	52.142.841	100,0	7,5
1880	799.200.581	115,1	56.501.300	108,4	6,5
1885	1.258.928.396	181,3	57.373.455	110,0	4,6
1890	1.591.613.142	229,2	98.630.424	189,2	6,0
1895	1.899.473.497	273,5	112.822.263	216,4	5,9
1900	2.472.266.033	356,0	153.468.730	294,1	6,1
1905	2.718.281.607	391,4	185.063.500	354,9	6,8
1910	3.930.231.344	565,9	280.607.577	538,1	7,1
1915	4.816.363.929	693,5	289.704.119	555,6	6,0

Quellen:
Wie Tabelle 2;
eigene Berechnungen.

Obwohl in der Literatur die Jahre des Kaiserreichs verbreitet als eine hohe Zeit des preußischen Kulturstaats angesehen werden, belegt Tabelle 5, dass die für den Kultus bereitgestellten Mittel langsamer wuchsen als der Gesamtetat. Mit dem Basisjahr 1875 erreichte der Kultusetat nur eine Steigerung auf das Fünfeinhalbfache gegenüber den Gesamtstaatsausgaben, die bis 1915 fast auf das Siebenfache des Niveaus von 1875 gestiegen waren.

Tabelle 6 *Der Anteil des Hauhalts des Kultusministeriums an den Gesamtstaatsausgaben und deren Steigerungsraten 1900 bis 1920 (in Mark)*

Jahr	Staatsausgaben gesamt		*davon* Ausgaben des Kultus-ministeriums		
		1900 = 100		1900 = 100	(4) in % von (2)
(1)	(2)	(3)	(4)	(5)	(6)
1900	2.472.266.033	100,0	153.468.730	100,0	6,1
1905	2.718.281.607	110,0	185.063.500	120,7	6,8
1910	3.930.231.344	159,0	280.607.577	183,0	7,1
1915	4.816.363.929	194,8	289.704.119	188,9	6,0
1920	5.725.088.764	231,6	298.568.831	196,0	5,2

Quellen:
Wie Tabelle 2;
eigene Berechnungen.

Bezogen auf das Basisjahr 1900 weist der Anteil des Kultusetats an den Gesamtstaatsausgaben im ersten Drittel des 20. Jahrhunderts (Tabelle 6) ein wesentlich moderateres Wachstum als in den Vorperioden auf, obwohl immerhin fast eine Verdopplung erreicht wurde. Ein Vergleich der Daten für 1910 und 1920 ist nur sehr bedingt möglich, vollzog sich doch in jenem Jahrzehnt der Übergang vom Wilhelminischen Deutschland zur Weimarer Republik, der auch mit einer restriktiven Haushaltspolitik während des Ersten Weltkrieges und den Belastungen von Nachkriegskrise, Inflation und Reparationen verbunden war.

Während die Tabellen 3 bis 6 jeweils mehrere Jahrzehnte mit Daten im Fünfjahresrhythmus im Blick haben, werden in den nachfolgenden Tabellen 7 bis 9 die Jahresetats in einzelnen historischen Umbruchsperioden untersucht. Zunächst illustriert Tabelle 7 die Auswirkungen des Übergangs von der spätabsolutistischen zur konstitutionellen Monarchie in Preußen während der Jahre 1848 bis 1855 auf den Kultusetat.

Tabelle 7 *Der Anteil des Hauhalts des Kultusministeriums an den Gesamtstaatsausgaben und deren Steigerungsraten 1848 bis 1855 (in Mark)*

Jahr (1)	Staatsausgaben gesamt (2)	1848 = 100 (3)	*davon* Ausgaben des Kultus-ministeriums (4)	1848 = 100 (5)	(4) in % von (2) (6)
1848	256.871.217	100,0	10.536.630	100,0	4,1
1849	282.523.140	110,0	10.536.630	100,0	3,7
1850	287.698.818	112,0	10.865.025	103,1	3,8
1851	289.102.596	112,6	11.320.782	107,4	3,9
1852	298.304.202	116,2	11.751.531	111,5	3,9
1853	309.089.013	120,3	11.634.939	110,4	3,8
1854	323.970.207	126,1	11.747.289	111,5	3,6
1855	335.483.355	130,6	11.590.653	110,0	3,5

Quellen:
Wie Tabelle 2;
Allerhöchster Erlaß vom 27.12.1848, vermittelst welchem der Allerhöchst vollzogene Staatshaushaltsetat für das Jahr 1849 veröffentlicht wird, GS, S. 447;
Gesetz, betreffend die Feststellung des Staatshaushaltsetats für 1851. Vom 7.5.1851, GS, S. 240;
Gesetz, betreffend die Feststellung des Staatshaushaltsetats für 1852. Vom 14.5.1852, GS, S. 264;
Gesetz, betreffend die Feststellung des Staatshaushaltsetats für 1853. Vom 1.6.1853, GS, S. 296;
Gesetz, betreffend die Feststellung des Staatshaushaltsetats für 1854. Vom 9.5.1854, GS, S. 220;
eigene Berechnungen.

Zwischen 1848 und 1855 waren sowohl die Gesamtstaatsausgaben als auch der Kultusetat gestiegen, wobei die Zunahme beim Gesamtbudget sowohl absolut als auch relativ wesentlich größer war. Insgesamt deutete sich aber eine moderate Verringerung des Anteils der Kultusausgaben an. Beim Vergleich der Etats von 1848 und 1849 fällt vor allem auf, dass das Kultusministerium im Gegensatz zu anderen Ressorts keinen Aufwuchs hatte. Dies ist vermutlich auch darauf zurückzuführen, dass unter den im Jahre 1848 schnell einander ablösenden drei Ressortchefs keine konzeptionellen Neuansätze versucht und die Vorjahreszahlen einfach übernommen wurden. Erst mit den Etats für 1850 und 1851, die der seit Juli 1848 amtierende Adalbert von Ladenberg zu verantworten hatte, kam es zu leichten Aufwüchsen. Unter seinem Nachfolger Karl Otto von Raumer stagnierte der Kultusetat bis 1855, während die Gesamtstaatsausgaben aber weiter stiegen.

Tabelle 8 erfasst mit den Jahren von 1864 bis 1875 eine Periode, in der die kriegerische Expansion Preußens voranschritt und die damit verbundene Integration neuer Provinzen in den Prozess der Bildung des Norddeutschen Bundes und des Deutschen Reiches überging. Die Umstrukturierung des Staatsfinanzsystems im Zusammenhang mit dem Übergang von einem souveränen Staat zu einem Bundesstaat hatte ebenfalls Auswirkungen auf den Kultusetat.

Tabelle 8 *Der Anteil des Hauhalts des Kultusministeriums an den Gesamtstaatsausgaben und deren Steigerungsraten 1864 bis 1875 (in Mark)*

Jahr	Staatsausgaben gesamt		*davon* Ausgaben des Kultus-ministeriums		
		1864 = 100		1864 = 100	(4) in % von (2)
(1)	(2)	(3)	(4)	(5)	(6)
1864	507.377.355	100,0	14.062.959	100,0	2,8
1865	507.730.095	100,1	14.546.676	103,4	3,5
1866	471.711.597	93,0	14.617.041	103,9	3,1
1867	506.789.619	99,9	15.510.276	110,3	3,1
1868	479.271.192	94,5	20.116.725	143,1	4,2
1869	502.609.482	99,1	20.095.572	142,9	4,0
1870	504.304.116	99,4	20.231.487	146,9	4,0
1871	518.756.811	102,2	21.124.389	150,2	4,1
1872	561.176.820	110,6	27.749.583	197,3	5,0
1873	630.130.401	124,2	38.524.938	274,0	6,1
1874	698.274.051	137,6	44.535.339	316,7	6,4
1875	694.498.919	136,9	52.142.841	370,8	7,5

Quellen:
Wie Tabelle 2;
Gesetz, betreffend die Erteilung der Indemnität in Bezug auf die Führung des Staatshaushaltsetats vom Jahre 1862 ab und die Ermächtigung zu den Staatsausgaben für das Jahr 1866. Vom 14.9.1866, GS, S. 563;
Staatshaushaltsetat für das Jahr 1866, Berlin 1866, S. 80 f., 94 f;
Gesetz, betreffend die Feststellung des Staatshaushaltsetats für 1867. Vom 22.12.1866, GS, S. 812;
Gesetz, betreffend die Feststellung des Staatshaushaltsetats für 1868. Vom 24.2.1868, GS, S. 93;
Gesetz, betreffend die Feststellung des Staatshaushaltsetats für 1869. Vom 1.2.1869, GS, S. 217;
Gesetz, betreffend die Feststellung des Staatshaushaltsetats für 1871. Vom 29.1.1871, GS, S. 25;
Gesetz, betreffend die Feststellung des Staatshaushaltsetats für 1872. Vom 17.3.1872, GS, S. 185;
Gesetz, betreffend die Feststellung des Staatshaushaltsetats für 1873. Vom 24.3.1873, GS, S. 49;
Gesetz, betreffend die Feststellung des Staatshaushaltsetats für 1874. Vom 26.2.1874, GS, S. 27;
eigene Berechnungen.

In dem Jahrzehnt von 1864 bis 1875, das von Kriegen und der nachfolgenden Integration eroberter neuer Provinzen sowie dem Übergang Preußens von einer souveränen Monarchie zu einem Bundesstaat im Norddeutschen Bund und dann dem Deutschen Reich geprägt wurde, unterschied sich die Entwicklung der Gesamtstaatsausgaben ganz wesentlich von der des Kultusetats. Für erstere ist festzustellen, dass sie bis 1871 nahezu stagnierten und sich zwischenzeitlich sogar verringerten, obwohl die preußisch-deutschen Einigungskriege bedeutende Militärausgaben verursachten. Diese wurden jedoch teilweise aus speziellen Rücklagen, vor allem aber mittels Anleihen gedeckt. Diese verlagerten einen Großteil der Kriegskosten einerseits in die Zukunft und andererseits in den nach haushaltstechnischen

Kriterien als zivil einzustufenden Schuldendienst. Im Gegensatz zu den Gesamtstaatsausgaben machten die Kultusausgaben unter diesen Rahmenbedingungen nach einem moderaten Wachstum bis 1867 einen Sprung um mehr als 30 Prozentpunkte im Folgejahr. Dem schlossen sich ein erneutes moderates Wachstum und dann ein rasanter Aufwärtstrend ab 1872 an. Bei den Aufwüchsen der Kultusetats von 1865 und 1867/68 handelte es sich teilweise um die Finanzierung hinzugekommener laufender kulturstaatlicher Aufgaben in den neuen Provinzen. Eine nähere quantitative Bestimmung dieser Summen muss weitergehenden Forschungen überlassen bleiben, die vor allem auch die spezifischen regionalen Finanzierungsstrukturen berücksichtigen.

Wichtigen Einfluss hatte zudem die Bevölkerungsvermehrung. 1864 zählte man auf dem Gebiet der späteren Provinz Schleswig-Holstein knapp eine Million Einwohner, und der Etat von 1866 verzeichnete ein Plus von etwas mehr als einer halben Million Mark. Das Königreich Hannover hatte 1864 etwas mehr als 1,9 Millionen Einwohner, und der preußische Etat von 1868 wies gegenüber dem Vorjahr jedoch ein Plus von rd. 4,5 Mio. Mark auf. Daraus resultierten Mehraufwendungen pro Kopf von 0,58 Mark beziehungsweise 2,39 Mark.[31]

Die bedeutende Vermehrung des Kultusbudgets ab 1872 diente dann im Wesentlichen nicht einer Erweiterung der kulturstaatlichen Aktivitäten auf der Basis des preußischen Anteils an den Kriegskontributionen Frankreichs, sondern war in erster Linie zur Sicherung des bestehenden Niveaus notwendig. Der schnelle wirtschaftliche Aufschwung in den Gründerjahren hatte zu einem teilweise noch schnelleren Preisanstieg und damit für das Kultusministerium zu einer Kostenexplosion geführt. – Die Abgabe des Militäretats an das Reich bewirkte keine signifikante Erweiterung des Anteils der Kulturstaatsausgaben am preußischen Gesamthaushalt, denn die Kosten für Heer und Marine wurden nunmehr von den einzelnen Bundesstaaten v. a. in Form der Matrikularbeiträge geleistet.

31 Das „Statistische Handbuch für den Preußischen Staat" wies für das Jahr 1864 auf dem Territorium der späteren Provinz Schleswig-Holstein eine Bevölkerung von 959.650 Einwohnern und für Hannover von 1.925.061 Einwohnern aus (ebd., Bd. 1, Berlin 1888, S. 93).

Tabelle 9 *Der Anteil des Hauhalts des Kultusministeriums an den Gesamtstaatsausgaben und deren Steigerungsraten 1917 bis 1921 (in Mark)*

Jahr	Staatsausgaben gesamt	1917 = 100	*davon* Ausgaben des Kultus-ministeriums	1917 = 100	(4) in % von (2)
(1)	(2)	(3)	(4)	(5)	(6)
1917	5.160.765.721	100,0	282.513.286	100,0	5,5
1918	6.546.986.278	126,9	283.730.047	100,4	4,3
1919	9.677.362.276	187,5	290.925.589	103,0	3,0
1920	5.725.088.764	110,9	298.568.831	106,4	5,2
1921	16.860.887.945	326,7	2.408.321.490	852,5	14,3

Quellen:
Wie Tabelle 2;
Gesetz, betreffend die Feststellung des Staatshaushaltsplans für das Rechnungsjahr 1917. Vom 30.3.1917, GS, S. 25;
Gesetz, betreffend die Feststellung des Staatshaushaltsplans für das Rechnungsjahr 1918. Vom 18.7.1918, GS, S. 99;
Gesetz, betreffend die Feststellung des Staatshaushaltsplans für das Rechnungsjahr 1919. Vom 17.12.1919, GS, S. 5;
Gesetz, betreffend die Feststellung des Staatshaushaltsplans für das Rechnungsjahr 1921. Vom 21.1.1922, GS, S. 11;
eigene Berechnungen.

Die Übergangsperiode von der konstitutionellen Monarchie zur Republik 1917 bis 1921 war durch zahlreiche grundlegende, miteinander verflochtene gesellschaftliche Umbrüche geprägt. Die bereits durch den Krieg höchst beanspruchte Staatsfinanzwirtschaft Preußens wurde durch die Lasten des Waffenstillstandes, der Demobilisierung und des Versailler Vertrages einschließlich der bedeutenden Gebietsverluste stark beeinflusst. Hinzu kamen zusätzliche Aufwendungen durch die Novemberrevolution und die revolutionären Kämpfe, die schwere innenpolitische Krise sowie durch die nach 1918 offen ausbrechende Inflation. Während die Gesamtstaatsausgaben von 1917 zu 1918 um knapp 1.400 Mio. Mark wuchsen, hatte der Kultusetat nur einen minimalen Anstieg um 1,2 Mio. Mark, so dass sein Anteil an den Staatsausgaben von 5,5 auf 4,3 Prozent sank. Die 1,2 Mio. Mark dienten vor allem zur Finanzierung der angesichts gravierender Versorgungsprobleme notwendig gewordenen sogenannten Teuerungszulagen für die Beamten und Staatsangestellten im Bereich des Kultusministeriums. Im Etat von 1919 gab es dann zwar für den Kultus einen weiteren Aufwuchs von immerhin 7,2 Mio. Mark, doch da die Gesamtstaatsausgaben erneut wesentlich schneller gestiegen waren, verringerte sich der Anteil des Kultusministeriums auf nur noch 3 Prozent, ein Wert, der allein im Jahre 1865 unterboten worden war (vgl. Tabellen 2 und 4). Auch wenn es sich um das erste Budget des republikanischen Preußen handelte, entsprach es in seinen Strukturen angesichts der langen technischen Vorlaufzeiten noch weitgehend den Haushalten der Kaiserzeit. Bei den Mehrausgaben im Bereich des Kultusministeriums handelte es sich zum überwiegenden Teil um Teuerungszulagen, aber auch um Aufwendungen, die zum Beispiel als Folgen der Demobilmachung, der Rheinlandbesetzung und der (nach-)revolutionären Kämpfe gemacht wurden. Daneben wurden Arbeiten finanziert, die während des Krieges hinausgeschoben worden waren, wie dringende Reparaturen an Schul- oder Universitätsgebäuden, und keine weitere Verzögerung zuließen. Diese Faktoren wirkten im Wesentlichen im Haushaltsjahr 1920 weiter; die nochmalige Erhöhung des Kultusetats um 7,6 Mio. Mark sollte aber nicht nur die anhaltende Teuerung kompensieren, sondern diente nunmehr auch zusätzlichen Aufwendungen im Interesse einer betont republikanischen Kulturstaatspolitik. Das setzte sich im Jahr 1921 fort. Hinzu kamen verstärkt Auswirkungen der Gebietsverluste. Einerseits wurde der Kultusetat durch den Wegfall der Unterhaltskosten für die dortigen kulturstaatlichen Einrichtungen entlastet, andererseits waren jedoch zahlreiche dort ehemals beschäftigte Beamte und Angestellte, die nicht für einen Dienst in den Nachfolgestaaten optieren wollten, konnten oder durften, bis zur Übernahme in neue reguläre Arbeitsverhältnisse zu unterstützen. Hinzu kamen vor allem im Unterrichtswesen notwendige Erweiterungsinvestitionen angesichts regional teilweise massiv angestiegener Schülerzahlen im Gefolge der Migrationsbewegungen aus den sogenannten Abstimmungsgebieten.

Wenn die Daten des Jahres 1921 sich stark von denen für 1920 unterscheiden – die Gesamtstaatsausgaben machten das Dreifache und die Kultusausgaben gar das Achtfache des Vorjahres aus, so dass der Anteil letzterer an den Gesamtstaatsausgaben von 5,2 auf bis dahin unerreichte 14,3 Prozent stieg – dann war das durchaus auf den ebenfalls bereits erwähnten tiefgreifenden Wandel in den Finanzbeziehungen zwischen Reich und Bundesstaaten zurückzuführen. In vermutlich noch stärkerem Maße war diese Entwicklung aber Reaktion auf die bedeutend an Tempo gewinnende Inflation. Schon bei den (verspäteten) parlamentarischen Verhandlungen vom Jahreswechsel 1920/21 zum Etat von 1920 wurde von den Verantwortlichen betont, dass die in das Budget eingestellten Summen wegen der unerwartet schnell voranschreitenden Geldentwertung in keiner Weise den tatsächlichen Bedarf abdecken würden.[32] Bei der Anfertigung des Etats für 1921 wurde nun mit einer Vervielfachung der Titelansätze versucht, von realistischen Zahlen auszugehen – dass diese Summen schon nach kurzer Zeit wiederum einen großen Teil ihrer Kaufkraft verlieren und damit das Budget erneut zu einer Art Rahmenrichtlinie degradieren würden, wollten die Ministerialbeamten wie die meisten Zeitgenossen nicht wahrhaben.

32 Vgl. im vorliegenden Band S. 15 f.

2.2 Der Etat des Kultusministeriums 1817 bis 1848

Verlässt man die vergleichende Perspektive zwischen den Gesamtstaatsausgaben auf der einen sowie den Kultusausgaben auf der anderen Seite und widmet sich der inneren Struktur des Kultusetats selbst, so stellt sich zunächst ein Quellenproblem. Aus der vorparlamentarischen Zeit sind keine veröffentlichten umfassenden Haushaltspläne bekannt. Für das Kultusministerium sind allein zwei handschriftliche und im vorliegenden Band erstmals edierte Etats beziehungsweise Etatsteile aus den Jahren 1820 und 1822/23[33] überliefert; für die Zeit bis 1848 finden sich in den Akten meist nur punktuelle Angaben zu einzelnen Budgetbereichen und zu ihren inneren Strukturen. Es ist davon auszugehen, dass für die meisten Jahre auch keine vollständigen Budgets aufgestellt worden waren. Die Verantwortlichen, von den leitenden Beamten und den Ministern bis hin zu dem Monarchen und seinem Zivilkabinett, schienen fest davon überzeugt zu sein, nach den antinapoleonischen Befreiungskriegen zu einer derart geordneten Staatsfinanzwirtschaft gelangen zu können, dass es möglich sein würde, für alle Kostenträger über mehrere Jahre Bestand habende Etats aufzustellen. Doch es dauerte „wegen mannichfaltiger Schwierigkeiten" schon von 1814 bis 1820, bis überhaupt ein erster (fast) ausbilanzierter Haushalt für den Gesamtstaat und auch für die einzelnen Ressorts aufgestellt werden konnte. In einer 1820 publizierten Kabinettsordre hieß es dazu noch optimistisch: „Damit jedermann von dem wahren Zustande der Finanzen des Staats vollständig unterrichtet werde und sich überzeuge, daß nicht mehr an Abgaben gefordert werde, als das dringende Bedürfnis für die innere und äußere Sicherheit sowie zur Erfüllung der zum wahren Vorteile und zur Erhaltung des Staats eingegangenen Verpflichtungen unumgänglich nötig macht, so soll der [...] Hauptfinanzetat, nach erfolgter Prüfung und Feststellung, [...] zur öffentlichen Kenntnis kommen und auch mit dieser Kundmachung von 3 zu 3 Jahren fortgefahren werden."[34]

Tatsächlich wurden jedoch erst im Folgejahr summarisch gerade mal acht Einnahme- und 14 Ausgabeposten publiziert,[35] darunter das Kultusministerium mit Ausgaben im Umfang von 6 Mio. Mark, während Minister Altenstein ursprünglich 6,8 Mio. Mark[36] angemeldet hatte. Die nächsten, ebenfalls nur globalen Etatzahlen wurden schließlich nicht drei,

33 Im vorliegenden Band Dok. Nr. 1 und 2.

34 Kabinettsordre betr. den Staatshaushalt und das Staatsschuldenwesen. Vom 17.1.1820, GS, S. 21; hier auch das vorstehende Zitat.

35 Kabinettsordre, womit der allgemeine Einnahme- und Ausgabeetat für den gewöhnlichen Staatsbedarf im Jahre 1821 publiziert wird. Vom 7.6.1821, GS, S. 48.

36 2.259.228 Taler, vgl. Projekt zum Hauptfinanzetat des Preußischen Staats pro 1820, in: Geheimes Staatsarchiv (GStA PK), I. HA Rep. 151 I A Nr. 318/1, Bl. 6v. – In dem Begleittext hieß es hinsichtlich der ungedeckten 259.228 Taler (777.684 Mark): „Diese werden bei den sämtlichen Titeln zu ersparen sein [...]." Insbesondere würden derzeit Ausgaben von insgesamt 120.000 Taler (360.000 Mark) „Zur Errichtung eines Erzbistums und zweier Bistümer in den überweserschen Provinzen" sowie zur „Entschädigung der evangelischen Geistlichkeit" (Bl. 6) noch nicht anfallen.

sondern acht Jahre später verkündet, obwohl in der begleitend in der Gesetzsammlung mitgeteilten Kabinettsordre vom 21. Februar 1829 davon die Rede war, dass „in Folge der Order vom 17ten Januar 1820, den Staatshaushalt und das Staatsschuldenwesen betreffend, und des Gesetzes über das Abgabenwesen vom 30ten Mai 1820, […] mit der öffentlichen Kundmachung des Hauptfinanzetats von drei zu drei Jahren fortgefahren werden“[37] könne. In einer (weiteren?), nur als interner Behördendruck überlieferten, wesentlich ausführlicheren Kabinettsordre vom 21. Februar 1829 wurde nochmals auf die Bedeutung der regelmäßigen Publizierung der Haushalte hingewiesen und die Argumentation von 1820 wiederholt.[38] Die Verzögerung gegenüber der Ankündigung von 1820 ergab sich nun nicht daraus, dass die anfangs fixierten Sätze über die anvisierten sechsunddreißig Monate hinaus Gültigkeit besessen hatten, sondern weil zu viele und zu tiefgreifende Änderungen in dem Zahlenwerk vorzunehmen gewesen waren. In der Zwischenzeit wurden in allen Ressorts einschließlich Kultusministerium aber die einzelnen Haushaltstitel, dem Tagesgeschäft folgend, fortgeschrieben. Diese Änderungen, oft in Form von Kabinettsordres, wurden nur selten zu normierten Terminen wie dem Beginn eines neuen (Rechnungs-)Jahres wirksam. Aus diesem Grund ist es nicht möglich, die jährlichen finanziellen Aufwendungen des preußischen Staates insgesamt sowie für die Tätigkeitsbereiche der Ministerien bis 1848 präzise zu bestimmen. Allein für einzelne, enger begrenzte Ausgabenposten auch im Bereich des Kultusressorts lassen sich durchgängige Etatreihen finden oder rekonstruieren.

Der Vollständigkeit halber sei schließlich darauf verwiesen, dass in der ersten Hälfte des 19. Jahrhunderts noch einige weitere Kabinettsordres mit ähnlich knappen Eckdaten zu den Etats bis 1848 in der Gesetzsammlung publiziert[39], sowie ausgewählte Zahlen des Budgets von 1829 in einer späteren Denkschrift in den Landtagsdrucksachen des Jahres 1849[40] veröffentlicht wurden. Ferner finden sich kurze Auszüge aus dem Haushalt für 1847 bereits zeitgenössisch in der Gesetzsammlung.[41]

Nachstehende Tabelle 10 vergleicht nun die Struktur des Kultusetats im Jahre 1820 mit der von 1847. Die Bedeutung der hierfür herangezogenen und im vorliegenden Band als Dokument Nr. 1 abgedruckten „Übersicht der für den Kultus, öffentlichen Unterricht u[nd] das

37 Kabinettsordre, womit der Hauptfinanzetat für das Jahr 1829 publiziert wird. Vom 21.2.1829, GS, S. 13.

38 Haupt-Finanz-Etat für das Jahr 1829, S. 5 (Druck), in: GStA PK, I. HA Rep. 84a, Nr. 6792, Bl. 181.

39 Kabinettsordre, mit womit der Hauptfinanzetat für das Jahr 1832 publiziert wird. Vom 25.2.1832, GS, S. 65; Kabinettsordre, mit welcher der Hauptfinanzetat für das Jahr 1835 publiziert wird. Vom 8.5.1835, GS, S. 61; Kabinettsordre, mit welcher der Hauptfinanzetat für das Jahr 1838 publiziert wird. Vom 4.3.1838, GS, S. 196; Kabinettsordre, mit welcher der Hauptfinanzetat für das Jahr 1844 publiziert wird. Vom 9.4.1844, GS, S. 93.

40 Vgl. im vorliegenden Band S. 46.

41 Allerhöchste Kabinettsordre, mit welcher der Hauptfinanzetat für das Jahr 1847 publiziert wird. Vom 12.3.1847, in: GS, S. 133.

Medizinalwesen erforderlichen Zuschüsse aus Staatskassen“ vom 14. Juni 1820 erschöpft sich nicht allein darin, dass es sich hier um den ersten überlieferten Haushalt des preußischen Kultusministeriums überhaupt handelt. Vielmehr enthält das Schriftstück neben den festgeschriebenen[42] Zahlen für 1820 auch Angaben zu „neu erforderlichen laufenden Bewilligungen“ sowie zu „eventuell erforderlichen neuen Bewilligungen“ in den Jahren 1821 bis 1823. Diese anvisierten Summen weisen Ähnlichkeiten zu den Budgetanmeldungen in dem bereits vorstehend zitierten „Projekt zum Hauptfinanzetat des Preußischen Staats pro 1820“[43] auf, ohne dass aber beim jetzigen Stand der Forschungen Aussagen zu den Gründen für Abweichungen gemacht werden können.

In Dokument Nr. 1 werden die Haushaltsposten nicht als ein reines „Zahlenwerk“ mitgeteilt, sondern erläutert und die gleich in die tabellarische Übersicht mit aufgenommenen Mehrforderungen begründet. Es stellt also gewissermaßen ein haushaltspolitisches Programm für die Anfangsjahre des preußischen Kultusministeriums dar, auch wenn es als „Solitär“ in den Akten des Finanzministeriums liegt, weder Bearbeitungsvermerke trägt noch darauf Bezug nehmende weitere Schriftstücke bisher zu ermitteln waren. Bei dem Dokument handelt es sich mit hoher Wahrscheinlichkeit aber nicht um Planungen des Finanzressorts, sondern um eine Vorlage aus dem Kultusministerium selbst, da es wohl eine – nicht unterzeichnete – eigenhändige Ausarbeitung des Geheimen Oberregierungsrates Friedrich von Seydewitz ist. Als Vertrauter des Ministers Altenstein und speziell dafür zuständig, „die Finanzlage des Ministerii mit dem ersten Blick zu übersehen“[44], hatte der Vortragende Rat Überlegungen zur Entwicklung des Ressorts und der preußischen Kulturstaatspolitik insgesamt formuliert. In diesem Zusammenhang sei auch auf eine an anderer Stelle bereits abgedruckte frühere Denkschrift vom Frühjahr 1819 über die Aufgaben der verschiedenen Abteilungen des Ministeriums[45] hingewiesen, in der mehrfach die unzureichende Finanzausstattung betont wurde. Inwieweit die „Übersicht…“ von 1820 tatsächlich in den Etatverhandlungen für 1821 und die folgenden Jahre praktische Bedeutung gewann, muss beim jetzigen Forschungsstand offen bleiben.

42 Die zeitgenössische Formulierung lautete: „nach den Etats u[nd] sonst definitiv disponiert“.

43 Vgl. Anm. 36.

44 Erlass Altensteins an sämtliche Räte des Ministeriums vom 27.7.1818, im vorliegenden Band, Dok. Nr. 3. – Ferner das Schreiben Altensteins an Innenminister Friedrich von Schuckmann und Finanzminister Wilhelm von Klewiz vom 9.6.1818 mit der Bitte um Versetzung von Seydewitz an das Kultusministerium, damit dieser die „Lasten- und Rechnungsgeschäfte“ kontrolliert, in: GStA PK, I. HA Rep. 76, I Sekt. 31 Lit. S Nr. 23, Bl. 1; vgl. Holtz, Bärbel/Rathgeber, Christina, Ressortleitung und Räte von 1817 bis 1866, in Bd. 1/1 der vorliegenden Reihe, S. 207.

45 Denkschrift Altensteins vom Ende April/Anfang Mai 1819, in Bd. 2/2 der vorliegenden Reihe, Dok. Nr. 1.

Tabelle 10 *Der Haushalt des Kultusministeriums nach Hauptausgabenbereichen 1820/21 und 1847 (in Mark)*

	1820 absolut	%	1847 absolut	%
Gesamtausgaben	6.000.000	100,0	9.818.814	100,0
Ministerium	•	•	369.723	3,8
davon Personalausgaben	*281.640*	*4,7*	•	•
Allgemeiner Dispositionsfonds	36.000	0,6	26.637	0,3
Kultus im engeren Sinne	1.800.945	30,0	2.940.711	30,0
davon evangelischer Kultus	•	•	*770.766*	*7,9*
davon katholischer Kultus	•	•	*2.169.945*	*22,1*
Kultus und Unterricht gemeinsam	656.631	10,9	1.731.099	17,6
Untere Schulen [1]	[442.135] [3]	[7,4]	758.262	7,7
Höhere Schulen	339.723	5,7	810.291	8,3
Taubstummen- und Blindenanstalten	•	•	42.846	0,4
(Nichtuniversitäre) Lehrerbildung	117.030	2,0	305.502	3,1
Universitäten	939.163	15,7	•	•
Kunst und Wissenschaft zusammen [2]	298.115	5,0	468.651	4,8
Medizinalwesen	718.669	12,0	913.932	9,3
davon Charité	*207.900*	*3,5*	•	•

[1] Ohne Lehrerseminare, Taubstummen- und Blindenanstalten sowie Waisenhäuser und andere Wohltätigkeitsanstalten.

[2] Ohne Universitäten.

[3] Stadt- und Landschulen zusammen für 1819 und unter Einberechnung der den einzelnen Lehrern neben ihren Barbezügen gewährten Naturalvergütungen als sogenannte geldwerte Vorteile wie zum Beispiel freie Wohnung, oft mit Garten- und/oder Feldnutzung verbunden, Feuerholz und Viehfutter.

Quellen:

Übersicht der für den Kultus, öffentlichen Unterricht und für das Medizinalwesen erforderlichen Zuschüsse aus Staatskassen. Pro 1821 [und] folgende. Vom 14.6.1820, im vorliegenden Band Dok. Nr. 1;

Zahl und Einkommen aller Schullehrerstellen in den Städten und auf dem Lande, in: Jahrbücher des Preußischen Volksschulwesens 1 (1825), S. 74 f.;

Allerhöchste Kabinettsordre, mit welcher der Hauptfinanzetat für das Jahr 1847 publiziert wird. Vom 12.3.1847, in: GS, S. 133;

Statistisches Handbuch für den preußischen Staat, Bd. 1, Berlin 1888, S. 90;

eigene Berechnungen.

Bei einem Vergleich der Hauptausgabenbereiche der Kultusetats von 1820 und 1847 in Tabelle 10 fällt zunächst auf, dass die Aufwendungen für den „Kultus im engeren Sinne" mit jeweils 30 Prozent den höchsten Anteil hatten. Dabei ist bemerkenswert, dass die Summe für den katholischen Bereich 1847 wesentlich größer war als die für den evangelischen im Gegensatz zum Zahlenverhältnis der sich zu den beiden Religionen Bekennenden. Der preußische Staat musste nach den weitreichenden Säkularisierungen vor allem seit Anfang des 19. Jahrhunderts sowohl den aktiven und emeritierten katholischen Amtsträgern als auch den von ihrer Kirche getragenen Einrichtungen Ersatz für verlorene Geldquellen leisten, sollten nicht starke gesellschaftliche Spannungen vor allem in den katholischen Landesteilen sowie größere Ausfälle auf sozialem und kulturstaatlichem Gebiet entstehen.

Addiert man in der Tabelle 10 zu den Aufwendungen für den „Kultus im engeren Sinne" die immerhin noch mehr als halb so großen Ausgaben für den Bereich „Kultus und Unterricht gemeinsam" hinzu, worunter zum Beispiel die Kosten für Doppelämter als Lehrer und Geistliche sowie der Unterhalt parallel genutzter beziehungsweise miteinander verbundener kirchlicher und Unterrichtsräume erfasst wurden, so kommt man für 1820 auf rd. 41 Prozent und für 1847 sogar auf rd. 48 Prozent vom Etat des Kultusministeriums. Die kulturstaatlichen Aufwendungen wurden also im Vormärz von den Ausgaben für den „Kultus im engeren Sinne" dominiert.

Da im Gegensatz zu den Aufwendungen für den „Kultus im engeren Sinne" die Gelder für „Kultus und Unterricht gemeinsam" 1847 sowohl absolut (mehr als das Zweieinhalbfache) als auch relativ (um fast sieben Prozentpunkte) gegenüber 1820 gestiegen waren, kann vermutet werden, dass vor allem der Anteil des Unterrichts gewachsen war. Das korrespondiert mit dem Aufwuchs der Fonds für das niedere und höhere Schulwesen, die 1820 zusammen einen Anteil von rd. 13 Prozent und 1847 von 16 Prozent hatten. Dabei überwog die Steigerung beim höheren Schulwesen, was ein Indiz für das früher beginnende und stärkere Engagement des preußischen Staates bei den Gymnasien usw. ist. Der sowohl absolute als auch relative Aufwuchs bei der nichtuniversitären Lehrerbildung ist zugleich Zeichen dafür, dass in jenen Jahrzehnten eine Verbesserung des Volksschulwesens nicht vollständig den Kommunen und anderen Schulträgern überlassen wurde, sondern sich der preußische Staat seiner kulturstaatlichen Verantwortung – über den Rahmen der Besetzung der unter königlichem Patronat stehenden Lehrerstellen – stärker bewusst zu werden begann.

Hinsichtlich der Ausgaben für das Kultusministerium selbst ist festzustellen, dass trotz eines Aufwuchses in absoluten Zahlen der Anteil am Etat signifikant zurückging. Die Halbierung des Anteils des Allgemeinen Dispositionsfonds, hinter der sogar ein absoluter Rückgang stand, dürfte ein Indiz dafür sein, dass das Haushaltsregime in der preußischen Staatsverwaltung während des Vierteljahrhunderts zwischen 1820 und 1847 strenger und die Möglichkeit unvorhergesehener Aufwendungen geringer geworden waren. Es bleibt zu fragen, ob dies Ergebnis allgemeiner Einsparungen war oder ob es vor allem noch näher zu erläuternde Bemühungen des Finanzministeriums sowie der Oberrechnungskammer waren, Staatsausgaben möglichst aus genau definierten Haushaltstiteln zu leisten[46] und dadurch Zahl sowie Volumen von Pauschalposten einzuschränken. Wenn dies der Fall war, dann wurde ein Großteil der gegenüber 1820 nicht mehr im Dispositionsfonds enthaltenen knapp 10.000 Mark wohl nur im Budget verschoben und nicht effektiv eingespart.

Setzt man nun die vorstehend skizzierten Entwicklungen in dem Vierteljahrhundert zwischen 1820 und 1847 mit den im Dokument Nr. 1 enthaltenen Planungen des Kultusministeriums für die Jahre 1821 bis 1823 in Beziehung, so ist zu beobachten, dass bereits für das erste Jahr ein Aufwuchs von rd. 0,9 Mio. Mark als notwendig angesehen worden war und 1822 schon mit einem Etat von knapp 7 Mio. Mark gerechnet wurde, der 1823 um weitere 0,9 Mio. Mark auf insgesamt rd. 7,9 Mio. Mark aufgestockt werden sollte. Tatsächlich konnte das Kultusministerium seine Fonds jedoch nur wesentlich langsamer vermehren. 1847 wurden lediglich 9,8 Mio. Mark verwaltet. Der Aufwuchs von 3,8 Mio. Mark stellte aber nicht vollständig eine effektive Vermehrung der vom preußischen Staat für kulturstaatliche Zwecke zur Verfügung gestellten Gelder dar. Ein Teil dieser Summe bestand aus Geldern, die 1820 noch zum Beispiel den Etats der Regierungsbezirke und Provinzen oder dem Budget des Finanzministeriums zugerechnet worden waren, 1847 dann aber als Haushaltstitel des Kultusministeriums geführt wurden.[47]

Während Tabelle 10 die Etatzahlen für 1820 und 1847 nach den Hauptausgabenbereichen mitteilt und die Positionen um die jeweiligen prozentualen Anteile am Gesamthaushalt ergänzt, stellt Tabelle 11 diese Daten in Beziehung zur Bevölkerungsentwicklung. Es wird danach gefragt, ob der Kultusetat insgesamt und in seinen Teilbereichen mit dem demographischen Wachstum mithielt.

46 Vgl. im vorliegenden Band, S. 40.
47 Vgl. im vorliegenden Band, S. 40.

Tabelle 11 *Die Steigerungsraten der Hauptausgabenbereiche im Hauhalt des Kultusministeriums im Vergleich zur Bevölkerungsentwicklung zwischen 1820 und 1847 (in Mark)*

	1820	1847	(3) in % von (2)
(1)	(2)	(3)	(4)
Gesamtausgaben	6.000.000	9.818.814	163,7
Ministerium	•	369.723	•
davon Personalausgaben	*281.640*	•	•
Allgemeiner Dispositionsfonds	36.000	26.637	74,0
Kultus im engeren Sinne	1.800.945	2.940.711	163,3
davon evangelischer Kultus	•	*770.766*	•
davon katholischer Kultus	•	*2.169.945*	•
Kultus und Unterricht gemeinsam	656.631	1.731.099	263,6
Untere Schulen [1]	[442.135] [3]	758.262	[171,6]
Höhere Schulen	339.723	810.291	238,5
Taubstummen- und Blindenanstalten	•	42.846	•
(Nichtuniversitäre) Lehrerbildung	117.030	305.502	261,1
Universitäten	939.163	•	•
Kunst und Wissenschaft zusammen [2]	298.115	468.651	157,2
Medizinalwesen	718.669	913.932	127,2
davon Charité	*207.900*	•	•
Einwohner	**11.272.482**	**16.157.121**	**143,3**

[1] Ohne Lehrerseminare, Taubstummen- und Blindenanstalten sowie Waisenhäuser und andere Wohltätigkeitsanstalten.

[2] Ohne Universitäten.

[3] Stadt- und Landschulen zusammen für 1819 und unter Einberechnung der den einzelnen Lehrern neben ihren Barbezügen gewährten Naturalvergütungen als sogenannte geldwerte Vorteile wie zum Beispiel freie Wohnung, oft mit Garten- und/oder Feldnutzung verbunden, Feuerholz und Viehfutter.

Quellen:
Wie Tabelle 10;
eigene Berechnungen.

Die beachtliche Vermehrung des Kultusetats zwischen 1820 und 1847 nach Tabelle 11 relativiert sich, dienten doch rund zwei Drittel des Gesamtzuwachses allein dazu, mit der Vergrößerung der Bevölkerung Schritt zu halten. Diese wuchs von mehr als 11 Mio. Einwohnern 1820 auf über 16 Mio. im Jahre 1847. Die höchste Zunahme, wesentlich über der Bevölkerungsvermehrung, wiesen die Fonds für „Kultus und Unterricht gemeinsam" sowie „(Nichtuniversitäre) Lehrerbildung" auf, dicht gefolgt von den Geldern für das „Höhere Schulwesen". Bei den Geldern für den „Kultus im engeren Sinne" lag die Zunahme um rd. 20 Prozentpunkte über dem demographischen Wachstum. Die staatlichen Aufwendungen für das Medizinalwesen wuchsen zwar absolut um knapp 0,2 Mio. Mark, hielten aber in keiner Weise mit der Bevölkerungsvermehrung Schritt. Diese auf den ersten Blick verwunderliche Tatsache findet ihre Erklärung vor allem darin, dass von 1825 bis 1849 der große Bereich der staatlichen Beaufsichtigung des Gesundheitswesens in der Tradition der „Medicinalpolicey" zum Verantwortungsbereich des preußischen Innenministeriums gehörte[48] und aus dem Etat des Kultusministeriums herausgefallen war. Außerdem ist zu beachten, dass die Mehrausgaben für die Ausbildung von Ärzten zumeist aus den Etats der Universitäten bezahlt wurden.

Da für die Zeit vor 1849 nur wenige weitere Angaben zu den Kultusetats überliefert sind, sei schließlich noch auf Tabelle 12 verwiesen, die mit Daten zu den Ausgaben im Bildungswesen und für die Wissenschaft zu dem Haushaltsjahr 1822/23 einen zentralen Bereich der kulturstaatlichen Aktivitäten erfasst und zudem durch die ebenfalls mitgeteilten Zahlen für 1805/06 den Vergleich einiger Positionen mit der Zeit vor der Gründung des preußischen Kultusministeriums erlaubt.[49] Das Fehlen von Positionen gegenüber Tabelle 10 erklärt sich daraus, dass eine Reihe der in Dokument Nr. 2 zeitgenössisch verwandten Kategorisierungen wie zum Beispiel „Laut Provinzialetats" oder „Laut Domänenetats" den späteren Hauptausgabenbereichen in Analogie nicht zugewiesen werden konnte.

48 Vgl. Zilch, Reinhold, Gesundheitswesen und Medizinalpolitik in Preußen 1817 bis 1911, in: Bd. 2/1 der vorliegenden Reihe, S. 680.

49 Im vorliegenden Band Dok. Nr. 2.

Tabelle 12 *Die staatlichen Aufwendungen für Universitäten, Schulen und andere Bildungs- sowie wissenschaftliche Anstalten in den Jahren 1805/06 und 1822/23 (in Talern/Silbergroschen/ Pfennigen)*

Provinz	1805/06	1822/23	1805/06 = 100
Ostpreußen	13.733/29/-	94.414/11/5	688
Litauen	2.309/10/-	16.368/17/3	708
Westpreußen und Großhztm. Posen	23.165/23/-	55.031/29/10	238
Pommern	5.702/22/6	12.922/4/9	267
Kurmark, einschließlich Berlin	38.83428/9	234.508/3/10	604
Neumark, einschließlich Frankfurt	3.705/-/-	14.418/6/6	389
Schlesien	42.878/26/3	120.622/2/9	281
Sachsen, ehemals Preußischer Anteil	38.745/11/3	114.142/27/1	295
Westfalen desgleichen	3.386/21/3	36.994/24/2	1.093
Großherzogtum Berg desgleichen	7.036/10/-	26.126/27/4	371
Zusammen	**179.499/2/-**	**725.550/4/11**	**404**
Einwohner	*9.700.000 [1]*	*11.664.133*	*120*

[1] Ohne das im Gefolge des Cessionstraktates vom Februar 1806 besetzte Kurfürstentum Hannover.

Quellen:

Zusammenstellung der nach den neusten Etats pro 1822/3 ausgesetzten Kosten für Universitäten, Schulen und andere Bildungs- und wissenschaftliche Anstalten, balanciert gegen die nach den Etats für 1805/6 ausgesetzten Summen, im vorliegenden Band Dok. Nr. 2;

Statistisches Handbuch für den preußischen Staat, Bd. 1, Berlin 1888, S. 90;

Fix, Wilhelm, Die Territorialgeschichte des preußischen Staates im Anschluß an zwölf historische Karten übersichtlich dargestellt, Berlin, 3. Aufl. 1884, S. 375;

eigene Berechnungen.

Tabelle 12 belegt ein bedeutenderes Wachstum der Ausgaben für das Bildungswesen und die Wissenschaft in Preußen zwischen 1805/06 und 1822/23 gegenüber der demographischen Entwicklung. Für einen tiefer gehenden Vergleich müssen aber die bedeutenden Preissteigerungen bis 1822/23 gegenüber der Zeit vor der napoleonischen Invasion ebenso berücksichtigt werden wie die bis Mitte der 20er Jahre anhaltende Zerrüttung der Währungsverhältnisse. Die Kaufkraft eines Talers 1805 unterschied sich deutlich von der im Jahre 1822/23. Weiterhin gibt Tabelle 12 Anhaltspunkte für eine Analyse der regionalen Entwicklungen. Im wirtschaftlich bereits weiter entwickelten Westfalen gab es immerhin eine Verzehnfachung der Aufwendungen für das Bildungswesen und die Wissenschaft, während in Pommern, Schlesien und in den ehemals sächsischen Landesteilen gerade mal knapp das Dreifache der Gelder von 1805/06 zur Verfügung gestellt wurde. Zu einer näheren Bewertung dieser Daten sind aber die ebenfalls bedeutenden Unterschiede im Bevölkerungswachstum in den einzelnen Provinzen und Territorien Preußens in die Analyse mit einzubeziehen.

2.2.1 *Die Entwicklung einer modernen Haushaltsführung vor 1840 – Exkurs –*

Die Daten zu den Kultusetats bis zum Jahr 1847 einschließlich müssen vor dem Hintergrund der Entwicklung zu einer modernen Haushaltsführung im preußischen Staat gesehen werden, die sich im Wesentlichen während der Amtszeit von Minister Altenstein vollzog. Dabei handelte es sich nicht nur und nicht in erster Linie um rein (buchungs-)technische Veränderungen, sondern vor allem um veränderte Zuordnungen von Haushaltsposten sowie die Einführung beziehungsweise die Durchsetzung von nunmehr gültigen grundlegenden Verfahrensweisen bei der Aufstellung und dem Vollzug der Budgets, was eben auch Volumen und Struktur der Ausgaben beeinflusste. Damit verbunden waren Veränderungen in den Kompetenzen der Ressortchefs bei der Verwendung der zur Verfügung stehenden Mittel. Ferner ging es um die Herausbildung stärker formalisierter Verwaltungsabläufe mit Routineprozessen, durch die die Notwendigkeit von Einzelfallentscheidungen insbesondere in Form von Kabinettsordres des Monarchen eingeschränkt wurde, was den persönlichen Einfluss des Königs verringerte. Nachstehender Exkurs beschreitet für den Bereich des Kultusministeriums Neuland. Auf Grund verschiedener Hinweise in den Akten ist jedoch anzunehmen, dass diese Entwicklung ähnlich auch in den anderen Ressorts und weiteren obersten Staatsbehörden verlief, ohne dass hierzu bereits Spezialuntersuchungen vorliegen.

Für das Kultusministerium besaß der als Dokument Nr. 3 abgedruckte Erlass Altensteins an sämtliche Räte vom 27. Juli 1818[50] grundsätzliche Bedeutung, gemäß dem alle Beamten dazu verpflichtet wurden, ausgefertigte Schriftstücke, in denen finanzielle Fragen berührt wurden, dem bereits erwähnten Geheimen Oberregierungsrat und Vortragenden Rat Friedrich von Seydewitz vorzulegen. Dieser sollte auf diese Weise „durch fortlaufende Annotation der Allerhöchsten Verwilligungen und darauf gegründeter Anweisungen" einen vollständigen Überblick über die Haushaltslage gewinnen. Die erst ein Dreivierteljahr nach der Gründung der Behörde angewiesene, aus heutiger Sicht naheliegende Regelung war Konsequenz aus der anscheinend noch ziemlich ungeordneten bürokratischen Praxis im Ministerium, die zu – vermutlich größeren – „Schwierigkeiten [...] bei der Zusammenstellung mehrerer [...] zu verschiedenen Zwecken notwendig gewesener Nachweisungen über erfolgte Geld-Verwilligungen" geführt hatte.

Die sich mit der Umsetzung des Erlasses vom Juli 1818 langsam einspielenden Abläufe in der Berliner Zentralbehörde wurden immer wieder dadurch gestört, dass sich der Zuständigkeitsbereich des Ministeriums veränderte, was natürlich auch Auswirkungen auf den Haushalt hatte, wie nachstehende Beispiele zeigen. So beruhte der Aufwuchs des Kultusetats von rd. 1 Mio. Mark zwischen 1820 und 1829 nur zum Teil auf den neu eingestellten Dotationen für die Bistümer in den westlichen Provinzen sowie auf Bewilligungen „zur Erweiterung und besseren Ausstattung wissenschaftlicher Anstalten und für die Verbesserung

50 Im vorliegenden Band Dok. Nr. 3.

der Lage des Lehrerstandes im allgemeinen“[51]. Der andere Teil der Etaterhöhungen beim Kultusministerium war „nur scheinbar“ und resultierte „aus der Übertragung der Ausgaben für die Provinzialkonsistorien, Schul- und Medizinal-Kollegien“ sowie für die „geistlichen, Schul- und Medizinalräte der Regierungen“. Dokument Nr. 6 listet für die Budgets von 1820 bis 1823 in insgesamt 40 Positionen mehr als 8.000 Taler auf, die die Zentralbehörde von nachgeordneten Verwaltungen übernahm. Ähnliches vollzog sich auch noch in späteren Jahren. Ab 1833 zum Beispiel wurden verschiedene Zahlungen an Geistliche, Lehrer und andere Beamte nicht mehr vom Finanzministerium geleistet, sondern im Etat des Kultusministeriums geführt,[52] und für das Budget 1835/36 wurde die Regierung zu Königsberg darüber informiert, dass künftig Gelder für das dortige Waisenhaus und Schullehrerseminar nicht mehr vom Innen- und Polizeiministerium, sondern ebenfalls vom Kultusministerium kommen würden.[53] – Beim jetzigen Forschungsstand sind keine Aussagen zum Gesamtvolumen der bis 1848 anders zugeordneten Fonds möglich, deren Umbuchung keine tatsächliche Vermehrung der Staatsfonds zur Finanzierung des Kulturstaats darstellte.

Die haushaltstechnische Umsetzung dieser Veränderungen, die auf den ersten Blick als unkomplizierte, nur zweistufige Verfahren erscheinen, war in der Praxis mit zahlreichen Problemen verbunden, die vor allem damit zusammenhingen, dass zu jener Zeit noch verschiedene Einnahmen und Ausgaben des Staates mehr gewohnheitsrechtlich begründet waren, denn auf einklagbaren Ansprüchen basierten. In Bezug auf die Schlussrechnung für das Jahr 1823 zum Beispiel gestand die Zentralkasse des Kultusministeriums angesichts zahlreicher Monita der Oberrechnungskammer ein, dass „die Übernahme und Verwaltung der den Kassenbeamten ganz fremden Kasse und die Trennung der einzelnen in derselben vereinigten Fonds“ mit „mannigfältigen und nicht immer gleich zu beseitigenden Schwierigkeiten verbunden“ gewesen sei. Daraus glaubten die Rendanten im Kultusministerium sogar ableiten zu dürfen, dass „es sich rechtfertigt, wenn die Rechnung nicht allen Anforderungen“[54] entspräche. Diese Formulierung blieb aber ministeriumsintern und wurde verständlicherweise von Altenstein gegenüber der Oberrechnungskammer nicht verwandt, zumal diese inzwischen den Rechnungsabschluss für den Gesamtetat genehmigt hatte[55] und man natürlich keine neuerliche Auseinandersetzung mit der Kontrollbehörde wollte.

Doch nicht nur die veränderten Zuordnungen von Haushaltsposten, die das Budgetvolumen und damit den Anteil der Kultusausgaben im Gesamtstaatshaushalt beeinflussten,

51 Kabinettsordre vom 21.2.1829, in: Haupt-Finanz-Etat für das Jahr 1829, S. 14 [Druck], in: GStA PK, I. HA Rep. 84a, Nr. 6792, Bl. 185v, hier auch die nachfolgenden Zitate.

52 Im vorliegenden Band Dok. Nr. 4.

53 Im vorliegenden Band Dok. Nr. 5.

54 Stellungnahme der Zentralkasse des Kultusministeriums zu Monita Notate der Oberrechnungskammer zur Haushaltsrechnung des Kultusministeriums für das Jahr 1823 vom 25.6.1826, im vorliegenden Band Dok. Nr. 7.

55 Im vorliegenden Band Dok. Nr. 8.

hatten Auswirkungen auf Stellung und politischen Einfluss des Kultusministers, sondern ebenso Auseinandersetzungen mit der Oberrechnungskammer und dem Finanzministerium um die sogenannte Budgetdisziplin. Beide Behörden stellten mehrfach die Kompetenz von Altenstein in Frage, die Zweckbestimmung von Haushaltstiteln weit auslegen zu dürfen. Ebenso wurde bestritten, dass der Kultusminister ermächtigt sei, bewilligte und dann doch nicht eingesetzte Gelder statt, wie im Kassenregulativ von 1828[56] festgelegt, an den Staatsschatz abzuführen, sondern sie vielmehr eigenmächtig anderweitig zu verwenden, beziehungsweise ins nächste Jahr zu übertragen. Noch 1826 widersprach das Kultusministerium entschieden dem Ansinnen der Oberrechnungskammer, Ersparnisse aus dem Haushalt von 1823 abzuführen.[57] Zwar konnte Altenstein sich in diesem Einzelfall auf eine Kabinettsordre vom Oktober 1822 stützen, die die von ihm veranlasste Sonderverwendung legalisierte, aber es bedurfte mehrfacher Interventionen, bis man dann 1829 der Kontrollbehörde mitteilen konnte, dass dem Ministerium nunmehr „alle Ersparungen belassen werden"[58] würden.

Die Auslegung von Zweckbestimmungen einzelner Haushaltstitel und die Budgetdisziplin wurden im Gefolge der Revision der Haushaltsrechnung für 1827 und nachfolgende Jahre durch die Oberrechnungskammer zu zentralen Streitpunkten, wie die Dokumente Nr. 11 bis 23 zeigen. Anlass bot die Verwendung eines Fonds, der noch im Budget für 1820 „zur Verbesserung des Elementarunterrichts, zur Einrichtung und Unterhaltung des Provinzialschulkursus, zu pädagogischen Reisen der Prediger und Schulinspektoren, zur Unterhaltung[59] von Schulamtskandidaten bei Pestalozzi, zur Anschaffung von Lehrmitteln für Schulen und Schüler usw. nach der Disposition des Ministerii" lautete.[60] Die Oberrechnungskammer hatte kritisiert, dass 1827 wohl zur besseren Übersichtlichkeit in Tabellen, und vielleicht auch nur zur Vermeidung von Schreibarbeit, der Wortlaut auf die knappe Passage „zur Verbesserung des höheren Unterrichts und für den Elementarunterricht" verkürzt

56 Allerhöchst vollzogenes Regulativ wegen künftiger Einrichtung des Kassenwesens rücksichtlich der Disposition über die Einnahmen zum Staatshaushalt und der Nachweisung der Geld- und Verwaltungsresultate vom 17.3.1828, in: Kamptz, Karl Albert v. (Hrsg.), Annalen der Preußischen innern Staatsverwaltung, Bd. 12 (1828), S. 285, zu den Überschüssen Abschnitt Nr. 15.

57 Im vorliegenden Band Dok. Nr. 9.

58 Schreiben Altensteins an den Chefpräsidenten der Oberrechnungskammer Philipp von Ladenberg vom 11.4.1829, im vorliegenden Band Dok. Nr. 10. – Diese Regelung stützte sich auf eine Kabinettsordre vom 5.1.1829 an Altenstein, nach der von „dem 1ten Jan. d. J. an die ganze Summe des vorliegenden Etats von 2.334.610 Tlr. 15 Sgr. 3 Pf. als ein fortdauernder Fonds dergestalt überlassen bleibe, daß Sie über die vorkommenden Ersparnisse ohne Konkurrenz des Finanz-Ministers nach Maßgabe der betreffenden allgemeinen Verwaltungs-Vorschrift resp[ective] disponieren oder die erforderlichen Anträge auf Meine Bewilligungen, wo solche verfassungsmäßig eintreten müßten" selbst bis zu der Summe von 55.729 Tlr. 12 Sgr. 11 Pf. entscheiden (Entwurf der Kabinettsordre, in: GStA PK, I. HA Rep. 89, Nr. 18730, Bl. 100–100v); ab wann diese Kompetenz nicht mehr galt, kann beim derzeitigen Forschungsstand nicht bestimmt werden.

59 Zeitgenössisch für: Unterhalt.

60 Im vorliegenden Band Dok. Nr. 11.

worden war und Gelder aus diesem Titel zu aus ihrer Sicht nicht direkt darunter zu subsumierenden Zwecken ohne Genehmigung des Monarchen „oder nähere Erläuterung darüber, weshalb solche nicht erforderlich" gewesen sei, verwendet worden waren. Um künftig derartige Ermahnungen zu vermeiden, erwirkte Altenstein gemeinsam mit Finanzminister Friedrich von Motz eine Kabinettsordre (vom 5. Januar 1830), der zufolge in Zukunft den Worten „zur Verbesserung des höheren Unterrichts und für den Elementarunterricht" der Zusatz „und zu außerordentlichen Unterstützungen und Gratifikationen" angefügt wurde.[61] Ungeachtet dessen beharrte aber die Oberrechnungskammer auf ihrer Position und verlangte genaue Rechenschaft über das Jahr 1827 – würde diese nicht befriedigend ausfallen, drohte dem Kultusminister neben Rückzahlungen, die aus dem laufenden Etat geleistet werden sollten, und demzufolge die aktuelle Politik beeinträchtigen würden, vor allem der Verlust an Einfluss und Prestige. Einige der angefragten Fälle erledigten sich sogleich, als die fehlenden Begründungen nachgereicht wurden, handelte es sich doch zum Beispiel um eine Reisekostenunterstützung zur Fahrt an den Dienstort für einen neu berufenen Lehrer, um Ausbildungsbeihilfen für Schulamtskandidaten, um Prämien für bewährte Lehrer oder um Hilfen für Not leidende emeritierte Pädagogen.[62]

Problematischer sah es bei den Zahlungen „zur Verbesserung der höheren Unterrichtsanstalten" von zusammen mehr als 4.000 Talern aus. Das waren nicht nur Boni, „um Lehrer von Ruf und Geschicklichkeit dem Preußischen Staate zu erhalten", sondern ebenso „Gratifikationen für ausgezeichnete Professoren zur Herstellung ihrer Gesundheit, oder auch um wissenschaftliche Zwecke zu erreichen"[63]. Verkompliziert wurde der Konflikt mit der Oberrechnungskammer dadurch, dass weitere Gelder aus dem Allgemeinen Dispositionsfonds des Kultusministeriums von Altenstein zu ähnlichen Zwecken verwendet worden waren, ohne Genehmigungen des Monarchen zu erwirken.[64] Zu den monierten Zahlungen im Haushalt von 1829 gehörten auch Zuschüsse an mehrere Gelehrte für Reisen. Nur einige der Unternehmungen waren mehr oder weniger mit wissenschaftlichen Zwecken verbunden. Bei anderen war das nicht der Fall: Dem kränkelnden Philosophen Hegel wurde, zwei Jahre vor seinem Tode, eine Badekur finanziert, um ihn für eine nicht gewährte Besoldungszulage zu entschädigen. Auch sein Bonner Kollege Friedrich (van) Calker bekam Reisegelder, um „ihn zu beruhigen, daß ihm eine mehrmals erbetene und wohlverdiente Gehaltszulage wegen Mangels an disponiblen Mitteln nicht gewährt werden konnte"[65]. Dies waren nicht nur aus heutiger Sicht schon sehr weitherzige Auslegungen der Zweck-

61 Im vorliegenden Band Dok. Nr. 12.

62 Im vorliegenden Band Dok. Nr. 13 und 14.

63 Entwurf eines nicht abgesandten Immediatberichtes Altensteins vom Oktober 1830, im vorliegenden Band Dok. Nr. 13.

64 Im vorliegenden Band Dok. Nr. 14 bis 18.

65 Schreiben des Kultusministeriums an die Oberrechnungskammer vom 19.5.1832, im vorliegenden Band Dok. Nr. 18.

bestimmung eines Haushaltstitels, der der „Verbesserung der höheren Unterrichtsanstalten" dienen sollte. Vom Kultusministerium nachgereichte Begründungen sowie die Einholung einiger Spezialbewilligungen des Monarchen bei besonders fragwürdigen Leistungen führten schließlich dazu, dass die Oberrechnungskammer die in Frage stehenden Budgetrechnungen dann endlich genehmigte. Chefpräsident Philipp von Ladenberg beschränkte sich in einem Schreiben vom März 1832 zu dem Etat von 1829 aber nicht auf eine diesbezügliche Mitteilung, sondern mahnte für die Zukunft eindringlich Budgetdisziplin an, da „die Etats die Normen für die Verwaltungen" seien und „mit Berücksichtigung der Staatskräfte und der allgemeinen oder höheren Zwecke der betreffenden Verwaltung, nach Maßgabe der leitenden Erfahrung abgemessen und bezeichnet" werden. „Die Etats bezeichnen die Richtschnur, welcher die Verwaltungen zur Erreichung der ihnen vorgegebenen Zwecke zu folgen haben, soweit dieselbe durch Ziffer und Zahl ausgedrückt werden kann; sie sind also die möglich kurzen Ausdrücke der besonderen Allerhöchsten Bestimmungen für die Verwaltung, und es würde unmöglich werden, mit den zur Erreichung der Staatszwecke erforderlichen Mitteln fortschreitend zu wirken, wenn keine Bürgschaft dafür wäre, daß jene Bestimmungen genau beachtet werden." Ladenberg verband diese Feststellung mit der Ankündigung, dass die Oberrechnungskammer sich allein „rücksichtlich der Bestimmung der Fonds nach ihren gegebenen Unterordnungen als rücksichtlich der Zahlengrößen" orientiere und verkündete kämpferisch: „Wird dieses Verfahren vielleicht hin und wieder als ein zu stures Festhalten an Förmlichkeiten beurteilt, so fürchten wir doch keinen Widerspruch, wenn wir die Meinung aussprechen, daß diesen Formen sehr materielle Interessen zum Grunde liegen."[66] Wohl auch deshalb war das Kultusministerium schnell bereit, einem Wunsch Ladenbergs zu entsprechen, zukünftig die Ausgaben aus dem Allgemeinen Dispositionsfonds nicht nur getrennt nach Geldern für die geistliche und Unterrichtsverwaltung auf der einen sowie die Medizinalverwaltung auf der anderen Seite aufzulisten, sondern innerhalb dieser beiden Kategorien sachlich zu gruppieren wie zum Beispiel „Gehälter und Gehaltszulagen", „Fortdauernde Zuschüsse an Provinzial- und Spezialkassen" oder „Unterstützungen und Gnadengeschenke"[67]. Es dauerte aber noch bis zum Jahre 1836, dass eine dauerhafte Verständigung zwischen Kultus- und Finanzministerium, Oberrechnungskammer und dem Monarchen mit seinem Geheimen Zivilkabinett über die Verwendung des Fonds „zur Verbesserung der Geistlichen und Schullehrer" sowie der „Mitverwendung des allgemeinen Dispositionsfonds" erreicht wurde und Altenstein die von nun an geltenden Prinzipien in einem umfangreichen Immediatbericht fixieren konnte.[68] Das geschah zu einem Zeitpunkt, als einerseits eine Konsolidierung des preußischen Staatshaushalts nach dem letzten Krieg erreicht worden war und andererseits auf Grund des Bevölkerungs-

66 Schreiben Ladenbergs an Altenstein vom 25.3.1832, im vorliegenden Band Dok. Nr. 19.
67 Im vorliegenden Band Dok. Nr. 20 und 21.
68 Im vorliegenden Band Dok. Nr. 22.

zuwachses sowie der bereits stärker zum Tragen kommenden gesellschaftlichen Umwälzungen im Prozess der beginnenden Industrialisierung erhöhte Anforderungen an das Kultusministerium vor allem im Bereich des Bildungswesens gestellt wurden.

Die Konflikte des Kultusministeriums mit dem Finanzministerium, der Oberrechnungskammer und der von 1817 bis 1826 bestehenden Generalkontrolle, deren Chef Staatskanzler Hardenberg war und die von dem gerade geadelten Ladenberg geleitet wurde, wurden dadurch verschärft, dass es mehr als ein Jahrzehnt dauerte, bis die einzelnen Jahresetats überhaupt fristgerecht dem Monarchen zur Genehmigung eingereicht werden konnten, wie die Dokumente Nr. 23 bis 30 belegen. Im März 1818 ging die Generalkontrolle, „um die Etats-Arbeiten nicht zu sehr zu häufen", noch davon aus, dass „die Special-Etats auf drei bis sechs Jahre, die Provinzial-Etats aber auf zwei Jahre"[69] gefertigt werden dürften. Außerdem sah man die Verfahrensweise pragmatisch und entschied sich, „da die Etats-Arbeiten pro 1818 sich so verzögert" hätten, nun „die pro 1818 vollzogenen Etats auf das Jahr 1819 auszudehnen", also eine sogenannte Überrollung vorzunehmen. Doch trotz all dieser Erleichterungen und trotz aller Bemühungen fehlten im September 1821 immer noch zahlreiche Einzelhaushalte für 1819,[70] und die Lage besserte sich in den folgenden Jahren kaum. Beständig hinkten die Behörden mit der Anfertigung der Etats hinterher.

Mitte 1826, als die Generalkontrolle zugunsten der Verantwortlichkeit des Finanzministers für die Einnahmen sowie Ausgaben der ganzen Staatsverwaltung aufgehoben und mit der Einrichtung einer Staatsbuchhalterei auch die Position der Oberrechnungskammer gestärkt worden war,[71] bemühte sich das Finanzministerium um einen Neuanfang mit fristgerecht vorliegenden Budgets. Die Ausgangsbedingungen waren aber nicht günstig, fehlten doch allein im Bereich des Kultusministeriums für das laufende Jahr 104 Einzeletats.[72] Wiederum wurde als letzter Ausweg eine einfache Prolongierung der einzelnen Haushaltsposten in das nachfolgende Etatjahr 1827 vorgenommen. Anfang Februar 1827 schließlich wurde Altenstein in einer recht ungehalten formulierten Kabinettsordre dafür gerügt, dass der Etat für 1826 noch nicht vorläge und der für das laufende Jahr ebenfalls fehle.[73] Der König und sein Zivilkabinett gaben sich dabei wohl keiner Illusion hin, dass die Mahnung schnelle Besserung bewirken würde, weshalb vorsorglich gleich an den Abgabetermin für das 1828er Budget erinnert wurde.

69 Schreiben der Generalkontrolle an Altenstein vom 13.3.1818, in: GStA PK, I. HA Rep. 76, VIII B Nr. 51, Bl. 52.

70 Vgl. eine Auflistung vom September 1821, in: GStA PK, I. HA Rep. 76, IIa Sekt. 53 Gen. Nr. 26 Bd. 1, n.f.

71 Kabinettsordre vom 29. Mai 1826 wegen Aufhebung der Generalkontrolle der Finanzen und Einrichtung einer Staatsbuchhalterei, in: GS, S. 45. – Ferner Pfuhlstein, Friedrich von, Der Weg von der Preußischen Generalrechenkammer zum Bundesrechnungshof, in: 250 Jahre Rechnungsprüfung. Zur zweihundertfünfzigjährigen Wiederkehr der Errichtung der Preußischen Generalrechenkammer, Frankfurt/M. 1964, S. 37–44.

72 Im vorliegenden Band Dok. Nr. 23.

73 Im vorliegenden Band Dok. Nr. 24.

Da aber trotz aller Kritik das Kultusministerium nicht seinen Pflichten nachkam, sprach Friedrich Wilhelm III. Anfang April 1827 ausdrücklich sein „Mißfallen über die weitere Verzögerung" aus. Zugleich wurde aus Anlass einer bei der „Dotation der schlesischen Kirchen und Schulen eingetretenen Ersparnis von 11.000 Rtlr." der Grundsatz formuliert, „daß Ersparnisse an dem bisherigen Bedürfnis vom Etat abgesetzt werden müssen". Es sei nur mit Genehmigung des Königs „darüber anderweit" zu disponieren, ansonsten würden derartige Gelder „zur Kasse zurückfallen". Außerdem drückte der Monarch seine feste Erwartung aus, dass Altenstein „mit den Etats pro 1828 und ferner die vorgeschriebene Ordnung genau befolgen" werde.[74] Um den Druck zu erhöhen, wurde Finanzminister Motz angewiesen, für das laufende Quartal nur Abschlagszahlungen nach den Werten des alten Budgets zu leisten. Der Kultusminister wird wohl gewusst haben, dass er zu diesem Zeitpunkt nicht der einzige säumige Ressortchef war.[75] Das dürfte aber seine Probleme nicht verringert haben, weshalb er seinerseits die nachgeordneten Behörden noch mehr drängte. Das zeigte durchaus Wirkung. Zum 1. März 1827 standen für 1826 statt ehemals 104 Spezialetats „nur noch" 43 und für 1827 noch 35 aus; Anfang Juli waren es 24 beziehungsweise 11 Spezialetats, und Anfang September 1827 dann 20 beziehungsweise 7. Diese Zahlen können zugleich als Beleg dafür genommen werden, dass die nachgeordneten Behörden sehr schwer von der Notwendigkeit zu überzeugen waren, noch im Nachhinein für längst erledigte Haushaltsjahre Etats aufzustellen und sich lieber den laufenden Aufgaben widmeten. Als im Herbst 1827 deutlich wurde, dass auch das kommende Budget des Kultusministeriums sich verspäten würde, mahnte der Finanzminister eindringlich. Der Geheime Oberregierungsrat Wilhelm Dieterici im Kultusministerium sah daraufhin die Gefahr, dass „unangenehme allerhöchste Kabinettsordres erfolgen" würden, weshalb den immer noch säumigen Provinzialbeamten sogar bemerkenswert hohe Geldstrafen von 20 Talern angedroht wurden.[76] Auch der König und sein Geheimes Zivilkabinett verloren die Geduld, wie eine Kabinettsordre vom 28. September 1827 zeigt, nach der Altenstein erneut aufgefordert wurde, nicht nur schnellstmöglich den laufenden Etat vorzulegen, sondern zugleich Rechenschaft „über die stattgefundene Verzögerung" zu leisten.[77]

Seit Mitte der 1830er Jahre hatte sich die Termintreue gebessert, und die Haushaltsdokumente wurden von den nachgeordneten Behörden und vom Ministerium selbst zunehmend pünktlich vorgelegt, auch wenn sich in den Akten immer wieder Belege finden, dass in einzelnen Jahren mit Verspätungen gekämpft wurde. Als ein wichtiges, auf den ersten Blick simples Mittel erwies sich schließlich auch eine Anweisung aus dem Jahre 1833, dem Finanzminister noch vor der Fertigstellung des Etats eine zusammengefasste Aufstellung

74 Im vorliegenden Band Dok. Nr. 25.
75 Im vorliegenden Band Dok. Nr. 26.
76 Im vorliegenden Band Dok. Nr. 27.
77 Im vorliegenden Band Dok. Nr. 28.

aller für das kommende Jahr geplanten Mehrausgaben zur Bewilligung vorzulegen. Dadurch begann sich der Charakter der Haushaltsentwürfe von einem Instrument bei der Verwaltung der Staatsgelder zu einer auf die Zukunft gerichteten Planungshilfe zu wandeln.[78] Es hatte also ungefähr zwei Jahrzehnte gebraucht, bis sich in Preußen wichtige Prinzipien einer modernen Haushaltsführung einschließlich der dazu gehörenden Termintreue durchsetzten.

2.3 Der Etat des Kultusministeriums 1849 bis 1930

Mit dem Übergang zur konstitutionellen Monarchie im Gefolge der Revolution von 1848/49 veränderten sich die Rahmenbedingungen für die Haushaltsführung aller Ressorts. Wesentlich war vor allem, dass bis dahin die Budgetentwürfe mit dem Finanzministerium abgestimmt und dann als Teile des preußischen Gesamtstaatshaushalts von den beteiligten Ministern dem Geheimen Zivilkabinett zur Genehmigung durch den Monarchen vorgelegt wurden. Nunmehr hatte jedes Ministerium wie alle anderen obersten Staatsbehörden auch noch die Pflicht, den Landtag jährlich über die natürlich gleichfalls vorab mit dem Finanzministerium abgestimmte geplante Verwendung seines Etats zu informieren. Das Parlament diskutierte seinerseits die gedruckten Etatentwürfe und nahm sie, gegebenenfalls mit Korrekturen, an. Erst die Endfassung wurde dem Monarchen zur Gegenzeichnung vorgelegt, danach aber in der Regel nicht neu gedruckt.

2.3.1 Die Denkschrift der preußischen Regierung vom 26. Dezember 1848 zum Vergleich des Gesamtstaatshaushalts für 1829 mit dem für 1849

Es ist auffallend, dass dem Ende 1848 dem Monarchen vorgelegten Budget für 1849 eine „Vergleichung des Staatshaushalts-Etats für 1849 mit dem Haupt-Finanz-Etat für 1829“[79] beigefügt wurde. Damit stellte das Finanzministerium, das interimistisch von dem Wirklichen Geheimen Oberfinanzrat Ludwig Kühne verwaltet wurde, den ersten unter den neuen staatsrechtlichen Bedingungen vorgelegten Etat in die haushaltstechnische Tradition der vorangegangenen 20 Jahre. Die mit 15 Druckseiten äußerst knappe Ausarbeitung enthält auch einige Angaben zum Kultusetat, dessen (Brutto-)Ausgaben im Ordinarium 1829 mit 2.705.900 Talern und 1849 mit 3.379.510 Talern (8.117.700 Mark beziehungsweise 10.138.530 Mark) beziffert wurden; 1829 habe es kein Extraordinarium gegeben, während 1849, wie man nur aus dem eigentlichen „Etat für das Ministerium der geistlichen, Unterrichts- und Medizinalangelegenheiten“ und nicht der Denkschrift entnehmen

78 Im vorliegenden Band Dok. Nr. 29 und 30.

79 Staatshaushalts-Etat für das Jahr 1849, Berlin 1849, S. 31–46.

kann, dem Kultusministerium zusätzlich noch 132.700 Taler (398.100 Mark) für einmalige und außerordentliche Ausgaben[80] zur Verfügung standen. In der Denkschrift hieß es zum ordentlichen Kultusetat:

„Nach dem Etat für 1829 beträgt die Ausgabe	2.347.000	Rtlr.
Dazu treten ferner die aus den eigenen Einnahmen der Verwaltung gedeckten Ausgaben mit	358.900	"
Summe der Ausgabe für 1829	2.705.900	Rtlr.
Der Etat für 1849 enthält	3.379.510	"
Letzterer also mehr	673.610	Rtlr.

nämlich bei den Ausgaben:		
für das Ministerium, einschließlich des Dispositionsfonds	14.620	"
für den evangelischen Kultus, ausschließlich der Konsistorien	22.710	"
für den katholischen Kultus	109.375	"
für die Universitäten, Akademien etc.	100.790	"
für die Gymnasien, Seminarien und für das Elementar-Unterrichtswesen	134.730	"
zur Verbesserung der äußeren Lage des geistlichen und Lehrstandes	65.385	"
für den Patronatsbaufonds	84.850	"
für verschiedene Zwecke, einschließlich der Konsistorien und Provinzial-Schulkollegien und für die geistlichen und Schulräte	113.690	"
(Für die Konsistorien, Provinzial-Schulkollegien und die geistlichen und Schulräte allein 72.610 Rtlr. mehr; ferner die von anderen Etats übertragenen Pensionen für Geistliche und Lehrer 20.000 Rtlr.)		
Dazu bei den Ausgaben der Medizinal-Verwaltung	27.460	"
(darunter für Tierärzte 14.000 Rtlr.)		
Summe	673.610	Rtlr.“[81]

Im Nachsatz zu den Mehrausgaben des Kultusministeriums von insgesamt 673.610 Talern (2.020.830 Mark) vermerkte die Denkschrift ausdrücklich, dass es sich hierbei zu einem gewissen, nicht näher bezifferten Teil um keine echte Fondsvermehrung handelte, sondern nur um Verlagerungen aus fremden Budgets: „Unter den Mehr-Ausgaben für Geistliche und Lehrer sind viele Übertragungen aus den Etats der Domainen-Verwaltung begriffen.“ Aus diesem Grund kann eine Bewertung der Steigerungen in den einzelnen Positionen kaum aussagefähig sein.

80 Anlagen zum Staatshaushalts-Etat für das Jahr 1849, Bd. 2, Berlin 1849, S. 152.
81 Staatshaushalts-Etat für das Jahr 1849, Berlin 1849, S. 44 f.

2.3.2 *Die Haushaltsstruktur 1849 bis 1930 (Ordinarium)*

Für die nachstehenden Tabellen werden als Datenquelle die eingangs beschriebenen gedruckten Budget*entwürfe* verwendet. Verschiedene, in den Aktenbeständen des Kultus- und Finanzministeriums überlieferte gedruckte Etats mit handschriftlichen Korrekturen sowie die sich im Bestand der Universitätsbibliothek der Humboldt-Universität zu Berlin befindlichen Handexemplare einiger leitender Beamter des Kultusministeriums von Etatdrucken ab Ende der 1870er Jahre ebenfalls mit handschriftlichen Änderungen[82] lassen nicht erkennen, ob es sich um die endgültigen Zahlen der angenommenen Budgets handelt oder um Arbeits- und Diskussionsgrundlagen für die nächsten Haushaltsverhandlungen. Da zudem die Eingriffe des Parlaments, so politisch bedeutsam sie für eine einzelne Haushaltsposition auch sein konnten, rein quantitativ im Verhältnis zum Gesamtetat nur minimal waren und die Grundproportionen nicht veränderten, können für die nachstehenden Tabellen zur Struktur des Kultusetats zwischen 1849 und 1930 die Zahlen der Haushalts*entwürfe* benutzt werden. Weil es vor allem um die Hauptentwicklungslinien während der rund 120-jährigen Existenz des preußischen Kultusministeriums geht, wurde darauf verzichtet, im Rahmen vorliegender Edition Zahlen für jedes Jahr mitzuteilen. Die gewählten Fünfjahresschritte komprimieren die ausufernde Datenfülle – 1850 umfasste der Entwurf des Kultusetats 115 Druckseiten im Parlamentsformat, 1885 schon 206 und 1934 dann schließlich 255 Seiten – und sind zugleich detailliert genug, um Trendwenden mit historischen Zäsuren in Beziehung setzen zu können.

Die Ausdehnung der Geschäftstätigkeit des Kultusministeriums vor dem Hintergrund der großen gesellschaftlichen Umwälzungen im 19. und ersten Drittel des 20. Jahrhunderts und die damit verbundene Ausdifferenzierung der Haushaltsentwürfe war mit verschiedenen Veränderungen im formalen Aufbau des Budgets verbunden. Tiefere Brüche und Strukturveränderungen im Basismaterial waren erstens mit der Umsetzung des sogenannten Komptabilitätsgesetzes von 1898[83] und zweitens mit dem Übergang von der Monarchie zur Republik nach dem Ende des Ersten Weltkrieges verbunden. Dies erschwerte die Aufstellung der nachfolgenden Tabellen 13 bis 20. Wiederholt musste das Auslassungszeichen „•“ an die Stelle von absoluten Zahlen, die nicht zu ermitteln waren, gesetzt werden, während bei Prozentangaben das gleiche Druckzeichen „•“, gängiger statistischer Praxis folgend, auch dann verwandt wurde, wenn ein errechneter Wert kleiner als die kleinste gewählte Einheit war. Bei den Tabellen 13 und 14 ist ferner zu beachten, dass wegen der einfacheren Vergleichbarkeit über die Gesamtlaufzeit hinweg die bis 1873 ursprünglich in Talern geführten Posten zum Satz von 3:1 in Mark umgerechnet wurden.

82 Vgl. den Bestand unter der Signatur Pol. P. 1040: F 4.

83 Eigentlich: Gesetz, betreffend den Staatshaushalt vom 11.5.1898, GS, S. 77. – Vgl. u. a. Schneider, Geschichte der formellen Staatswirtschaft, v. a. S. 176–178.

Tabelle 13 *Der Haushalt des Kultusministeriums (Ordinarium) nach Hauptausgabenbereichen 1849 bis 1930 (in Mark/Reichsmark)*

	1849		1855		1860		1865		1870	
	absolut	%	absolut	%	absolut	%	absolut	%	absolut	%
Gesamtausgaben (Ordinarium)	10.138.530	100	10.510.566	100	11.109.552	100	12.795.156	100	18.801.927	100
Ministerium	395.877	3,9	327.450	3,1	343.980	3,1	358.980	2,8	447.780	2,4
davon Personalausgaben	*290.916*	*2,9*	*292.470*	*2,9*	*296.700*	*2,7*	*311.700*	*2,4*	*380.250*	*2,0*
davon Sonstige Ausgaben	*45.030*	*0,4*	*34.980*	*0,3*	*47.280*	*0,4*	*47.280*	*0,4*	*67.530*	*0,4*
Allgemeiner Dispositionsfonds	59.931	0,6	60.000	0,6	60.000	0,5	64.500	0,5	75.000	0,4
Kultus im engeren Sinne	3.144.705	31,0	3.414.447	32,5	3.458.754	31,1	3.484.773	27,2	4.369.495	23,2
davon evangelischer Kultus	*986.310*	*9,7*	*1.212.312*	*11,5*	*1.226.259*	*11,0*	*1.246.632*	*9,7*	*1.846.292*	*9,8*
davon katholischer Kultus	*2.158.395*	*21,3*	*2.202.135*	*21,0*	*2.232.495*	*20,1*	*2.238.141*	*17,5*	*2.523.203*	*13,4*
Kultus und Unterricht gemeinsam	1.499.607	14,8	1.484.688	14,1	1.495.512	13,5	2.495.193	19,5	2.777.357	14,8
davon Personalausgaben	*711.396*	*7,0*	*692.706*	*6,6*	*694.443*	*6,3*	*995.195*	*7,8*	*790.034*	*4,2*
Untere Schulen [1]	588.909	5,8	611.742	5,8	683.067	6,2	718.482	5,6	2.505.533	13,3
Höhere Schulen (Gymnasien u. Realschulen)	843.588	8,3	921.927	8,8	973.884	8,8	1.052.196	8,2	1.708.174	9,1
Technisches Unterrichtswesen	•		•		•		•		•	
Taubstummen- und Blindenanstalten	42.834	0,4	39.528	0,4	40.620	0,4	40.530	0,3	80.562	0,4
Waisenhäuser usw.	195.657	1,9	231.480	2,2	225.714	2,0	225.864	1,8	228.194	1,2
Provinzialschulkollegien und Schulaufsicht	149.970	1,5	149.520	1,4	174.240	1,6	196.380	1,5	228.090	1,2
davon Provinzialschulkollegien	*149.970*	*1,5*	*149.520*	*1,4*	*174.240*	*1,6*	*196.380*	*1,5*	*228.090*	*1,2*
davon Schulaufsicht	–	–	–	–	–	–	–	–	–	–
(Nichtuniversitäre) Lehrerbildung	336.279	3,3	362.520	3,5	462.708	4,2	699.618	5,5	1.126.400	6,0
Prüfungskommissionen	19.410	0,2	22.014	0,2	22.290	0,2	26.280	0,2	38.391	0,2
Universitäten	1.444.776	14,3	1.393.728	13,3	1.574.850	14,2	1.741.554		2.588.735	13,8
Kunst und Wissenschaft zusammen [5]	535.398	5,3	549.180	5,2	647.745	5,8	750.756	5,9	954.483	5,1
davon Wissenschaft gesamt	•	•	•	•	•	•	•	•	•	•
davon Akademie der Wissenschaften	*62.229*	*0,6*	*62.229*	*0,6*	*66.729*	*0,6*	*68.229*	*0,5*	*68.229*	*0,4*
davon Staatsbibliothek	*75.240*	*0,7*	*72.540*	*0,7*	*80.130*	*0,7*	*95.130*	*0,7*	*103.365*	*0,6*
davon Wissenschaftliche Institute	•	•	•	•	•	•	•	•	•	•
davon Kunst gesamt	•	•		•		•	•	•	•	•
davon Akademie der Künste	*101.750*	*1,0*	*98.601*	*0,9*	*97.101*	*0,9*	*95.601*	*0,8*	*94.100*	*0,5*
davon Kunstmuseen in Berlin	*132.870*	*1,3*	*147.900*	*1,4*	*197.055*	*1,8*	*197.055*	*1,5*	*208.740*	*1,1*
Medizinalwesen	913.044	9,0	914.607	8,7	918.375	8,3	940.050	7,4	1.589.847	8,5
davon Charité	*205.820*	*2,0*					*205.323*	*1,6*	*241.321*	*1,3*
Einwohner	**16.331.187**		**17.202.831**		**18.264.706**		**19.445.174**		**24.568.430**	

Tabelle 13 (Fortsetzung) *Der Haushalt des Kultusministeriums …*

	1875		1880		1885		1890		1895	
	absolut	%	absolut	%	absolut	%	absolut	%	absolut	%
Gesamtausgaben (Ordinarium)	43.790.496	100	49.143.913	100	52.750.323	100	92.480.572	100	107.701.153	100
Ministerium	713.415	1,6	851.035	1,9	945.170	1,8	1.036.520	1,1	1.156.090	1,1
davon Personalausgaben	*665.160*	*1,5*	*775.310*	*1,7*	*839.295*	*1,6*	*919.420*	*1,0*	*1.037.340*	*1,0*
davon Sonstige Ausgaben	*48.255*	*0,1*	*75.725*	*0,2*	*105.875*	*0,2*	*117.100*	*0,1*	*118.750*	*0,1*
Allgemeiner Dispositionsfonds	75.000	0,2	75.000	0,2	75.000	0,1	75.000	0,1	75.000	0,1
Kultus im engeren Sinne	4.896.553 [18]	11,2	5.057.222 [18]	10,3	5.107.505 [18]	9,7	5.332.685	5,8	5.605.853	5,2
davon evangelischer Kultus	*2.181.975*	*5,0*	*2.430.123*	*5,0*	*2.529.136*	*4,8*	*2.787.819*	*3,0*	*3.003.293*	*2,8*
davon katholischer Kultus	*2.677.828*	*6,1*	*2.596.674*	*5,3*	*2.556.044*	*4,9*	*2.544.866*	*2,8*	*2.602.560*	*2,4*
Kultus und Unterricht gemeinsam	6.504.376	14,5	6.354.586	14,1	6.826.588	12,9	9.099.695	9,8	11.092.498	10,3
davon Personalausgaben	*4.612.670*	*10,5*	•	•	•	•	•	•	•	•
Untere Schulen [1]	13.609.746	31,1	14.051.816	31,1	15.644.666	29,7	46.938.910	51,0	54.437.538	50,5
Höhere Schulen (Gymnasien u. Realschulen)	4.338.024	9,9	4.549.059	10,1	4.712.119	8,9	5.734.960	6,2	8.202.176	7,6
Technisches Unterrichtswesen [12]	–		1.887.307 [3]	4,2	1.608.017	3,1	1.506.551	1,6	1.714.696	1,6
Taubstummen- und Blindenanstalten	54.206	0,1	56.524	0,1	85.850	0,2	91.308	0,1	109.906	0,1
Waisenhäuser usw.	241.156	0,6	94.201	0,2	98.956	0,2	115.437	0,1	115.518	0,1
Provinzialschulkollegien und Schulaufsicht	409.971	0,9	484.266	1,1	533.198	1,0	554.553	0,6	3.425.730	3,2
davon Provinzialschulkollegien	*409.971*	*0,9*	*484.266*	*1,1*	*533.198*	*1,0*	*554.553*	*0,6*	*649.484*	*0,6*
davon Schulaufsicht	–	–	–	–	–	–	–	–	*2.776.246*	*2,6*
(Nichtuniversitäre) Lehrerbildung	3.363.033	7,7	4.895.760	10,8	5.469.388	10,4	6.124.554	6,6	7.003.260	6,5
Prüfungskommissionen	66.102	0,2	74.922	0,2	88.760	0,2	98.111	0,1	96.924	0,1
Universitäten	5.177.393	11,8	5.575.316	12,4	6.553.956	12,4	7.732.303	8,4	8.253.663	7,7
Kunst und Wissenschaft zusammen [5]	2.329.806	5,3	2.656.370	5,9	2.962.492	5,6	3.795.227	4,1	4.102.471	3,8
davon Wissenschaft gesamt	•	•	•	•	•	•	•	•	•	•
davon Akademie der Wissenschaften	*197.124*	*0,5*	*200.924*	*0,5*	*203.824*	*0,4*	*198.000*	*0,2*	*199.001*	*0,2*
davon Staatsbibliothek	*240.173*	*0,6*	*248.024*	*0,6*	*288.894*	*0,6*	*389.604*	*0,4*	*432.584*	*0,4*
davon Wissenschaftliche Institute	•	•	*176.170 [4]*	*0,4*	*197.712 [6]*	*0,4*	*319.560*	*0,4*	*625.036*	*0,6*
davon Kunst gesamt	•	•	•	•	•	•	•	•	•	•
davon Akademie der Künste	*342.066*	*0,8*	*409.503*	*0,9*	*426.178*	*0,8*	*449.319*	*0,5*	*495.699*	*0,5*
davon Kunstmuseen in Berlin [2]	*602.646*	*1,4*	*765.087*	*1,7*	*907.555*	*1,7*	*1.008.355*	*1,1*	*1.066.254*	*1,0*
Medizinalwesen	1.799.125	4,1	1.456.460	3,2	1.449.537	2,3	1.582.778	1,7	1.696.577 [11]	1,6
davon Charité	*270.677*	*0,6*	*205.322*	*0,5*	*201.034*	*0,4*	*201.034*	*0,2*	*208.544*	*0,2*
Einwohner	**25.742.404**		**27.279.111**		**28.318.470**		**29.955.281**		**31.855.123**	

Tabelle 13 (Fortsetzung) *Der Haushalt des Kultusministeriums …*

	1900		1905		1910		1915		1920	
	absolut	%	absolut	%	absolut	%	absolut	%	absolut	%
Gesamtausgaben (Ordinarium)	139.595.854	100	164.032.655	100	260.430.892	100	278.880.249	100	271.377.796	100
Ministerium	1.213.890	0,9	1.355.098	0,8	1.640.138	0,6	1.567.810	0,6	1.769.670	0,7
davon Personalausgaben	*1.074.890*	*0,8*	*1.214.098*	*0,7*	*1.454.018*	*0,6*	*1.394.310*	*0,5*	*1.544.670*	*0,6*
davon Sonstige Ausgaben	*139.000*	*0,1*	*141.000*	*0,1*	*186.120*	*0,1*	*173.500*	*0,1*	*225.000*	*0,1*
Allgemeiner Dispositionsfonds	75.000	0,1	75.000	0,1	75.000	•	70.500	•	68.500	•
Kultus im engeren Sinne	5.980.019	4,3	6.204.254	3,8	34.866.814	13,4	35.024.050	12,6	34.413.760	12,7
davon evangelischer Kultus	*3.311.296*	*2,4*	*3.515.886*	*2,1*	*25.490.479*	*9,8*	*25.531.747*	*9,2*	*25.444.785*	*9,4*
davon katholischer Kultus	*2.668.723*	*1,9*	*2.688.386*	*1,6*	*9.476.335*	*3,7*	*9.492.303*	*3,4*	*8.968.975*	*3,3*
Kultus und Unterricht gemeinsam	17.501.049	12,5	18.686.424	11,4	4.536.308	1,7	5.486.352	2,0	5.055.913	1,9
davon Personalausgaben										
Untere Schulen [1]	70.092.647	50,2	80.828.056	49,3	142.397.370	54,7	153.195.286	54,9	145.160.371	53,5
Höhere Schulen (Gymnasien u. Realschulen)	12.191.951	8,7	14.614.917	8,9	21.036.575	8,1	22.631.472	8,1	24.513.088	9,0
Technisches Unterrichtswesen [12]	2.196.160	1,6	3.633.401	2,2	5.318.789	2,0	6.168.843	2,2	6.725.650	2,5
Taubstummen- und Blindenanstalten	120.040	0,1	128.776	0,1	160.874	0,1	151.215	0,1	157.460	0,1
Waisenhäuser usw.	125.712	0,1	126.446	0,1	143.788	0,1	144.466	0,1	291.431	0,1
Provinzialschulkollegien und Schulaufsicht	4.219.980	3,0	4.729.456	2,9	5.786.903	2,2	6.656.882	2,4	6.622.625	2,4
davon Provinzialschulkollegien	*824.250*	*0,6*	*990.816*	*0,6*	*1.364.483*	*0,5*	*1.587.912*	*0,6*	*1.703.309*	*0,6*
davon Schulaufsicht	*3.395.640*	*2,4*	*3.738.640*	*2,3*	*4.422.420*	*1,7*	*5.068.970*	*1,8*	*4.919.316*	*1,8*
(Nichtuniversitäre) Lehrerbildung	7.990.048	5,7	10.741.614	6,6	14.131.444	5,4	15.875.094	5,7	16.839.898	6,2
Prüfungskommissionen/-ämter	94.653	0,1	132.153	0,1	202.837	0,1	454.531	0,2	336.458	0,1
Universitäten	10.238.535	7,3	12.259.742	7,5	15.405.137 [15]	5,9	17.441.750 [15]	6,3	18.747.498	6,9
Kunst und Wissenschaft zusammen [5]	4.920.095	3,5	6.065.926	3,7	7.732.997	3,0	8.638.397	3,1	9.300.401	3,4
davon Wissenschaft gesamt	•	•	•	•	•	•	•	•	•	•
davon Akademie der Wissenschaften	*245.981*	*0,2*	*269.155*	*0,2*	*299.425*	*0,1*	*346.075*	*0,1*	*355.015*	*0,1*
davon Staatsbibliothek	*516.254*	*0,4*	*627.354*	*0,4*	*914.114*	*0,4*	*1.323.830*	*0,5*	*1.585.820*	*0,6*
davon Wissenschaftliche Institute	*778.132 [13]*	*0,6*	*1.097.009 [14]*	*0,7*	*811.099*	*0,3*	*1.063.449 [16]*	*0,4*	*2.456.654*	*0,9*
davon Kunst gesamt	•	•	•	•	•	•	•	•	•	•
davon Akademie der Künste	*555.574*	*0,4*	*680.855*	*0,4*	*832.269*	*0,3*	*838.550*	*0,3*	*857.200*	*0,3*
davon Kunstmuseen in Berlin [2]	*1.266.553*	*0,9*	*1.480.844*	*0,9*	*1.933.539*	*0,7*	*1.936.991*	*0,7*	*2.039.851*	*0,8*
Medizinalwesen	1.976.060	1,4	3.863.792	2,4	6.180.846	2,4				
davon Charité	*274.114*	*0,2*	*590.546*	*0,4*	*794.791*	*0,3*	1.020.440	0,4	1.233.576	0,5
Einwohner	**34.472.509**		**37.293.324**		**40.165.219**		**42.352.386**		**36.526.049**	

Tabelle 13 (Fortsetzung) *Der Haushalt des Kultusministeriums ...*

	1925		1930	
	absolut	%	absolut	%
Gesamtausgaben (Ordinarium)	515.981.700	100	710.345.680	100
Ministerium	2.053.700	0,4	2.921.800	0,4
davon Personalausgaben	*1.860.825*	*0,4*	*2.653.670*	*0,4*
davon Sonstige Ausgaben	*192.875*	•	*268.130*	•
Allgemeiner Dispositionsfonds	65.000	•	65.000	•
Kultus im engeren Sinne	57.311.950 [17]	11,1	79.873.810 [17]	11,2
davon evangelischer Kultus	*43.338.360*	*8,4*	*55.347.900*	*7,8*
davon katholischer Kultus	*13.773.590*	*2,7*	*24.325.910*	*3,4*
Kultus und Unterricht gemeinsam	3.020.150	0,6	4.594.460	0,7
davon Personalausgaben	*414.100*	*0,1*	*285.000*	•
Untere Schulen [1] [7]	348.926.500	67,6	453.025.360	63,8
Höhere Schulen (Gymnasien u. Realschulen)	27.570.050	5,3	45.441.390	6,4
Technisches Unterrichtswesen [8] [12]	8.365.160	1,6	14.439.830	2,0
Taubstummen- und Blindenanstalten	175.700	•	323.710	0,1
Waisenhäuser usw.	74.000	•	107.400	•
Provinzialschulkollegien, Regierungs- und Schulräte	7.098.300	1,4	9.619.330	1,4
(Nichtuniversitäre) Lehrerbildung	9.003.400	1,7	4.321.300	0,6
Prüfungskommissionen/-ämter	135.500	•	354.000	0,1
Universitäten [10]	33.720.173	6,5	51.419.490	7,2
Kunst und Wissenschaft zusammen [5]	9.832.900	1,9	105.693.100	14,9
davon Wissenschaft gesamt	*3.585.100*	*0,7*	*75.890.860*	*10,7*
davon Akademie der Wissenschaften	*360.397*	*0,1*	*515.210*	*0,1*
davon Staatsbibliothek	*1.611.961*	*0,3*	*2.225.345*	*0,3*
davon Wissenschaftliche Institute	*1.241.892*	*0,2*	*2.022.795*	*0,3*
davon Kunst gesamt	*6.247.800*	*1,2*	*29.802.240*	*4,2*
davon Akademie der Künste [9]	*124.081*	•	*187.300*	•
davon Kunstmuseen in Berlin	*2.693.903*	*0,5*	*3.943.450*	*0,6*
Charite	2.145.827	0,4	3.929.410	0,6
Einwohner			**39.652.663**	

[1] Ohne Lehrerseminare, Turnunterricht, Taubstummen- und Blindenanstalten sowie Waisenhäuser und andere Wohltätigkeitsanstalten.

[2] Kapitel 122, Tit. 1–6: „Kunstmuseen in Berlin" ab 1880 zusammen mit Tit. 7–11: „Nationalgalerie zu Berlin", jedoch ohne Tit. 33: „Zu Ankäufen von Kunstwerken für die Nationalgalerie sowie zur Beförderung der monumentalen Malerei und Plastik und des Kupferstichs" (zum Beispiel je 300.000 Mark in den Jahren 1880 und 1885), später „Nationalgalerie zu Berlin und Rauch-Schinkel-Museum".

[3] Kapitel 123: Technische Hochschulen in Berlin, Hannover und Aachen, Baugewerkschule in Nienburg, Gewerbeschulen usw.

[4] Geodätisches Institut und Astrophysikalisches Observatorium (Telegraphenberg Potsdam).

[5] Ohne Universitäten, Technische Hochschulen usw.

[6] Die unter [4] benannten Institute sowie Einrichtungen der ehemaligen Hygiene-Ausstellung (späteres Hygienisches Museum, zum Institut für Infektionskrankheiten zählend).

[7] Ab 1925 einschließlich der mittleren Schulen.

[8] Ab 1925 nur Technische Hochschulen und ohne Gewerbeschulen usw., jedoch weiterhin mit dem Materialprüfungsamt Dahlem.

[9] Ab 1925 Akademie der Künste allein.

[10] Der Zuschuss für die Stiftungsuniversität Frankfurt/M. (1925: 800.000 RM) wurde bei den außerordentlichen Ausgaben verbucht.
[11] Ohne 226.555 M für das Institut für Infektionskrankheiten, das in der Zeile „Wissenschaftliche Institute“ berücksichtigt wird.
[12] Einschließlich der Ausgaben für das mit der TH Berlin-Charlottenburg verbundene Materialprüfungsamt (Dahlem).
[13] Die unter [6] benannten Institute sowie das Institut für Infektionskrankheiten, das Institut für experimentelle Therapie Frankfurt/M. sowie das Hygienische Institut Posen.
[14] Die unter [13] genannten Institute sowie die Versuchs- und Prüfungsanstalt für Wasserversorgung und Abwässerbeseitigung.
[15] Ohne 122.690 M (1910) bzw. 150.690 M (1915) für die Akademie in Posen.
[16] Die unter [14] genannten Institute sowie das Historische Institut in Rom.
[17] Einschließlich 200.000 RM für den jüdischen Kultus.
[18] Einschließlich Gerichtshof für kirchliche Angelegenheiten.

Quellen:
Staatshaushaltsetats, passim;
Statistisches Handbuch für den Preußischen Staat, Bd. 4, Berlin 1903, S. 81;
Statistisches Jahrbuch für den Freistaat Preußen, Bd. 27, Berlin 1931, S. 28;
Statistisches Jahrbuch für den Freistaat Preußen, Bd. 28, Berlin 1932, S. 24;
eigene Berechnungen.

Die Entwicklung des ordentlichen Kultusetats von 1849 bis 1930 wurde davon geprägt, dass der Anteil der Aufwendungen für den „Kultus im engeren Sinne“, also vor allem für die beiden großen christlichen Kirchen,[84] sich stark verringerte. Er sank von 31 Prozent im Jahre 1849 auf noch knapp 4 Prozent 1905 und langte 1930 bei 11 Prozent an. Gleichzeitig erzielte der Anteil des Unteren Schulwesens einen wesentlich stärkeren Aufschwung von 6 auf 64 Prozent (mit einem Maximum von fast 68 Prozent 1925). Das war, in nüchternen Zahlen ausgedrückt, der finanzielle Hintergrund jenes Prozesses, der als der Wandel des preußischen Kultusministeriums von einem geistlichen zu einem Unterrichtsministerium in die Literatur eingegangen ist.[85]

Wenn demgegenüber die Entwicklung für die anderen Hauptausgabenbereiche gewissermaßen in den Hintergrund trat, gab es auch dort drei besonders beachtenswerte Veränderungen. So erhöhte sich erstens zwischen 1849 und 1930 der Anteil der Position „Kunst und Wissenschaft zusammen“, der aber nicht die Universitäten und das Technische Unterrichtswesen bzw. die Technischen Hochschulen umfasste, von 5 auf 15 Prozent am Kultusetat. Eine gegenläufige Tendenz wiederum zeigte der Anteil der Universitäten, der von 14 auf 7 Prozent sank. Selbst wenn man der zuletzt genannten Summe für 1930 noch die

84 Jeweils 200.000 RM für den jüdischen Kultus in den Jahren 1925 und 1930 fielen bei Gesamtetats von 57,3 und 79,9 Mio. RM nicht ins Gewicht.
85 Vgl. Bd. 1/1 der vorliegenden Reihe, u. a. S. 163.

separat ausgewiesenen 2 Prozent für das Technische Unterrichtswesen bzw. die Technischen Hochschulen hinzurechnet, verändern sich die Proportionen nur gering.

Zugleich wuchs seit Anfang des 20. Jahrhunderts der Bereich der außeruniversitären Forschung stark, da angesichts der Wissenschaftsentwicklung wesentliche neue Problemstellungen nicht mehr im Rahmen der universitären Strukturen befriedigend bearbeitet werden konnten, sondern Großforschung verlangten.[86] Er beanspruchte 1925 schon knapp 1 Prozent und 1930 dann fast 11 Prozent der Gesamtsumme des Kultusetats. – Zweitens sei darauf verwiesen, dass der Anteil der Verwaltungsausgaben für das Kultusministerium selbst (einschließlich der Personalkosten) von immerhin fast 4 Prozent am Gesamthaushalt im Jahre 1849 auf gerade 0,4 Prozent im Jahre 1930 sank. Drittens ist hinsichtlich der Aufwendungen für das Medizinalwesen festzustellen, dass deren Anteil von 9 Prozent im Jahre 1849 auf rd. 2 Prozent bis 1910 sank. Diese Verringerung trotz des bedeutenden Aufschwungs der medizinischen Versorgung und Wissenschaft in Preußen vor allem ab dem letzten Drittel des 19. Jahrhunderts war nur deshalb möglich, weil aus diesem Budgetbereich im wesentlichen nur die hoheitlichen Aufwendungen für die Medizinalpolizei sowie Wissenschaftliche Hygiene und Seuchenbekämpfung bezahlt wurden. Die Kosten für die allgemeine medizinische Forschung hingegen wurden vor allem aus den Universitätsetats bestritten, und die Patientenversorgung wurde in dem Maße, wie sie Teil der öffentlichen Daseinsvorsorge wurde, vor allem von den Kommunen getragen. Eine wichtige Ausnahme bildeten Zuschüsse aus dem Kultusetat für die Berliner Charité, auch wenn sie den Staatshaushalt kaum belasteten.

Tabelle 14 betrachtet die Entwicklungstempi der einzelnen Hauptausgabenbereiche des Kultusetats im Verhältnis zur Bevölkerungsentwicklung. Angesichts der bereits erläuterten methodischen Probleme, fortlaufende Statistiken über den Zeitraum von Inflation und Währungsreform zwischen 1914 und 1924 fortzuführen,[87] beschränkt sich die Laufzeit auf die Jahre von 1849 bis 1915, wobei auch hier auf die Problematik eines Vergleichs der absoluten Zahlen über mehr als sechs Jahrzehnte hinzuweisen ist. Es soll mit der nachfolgenden Tabelle und den weiteren daraus entwickelten Tabellen 15 bis 17 Material zur Beantwortung der Fragen zur Verfügung gestellt werden, in welchem Verhältnis die Steigerung des preußischen Kultusetats zur demographischen Entwicklung stand und welche Bereiche dem allgemeinen Trend folgten, beziehungsweise signifikant schneller oder langsamer wuchsen.

86 Vgl. Spenkuch, Hartwin, Die Politik des Kultusministeriums gegenüber den Wissenschaften und den Hochschulen, in Bd. 2/1 der vorliegenden Reihe, v. a. S. 165–204.

87 Vgl. im vorliegenden Band, S. 13.

Tabelle 14 *Die Steigerungsraten der Hauptausgabenbereiche im Hauhalt des Kultusministeriums (Ordinarium) im Vergleich zur Bevölkerungsentwicklung zwischen 1849 und 1915 (in Mark/Reichsmark)*

	1849	1855		1860		1865		1870	
	absolut	absolut	(2)=100	absolut	(2)=100	absolut	(2)=100	absolut	(2)=100
Gesamtausgaben (Ordinarium)	10.138.530	10.510.566	103,7	11.109.552	109,6	12.795.156	126,2	18.801.927	185,5
Ministerium	395.877	327.450	82,7	343.980	86,9	358.980	90,7	447.780	113,1
davon Personalausgaben	*290.916*	*292.470*	*100,6*	*296.700*	*102,0*	*311.700*	*107,1*	*380.250*	*130,7*
davon Sonstige Ausgaben	*45.030*	*34.980*	*77,7*	*47.280*	*105,0*	*47.280*	*105,0*	*67.530*	*150,0*
Allgemeiner Dispositionsfonds	59.931	60.000	100,1	60.000	100,1	64.500	107,6	75.000	125,1
Kultus im engeren Sinne	3.144.705	3.414.447	108,6	3.458.754	110,0	3.484.773	110,8	4.369.495	138,9
davon evangelischer Kultus	*986.310*	*1.212.312*	*122,9*	*1.226.259*	*124,3*	*1.246.632*	*126,4*	*1.846.292*	*187,2*
davon katholischer Kultus	*2.158.395*	*2.202.135*	*102,0*	*2.232.495*	*103,4*	*2.238.141*	*103,7*	*2.523.203*	*116,9*
Kultus und Unterricht gemeinsam	1.499.607	1.484.688	99,0	1.495.512	99,7	2.495.193	166,4	2.777.357	185,2
davon Personalausgaben	*711.396*	*692.706*	*97,4*	*694.443*	*97,6*	*995.195*	*139,9*	*790.034*	*111,1*
Untere Schulen [1]	588.909	611.742	103,9	683.067	116,0	718.482	122,0	2.505.533	425,5
Höhere Schulen (Gymnasien u. Realschulen)	843.588	921.927	109,3	973.884	115,5	1.052.196	124,7	1.708.174	202,5
Technisches Unterrichtswesen	•	•	•	•	•	•	•	•	•
Taubstummen- und Blindenanstalten	42.834	39.528	92,3	40.620	94,8	40.530	94,6	80.562	188,1
Waisenhäuser usw.	195.657	231.480	118,3	225.714	115,4	225.864	115,4	228.194	116,6
Provinzialschulkollegien und Schulaufsicht	149.970	149.520	99,7	174.240	116,2	196.380	131,0	228.090	152,1
davon Provinzialschulkollegien	*149.970*	*149.520*	*99,7*	*174.240*	*116,2*	*196.380*	*131,0*	*228.090*	*152,1*
davon Schulaufsicht	–	–	–	–	–	–	–	–	–
(Nichtuniversitäre) Lehrerbildung	336.279	362.520	107,8	462.708	137,6	699.618	208,1	1.126.400	335,0
Prüfungskommissionen	19.410	22.014	113,4	22.290	114,8	26.280	114,8	38.391	197,8
Universitäten	1.444.776	1.393.728	96,5	1.574.850	109,0	1.741.554	120,5	2.588.735	179,2
Kunst und Wissenschaft zusammen [5]	535.398	549.180	102,6	647.745	121,0	750.756	140,2	954.483	178,3
davon Akademie der Wissenschaften	*62.229*	*62.229*	*100,0*	*66.729*	*107,2*	*68.229*	*109,6*	*68.229*	*109,6*
davon Staatsbibliothek	*75.240*	*72.540*	*96,4*	*80.130*	*106,5*	*95.130*	*126,4*	*103.365*	*137,4*
davon Wissenschaftliche Institute	•	•	•	•	•	•	•	•	•
davon Akademie der Künste	*101.750*	*98.601*	*96,9*	*97.101*	*95,4*	*95.601*	*94,0*	*94.100*	*92,5*
davon Kunstmuseen in Berlin	*132.870*	*147.900*	*111,3*	*197.055*	*148,3*	*197.055*	*148,3*	*208.740*	*157,1*
Medizinalwesen	913.044	914.607	100,2	918.375	100,6	940.050	103,0	1.589.847	174,1
davon Charité	*205.820*	•	•	•	•	*205.323*	*99,8*	*241.321*	*117,3*
Einwohner	**16.331.187**	**17.202.831**	**105,3**	**18.264.706**	**111,8**	**19.445.174**	**119,1**	**24.568.430**	**150,4**

Tabelle 14 (Fortsetzung) *Die Steigerungsraten der Hauptausgabenbereiche im Hauhalt des Kultusministeriums …*

	1875		1880		1885		1890		1895	
	absolut	(2)=100	absolut	(2)=100	absolut	(2)=100	absolut	(2)=100	absolut	(2)=100
Gesamtausgaben (Ordinarium)	43.790.496	431,9	49.143.913	484,7	52.750.323	520,3	92.480.572	912,2	107.701.153	1.062,3
Ministerium	713.415	180,2	851.035	215,0	945.170	238,8	1.036.520	261,8	1.156.090	292,0
davon Personalausgaben	*665.160*	*228,6*	*775.310*	*266,5*	*839.295*	*288,5*	*919.420*	*316,0*	*1.037.340*	*356,6*
davon Sonstige Ausgaben	*48.255*	*107,2*	*75.725*	*168,2*	*105.875*	*235,1*	*117.100*	*260,1*	*118.750*	*263,7*
Allgemeiner Dispositionsfonds	75.000	125,1	75.000	125,1	75.000	125,1	75.000	125,1	75.000	125,1
Kultus im engeren Sinne	4.896.553 [18]	155,7	5.057.222 [18]	160,8	5.107.505 [18]	162,4	5.332.685	169,6	5.605.853	178,3
davon evangelischer Kultus	*2.181.975*	*221,2*	*2.430.123*	*246,4*	*2.529.136*	*256,4*	*2.787.819*	*282,7*	*3.003.293*	*304,5*
davon katholischer Kultus	*2.677.828*	*124,1*	*2.596.674*	*120,3*	*2.556.044*	*118,4*	*2.544.866*	*117,9*	*2.602.560*	*120,6*
Kultus und Unterricht gemeinsam	6.504.376	433,7	6.354.586	423,8	6.826.588	455,2	9.099.695	606,8	11.092.498	739,7
davon Personalausgaben	*4.612.670*	*648,4*	•	•	•	•	•	•	•	•
Untere Schulen [1]	13.609.746	651,7	14.051.816	672,8	15.644.666	749,1	46.938.910	2.247,5	54.437.538	2.606,5
Höhere Schulen (Gymnasien u. Realschulen)	4.338.024	514,2	4.549.059	539,3	4.712.119	558,6	5.734.960	679,8	8.202.176	972,3
Technisches Unterrichtswesen [12]	•	•	1.887.307 [3]	•	1.608.017	•	1.506.551	•	1.714.696	•
Taubstummen- und Blindenanstalten	54.206	126,6	56.524	132,0	85.850	200,4	91.308	213,2	109.906	256,6
Waisenhäuser usw.	241.156	123,3	94.201	48,2	98.956	50,6	115.437	59,0	115.518	59,0
Provinzialschulkollegien und Schulaufsicht	409.971	354,9	484.266	419,2	533.198	461,6	554.553	480,1	3.425.730	2.965,5
davon Provinzialschulkollegien	*409.971*	*354,9*	*484.266*	*322,9*	*533.198*	*355,5*	*554.553*	*369,8*	*649.484*	*433,1*
davon Schulaufsicht	–	–	–	–	–	–	–	–	*2.776.246*	•
(Nichtuniversitäre) Lehrerbildung	3.363.033	1.000,1	4.895.760	1.455,9	5.469.388	1.626,4	6.124.554	1.821,3	7.003.260	2.802,6
Prüfungskommissionen	66.102	340,6	74.922	386,0	88.760	457,3	98.111	505,5	96.924	499,4
Universitäten	5.177.393	358,4	5.575.316	385,9	6.553.956	453,6	7.732.303	535,2	8.253.663	571,3
Kunst und Wissenschaft zusammen [5]	2.329.806	117,7	2.656.370	134,2	2.962.492	149,6	3.795.227	191,7	4.102.471	207,2
davon Akademie der Wissenschaften	*197.124*	*316,8*	*200.924*	*322,9*	*203.824*	*327,5*	*198.000*	*318,2*	*199.001*	*319,8*
davon Staatsbibliothek	*240.173*	*319,2*	*248.024*	*329,6*	*288.894*	*384,0*	*389.604*	*517,8*	*432.584*	*574,9*
davon Wissenschaftliche Institute	•	•	*176.170 [4]*	•	*197.712 [6]*	•	*319.560*	•	*625.036*	•
davon Akademie der Künste	*342.066*	*336,2*	*409.503*	*402,5*	*426.178*	*418,9*	*449.319*	*441,6*	*495.699*	*487,2*
davon Kunstmuseen in Berlin [2]	*602.646*	*453,6*	*765.087*	*575,8*	*907.555*	*683,0*	*1.008.355*	*758,9*	*1.066.254*	*802,5*
Medizinalwesen	1.799.125	197,5	1.456.460	159,5	1.449.537	158,8	1.582.778	173,4	1.696.577 [11]	185,8
davon Charité	*270.677*	*131,5*	*205.322*	*99,8*	*201.034*	*97,7*	*201.034*	*97,7*	*208.544*	*101,3*
Einwohner	**25.742.404**	**157,6**	**27.279.111**	**167,0**	**28.318.470**	**173,4**	**29.955.281**	**183,4**	**31.855.123**	**195,1**

Tabelle 14 *Die Steigerungsraten der Hauptausgabenbereiche im Hauhalt des Kultusministeriums …*

	1900		1905		1910		1915	
	absolut	(2)=100	absolut	(2)=100	absolut	(2)=100	absolut	(2)=100
Gesamtausgaben (Ordinarium)	139.595.854	1.376,9	164.032.655	1.617,9	260.430.892	2.568,7	278.880.249	2.750,7
Ministerium	1.213.890	306,6	1.355.098	342,3	1.640.138	414,3	1.567.810	396,0
davon Personalausgaben	*1.074.890*	*369,5*	*1.214.098*	*417,3*	*1.454.018*	*499,8*	*1.394.310*	*479,3*
davon Sonstige Ausgaben	*139.000*	*308,7*	*141.000*	*313,1*	*186.120*	*413,3*	*173.500*	*385,3*
Allgemeiner Dispositionsfonds	75.000	125,1	75.000	125,1	75.000	125,1	70.500	117,6
Kultus im engeren Sinne	5.980.019	190,2	6.204.254	197,3	34.866.814	1.108,8	35.024.050	1.113,8
davon evangelischer Kultus	*3.311.296*	*335,7*	*3.515.886*	*356,5*	*25.490.479*	*2.584,4*	*25.531.747*	*2.588,6*
davon katholischer Kultus	*2.668.723*	*123,6*	*2.688.386*	*124,6*	*9.476.335*	*439,1*	*9.492.303*	*439,8*
Kultus und Unterricht gemeinsam	17.501.049	1.167,0	18.686.424	1.246,1	4.536.308	302,5	5.486.352	365,9
davon Personalausgaben	•	•	•	•	•	•	•	•
Untere Schulen [1]	70.092.647	11.902,1	80.828.056	13.725,1	142.397.370	24.179,9	153.195.286	26.013,4
Höhere Schulen (Gymnasien u. Realschulen)	12.191.951	1.445,3	14.614.917	1.732,5	21.036.575	2.493,7	22.631.472	2.682,8
Technisches Unterrichtswesen [12]	2.196.160	•	3.633.401	•	5.318.789	•	6.168.843	•
Taubstummen- und Blindenanstalten	120.040	280,2	128.776	300,6	160.874	375,6	151.215	353,2
Waisenhäuser usw.	125.712		126.446	64,6	143.788	73,5	144.466	73,8
Provinzialschulkollegien u. Schulaufsicht	4.219.980	2.813,9	4.729.456	3.153,6	5.786.903	3.858,7	6.656.882	4.438,8
davon Provinzialschulkollegien	*824.250*	*549,6*	*990.816*	*660,7*	*1.364.483*	*909,8*	*1.587.912*	*1.058,8*
davon Schulaufsicht	*3.395.640*	•	*3.738.640*	•	*4.422.420*	•	*5.068.970*	•
(Nichtuniversitäre) Lehrerbildung	7.990.048	1.188,0	10.741.614	1.597,1	14.131.444	2.101,2	15.875.094	2.360,4
Prüfungskommissionen/-ämter	94.653	487,7	132.153	680,9	202.837	1.045,0	454.531	2.341,7
Universitäten	10.238.535	708,7	12.259.742	848,6	15.405.137 [15]	1.066,3	17.441.750 [15]	1.207,2
Kunst u. Wissenschaft zusammen [5]	4.920.095	919,0	6.065.926	1.133,0	7.732.997	1.444,4	8.638.397	1.613,5
davon Akademie der Wissenschaften	*245.981*	*395,3*	*269.155*	*432,5*	*299.425*	*481,2*	*346.075*	*556,1*
davon Staatsbibliothek	*516.254*	*686,1*	*627.354*	*833,8*	*914.114*	*1.214,9*	*1.323.830*	*1.759,5*
davon Wissenschaftliche Institute	*778.132 [13]*	•	*1.097.009 [14]*	•	*811.099*	•	*1.063.449*	•
davon Akademie der Künste	*555.574*	*546,0*	*680.855*	*669,1*	*832.269*	*818,0*	*838.550*	*824,1*
davon Kunstmuseen in Berlin [2]	*1.266.553*	*953,2*	*1.480.844*	*1.114,5*	*1.933.539*	*1.455,2*	*1.936.991*	*1.457,8*
Medizinalwesen	1.976.060	216,4	3.863.792	423,2	6.180.846	677,0		
davon Charité	*274.114*	*133,2*	*590.546*	*286,9*	*794.791*	*386,2*	1.020.440	495,8
Einwohner	**34.472.509**	**211,1**	**37.293.324**	**228,4**	**40.165.219**	**245,9**	**42.352.386**	**259,3**

[1] Ohne Lehrerseminare, Turnunterricht, Taubstummen- und Blindenanstalten sowie Waisenhäuser und andere Wohltätigkeitsanstalten.

[2] Kapitel 122, Tit. 1–6: „Kunstmuseen in Berlin" ab 1880 zusammen mit Tit. 7–11: „Nationalgalerie zu Berlin", jedoch ohne Tit. 33: „Zu Ankäufen von Kunstwerken für die Nationalgalerie sowie zur Beförderung der monumentalen Malerei und Plastik und des Kupferstichs" (zum Beispiel je 300.000 Mark in den Jahren 1880 und 1885), später „Nationalgalerie zu Berlin und Rauch-Schinkel-Museum".

[3] Kapitel 123: Technische Hochschulen in Berlin, Hannover und Aachen, Baugewerkschule in Nienburg, Gewerbeschulen usw.

[4] Geodätisches Institut und Astrophysikalisches Observatorium (Telegraphenberg Potsdam).

[5] Ohne Universitäten, Technische Hochschulen usw.

[6] Die unter [4] benannten Institute sowie Einrichtungen der ehemaligen Hygiene-Ausstellung (späteres Hygienisches Museum, zum Institut für Infektionskrankheiten zählend).

[11] Ohne 226.555 M für das Institut für Infektionskrankheiten, das in der Zeile „Wissenschaftliche Institute" berücksichtigt wird.

[12] Einschließlich der Ausgaben für das mit der TH Berlin-Charlottenburg verbundene Materialprüfungsamt (Dahlem).

[13] Die unter [6] benannten Institute sowie das Institut für Infektionskrankheiten, das Institut für experimentelle Therapie Frankfurt/M. sowie das Hygienische Institut Posen.

[14] Die unter [13] genannten Institute sowie die Versuchs- und Prüfungsanstalt für Wasserversorgung und Abwässerbeseitigung.

[15] Ohne 122.690 M (1910) bzw. 150.690 M (1915) für die Akademie in Posen.

[18] Einschließlich Gerichtshof für kirchliche Angelegenheiten.

Quellen:
Tabelle 13;
eigene Berechnungen.

Tabelle 14 belegt, dass in den sieben Jahrzehnten von der Mitte des 19. Jahrhunderts bis zum Ersten Weltkrieg das Wachstum des Kultusetats wesentlich schneller war als die Zunahme der auf dem jeweiligen Staatsterritorium lebenden Bevölkerung Preußens. Die einzelnen Hauptposten des Kultusbudgets nahmen dabei aber zwischen 1849 und 1915 recht unterschiedliche Entwicklungen. Am schnellsten stiegen die Ausgaben für das Untere Schulwesen (auf das 260fache) sowie die Aufwendungen für die Provinzialschulkollegien auf mehr als das 40fache. Mit deutlichem Abstand folgten die Fonds für das Höhere Schulwesen (fast das 27fache) und für den evangelischen Kultus (fast das 26fache). Die nichtuniversitäre Lehrerbildung sowie die Prüfungskommissionen und -ämter kamen jeweils auf mehr als das 23fache und damit dem Wachstum des Gesamtkultusetats noch am nächsten. Fragt man nun nach der Gewichtung dieser Veränderungen, dann ist den Tabellen zu entnehmen, dass 1849 die vorstehend genannten Hauptausgabenbereiche mit höherem oder annähernd gleichem Entwicklungstempo knapp ein Drittel des Kultusetats umfassten, während es 1915 dann schon 80 Prozent waren. Das ist ein Indiz für die Zielstrebigkeit in der Entwicklung des auf die Volksbildung gerichteten Teils der kulturstaatlichen Daseinsvorsorge in Preußen.

Die dem Trend entgegenlaufenden Bewegungen des ‚Allgemeinen Dispositionsfonds' sowie der Gelder für Waisenhäuser stellen insofern Sonderfälle dar, als es erstens nur eine politisch bestimmte haushaltstechnische Entscheidung war, ob Mittel für Unvorhergesehenes den einzelnen Spezialtiteln pauschal zugeschlagen oder in einem eigenen, global formulierten Titel zusammengefasst wurden. Zweitens handelte es sich bei den Summen für die Waisenhäuser um relativ geringe Zuschüsse in einem Bereich der Wohlfahrtspflege, der in den hier betrachteten Jahrzehnten zunehmend in die Zuständigkeit des Innenministeriums überging. Zudem fanden die Aufwendungen für Waisenhäuser aus dem Kultusetat wesentliche Ergänzung aus Beiträgen der Stiftungsfonds oder kommunaler Kassen.

Durch den Umstand, dass sich die vorstehend beschriebenen, teilweise beeindruckenden Wachstumsraten einzelner Hauptausgabenbereiche des Kultusetats in Tabelle 14 auf das Basisjahr 1849 beziehen und bis 1915 laufen, erhalten die errechneten Werte ein spezifisches Gepräge. Sie geben darüber Auskunft, wie weit sich die durch die verschiedenen Kräfte der Gesellschaft ausgehandelten Gewichtungen für die über den preußischen Kultusetat finanzierten kulturstaatlichen Aktivitäten von der Mitte des 19. Jahrhunderts bis zum Beginn des Ersten Weltkrieges veränderten. So relativiert sich das oben hervorgehobene starke Wachstum der Ausgaben für die Provinzialschulkollegien und die Schulaufsicht dadurch, dass sich der Anteil dieser Aufwendungen am Etat im gleichen Zeitraum nicht einmal verdoppelt hatte (von 1,5 auf 2,4 Prozent; vgl. Tabelle 13). Anders gelagert ist die Entwicklung bei den Geldern für das Höhere Schulwesen, die mit ihrer Zunahme nur mit dem Aufwuchs des Kultusetats (fast) mithielten. Dies kann dahingehend bewertet werden, dass in Preußen ein gesellschaftlicher Konsens darüber bestand, dass die bereits Mitte des 19. Jahrhunderts erreichte finanzielle Position dieses kulturstaatlichen Bereichs im Staatshaushalt bis zum Ersten Weltkrieg als adäquat angesehen wurde, weshalb keine die Etatstruktur verändernden Umschichtungen erfolgten.

Beschränkt man sich bei der Auswertung von Tabelle 14 auf die Jahre von 1849 bis 1870, so verschieben sich die Akzente. In jenen zwei Jahrzehnten, in denen das gerade erst zur konstitutionellen Monarchie gewordene Preußen einen von zyklischen Krisen unterbrochenen wirtschaftlichen Aufschwung erlebte und zugleich im Gefolge zweier Kriege wesentlich an Territorium hinzugewann, wuchs der Kultusetat auf 186 Prozent, während die Einwohnerzahl auf das Eineinhalbfache stieg. In jener Periode fand das Volksschulwesen eine außergewöhnlich hohe Förderung aus dem Staatshaushalt. Die Gelder für das Untere Schulwesen und für die Nichtuniversitäre Lehrerbildung, also für die Bereitstellung von mehr und besser qualifizierten Elementarschulpädagogen, stiegen auf 426 Prozent beziehungsweise 335 Prozent. Der Stellenwert der hier getätigten Anstrengungen zeigt sich nicht zuletzt auch darin, dass für die Ausbildung der Volksschullehrer in Preußen 1849 rd. ein Viertel des Geldes ausgegeben wurde, das den Universitäten zufloss, während es 1870 dann sogar knapp die Hälfte war. Gleichzeitig lagen die Zuwendungen für einige andere Hauptausgabenbereiche deutlich unter den Wachstumstempi der Einwohnerzahl als auch der Kultusetats. Staatsbibliothek, Akademie der Wissenschaften und Charité gerieten ins

Hintertreffen gegenüber den Universitäten, die mit dem Kultusetat wenigstens fast gleichauf lagen. Die Akademie der Künste musste sogar seit Anfang der 1850er Jahre mit einem langsam sinkenden Etat auskommen, während die Gelder für die Berliner Museen wenigstens noch mit der demographischen Entwicklung Schritt hielten.

Der Aufwuchs für den evangelischen Kultus zwischen 1849 und 1870 entsprach ebenfalls annähernd der Bevölkerungsvermehrung, so dass eine in etwa gleich bleibende religiös-seelsorgerische Betreuung sichergestellt wurde. Die Zuwendungen für den katholischen Kultus hingegen lagen mit 117 Prozentpunkten im Jahre 1870 wesentlich darunter. Dies war ein Aspekt der sich seit den 1850er Jahren zunehmend schwieriger gestaltenden Beziehungen des preußischen Staates zu seinen katholischen Untertanen.[88] Der Aufwuchs zwischen 1865 und 1870 von 104 auf 117 Prozentpunkte deutete keine Trendwende an, sondern resultierte zu einem nicht unwesentlichen Teil aus Zahlungen, die der preußische Staat in Rechtsnachfolge des Königreichs Hannover zu leisten hatte. Nachfolgende Tabelle 15 belegt dann, wie dieser Etatposten von den Auswirkungen des Kulturkampfes beeinflusst wurde.

88 Zu Debatten im Abgeordnetenhaus wegen der Praxis, Einnahmen von Stiftungsfonds aus dem ehemaligen Besitz des Jesuitenordens und aus Säkularisierungen nicht für Zwecke des katholischen Kultus zu verwenden, vgl. die Protokolle der Haushaltskommission des Abgeordnetenhauses am 8. bis 10. sowie am 26.3.1855, im vorliegenden Band Dok. Nr. 35 bis 38.

Tabelle 15 *Die Steigerungsraten der Hauptausgabenbereiche im Hauhalt des Kultusministeriums (Ordinarium) im Vergleich zur Bevölkerungsentwicklung zwischen 1875 und 1915 (in Mark)*

	1875	1880		1885		1890		1895	
(1)	(2)	(3)	(4)	(5)	(6)	(7)	(8)	(9)	(10)
	absolut	absolut	(2)=100	absolut	(2)=100	absolut	(2)=100	absolut	(2)=100
Gesamtausgaben (Ordinarium)	43.790.496	49.143.913	112,2	52.750.323	120,5	92.480.572	211,2	107.701.153	246,0
Ministerium	713.415	851.035	119,3	945.170	132,5	1.036.520	145,3	1.156.090	162,1
davon Personalausgaben	*665.160*	*775.310*	*116,6*	*839.295*	*126,2*	*919.420*	*138,2*	*1.037.340*	*156,0*
davon Sonstige Ausgaben	*48.255*	*75.725*	*156,9*	*105.875*	*219,4*	*117.100*	*242,7*	*118.750*	*246,1*
Allgemeiner Dispositionsfonds	75.000	75.000	100,0	75.000	100,0	75.000	100,0	75.000	100,0
Kultus im engeren Sinne	4.896.553 [18]	5.057.222 [18]	103,3	5.107.505[18]	104,3	5.332.685	108,9	5.605.853	114,5
davon evangelischer Kultus	*2.181.975*	*2.430.123*	*111,4*	*2.529.136*	*116,0*	*2.787.819*	*127,8*	*3.003.293*	*137,6*
davon katholischer Kultus	*2.677.828*	*2.596.674*	*97,0*	*2.556.044*	*95,5*	*2.544.866*	*95,0*	*2.602.560*	*97,2*
Kultus und Unterricht gemeinsam	6.504.376	6.354.586	97,7	6.826.588	105,0	9.099.695	139,9	11.092.498	170,5
Untere Schulen [1]	13.609.746	14.051.816	103,3	15.644.666	115,0	46.938.910	344,9	54.437.538	400,0
Höhere Schulen (Gymnasien u. Realschulen)	4.338.024	4.549.059	104,9	4.712.119	108,6	5.734.960	132,2	8.202.176	189,1
Technisches Unterrichtswesen [12]	–	1.887.307 [3]		1.608.017		1.506.551		1.714.696	
Taubstummen- und Blindenanstalten	54.206	56.524	104,3	85.850	158,4	91.308	168,5	109.906	202,8
Waisenhäuser usw.	241.156	94.201	39,1	98.956	41,0	115.437	47,9	115.518	47,9
Provinzialschulkollegien und Schulaufsicht	409.971	484.266	118,1	533.198	130,1	554.553	135,3	3.425.730	835,6
davon Provinzialschulkollegien	*409.971*	*484.266*	*118,1*	*533.198*	*130,1*	*554.553*	*135,3*	*649.484*	*158,2*
davon Schulaufsicht	–	–		–		–		*2.776.246*	
(Nichtuniversitäre) Lehrerbildung	3.363.033	4.895.760	145,6	5.469.388	162,6	6.124.554	182,1	7.003.260	208,2
Prüfungskommissionen	66.102	74.922	113,3	88.760	134,3	98.111	148,4	96.924	146,6
Universitäten	5.177.393	5.575.316	107,7	6.553.956	126,6	7.732.303	149,3	8.253.663	159,4
Kunst u. Wissenschaft zusammen [5]	2.329.806	2.656.370	114,0	2.962.492	127,2	3.795.227	162,9	4.102.471	176,1
davon Akademie der Wissenschaften	*197.124*	*200.924*	*101,9*	*203.824*	*103,4*	*198.000*	*100,4*	*199.001*	*101,0*
davon Staatsbibliothek	*240.173*	*248.024*	*103,3*	*288.894*	*120,3*	*389.604*	*162,2*	*432.584*	*180,1*
davon Wissenschaftliche Institute	•	*176.170 [4]*		*197.712 [6]*		*319.560*		*625.036*	
davon Akademie der Künste	*342.066*	*409.503*	*119,7*	*426.178*	*124,6*	*449.319*	*131,4*	*495.699*	*144,9*
davon Kunstmuseen in Berlin [2]	*602.646*	*765.087*	*127,0*	*907.555*	*150,6*	*1.008.355*	*167,3*	*1.066.254*	*176,9*
Medizinalwesen	1.799.125	1.456.460	81,0	1.449.537	80,6	1.582.778	88,0	1.696.577 [11]	94,3
davon Charité	*270.677*	*205.322*	*75,9*	*201.034*	*74,3*	*201.034*	*74,3*	*208.544*	*77,1*
Einwohner	**25.742.404**	**27.279.111**	**106,0**	**28.318.470**	**110,0**	**29.955.281**	**116,4**	**31.855.123**	**123,8**

Tabelle 15 *Die Steigerungsraten der Hauptausgabenbereiche im Hauhalt des Kultusministeriums (Ordinarium) …*

	1900		1905		1910		1915	
	(11)	(12)	(13)	(14)	(15)	(16)	(17)	(18)
	absolut	(2)=100	absolut	(2)=100	absolut	(2)=100	absolut	(2)=100
Gesamtausgaben (Ordinarium)	139.595.854	318,8	164.032.655	374,6	260.430.892	594,7	278.880.249	636,9
Ministerium	1.213.890	170,2	1.355.098	190,0	1.640.138	229,9	1.567.810	219,8
davon Personalausgaben	*1.074.890*	*161,6*	*1.214.098*	*182,5*	*1.454.018*	*218,6*	*1.394.310*	*209,6*
davon Sonstige Ausgaben	*139.000*	*288,1*	*141.000*	*292,2*	*186.120*	*385,7*	*173.500*	*359,6*
Allgemeiner Dispositionsfonds	75.000	100,0	75.000	100,0	75.000	100,0	70.500	100,0
Kultus im engeren Sinne	5.980.019	122,1	6.204.254	126,7	34.866.814	712,1	35.024.050	715,3
davon evangelischer Kultus	*3.311.296*	*151,8*	*3.515.886*	*161,1*	*25.490.479*	*1.168,2*	*25.531.747*	*1.170,1*
davon katholischer Kultus	*2.668.723*	*99,7*	*2.688.386*	*100,4*	*9.476.335*	*353,9*	*9.492.303*	*354,5*
Kultus und Unterricht gemeinsam	17.501.049	269,1	18.686.424	287,3	4.536.308	69,7	5.486.352	84,3
Untere Schulen [1]	70.092.647	515,0	80.828.056	593,9	142.397.370	1.046,3	153.195.286	1.125,6
Höhere Schulen (Gymnasien u. Realschulen)	12.191.951	281,1	14.614.917	336,9	21.036.575	484,9	22.631.472	521,7
Technisches Unterrichtswesen [12]	2.196.160		3.633.401		5.318.789		6.168.843	
Taubstummen- und Blindenanstalten	120.040	221,5	128.776	237,6	160.874	296,8	151.215	279,0
Waisenhäuser usw.	125.712	52,1	126.446	52,4	143.788	59,6	144.466	59,9
Provinzialschulkollegien und Schulaufsicht	4.219.980	1.029,3	4.729.456	1.153,6	5.786.903	1.411,5	6.656.882	1.623,7
davon Provinzialschulkollegien	*824.250*	*201,1*	*990.816*	*241,7*	*1.364.483*	*332,8*	*1.587.912*	*387,3*
davon Schulaufsicht	*3.395.640*		*3.738.640*		*4.422.420*		*5.068.970*	
(Nichtuniversitäre) Lehrerbildung	7.990.048	237,6	10.741.614	319,4	14.131.444	420,2	15.875.094	472,1
Prüfungskommissionen/-ämter	94.653	143,2	132.153	199,9	202.837	306,9	454.531	687,6
Universitäten	10.238.535	197,8	12.259.742	236,8	15.405.137 [15]	297,5	17.441.750 [15]	336,9
Kunst u. Wissenschaft zusammen [5]	4.920.095	211,2	6.065.926	260,4	7.732.997	331,9	8.638.397	370,8
davon Akademie der Wissenschaften	*245.981*	*124,8*	*269.155*	*136,5*	*299.425*	*151,9*	*346.075*	*175,6*
davon Staatsbibliothek	*516.254*	*215,0*	*627.354*	*261,2*	*914.114*	*380,6*	*1.323.830*	*551,2*
davon Wissenschaftliche Institute	*778.132 [13]*		*1.097.009 [14]*		*811.099*		*1.063.449*	
davon Akademie der Künste	*555.574*	*162,4*	*680.855*	*199,0*	*832.269*	*243,3*	*838.550*	*245,1*
davon Kunstmuseen in Berlin [2]	*1.266.553*	*210,2*	*1.480.844*	*245,7*	*1.933.539*	*320,8*	*1.936.991*	*321,4*
Medizinalwesen	1.976.060	109,8	3.863.792	214,8	6.180.846	343,6		
davon Charité	*274.114*	*101,3*	*590.546*	*218,2*	*794.791*	*293,6*	1.020.440	377,0
Einwohner	**34.472.509**	**133,9**	**37.293.324**	**144,9**	**40.165.219**	**156,0**	**42.352.386**	**164,5**

[1] Ohne Lehrerseminare, Turnunterricht, Taubstummen- und Blindenanstalten sowie Waisenhäuser und andere Wohltätigkeitsanstalten.
[2] Kapitel 122, Tit. 1–6: „Kunstmuseen in Berlin" ab 1880 zusammen mit Tit. 7–11: „Nationalgalerie zu Berlin", jedoch ohne Tit. 33: „Zu Ankäufen von Kunstwerken für die Nationalgalerie sowie zur Beförderung der monumentalen Malerei und Plastik und des Kupferstichs" (zum Beispiel je 300.000 Mark in den Jahren 1880 und 1885), später „Nationalgalerie zu Berlin und Rauch-Schinkel-Museum".
[3] Kapitel 123: Technische Hochschulen in Berlin, Hannover und Aachen, Baugewerkschule in Nienburg, Gewerbeschulen usw.
[4] Geodätisches Institut und Astrophysikalisches Observatorium (Telegraphenberg Potsdam).
[5] Ohne Universitäten, Technische Hochschulen usw.
[6] Die unter [4] benannten Institute sowie Einrichtungen der ehemaligen Hygiene-Ausstellung (späteres Hygienisches Museum, zum Institut für Infektionskrankheiten zählend).
[11] Ohne 226.555 M für das Institut für Infektionskrankheiten, das in der Zeile „Wissenschaftliche Institute" berücksichtigt wird.
[12] Einschließlich der Ausgaben für das mit der TH Berlin-Charlottenburg verbundene Materialprüfungsamt (Dahlem).
[13] Die unter [6] benannten Institute sowie das Institut für Infektionskrankheiten, das Institut für experimentelle Therapie Frankfurt/M. sowie das Hygienische Institut Posen.
[14] Die unter [13] genannten Institute sowie die Versuchs- und Prüfungsanstalt für Wasserversorgung und Abwässerbeseitigung.
[15] Ohne 122.690 M (1910) bzw. 150.690 M (1915) für die Akademie in Posen.

Quellen:
Tabelle 13;
eigene Berechnungen.

Tabelle 15 reflektiert die Veränderungen im preußischen Kultusetat nach der Reichseinigung und dem damit verbundenen Wandel Preußens von einer mitteleuropäischen Großmacht zum führenden Bundesstaat im mächtigen deutschen Kaiserreich. Auf der Basis eines Bevölkerungswachstums auf 165 Prozent waren die Etats ab 1875 sowohl geprägt von der Überwindung der Gründerkrise und der anschließenden Großen Depression als auch durch den Übergang Deutschlands vom Agrar- zum Industriestaat. Gleichzeitig entwickelte sich ein modernes politisches System mit weitreichenden parlamentarischen Budgetrechten, in dem neben den bürgerlichen Liberalen die Sozialdemokratie zu einer wichtigen politischen Oppositionskraft aufstieg. Unter diesen Verhältnissen versechsfachte sich der preußische Kultusetat. Damit lag sein Entwicklungstempo weit über dem der Einwohnerzahl und auch dem des Etats in den Jahren von 1849 bis 1870 (186 Prozent; vgl. Tabelle 14). Zwischen 1875 und 1895 war die Vermehrung noch relativ moderat auf 246 Prozent, gewann aber in der Folgezeit rasant an Fahrt. Das Wachstum vollzog sich jedoch nicht in einem stetig an Intensität gewinnenden Prozess, sondern wies große Sprünge zwischen 1885 und 1890 sowie zwischen 1905 und 1910 auf. In beiden Fällen handelte es sich vor allem um Auswirkungen von Gehaltsverbesserungen an den Schulen und im Kultusbereich, die unter massivem öffentlichen Druck standen, die Einkommen zu erhöhen. 1888 übernahm per Gesetz die Staatskasse einen jährlichen Beitrag zum Diensteinkommen der Volksschullehrer,[89] und 1909 wurden im Zusammenhang mit einer allgemeinen Besoldungsreform für die Staatsbedienststeten auch die Bezüge der Lehrer, Schulbeamten[90] sowie kirchlichen Amtsträger[91] aufgebessert. Dabei wurden aus dem Staatshaushalt nicht nur zusätzliche Mittel für die an staatlichen Bildungseinrichtungen Lehrenden bereitgestellt – was allein schon jeweils bedeutende Summen ergab –, sondern darüber hinaus auch die anderen Schulträger nicht unerheblich entlastet.

Angesichts dessen wies nach der Reichseinigung das Untere Schulwesen mit einer Zunahme auf 400 Prozent bis 1895 eine überdurchschnittliche Steigerung auf, auch wenn diese sich gegenüber der Vorperiode von 1849 bis 1870 etwas verlangsamt hatte. Bis 1915 gab es dann eine erneute Beschleunigung in der Förderung des Volksschulwesens, was zu einer Steigerung der Etatsumme auf mehr als das 12fache führte.

Die Aufwendungen für die nichtuniversitäre Lehrerbildung kamen zwischen 1875 und 1895 nur auf 208 Prozent und lagen damit deutlich unter dem Aufwuchs des Gesamtetats, obwohl sie ihn zwischen 1849 und 1870 noch überholt hatten. In diesem Bereich des Bildungssystems wurde also das staatliche Engagement zurückgefahren. Nachdem über mehrere Jahrzehnte vermehrt Pädagogen ausgebildet worden waren, sollte nunmehr nach Einschätzung der für das Schulwesen zuständigen Beamten im Wesentlichen nur die natürliche Fluktuation abgedeckt werden, auch wenn aus heutiger Sicht die hohe Zahl einklassiger Dorfschulen und allgemein meist viel zu große Klassenstärken eigentlich zusätzliche Neueinstellungen notwendig gemacht hätten.

Noch über dem Wachstum der Bevölkerung, jedoch deutlich unter dem des Kultusetats, lag zwischen 1875 und 1895 die Entwicklung der finanziellen Mittel für die Staatsbibliothek, für die Berliner Kunstmuseen, für die Universitäten, für die Prüfungskommissionen sowie für die Akademie der Künste. Es gab darüber hinaus einige Hauptausgabenbereiche, in denen im Jahre 1895 ungefähr die gleiche Summe wie 1875 zur Verfügung stand, was jedoch angesichts des Wachstums der Bevölkerung und der Preisentwicklung einen relativen Rückgang bedeutete: Die Akademie der Wissenschaften stagnierte mit 101 Prozent,

89 Gesetz, betr. die Erleichterung der Volksschullasten. Vom 14.6.1888, GS, S. 240.

90 Vor allem das Gesetz über das Diensteinkommen der Lehrer und Lehrerinnen an den öffentlichen Volksschulen vom 26.5.1909 (GS, S. 93), veröffentlicht mit weiteren Bestimmungen als Anlagen zu dem Gesetz, betreffend die Bereitstellung von Mitteln zu Diensteinkommensverbesserungen vom 26.5.1909, GS, S. 85.

91 Vgl. Gesetz, betreffend die Pfarrbesoldung, das Ruhegehaltswesen und die Hinterbliebenenfürsorge für die Geistlichen der evangelischen Landeskirchen vom 26.5.1909 (GS, S. 113), und das Gesetz, betreffend das Diensteinkommen der katholischen Pfarrer vom 26.5.1909 (GS, S. 343), veröffentlicht mit weiteren Bestimmungen als Anlagen zu dem Gesetz, betreffend die Bereitstellung von Mitteln zu Diensteinkommensverbesserungen vom 26.5.1909, GS, S. 85. – Ferner Breitfeld, Die vermögensrechtliche Auseinandersetzung zwischen Kirche und Staat in Preußen, S. 247–255; Gatz, Die Kirchenfinanzen, S. 174–178.

das Medizinalwesen erhielt nur 94 Prozent und die Zuwendungen für die Charité wiesen sogar ein Minus von 23 Prozentpunkten auf.

Tabelle 15 bestätigt die Grundthese zum Wandel des Kultusministeriums von einem geistlichen zu einem Unterrichtsministerium in der Weise, dass zwischen 1875 und 1915 die Ausgaben für die Volksschulen auf mehr als das 11fache stiegen, während die Fonds für „Kultus im engeren Sinne" sich nur versiebenfachten. Im quantitativen Vergleich für die Stichjahre bedeutete dies, dass 1875 knapp das dreifache jener Summe, die für den „Kultus im engeren Sinne" zur Verfügung stand, dem Unteren Schulwesen zufloss; 1915 war es aber fast das 12fache. Während von 1849 bis 1870 die Fonds für den evangelischen Kultus annähernd mit der Bevölkerungsentwicklung Schritt hielten, lag ihr Entwicklungstempo zwischen 1875 und 1895 etwas darüber. Ganz anders gestalteten sich jedoch die Verhältnisse für die katholische Kirche. Sie erhielt ab der zweiten Hälfte der 1870er Jahre etwas weniger als noch 1875. Unter den Bedingungen des Kulturkampfes wurden vom preußischen Staat wohl fast nur Zahlungen vorgesehen, zu denen er rechtlich verpflichtet war. Tatsächlich waren dann aber die ausgereichten Summen sogar noch niedriger als in Tabelle 15 ausgewiesen. Das hängt damit zusammen, dass wir es hier erstens mit Zahlen aus den Budgetentwürfen zu tun haben, die von der evangelisch-konservativen Mehrheit im Abgeordnetenhaus in einigen Fällen noch weiter gekürzt wurden. Zweitens wurden verschiedene finanzielle Leistungen zwar in die Etats eingestellt, ihre Auszahlung aber an politische – letztlich antikatholisch ausgerichtete – Bedingungen geknüpft, die zu erfüllen die potentiellen Empfänger vielfach nicht bereit waren. Diese Problematik ist noch nicht umfassend untersucht worden, so dass ein präziser Überblick über die während des Kulturkampfes dem katholischen Kultus tatsächlich zugeflossenen staatlichen Gelder bisher fehlt.

Nimmt man die Aufwendungen für den Kultus bis 1915, dann zeigen sich weiterhin bedeutende Unterschiede zwischen den den beiden Bekenntnissen zufließenden Summen. Die Vermehrung der Gelder für den evangelischen Kultus lag fast gleichauf mit der für das Volksschulwesen, während der Aufwuchs für den katholischen Kultus wesentlich darunter lag. Bei alldem darf aber nicht vergessen werden, dass mit der Besoldungsreform im Jahre 1909 sich nicht nur die staatlichen Beiträge zu den Einkommen zahlreicher verschiedener kirchlicher Amtsträger erhöhten, sondern haushaltstechnisch große Teile des Hauptausgabenbereichs „Kultus und Unterricht gemeinsam" den beiden Konfessionen sowie den Etattiteln zum Unterrichtswesen zugeordnet wurden. Während 1905 noch rd. 19 Mio. Mark für „Kultus und Unterricht gemeinsam" bereitgestellt wurden, waren es 1910 dann 14 Mio. Mark weniger. Das relativiert etwas den effektiven Aufwuchs der Fonds für das Untere Schulwesen als auch für religiöse Zwecke, ohne dass aber die vorstehend formulierte Grundthese vom Wandel zum Unterrichtsministerium in Frage gestellt wird.

Die Vermehrung der Fonds für die Universitäten, Kunst und Wissenschaft beschleunigte sich von 1895 bis 1915 und lag für die Periode von 1875 bis zum Ersten Weltkrieg über der Zunahme der Bevölkerung, zugleich aber teilweise deutlich noch unter dem Wachstum des gesamten Kultusetats. Dieser Befund erstaunt angesichts der Tatsache, dass in jenen Jahrzehnten die preußisch-deutsche Wissenschafts- und Kulturlandschaft Weltgeltung erreicht hatte. Eine Erklärung findet dieser Widerspruch vor allem durch den Umstand, dass bedeutende Aufwendungen für diesen Hauptausgabenbereich nicht aus dem in Tabelle 15 erfassten Ordinarium finanziert wurden, sondern Gelder aus dem Extraordinarium erhielten (vgl. Tabelle 18 bis 20). Hinzu kamen nicht unerhebliche Mittel von Kommunen, auf die im folgenden Kapitel näher eingegangen wird. Außerdem begann sich auch das Reich auf wissenschaftlichem Gebiet zu engagieren.

Tabelle 16 *Die Steigerungsraten der Hauptausgabenbereiche im Hauhalt des Kultusministeriums (Ordinarium) im Vergleich zur Bevölkerungsentwicklung zwischen 1900 und 1920 (in Mark)*

	1900	1905		1910		1915		1920	
(1)	(2)	(3)	(4)	(5)	(6)	(7)	(8)	(9)	(10)
	absolut	absolut	(2)=100	absolut	(2)=100	absolut	(2)=100	absolut	(2)=100
Gesamtausgaben (Ordinarium)	139.595.854	164.032.655	117,5	260.430.892	186,6	278.880.249	199,8	271.377.796	194,4
Ministerium	1.213.890	1.355.098	111,6	1.640.138	135,1	1.567.810	129,2	1.769.670	145,8
davon Personalausgaben	*1.074.890*	*1.214.098*	*113,0*	*1.454.018*	*135,3*	*1.394.310*	*129,7*	*1.544.670*	*143,7*
davon Sonstige Ausgaben	*139.000*	*141.000*	*101,4*	*186.120*	*133,9*	*173.500*	*124,8*	*225.000*	*161,9*
Allgemeiner Dispositionsfonds	75.000	75.000	100,0	75.000	100,0	70.500	94,0	68.500	91,3
Kultus im engeren Sinne	5.980.019	6.204.254	103,8	34.866.814	583,1	35.024.050	585,7	34.413.760	575,5
davon evangelischer Kultus	*3.311.296*	*3.515.886*	*106,2*	*25.490.479*	*769,8*	*25.531.747*	*771,5*	*25.444.785*	*768,4*
davon katholischer Kultus	*2.668.723*	*2.688.386*	*103,7*	*9.476.335*	*355,1*	*9.492.303*	*355,7*	*8.968.975*	*336,1*
Kultus und Unterricht gemeinsam	17.501.049	18.686.424	106,8	4.536.308	25,9	5.486.352	31,4	5.055.913	28,9
Untere Schulen [1]	70.092.647	80.828.056	115,3	142.397.370	203,2	153.195.286	218,6	145.160.371	207,1
Höhere Schulen (Gymnasien u. Realschulen)	12.191.951	14.614.917	119,9	21.036.575	172,5	22.631.472	185,6	24.513.088	201,1
Technisches Unterrichtswesen [12]	2.196.160	3.633.401	165,4	5.318.789	242,2	6.168.843	280,9	6.725.650	306,3
Taubstummen- u. Blindenanstalten	120.040	128.776		160.874		151.215		157.460	
Waisenhäuser usw.	125.712	126.446	107,3	143.788	119,8	144.466	120,4	291.431	242,8
Provinzialschulkollegien und Schulaufsicht	4.219.980	4.729.456	112,1	5.786.903	137,1	6.656.882	157,8	6.622.625	156,9
davon Provinzialschulkollegien	*824.250*	*990.816*	*120,2*	*1.364.483*	*165,5*	*1.587.912*	*192,7*	*1.703.309*	*206,7*
davon Schulaufsicht	*3.395.640*	*3.738.640*	*110,1*	*4.422.420*	*130,2*	*5.068.970*	*149,3*	*4.919.316*	*144,9*
(Nichtuniversitäre) Lehrerbildung	7.990.048	10.741.614	134,4	14.131.444	176,9	15.875.094	198,7	16.839.898	210,8
Prüfungskommissionen/-ämter	94.653	132.153	139,6	202.837	214,3	454.531	480,2	336.458	355,5
Universitäten	10.238.535	12.259.742	119,7	15.405.137 [15]	150,5	17.441.750 [15]	170,4	18.747.498	183,1
Kunst u. Wissenschaft zusammen [5]	4.920.095	6.065.926	123,3	7.732.997	157,2	8.638.397	175,6	9.300.401	189,0
davon Wissenschaft gesamt	•	•		•		•		•	
davon Akademie der Wissenschaften	*245.981*	*269.155*	*109,4*	*299.425*	*121,8*	*346.075*	*140,7*	*355.015*	*144,3*
davon Staatsbibliothek	*516.254*	*627.354*	*121,5*	*914.114*	*177,1*	*1.323.830*	*256,4*	*1.585.820*	*307,2*
davon Wissenschaftliche Institute	*778.132 13]*	*1.097.009 [14]*	*141,0*	*811.099*	*104,2*	*1.063.449*	*136,7*	*2.456.654*	*315,7*
davon Kunst gesamt	•	•		•		•		•	
davon Akademie der Künste	*555.574*	*680.855*	*122,6*	*832.269*	*149,8*	*838.550*	*150,9*	*857.200*	*154,3*
davon Kunstmuseen in Berlin [2]	*1.266.553*	*1.480.844*	*116,9*	*1.933.539*	*152,7*	*1.936.991*	*152,9*	*2.039.851*	*161,1*
Medizinalwesen	1.976.060	3.863.792	119,2	6.180.846	190,6				
davon Charité	*274.114*	*590.546*	*215,4*	*794.791*	*289,9*	1.020.440	372,3	1.233.576	450,0
Einwohner	**34.472.509**	**37.293.324**	**108,2**	**40.165.219**	**116,5**	**42.352.386**	**122,9**	**36.526.049**	**106,0**

[1] Ohne Lehrerseminare, Turnunterricht, Taubstummen- und Blindenanstalten sowie Waisenhäuser und andere Wohltätigkeitsanstalten.
[5] Ohne Universitäten, Technische Hochschulen usw.
[13] Die unter [6] in Tabelle 15 benannten Institute sowie das Institut für Infektionskrankheiten, das Institut für experimentelle Therapie Frankfurt/M. sowie das Hygienische Institut Posen.
[14] Die unter [13] genannten Institute sowie die Versuchs- und Prüfungsanstalt für Wasserversorgung und Abwässerbeseitigung.
[15] Ohne 122.690 M (1910) bzw. 150.690 M (1915) für die Akademie in Posen.

Quellen:
Tabelle 13;
eigene Berechnungen.

Die tiefen gesellschaftlichen Brüche in den Jahren von 1900 bis 1920 machen, wie bereits einleitend erläutert,[92] durchgehende Vergleiche der Budgetzahlen aus Tabelle 16 nahezu unmöglich. Es handelte sich sowohl um den gemeinhin als Glanzperiode preußisch-deutscher Kulturstaatlichkeit angesehenen späten Wilhelminismus als auch um Krisenzeiten wie den Ersten Weltkrieg mit dem nachfolgenden Zusammenbruch der Monarchie sowie um den Übergang zur Republik in Revolution und Bürgerkrieg. Bei einer Bewertung der Etatentwicklung im Verhältnis zum Bevölkerungswachstum sind ferner die nach 1918 an Intensität gewinnende schwere Inflation sowie die zahlreichen Opfer durch den Krieg und der Verlust wichtiger, teilweise dicht besiedelter Territorien im Gefolge des Versailler Vertrages zu beachten. 1900 zählte Preußen 34,5 Millionen Einwohner und 1915 schon 42,5 Millionen, 1920 aber nur noch 36,5 Millionen. Angesichts der Analysenschranke durch die Umwälzungen der Jahre zwischen 1914 und 1920 verbietet es sich deshalb, die in Tabelle 16 für das Jahr 1920 ausgewiesenen Wachstumstempi mit denen der Vorjahre direkt zu vergleichen. Möglich erscheint allein eine Gegenüberstellung der Rangfolgen.

Zwischen 1900 bis 1915 gab es einen Anstieg des Kultushaushalts auf fast 200 Prozent bei einem moderaten Bevölkerungswachstum (123 Prozent), letzteres bereits etwas gedämpft durch die Opfer im ersten Kriegshalbjahr. Betrachtet man nun die Hauptausgabenbereiche, dann ist am auffallendsten, dass, entgegen dem Gesamttrend zwischen 1849 und 1930 und auch entgegen den Entwicklungen in den bisher betrachteten Teilabschnitten der Tabellen 13 bis 15, mit knapp 220 Prozent das Untere Schulwesen nicht die höchste Steigerungsrate aufwies, sondern der evangelische und der katholische Kultus mit 772 beziehungsweise 356 Prozent sowie die Position „Kultus im engeren Sinne“ 586 Prozent erreichte. Dies war, wie bereits erläutert, aber weniger das Ergebnis eines effektiven Mittelaufwuchses vor allem durch die Gehaltsverbesserungen im Rahmen der Besoldungsreform von 1909 sowie durch eine (regionale) Förderung der evangelischen Kirche im

92 Vgl. im vorliegenden Band, S. 23.

Zusammenhang mit der Germanisierungspolitik, als vielmehr Resultat haushaltstechnischer Veränderungen. Mit den neuen Besoldungsgesetzen, die gewisse Einkommenserhöhungen bewirkten, wurden vor allem verschiedene, schon früher gewährte Leistungen des Staates auf eine andere rechtliche Grundlage gestellt und als Konsequenz daraus nicht mehr im Budget bei „Kultus und Unterricht gemeinsam" verbucht, sondern bei „Kultus im engeren Sinne" geführt. Die unter „Kultus und Unterricht gemeinsam" laufenden Summen waren schon 1910, im Vergleich zum Jahr 1900, auf nur noch ein Viertel geschrumpft und erreichten auch fünf Jahre später gerade mal 31 Prozent.

Bei den Entwicklungstempi zwischen 1900 und 1915 folgten dann mit deutlichem Abstand zu den Kultusausgaben die Aufwendungen für die Prüfungskommissionen und -ämter sowie für die Charité. Eine dritte, wiederum darunterliegende Gruppe bildeten die Gelder für das Technische Unterrichtswesen und die Staatsbibliothek. Nun erst kam das Untere Schulwesen, dessen Aufwuchs aber immer noch etwas über dem Wachstum des Kultusetats insgesamt lag.

Zieht man nun die Daten für das Jahr 1920 mit heran, dann ist festzustellen, dass sich im Vergleich zur Periode zwischen 1900 und 1915 Verschiebungen bei der Reihenfolge der Wachstumstempi ergaben. Es rangierten zwar weiterhin die Kultusausgaben für die evangelische Kirche sowie für die beiden Hauptbekenntnisse zusammen an erster und zweiter Stelle. Ihnen folgten aber an dritter Stelle die Aufwendungen für die Charité sowie viertens für die Prüfungskommissionen und -ämter. Auf die nächsten Plätze kamen dann die Zuwendungen für die Wissenschaftlichen Institute und die Staatsbibliothek, jedoch immer noch nicht das Untere Schulwesen. In dieser Abfolge deuten sich vermutlich schon Umorientierungen in der Förderung der kulturstaatlichen Hauptausgabenbereiche an. Angesichts der bereits erwähnten Problematik, dass der Haushaltsentwurf für 1920 bereits zeitgenössisch nur als ein provisorisches Zahlenwerk angesehen wurde, weil darin vor allem die Auswirkungen der Geldentwertung nicht ausreichend berücksichtigt worden waren,[93] können aus dem Ranking aber keine weitergehenden Schlussfolgerungen gezogen werden. Außerdem darf an dieser Stelle nicht vergessen werden, dass die Positionierungen nichts über den tatsächlichen Umfang der eingesetzten Mittel aussagt. Danach beanspruchte nämlich das Volksschulwesen mit 145 Mio. Mark etwas mehr als die Hälfte des Gesamtkultusetats von 271 Mio. Mark, gefolgt von den Ausgaben für das Kultuswesen insgesamt (34 Mio. Mark) sowie für das Höhere Schulwesen (22 Mio. Mark). Charité und Prüfungskommissionen und -ämter folgten erst weitab mit 1,2 Mio. Mark beziehungsweise gar 0,3 Mio. Mark.

Ähnliche Veränderungen in der Rangfolge ergaben sich zwischen den Kultusetats für 1925 und 1930, die aus Tabelle 17 ablesbar sind.

93 Vgl. im vorliegenden Band, S. 28.

Tabelle 17 *Die Steigerungsraten der Hauptausgabenbereiche im Hauhalt des Kultusministeriums (Ordinarium) im Vergleich zur Bevölkerungsentwicklung zwischen 1925 und 1930 (in Reichsmark)*

	1925	1930	1925 = 100
Gesamtausgaben (Ordinarium)	515.981.700	710.345.680	137,7
Ministerium	2.053.700	2.921.800	142,3
davon Personalausgaben	*1.860.825*	*2.653.670*	*142,6*
davon Sonstige Ausgaben	*192.875*	*268.130*	*139,0*
Allgemeiner Dispositionsfonds	65.000	65.000	100,0
Kultus im engeren Sinne	57.311.950 [18]	79.873.810 [18]	139,4
davon evangelischer Kultus	*43.338.360*	*55.347.900*	*127,7*
davon katholischer Kultus	*13.773.590*	*24.325.910*	*176,6*
Kultus und Unterricht gemeinsam	3.020.150	4.594.460	152,1
Untere Schulen [1]	348.926.500	453.025.360	129,8
Höhere Schulen (Gymnasien u. Realschulen)	27.570.050	45.441.390	164,8
Technisches Unterrichtswesen [12]	8.365.160	14.439.830	172,6
Taubstummen- und Blindenanstalten	175.700	323.710	184,2
Waisenhäuser usw.	74.000	107.400	145,1
Provinzialschulkollegien und Schulaufsicht	7.098.300	9.619.330	135,5
(Nichtuniversitäre) Lehrerbildung	9.003.400	4.321.300	48,0
Prüfungskommissionen/-ämter	135.500	354.000	261,3
Universitäten	33.720.173	51.419.490	152,5
Kunst und Wissenschaft zusammen [5]	9.832.900	105.693.100	1.074,9
davon Wissenschaft gesamt	*3.585.100*	*75.890.860*	*2.116,8*
davon Akademie der Wissenschaften	*360.397*	*515.210*	*143,0*
davon Staatsbibliothek	*1.611.961*	*2.225.345*	*138,1*
davon Wissenschaftliche Institute	*1.241.892*	*2.022.795*	*162,9*
davon Kunst gesamt	*6.247.800*	*29.802.240*	*477,0*
davon Akademie der Künste	*124.081*	*187.300*	*151,0*
davon Kunstmuseen in Berlin	*2.693.903*	*3.943.450*	*146,4*
Charité	2.145.827	3.929.410	183,1
Einwohner	**38.120.173**	**39.652.663**	**104,0**

[1] Ohne Lehrerseminare, Turnunterricht, Taubstummen- und Blindenanstalten sowie Waisenhäuser und andere Wohltätigkeitsanstalten.

[5] Ohne Universitäten, Technische Hochschulen usw.

[12] Einschließlich der Ausgaben für das mit der TH Berlin-Charlottenburg verbundene Materialprüfungsamt (Dahlem).

[18] Einschließlich 200.000 RM für den jüdischen Kultus.

Quellen:
Tabelle 16;
eigene Berechnungen.

Vor dem Hintergrund eines nur unbedeutenden Bevölkerungswachstums wies der preußische Kultusetat des Jahres 1930 gegenüber 1925 eine Reihe markanter Steigerungsraten auf. Das höchste Entwicklungstempo verzeichneten die Wissenschaftsausgaben, die sich mehr als verzwanzigfachten, während die Gelder für die Universitäten sich nur vereineinhalbfachten. Das war Ergebnis einer gezielten Förderung der nicht-universitären Großforschung. Besonders die naturwissenschaftlichen Institute und Expeditionen verlangten eine immer größere apparative und personelle Ausstattung, um international mithalten zu können. Auch in absoluten Zahlen lagen die Ausgaben für „Wissenschaft gesamt" im Jahre 1930 mit 76 Mio. Reichsmark weit vor den Summen für die Universitäten mit 52 Mio. Reichsmark. – Dies gilt auch noch, wenn man das Technische Unterrichtswesen zu letzteren hinzuzählt, denn von den hier aufgewandten 14 Mio. Reichsmark floss ein Großteil in die Technischen Hochschulen. Am zweitschnellsten, jedoch mit deutlichem Abstand zur Wissenschaft, wuchsen die Ausgaben für die Kunst auf fast das Fünffache. In absoluten Zahlen ergab sich eine Reihenfolge der Ausgaben von 76 Mio. Reichsmark für die Wissenschaft, 52 Mio. Reichsmark für die Universitäten und 30 Mio. Reichsmark für die Kunst.

Alle anderen Hauptausgabenbereiche folgten wiederum mit deutlichen Abständen im Entwicklungstempo. Im Unterschied zur vorrangigen Förderung des Unteren Schulwesens vor dem Ersten Weltkrieg lag dabei der Aufwuchs für das Höhere Schulwesen zwischen 1925 und 1930 mit 65 Prozentpunkten deutlich über dem des Volksschulwesens mit 30 Prozentpunkten. Das war eine Auswirkung der Bemühungen des Kultusministeriums um den Aufbau der Deutschen Oberschulen neben den Gymnasien und Realschulen. Für eine Bewertung dieser Zahlen ist auch hier zu berücksichtigen, dass dem Aufwuchs von 65 Prozentpunkten eine Summe von 18 Mio. Reichsmark entsprach, während die Fonds für die Volksschulen um nur 30 Prozentpunkte stiegen, es sich aber um 104 Mio. Reichsmark handelte, was fast das Sechsfache ist.

2.3.3 Das Verhältnis von Ordinarium und Extraordinarium im Etat des Kultusministeriums 1849 bis 1930

Während in den Tabellen 13 bis 17 allein das Ordinarium des Kultusetats erfasst wurde, sollen nunmehr auch die im Rahmen des Extraordinariums finanzierten Kultusausgaben in Preußen mit herangezogen werden. Die einmaligen oder nur für einen begrenzten Zeitraum aufgewandten Mittel, die einer eigenen Genehmigung im Rahmen der jährlichen Etatdebatten bedurften, ergänzten den ordentlichen Haushalt. Das Extraordinarium diente sowohl der Überbrückung von größeren, jedoch als temporär eingeschätzten Budgetlücken, die nicht aus den – tendenziell immer kleiner werdenden – Dispositionsfonds gedeckt werden konnten, als auch zur Finanzierung von (meist umfangreicheren) Investitionen wie Bauten und/oder Erst- beziehungsweise Neuausstattungen der Schulen, Universitäten, Institute usw. sowie von Expeditionen, Forschungsprojekten, Ausgrabungen, Editionen usw. Dabei traf verschiedentlich das Interesse der Fondsempfänger an einer Übernahme in das Ordinarium wegen der damit gegebenen Langfristigkeit in der Finanzierung auf Bestrebungen des Kultusministeriums, die disponiblen Mittel nicht dauerhaft zu binden, um sich die Möglichkeit für einen zukünftigen Prioritätenwechsel zu erhalten. In den Debatten im Haushaltsausschuss des preußischen Abgeordnetenhauses spielten derartige Konflikte eine wichtige Rolle, wie einigen, im Rahmen vorliegender Edition abgedruckten Protokollen zu entnehmen ist.

Tabelle 18 *Die außerordentlichen Ausgaben (Extraordinarium) im Haushalt des Kultusministeriums nach Hauptausgabenbereichen 1849 bis 1930 (in Mark/Reichsmark)*

Jahr	gesamt	*davon*											
		Kultus im engeren Sinne	*Kultus u. Unterricht gemeinsam*	*Untere Schulen*	*Höhere Schulen*	*Nichtuniversitäre Lehrerbildung*	*Universitäten u. Techn. Unterrichtswesen*	*Kunst allgemein*	*Museen*	*Wissenschaftliche Projekte*	*Wiss. Institute u. Staatsbibliothek*	*Medizinalwesen*	*Sonstiges*
1849	398.100	150.000	150.000	75.000	10.500	6.000	–	3.000	–	–	–	–	3.600
1855	1.080.087	238.221	300.000	105.000	94.551	–	9.315	3.000	150.000	–	–	–	180.000
1860	1.779.753	150.000	932.058	105.000	109.440	104.745	323.100	3.000	–	–	37.200	–	15.000
1865	1.751.520	150.000	90.000	105.000	136.935	291.990	701.910	12.000	152.685	–	36.000	–	75.000
1870	1.429.560	150.000	–	–	30.000	447.618	–	–	240.000	–	–	–	432.942
1875	8.352.345	753.000	–	–	1.267.479	1.110.402	1.863.095	303.000	2.135.377	5.400	705.000	207.192	2.400
1880	7.357.387	–	–	–	1.572.436	675.522	4.454.689	–	10.200	–	–	–	520.540
1885	4.623.132	–	–	–	479.000	825.152	2.723.780	177.700	189.000	10.000	100.000	118.500	–
1890	6.149.852	452.500	–	550.000	578.700	541.500	285.850	158.500	280.000	–	417.100	71.800	53.000
1895	5.121.110	1.550.000	400.000	–	575.090	552.800	1.748.170	40.050	87.000	10.000	18.000	90.000	50.000
1900	13.872.876	31.300	–	3.110.000	845.990	438.273	4.844.613	755.000	1.698.100	119.000	135.600	1.524.500	377.000
1905	21.030.845	–	3.500.000	2.474.875	1.357.600	718.700	6.435.655	240.400	2.260.900	370.400	1.975.800	683.860	983.750
1910	20.176.685	292.300	1.000.000	1.720.240	1.408.560	4.540.200	5.444.155	371.200	1.441.000	280.300	1.707.540	1.697.790	277.000
1915	10.823.870	187.715	200.000	–	591.600	1.303.570	6.033.385	868.000	1.015.000	200.100	48.800	357.700 [1]	56.000
1920	27.191.035	675.000	–	918.000	465.000	2.400.000	17.310.996	73.000	1.515.000	169.000	445.040	3.070.000 1]	150.000
1925	13.121.500	316.200	–	346.000	306.600	595.500	7.368.500	276.900	380.800	108.200	1.160.200	215.000 [1]	154.000
1930	44.418.240	–	–	–	4.994.900	13.574.000	10.171.750	1.655.000	–	100.000	881.000	275.400 [1]	248.410

[1] Ausgaben allein für die Charité, bei den Wissenschaftsausgaben geführt.

Quellen:
Staatshaushaltsetats, passim;
eigene Berechnungen.

Tabelle 18 zeigt ein tendenzielles Wachstum des Volumens der außerordentlichen Haushalte im Bereich des preußischen Kultusministeriums von 1849 bis 1930. Sowohl für nacheinander liegende Stichjahre als auch über längere Perioden gesehen sind aber teilweise sehr unterschiedliche Akzentsetzungen bei der Mittelvergabe zu finden. Das geht soweit, dass vor allem bis 1880/85 immer wieder nur einzelne Hauptausgabenbereiche bedacht wurden, während andere keine Zuwendungen erhielten. Es kann vermutet werden, dass das Extraordinarium bis in die 80er Jahre des 19. Jahrhunderts viel stärker als ein kulturpolitisches Steuerungsinstrument benutzt wurde als in späterer Zeit. Diese These bedarf aber zu ihrer Absicherung einer breit angelegten und detaillierten Untersuchung der Begründungen der einzelnen Haushaltstitel in den verschiedenen Budgets unter Hinzuziehung des ministeriellen Schrifttums zu den jeweiligen Posten. Außerdem muss die Gewichtung der einzelnen Hauptausgabenbereiche, die Tabelle 19 zu entnehmen ist, mit herangezogen werden.

Tabelle 19 *Der Anteil der Hauptausgabenbereiche an den außerordentlichen Ausgaben (Extraordinarium) im Haushalt des Kultusministeriums 1849 bis 1930 (Spalte 2=100)*

Jahr	Mark/ Reichsmark												
		Kultus im engeren Sinne	*Kultus u. Unterricht gemeinsam*	*Untere Schulen*	*Höhere Schulen*	*Nichtuniversitäre Lehrerbildung*	*Universitäten u. Techn. Unterrichtswesen*	*Kunst allgemein*	*Museen*	*Wissenschaftliche Projekte*	*Wiss. Institute u. Staatsbibliothek*	*Medizinalwesen*	*Sonstiges*
1849	398.100	37,7	37,7	18,8	2,6	1,5	0	0,8	0	0	0	0	0,9
1855	1.080.087	22,1	27,8	9,7	8,8	0	0,9	0,3	13,9	0	0	0	16,7
1860	1.779.753	8,4	53,4	5,9	6,2	5,9	18,2	0,2	0	0	2,1	0	0,8
1865	1.751.520	8,6	5,1	6,0	7,8	16,7	40,1	0,7	8,7	0	2,1	0	4,3
1870	1.429.560	10.5	0	0	2,1	31,3	0	0	16,8	0	0	0	30,3
1875	8.352.345	9,0	0	0	15,2	13,3	22,3	3,6	25,6	0,7	8,4	2,5	0,3
1880	7.357.387	0	0	0	21,4	9,2	60,6	0	0,1	0	0	0	7,1
1885	4.623.132	0	0	0	10,4	17,9	58,9	3,8	4,1	0,2	2,2	2,6	0
1890	6.149.852	7,4	0	8,9	9,4	8,8	4,7	2,6	4,6	0	6,8	1,2	0,9
1895	5.121.110	30,3	7,8	0	11,2	10,8	34,1	0,8	1,7	0,2	0,4	1,2	1,0
1900	13.872.876	0,2	0	22,4	6,1	3,2	34,9	5,4	12,2	0,9	1,0	11,0	2,7
1905	21.030.845	0	16,6	11,8	6,5	3,4	30,6	1,1	10,8	1,8	9,4	3,3	4,7
1910	20.176.685	1,5	5,0	8,5	7,0	22,5	27,0	1,8	7,1	1,4	8,5	8,4	1,4
1915	10.823.870	1,7	1,8	0	5,5	12,0	55,7	8,0	9,4	1,9	0,5	3,3 [1]	0,5
1920	27.191.035	2,5	0	3,4	1,7	8,8	63,7	0,3	5,6	0,6	1,6	11,3 [1]	0,6
1925	13.121.500	2,4	0	2,6	2,3	4,5	56,2	2,1	2,9	0,8	8,8	1,6 [1]	1,2
1930	44.418.240	0	0	–	11,2	30,6	22,9	3,7	0	0,2	2,0	0,6 [1]	0,6

[1] Ausgaben allein für die Charité, bei den Wissenschaftsausgaben geführt.

Quellen:
Tabelle 18;
eigene Berechnungen; Rundungsdifferenzen zu 100 % wurden nicht egalisiert.

Die Anteile der verschiedenen Hauptausgabenbereiche an den Extraordinarien des Kultusetats zwischen 1849 und 1930 nach Tabelle 19 zeigen einige abrupt zwischen den Stichjahren wechselnde Schwerpunktsetzungen bei der Verteilung der im jeweiligen Etat zur Verfügung stehenden Gelder. Ein vereinzelter hoher Prozentsatz allein aber erlaubt keine definitive Aussage darüber, ob umfangreiche Mittel nur in diesem Jahr aufgewendet wurden, um kurzfristig einem dringenden Mangel abzuhelfen beziehungsweise ein eng begrenztes Bedürfnis zu befriedigen, oder ob eine größere (Investitions-)Aufgabe mit einer Laufzeit über acht Jahre realisiert wurde. Anders sieht es aus, wenn relativ hohe Anteile über längere Perioden nachzuweisen sind. Dies ist ein deutliches Indiz dafür, dass hier vom preußischen Kultusministerium ein Finanzierungsschwerpunkt gesetzt wurde. Doch selbst in derartigen Fällen ist anhand der einzelnen Haushaltstitel zu prüfen, ob es sich tatsächlich um eine gezielte Erweiterung der kulturstaatlichen Aktivitäten handelte, oder ob aus politischen Gründen bereits bestehende Aufgaben, die zum Beispiel wegen allgemeiner Kosten- und Preissteigerungen nicht mehr vollständig aus dem entsprechenden Titel im Ordinarium bestritten werden konnten oder sollten, nun über den außerordentlichen Etat finanziert wurden. Dies war unter anderem bei den staatlichen Zuschüssen zur Besoldung der Volksschullehrer von den 1850er bis in die 1870er Jahre der Fall. Eine derartige Praxis war aber haushaltsrechtlich bedenklich und führte zu Auseinandersetzungen sowohl zwischen Kultus- und Finanzministerium[94] auf der einen als auch zwischen Regierung und Parlament auf der anderen Seite, was unter anderem in den Debatten der Haushaltskommission des Abgeordnetenhauses Niederschlag fand.[95] Ebenso strittig waren beim Medizinalwesen wiederholt verbuchte Summen zur Deckung teilweise größerer Defizite verschiedener Kliniken und medizinischer Einrichtungen von preußischen Universitäten sowie der Charité.[96]

Auch im Extraordinarium des Kultusministeriums zeigt sich der Übergang von einer in erster Linie geistlichen zu einer Unterrichtsbehörde, auch wenn dieser Trend sich stärker schwankend durchsetzte. 1849 gab es noch einen sehr starken Schwerpunkt bei den Ausgaben für den „Kultus im engeren Sinne“ sowie für „Kultus und Unterricht gemeinsam“ mit zusammen drei Viertel der zur Verfügung gestellten Gelder. Die Aussage von der Dominanz der Belange des Kultus in jenem Jahr gilt auch dann, wenn man davon ausgeht, dass ein Teil der Fonds für „Kultus und Unterricht gemeinsam“ für schulische Zwecke verwandt wurde und außerdem den „Unteren Schulen“ fast 19 Prozent des Extraordinariums zuflossen. Ebenfalls 1855 überwogen noch die Hauptausgabenbereiche „Kultus im engeren Sinne“ sowie „Kultus und Unterricht gemeinsam“, sie erhielten aber „nur noch“ die Hälfte des außerordentlichen Etats. Gleichzeitig wurden die Museen mit immerhin 14 Prozent

94 Vgl. zum Beispiel den Schriftwechsel in GStA PK, I. HA Rep. 151, IC Nr. 7174–7175.

95 Im vorliegenden Band Dok. Nr. 47.

96 Im vorliegenden Band Dok. Nr. 94.

sowie die Unteren und die Höheren Schulen mit 10 beziehungsweise 9 Prozent bedacht. Wiederum fünf Jahre später waren die reinen Kultusausgaben auf nur noch 8 Prozent gefallen, während „Kultus und Unterricht gemeinsam“ aber immerhin etwas mehr als die Hälfte des Extraordinariums beanspruchten. Beide Rubriken lagen mit knapp 62 Prozent wieder deutlich über dem Anteil von 1855. Ab den 80er Jahren des 19. Jahrhunderts wurden dann nur noch punktuell (1890 und 1895 sowie 1905 und 1910) im Extraordinarium größere Summen für diese beiden Hauptausgabenbereiche zur Verfügung gestellt. Hierbei handelte es sich im Wesentlichen um Gelder, die zur kurzfristigen Einkommensverbesserung bei kirchlichen Amtsträgern und Lehrern verwandt und unter anderem mit den Besoldungsreformen von 1909[97] in das Ordinarium übernommen wurden. Hinzu kam für 1890 auch noch ein Nachtragshaushalt.[98]

1860 rangierten im Extraordinarium an zweiter Stelle und noch vor den Mitteln für „Kultus im engeren Sinne“ die Mittel für die Universitäten gemeinsam mit dem Technischen Unterrichtswesen, die zusammen mehr als 18 Prozent erhielten. Auch in den folgenden Jahrzehnten waren, mit Ausnahme der Jahre 1870 und 1890, diese beiden Hauptausgabenbereiche an vordersten Stellen zu finden. Zählt man noch die ab 1885 stärker ins Gewicht fallenden Gelder für die meist nichtuniversitären Wissenschaftlichen Institute und Projekte sowie für die Staatsbibliothek hinzu, leitet das zu der These, dass der Aufschwung und das hohe Niveau des preußischen Wissenschaftsbetriebes ab dem letzten Drittel des 19. Jahrhunderts in starkem Maße auf den Einsatz von Mitteln aus den außerordentlichen Haushalten zurückzuführen ist.

Für den Bereich des Volksschulwesens wurden von 1849 bis 1865 und dann vom Beginn des 20. Jahrhunderts bis zum Ausbruch des Ersten Weltkrieges ebenfalls größere Summen aus dem Extraordinarium zur Verfügung gestellt. Ähnlich den bereits erwähnten Zuwendungen für den Kultus handelte es sich vor allem um Gelder, die zur kurzfristigen Einkommensaufbesserung bis zur Übernahme in das Ordinarium dienten. Des Weiteren wurden hier Gelder bereitgestellt für Schulbauten usw. in jenen Orten, in denen der preußische Staat selbst Schulpatron war. Dem Volksschulwesen dienten natürlich auch jene Summen, die in die nichtuniversitäre Lehrerbildung flossen und hier vor allem zum Auf- und Ausbau von Lehrerbildungsanstalten bis hin zu den Pädagogischen Akademien der Weimarer Republik verwandt wurden sowie für Besoldungsregulierungen der hier Beschäftigten.

Die Höheren Schulen erhielten von 1849 bis 1890 in jedem Stichjahr der Tabelle 19 eine Förderung aus den Extraordinarien. Diese lag meist unter den Summen für die Universitäten und das Technische Unterrichtswesen zusammen. Ein Schwerpunkt bei den Höheren Schulen lag in den Jahren von 1875 bis 1885 mit Anteilen von rd. 10 bis 20 Prozent.

97 Vgl. im vorliegenden Band, S. 63, v. a. Anm. 90–91.

98 Vgl. die Protokolle der Sitzungen der Budgetkommission des Abgeordnetenhauses vom 1. bis 9.5.1890 um die Verwendung des Nachtragshaushalts 1890, im vorliegenden Band Dok. Nr. 70–76.

Erst 1930 wurden dann wieder etwas mehr als 10 Prozent erreicht, nachdem in den Jahren 1920 und 1925 die Anteile am Extraordinarium des Kultusministeriums gerade mal 1,7 beziehungsweise 2,6 Prozent betrugen. Wenn die Museen besonders in den Jahren von 1855 bis 1865 beziehungsweise von 1865 bis 1875 sowie 1900 bis 1915 gefördert wurden, so entsprach dies in etwa den Hauptperioden der großen Museumsbauten in Preußen.

Eine etwas andere Sicht auf die Bedeutung des Extraordinariums entsteht jedoch, wenn Tabelle 20 diese Gelder ins Verhältnis zu den Gesamtbudgets setzt.

Tabelle 20 *Der Anteil des Extraordinariums an den Gesamtausgaben des Kultusministeriums 1849 bis 1930 (in Mark/Reichsmark)*

Jahr	Gesamtausgaben	Ordinarium	Extraordinarium	Anteil des Extraordinariums (4) an den Gesamtausgaben (2) = 100
(1)	(2)	(3)	(4)	(5)
1849	10.536.630	10.138.530	398.100	3,8
1855	11.590.653	10.510.566	1.080.087	9,3
1860	12.889.305	11.109.552	1.779.753	13,8
1865	14.546.676	12.795.156	1.751.520	12,0
1870	20.231.488	18.801.927	1.429.560	7,1
1875	52.142.841	43.790.496	8.352.345	16,0
1880	56.501.300	49.143.913	7.357.387	13,0
1885	57.373.455	52.750.323	4.623.132	8,1
1890	98.630.424	92.480.572	6.149.852	6,2
1895	112.822.263	107.701.153	5.121.110	4,5
1900	153.468.730	139.595.854	13.872.876	9,0
1905	185.063.500	164.032.655	21.030.845	11,4
1910	280.607.577	260.430.892	20.176.685	7,2
1915	289.704.119	278.880.249	10.823.870	3,7
1920	298.568.831	271.377.796	27.191.035	9,1
1925	529.103.200	515.981.700	13.121.500	2,5
1930	754.763.920	710.345.680	44.418.240	5,9

Quellen:
Tabelle 18 und 19;
eigene Berechnungen.

Die Anteile des Extraordinariums an den Gesamtausgaben im preußischen Kultusetat zwischen 1849 und 1930 schwankten sehr stark zwischen 2,5 Prozent im Jahre 1925 und 16 Prozent im Jahre 1875. Zwischen 1900 und 1910 sowie 1855 und 1885 waren die Prozentsätze mit am höchsten. Die Bereitstellung von Mitteln für kulturstaatliche Zwecke in den außerordentlichen Haushalten war also keine fest eingeplante Größe, sondern von den insgesamt verfügbar zu machenden Summen auf der einen und der Konkurrenz aus den anderen Ressorts auf der anderen Seite und damit von politischen Kräfteverhältnissen und Entscheidungen abhängig. Es muss weiterführenden Forschungen überlassen bleiben, diese Konstellationen für die einzelnen kulturstaatlichen Projekte näher zu bestimmen.

Die Perioden mit relativ hohen Anteilen des Extraordinariums an den preußischen Kultusausgaben korrespondieren mit den in Auswertung von Tabelle 19 bereits markierten zeitlichen Schwerpunkten in den Hauptausgabenbereichen und wurden von großen kulturstaatlichen Investitionen des preußischen Staates bei den Höheren Schulen, bei der nichtuniversitären Lehrerbildung, bei den Universitäten und dem Technischen Unterrichtswesen sowie bei den Museen und bei den Wissenschaftlichen Instituten einschließlich der Staatsbibliothek geprägt. Dabei ist nicht außer Acht zu lassen, dass vor allem größere Bauvorhaben sich nicht nur über mehrere Jahre erstreckten, sondern haushaltstechnisch die Gelder in der Regel auch in mehreren Raten bewilligt wurden. Bekannte Beispiele sind die Fertigstellung des Kölner Doms, für die in den Stichjahren von 1860 bis 1875 jeweils 150.000 Mark vom Staat bereitgestellt wurden, oder die Erweiterungs- und Neubauten auf der Berliner Museumsinsel, für die im Extraordinarium des Jahres 1925 als immerhin 18. Teilbetrag 300.000 Reichsmark aufgeführt wurden; und auch noch nach Eröffnung des Neubaus des Pergamon-Museums 1930 waren die Arbeiten nicht abgeschlossen, so dass 1931 ein 24. Teilbetrag fällig wurde. Ferner ist in Auswertung von Tabelle 20 anzumerken, dass das Jahr 1920 mit rd. 9 Prozent eine Ausnahmestellung im zeitlichen Umfeld einnahm. Ein Großteil der Gelder dieses Extraordinariums wurde für wegen des Krieges längst überfällige Reparaturen sowie zwischen 1915 und 1919 zurückgestellte Ersatz- und Neubauten verwendet. Außerdem wurden Gelder für Aufwendungen im Gefolge der Gebietsverluste Preußens durch den Versailler Vertrag eingesetzt. Es muss weiterführenden Forschungen überlassen bleiben, zu untersuchen, inwieweit diese Mittelbereitstellung durch die Inflation erleichtert und andererseits dadurch die Geldmenge weiter aufgebläht wurde.

Fasst man nun die vorstehenden Ausführungen zur Budgetfinanzierung der fünf kulturstaatlichen Hauptausgabenfelder im Untersuchungszeitraum zusammen, so ergeben sich spezifische Entwicklungslinien.

Hinsichtlich der staatlichen Aufwendungen für Zwecke des Kultus im engeren Sinne im Untersuchungszeitraum ist grundsätzlich festzustellen, dass ihr Anteil ganz wesentlich gesunken war. Das korrespondiert mit der schon mehrfach betonten Entwicklung des Kultusministeriums von einem geistlichen in ein Unterrichtsministerium. Dieser Prozess verlief aber, wie Tabelle 13 zu entnehmen ist, nicht linear. Nach einem Minimum gleich zu Beginn des 20. Jahrhunderts kam es noch vor dem Beginn des Ersten Weltkrieges sogar wieder zu einem deutlichen Wiederanstieg der staatlichen Aufwendungen, auch wenn die Proportionen aus der ersten Hälfte des 19. Jahrhunderts bei weitem nicht mehr erreicht wurden. Diese Werte blieben bis zum Ende des Untersuchungszeitraums.

Die Aufwendungen für den Kultus im engeren Sinne basierten auf Rechtstiteln der Glaubensgemeinschaften usw. aus früheren Zeiten. Ein Großteil dieser Ansprüche war im Prozess der Säkularisierungen modifiziert oder transformiert worden. Hinzu kamen verschiedene, seitdem neu gewährte Leistungen, die teilweise auf Selbstverpflichtungen des Staates basierten und damit gewissermaßen freiwillig waren. Für Preußen überschnitten sich dabei im Untersuchungszeitraum mehrere Entwicklungen. Eine erste bestand darin, dass die vor allem aus mittelalterlichem oder frühneuzeitlichem Recht herrührenden Ansprüche der Glaubensgemeinschaften usw. insbesondere auf Sachleistungen abgelöst und in einmalige beziehungsweise regelmäßige Geldzahlungen der Verpflichteten, also des Staates, der Kommunen oder einzelner Personen umgewandelt wurden. Zweitens übernahm der Staat im Prozess der vor allem auch mit einer Vermögenstrennung gegenüber den Kirchen einhergehenden Säkularisierung, insonderheit durch das Edikt von 1810 über die Einziehung sämtlicher geistlicher Güter,[99] Aufgaben zum Unterhalt der Kirchen sowie die Gewährleistung des Kultus. In den folgenden Jahrzehnten wurden dann noch weitere Staatsgelder zur Verfügung gestellt. Deren tatsächlicher Umfang ist aber bisher von der Forschung nicht präzise bestimmt worden. Das gilt erstens für die bis 1849 aufgewendeten Etatmittel. So wurden zum Beispiel, wie Dokument Nr. 22 des vorliegenden Bandes zu entnehmen ist, von den in der Literatur vielfach Erwähnung findenden 200.000 Rtlr. des per Kabinettsordre 1823 aufgelegten staatlichen Fonds zur Unterstützung von Geistlichen (und auch Lehrern) bereits im Folgejahr 80.000 Rtlr. abgezogen und mindestens bis 1836 nicht wieder zurückgeführt.[100] Ob der Restbetrag bis zur Verabschiedung des ersten vom Abgeordnetenhaus genehmigten Budgets wieder aufgefüllt und voll ausgeteilt wurde, ist jedoch beim jetzigen Forschungsstand unklar. Drittens ergab sich eine tiefgreifende Zäsur bei der Finanzierung des Kultus Anfang der 70er Jahre des 19. Jahrhunderts im Kulturkampf, in dem die Aufkündigung von Unterstützungszahlungen an die katholische Kirche (beginnend mit der Temporalien-Sperre beim Bischof von Ermland 1872) ein wesentliches Druckmittel des preußischen Staates bildete. Es wurde erst 1891 aufgehoben. Die verschiedenen, unter Vorbehalt gestellten Summen werden in der umfangreichen Literatur zu diesem Abschnitt der Kirchengeschichte zwar vielfach, wenn auch nicht immer präzise, erwähnt, es bedarf aber weiterführender Untersuchungen, um die tatsächlich in dieser Zeit aus den entsprechenden Titeln des Staatshaushalts geleisteten Zahlungen zu bestimmen. Ende des 19., Anfang des 20. Jahrhunderts wurde dann viertens die Umstellung der Einkünfte des hauptamtlichen Kirchenpersonals aus Pfründen in eine (Grund-)Besoldung aus dem Staatshaushalt abgeschlossen. Damit wurde ein größerer Teil der den Kirchen zufließenden staatlichen Gelder über die gedruckten Budgets offengelegt.

Anders ist das fünftens bei der parallelen Einführung von modernen, an die Einkommensteuer gekoppelten Kirchensteuern, die vom Staat nur eingezogen und dann den darauf Anspruch erhebenden Glaubensgemeinschaften überwiesen wurden. Diese Gelder

99 Vom 30.10.1810, GS, S. 32.

100 Vgl. den Immediatbericht des Kultusministers Karl Freiherr von Altenstein vom 9.3.1836, im vorliegenden Band Dok. Nr. 22.

waren von den Staatshaushalten strikt getrennt, wurden in diesen auch nicht genannt und unterlagen in keiner Weise parlamentarischer oder behördlicher Kontrolle. Hierzu liegen für den gesamten Untersuchungszeitraum – mit Ausnahme von Zahlen für 1907 [101] – keine veröffentlichten Statistiken vor. Dabei handelte es sich jedoch um bedeutende Beträge. Sie summierten sich in jenem Jahr für die insgesamt 20.954 Kirchengemeinden auf 35,3 Mio. M; zählt man noch die Einkünfte aus den Grund- und Gebäudesteuern, den Gewerbesteuern sowie sonstigen Steuern und Abgaben hinzu, bekam 1907 die evangelische Kirche 31 Mio. M und die katholische 12,4 Mio. M, beide zusammen also 43,4 Mio. M an Kirchensteuern. Über den Staatshaushalt direkt wurden 1907 für die evangelische und die katholische Kirche zusammen „nur" 17,0 Mio. M zur Verfügung gestellt, dabei waren 13,9 Mio. M für die evangelische Kirche (Oberkirchenrat, Konsistorien, Geistliche und Kirchen) sowie 3,1 Mio. M für die katholische Kirche (Bistümer und dazugehörige Institute, ferner Geistliche und Kirchen) vorgesehen; hinzu kamen noch 48.000 M für altkatholische Geistliche und Kirchen.[102] Dieses Finanzierungssystem, das im preußischen Staat kurz vor dem Ersten Weltkrieg zu einer relativen Besserstellung der Glaubensgemeinschaften usw. gegenüber der Zeit um 1900 führte, wurde unter den Verfassungsverhältnissen der Weimarer Republik und insbesondere unter dem Konkordat von 1929 sowie dem Staatskirchenvertrag von 1931 bestätigt beziehungsweise festgeschrieben. Verschiedene, vor allem Hebesätze und finanztechnische Modalitäten modifizierende Gesetze und Verordnungen brachten bis 1933/34 keine wesentlichen Veränderungen.

Die relative Besserstellung der Kirchen kurz vor dem Ersten Weltkrieg ändert jedoch nichts an der Gesamttendenz des Wandels des Kultusministeriums von einem geistlichen in ein Unterrichtsministerium. Komplementär zu der Entwicklung der Finanzierung des Kultus im engeren Sinne stieg der Anteil der für das Schulwesen bereitgestellten Gelder am Staatshaushalt im Untersuchungszeitraum ganz wesentlich und dominierte schließlich das Budget. Dabei verlief dieser Prozess in mehreren Etappen sowohl hinsichtlich der Gesamtaufwendungen als auch hinsichtlich der einzelnen Teilbereiche Volksschulwesen, Höhere Schulen, nichtuniversitäre Lehrerbildung sowie Schulaufsicht. Diese Sektoren wiesen zudem in verschiedenen Perioden, wie Tabelle 13 zeigt, durchaus verschiedene Entwicklungstempi auf. Die staatliche Finanzierung des Schulwesens hatte also über die Jahrzehnte wechselnde Schwerpunkte. Das ging soweit, dass die Anteile einzelner Teilbereiche in manchen Perioden sogar rückläufig waren, obwohl die absoluten Beträge von Stichjahr zu Stichjahr jeweils höhere Summen aufwiesen.[103] Hinsichtlich der für eine Gesamtschau zur

101 Denkschriftenband, Teil 1: Das Finanzwesen der öffentlichen Körperschaften Deutschlands, S. 766 f.

102 Vgl. Staatshaushaltsetat für das Etatsjahr 1907, Bd. 2, Anlage Nr. 31: Etat des Ministeriums der geistlichen, Unterrichts- und Medizinalangelegenheiten für das Etatsjahr 1907, Berlin 1907, S. 16–28.

103 Allein die nichtuniversitäre Lehrerbildung verzeichnete im Zusammenhang mit ihrer tiefgreifenden Umstrukturierung und dem großen Personalüberhang im Gefolge des Weltkrieges einen Bruch zwischen 1920 und 1925/30; vgl. zu den Ursachen Holtz, Bärbel/Zilch, Reinhold, Kulturstaat im partiellen Ausbau

Finanzierung des Schulwesens in Preußen notwendigen Ergänzung um die insgesamt bedeutenden, von den Kommunen und anderen Schulträgern zur Verfügung gestellten Gelder sowie die von den Elternhäusern bereitgestellten Mittel sei auf Kapitel 3 des vorliegenden Bandes verwiesen.

Der Anteil der in Preußen für wissenschaftliche Zwecke aus dem Staatshaushalt zur Verfügung gestellten Gelder wies trotz absolut von Stichjahr zu Stichjahr steigender Beträge eine langfristig sinkende Tendenz auf. Die Aufwendungen für die Universitäten und die neu entstehenden Technischen Hochschulen sowie für wissenschaftliche Unternehmungen und Einrichtungen wie der Akademie der Wissenschaften, der Staatsbibliothek und einzelner Institute konnten bis in die 90er Jahre des 19. Jahrhunderts ihren Rang in den Etats in etwa halten. Ab dem Stichjahr 1895 und bis zum Ende des Untersuchungszeitraums aber lagen die diesbezüglichen Aufwendungen auf deutlich niedrigerem Niveau. Das gilt auch bei Einbeziehung der aus dem Extraordinarium zur Verfügung gestellten Mittel und unter Berücksichtigung der Tatsache, dass der in den Quellen enthaltene, durchaus gewichtige Haushaltsposten für „Kunst und Wissenschaft zusammen" beim jetzigen Forschungsstand nicht aufgegliedert werden kann. Der Befund von der tendenziell sich relativ verschlechternden Stellung der Wissenschaftsfinanzierung in den Staatshaushalten ab dem Ende des 19. Jahrhunderts ist umso erstaunlicher, als gerade in den Jahren vor dem Ersten Weltkrieg die preußisch-deutsche Wissenschaft Weltgeltung erlangt hatte. Dass diese Position nach 1918 nur noch in einigen Disziplinen aufrechterhalten werden konnte, hatte nicht zuletzt in der vorangegangenen Unterversorgung, die unter den wirtschaftlich schwierigen Verhältnissen der Weimarer Republik nicht kompensiert werden konnte, die Ursache. Zu den von Kommunen und Stiftungen wissenschaftlichen Zwecken zur Verfügung gestellten Geldern sei wiederum auf nachfolgende Kapitel verwiesen.

Eine zusammenfassende Bewertung des Anteils der aus dem preußischen Staatshaushalt für die Kunst zur Verfügung gestellten Gelder steht ebenso wie die Analyse der Wissenschaftsfinanzierung unter dem Vorbehalt, dass die einschlägigen Summen aus dem Haushaltstitel „Kunst und Wissenschaft zusammen" beim jetzigen Forschungsstand nicht herausgefiltert werden können und in Tabelle 13 erst für die Stichjahre 1925 und 1930 ein eigenständiger Fonds „Kunst gesamt" ausgewiesen wird. Bis dahin finden sich in den Etats allein die Positionen „Akademie der Künste" und „Kunst-Museen in Berlin". Der Anteil der über diese beiden Staatshaushaltstitel zur Verfügung gestellten Gelder wies bis in die Weimarer Republik eine leicht sinkende Tendenz auf. Erst zwischen den Stichjahren 1925 und 1930 kam es zu einer signifikanten Vermehrung des Fonds „Kunst gesamt". Die für die Akademie aufgewandten Summen sanken sogar absolut zwischen 1849 und 1870, und erst mit der Akademiereform Anfang der 70er Jahre des 19. Jahrhunderts erhöhten sich dann

mit Verstaatlichung der Schule und Ausweitung der Erwachsenenbildung (1918 bis 1933/34), in Bd. 2/1 der vorliegenden Reihe, S. 98 f., 110–112.

die staatlichen Zuwendungen. Sie hielten aber nicht mit dem Aufwuchs des Kultusetats insgesamt Schritt, so dass der Anteil trotzdem weiter sank. Angesichts der relativ kleinen Beträge für die Kunst im Ordinarium erwiesen sich die Gelder im Extraordinarium als durchaus gewichtig für diesen Hauptbereich der kulturstaatlichen Aktivitäten, ohne dass auch sie die Gesamttendenz umkehren konnten.

Trotz nahezu kontinuierlich wachsender Aufwendungen im preußischen Staatshaushalt für das Medizinalwesen zwischen 1849 und 1910 sank deren Anteil am Budget, da auch hier die Steigerungen nicht mit der Vermehrung des Kultusetats insgesamt mithielten. Einen Tiefpunkt erreichte der Anteil der entsprechenden Gelder zur Wende vom 19. zum 20. Jahrhundert, und erst der flächendeckende Aufbau von Instituten zur Seuchenbekämpfung und hygienischen Überwachung sowie von Weiterbildungseinrichtungen im folgenden Jahrzehnt brachte dann wieder einen gewissen Aufwuchs, der aber bei weitem nicht an die Proportionen im Budget von 1849 heranreichte. Diese Entwicklung steht im Kontrast dazu, dass die Medizin in Preußen-Deutschland vor dem Ersten Weltkrieg auf im internationalen Vergleich sehr hohem Niveau stand und nicht zuletzt deshalb sich der Gesundheitszustand der Bevölkerung seit Mitte des 19. Jahrhunderts ganz wesentlich verbessert hatte. Eine Erklärung finden die Widersprüche zum einen darin, dass die meisten staatlichen Aufwendungen zur medizinischen Forschung nicht bei den Etattiteln zum Medizinalwesen, sondern im Budget als Gelder für die Universitäten bereitgestellt wurden. Zum anderen beschränkte sich das darüber hinausgehende staatliche Engagement im Wesentlichen auf eine Beaufsichtigung dieses Bereichs der Gesellschaft im Sinne von Medizinalpolizey sowie die Finanzierung weniger regionaler und gesamtstaatlicher Einrichtungen, während die allgemeine medizinische Daseinsvorsorge, soweit sie nicht als Privatsache angesehen wurde, zunehmend von den Kommunen vor Ort übernommen wurde.

2.4 Die Beratungen der Haushaltskommission des Abgeordnetenhauses zum Kultusetat 1849 bis 1930

Wiewohl das Budgetrecht zur Bestätigung oder Verweigerung des Staatshaushalts zu den zentralen Rechten eines Parlaments gehört – Max Weber nannte es „das entscheidende parlamentarische Machtmittel“[104] –, ist seine qualifizierte Wahrnehmung durch die Abgeordneten mit zahlreichen Problemen verbunden. Sie liegen vor allem in dem schieren Umfang sowie der Komplexität der Haushaltsdokumente moderner Staaten, sowie in dem Informationsvorsprung, den geradezu zwangsläufig die Behörden als Autoren der Etatentwürfe gegenüber den Volksvertretern besitzen. Dabei geht es sowohl um finanztechnisches Fachwissen als auch um Detailkenntnisse zu den Etatpositionen. Weil außerdem die meisten Parlamentarier (gleich leitenden Politikern in Regierungsverantwortung), trotz manch gegenteiliger Bekundung, in der Regel kaum Interesse sowie oft keine Zeit für eine kleinteilige Analyse aller Ausgabeposten hatten, bestand auch im preußischen Landtag gewöhnlich die Praxis, die Haushaltsentwürfe zweistufig zu beraten. Den Budgetdebatten im Plenum, die traditionell von der Regierung zur Verkündung politischer Ziele genutzt und von der Opposition zum Anlass für grundsätzlichere Kritik genommen wurden, waren in der Regel Spezialdiskussionen in der sogenannten Haushalts- oder Budgetkommission[105] vorgeschaltet. An deren Beratungen konnten die zuständigen Fachminister beziehungsweise ihre Vertreter sowie Regierungskommissare, meist die zuständigen Ministerialreferenten, nach schriftlicher Anmeldung teilnehmen. Sie unterrichteten ihr Ressort über den Gang der Verhandlungen, nahmen neue Anträge der Abgeordneten zur Kenntnis und sollten den Parlamentariern Auskunft geben. Beide Seiten nutzten das Gremium vor allem dazu, Details verschiedener Haushaltstitel zu klären und damit die Plenardebatten vorzubereiten beziehungsweise zu entlasten. Dies alles macht die Protokolle der Haushaltskommission des preußischen Abgeordnetenhauses zu einer wertvollen Quelle ganz eigenen Charakters, die aber bisher keine systematische Auswertung gefunden hat. Deshalb werden in der vorliegenden Edition, komplementär zu den Etatzahlen der entsprechenden Stichjahre in den Tabellen, erstmals auch Auszüge aus diesen Dokumenten abgedruckt.

104 Weber, Max, Parlament und Regierung im neugeordneten Deutschland. Zur politischen Kritik des Beamtentums und Parteiwesens, in: Weber, Max, Gesamtausgabe, Abt. I: Schriften und Reden, Bd. 15: Zur Politik im Weltkrieg. Schriften und Reden 1914–1918, hrsg. von Wolfgang J. Mommsen und Gangolf Hübinger, Tübingen 1984, S. 473.

105 Die Bezeichnungen wechselten, wie den Dokumenten Nr. 31 bis 117 zu entnehmen ist: 1849 nannte sich das Gremium „Central-Commission zur Prüfung des Staatshaushaltsetats“, ab 1855 „Kommission zur Prüfung des Staatshaushaltsetats“, ab 1875 „Budget-Kommission“, ab 1915 dann „Verstärkte Budgetkommission“ sowie 1925 und 1930 „Hauptausschuß“. – Auf die ebenfalls bestehende Kommission zur Prüfung der Allgemeinen Rechnung zum Staatshaushalt sowie die von 1849 bis 1889 bestehende Spezial-Budget-Kommission zur Prüfung des Staatshaushalts-Etats des Kultusministeriums wird im Folgenden nicht näher eingegangen; ihr Wirken gehört ebenfalls zu den Forschungsdesiderata.

2.4.1 *Die Protokolle der Haushaltskommission des Abgeordnetenhauses als Quelle*

Eine Geschichte der Haushaltskommission im preußischen Abgeordnetenhaus gehört trotz der Schlüsselrolle, die sie im politischen Leben spielte, zu den Forschungsdesiderata. Das Gremium findet in der umfangreichen Literatur zur Geschichte des Parlamentarismus in Preußen keine ausführliche Darstellung, im Gegensatz zum Hauptausschuss des Reichstages, dessen Protokolle aus den Jahren des Ersten Weltkrieges ediert und monographisch bearbeit worden sind.[106] Am ausführlichsten informiert über die preußischen Verhältnisse immer noch die kommentierte Ausgabe der Geschäftsordnung des Abgeordnetenhauses von August Plate aus dem Jahre 1903.[107] Allein ein Aufsatz aus dem Jahre 2010 zum langjährigen Wirken von Rudolf Virchow in der Budgetkommission befasst sich näher mit der Beratungspraxis von den 60er bis in die 80er Jahre des 19. Jahrhunderts, ohne jedoch auf Plates offiziöse Materialsammlung zurückzugreifen.[108] Die Autorin erläutert detailliert das Procedere der Kommissionsdebatten im Verhältnis zu den Plenarsitzungen des Abgeordnetenhauses und verweist dabei mehrfach auf die Aktenüberlieferung, zieht diese und insonderheit die Protokolle selbst jedoch nicht weiter heran.

Für die Auswertung der im Rahmen vorliegender Edition mitgeteilten Protokolle ist festzuhalten, dass die Kommissionsmitglieder in den ersten Legislaturperioden aus den sieben, allein durch Losentscheidung gebildeten sogenannten Abteilungen des preußischen Abgeordnetenhauses gewählt wurden, was zunächst die Berücksichtigung von Sachkenntnis und Parteizugehörigkeit für eine Mitgliedschaft in den Hintergrund rücken ließ. Erst mit der Session 1867/68 „erfolgte eine praktische Änderung in der Zusammensetzung der Kommissionen: sie wurden durch die Vermittlung von Vertrauensmännern der Fraktionen aus Mitgliedern aller Parteien zusammengesetzt“[109]. Es war wohl nicht zuletzt eine Folge des hohen Arbeitsaufwandes, der mit einer intensiven Vorbereitung der Debatten und mit

106 Vgl. Der Hauptausschuß des Deutschen Reichstags 1915–1918, bearb. von Reinhard Schiffers, Manfred Koch und Hans Boldt, Bd. 1–4, Düsseldorf 1981–1983; Schiffers, Reinhard, Der Hauptausschuß des Deutschen Reichstags 1915–1918. Formen und Bereiche der Kooperation zwischen Parlament und Regierung, Düsseldorf 1979.

107 Vgl. Plate, August, Die Geschäftsordnung des Preußischen Abgeordnetenhauses, ihre Geschichte und ihre Anwendung. Unter Berücksichtigung der Geschäftsordnung und der Gewohnheiten des deutschen Reichstages. Mit Textabdrücken der Geschäftsordnungen des Deutschen Reichstages und des Preußischen Herrenhauses, Berlin 1903; nachstehend zitiert aus der als unverändert bezeichneten 2. Auflage, Berlin 1904, v. a. S. 85–118.

108 Vgl. Rieck, Annette, Rudolf Virchows Mitarbeit in der Budgetkommission des Preußischen Abgeordnetenhauses, in: Wirth, Ingo (Hrsg.), Neue Beiträge zur Virchow-Forschung. Festschrift zum 70. Geburtstag von Christian Andree. Mit einem Anhang „Editionen in der Wissenschaftsgeschichte“, Hildesheim u. a. 2010, S. 391–463.

109 Plate, Die Geschäftsordnung des Preußischen Abgeordnetenhauses, S. 88.

einer aktiven Teilnahme an den Gremiensitzungen verbunden war,[110] dass von Legislaturperiode zu Legislaturperiode und auch während dieser die Mitglieder in größerer Zahl wechselten.[111] Dies erschwerte eine kontinuierliche und konstruktive Kritik der Finanzpolitik der Regierung.

Während über die Jahrzehnte bei den einzelnen Beratungen durchschnittlich 20 bis 30 Kommissionsmitglieder teilnahmen und außerdem – ohne Rederecht[112] – jene Abgeordneten, die sich aus erster Hand informieren wollten, anwesend waren,[113] wuchs die Zahl der Regierungsvertreter rasant. Das hing nicht zuletzt mit der Ausdifferenzierung und Spezialisierung innerhalb der Behörden zusammen. Nannten die Protokolle 1849 und auch noch 1860 zu den Beratungen des Etats des preußischen Kultusministeriums allein den Geheimen (Ober-)Regierungsrat Ferdinand Knerck als Abgesandten seines Ressorts,[114] nahmen an der Sitzung des Hauptausschusses am 10. Februar 1930 neben fünf Kommissaren des Finanzministeriums nicht nur 44 Beamte aus dem Kultusministerium teil, sondern auch Minister Adolf Grimme.[115]

Es war ein deutliches Indiz für die im Untersuchungszeitraum wachsende Bedeutung des Parlaments und seines Budgetrechts im Allgemeinen sowie der Rolle der Haushaltskommission im Speziellen, dass nicht nur die Zahl der zu den Beratungen abgeordneten Ministerialbeamten insgesamt wuchs, sondern bald auch (Unter-)Staatssekretäre sowie dann sogar die Minister anwesend waren und das Wort ergriffen, wie das im Plenum des Abgeordnetenhauses bei den Etatdebatten bereits von Anfang an der Fall war. In den ausgewählten Stichjahren war es Gustav von Goßler, der im Jahre 1890 als erster Chef des Kultusressorts in der Budgetkommission sprach, interessanterweise aber nicht bei der Behandlung des regulären Haushalts, sondern bei der Diskussion eines teilweise hochpolitischen Nachtragsetats, in dem es mit den sogenannten Bauverpflichtungen bei Kirchen um einen wichtigen Teil der staatlichen Aufwendungen für den Kultus im engeren Sinne ging.[116] Als fünf Jahre später, am 22. Februar 1895, die „Leistungsfähigkeit der Schulverbände für Zwecke der Volks-

110 Vgl. zu den Klagen Virchows wegen Überlastung Rieck, Rudolf Virchows Mitarbeit in der Budgetkommission, S. 394.

111 August Plate sprach von „dem immer lebhafter werdenden Wechsel unter den Komm[issions]Mitgliedern" (Die Geschäftsordnung des Preußischen Abgeordnetenhauses, S. 104).

112 Ausnahmen wurden ausdrücklich vermerkt; so wurde in der Sitzung am 20.2.1875, nachmittags, Theodor Mommsen „mit Zustimmung der Kommission das Wort erteilt", im vorliegenden Band Dok. Nr. 48, S. 310.

113 Ihre Namen sind in den Protokollen der Haushaltskommission nicht überliefert.

114 So zum Beispiel an den Sitzungen vom 5.12.1849, 8.3.1855 oder 1.5.1860, im vorliegenden Band Dok. Nr. 31, 35 und 40.

115 Vgl. im vorliegenden Band Dok. Nr. 110, S. 491.

116 Protokoll der 23. Sitzung der Budget-Kommission des Abgeordnetenhauses am 1.5.1890, im vorliegenden Band Dok. Nr. 70, S. 349.

schule"[117] in der Haushaltskommission zur Diskussion stand, war der nunmehrige Kultusminister Robert Bosse ebenfalls anwesend. Die mit diesem zentralen Anliegen der preußischen Bildungspolitik im 19. Jahrhundert zusammenhängenden Fragen hatten schließlich mehrere seiner Amtsvorgänger weitgehend scheitern lassen. – Von nun an ergriffen alle weiteren Chefs der Kultusverwaltung in der Haushaltskommission wiederholt das Wort.

Gemäß Geschäftsordnung des preußischen Abgeordnetenhauses wurde bei der Konstituierung der Kommission neben dem Vorsitzenden und seinem Stellvertreter auch ein Schriftführer, ebenfalls mit Stellvertreter, gewählt, ohne dass dessen Aufgabe näher definiert wurde. Es war allein festgelegt, dass nach Abschluss der Beratungen ein Berichterstatter zu wählen sei, „der die Ansichten und Anträge der Kommission in einem Bericht" für das Plenum zusammenzustellen hatte und dazu bei Bedarf auch vorab vertrauliche Erkundigungen bei den Behörden einziehen durfte. Der Bericht konnte entweder schriftlich oder mündlich erstattet werden, wobei die Schriftform verlangt werden konnte.[118] Abgesehen davon, dass Schriftführer und Berichterstatter nicht identisch sein mussten, ist bemerkenswert, dass in der Geschäftsordnung keine Festlegungen über Form und Inhalt der Protokolle zu den Sitzungen der Haushaltskommission aufgenommen worden waren. Im Unterschied zu den Plenardebatten wurden die Protokolle in den ersten Jahrzehnten also nicht von professionellen Parlamentsstenographen wörtlich mitgeschrieben. Der Schriftführer hielt vielmehr nach seinem Ermessen Beschlüsse sowie weitere Informationen fest. Unter den Niederschriften zu den Sitzungen der Haushaltskommission finden sich deshalb sowohl mehr oder weniger knapp gehaltene Beschlussprotokolle als auch solche, die ausführlicher den Gang der Diskussion nachzeichneten mit dem Wortlaut von Anträgen einzelner Abgeordneter oder Erklärungen von Regierungskommissaren (meist im Anhang), bis hin zu Protokollen, die einzelnen Wortmeldungen im Laufe der Debatte unter Verwendung der indirekten Rede weitgehend folgten. Inwieweit die fertiggestellten Protokolle dann vor ihrer Vervielfältigung zur Kenntnisnahme und gegebenenfalls gewünschten Korrektur durch die Sitzungsteilnehmer auslagen, kann für die Überlieferung bis zum Ersten Weltkrieg anhand des ausgewerteten Materials nicht mit Sicherheit bestimmt werden. Eine im Protokoll der Sitzung vom 13. Februar 1900 enthaltene Anmerkung lässt aber vermuten, dass dies nicht üblich war, hieß es doch: „Diese wie mehrere der nachstehenden und nachfolgenden Äußerungen sind wegen der herrschenden Unruhe und des leisen Sprechens der betr[effenden] Redner kaum verständlich. Der Protokollführer kann daher für exakte Wiedergabe nicht einstehen."[119]

Obwohl die Praxis, es den Kommissionsmitgliedern zu überlassen, in welcher Form und Ausführlichkeit die Niederschriften zu sein hatten, mehrfach zum parlamentarischen Streit-

117 Protokoll der 17. Sitzung der Budget-Kommission des Abgeordnetenhauses am 22.2.1895, im vorliegenden Band Dok. Nr. 81, S. 366.

118 § 28; vgl. Plate, Die Geschäftsordnung, S. 101 f.; das Zitat S. 101.

119 Vgl. im vorliegenden Band Dok. Nr. 82, S. 369.

punkt wurde,[120] konnte sich das Abgeordnetenhaus nicht darauf verständigen, Stenogramme anfertigen zu lassen. Dass dieser hohe Aufwand nicht betrieben wurde, dürfte in erster Linie damit zusammenhängen, dass die Protokolle in der Regel den Haushaltsexperten nur kurzzeitig als Arbeitsmittel zur Vorbereitung der Plenardebatten dienten und danach meist in Vergessenheit gerieten. In wenigen Fällen werden sie wohl noch für die Analyse nachfolgender Etats mit herangezogen worden sein, um Vergleiche anstellen oder Zusagen der Regierung einfordern zu können. Mit den Jahren wurden die Protokolle tendenziell schon wesentlich ausführlicher und folgten vor dem Ersten Weltkrieg, wie bereits angemerkt, weitgehend einzelnen Wortmeldungen unter Verwendung der indirekten Rede. Dies entsprach der Praxis im Hauptausschuß des Reichstags. Im republikanischen Landtag wurden dann von diesen detaillierteren Niederschriften Probedrucke angefertigt, die den Rednern zur Korrektur übergeben wurden,[121] ohne dass vollständige Wortprotokolle angestrebt wurden.

Aus all diesen Charakteristiken resultierte unter den Bedingungen der stark beschränkten Öffentlichkeit der Sitzungen ein weitgehend interner Charakter[122] der Niederschriften. Dies lässt ihnen einen eigenständigen Wert als Quelle neben den gedruckten, allgemein zugänglichen und über den Buchhandel verbreiteten Plenarprotokollen und Etatentwürfen zukommen. Die in der zeitgenössischen Presse zu findenden Berichte über einzelne Beratungen der Haushaltskommission beruhten in der Regel auf Mitteilungen von Abgeordneten und nicht auf den hier im Fokus stehenden offiziellen Niederschriften. Ein Abgleich mit den Zeitungsnachrichten vor allem aus den Perioden, in denen die hier in Rede stehenden Protokolle kurz gehalten waren, kann dabei für Spezialuntersuchungen ertragreich sein.

In den ersten Jahren als Behördendrucke nur für den internen Gebrauch im Abgeordnetenhaus und den Ministerien hergestellt, wurden die Protokolle ab dem letzten Drittel des 19. Jahrhunderts nur noch handschriftlich ausgefertigt und als Metallogramme vervielfältigt. Erst nach der Jahrhundertwende gab es, wohl angesichts einer größer werdenden Zahl der Exemplare, wieder die internen Drucke.[123] In den Akten des Landtags, die im Geheimen Staatsarchiv Stiftung Preußischer Kulturbesitz verwahrt werden, sind sowohl

120 Vgl. die Beispiele bei Rieck, Rudolf Virchows Mitarbeit in der Budgetkommission, S. 416–420.

121 Vgl. zum Beispiel aus dem Jahre 1925 Urschriften beziehungsweise Drucke unter der Kopfzeile „Von den Rednern noch nicht geprüfter Probeabzug“ mit den handschriftlichen Korrekturen der Redner in: GStA PK, I. HA Rep. 169 D, I 32h Adhib. 1, Bd. 23, n.f.

122 In Ausnahmefällen wurden Verhandlungen der Haushaltskommission sogar als „streng vertraulich“ erklärt und die entsprechenden Niederschriften nicht vervielfältigt; vgl. den Vermerk zur Sitzung vom 25.2.1915 über den Etat der Berg-, Hütten- und Salinenverwaltung, in: Protokolle der Budget-Kommission 1915, [Berlin 1915], 14. Sitzung.

123 Unter den im vorliegenden Band erfassten Protokollen der Haushaltskommission wurden allein die für das Jahr 1920 (vgl. Dokumente Nr. 99 bis 103) in den allgemein zugänglichen Anlagen zu den Sitzungsberichten der Verfassunggebenden Preußischen Nationalversammlung veröffentlicht. Das war ein Ergebnis des von der Volksvertretung des republikanischen Preußens angestrebten transparenteren Politikstils, der jedoch vom neuen Landtag bei den Beratungen der Budgetkommission nicht weiter praktiziert wurde.

viele Urschriften, von den Rednern korrigierte Probedrucke als auch die vervielfältigten Protokolle überliefert. Verschiedene Jahrgänge sind ebenfalls in den Akten des Finanzministeriums zu finden. Nur in Ausnahmefällen wurden Auszüge aus den Niederschriften der Haushaltskommission in Sachakten der Ressorts übernommen. Darüber hinaus stehen einige gebundene Jahrgänge der Metallogramme beziehungsweise der Behördendrucke in den Beständen der Staatsbibliothek zu Berlin Preußischer Kulturbesitz sowie weniger (meist ehemals preußischer) Universitätsbibliotheken. Diese Bände stammen nach alten Besitzvermerken vor allem aus Büchersammlungen preußischer Ministerien. Einzelne weitere Niederschriften werden sich vermutlich in Nachlässen von Parlamentariern nachweisen lassen wie dies für Rudolf Virchow[124] der Fall ist.

Die bisherige Zurückhaltung der Forschung gegenüber den Protokollen der Haushaltskommission des preußischen Abgeordnetenhauses ist vor allem darauf zurückzuführen, dass sie ein „sperriges" Material darstellen, das sich dem Leser über weite Strecken nur zu erschließen beginnt, wenn er parallel die entsprechenden Etatentwürfe bei der Hand hat. So benötigen zum Beispiel zahlreiche Auflistungen von genehmigten Haushaltspositionen allein mit den Kapitel- und Titel-Nummern ohne ergänzende Informationen die Budgets zur Identifikation. Andere Protokolle enthalten aber auch nur den Hinweis, dass Haushaltspositionen, die keine Erwähnung gefunden haben, als angenommen galten.[125] Im Rahmen der vorliegenden Edition, die sich auf die Niederschriften zur Beratung des Etats des Kultusministeriums aus 16 Stichjahren – parallel zu den mitgeteilten Etatzahlen[126] – beschränkt, werden beim Abdruck deshalb entsprechende zusätzliche Hinweise gegeben. Zugleich eröffnet der stärker formalisierte Aufbau der Quelle die Möglichkeit, angesichts ihres sehr großen Umfanges Kürzungen durch die Anwendung einer regestenähnlichen Editionsform mit längeren Originalpassagen, in Anlehnung an die Editionspraxis bei den Protokollen des Preußischen Staatsministeriums,[127] zu erreichen. So werden zur Problema-

124 Lt. freundlicher Mitteilung am 9.10.2012 von Frau Heike-Fanny Braun, Archiv der Berlin-Brandenburgischen Akademie der Wissenschaften, befinden sich im hier verwahrten Nachlass von Virchow einige wenige Metallogramme zu den Beratungen 1889/90 sowie einzelne Seiten der Stellungnahme des Regierungskommissars Geheimer Regierungsrat Friedrich Althoff aus dem Protokoll vom 10.2.1885 (vgl. dieses im vorliegenden Band Dok. Nr. 57).

125 Vgl. den entsprechenden Vermerk im Protokoll vom 13.2.1900; vgl. im vorliegenden Band Dok. Nr. 82, S. 369.

126 Mit Ausnahme des Jahres 1870, für das kein Protokoll von Beratungen der Haushaltskommission zum Kultusetat vorliegt: Im Ergebnis einer Grundsatzdebatte im Oktober 1869 war das Plenum des Abgeordnetenhauses zu dem Schluss gekommen, den Etat für 1870 nicht an die Kommission zur Beratung zu überweisen, sondern selbst zu behandeln; vgl. StenBerAH, 12.10.1869, S. 45–56. – Dennoch finden sich aber im Aktenbestand des Abgeordnetenhauses zwei handschriftliche Protokolle der Haushaltskommission ab 11. Dezember 1869; sie betrafen jedoch nicht den Kultusetat; vgl. GStA PK, I. HA Rep. 169 C, Abschnitt 65 Nr. 39 Bd. 2, n.f.

127 Vgl. z. B. Zilch, Reinhold (Bearb.), Die Protokolle des Preußischen Staatsministeriums 1817–1934/38, Bd. 10, Hildesheim u. a. 1999, S. VII f.

tik des Kulturstaats weniger aussagekräftige oder sehr ins Detail gehende Passagen durch Standardformulierungen wie „Routinemäßige Beschlussfassung zu Haushaltspositionen“, „Zur Geschäftsordnung“ oder „Einzelheiten“ erfasst beziehungsweise vom Bearbeiter in eigenen Worten komprimiert wiedergegeben. Dabei gilt das Prinzip, alle identisch aus der Quelle übernommenen Textteile recte zu setzen, veränderte oder ergänzte Abschnitte jedoch *kursiv* zu drucken.

2.4.2 Zusammenhänge zwischen den Etatzahlen und den Beratungen der Haushaltskommission des Abgeordnetenhauses

Nachstehend soll auf vier größere Zusammenhänge zwischen ausgewählten Debatten in der Haushaltskommission des Abgeordnetenhauses (Dokumente Nr. 31 bis 117) und den Daten in den Tabellen 13 bis 17 verwiesen werden. Augenmerk wird vor allem auf die Frage gerichtet, welche Hauptthemen von den Parlamentariern zur Sprache gebracht wurden und ob sich darunter auch die bereits in den Statistiken identifizierten Umschichtungen in den Etats befanden oder Veränderungen in den Schwerpunktsetzungen der Budgets auf einem stillschweigenden Konsens zur Kultuspolitik des preußischen Staates zwischen den Mandatsträgern und den Regierungsbeamten beruhten beziehungsweise in anderen personellen und institutionellen Zusammenhängen ausgehandelt wurden. Da angesichts des immensen Gesamtumfangs der Protokolle im Rahmen des vorliegenden Bandes nur die Debatten aus den den Tabellen entsprechenden Stichjahren dokumentiert werden können, muss aber generell beachtet werden, dass relevante Diskurse teilweise zeitlich versetzt, vor allem vorgelagert stattgefunden hatten und entsprechende Konflikte deshalb in den abgedruckten Protokollen nicht dokumentiert sind.

Bereits erwähnt wurde erstens die Debatte im Jahre 1890 um die Finanzierung von Kirchenbauten im Zusammenhang mit den Plänen für einen Neubau des Berliner Doms, die mit der Verpflichtung des Staates für Errichtung und Unterhalt von Kirchen ein Grundproblem der Aufwendungen für den Kultus im engeren Sinne erfasste. Nach den Worten des Ministers musste man sich entscheiden: „Entweder der Staat müsse bauen, oder ein anderer Bauherr unter Zuschüssen vom Staat.“ Den Stellenwert der Angelegenheit machte der Nachsatz deutlich, denn Goßler ergänzte: „Welche Alternative den Vorzug verdiene, unterliege zur Zeit der Prüfung des Staatsministeriums.“[128] Dieses Engagement des

128 Protokoll der 23. Sitzung der Budget-Kommission des Abgeordnetenhauses am 1.5.1890, im vorliegenden Band Dok. Nr. 70, S. 349. Vgl. die Sitzung des Kronrats am 5.7.1888 sowie Sitzung des Staatsministeriums am 24.2.1889, in: Spenkuch, Hartwin (Bearb.), Protokolle des Preußischen Staatsministeriums, Bd. 7, S. 240, Dok. Nr. 333, TOP 1, S. 252, TOP 9; Sitzung des Staatsministeriums am 19.4.1890, in: Ders. (Bearb.), Protokolle des Preußischen Staatsministeriums, Bd. 8/I, S. 55, Dok. Nr. 6, TOP 2.

Ressortchefs dürfte nicht zuletzt damit zusammengehangen haben, dass das Projekt große Bedeutung für Wilhelm II. besaß und sich der Kaiser bereits mehrfach in die Planungen eingemischt hatte. Bei der zweiten, ebenfalls schon erwähnten Debatte in der Haushaltskommission ging es 1895 um die Leistungsfähigkeit der Schulverbände und damit um die Grundfrage der Schulfinanzierung; welchen Anteil die Eltern, die Schulträger, gegebenenfalls nicht als Schulträger engagierte Kommunen sowie der Staat zu übernehmen hatten.

Im engeren Zusammenhang mit dem Ausbau des parlamentarischen Budgetrechts standen drittens, wie bereits im Zusammenhang mit der Erläuterung des Totalitätsanspruchs eines Staatshaushalts erwähnt,[129] die Bemühungen der Kommission, ihre Zuständigkeit auf anfänglich außerhalb des Etats stehende Fonds auszudehnen. Dabei ging es vor allem um die in der ersten Hälfte des 19. Jahrhunderts noch verbreiteten Neben- beziehungsweise Spezialetats. Diese Fonds sollten in den (Gesamt-)Staatshaushalt eingebunden werden. In den im vorliegenden Band edierten Protokollen der Haushaltskommission finden sich hierzu mehrfach Debatten beziehungsweise Beschlüsse. Bereits in der ersten Beratung zu einem Kultusetat am 5. Dezember 1849 stand die Finanzierung der Universitäten, die traditionell zu einem gewissen Teil auf Einkünften aus Eigentum, Stiftungen sowie aus Gebühren usw. beruhte, zur Diskussion. Die Kommission rügte hinsichtlich einer von der Regierung dem Etatentwurf beigefügten „Zusammenstellung der Nebeneinnahmen der mit Staatszuschüssen dotierten Universitätsinstitute und Stiftungen“[130], dass die Auflistung, „namentlich was die Stipendien betreffe, kein volles und ganzes Bild der Einnahmen und keine Anschauung des Umfanges gewähre“[131]. Gleichzeitig erklärten die Parlamentarier aber auch ihre Nichtzuständigkeit für den Haushalt der Universität Greifswald, da diese sich vor allem aus ihrem großen Grundbesitz finanziere und auf keine Staatsgelder angewiesen sei: „Da der Etat zu den Einnahmen derselben nur die Summe von 1.200 Rtlr., den Betrag des Gehaltes für den Kurator, zuschießt, dieser aber gemäß dem für alle Hochschulen gefaßten Beschlusse aus dem Budget wegfallen soll, so erhob sich die Frage, ob die Commission den Etat einer Anstalt, welche im übrigen sich ganz aus eigenen Mitteln erhält, zu prüfen sich veranlaßt sehe. Obgleich der Staat vermöge seines Oberaufsichtsrechtes zu einer solchen Prüfung berechtigt ist, glaubte die Commission, dieselbe ihrerseits, wenn sie nur das Budget zu beraten habe, nicht vornehmen zu sollen und faßte für diesen und ähnliche Fälle den Beschluß, daß sie überhaupt der Prüfung von Instituten sich zu entheben habe, welche keinen Zuschuß vom Staate beziehen“[132].

Anders sah man die Lage bei verschiedenen, dem Kultus im engeren Sinne und dem öffentlichen Unterricht gewidmeten Stiftungen. So wurde hinsichtlich der Verwaltung des

129 Vgl. im vorliegenden Band S. 12 f.

130 Anlagen zu dem Staatshaushaltsetat für das Jahr 1849, Bd. 2, Berlin 1849, S. 91.

131 Protokoll der Sitzung der Central-Commission zur Prüfung des Staatshaushaltsetats des Abgeordnetenhauses am 5.12.1849, im vorliegenden Band Dok. Nr. 31, S. 282.

132 Ebd., S. 283.

Mons pietatis zu Berlin, des katholischen Gymnasialfonds von Westpreußen, des Allgemeinen Schulfonds des Herzogtums Westfalen sowie des Bergischen Schulfonds der Regierung empfohlen, „daß künftig zu den Verwendungen des Überschusses genauere und detailliertere Bemerkungen gegeben werden“[133]. Ebenso erwartete man, „daß die Etats der Hebammen-Lehrinstitute zu Köln und Trier, weil zu ihnen der Staat einen Zuschuß bezahle, künftig zur Prüfung mit vorgelegt werden“[134]. Ein halbes Jahrzehnt später ging es um den Posenschen Provinzialschulfonds sowie den Erfurter Universitätsfonds. Es entspann sich erneut eine Diskussion darüber, inwieweit diese Fonds Staatseigentum und deshalb mit Einnahmen sowie Ausgaben in den Etats voll einzustellen seien, ergo der vollen Aufsicht des Abgeordnetenhauses unterlägen, oder sich in einem Rechtsstatus befänden, der lediglich eine verkürzte Auskunft in den Anlagen zum Etat erforderlich machte.[135]

Das 1849 bei der Greifswalder Alma Mater herangezogene Argument, dass für deren eigene Einnahmen das Parlament nicht zuständig sei, wollten im Jahre 1865 mehrere Mitglieder der Budgetkommission, deren Namen übrigens im Protokoll nicht mitgeteilt wurden, was ein Indiz für ihren internen Charakter ist, in einem vergleichbaren Fall nicht gelten lassen. Der Geheime Oberregierungsrat Ferdinand Knerck als Regierungskommissar hatte „erklärt, daß bei Schulen, welche gar keinen Zuschuß vom Staate oder aus Stiftungen, welche vom Staate verwaltet werden, erhalten, die Regierung weder das Recht noch die Befugnis habe, deren Etats zu verlangen und ihre Verhältnisse zu veröffentlichen“. Doch von mehreren Abgeordneten wurde interveniert, dass „die Gymnasien, welche keinen Zuschuß bekommen, sich nicht bloß aus Stiftungsmitteln, sondern wesentlich durch die Schulgelder“[136] finanzierten, woraus eben ein Kontrollrecht des Parlaments resultiere. Und auch 1895 sah man sich in der Haushaltskommission zu einer Nachfrage wegen der vom Kultusministerium verwalteten Nebenfonds, ihrem Rechtsstatus sowie den Gründen, warum „die Einnahmen und Ausgaben der nicht den Charakter juristischer Persönlichkeiten tragenden Nebenfonds nicht [137] im Kultusetat erschienen, genötigt, zumal schon zwei Jahre vorher eine entsprechende Übersicht seitens der Regierung in Aussicht gestellt worden war. Ministerialdirektor Max Kugler sicherte aber nunmehr die Aufstellung zu.

Das Bemühen um Klarheit und Transparenz des Budgets spielte viertens eine Rolle bei den bereits früh einsetzenden und anhaltenden Bemühungen der Haushaltskommission, die

133 Protokoll der Sitzung der Central-Commission zur Prüfung des Staatshaushaltsetats des Abgeordnetenhauses am 15.12.1849, im vorliegenden Band Dok. Nr. 34, S. 289.

134 Ebd., S. 290.

135 Vgl. Protokoll der 31. Sitzung der „Kommission zur Prüfung des Staatshaushaltsetats“ des Abgeordnetenhauses am 10.3.1855, im vorliegenden Band Dok. Nr. 37, S. 295.

136 Protokoll der 37. Sitzung der „Kommission zur Prüfung des Staatshaushaltsetats“ des Abgeordnetenhauses am 4.5.1865, im vorliegenden Band Dok. Nr. 42, S. 303.

137 Protokoll der 12. Sitzung der Budget-Kommission des Abgeordnetenhauses am 11.2.1895, im vorliegenden Band Dok. Nr. 77, S. 360.

unter der Bezeichnung „Kultus und Unterricht gemeinsam“ zusammengefassten Ausgaben näher zu spezifizieren und möglichst einzelnen, der evangelischen oder der katholischen Kirche beziehungsweise dem niederen oder dem höheren Schulwesen gewidmeten Etattiteln zuzuordnen. Hinzu kam das ebenfalls über die Jahrzehnte nicht erlahmende Bestreben vor allem verschiedener Zentrumspolitiker und Konservativer, die beiden Hauptglaubensbekenntnisse gleich behandelt zu wissen. Am 8. März 1855 entspann sich eine Diskussion angesichts der „Verrechnungsart der Einnahmen und Ausgaben bei speziellen Titeln“, die zur „Verdunkelung der Qualität der an kirchliche und Unterrichtsanstalten geschehenden Zahlungen“ führen würde. Es wurde deshalb die Forderung nach einer „Sonderung der für evangelisch-kirchliche und Schulzwecke von dem für die katholische[n] dergleichen bestimmten Fonds“[138] erhoben. Am Folgetag wurden einzelne Abgeordnete prinzipiell: Sie äußerten „im allgemeinen“, „daß man den Grund nicht erkennen könne, weshalb nicht die Ausgaben für den Kultus von denen für Unterricht auch hier wie bei andern Titeln gesondert erscheinen; es lasse sich eine Trennung wenigstens bei vielen Posten vornehmen, weil die Verbindlichkeiten nach den verschiedenen Seiten festständen“. Deshalb beantragten sie die Auflösung der entsprechenden Haushaltsposten, da letztere „zur Aufnahme in die früheren Positionen geeignet“[139] schienen. Zudem lag „dem Antrag eine Rücksicht auf konfessionelle Parität zu Grunde […]. Es seien Klagen genug vorhanden, daß bei den an den Patronatsbaufonds gemachten Anforderungen die Befriedigung der Bedürfnisse katholischerseits immer hinausgeschoben würden; den desfalligen Beschwerden lassen [!] sich nur abhelfen, wenn die den einzelnen Konfessionen zustehenden Rechte bestimmt auseinandergehalten werden könnten.“ Regierungskommissar Knerck führte gleich mehrere Gegenargumente an. Zum einen lasse „die Natur dieser Fonds […] eine solche Trennung nicht zu“, zum anderen sei es nicht möglich, die „rechtlichen Verpflichtungen des Staats […] nach Zahlen“ festzustellen, und zum dritten würde die ganze Sache „nur zu sehr großen Weiterungen des Rechnungswesens führen“. Außerdem und viertens sei doch der Etat nach den Wünschen des Abgeordnetenhauses in den letzen Jahren „in die vorliegende Form gebracht“ worden; der Antrag hätte dann zur Folge, dass „alle dadurch hervorgerufenen Arbeiten in umgekehrter Richtung vorgenommen werden“ müssten. Doch trotz aller Bemühungen der Haushaltskommission und einiger objektiver Schwierigkeiten bei einer Aufgliederung der globalen Budgetposition „Kultus und Unterricht gemeinsam“ zeigte diese bis in die 70er Jahre des 19. Jahrhunderts sogar ein dem Kultusetat insgesamt vergleichbares Wachstum, und danach sank der Anteil an den Jahresbudgets auch nur langsam (vgl. Tabelle 13 und 14). Mit diesen konfessionellen Fragen standen schließlich auch Debatten

138 Protokoll der 29. Sitzung der Kommission zur Prüfung des Staatshaushaltsetats des Abgeordnetenhauses am 8.3.1855, im vorliegenden Band Dok. Nr. 35, S. 291.

139 Protokoll der 30. Sitzung der Kommission zur Prüfung des Staatshaushaltsetats des Abgeordnetenhauses am 9.3.1855, im vorliegenden Band Dok. Nr. 36, S. 292; hier auch die nachfolgenden Zitate.

zur Verweltlichung der Schulaufsicht in Zusammenhang. Anlässlich der Bewilligung von immerhin etwas mehr als 50.000 Talern für die geistlichen und Schulräte im Haushalt von 1849 kam „die Frage zur Erwägung, inwieweit überhaupt noch geistliche Räte bei den Regierungen, nach den früher schon eingetretenen Abänderungen und namentlich denjenigen, welche die Verfassung in dem Verhältnisse zwischen Staat und Kirche herbeiführt, notwendig wären". Nach längeren Disputen wurde der Beschluss gefasst, „gegen die Regierung die Erwartung auszusprechen, es werde die Ausgabe für die geistlichen Räte bei den Regierungen aus dem Budget so bald als möglich entfernt werden"[140].

Noch im Jahre 1900 entspann sich anlässlich der Einrichtung mehrerer hauptamtlicher Stellen für Kreisschulinspektoren, deren Aufgaben bis dato nebenamtlich zumeist von Geistlichen übernommen worden waren, eine umfängliche Diskussion. Nachdem hieraus schnell eine Grundsatzdebatte geworden war, sah sich Minister Konrad Studt veranlasst, zu erklären, „daß er die Ansicht, die Unterrichtsverwaltung wolle die Geistlichen systematisch aus der Kreisschulinspektion verdrängen, entschieden als eine irrige bezeichnen müsse. Nach seiner persönlichen Ansicht und Überzeugung würde er einer solchen Tendenz niemals zustimmen können. Er werde deshalb auf die Aufrechterhaltung der Versehung des Schulaufsichtsamtes durch die Geistlichen sowohl als Ortsschulinspektoren wie als Kreisschulinspektoren überall dort hinwirken, wo nicht besondere, zwingende örtliche Verhältnisse zu einer Ausnahme nötigten."[141]

Insgesamt gehörte die Finanzierung des Schulwesens in allen seinen Stufen während des gesamten Untersuchungszeitraums zu den zentralen Themen bei den Beratungen der Haushaltskommission. Das entsprach der schon mehrfach angemerkten Entwicklung des Kultusministeriums von einem geistlichen in ein Unterrichtsministerium und war Begleiterscheinung der damit verbundenen Neugewichtungen in den Budgets. Zunächst stand vor allem die in vielen Fällen ungenügende Besoldung der Lehrer im Mittelpunkt der Aufmerksamkeit der Parlamentarier, bis dann zum letzten Drittel des 19. Jahrhunderts endlich nicht nur wesentlich mehr Mittel bewilligt wurden, sondern auch eine Verstetigung der Zuschüsse erreicht wurde.[142] Ab den 1870er Jahren blieb die Lehrerbesoldung ein wichtiges Thema, das nunmehr vor allem an die Entwicklung der Beamtengehälter allgemein

140 Protokoll der Sitzung der Central-Commission zur Prüfung des Staatshaushaltsetats des Abgeordnetenhauses am 13.12.1849, im vorliegenden Band Dok. Nr. 33, S. 288.

141 Protokoll der 13. Sitzung der Budget-Kommission des Abgeordnetenhauses am 15.2.1900, im vorliegenden Band Dok. Nr. 83, S. 376.

142 Vgl. Protokoll der Sitzung der Central-Commission zur Prüfung des Staatshaushaltsetats des Abgeordnetenhauses am 13.12.1849, im vorliegenden Band Dok. Nr. 33, S. 288; Protokoll der 30. Sitzung der Kommission zur Prüfung des Staatshaushaltsetats des Abgeordnetenhauses am 9.3.1855, im vorliegenden Band Dok. Nr. 36, S. 292; Protokoll der 9. Sitzung der Kommission zur Prüfung des Staatshaushaltsetats des Abgeordnetenhauses am 21.2.1865, im vorliegenden Band Dok. Nr. 41, S. 301; Protokoll der 8. Sitzung der Budget-Kommission des Abgeordnetenhauses am 26.2.1875, im vorliegenden Band Dok. Nr. 51, S. 313.

geknüpft war.[143] 1920 war dabei die Debatte vor allem von den bereits stark spürbaren Auswirkungen der Inflation auf die Lage der Lehrerschaft geprägt.[144]

143 Vgl. Protokoll der 10. Sitzung der Budget-Kommission des Abgeordnetenhauses am 2.3.1875, im vorliegenden Band Dok. Nr. 53, S. 317; Protokoll der 23. Sitzung der Budget-Kommission des Abgeordnetenhauses am 1.5.1890, im vorliegenden Band Dok. Nr. 70, S. 349; Protokoll der 49. Sitzung der Budget-Kommission des Abgeordnetenhauses am 17.2.1905, im vorliegenden Band Dok. Nr. 88, S. 393; Protokoll der 61. Sitzung der Budget-Kommission des Abgeordnetenhauses am 28.3.1905, im vorliegenden Band Dok. Nr. 90, S. 399.

144 Vgl. Bericht zur Sitzung des Hauptausschusses der Verfassunggebenden Preußischen Nationalversammlung am 12., 13. und 26. November sowie 10. Dezember 1920, im vorliegenden Band Dok. Nr. 99.

3. Die Finanzierung des Kulturstaats in den Kommunen

Nachdem es in den Tabellen 1 bis 20 sowie in den Dokumenten Nr. 1 bis 117 um die Rolle des Etats des Kultusministeriums bei der Finanzierung des Kulturstaats in Preußen ging, soll nachstehend ein Perspektivenwechsel erfolgen und die Fragen einerseits nach dem Anteil der Kommunen an der Finanzierung des Kulturstaats und andererseits nach der Rolle ergänzender staatlicher Zuschüsse vor Ort beantwortet werden. Die Datenbasis hierfür ist im Untersuchungszeitraum meist unbefriedigend, da eine alle kulturstaatlichen Sachbereiche detailliert abdeckende und bis auf die unteren Verwaltungsebenen zurückgehende Statistik für das gesamte Land weitgehend fehlt. Das zeitgenössische Material weist große zeitliche und regionale Lücken sowie formale Brüche auf. Die in vorliegender Edition mitgeteilten Datenreihen werfen somit nur Streiflichter auf die Kulturstaatlichkeit Preußens. Zugleich, und das ist kein Widerspruch, musste aus Platzgründen darauf verzichtet werden, die wenigen einschlägigen zeitgenössischen Erhebungen des Königlichen Statistischen Büros/Statistischen Landesamtes vollständig abzudrucken, die, zum Teil bis auf Kreisebene gegliedert, oft mehrere großformatige Bände umfassen. Die nachfolgenden, teilweise mit eigenen Berechnungen angereicherten Statistiken sollen vielmehr dieses ausufernde Material zusammenfassen oder ausgewählte, als typisch anzusehende Beispiele vermitteln.

3.1 Die Finanzierung des Kulturstaats in den Städten, Landgemeinden sowie Landkreisen

Die preußische amtliche Statistik veröffentlichte erstmals für die Jahre 1883/84 und 1911 Angaben zu den Ausgaben der Städte und Landgemeinden. Dabei wurden die Aufwendungen „für die Schulverwaltung sowie für Kunst, Wissenschaft und allgemeine Bildung“ gesondert ausgewiesen, die für den „Kultus im engeren Sinne“ bereitgestellten Gelder jedoch nur zum Stichjahr 1911.[145] Ergänzung finden diese Daten durch die „Finanzstatistik der preußischen Landkreise für das Rechnungsjahr 1903“, in der Angaben zu den Ausgaben für „Kunst, Wissenschaft, allgemeinen Unterricht sowie Blinden- und Taubstummenunterricht“ zu finden sind; auch hier wurde der Kultus nicht berücksichtigt,[146] wie auch in beiden Stichjahren die Gelder für den Neubau bzw. die bauliche Unterhaltung der Schulen sowie vermutlich auch der anderen Kulturinstitutionen nicht mitgezählt wurden. In den

145 Vgl. Tetzlaff, Finanzstatistik der preußischen Städte und Landgemeinden 1911, S. 68*–69*.

146 Vgl. Tetzlaff, Oskar, Finanzstatistik der preußischen Landkreise für das Rechnungsjahr 1903, Teil 1, Berlin 1908, S. LXXVIII–LXXXIX.

Vorworten zu den hier ausgewerteten Quellenwerken wurde betont, dass das ganze Königreich erfassende Kommunalstatistiken erstmals erhoben worden wären.[147]

Die Tabellen 21 bis 23 erfassen nun die Gesamtausgaben der preußischen Städte und Landgemeinden sowie die darin enthaltenen Aufwendungen für die Schulverwaltung sowie für Kunst, Wissenschaft und allgemeine Bildung in den Jahren 1883/84 und 1911. Während im ersten hier angeführten Jahr in Preußen noch die Mehrzahl der Bevölkerung auf dem Lande wohnte, überwogen drei Jahre vor dem Ersten Weltkrieg bereits die Städter, auch wenn nicht außer Acht gelassen werden darf, dass darunter noch zahlreiche Ackerbürger waren, deren Lebensweise von ihrer agrarischen Produktion geprägt wurde. Mit der Verstädterung war ein hier nicht näher zu beleuchtender Wandel in der Wirtschafts- und Steuerkraft der Kommunen verbunden, was wesentlichen Einfluss auf den für kulturstaatliche Zwecke zur Verfügung stehenden Anteil der Haushalte der Gemeinden hatte.

Tabelle 21 *Die Ausgaben der preußischen Städte und Landgemeinden für Schulverwaltung, Kunst, Wissenschaft und allgemeine Bildung in den Jahren 1883/84 und 1911 (in 1.000 Mark)*

		Ausgaben gesamt 1883/84		Kultur-ausgaben gesamt 1883/84			Ausgaben gesamt 1911		Kultur-ausgaben gesamt 1911	
a) = Städte b) = Landgemeinden			*davon* durch Steuern gedeckt 1883/84 (in %)		*davon* Volks-schulen 1883/84			*davon* durch Steuern gedeckt 1911 (in %)		*davon* Volks-schulen 1911
Ostpreußen	a)	7.889	*47,6*	2.089	954		56.210	*31,9*	10.550	5.511
	b)	4.156	*76,3*	1.686	1.683		12.684	*70,6*	4.252	4.224
Westpreußen	a)	7.929	*46,3*	1.963	1.019		50.539	*29,0*	8.908	4.884
	b)	3.506	*86,8*	1.245	1.242		10.512	*77,5*	2.795	2.747
Berlin	a)	56.909	*43,0*	9.721	6.521		271.831	*35,0*	40.475	27.618
Brandenburg	a)	16.452	*37,2*	5.383	2.729		236.965	*27,6*	41.417	20.821
	b)	5.038	*70,4*	1.278	1.267		97.758	*41,0*	23.003	13.495
Pommern	a)	12.920	*27,8*	3.447	1.743		60.331	*29,7*	13.500	6.903
	b)	1.486	*70,9*	171	170		9.583	*54,7*	3.386	3.301
Posen	a)	5.406	*49,9*	1.042	422		48.670	*29,7*	6.779	3.249
	b)	1.328	*80,2*	66	66		5.117	*74,4*	626	620
Schlesien	a)	28.974	*33,5*	6.940	4.078		153.303	*32,5*	29.612	17.799
	b)	8.159	*80,0*	2.153	2.146		42.375	*70,0*	14.067	13.638
Sachsen	a)	21.172	*34,4*	5.566	2.889		127.542	*34,9*	27.415	12.437
	b)	7.576	*42,7*	1.424	1.411		29.596	*59,4*	8.807	8.679

147 Vgl. Tetzlaff, Finanzstatistik der preußischen Städte und Landgemeinden 1911, S. 5*–6*; ders., Finanzstatistik der preußischen Landkreise 1903, S. VII.

Tabelle 21 *Die Ausgaben der preußischen Städte und Landgemeinden … (Fortsetzung)*

a) = Städte b) = Landgemeinden	Ausgaben gesamt 1883/84	*davon* durch Steuern gedeckt 1883/84 (in %)	Kulturausgaben gesamt 1883/84	*davon* Volksschulen 1883/84	Ausgaben gesamt 1911	*davon* durch Steuern gedeckt 1911 (in %)	Kulturausgaben gesamt 1911	*davon* Volksschulen 1911
Schleswig-Holstein a)	11.732	*45,5*	2.607	1.706	136.189	*20,4*	14.931	7.674
b)	5.593	*91,7*	138	111	27.731	*55,7*	8.589	8.281
Hannover a)	13.537	*27,8*	3.090	1.163	107.219	*32,0*	21.961	10.807
b)	8.541	*62,8*	688	583	38.425	*63,6*	13.474	13.143
Westfalen a)	13.015	*45,1*	3.170	1.494	163.326	*36,4*	34.126	20.111
b)	12.396	*78,4*	3.387	3.213	76.043	*58,4*	24.650	23.538
Hessen-Nassau a)	27.845	*33,8*	5.944	2.503	180.636	*26,2*	27.982	11.995
b)	11.911	*30,0*	2.439	2.433	38.126	*28,6*	9.823	9.683
Rheinprovinz a)	48.152	*46,4*	10.967	7.020	497.685	*29,7*	76.079	42.565
b)	30.246	*58,1*	7.991	7.872	117.183	*48,1*	31.687	29.826
Hohenzollern a)	279	*33,4*	57	33	521	*44,8*	83	61
b)	947	*22,8*	188	186	2.824	*22,6*	477	470
STAAT a)	**272.211**	*39,7*	**61.987**	**34.273**	**2.090.966**	*30,4*	***353.817***	***192.434***
b)	**109.883**	*62,7*	**22.855**	**22.383**	**507.956**	*52,3*	***145.636***	***131.646***

Quelle:
Tetzlaff, Oskar, Finanzstatistik der preußischen Städte und Landgemeinden für das Rechnungsjahr 1911, Teil 10: Staat, Berlin 1920, S. 68*–69*.

Tabelle 21 bietet die Summen der in allen preußischen Gemeinden für kulturstaatliche Zwecke (ohne für den Kultus im engeren Sinne) eingesetzten Gelder getrennt nach Stadt und Land und informiert zugleich darüber, wieweit diese Aufwendungen durch Steuern gedeckt worden waren. Während zwischen 1883/84 und 1911 sowohl die Gesamtausgaben der preußischen Gemeinden als auch ihre genannten kulturstaatlichen Aufwendungen sich bedeutend vermehrten, verringerte sich die Quote der Steuerfinanzierung. Dabei waren die Ausgangslage 1883/84 ebenso wie die Entwicklung während der nachfolgenden drei Jahrzehnte in den einzelnen Provinzen sehr unterschiedlich.

Das Spektrum lag, jeweils auf ganze Zahlen gerundet, 1883/84 für die Städte zwischen 28 Prozent in den Provinzen Pommern und Hannover sowie 50 Prozent in der Provinz Posen, während der Durchschnittssatz für den Staat 40 Prozent betrug. 1911 erreichte letzterer nur noch 30 Prozent, um die sich Werte zwischen 20 Prozent in der Provinz Schleswig-Holstein und 36 Prozent in der Provinz Westfalen gruppierten; in den einen Sonderstatus genießenden Hohenzollernschen Landen waren es sogar 45 Prozent. Der Anteil der Steuerfinanzierung lag in den Landgemeinden in beiden Stichjahren signifikant höher und erreichte für den Staat 1883/84 immerhin 63 Prozent; 1911 waren es nur noch 52 Prozent. Auch hier waren die Differenzen zwischen den Provinzen erheblich: 1883/84 finden wir mit 30 Prozent den niedrigsten Wert in Hessen-Nassau (sieht man von den 23 Prozent wiederum in den Hohenzollernschen Landen ab) und mit 92 Prozent den höchsten Satz in Schleswig-olstein. Bei der Bewertung dieser Daten ist erstens zu beachten, dass die Territorien äußerst unterschiedliche Bedingungen sowohl durch unterschiedliche, historisch bedingte regionale Abgabensysteme als auch durch ihre stark differierende Steuerkraft hatten. Zweitens müssen die Daten im Zusammenhang mit den weiteren potentiellen Finanzierungsquellen insgesamt sowie für die kulturstaatlichen Belange im Speziellen gesehen werden. Zu letzteren gehörten einmal die für den schulischen Bereich bedeutsamen sogenannten Schulgelder sowie Einschreib- und Kursgebühren. Weiterhin sind hier die Einnahmen kulturstaatlicher Institutionen zum Beispiel aus Eintrittsgeldern, aus der Verpachtung von Theaterbühnen oder damit verbundenen gastronomischen Einrichtungen sowie die Einkünfte aus eigenen Vermögen, Spenden, Vermächtnissen und auch Stiftungen anzuführen. Außerdem ist zu prüfen, inwieweit bestimmte kulturstaatliche Aufwendungen, zum Beispiel zur Finanzierung von Feierlichkeiten oder Denkmälern, de facto aus Kreditaufnahmen der Kommunen über deren außerordentlichen Haushaltsplan (Extraordinarium) bezahlt wurden und damit, zeitlich versetzt, durch Einnahmen im Ordinarium zu decken waren.

Die Tabellen 22 und 23 greifen diese Daten auf und informieren für ausgewählte Provinzen sowie den Gesamtstaat über die Prozentsätze, die die Aufwendungen für die Volksschulen an den Kultusausgaben beziehungsweise an den Gemeindeausgaben insgesamt hatten.

Tabelle 22 *Der Anteil der Ausgaben zugunsten der Volksschulen an den Aufwendungen der preußischen Städte und Landgemeinden für Schulverwaltung, Kunst, Wissenschaft und allgemeine Bildung in den Jahren 1883/84 und 1911 (in 1.000 Mark)*

(1)	Kultur-ausgaben 1883/84 (2)	(3)	(4)	Ausgaben gesamt 1883/84 (5)	(6)	Kultur-ausgaben 1911 (7)	(8)	(9)	Ausgaben gesamt 1911 (10)	(11)
a) = Städte b) = Land-gemeinden		*davon* Volksschulen 1883/84	in % von (2)		*davon* Volksschulen (3) in %		*davon* Volksschulen 1911	in % von (7)		*davon* Volksschulen (8) in %
Berlin a)	9.721	6.521	67,1	56.909	11,5	40.475	27.618	68,2	271.831	10,2
Brandenburg a)	5.383	2.729	50,7	16.452	16,6	41.417	20.821	50,3	236.965	8,8
b)	1.278	1.267	99,1	5.038	25,2	23.003	13.495	58,7	97.758	13,8
Pommern a)	3.447	1.743	50,6	12.920	13,5	13.500	6.903	51,1	60.331	11,4
b)	171	170	99,4	1.486	11,4	3.386	3.301	97,5	9.583	34,5
Sachsen a)	5.566	2.889	51,9	21.172	13,7	27.415	12.437	45,4	127.542	9,8
b)	1.424	1.411	99,1	7.576	18,6	8.807	8.679	98,5	29.596	29,3
Hannover a)	3.090	1.163	37,6	13.537	8,6	21.961	10.807	49,2	107.219	10,1
b)	688	583	84,7	8.541	6,8	13.474	13.143	97,5	38.425	34,2
Rheinprovinz a)	10.967	7.020	64,0	48.152	14,6	76.079	42.565	56,0	497.685	8,6
b)	7.991	7.872	98,5	30.246	26,0	31.687	29.826	94,1	117.183	23,3
STAAT a)	**61.987**	**34.273**	**55,3**	**272.211**	**12,6**	**353.817**	**192.434**	**54,4**	**2.090.966**	**9,2**
b)	**22.855**	**22.383**	**97,9**	**109.883**	**20,4**	**145.636**	**131.646**	**90,4**	**507.956**	**25,9**

Quellen:
Wie Tabelle 21;
eigene Berechnungen.

Tabelle 22 belegt, dass die Ausgaben für die Elementarschulbildung den größten Anteil unter den Aufwendungen der preußischen Städte und Landgemeinden für kulturstaatliche Zwecke ausmachten, sieht man einmal von den Geldern für die Kirchen ab. Diese Dominanz war besonders auf dem Lande gegeben, wo 1883/84 immerhin 98 Prozent aller Kulturausgaben hierfür verwendet wurden. Im letzten Drittel des 19. Jahrhunderts erschöpfte sich also in Preußen Kulturstaatlichkeit auf dem Lande im Wesentlichen auf die Volksschulen. Und auch drei Jahrzehnte später hatten sich die Verhältnisse nicht grundlegend geändert, denn es wurden immer noch 90 Prozent aller Kulturausgaben außerhalb der Städte auf dem Lande für die Elementarbildung verwendet. Für den städtischen Bereich, in dem Kunst, Wissenschaft und höheres Schulwesen fast ausschließlich beheimatet waren, lagen die entsprechenden Sätze deshalb signifikant niedriger bei 55,3 beziehungsweise 54,4 Prozent. Die hier zu beobachtende Verminderung um 0,9 Prozentpunkte ist zwar gering, aber umso bemerkenswerter, weil zwischen den Stichjahren die Kulturausgaben auf fast das Sechsfache von 62,0 Mio. M auf 353,8 Mio. M gestiegen waren. Wie schon für Tabelle 21 angemerkt, weisen die entsprechenden Werte für die einzelnen Provinzen große Unterschiede auf, bei deren Interpretation das jeweilige konkrete Umfeld zu berücksichtigen ist.

Tabelle 23 *Die Kultusausgaben der preußischen Städte und Landgemeinden pro Einwohner in den Jahren 1883/84 und 1911 (in Mark)*

a) = Städte b) = Landgemeinden	Ausgaben gesamt		*davon* Kulturausgaben gesamt		*davon* für Volksschulen	
	1883/84	1911	1883/84	1911	1883/84	1911
Ostpreußen a)	18,2	85,0	4,8	16,0	2,2	8,3
b)	3,5	11,4	1,4	3,9	1,4	3,9
Westpreußen a)	20,8	84,3	5,1	14,9	2,7	8,1
b)	4,5	12,0	1,0	3,2	1,6	3,1
Berlin a)	50,7	133,7	8,7	19,9	5,8	13,6
Brandenburg a)	19,8	113,9	6,5	19,9	3,3	10,0
b)	4,2	53,6	1,1	12,6	1,1	7,4
Pommern a)	24,6	80,6	6,6	18,0	3,3	9,2
b)	2,3	15,6	0,3	5,5	0,3	5,4
Posen a)	11,4	66,4	2,2	9,3	0,9	4,4
b)	1,6	5,2	0,1	0,6	0,1	0,6
Schlesien a)	26,7	83,6	6,4	16,2	3,8	9,7
b)	3,2	14,1	0,8	4,7	0,8	4,5
Sachsen a)	22,2	82,9	5,8	17,8	3,0	8,1
b)	5,9	20,4	1,1	6,1	1,1	6,0
Schleswig-Holstein a)	29,7	171,9	6,6	18,8	4,3	9,7
b)	8,6	36,5	0,2	11,3	0,2	10,9
Hannover a)	30,8	90,8	7,0	18,6	2,6	9,1
b)	5,1	22,2	0,4	7,8	0,3	7,6
Westfalen a)	21,5	86,3	5,2	18,0	2,5	10,6
b)	8,6	32,7	2,4	10,6	2,2	10,1
Hessen-Nassau a)	49,4	161,4	10,5	15,0	4,4	10,7
b)	12,1	33,7	2,5	8,7	2,5	8,6

a) = Städte b) = Landgemeinden	Ausgaben gesamt		*davon* Kultur-ausgaben gesamt		*davon* für Volks-schulen	
	1883/84	1911	1883/84	1911	1883/84	1911
Rheinprovinz a)	29,3	123,8	6,7	18,9	4,3	10,6
b)	12,4	36,4	3,3	9,8	3,2	9,3
Hohenzollern a)	21,6	49,9	4,4	8,0	2,6	5,9
b)	17,3	45,9	3,4	7,8	3,4	7,6
STAAT a)	**28,7**	**108,7**	**6,5**	**18,4**	**3,6**	**10,0**
b)	**6,4**	**26,6**	**1,5**	**7,6**	1,4	**6,9**

Quelle:
Wie Tabelle 21.

In Preußen stiegen zwischen 1883/84 und 1911 die Aufwendungen für kulturstaatliche Belange nicht nur absolut, sondern auch pro Kopf der Bevölkerung. Dabei übertraf das Wachstumstempo auf dem Lande mit einer Verfünffachung von 1,50 M auf 7,60 M das der absolut wesentlich höheren Aufwendungen in den Städten, die sich von 6,50 M auf 18,40 M bewegten und damit nur das 3,7fache erreichten. Diese Raten stellten nahezu vollständig effektives Wachstum dar, da sie deutlich über der Preissteigerungsrate[148] lagen. Die Vermehrung der Aufwendungen allein für das Volksschulwesen war jeweils etwas geringer mit dem 4,9fachen auf dem Lande und dem 2,7fachen in den Städten, ähnelte aber der der kulturstaatlichen Ausgaben insgesamt.

Die amtliche preußische Statistik gliederte erstmals für das Jahr 1911 die Aufwendungen der Kommunen für kulturstaatliche Belange noch weiter auf und ergänzte sie auch um Daten zu den Kultusausgaben im engeren Sinne einschließlich der Gelder für die Friedhofs- und Begräbnisverwaltung. In der nachstehenden Tabelle 24 werden, das sei angemerkt, unter „Sonstige Schulen" zum Beispiel Berufs- und Gewerbeschulen erfasst. Zu den „sonstigen Zwecken der Schulverwaltung" und den Aufwendungen für allgemeine Bildung rechnete man zeitgenössisch die Kosten für Freistellen und Stipendien, für Schulaufsicht, für die Aufbesserung von Lehrergehältern oder für die zur damaligen Zeit oft von mehreren Bildungseinrichtungen gemeinschaftlich genutzten Turnhallen.

148 Vgl. zum Beispiel die Preisindices des Nettosozialprodukts zu Marktpreisen (Verwendung) auf der Basis von 1913 = 100 bei Walter G. Hoffmann, der den öffentlichen Verbrauch 1883 mit 82,4 und 1911 mit 99,0 berechnete (Hoffmann, Walter G., Das Wachstum der deutschen Wirtschaft seit der Mitte des 19. Jahrhunderts, Berlin u. a. 1965, S. 598–600, Tabelle 148).

Tabelle 24 *Die Ausgaben der preußischen Städte und Landgemeinden für kulturstaatliche Zwecke im Jahre 1911 (in Mark)*

a) = Städte b) = Landgemeinden	Höhere Knaben-, Mädchen- und Mittelschulen	Volksschulen	Sonstige Schulen	Sonstige Zwecke der Schulverwaltung, Kunst, Wissenschaft u. allgemeine Bildung	Kultus einschl. Friedhofs- und Begräbnisverwaltung
Ostpreußen a)	4.085.128	5.511.494	646.255	307.434	50.999
b)	•	4.224.264	23.372	4.860	146.848
Westpreußen a)	3.362.528	4.883.760	381.023	280.550	48.328
b)	5.380	2.747.487	37.104	4.857	40.723
Berlin a)	8.823.038	27.617.850	3.119.686	914.913	215.541
Brandenburg a)	15.854.278	20.820.898	1.488.685	3.253.314	1.093.662
b)	8.961.199	13.494.630	481.980	65.063	1.514.487
Pommern a)	4.913.266	6.903.319	636.030	1.047.649	355.550
b)	70.048	3.300.824	10.867	4.736	71.469
Posen a)	2.633.984	3.328.667	579.664	316.541	6.509
b)	•	619.770	5.054	900	18.144
Schlesien a)	8.548.962	17.638.375	1.648.443	1.615.579	693.693
b)	189.937	13.638.375	205.027	33.327	275.452
Sachsen a)	11.985.543	12.436.722	1.886.773	1.105.954	878.151
b)	•	8.678.864	110.814	17.743	605.298
Schleswig-Holstein a)	5.911.753	7.673.946	829.797	515.059	179.419
b)	142.336	8.281.252	47.955	117.708	48.886
Hannover a)	8.542.778	10.806.750	1.329.614	1.281.429	590.217
b)	85.301	13.143.158	222.327	23.251	326.559
Westfalen a)	10.603.776	20.111.343	1.809.260	1.601.322	864.246
b)	679.530	23.538.224	275.893	156.207	855.193
Hessen-Nassau a)	10.559.600	11.994.693	3.396.888	2.031.194	1.249.782
b)	2.000	9.682.502	121.366	16.809	717.047
Rheinprovinz a)	20.773.154	42.564.977	5.586.851	7.153.582	1.862.560
b)	1.418.870	29.826.229	387.435	54.236	934.564
Hohenzollern a)	5.654	61.362	16.128	48	4.253
b)	•	469.977	5.939	1.508	28.260
STAAT a)	**116.603.442**	**192.434.364**	**23.355.097**	**21.424.568**	**8.092.910**
b)	**11.554.601**	**131.645.556**	**1.935.133**	**501.205**	**5.582.930**

Quelle:
Wie Tabelle 21.

Im Jahr 1911 hatten die preußischen Städte Aufwendungen für kulturstaatliche Belange in Höhe von 362 Mio. M, während die Landgemeinden 151 Mio. M zahlten, was zu einer Gesamtsumme von 513 Mio. M führt. Ein Vergleich mit den Ausgaben des Kultusministeriums im Jahre 1910 von 281 Mio. M (vgl. Tabelle 6) zeigt, dass die Aufwendungen der preußischen Kommunen fast das Doppelte der dem Kultusministerium über den Staatshaushalt zur Verfügung gestellten Mittel betrugen, unter denen sich dann sogar noch gewisse Summen für staatliche Zuschüsse an kommunale Kultureinrichtungen befanden. Die Aufwendungen der preußischen Städte für die Kirchen usw. einschließlich der Friedhofs- und Begräbnisverwaltung betrugen im Jahre 1911 mit 8,1 Mio. M etwas mehr als 2 Prozent der kulturstaatlichen Aufwendungen, während es auf dem Lande bei 5,6 Mio. M sogar fast 4 Prozent waren. Auch hier differierten die Verhältnisse in den einzelnen Provinzen recht stark, betrug doch zum Beispiel der Anteil für den Kultus in den

Städten der Provinz Posen nur 0,1 Prozent, der Provinz Sachsen 1,5 Prozent und in Schlesien dann 2,3 Prozent.

Ein ganz anderes Bild auf regionaler Ebene ergibt sich bei den Aufwendungen der Landkreise für kulturstaatliche Zwecke, die zum Jahre 1903 überliefert sind (Tabelle 25). Landkreise waren im Gegensatz zu den Städten und Landgemeinden selten Schulträger und beteiligten sich nur in geringem Maße an der Finanzierung des Schulwesens.

Tabelle 25 *Die Ist-Ausgaben der preußischen Landkreise im Rechnungsjahr 1903 (in Mark)*

	Ist-Ausgaben gesamt	*davon* außerordentliche	Kunst, Wissenschaft, allgemeiner sowie Blinden- u. Taubstummenunterricht gesamt	*davon* außerordentliche
Ostpreußen	13.596.854	1.719.540	20.906	–
Westpreußen	14.758.814	3.320.613	27.101	5.000
Brandenburg	27.092.724	13.361.336	77.026	3.000
Pommern	9.989.483	2.247.179	14.889	–
Posen	16.211.481	3.538.972	39.455	–
Schlesien	26.189.997	6.535.084	69.470	–
Sachsen	12.597.114	1.756.446	27.166	6.000
Schleswig-Holstein	13.539.596	5.486.747	19.880	–
Hannover	14.160.911	1.784.480	33.214	–
Westfalen	12.666.907	2.261.294	61.115	801
Hessen-Nassau	5.688.498	1.371.166	56.379	11.005
Rheinprovinz	16.868.133	4.956.376	159.810	1.952
Hohenzollern	257.741	–	280	–
Staat gesamt	**183.618.253**	**48.231.233**	**606.691**	**27.758**

Quelle:
Tetzlaff, Oskar, Finanzstatistik der preußischen Landkreise für das Rechnungsjahr 1903, Teil 1, Berlin 1908, S. LXXXIV–LXXXIX.

Die Aufwendungen der preußischen Landkreise für Zwecke der Kunst und Wissenschaft, des allgemeinen Unterrichts sowie des Blinden- und Taubstummenunterrichts machten mit 0,33 Prozent nur einen recht bescheidenen Anteil an den Gesamtausgaben aus, übertrafen aber noch die Summen für Handel und Gewerbe. Sie differierten zwischen den einzelnen Provinzen stark. Abgesehen von den vier Hohenzollernschen Oberamtskreisen zeigten die pommerschen Landkreise den geringsten, die rheinischen den höchsten Ausgabebetrag. „Mit Ausnahme der Rheinprovinz und von Hessen-Nassau, wo der Gesamtbetrag der Kreisausgaben für Zwecke von Kunst, Wissenschaft und Bildung fast 1 v. H., sowie mit Ausnahme von Westfalen, wo er annähernd ein halbes Prozent ausmachte, betrugen die gesamten Aufwendungen der Landkreise für die fraglichen Zwecke in den einzelnen Provinzen nirgend mehr als 0,3 v. H. der Gesamtausgaben.“[149] Auf die höheren Schulen einschließlich der Höheren Mädchenschulen, auf die Mittleren Schu-

149 Tetzlaff, Finanzstatistik der preußischen Landkreise 1903, S. XCVIII.

len, die Volks- und die Fortbildungsschulen und eine Präparandenanstalt entfielen insgesamt 157.362 M beziehungsweise 26 Prozent der kulturstaatlichen Ausgaben der Landkreise, die in der Mehrzahl als Zuschüsse und nur zu einem geringen Teil für Kapitalanlagen oder -entnahmen ausgereicht wurden. Für 27 Höhere Schulen fielen 72.721 M an Ausgaben an, für fünf öffentliche Mittlere Schulen wurden 6.600 M aufgebracht, für 20 private Höhere Mädchenschulen und Mittlere Schulen weitere 15.679 M. Insgesamt 18 Volksschulen wurden von ihren Landkreisen mit insgesamt 51.529 M gefördert. Im Vergleich dazu erhielten 35 Fortbildungsschulen mit insgesamt 10.333 M jeweils wesentlich geringere Summen, und die Präparandenanstalt in Daun (Regierungsbezirk Trier) bekam einen Zuschuss von 500 M.[150] Von den Gesamtausgaben der preußischen Landkreise für Kunst und Wissenschaft wurden rund 68.000 M zur Kapitalansammlung verwendet, davon 41.000 M im Regierungsbezirk Aachen. 18.248 M waren für Sach- und Personalkosten vorgesehen, allein 7.400 beziehungsweise 7.600 M in den Regierungsbezirken Potsdam und Oppeln. „Hauptsächlich beziehen sich diese Kosten auf die Bewachung und Erhaltung von Natur- und sonstigen Denkmälern sowie auf die Besoldung von Lehrern an Knabenhandfertigkeits- und Haushaltungsschulen.“ Die Bedienung einer vom Kreis Ruppin aufgenommenen Anleihe für den Erwerb des auf Friedrich II. noch als Kronprinz zurückgehenden sogenannten Tempelgartens in Neuruppin als Stadtpark schlug mit mehr als 13.000 M zu Buche. Größere außerordentliche Aufwendungen hatte nur der Regierungsbezirk Kassel mit 10.005 M, weil der Kreis Grafschaft Schaumburg ein Haus für ein Schüleralumnat am Königlichen Gymnasium zu Rinteln erwarb. Eigene Sammlungen unterstützten die Kreise Hadersleben, Apenrade, Norder- und Süderdithmarschen mit Beträgen zwischen 500 und 1.363 M.[151]

Die den Landkreisen 1903 „zugeflossenen Einnahmen, die zur Unterstützung von künstlerischen, wissenschaftlichen und Bildungszwecken Verwendung gefunden haben, betrugen im Ganzen 118.677 M oder rund 20 v. H. der gesamten Kosten. Hiervon entfielen in Tausenden von Mark auf die Beiträge von Staat, Provinzen und Gemeinden sowie von anderer Seite 17,5, 11,8, 4,8 und 11,4. Aus Vorjahren stammten 7.196 M. Dazu kamen aus Zinsen 4.329 M, während 50.778 M den Kapitalbeständen entnommen werden mussten, davon allein 36.972 M seitens der Landkreise des Aachener Bezirks. Aus Gebühren kamen 5.574 M, aus Pächten [!] 750 M und aus dem Verkaufe von Bildern usw. sowie aus sonstigem nutzbaren Vermögen 2.200 M ein. An außerordentlichen Einkünften flossen […] nur 1.995 M […], die sich auf die Bezirke Marienwerder, Potsdam und Wiesbaden verteilten.“[152]

Im Rahmen der Erhebung zur Finanzstatistik der Kreise im Rechnungsjahre 1903 wurde den berichtenden Behörden Anfang des Jahres 1906 als Muster eine detaillierte Aufstellung der Ist-Ausgaben des Kreises Teltow übermittelt. Sie waren also von der Struktur her in den Augen der für die Datenerfassung zuständigen Beamten des Innen- und Finanzministeriums

150 Eine detaillierte Aufstellung aller Schulen in: ebd., S. XCIX f.

151 Vgl. ebd., S. CI.

152 Ebd., S. CI.

sowie des Statistischen Büros typisch, weshalb die kulturstaatlichen Teile dieses Materials nachstehend wiedergegeben werden.

Tabelle 26 *Die Ist-Ausgaben des Kreises Teltow im Rechnungsjahr 1903 (auf ganze Mark gerundet)*

Allgemeine Verwaltung	776.086
Landesmeliorationen	1.067
Sonstige Förderung der Landwirtschaft	50.540
Förderung von Handel und Gewerbe	2.200
Unterstützung künstlerischer, wissenschaftlicher und allgemeiner Unterrichtszwecke einschließlich des Blinden- und Taubstummenunterrichts sowie des Schutzes der Naturdenkmäler	12.177
darunter	
– Volksbibliotheken	
Beihilfen zur Einrichtung von Volksbibliotheken	*1.800*
– Allgemeine Unterrichtszwecke	
4 Stipendien am Schullehrerseminar in Köpenick	*1.000*
3 Freistellen in der Taubstummenanstalt Wriezen	*1.080*
Unterhalt der Fortbildungsschulen Nowawes, Köpenick, Steglitz	*1.100*
– Denkmäler	
Kaiserturm auf dem Karlsberg im Grunewald	*6.247*
– Beiträge an Vereine	
Allgemeine Wohltätigkeits– und gemeinnützige Zwecke. Beiträge	*950*
Verkehrsanlagen	9.883.813
Armenwesen	65.640
Krankenwesen und Gesundheitspflege	1.155.319
darunter	
Seelsorge in den Krankenanstalten Britz und Groß-Lichterfelde	*3.350*
Verwaltung der Amtsbezirke	33.316
Feuerwehrwesen	2.798
Aufwendungen für Gendarmen	2.540
GESAMT	11.985.496

Quelle:
Wie Tabelle 25.

Der Muster-Landkreis Teltow verwandte im Jahre 1903 also gerade mal 0,10 Prozent seiner Ausgaben für kulturstaatliche Zwecke, und auch unter Einbeziehung der Gelder für die Krankenhausseelsorge waren es nur 0,13 Prozent.

3.2 Die Finanzierung der öffentlichen Volksschulen durch Kommunen, Elternschaft und Staat

Da aus dem bisher vorgestellten Material das kulturstaatliche Engagement der Kommunen in Preußen zumeist nur recht allgemein zu ersehen ist, sei nachstehend deshalb der Frage nachgegangen, wie die Finanzierung der öffentlichen Volksschulen zwischen 1819/20 und 1911 erfolgte und welchen Anteil neben den Kommunen und anderen Schulträgern hieran der Staat sowie die Elternschaft in Form des Schulgeldes hatten. Bereits im April 1819, also eineinhalb Jahre nach der Gründung des Kultusministeriums, erging eine Umfrage an sämtliche Bezirksregierungen zu den Einkommensverhältnissen aller Volksschullehrer. Es zeugt von großen bürokratischen Problemen sowie fehlendem Durchsetzungsvermögen der Berliner Beamten gegenüber den disziplinarisch dem Innenressort unterstehenden regionalen Behörden, dass erst Ende 1820 das Material vollständig vorlag und im Februar des folgenden Jahres endlich in Tabellen aufbereitet war. 1825 wurden die Zahlen immer noch als repräsentativ angesehen und fanden Abdruck in den offiziösen Jahrbüchern des Preußischen Volksschulwesens, die der Vortragende Rat im Kultusministerium Ludolph Beckedorff herausgab.[153] Wiewohl der Quellenwert dieser Statistiken als erste ihrer Art[154] notwendig sehr hoch ist, bleibt anzumerken, dass beim jetzigen Forschungsstand keine näheren Angaben zu den Erfassungsmodi und Berechnungsverfahren einschließlich vor allem der Bewertung und Einbeziehung sogenannter geldwerter Naturalleistungen in der Besoldung der Lehrer sowie zur Qualität der Meldungen[155] insgesamt bekannt sind. Die großen Vorbehalte, die zum Beispiel der Leiter des preußischen Statistischen Bureaus Johann Gottfried Hoffmann 1827 gegenüber den bis dahin vorliegenden Arbeitsergebnissen seiner eigenen Behörde geltend machte, können vermutlich auch auf die Ermittlungen des Kultusministeriums übertragen werden. Hoffmann sprach von oft unvollständigen und unzuverlässigen Materialien.[156]

153 Zahl und Einkommen aller Schullehrerstellen in den Städten und auf dem Lande, in: Jahrbücher des Preußischen Volksschulwesens 1 (1825), S. 68–75.

154 1847 veröffentlichte der aus dem Staatsdienst ausgeschiedene Magnus Friedrich von Bassewitz anonym eine „Nachweisung der zu Anfange des 19. Jahrhunderts in der Kurmark vorhandenen Schulen lutherischer Konfession", die, nach den 58 Schulinspektionen gegliedert, die Zahl der Schulen in den Städten sowie der auf dem Lande erfasste und letztere noch nach den Diensteinkommen der Dorfschullehrer in 13 Stufen differenzierte; vgl. [Bassewitz, Magnus Friedrich v.], Die Kurmark Brandenburg, ihr Zustand und ihre Verwaltung unmittelbar vor dem Ausbruche des französischen Krieges im Oktober 1806. Von einem ehemaligen Staatsbeamten, Beil. XI, Leipzig 1847.

155 Stichproben in den Schulakten der Bezirksregierungen Potsdam und Frankfurt/Oder haben bisher keinen diesbezüglichen Schriftwechsel mit den für die Schulinspektion zuständigen Superintendenten usw. zu Tage gefördert.

156 Vgl. Hoffmann, „Ein den thatsächlichen Verhältnissen entsprechendes Bild nicht zu gewinnen", S. 25, mit Bezug auf einen Immediatbericht vom 14. März 1827.

Ergänzend zu den hier nicht weiter zu besprechenden und bis auf die Ebene der Regierungsbezirke aufgeschlüsselten Angaben zu den Lehrergehältern wurde in dem Jahrbuchartikel mitgeteilt, dass die 2.460 Stadtschulen in Preußen Ausgaben von insgesamt 797.000 Talern hatten und vom Staat (unter Einschluss der Aufwendungen für 800 sogenannte Königliche Lehrerstellen) 69.000 Taler kamen. Für die 17.620 Landschulen wurden insgesamt 1,6 Mio. Taler aufgewendet, wovon der Staat (bei 6.650 Königlichen Lehrerstellen) 78.000 Taler zahlte.

Addiert man die Hauptzahlen, dann ergibt sich, dass im Jahre 1819, auf das gesamte Königreich Preußen bezogen, für das Volksschulwesen 2,4 Mio. Taler ausgegeben wurden, wovon aber nur 147.000 Taler, also gerade mal 6,2 Prozent, vom Staat bereitgestellt wurden. Anders gesagt: Der Hauptanteil der Kosten für die Volksschulen wurde von den Familien der Schulpflichtigen und den Schulpatronen (unter denen der Staat auch selbst war) in Form von Schulgeld und einem Teil der Schulbeiträge, die von den Kommunen kamen, aufgebracht. Hinzu kamen, in wesentlich geringerem Maßstab, Einnahmen aus eigenem Vermögen beziehungsweise Stiftungskapitalien und sonstige Einkünfte wie – meist kleine – Schenkungen oder Vermächtnisse.

Es ist nun nicht möglich, jene 147.000 Taler staatlicher Aufwendungen für das Volksschulwesen im Jahre 1819 rechnerisch direkt in Bezug zu dem im vorliegenden Band edierten Etat des Kultusministeriums von 1820/21[157] über insgesamt 2 Mio. Taler zu setzen, da in die Daten des Artikels aus den Jahrbüchern des Preußischen Volksschulwesens bei den staatlichen Aufwendungen eben auch Sachleistungen einbezogen worden waren. Dazu zählten zum Beispiel die Gegenwerte für Feuerholzlieferungen aus königlichen Forsten oder für Weide auf Domänenländereien. Ebenso kann man die aus den genannten verschiedenen Geldquellen gespeisten nichtstaatlichen Beiträge (rd. 2,35 Mio. Taler) nicht näher abgleichen. Es bleibt nur ein Vergleich von Größenordnungen, der das bekannte Bild unterstützt, dass das Volksschulwesen für den preußischen Staat in der ersten Hälfte des 19. Jahrhunderts zunächst keine Priorität besaß. Weitergehende Schlussfolgerungen sind auch deshalb nicht angängig, als in dem besagten Etat die mit rd. 220.000 Talern ausgestattete Position „Kultus und Unterricht gemeinsam“ enthalten war, aus der sich beim jetzigen Forschungsstand weder die Anteile für das Unterrichtswesen insgesamt noch speziell für die Volksschulen ermitteln lassen. Eine auf das ganze Königreich bezogene Analyse des gesamten Elementarschulwesens ist zudem nicht umfassend, da neben den von den Gemeinden getragenen Volksschulen auch noch sogenannte Privatschulen bestanden. Diese unterlagen zwar ebenfalls staatlicher Aufsicht, finanzierten sich aber aus eigenem Vermögen und Schulgeld, auf dessen Höhe die Behörden keinen Einfluss nahmen.[158] Privatschulen

157 Im vorliegenden Band Dok. Nr. 1.

158 „In Ansehung des von den concessionirten Privat-Schulhaltern und Schulhalterinnen zu erhebenden Schulgeldes soll weder von der geistlichen und Schuldeputation, noch von den städtischen Schul-

hatten zugleich keinen gesetzlichen Anspruch auf Leistungen der Schulgemeinden, sofern nicht durch besondere Konstellationen vor Ort einzelne Privatschulen Funktionen einer öffentlich getragenen Grundschule mit erfüllten und dafür entsprechend dotiert wurden. Die Finanzierung dieser Bildungseinrichtungen ist nun noch schlechter erforscht als die des öffentlichen Volksschulwesens, und es fehlen für die erste Hälfte des 19. Jahrhunderts selbst Basisdaten wie die Zahl der Institute, Schüler und Lehrer.[159] Schließlich bleibt noch anzumerken, dass es in jenen Jahrzehnten außerdem eine größere Gruppe von Kindern gab, die keine Schule besuchte, sondern Privatunterricht zu Hause oder an sogenannten geschlossenen Anstalten erhielt – auch hier fehlen nähere Angaben; im Jahre 1864 zählte man noch 23.938 Privatschüler, was immerhin 0,7 Prozent aller Schulpflichtigen entsprach.[160]

Das Gewicht der allein von den Eltern der schulpflichtigen Kinder getragenen Schulgelder bei der Finanzierung des Volksschulwesens schwächte sich bis Mitte des 19. Jahrhunderts ab zugunsten eines höheren Anteils der Schulbeiträge, die von der ganzen Schulgemeinde als selbständige Auflagen oder als Zuschläge zu anderen Steuern beziehungsweise Abgaben zu leisten waren. Die weitere Entwicklung kann man den nachstehenden Tabellen 27 bis 29 entnehmen, die den Unterhalt der öffentlichen Volksschulen in Preußen zwischen 1861[161] und 1911 zeigen. Dabei ist zu beachten, dass sich ein direkter Vergleich der hier genannten Summen mit denen aus der Erhebung von 1819/20 ebenso verbietet, wie auch zwischen den Daten für 1861 und 1911, da sich in diesem Zeitraum wiederum gravierende gesellschaftliche Veränderungen vollzogen hatten. Allein die jeweiligen Anteile des Staates an den Gesamtaufwendungen in den Stichjahren können einander gegenübergestellt werden: Während 1819/20 eine Staatsquote von 6,2 Prozent erreicht wurde,[162] lag sie vier Jahrzehnte später bei 4,5 Prozent und 1864 sogar bei nur 3,5 Prozent.

deputationen etwas festgesetzt werden, sondern das Maaß desselben zu bestimmen und abzuändern, es ganz oder zur Hälfte zu erlassen, gedachten Personen völlig frei stehen. Sie sind aber verpflichtet, der Ortsschuldeputation jedesmal auf Verlangen die bestimmteste Auskunft hierüber zu geben." (Ministerialrescript vom 30.5.1812, betr. das Privatschulwesen, Abs. 16, in: Neigebaur, Johann Ferdinand, Sammlung der auf den Öffentlichen Unterricht in den Königl. Preußischen Staaten sich beziehenden Gesetze und Verordnungen, Hamm 1826, S. 23).

159 Der schon 1987 angekündigte Band 3 des Datenhandbuchs zur deutschen Bildungsgeschichte zum Niederen Schulwesen steht immer noch aus; vgl. Müller/Zymek, Sozialgeschichte und Statistik des Schulsystems in den Staaten des Deutschen Reiches 1800–1945, S. 288. – Der Direktor des Königlich preußischen Statistischen Büros, Ernst Engel, berichtete, dass erst seit 1858 die Bezirksregierungen Angaben zu den Privatunterrichtsanstalten melden mussten (vgl. Ders., Beiträge zur Statistik des Unterrichtswesens, S. 8.) – Zum Privatschulwesen in Berlin einschließlich seiner Finanzierung ausführlich der Erlass des Kultusministers Moritz v. Bethmann Hollweg an das Provinzialschulkollegium vom 19.3.1860, in: Zentralblatt Unterrichtsverwaltung, S. 758–765.

160 Vgl. Engel, Beiträge zur Statistik des Unterrichtswesens, S. 24 f., 40.

161 Eine erläuternde Aufstellung der wenigen amtlichen Veröffentlichungen zur Statistik des Unterrichtswesens bis 1869 bei Engel, Beiträge zur Statistik des Unterrichtswesens, S. 3, 8 f.

162 Vgl. im vorliegenden Band, S. 104.

Generell ist zu berücksichtigen, dass sich in den vier Jahrzehnten zwischen 1819/20 und 1861 tiefgreifende soziale Veränderungen einschließlich gewichtiger Auswirkungen auf Warenwelt und Preisstrukturen vollzogen hatten. Die anfänglich agrarische, spätabsolutistische Gesellschaft wurde zunehmend durch Industrialisierung und Urbanisierung in weiten Teilen der nunmehr konstitutionellen Monarchie geprägt. Dies ging mit einer bedeutenden Bevölkerungsvermehrung einher. Zählte man 1822 noch 11,7 Mio. Einwohner, so gab es 1861 bereits 18,5 Mio.[163] Darunter befanden sich mehr als 1,4 Mio. beziehungsweise 2,8 Mio. (in der Regel sechs- bis vierzehnjährige) Schüler an Elementarschulen.[164] Die Zahl der Einwohner war also um mehr als die Hälfte gewachsen, während die der Schüler sich fast verdoppelt hatte. Das war nicht nur auf eine Verjüngung der Gesellschaft, sondern vor allem auch auf eine höhere Schulbesuchsquote zurückzuführen. Nahmen Anfang der 20er Jahre des 19. Jahrhunderts nur etwas über 60 Prozent der Schulpflichtigen am Unterricht teil, so waren es wenige Jahrzehnte später mehr als 90 Prozent.[165] Obwohl die Klassenstärken wesentlich stiegen, mussten zur Befriedigung der Bildungsnachfrage zusätzliche Elementarschulen gebaut sowie bestehende erweitert und mehr Lehrer eingestellt werden. Hinzu kam die Versorgung von neuen Siedlungen. Die zeitgenössischen Quellen zählten 1822 insgesamt 22.440 Schulen, aber 25.056 im Jahre 1864, was ein Plus von 12 Prozentpunkten ausmachte. Anfänglich arbeiteten 20.545 fest angestellte Lehrer – vier Jahrzehnte später dann 30.805. Das hatte auch eine gewisse Verminderung des Bestandes an einklassigen Schulen zur Folge. Zählt man nun für die Stichjahre die sogenannten Hilfslehrer (1.231 beziehungsweise 2.537) sowie die – vor allem für Mädchenklassen zuständigen – Lehrerinnen (454 beziehungsweise 2.815) hinzu,[166] so bestand 1822 das Lehrpersonal aus 22.230 Personen, während 1864 dessen Zahl auf 36.157 Pädagogen gestiegen war. – Wenn vorstehend die Zahl der Kinder als Indikator für den Umfang von Bildungsnachfrage genommen wurde, dann beinhaltet dies Vereinfachungen, auf die an dieser Stelle wenigstens hingewiesen werden soll. Stillschweigend wurde nicht nur vorausgesetzt, dass die Familiengröße über diesen Zeitraum gleich blieb, sondern ebenso angenommen, dass die Eltern allen ihren Kindern eine gleichwertige elementare Ausbildung zukommen lassen wollten, obwohl bildungssoziologische Untersuchungen nahelegen, dass gerade bei sozial schwachen oder bildungsfernen Schichten durchaus selektiert wurde.

163 In einem nur wenig vergrößerten Staatsgebiet; vgl. Statistisches Handbuch für den preußischen Staat, Bd. 1, Berlin 1888, S. 90.

164 Engel, Beiträge zur Statistik des Unterrichtswesens, S. 11, 40; S. 40–45 auch die weiteren Daten zur Finanzierung des Elementarschulwesens im Jahre 1861.

165 Vgl. Statistische Übersicht des öffentlichen Unterrichts im preußischen Staate im Jahre 1816 und im Jahre 1846, in: Mitteilungen des statistischen Bureaus in Berlin 1 (1849), S. 47; Engel, Beiträge zur Statistik des Unterrichtswesens, S. 40.

166 Vgl. ebd., S. 4 f.

Ausführungen zum Umfang des Analphabetentums in Preußen, das erst in der Weimarer Republik kaum noch eine Rolle spielte, unterbleiben im Rahmen vorliegender Arbeit, da sich für die Frage, wieweit eine unzureichende Finanzierung des Schulwesens die Ursache für fehlende Kenntnisse im Lesen und Schreiben (anfänglich) zahlreicher preußischer Bürger war, kein belastbares statistisches Material findet. Es ist nicht ermittelbar, wie viele Kinder wegen wirtschaftlicher Notlagen der Eltern und fehlender Gelder der Kommunen beziehungsweise des Staates nicht zur Schule gingen oder ob andere Ursachen wie Gleichgültigkeit und Bildungsabneigung der Grund dafür waren, dass sie Analphabeten blieben. Aus verstreuten, jedoch immer wieder zu findenden Berichten über Familien, die auf die Arbeitskraft der Heranwachsenden nicht verzichten konnten oder wollten, über Kinder, die wegen verschlissener Kleidung nicht am Unterricht teilnahmen, über langfristig unbesetzte Lehrerstellen und zerfallene Klassenräume, über unzumutbar lange beziehungsweise gefährliche Schulwege und so weiter lassen sich keine finanzhistorisch verwertbaren Zahlen für das gesamte Königreich ableiten.[167]

Ab 1861 wurden vom Kultusministerium Erhebungen veranlasst, die die verschiedenen Quellen zur Finanzierung des Unterrichtswesens gesondert auswiesen. Tabelle 27 bietet für den jährlichen Durchschnitt zwischen 1862 und 1864, aufgeschlüsselt nach den Provinzen, sowohl für die Volksschulen als auch für die Höheren Schulen Angaben nach den Kostenträgern, getrennt in das von den Eltern der Zöglinge zu zahlende Schulgeld, die Leistungen der Kommunen und anderer Schulträger, die Zahlungen aus dem Staatshaushalt, die Beiträge von Stiftungen und Kirchen sowie die weiteren Einkünfte, die zum Beispiel aus der Bewirtschaftung des Eigentums einzelner Bildungsanstalten kamen.

167 Grundlegend zu den Korrelationen zwischen der Alphabetisierungsrate und der Konfessionszugehörigkeit, der Bevölkerungsdichte und Urbanisierung, den Grundeigentumsverhältnissen, der Sozialstruktur, der Muttersprache und Nationalität sowie zu den Auswirkungen von Ablehnung bzw. Desinteresse der Eltern gegenüber der Schule vgl. François, Etienne, Alphabetisierung in Frankreich und Deutschland während des 19. Jahrhunderts, in: Zeitschrift für Pädagogik 30 (1983), S. 755–768; weitere allgemeine Daten mit umfangreichen Literaturnachweisen bei Neugebauer, Das Bildungswesen in Preußen, S. 712–717.

Tabelle 27 *Die Finanzierung des laufenden Betriebes öffentlicher Schulen in Preußen 1862/64 (in Talern)*

	Provinz Preußen	Posen	Mark Brandenburg	Pommern	Schlesien	Sachsen	Westfalen	Rheinprovinz	Hohenzollern
Volksschulen [1]									
Schulgeld	171.355	36.965	494.600	224.360	416.217	422.571	238.867	511.658	1.604
Kommunen usw.	1.275.453	558.721	1.363.529	578.503	1.103.431	977.978	623.563	1.617.505	34.411
Staat	85.219	40.710	70.989	24.697	44.444	46.601	24.107	45.513	6.228
GESAMT	*1.532.027*	*636.396*	*1.929.118*	*827.560*	*1.564.092*	*1.447.150*	*886.537*	*2.174.676*	*42.243*
Aufwand pro Schüler	3,5	2,9	5,1	3,7	3,0	4,1	3,3	4,1	4,3
Höhere Schulen [2]									
Schulgeld	134.603	67.963	301.810	101.653	166.083	142.066	76.142	202.735 [3]	
Kommunen usw.	51.837	22.994	95.583	42.740	47.324	32.965	33.087	74.516 [3]	
Staat	58.753	26.188	52.292	12.422	18.980	45.903	28.006	42.874 [3]	
Stiftungsfonds, staatlich verwaltet	20.604	21.400	6.721	13.474	68.598	62.254	26.052	14.701 [3]	
Kirchen u. sonstige Stiftungsfonds	4.166	928	14.706	11.501	9.839	11.959	5.994	16.544 [3]	
Sonstige Gelder	32.143	5.161	67.567	7.016	42.075	87.760	30.863	111.630 [3]	
GESAMT	*302.106*	*144.634*	*538.688*	*188.806*	*352.899*	*382.907*	*200.144*	*463.000 (3)*	
Untere u. höhere Schulen zusammen									
Schulgeld gesamt	305.958	104.928	796.410	326.013	582.300	564.640	315.009	715.997 [3]	
Kommunen usw.	1.327.290	58.715	1.459.112	612.243	1.150.755	1.010.943	656.650	1.726.432 [3]	
Staat	143.972	66.898	123.281	37.119	63.424	92.504	52.113	94.615 [3]	
Stiftungsfonds u. Kirchen	24.770	22.328	21.427	24.975	78.437	74.213	32.046	31.245 [3]	
Sonstige Gelder	32.143	5.161	67.567	7.016	42.075	87.760	30.863	111.630 [3]	
GESAMTKOSTEN	***1.834.133***	***258.030***	***2.467.797***	***1.945.622***	***1.916.991***	***1.830.060***	***1.086.681***	***2.679.919 [3]***	
Untere u. höhere Schulen zusammen									
Anteile	%	%	%	%	%	%	%	%	
Schulgeld gesamt	16,7	40,7	32,3	16,8	30,4	30,9	29,0	26,7	
Kommunen usw.	72,4	22,8	59,1	31,5	60,0	55,2	60,4	64,4	
Staat	7,9	25,9	5,0	1,9	3,3	5,1	4,8	3,5	
Kirchen u. Stiftungsfonds	1,4	8,7	0,9	1,3	4,1	4,1	3,0	1,2	
Sonstige Gelder	1,8	2,0	2,7	0,4	2,2	4,8	2,8	4,2	

[1] Durchschnittsjahr 1862/64.
[2] Für 1864.
[3] Einschließlich Hohenzollern.

Quellen:
Engel, Ernst, Beiträge zur Statistik des Unterrichtswesens im Preußischen Staate und seinen älteren Provinzen. Die Zeit von 1818 bis 1864 resp. 1867 umfassend. Separat-Abdruck aus der Zeitschrift des königlich preußischen statistischen Bureaus, Jahrgang 1869 Heft I und Heft II, Berlin 1869, S. 34 f., 69;
eigene Berechnungen.

Tabelle 27 zeigt, dass die Anteile der einzelnen Finanzierungsarten für die Volksschulen und für die Höheren Schulen in den verschiedenen Teilen Preußens recht unterschiedlich waren. Das Schulgeld deckte in der Provinz Posen immerhin 41 Prozent der Kosten, während es in den Provinzen Preußen und Pommern nur für 17 Prozent aufkam. Die Kommunen in der Provinz Preußen erbrachten 72 Prozent der Schulkosten, gefolgt von der Rheinprovinz mit 64 Prozent und Westfalen mit 60 Prozent sowie der Mark Brandenburg mit 59 Prozent; in Posen waren es aber nur 23 Prozent. Der Staatshaushalt wurde im Verhältnis zu den Gesamtaufwendungen am stärksten in der Provinz Posen mit 26 Prozent in Anspruch genommen, während die Sätze in den anderen Teilen der Monarchie zwischen 8 Prozent in der Provinz Preußen und knapp 2 Prozent in Pommern lagen. Wenngleich zu berücksichtigen ist, dass wegen der Germanisierungspolitik in Posen den Schulen mehr staatliche Mittel zur Verfügung gestellt wurden als in anderen Teilen des Königreichs, verlangt eine genauere Bewertung dieser Gelder den Vergleich mit Integrationsbemühungen gegenüber den größeren polnischen Bevölkerungsteilen in den Provinzen Preußen und Schlesien.

Die vom Königlichen Statistischen Bureau publizierten Daten zur Finanzierung der öffentlichen Volksschulen ab 1861 erfassten nun sowohl die Gesamtausgaben einschließlich der Unterteilung in den laufenden Unterhalt und die Aufwendungen für Neu-, Ersatz- und Erweiterungsbauten als auch die Einnahmen aus Schulgeld, kommunalen Fonds und Staatszuschüssen für die Jahre bis 1911. Nachstehende Tabelle 28 konfrontiert die Gesamtausgaben mit ihrer Deckung aus den genannten drei Quellen, während Tabelle 29 allein die Aufwendungen für den laufenden Unterhalt wiederum den drei Quellen gegenüber stellt. Es ist festzuhalten, dass bei den ‚kommunalen Fonds usw.‘ in beiden Tabellen nicht nur die Aufwendungen der Gemeinden, Einkünfte aus Stiftungen usw., sondern auch Zuschüsse seitens der Kreise und gegebenenfalls der Provinzen enthalten sind, ohne dass die beiden letztgenannten genauer zu beziffern sind. Man kann jedoch davon ausgehen, dass diese Beträge in der zweiten Hälfte des 19. Jahrhunderts nach der „Finanzstatistik der Kreise des preußischen Staats für das Jahr 1878/79“ recht klein waren. Sie teilte für die Stichjahre und 1869 unter anderem die Ausgaben der Kreise „für Unterrichtszwecke“ mit, summierte aber hierunter „Elementar-, Mittelschulen, höhere Unterrichtsanstalten und Fachschulen, mögen dieselben unmittelbar unter Kreisverwaltung stehen oder nur Zuschüsse aus Kreisfonds erhalten“. Während nun 1869 die Kreise Gesamtausgaben von 25,7 Mio. Mark hatten, flossen davon nur knapp 42.000 Mark oder 0,16 Prozent in das gesamte Unterrichtswesen; 1878/79 waren es dann bei 45,3 Mio. Mark auch nur 159.000 Mark oder 0,35 Prozent.[168] Obwohl sich also der Anteil der Bildungsausgaben mehr als verdoppelt hatte, blieben sie im späten 19. Jahrhundert für die Kreise in Preußen nur marginal, Verhältnisse, wie sie bereits für das Rechnungsjahr 1903 in den Tabellen 25 und 26 gezeigt wurden.

168 Herrfurth, Ludwig/Studt, Conrad, Finanzstatistik der Kreise des preußischen Staats für das Jahr 1878/79. Unter Benutzung amtlicher Quellen bearbeitet, Berlin 1880, das Zitat S. 3, die Daten S. 76 f., 172 f.

Tabelle 28 *Die Finanzierung der öffentlichen Volksschulen in Preußen (Gesamtausgaben) 1861 bis 1911 (in Mark)*

Jahr	Gesamtausgaben					davon finanziert aus							
		davon				Schulgeld		Kommunalen Fonds usw. [1]			Staatszuschüssen		
		1861 = 100	Laufende Schulunterhaltungskosten	Schulneu-, Ersatz- und Erweiterungsbauten	*davon* staatliche Investfonds	absolut	In % von *(2)*	absolut	1861 = 100	In % von *(2)*	absolut	1861 = 100	In % von *(2)*
(1)	*(2)*	*(3)*	*(4)*	*(5)*	*(6)*	*(7)*	*(8)*	*(9)*	*(10)*	*(11)*	*(12)*	*(13)*	*(14)*
1861 [2]	29.822.022	100,0	24.903.879	4.918.143	331.890	6.966.510	23,4	21.522.549	100,0	72,2	1.332.963	100,0	4,5
1864 [2]	33.119.397	111,1	27.398.631	5.720.766	260.814	7.554.591	27,8	24.399.282	113,4	73,7	1.165.524	87,4	3,5
1867 [2] [3]	37.586.130	127,0	•	•	•	8.106.846	21,4	28.282.193	131,4	74,7	1.497.091	112,3	4,0
1871 [2]	55.648.398	186,6	•	•	•	10.498.794	18,9	42.254.418	196,3	75,9	2.895.186	217,2	5,2
1878 [2]	100.048.885	335,5	•	•	–	12.975.527	13,0	74.661.993	346,9	74,6	12.411.365	931,1	12,4
1886	115.685.326	387,9	100.118.085	15.567.000	760.886	10.926.085	9,4	90.737.355	421,6	78,4	14.021.886	1.051,9	12,1
1891	146.225.312	490,3	128.998.983	17.226.000	983.831	1.378.983	0,9	98.350.498	457,0	67,3	46.495.831	3.488,2	31,8
1896	185.917.495	623,4	163.711.763	22.205.732	2.677.195	200.632	0,1	132.778.268	616,9	71,4	52.938.595	3.971,5	28,5
1901	269.917.418	905,1	227.621.597	42.295.821	4.173.142	826.763	0,3	196.024.513	910,8	72,6	73.066.142	5.481,5	27,1
1906	328.320.000	1100,9	283.413.000	44.907.000	5.098.000	961.000	0,3	244.978.000	1.138,3	74,6	82.381.000	6.180,3	25,1
1911	482.877.000	1619,2	420.898.000	61.979.000	11.919.000	1.155.000	0,3	342.469.000	1.591,2	76,9	139.253.000	10.446,9	28,8

[1] Einschließlich Einkünfte aus Schul-, Kirchen- und Stiftungsvermögen.
[2] Einschließlich der Ausgaben für öffentliche Mittelschulen; diese betrugen 1878 ca. 5,5 Mio. M.
[3] Nur alte Provinzen.

Quellen:

Engel, Ernst, Beiträge zur Statistik des Unterrichtswesens im Preußischen Staate und seinen älteren Provinzen. Die Zeit von 1818 bis 1864 resp. 1867 umfassend. Separat-Abdruck aus der Zeitschrift des königlich preußischen statistischen Bureaus, Jahrgang 1869 Heft I und Heft II, Berlin 1869, S. 40–44;

Statistisches Handbuch für den preußischen Staat, Bd. 1, Berlin 1888, S. 423; Bd. 4, Berlin 1903, S. 419 f., 443 f.;

Statistisches Jahrbuch für den Preußischen Staat, 12. Jg. 1914, Berlin 1915, S. 386 f. (wieder abgedruckt im 15. Jg. 1918, S. 231 f.);

eigene Berechnungen.

Tabelle 29 *Die Finanzierung des laufenden Unterhalts der öffentlichen Volksschulen in Preußen 1861 bis 1911 (in Mark)*

Jahr	Gesamtausgaben	*davon* Laufende Schulunterhaltungskosten	*Davon finanziert aus*					
			Schulgeld		Kommunalen Fonds usw. [1]		Staatszuschüssen	
			absolut	In % von *(3)*	absolut	In % von *(3)*	absolut	In % von *(3)*
(1)	(2)	(3)	(4)	(5)	(6)	(7)	(8)	(9)
1861 [2]	29.822.022	24.903.879	6.966.510	28,0	16.936.296	68,0	1.001.073	0,4
1864 [2]	33.119.397	27.398.631	7.554.591	27,6	18.939.330	69,1	904.710	3,3
1867 [2] [3]	37.886.130	•	8.106.846	•	•	•	•	•
1871 [2]	55.648.398	•	10.498.794	•	•	•	•	•
1878 [2]	100.048.885	•	12.975.527	12,8	75.629.731	74,9	12.411.365	12,3
1886	115.685.326	100.118.085	10.926.085	10,9	75.931.000	75,8	13.261.000	13,3
1891	146.225.312	128.998.983	1.378.983	1,1	82.063.000	63,6	45.557.000	35,3
1896	185.917.495	163.711.623	200.632	0,1	113.250.000	69,2	50.261.000	30,7
1901	269.917.418	227.621.763	826.763	0,4	205.303.000	69,4	68.893.000	30,3
1906	328.320.000	283.413.000	961.000	0,3	206.130.000	72,4	77.283.000	27,2
1911	482.877.000	420.898.000	1.155.000	0,3	293.564.000	69,5	127.334.000	30,3

[1] Einschließlich Einkünfte aus Schul-, Kirchen- und Stiftungsvermögen.
[2] Einschließlich der Ausgaben für öffentliche Mittelschulen; diese betrugen 1878 ca. 5,5 Mio. M.
[3] Nur alte Provinzen.

Quellen:
Wie Tabelle 28;
eigene Berechnungen.

Der finanzielle Gesamtaufwand für die öffentlichen Volksschulen in Preußen, also private, kommunale und staatliche Gelder zusammen, stieg von 1861 bis 1901 rasant auf mehr als das 16fache (Tabelle 28). Er wuchs schon in den 60er Jahren des 19. Jahrhunderts von knapp 30 Mio. M 1861 auf 38 Mio. M im Jahre 1867. Dieser Trend beschleunigte sich sogar in der Folgezeit, wobei hinsichtlich der Zunahme auf 56 Mio. M für 1871 auch die Einbeziehung der neuen Territorien zu berücksichtigen ist. Der Sprung auf 100 Mio. M bereits 1878 war dann ein bedeutender; umso bemerkenswerter war es, dass ab 1886, als 116 Mio. M eingesetzt wurden, das Tempo erneut zunahm und 1911 beachtliche 483 Mio. M zur Verfügung standen. Besonders starke Aufwüchse muss es in den letzten Jahrzehnten gegeben haben, denn noch 1889 sprachen die Bearbeiter der amtlichen Volksschulstatistik Karl Schneider vom Kultusministerium und Alwin Petersilie vom Königlich Statistischen Büro davon, dass sich die Entwicklung von „1871 […] bis 1878 […] gleichsam stoßweise und jedenfalls in einem merklich lebhafteren Tempo als früher“ vollzogen hätte, „während von 1878 bis 1886 ungefähr wieder der Schritt der früheren Perioden eingehalten“ worden sei.[169]

Der Stellenwert dieser zusammen von privater, kommunaler und staatlicher Seite für die Volksschulen aufgebrachten Summen lässt sich im Vergleich zu den Volumina der preußischen Staatshaushalte insgesamt beziehungsweise der Kultusetats an sich verdeutlichen. Während 1861 die insgesamt knapp 30 Mio. M für die öffentlichen Volksschulen in der Größenordnung von 7 Prozent des gesamten Staatshaushalts (406 Mio. M) beziehungsweise dem 2,3fachen des Kultusetats (13 Mio. M) lagen, entsprachen 1871 die für die Elementarschulen insgesamt bereitstehenden 56 Mio. M rund 11 Prozent der Staatsausgaben oder dem 2,6fachen der dem Kultusministerium insgesamt verfügbaren Mittel.[170] 1878 hatten sich die Proportionen etwas verschoben: Die 101 Mio. M für das Volksschulwesen entsprachen 14 Prozent der Staatsausgaben beziehungsweise 174 Prozent des Kultusetats. 1891 waren es 9 Prozent des Staatshaushalts (1.721 Mio. M) sowie 142 Prozent des Kultusetats (146 Mio. M). In solchen Relationen bewegten sich dann auch die Ausgaben im Jahre 1911, als im ganzen Land 483 Mio. M für die öffentlichen Volksschulen zum Einsatz kamen, was 12 Prozent des Staatshaushalts oder 172 Prozent des Kultusetats entsprach.[171]

Diese Werte belegen eindrucksvoll die insgesamt hohen Aufwendungen, die in Preußen für das Volksschulwesen geleistet wurden, sowohl im Verhältnis zur Staatskraft als auch hinsichtlich ihres Stellenwerts gegenüber den staatlichen Kultusaufwendungen insgesamt. Die Tabellen 27 bis 29 ermöglichen durch die Differenzierung des Finanzaufkommens nach den Quellen die Aussage, dass die Bürger in den Kommunen die Hauptlast trugen beim Aufschwung der Elementarbildung. Sie übernahmen den überwiegenden Anteil der Kosten. Damit relativiert sich die auf den ersten Blick alle Dimensionen sprengende Verhundertfachung der Staatszuschüsse für das Elementarschulwesen zwischen 1861 und 1911. Solche Zahlen müssen sogar als statistische ‚Ausrutscher' gewertet werden, basieren

169 Schneider, Karl/Petersilie, Alwin, Das gesamte Volksschulwesen im preußischen Staate im Jahre 1886. Im Auftrage des Herrn Ministers der geistlichen, Unterrichts- und Medizinalangelegenheiten bearbeitet, Berlin 1889, S. 60. – Es sei hier angemerkt, dass verschiedene der von Schneider und Petersilie veröffentlichten Daten zur Finanzierung des Volksschulwesens von den in Tabelle 29 des vorliegenden Bandes mitgeteilten, auf späteren amtlichen Veröffentlichungen beruhenden Zahlen abweichen, ohne dass alle Gründe für diese Differenzen heute erkennbar sind. Die Beamten selbst vermuteten zum Beispiel, dass die Position Schulgeld, die von ihnen im Jahre 1886 mit 15.855.510 Mark beziffert wurde, zu hoch lag, weil es „nicht sicher“ gewesen sei, „ob in den Schulgeldbeträgen nicht auch Schulbeiträge, welche als Leistungen der Verpflichteten im engeren Sinne anzusehen wären, enthalten“ waren (S. 62); in Tabelle 29 des vorliegenden Bandes werden an dieser Stelle nur 10.926.085 Mark ausgewiesen.

170 Vgl. Gesetz betr. die Feststellung des Staatshaushaltsetats für das Jahr 1861. Vom 22.6.1861, GS, S. 377; ferner im vorliegenden Band Tabelle 8.

171 Vgl. Gesetz betr. die Feststellung des Staatshaushaltsetats für das Jahr vom 1. April 1878/79. Vom 9.2.1878, GS, S. 21 (die Zahlen für das Haushaltsjahr 1878 ohne die Nachtragshaushalte); Gesetz betr. die Feststellung des Staatshaushaltsetats für das Jahr vom 1. April 1891/92. Vom 24.6.1891, GS, S. 143; Gesetz betr. die Feststellung des Staatshaushaltsetats für das Etatsjahr 1911. Vom 15.4.1911, GS, S. 33.

sie doch auf minimalen Ausgangswerten, die aus der im Basisjahr noch gegebenen fast vollständigen Verweigerung einer materiellen Verantwortlichkeit des Staates resultierten und deshalb mit den Daten späterer Zeit und einem anderen gesellschaftlichen Umfeld nicht ertragreich vergleichbar sind.

Von besonderem Interesse ist nun der Anteil der Investitionen, also in der Terminologie der Tabellen 28 und 29 der Anteil der Aufwendungen für Schulneu-, Ersatz- und Erweiterungsbauten an den Gesamtaufwendungen, da sie die materielle Basis des schulischen Bildungswesens sicherten sowie Bedingung für dessen Expansion waren. Der Investitionsanteil machte 1861 und 1864 rd. 17 Prozent aus, was in Tabelle 28 der höchste Wert bis 1911 war und auf die Deckung eines großen Grund- beziehungsweise Nachholbedarfs zu Beginn der zweiten Hälfte des 19. Jahrhunderts hindeutet. Zwischen 1886 und 1911 schwankte der Anteil der Investitionen zwischen 12 und 16 Prozent, während die Aufwendungen absolut von knapp 5 Mio. M 1861 und 5,7 Mio. M drei Jahre später auf immerhin 15,6 Mio. M Mitte der 80er Jahre stiegen. Der Schritt von 22,2 Mio. M 1886 auf 42,3 Mio. M 1901 war dann vergleichbar mit der Zunahme von 44,9 Mio. M 1906 auf 62,0 Mio. M ebenfalls nur fünf Jahre danach. An diesen Investitionen war der Staat jeweils sehr unterschiedlich beteiligt. 1861 und 1864 steuerte er gerade mal 0,33 beziehungsweise 0,26 Mio. M bei, steigerte dann aber seinen Einsatz ab 1886 von 0,76 Mio. M auf immerhin 11,9 Mio. M im Jahre 1911. So beachtlich die letztgenannten Summen auch sind, muss jedoch gesehen werden, dass sie mehr oder weniger nur dem Trend der Gesamtausgaben folgten. Anders gesagt: Der preußische Staat investierte im Bereich des Volksschulwesens wachsende, nicht geringe Geldsummen, ohne jedoch damit einen *verstärkten* Ausbau dieses Bildungssektors in Angriff zu nehmen.

Diese komplexe Entwicklung vollzog sich im Zusammenhang mit einer Umwälzung der rechtlichen Rahmenbedingungen für die Finanzierung des Volksschulwesens. Auf der Basis einer hier nicht näher zu erläuternden Reform des preußischen Steuersystems ab den 70er Jahren des 19. Jahrhunderts[172] setzte ein Gesetz zur Erleichterung der Volksschullasten von 1888[173] die schon in der Verfassung aus dem Jahre 1850 avisierte Kostenfreiheit des Volksschulbesuchs weitgehend durch und schränkte die Schulgelderhebung sehr ein. Einzelne, wirtschaftlich starke Kommunen hatten die Eltern schon früher davon befreit, aber nunmehr wurde es nahezu allgemeine Praxis. Außerdem bekamen alle bedürftigen Kommunen und andere Schulherren vom Staat Zuschüsse, um Mindestbezüge für die Lehrer zahlen zu können. Ein Gesetz zum Diensteinkommen der Lehrer von 1897[174] schuf

172 Vgl. Thier, Andreas, Steuergesetzgebung und Verfassung in der konstitutionellen Monarchie. Staatssteuerreformen in Preußen 1871–1893, Frankfurt/M. 1999.

173 Gesetz, betr. die Erleichterung der Volksschullasten. Vom 14.6.1888, in: GS, S. 240.

174 Gesetz, betr. das Diensteinkommen der Lehrer und Lehrerinnen an den öffentlichen Volksschulen. Vom 3.3.1897, in: GS, S. 25.

für ganz Preußen geltende umfassende rechtliche Regelungen, die weit über die bis dahin geltenden einschlägigen Paragraphen des Allgemeinen Landrechts von 1794 hinausgingen, das die Basis für die bis dahin ausgehandelten Einzelverträge gegeben hatte. Außerdem wurden die Untergrenzen für die Geldbezüge wiederum angehoben sowie die weiteren geldwerten Leistungen ausführlich geregelt. Schließlich bestimmte das Gesetz nunmehr feste Sätze für die den Schulträgern zu gewährenden Zuschüsse aus dem Staatshaushalt. Das Lehrerbesoldungsgesetz von 1909[175] passte die Einkommen entsprechend den gestiegenen Lebenshaltungskosten und erweiterten Bedürfnissen in Abstimmung mit den entsprechenden Bestimmungen für die Beamten und anderen Staatsbediensteten weiter an. Das Volksschulunterhaltungsgesetz von 1906[176] endlich regelte unter anderem die weiteren Zuschüsse des Staates zum Betrieb der Volksschulen.

Ob sich zwischen 1891 und 1911 bei der Finanzierung des Volksschulwesens in Preußen mit dem relativen Rückgang und anschließenden nur geringen Schwankungen des Anteils der Staatszuschüsse an den laufenden Schulunterhaltungskosten beziehungsweise Gesamtaufwendungen (Tabelle 28 und 29) schon eine Trendwende andeutete, lässt sich wegen fehlender späterer Vergleichszahlen nicht bestimmen. Es bedarf zudem weiterführender Untersuchungen, um zu entscheiden, in welchen Fällen es sich nun bei einzelnen Staatsbauten beziehungsweise bei der Beteiligung des Staates an diversen Investitionen sowohl seit 1861 als auch in der Folgezeit um gezielte Anschubfinanzierungen oder um die Übernahme von Kosten an Stelle nicht leistungsfähiger Schulträger im Sinne einer allgemeinen sozialen Verantwortung für die Alphabetisierung der Bevölkerung handelte.

Während die Staatszuschüsse absolut als auch prozentual in den von den Tabellen 28 und 29 erfassten vier Jahrzehnten bedeutend wuchsen, verringerten sich die Schulgeldzahlungen noch schneller. Sie deckten 1861/1864 immerhin noch 28 Prozent der laufenden Ausgaben für die öffentlichen Volksschulen, aber 1891 nur noch 1 Prozent. Obwohl sich absolut das Schulgeldaufkommen in den folgenden zwei Jahrzehnten sogar gegenüber diesem Minimum wieder verfünffachte, spielte es im 20. Jahrhundert, auf das ganze Land bezogen, kaum mehr eine Rolle, hatten doch die Schulträger die Kosten fast vollständig übernommen, auch wenn im Einzelfall die Zahlungen von hoher Bedeutung für den Unterhalt einer bestimmten Schule sein konnten.

175 Gesetz über das Diensteinkommen der Lehrer und Lehrerinnen an den öffentlichen Volksschulen. Vom 26.5.1909, in: GS, S. 93:

176 Gesetz, betr. die Unterhaltung der öffentlichen Volksschulen. Vom 28.7.1906, in: GS, S. 335.

3.3 Die Finanzierung kulturstaatlicher Belange in den Städten Stargard, Thorn, Halberstadt, Bromberg, Posen, Düsseldorf, Frankfurt/Main und Berlin

Während in den Tabellen 21 bis 23 für die Finanzierung kulturstaatlicher Belange durch die Städte in Preußen zu den Stichjahren 1883/84 und 1911 zwar Gesamtzahlen mitgeteilt und Angaben zu den darin enthaltenen Aufwendungen für die Volksschulen gemacht wurden, war die inhaltliche Differenzierung in Tabelle 24 feiner, indem unterschieden wurde zwischen den Geldern für die verschiedenen Schultypen, für den Kultus im engeren Sinne einschließlich Friedhofs- und Begräbnisverwaltung sowie für eine Sammelposition „Sonstige Zwecke der Schulverwaltung, Kunst, Wissenschaft und allgemeine Bildung“, jeweils bezogen auf das Jahr 1911. Da jedoch auch dieses Raster noch grob ist, soll nachstehend versucht werden, anhand der Budgets von acht Städten wichtige Gemeinsamkeiten und Unterschiede bei der Finanzierung kulturstaatlicher Belange auf kommunaler Ebene herauszuarbeiten, nicht zuletzt, um dadurch Anregung für weiterführende lokal- und regionalgeschichtliche Studien zu geben. Die Auswahl nach der Bevölkerungszählung am 1. Dezember 1910 von Berlin (2.071.257 Einwohner), Frankfurt/Main (414.576), Düsseldorf (358.728), Posen (156.691), Bromberg (57.696), Halberstadt (46.481), Thorn (46.227) und Stargard/Pommern (27.551)[177] erfolgte einerseits nach der Bevölkerungszahl und andererseits in dem Bemühen, Orte aus verschiedenen Regionen des Königreichs zu erfassen und zugleich das Sample nicht zu groß werden zu lassen. Es handelt sich dabei zudem um Gemeinwesen, für die über einen gewissen Zeitraum gedruckte Budgets vorliegen, was bei kleineren Städten seltener der Fall war.

Die nachstehend mitgeteilten Statistiken beschränken sich auf die jeweiligen kommunalen Aufwendungen für Kunst und Wissenschaft, außerschulische Bildungsanstalten wie Museen oder Sternwarten sowie für die Kirchen, weil die Gelder für den kulturstaatlichen Kernbereich des Unterrichtswesens, also für die Volksschulen, für die mittleren und höheren Schulen sowie für die Berufsausbildung, für andere weiterführende Einrichtungen und für die Jugendpflege, kumuliert bereits in den Tabellen 21 bis 24 erfasst wurden. Dennoch seien die diesbezüglichen Größenverhältnisse zwischen den Aufwendungen für Kunst, Wissenschaft usw. und denen für das Unterrichtswesen am Beispiel der Haushalte von Thorn, Posen und Berlin verdeutlicht:

Bei einem Gesamtetat von 2,9 Mio. M wurden von der Stadt Thorn im Jahre 1907 gerade mal 41.000 M (1,4 Prozent) für Kunst, Wissenschaft usw. gegenüber 285.000 M (9,8 Prozent), also der siebenfachen Summe, für das schulische Bildungswesen vorgesehen. Diese 285.242 M machten 62,9 Prozent der Gesamtaufwendungen für die schulische Bildung in Thorn aus, denn zusammen mit dem von den Eltern zu zahlenden Schulgeld und den Einnahmen der Schulen aus eigenem Vermögen sowie aus Schenkungen, Stiftungen

177 Statistisches Jahrbuch für den Preußischen Staat 1914, 12. Jg., Berlin 1915, S. 18 f.

usw. standen in Thorn dem Unterrichtswesen in jenem Jahr insgesamt 453.000 M zur Verfügung. Das entsprach zugleich dem Elffachen der Aufwendungen für Kunst, Wissenschaft usw. Von den 285.000 M Zuschüssen aus dem städtischen Haushalt wurden 263.000 M für die Stadtschulkasse, also im Wesentlichen für die Grundschulen und das Turnwesen, verwendet. Darunter befanden sich auch 8.200 M aus der Staatskasse.[178]

In Posen, das die dreifache Einwohnerzahl von Thorn hatte und außerdem Sitz eines Oberpräsidiums war, wurden 1907 bei einem Gesamtetat von 10,6 Mio. M für Kunst, Wissenschaft und Kultus 78.000 M aufgewendet, was 0,7 Prozent entsprach. Damit war dieser Wert für die Warthe-Stadt nur ungefähr halb so groß wie der für Thorn. In Posen wurden über die kommunalen Kassen insgesamt 2,1 Mio. M für das Unterrichtswesen ausgegeben, was 19,4 Prozent des städtischen Budgets entsprach, während in Thorn mit 9,8 Prozent gearbeitet wurde. Die Posener städtischen Gelder für das Unterrichtswesen waren mehr als 26 Mal so groß wie die für Kunst, Wissenschaft und Kultus, während die Relation bei Thorn 1:7 betrug. Von den 2,1 Mio. M für das Posener Unterrichtswesen wurden 1,5 Mio. M direkt aus der Stadtkasse gezahlt (darunter auch mehr als 15.000 M Stiftungsgelder für höhere Schulen), während 313.000 M vom Staat und von der Provinz kamen. Jene 1,5 Mio. M entsprachen 14,5 Prozent des Gesamtbudgets. 203.000 M zahlten die Einwohner unmittelbar in Form von Schulgeldern sowie Einschreib- oder Kursgebühren.[179] Aus diesen Daten können aber nicht einfach weitergehende Schlüsse auf das kulturstaatliche Engagement der Stadtverwaltungen gezogen werden, unterschieden sich doch die lokalen Verhältnisse vor allem hinsichtlich der Zusammensetzung der Bevölkerung sowie bezüglich der Wirtschafts- und Steuerkraft erheblich. Während in Posen etwas mehr Polen als Deutsche wohnten, überwog in Thorn deutlich die Zahl der Deutschen. Gleichzeitig bot die wesentlich höhere Wirtschafts- und Steuerkraft Posens überhaupt erst die Möglichkeit, dass wichtige Bereiche des kulturellen Lebens von deutscher oder polnischer Seite privat finanziert wurden.

Auch Berlin wandte nur Bruchteile seines natürlich wesentlich größeren städtischen Haushalts für Kunst, Wissenschaft und Kultus auf. Die Proportionen nicht zuletzt zum Unterrichtswesen unterschieden sich aber teilweise signifikant von denen in Thorn und Posen. Der hauptstädtische Etat für 1914 belief sich auf 408,8 Mio. M. Davon waren aber nur knapp 0,2 Prozent oder 695.000 M für Kunst, Wissenschaft und Kultus vorgesehen, während für die schulische Bildung insgesamt 46,6 Mio. M zur Verfügung standen. Das war immerhin das 67fache der Summe für Kunst, Wissenschaft und Kultus zusammen, während es in Posen das 26fache und in Thorn gar nur das 7fache war. Die scheinbare Unterversorgung Berlins in diesen kulturstaatlichen Bereichen im Vergleich zu einer Provinzstadt und selbst einer Provinzialhauptstadt erklärt sich vor allem aus der Sonderstellung als Hauptstadt

178 Vgl. Haushaltsplan der Kämmerei-Hauptkasse zu Thorn für 1907/08, Thorn 1907, S. A 65, A 115.

179 Voranschlag für die Einnahmen und Ausgaben der Stadtgemeinde Posen in dem Verwaltungsjahre vom 1. April 1907 bis 31. März 1908, Posen 1907, S. 4 f., 22–24.

sowohl Preußens als auch des Reichs. Eine ganze Reihe wichtiger Kulturinstitutionen wie zum Beispiel die großen Museen und Bibliotheken wurden im Wesentlichen direkt aus dem zentralen Staatshaushalt finanziert beziehungsweise fanden große Mäzene. Die Kommune brauchte in diesen Bereichen in der Regel nicht selbst aktiv zu werden, während ihre Bewohner davon profitierten. Eine Ausnahme stellten die Aufwendungen für das Märkische Provinzialmuseum dar. Hierbei handelte es sich aber um eine sehr stark vom ureigenen Interesse der Stadt getragene Institution, deren Wirkungsfeld gerade nicht von den zentralen Häusern erfasst wurde, vielmehr ergänzend tätig war. Von jenen 46,6 Mio. M für die schulische Bildung insgesamt wurden nur 7,5 Mio. M aus eigenen Einnahmen wie dem von den Eltern zu zahlenden Schulgeld, den Einkünften der Schulen aus eigenem Vermögen sowie aus Schenkungen, Stiftungen usw. bestritten. Die Stadt Berlin zahlte dem nichtuniversitären Unterrichtswesen einen Zuschuss von 37,1 Mio. M, was 9,1 Prozent des Gesamtetats entsprach.[180] Dieser Wert nun wieder ähnelt sehr dem von Thorn, wo 9,8 Prozent für das schulische Bildungswesen vorgesehen waren, während es in Posen 14,5 Prozent waren.

Die den Tabellen 30 bis 38 zugrunde liegenden Budgets der acht ausgewählten Städte unterscheiden sich haushaltstechnisch teilweise erheblich in Struktur und Aufbau, was die Vergleichbarkeit sehr erschwert. Die Reihenfolge der Statistiken folgt der Einwohnerzahl, welche eng mit der Wirtschaftskraft der Kommunen und ihren daraus resultierenden Einnahmen zusammenhing, also den Geldsummen, die für die Gestaltung des öffentlichen Lebens einschließlich der kulturstaatlichen Belange zur Verfügung standen.

Anzumerken ist für alle Fallbeispiele, dass erstens über die Jahre hinweg von den einzelnen Stadtverwaltungen immer wieder Änderungen in der Haushaltssystematik vorgenommen wurden. Verschiedene Titel wurden aufgesplittert oder zusammengefasst beziehungsweise in globale Ausgabenposten wie zum Beispiel für „Allgemeine Verwaltung" oder in die Residualrubrik „Sonstiges" verschoben. Das erschwert wiederum Vergleiche über längere Zeiträume selbst für eine Stadt und verlangt weiterführende Archivstudien. Das Fehlen einer bestimmten Ausgabeposition in den nachstehenden Tabellen ist also keinesfalls automatisch mit der Nicht-Finanzierung der entsprechenden kulturstaatlichen Aufgabe gleichzusetzen, weshalb in einigen Statistiken bestimmte Positionen freigelassen wurden, weil nicht gesagt werden kann, ob hierfür Summen in die Haushalte eingesetzt wurden oder nicht. Zweitens wird, um die Breite der kulturstaatlichen Interessen und Engagements der jeweiligen Stadtoberen zu illustrieren, unter anderem versucht, korporative Mitgliedschaften der jeweiligen Kommunen in (populär-)wissenschaftlichen, vor allem heimathistorischen sowie kulturellen und künstlerischen Vereinen und Verbänden detaillierter nachzuweisen. In den meisten Fällen wird es sich wohl nur um eine rein zahlende Zugehörigkeit gehandelt haben und die finanzielle Belastung der öffentlichen Haushalte war angesichts der oft recht kleinen Mitgliedsbeiträge nur gering. Dennoch besaßen die

180 Vgl. Haushalts-Etat der Stadt Berlin für das Etatsjahr 1914, Berlin 1914, S. 10 f.

auf diese Weise aus vielen Städten zusammenkommenden Summen aber Bedeutung für das Wirken der Vereinigungen, erhöhten deren gesellschaftlichen Einfluss und bildeten eine interessante Facette im Bild des Kulturstaats Preußen.

Zunächst werden in den Tabellen 30 und 31 Ausschnitte aus den Haushalten von Stargard in Pommern und Thorn als den beiden kleinsten unter den ausgewählten Städten vorgestellt. Beide Orte waren sogenannte regionale Mittelzentren, die sowohl von dem Handel und dem Transport der meist agrarischen Produkte aus dem Umland als auch von einer vor allem weiterverarbeitenden kleineren und mittleren Industrie geprägt wurden. Außerdem fungierten sie als Verwaltungszentren auf Kreisebene. Thorn war zudem Festung mit einer relativ hohen Zahl von Garnisonsangehörigen. Die Mannschaftsdienstgrade wurden zwar nicht zu den Einwohnern gezählt, prägten aber das Bild der Stadt mit.

Tabelle 30 *Ausgaben für nichtschulische Bildungsanstalten* [1], *Kunst und Wissenschaft sowie den Kultus der Stadt Stargard (Pommern) in den Jahren 1910 bis 1915 und 1927 bis 1934 (auf ganze Mark gerundet)*

	1910	1911	1912	1913	1914	1915
Zahlungen an Kirchen	3.532	3.532	3.532	3.532	3.532	3.532
Ablösungen an Kirchen, Pfarren, Kantoreien usw.	5.030	5.030	5.030	5.030	5.030	5.030
Stadttheater/Zuschuss	–	–	–	–	1.000	1.000
Volksbibliothek/ Zuschuss	200	200	200	200	200 •	200 •
Stadtarchiv	900	900	900	900	900	900
Verein zur Errichtung eines Bismarck-Denkmals d. Provinz Pommern	–	–	–	300	300	600
Germanisches Nationalmuseum Nürnberg/Beitrag	10	10	10	10	10	10
Gesellschaft f. Pommersche Altertumskunde u. Geschichte/ Beitrag	50	50	50	50	50	50
Gesamtausgaben	**•**	**2.106.270**	**2.203.550**	**2.336.276**	**2.480.572**	**2.570.272**

	1927	1928	1929	1930	1931	1932	1933	1934
Stadttheater/Zuschuss	4.512	5.699	6.000	5.500	5.500	500	8	208
Zahlungen an Kirchen	2.562	2.215	2.005	1.755	1.255	1.005	955	955
Ablösungen an Kirchen, Pfarren, Kantoreien usw.	383	547	547	547	547	547	8	–
Volksbibliothek [2]	9.170	10.129	9.930	10.380	11.900	8.220	10.070	11.492
Einnahmen	*1.767*	*1.649*	*1.400*	*1.600*	*1.600*	*1.600*	*1.560*	*1.560*
Museum [3]	1.060	528	500	500	500	400	200	200
Unterhalt der Stadtmauern usw.	1.590	2.093	2.000	600	1.220	1.050	1.000	800
Nichtkommerzielle Musikpflege	–	280	500	500	250	50	–	–
Gesamtausgaben	**•**	**5.473.850**	**5.590.783**	**5.607.756**	**5.309.226**	**4.329.519**	**4.516.518**	**4.769.186** [4]

[1] Ohne Zahlungen an allgemeinbildende Schulen, das gewerbliche, kunstgewerbliche usw. Bildungswesen sowie an die Jugendpflege.

[2] Ab 1930 Volksbücherei.

[3 Ankauf von Gegenständen.

[4] Defizit 1934: 137.270 RM.

Quellen:
Haushaltsplan der Stadt Stargard i. Pom. für das Rechnungsjahr 1911, Stargard (Pom.) 1911, S. 2, 29–39;
Haushaltsplan der Stadt Stargard i. Pom. für das Rechnungsjahr 1912, Stargard (Pom.) 1912, S. 2, 29–39;
Haushaltsplan der Stadt Stargard i. Pom. für das Rechnungsjahr 1913, Stargard (Pom.) 1913, S. 4, 27–31, 41–45;
Haushaltsplan der Stadt Stargard i. Pom. für das Rechnungsjahr 1914, Stargard (Pom.) 1914, S. 4, 31–37, 49–53;
Haushaltsplan der Stadt Stargard i. Pom. für das Rechnungsjahr 1915, Stargard (Pom.) 1915, S. 4, 31–37;
Haushaltsplan der Stadt Stargard i. Pom. für das Rechnungsjahr 1929, Stargard (Pom.) 1929, S. 6 f.;
Haushaltsplan der Stadt Stargard i. Pom. für das Rechnungsjahr 1930, Stargard (Pom.) 1930, S. 6 f., 15–17, 21, 66 f.;
Haushaltsplan der Stadt Stargard i. Pom. für das Rechnungsjahr 1931, Stargard (Pom.) 1931, S. 6 f., 15–17, 21, 66 f.;
Haushaltsplan der Stadt Stargard i. Pom. für das Rechnungsjahr 1932, Stargard (Pom.) 1932, S. 6 f., 15–17, 21, 66 f.;
Haushaltsplan der Stadt Stargard i. Pom. für das Rechnungsjahr 1933, Stargard (Pom.) 1933, S. 6, 15–17, 21, 66 f.;
Haushaltsplan der Stadt Stargard i. Pom. für das Rechnungsjahr 1934, Stargard (Pom.) 1934, S. 6, 15–17, 21, 66 f.

Bei einem Vergleich der städtischen Budgets von Stargard in Pommern zwischen 1910 und 1915 sowie von 1927 bis 1934 in Tabelle 30 ist zunächst festzustellen, dass für die 20er und 30er Jahre des 20. Jahrhunderts sowohl die Angaben zu den Vereinsbeiträgen als auch zu den Aufwendungen für das Stadtarchiv fehlen. Allein im Etat für 1930 wurde vermerkt, dass für Beiträge und Beihilfen zusammen 4.821 RM „lt. Nachweisung Nr. 2“[181] bereitgestellt wären. Ebenso ist zu beachten, dass im gleichen Zeitraum Personal- und allgemeine Sachkosten für das Museum nicht gesondert ausgewiesen wurden. Aus den Angaben für 1914 ergibt sich nun ein Anteil der kulturstaatlichen Aufwendungen ohne die Summen für das Unterrichtswesen an dem Gesamthaushalt von 0,44 Prozent, während sich für 1928 dann nur 0,36 Prozent errechnen. Angesichts der vorstehend angedeuteten Unterschiede in der Datenlage kann aber vermutet werden, dass der Prozentsatz für 1928 tatsächlich höher lag und dem von 1914 weitgehend ähnelte.

Es bleibt ferner festzustellen, dass im letzten Jahrzehnt des Kaiserreichs in Stargard der Hauptteil der kulturstaatlichen Aufwendungen seitens der Kommune an die Kirchen ging, während es nur einen geringen Zuschuss für die Volksbibliothek gab. Die Beteiligung der Stadt an einem Provinzialdenkmal für Bismarck entsprach dem Zeitgeist. Ab 1914 wurden Gelder für ein Stadttheater in den Etat eingestellt; zunächst ging es wohl um die Finanzierung der Vorbereitungsarbeiten für einen seit längerem erwogenen Bau.

Die kulturstaatlichen Aufwendungen Stargards in den Jahren von 1927 bis 1934 unterschieden sich von denen in der Kaiserzeit vor allem dadurch, dass die pommersche Stadt

181 Haushaltsplan der Stadt Stargard i. Pom. für das Rechnungsjahr 1930, Stargard (Pom.) 1930, S. 13.

inzwischen Museum und Stadttheater aus dem kommunalen Haushalt förderte. Außerdem wurden Gelder zur regelmäßigen Pflege der Stadtmauern als einem wichtigen lokalen Baudenkmal bereitgestellt. Die höchsten Etatsummen aber kamen jetzt der Volksbibliothek und nicht mehr den Kirchen zugute. Vor allem wohl im Gefolge von Inflation und Währungsreform erhielten letztere nur noch geringe Beträge aus teilweise jahrhundertealten Rechten und Ansprüchen, die entwertet worden waren. Rigide Sparmaßnahmen während der Weltwirtschaftskrise führten ab 1932 zu drastischen Kürzungen beim Stadttheater, zum Wegfall der Unterstützungen für die nicht kommerzielle Musikpflege sowie zu größeren Einschränkungen bei den Zuwendungen für das Museum und die Stadtmauern. Umso bemerkenswerter ist die Tatsache, dass die Volksbibliothek zwar ebenfalls 1932 mit stärkeren Einschränkungen konfrontiert wurde, jedoch in den beiden folgenden Jahren die Verluste wieder fast wettmachen konnte.

Nachstehende Tabelle 31 nun bietet einen Überblick zu den kulturstaatlichen Aufwendungen der Stadt Thorn in den letzten Jahrzehnten des Kaiserreichs. Die Weichselstadt hatte 1910 mit 46.227 Einwohnern rund zwei Drittel mehr Bürger als Stargard in Pommern.

Tabelle 31 *Ausgaben für nichtschulische Bildungsanstalten [1], Kunst und Wissenschaft sowie den Kultus der Stadt Thorn in den Jahren 1905 bis 1917 (auf ganze Mark gerundet)*

	1905		1907	1908	1909	1910	1911	1912	1913	1914	1915	1916	1917
Zahlungen an Kirchen usw.	4.296		5.536	8.399	4.819	4.819	4.819	4.819	4.999	7.199	9.699	9.699	6.549
Ablösungen an Kirchen, Pfarren usw.	3.266		3.320	3.320	3.320	3.320	3.320	3.320	3.320	3.320	3.320	3.320	3.320
Stadttheater	29.460		30.000	30.300	30.800	31.100	31.100	38.600	37.200	42.200	43.400	41.900	41.900
Zuschüsse													
des Staates	*10.000*		*10.000*	*10.000*	*10.000*	*10.000*	*10.000*	*10.000*	*10.000*	*10.000*	*10.000*	*10.000*	*10.000*
der Stadt [2]	*18.410*		*19.650*	*20.000*	*20.500*	*20.800*	*20.800*	*28.300*	*26.900*	*31.900*	*33.100*	*31.600*	*31.600*
Volksbibliothek	200		450 [3]	300	300	300	300	300	300	–			
Stadtbibliothek	–		–	–	–	–	–	–	–	10.380	7.750	7.850	7.850
Städtisches Museum	530		668 [4]	968 [4]	830	830	885	885	885	1.190	1.340	1.340	2.725
Stadtarchiv [5]	200		700	700	700	900	900	900	800	800	800	800	800
Städtische Denkmalspflege [6]			140 [7]	140	140	140		500	500	500	500	500	500
Studium der städt. Geschichte/ Copernicus-Verein [8]	250		250	250	250	250	250	250	250	250	250	250	250
Weitere Geschichts-vereine/ Beiträge	48		48	48	48	48	48	48	48	48	48	48	48
Germanisches Nationalmuseum Nürnberg/Beitrag	30		30	30	30	30	30	30	30	30	30	30	30
Verein f. Naturdenkmalpflege/Beitrag	–		–	–	–	–	–	–	–	100	100	100	100
Gesamtausgaben	**960.100**		**2.918.150**	**3.109.501**	•	**3.598.326**	•	**3.279.840**	**3.508.620**	**3.725.150**	**3.164.450**	**3.288.520**	**3.432.270**

[1] Ohne Zahlungen an allgemeinbildende Schulen, das gewerbliche, kunstgewerbliche und landwirtschaftliche Bildungswesen sowie an die Jugendpflege.

[2] Einschließlich der Zinsen und 1,5 % Tilgung bis 1935 aus der 4 %igen Theaterbau-Anleihe von 1901 über 300.000 M.

[3] Einschließlich 150 M zum Unterhalt der Krankenbibliothek im Städtischen Krankenhaus.

[4] Einschließlich 88 M Versicherung des Museums im Rathaus.

[5] Ab 1909 einschließlich der Besoldung der in Nebenämtern tätigen Archivbeamten.

[6] Ab 1912: Pflege der Kunstgegenstände im Rathaus.

[7] An Gladenbecks Institut für Wissenschaft und Kunst und Nebenkosten für die Pflege der städtischen Denkmäler.

[8] Copernicus-Verein für Wissenschaft und Kunst.

Quellen:

Haushaltsplan der Kämmerei-Hauptkasse zu Thorn für 1905/06, Thorn 1905, S. 44–47, 52, 180–182.

Haushaltsplan der Kämmerei-Hauptkasse zu Thorn für 1907/08, Thorn 1907, S. A 43, A 51, A 64–A 68, A 70, A 78, A 155, A 158, A 162, A 191–A 193, A 248, A 255.

Haushaltspläne der Stadtgemeinde Thorn für 1908/09, Thorn 1908, S. A 32, A 37, A 47–A 50, A 160, A 206.

Haushaltspläne der Stadtgemeinde Thorn für 1910/11, Thorn 1910, S. (I), A 28, A 43–A 46, A 48, A 140–142.

Haushaltspläne der Stadtgemeinde Thorn für 1912/13, Thorn 1912, S. A 4, A 34 f., A 45–A 50, A 180 – A 182.

Haushaltspläne der Stadtgemeinde Thorn für 1913/14, Thorn 1913, S. 8 f., 25 f., 28–32, 222–224; angeb.: Besoldungsliste, S. 4 f.

Haushaltspläne der Stadtgemeinde Thorn für 1914, Thorn 1914, S. 8 f., 27, 29, 32–36, 42, 269–271; angeb.: Besoldungsliste, S. 4 f.

Haushaltspläne der Stadtgemeinde Thorn für 1915, Thorn 1915, S. 8 f., 27, 29, 32–36, 42, 261–263; angeb.: Besoldungsliste, S. 4 f.

Haushaltspläne der Stadtgemeinde Thorn für 1916, Thorn 1916, S. 8 f., 27, 29, 32–37, 263–265; angeb.: Besoldungsliste, S. 3 f.

Haushaltspläne der Stadtgemeinde Thorn für 1917, Thorn 1917, S. 8 f., 27, 29, 32–37, 272–274; angeb.: Besoldungsliste, S. 2 f.

Bei den Haushaltszahlen von Thorn zwischen 1905 und 1917 aus Tabelle 31 fällt zunächst auf, dass sich das Volumen des städtischen Budgets in dieser kurzen Zeit auf das Dreieinhalbfache von knapp einer Million Mark auf fast 3,5 Millionen Mark vergrößert hatte. Mit dem Ersten Weltkrieg kam es zwar zu einer Verringerung um ungefähr eine halbe Million Mark im Jahr 1915, aber schon im nächsten Budget gab es wieder einen Aufwuchs, jedoch nicht in den hier interessierenden kulturstaatlichen Bereichen. Die kulturstaatlichen Aufwendungen (ohne Unterrichtswesen) machten im Jahre 1907 einen Anteil von 1,4 Prozent aus, während es 1914 dann 1,8 Prozent waren.

Bei den Aufwendungen für den Kultus im engeren Sinne ist zunächst festzuhalten, dass wie in Stargard die Ablösungszahlungen an Kirchen, Pfarren usw. gleich blieben. In Thorn nahmen aber die weiteren Zahlungen an die Kirchen zwischen 1905 und 1917, stärker schwankend, von 4.300 Mark auf 6.500 Mark tendenziell zu, während sie in Stargard auf gleichem Niveau verharrten. Den gedruckten Etats sind keine Erklärungen für diese

Entwicklungen zu entnehmen. – Die Ablösungszahlungen an die Kirchen in Thorn basierten, wie bei den meisten anderen Städten, auf sehr alten, zwischenzeitlich in der Regel mehrfach konvertierten Krediten der Kommunen aus der Zeit vom Dreißigjährigen Krieg bis Mitte des 18. Jahrhunderts. Die in Tabelle 31 beispielsweise für das Jahr 1907 ausgewiesenen 3.320 M setzten sich aus acht Einzelbeträgen zusammen. Sechs Schuldtitel zu jeweils 3 Prozent aus der Zeit zwischen 1636 und 1754 waren von der Kämmerei, nicht aber von den Gläubigern kündbar. Zwei weitere Zahlungen aus dem städtischen Haushalt von Thorn zu 18 M und 36 M waren hingegen unablösbar und beruhten auf jeweils mit $1^4/_5$ Prozent verzinsten Schuldurkunden vom Jahre 1648 über 1.000 M an das Psalteristenkollegium am Dom zu Gnesen sowie über 2.000 M an die dortigen Vikarien.[182]

In Thorn wurden – abgesehen vom Schulwesen natürlich – die größten Haushaltssummen für kulturstaatliche Zwecke dem Stadttheater zugewendet. Die städtischen Zuschüsse in Thorn wuchsen von 18.410 M im Jahre 1905 auf immerhin 33.100 M 1915 beziehungsweise 31.600 M zwei Jahre später, was einem Aufwuchs um 80 beziehungsweise 72 Prozentpunkte entsprach. Das waren bedeutende Summen für eine recht kleine Stadt, auch wenn der Zuwachs zwischen 1905 und 1917 wesentlich unter dem des Gesamtbudgets lag. Bemerkenswert ist in diesem Zusammenhang, dass das Stadttheater außerdem jährlich 10.000 M staatliche Zuschüsse erhielt. In Thorn sollte wohl das Theater als kultureller Identifikationspunkt des Deutschtums aus öffentlichen Mitteln besonders gefördert werden. Ähnliche Motive dürften im Magistrat selbst eine Rolle gespielt haben, an Stelle der Volksbibliothek, die anfänglich mit nur 200 M und später mit 300 M (1913) unterstützt wurde, eine Stadtbibliothek aufzubauen, die im ersten Jahr mit 10.380 M und dann ab 1915 immerhin mit 7.850 M unterhalten wurde. Im Vergleich zu Stargard ist ferner bemerkenswert, dass Thorn sich nicht nur ein Museum leistete, dessen Zuwendungen im Weltkrieg vor allem wohl wegen dem Aufbau einer sogenannten Kriegssammlung[183] sogar wuchsen, sondern außerdem Gelder für die Denkmalspflege und das Studium der eigenen Geschichte zur Verfügung stellte, während die Aufwendungen für ein Archiv ähnlich hoch wie bei der pommerschen Kommune waren.

Die nachstehenden Tabellen 32 und 33 beschreiben die kulturstaatlichen Aktivitäten der Kommunen der in der Einwohnerzahl mit Thorn (46.227) ähnlichen Städte Halberstadt (46.481) und Bromberg (57.696).

182 Vgl. zu den Schuldtiteln im Einzelnen: Haushaltsplan der Kämmerei-Hauptkasse zu Thorn für 1907/08, Thorn 1907, S. A 70.

183 Vgl. www.kriegssammlungen.de/index.php/popup?datensatznr=203&vari=Thorn (gelesen am 18.3.2014).

Tabelle 32 *Ausgaben für außerschulische Bildungsanstalten [1], Kunst und Wissenschaft sowie den Kultus in Halberstadt 1906 bis 1913 (auf ganze Mark gerundet)*

	1906	1907	1908	1909	1910	1911	1912	1913
Kirchen	1.903	1.903	1.903	1.903	1.903	1.903	1.903	1.903
Einnahmen aus dem Kirchengeläut der Martinigemeinde	*12*	*12*	*12*	*12*				
Museen [2]	5.615	5.682	5.394	5.353	5.675	5.640	5.690	6.530
Einnahmen aus den Eintrittsgeldern	*300*	*300*	*400*	*350*	*600*	*710*	*760*	*760*
Stadttheater	11.703	11.589	35.175	35.803	35.750	37.200	37.380	38.000
Anteil am Reingewinn	–	*1.000*			–	*1.000*		
Fotos altertümlicher, zum Abbruch kommender Gebäude	150	150	150	150	150	150	150	150
Erhalt von Kunstdenkmälern u. Gebäuden	300	300	300	300	300	600	600	600
Beitrag zum Germanischen Nationalmuseum	30	30	30	30	30	30	30	30
Beiträge zu Geschichtsvereinen [3]	95	95	95	95	95	95	95	98
Fonds zur Ehrung Kaiser Wilhelms I.	3.000	3.000	3.000	3.000	3.000	3.000	3.000	3.000
Fonds zur Ehrung von Bismarck	–	–	–	–	100	100	100	100
Gesamtausgaben	**•**	**5.474.218**	**•**	**10.814.266**	**•**	**7.894.528**	**•**	**9.014.440**

[1] Ohne Zahlungen an allgemeinbildende Schulen, das gewerbliche, kunstgewerbliche und landwirtschaftliche Bildungswesen, sowie an die Jugendpflege.

[2] Ab 1910 einschließlich Heineanum, das 1910 aus Eigenkapital weitere 2.500 M einsetzte, 1911: 2.710 M, 1912: 3.090 M, 1913: 3.200 M.

[3] Harzverein für Geschichts- und Altertumskunde; Hansischer Geschichtsverein; Verein zur Erhaltung der Denkmäler der Provinz Sachsen; ab 1913 auch: Verein für Kirchengeschichte der Provinz Sachsen.

Quellen:
Haushaltspläne der Stadt Halberstadt 1907, Halberstadt 1907, S. (I), 18–21, 35;
Haushaltspläne der Stadt Halberstadt 1909, Halberstadt 1909, S. 2 f., 10, 24–28, 170, 174, 178;
Haushaltspläne der Stadt Halberstadt 1911, Halberstadt 1911, S. 3, 43, 167–170;
Haushaltspläne der Stadt Halberstadt 1913, Halberstadt 1913.

Das im Regierungsbezirk Magdeburg gelegene Halberstadt wandte 1907 mit 20.800 M für die außerschulischen Bildungsanstalten, Kunst, Wissenschaft und Kultus gerade mal knapp 0,4 Prozent seines Gesamtetats von 5,5 Mio. M auf. Im Jahre 1913, als das kommunale Budget auf beachtliche 9 Mio. M gestiegen war, waren es schon 50.400 M oder 0,6 Prozent. Den entscheidenden Anteil an dieser Steigerung hatten die Gelder, die dem Stadttheater, das 1905 ein neues Haus beziehen konnte, zur Verfügung gestellt wurden. Sie bildeten wie in Thorn den größten Einzelposten unter den Aufwendungen für die außerschulischen Bildungsanstalten, Kunst, Wissenschaft und Kultus des Ortes am Rande des Harzes. Wie in der Weichselstadt gab es im Jahrzehnt vor dem Ersten Weltkrieg vor allem auf alten Rechtsansprüchen beruhende Zahlungen an die Kirchen, die jedoch geringer als in Thorn waren. Bemerkenswert ist ein jährlicher Posten von 150 M, um mit Hilfe der Fotografie, dem zur damaligen Zeit modernsten Bildmedium, vor dem Abriss stehende historische Gebäude wenigstens zu dokumentieren. Das war im Vergleich zu den 300 beziehungsweise 600 M, die für den materiellen Erhalt von Kunstdenkmälern und Bauten vorgesehen waren, eine recht große Summe. Beide Haushaltsposten sprachen für das sich entwickelnde

Heimat- und Geschichtsbewusstsein der Bürgerschaft, auch wenn insgesamt diese Gelder bei Weitem nicht ausreichten, dem rapiden Verlust an vor allem spätmittelalterlicher Bausubstanz im historischen Stadtbild wirkungsvoll entgegentreten zu können.

Ein Vergleich der Aufwendungen zur Denkmalpflege in Halberstadt mit denen in der um rd. 10.000 Einwohner größeren Stadt Bromberg (Tabelle 33) ist nicht möglich, da in den gedruckten Etats ein entsprechender Haushaltsposten nur bis zum Jahr 1901 ausgewiesen wurde. Von 1895 bis 1901 waren gewöhnlich nur 100 M vorgesehen. Dabei handelte es sich aber im direkten Wortsinne um Gelder für die Pflege von Denkmälern in der Stadt, wie die Anmerkungen zu den Posten von je 40 M in den Jahren 1892 und 1893, nach der die Kosten für die Ausschmückung des Kriegerdenkmals aus einem anderen Titel bezahlt würden, nahelegen. 1894 stand wohl eine größere Reparatur an, denn es wurden einmalig 500 M geplant, während 1890 immerhin 15.000 M für ein Kaiser-Wilhelm-Denkmal bereitgestellt wurden.

Tabelle 33 *Ausgaben für nichtschulische Bildungsanstalten [1], Kunst und Wissenschaft sowie den Kultus der Stadt Bromberg in den Jahren 1889 bis 1918 (in Mark)*

	1889	1890	1891	1892	1893	1894	1895	1896	1897
Zahlungen an Kirchen	61	61	61	61	61	61	61	61	3.136 [7]
Stadttheater *davon Zuschuss der Stadt* [2]	1.671	1.671	*3.000* [9]	*173* [9]				19.400 *9.390*	35.446 *25.436*
Volksbibliothek *davon Zuschuss der Stadt*									• *60* [6]
Städtische Denkmäler/ Unterhalt	40	15.040 [11]	40	40 [10]	40 [10]	500	100	100 [8]	100 [8]
Germanisches Nationalmuseum Nürnberg/ Beitrag	30	30	30	30	30	30	30	30	30
Gesamthaushalt	•	**1.035.448**	**1.091.184**	**1.137.532**	**1.221.471**	**1.267.406**	**1.424.466**	**1.599.643**	**1.672.294**

Tabelle 33 (Fortsetzung) *Ausgaben für nichtschulische Bildungsanstalten [1] …*

	1898	1899	1900	1901	1902	1903	1904	1905	1906	1907
Zahlungen an Kirchen	61	61	61	61	61	25	96	96	96	96
Stadttheater *davon Zuschuss der Stadt* [2]	32.908 *22.298*	37.277 *26.667*	37.504 *26.894*	40.155 *29.545*	40.134 *29.434*	41.062 *28.987*	39.039 *27.039*	34.850 *22.850*	41.720 *29.720*	42.281 *31.381*
Stadtbibliothek *davon Zuschuss der Stadt* [3]						7.800 *1.500*	16.905 *11.345*	20.767 *15.345*	22.660 *14.235*	23.373 *14.843*
Volksbibliothek *davon Zuschuss der Stadt* [4]	• *60* [6]	• *60* [6]	900 *440*	1.130 *620*	1.395 *635*	1.450 *640*	1.995 *940*	2.100 *1.265*	2.450 *1.645*	2.150 *1.320*
Städtische Denkmäler/ Unterhalt	100	200	100	100						
Dt. Gesellschaft f. Kunst u. Wissenschaft/ Beitrag				–	–	1.000	•	•		
Germanisches Nationalmuseum Nürnberg/ Beitrag	30	30	30	30	30	30	100	100	100	100
Gesamthaushalt	**1.791.505**	**1.900.355**	**2.082.215**	**2.464.368**	**8.468.552**	**5.204.665**	**5.739.312**	**5.672.479**	**6.615.000**	**6.112.977**

	1908	1909	1910	1911	1912	1913	1914	1915	1916	1917	1918
Zahlungen an Kirchen	96	96	96		96	96	96	96	96	96	96
Stadttheater *davon Zuschuss der Stadt* [2]	42.408 *31.788*	47.838 *36.718*	46.948 *35.828*	47.290 *36.170*	47.610 *33.990*	48.340 *34.720*	51.660 *38.040*	55.590 *42.170*	47.870 *34.450*	50.150 *36.740*	52.330 *35.910*
Stadtbibliothek *davon Zuschuss der Stadt* [3]	30.200 *20.920*	27.5009 *18.379*	30.346 *21.067*	29.500 *21.300*	34.200 *25.800*	36.040 *25.620*	38.840 *30.390*	40.160 *30.870*	40.170 *30.820*	43.340 *34.290*	53.460 *44.410*
Volksbibliothek *davon Zuschuss der Stadt* [4]	2.441 *1.611*	2.990 *2.025*	3.213 *2.223*	3.480 *2.480*	3.740 *2.490*	4.970 *3.990*	6.470 *5.560*	7.010 *6.240*	6.890 *6.350*	8.280 *7.780*	10.560 *10.010*
Kriegsmuseum [5]	–	–	–	–	–	–	–	–	–	–	5.000
Verzinsung u. Tilgung f. Ankauf d. Territoriums d. Kaiser-Wilhelm-Instituts f. Landwirtschaft	–	–	–	–	–	28.000	28.000	17.877	17.877	28.000	28.000
Dt. Gesellschaft f. Kunst u. Wissenschaft/Beitrag	–	–	–	–	–	500	500	500	500	500	500
Provinzialkomitee z. Förderung u. Pflege d. Naturdenkmäler/ Beitrag	•	•	150	150	150	150	150	150	150	150	150
Germanisches Nationalmuseum Nürnberg/ Beitrag	100	100	100	100	100	100	100	100	100	100	100
Gesamthaushalt	**6.123.156**	**7.057.221**	**6.818.630**	**7.628.350**	**6.176.040**	**6.665.520**	**7.148.160**	**7.368.830**	**7.510.900**	**8.854.100**	**10.422.100**

[1] Ohne die Zahlungen an allgemeinbildende Schulen, das gewerbliche, kunstgewerbliche und landwirtschaftliche Bildungswesen sowie an die Jugendpflege.
[2] Ab 1896 außerdem 10.000 M jährliche Subvention aus der Staatskasse; lt. Kabinettsordre vom 3.9.1906 wurden jährlich 10.000 M über fünf Jahre aus dem Allerhöchsten Dispositionsfonds gezahlt. Lt. Kabinettsordre vom 10.8.1911 wurden jährlich 13.000 M über fünf Jahre aus dem Allerhöchsten Dispositionsfonds gezahlt.
[3] Gegründet 1903 Mit jährlicher staatlicher Beihilfe von zunächst 5.000 M; lt. Erlass des Kultusministers vom 2.1.1906 dann jährlich 8.000 M. Außerdem wurden 1903 von der Deutschen Gesellschaft für Kunst und Wissenschaft 1.000 M sowie 1905: 330 M gezahlt. 1907 kamen von der Gesellschaft 320 M sowie 1908: 280 M.
Die Gebühreneinnahmen betrugen: 1903: 300 M; 1904: –; 1905: 92 M; 1906: 46 M; 1907–1910: je 151 M; 1911: ?; 1912: 151 M; 1913: 171 M; 1914: 201 M; 1915: 241 M; 1916: 301 M; 1917: 449 M; 1918: 449 M.
[4] Die Gebühreneinnahmen betrugen 1901: 500 M; 1902: 700 M; 1903: 750 M; 1904: 1.000 M; 1905–1908: je 800 M; 1909: 940 M; 1910: 955 M; 1911: ?; 1912: 980 M; 1913: 980 M; 1914: 910 M; 1915: 750 M; 1916: 525 M; 1917: 250 M; 1918: 350 M.
[5] Zur Sammlung von Material aus der Kriegszeit 1914 ff.
[6] Anteil der Stadt an den Heizkosten.
[7] Einschließlich diverse Baukosten sowie Kosten für eine Turmuhr (1.600 M).
[8] Ohne Ausschmückung der Denkmäler.
[9] Vorbereitung des Neubaus.
[10] Ohne Ausschmückung des Kriegerdenkmals.
[11] Einschließlich 15.000 M als Reservefonds zur Errichtung eines Kaiser-Wilhelm-Denkmals.

Quellen:
Stadthaushaltsplan der Stadt Bromberg für das Verwaltungsjahr vom 1. April 1890 bis 31. März 1891, Bromberg 1891, S. 15, 19, 63 f., 80;
Stadthaushaltsplan der Stadt Bromberg für das Verwaltungsjahr vom 1. April 1891 bis 31. März 1892, Bromberg 1891, S. 17–20, 80;
Stadthaushaltsplan der Stadt Bromberg für das Verwaltungsjahr vom 1. April 1892 bis 31. März 1893, Bromberg 1892, S. 16, 18 f., 21, 82;
Stadthaushaltsplan der Stadt Bromberg für das Verwaltungsjahr vom 1. April 1893 bis 31. März 1894, Bromberg 1893, S. 16–19, 86;
Stadthaushaltsplan der Stadt Bromberg für das Verwaltungsjahr vom 1. April 1894 bis 31. März 1895, Bromberg 1894, S. 16–19, 92;
Stadthaushaltsplan der Stadt Bromberg für das Verwaltungsjahr vom 1. April 1895 bis 31. März 1896, Bromberg 1895, S. 17, 19 f., 98;
Stadthaushaltsplan der Stadt Bromberg für das Verwaltungsjahr vom 1. April 1896 bis 31. März 1897, Bromberg 1896, S. 17–20, 83, 101;
Stadthaushaltsplan der Stadt Bromberg für das Verwaltungsjahr vom 1. April 1897 bis 31. März 1898, Bromberg 1897, S. 17–21, 87 f., 105;
Stadthaushaltsplan der Stadt Bromberg für das Verwaltungsjahr vom 1. April 1898 bis 31. März 1899, Bromberg 1898, S. 17–21, 89 f., 111;
Stadthaushaltsplan der Stadt Bromberg für das Verwaltungsjahr vom 1. April 1899 bis 31. März 1900, Bromberg 1899, S. 19, 21 f., 97 f.;
Stadthaushaltsplan der Stadt Bromberg für das Verwaltungsjahr vom 1. April 1900 bis 31. März 1901, Bromberg 1900, S. 20, 22 f., 97 f., 123;
Stadthaushaltsplan der Stadt Bromberg für das Verwaltungsjahr 1901, Bromberg 1901, S. 23, 25 f., 65, 133, 155;
Stadthaushaltsplan der Stadt Bromberg für das Verwaltungsjahr 1902, Bromberg 1902, S. 6, 15, 52–55;
Haushaltsplan der Stadt Bromberg 1903, Bromberg 1903, S. 6, 15, 24, 26, 128–141;

Haushaltsplan der Stadt Bromberg 1904, Bromberg 1904, S. 6, 26, 28, 112–127;
Haushaltsplan der Stadt Bromberg 1905, Bromberg 1905, S. 6, 18, 20, 118–131;
Haushaltsplan der Stadt Bromberg 1906, Bromberg 1906, S. 6, 16, 20, 110–123;
Haushaltsplan der Stadt Bromberg 1907, Bromberg 1907, S. 6, 16, 18, 112–125;
Haushaltsplan der Stadt Bromberg 1908, Bromberg 1908, S. 10, 20, 22, 120–131;
Haushaltsplan der Stadt Bromberg 1909, Bromberg 1909, S. 8, 18, 20, 116–127;
Haushaltsplan der Stadt Bromberg 1910, Bromberg 1910, S. 8, 18, 20, 120–131;
Haushaltsplan der Stadt Bromberg für 1911, Bromberg 1911 (die Teilpläne jeweils separat paginiert); ebenso für die Jahre 1912 bis 1918.

Die in Tabelle 33 ausgewiesenen, den kommunalen Etats zu entnehmenden Aufwendungen der Stadt Bromberg für kulturstaatliche Zwecke außerhalb des Unterrichtswesens wuchsen zwischen 1889/90 und 1918 überproportional: Der Gesamtetat stieg ganz beträchtlich von etwas mehr als 1 Mio. M im Jahre 1890 auf 10,4 Mio. M am Ende des Ersten Weltkrieges an, was einer Verzehnfachung entsprach. Der Sprung von 2,5 Mio. M im Jahre 1901 auf 8,5 Mio. M im Folgejahr wurde vor allem durch die Aufnahme einer Anleihe im Extraordinarium ermöglicht, die zum Ausbau der städtischen Infrastruktur diente. Die im Rahmen dieser Edition hier interessierenden Gelder für die außerschulischen Bildungsanstalten, Kunst, Wissenschaft und Kultus aber stiegen sogar von fast unbedeutenden 1.800 M im Jahre 1889 auf beachtliche 124.200 M, also auf das 69fache; berücksichtigt man auch noch die Zuschüsse aus dem Staatshaushalt bzw. dem Allerhöchsten Dispositionsfonds über 21.000 M, dann ergibt sich hier eine Vervielfachung sogar auf das 80fache. Die kulturstaatlichen Aufwendungen insgesamt, aber ohne Unterrichtswesen, machten für die Bromberger Budgets im Jahre 1907 einen Anteil von 0,8 Prozent aus, während es 1914 dann über 1,4 Prozent waren. Daran waren die einzelnen Sektoren des kulturstaatlichen Wirkens sehr unterschiedlich beteiligt.

Die Zahlungen an die Kirchen mit Beträgen unter 100 M fielen in Bromberg nahezu nicht ins Gewicht. Eine Ausnahme bildete das Jahr 1897, in dem die Kommune zusätzlich einen Teil außergewöhnlich hoher Baukosten sowie den Kauf einer Turmuhr (1.600 M) mit insgesamt mehr als 3.100 M finanzierte. Ab 1896 bis 1917 waren alljährlich die größten Einzelposten die kommunalen Zuschüsse für das Stadttheater, die von immerhin 25.400 M im Jahre 1897 bis auf 42.200 M für das zweite Kriegsjahr 1915 stiegen und von 1916 bis 1918 mit Beträgen zwischen 34.450 M und 36.740 M weiterhin noch sehr bedeutend blieben. Wie in Thorn bekam auch in Bromberg das Stadttheater zusätzlich staatliche Unterstützungen beziehungsweise Zuwendungen aus dem Allerhöchsten Dispositionsfonds. Von 1896 bis 1910 waren das wie in der Weichselstadt jeweils 10.000 M, ab 1911 sogar 13.000 M. Die Bühnenkunst wurde als Identifikationspunkt für das Deutschtum angesichts zu geringer Konsumkraft der Bevölkerung in beiden Kommunen stark gefördert. Ähnlich war es auch bei der Bibliothekspolitik von Bromberg, indem ab 1903 unter Zuhilfenahme staatlicher Fonds eine auf wissenschaftliche Ansprüche ausgerichtete Stadtbibliothek aufgebaut wurde, während die Volksbibliotheken zunächst nur geringe städtische Mittel bekamen. Erst mit dem Etat von 1913 erfuhren sie eine größere Förderung (von 2.490 M im Jahre 1912 auf 3.990 M), die sogar während des Weltkrieges anhielt und 1918 zu einem Zuschuss von immerhin 10.010 M führte. Der kommunale Beitrag für die Stadtbibliothek war im gleichen Jahr mit 44.410 M freilich viermal so hoch. Gegenüber 1912 hatten die Volksbibliotheken aber bedeutend aufgeholt. Bedeutende Anstrengungen unternahm die Kommune außerdem, um die Ansiedlung des Kaiser-Wilhelm-Instituts für Landwirtschaft zu ermöglichen. Von 1913 bis 1918 wurden dafür durchschnittlich 24.600 M, insgesamt immerhin 147.800 M, zur Verfügung gestellt.

Die in den Etats von Thorn und Bromberg vorliegenden Akzentuierungen der kulturstaatlichen Aufwendungen im Rahmen einer Deutschtumspolitik sind auch in den Budgets der Provinzialhauptstadt Posen mit einer mehr als dreimal so großen Einwohnerzahl zu finden (Tabelle 34). Dabei darf nicht vergessen werden, dass in derartigen Städten mit nationalen Minderheiten Parallelkulturen bestanden, die hinter vor allem sprachlichen und konfessionellen Grenzen einen eigenständigen, unter Umständen auch gewichtigen Teil des geistig-kulturellen Lebens in den Kommunen ausmachten. Wiewohl der Mehrheit der Bevölkerung sowie den politischen Entscheidungsträgern fremd und sich deshalb aus eigenen Quellen finanzierend, denen im Rahmen vorliegender Arbeit nicht nachgegangen werden kann, stellten diese Parallelkulturen eine nicht zu vernachlässigende Facette im Bild des Kulturstaats Preußen dar.[184]

184 Vgl. zur Rolle kulturstaatlicher Institutionen im polnisch-deutschen Osten Neugebauer, Wolfgang, Verwaltung und Gesellschaft in der Geschichte des preußischen Kulturstaats, in: Holtz, Bärbel (Hrsg.), Krise, Reformen – und Kultur. Preußen vor und nach der Katastrophe von 1806, Berlin 2010, v. a. S. 315 f.; speziell zu den Kunstvereinen in Posen und Königsberg Holtz, Bärbel, Das Kultusministerium und die Kunstpolitik 1808/17 bis 1933, in: Bd. 2/1 der vorliegenden Reihe, S. 441–448, 532–538.

Tabelle 34 *Ausgaben für außerschulische Bildungsanstalten [1], Kunst und Wissenschaft sowie den Kultus der Stadt Posen in den Jahren 1894 bis 1914 (auf ganze Mark gerundet)*

	1894	1895	1896	1897	1898	1899	1900	1901	1902	1903	1904	1905
Zahlungen an Kirchen [14]	•	•	•	•	•	•	•	•	•	•	•	1.000
Stadttheater												
Ausgaben gesamt	*38.202*	*38.172*	*40.350*	*41.360*	*41.900*	*42.090*	*42.064*	*42.544*	*42.744*	*44.197*	*43.565*	*46.058*
Zuschuss der Stadt	28.309	29.729	31.847	32.151	32.681	32.760	32.334	32.269	32.269	32.871	31.840	34.072
Baureparaturen seitens d. Stadt [2]	–	–	–	–	–	–	4.600	900	1.200	1.600	1.750	1.600
Städt. Leistungen auf das kgl. Darlehen [3]	4.780	4.796	4.809	4.819	4.826	4.830	4.731	7.935	8.135	4.719	4.811	4.797
Provinzialmuseum/ Zuschuss der Stadt	–	–	–	–	–	–	–	–	–	5.000	5.000	5.000
Verein der Freunde d. Wissenschaften/ Zuschuss zum Provinzialmuseum [4]	–	200	200	200	200	200	200	200	200	200	200	200
Lehrerverein/Zuschuss zum Schulmuseum [5]	–	–	–	–	–	300	500	500	500	500	500	500
Denkmäler/Unterhalt [6]	571	550	550	550	50	80	80	80	80	150	150	150
Germanisches Nationalmuseum/Beitrag	45	45	45	45	45	45	45	45	45	45	45	45
Historische Gesellschaft f. Posen/Beihilfe [7]	500	500	500	500	500	500	500	500	500	500	500	500
Schwäbischer Schiller-Verein/ Beitrag					–	–	–	20	20	20	20	20
Volksbibliothek in Wilna/Beitrag					–	–	300	300	300	300	300	300
Kaiser-Wilhelm-Bibliothek/Zuschuss [11]									5.250	5.250	5.250	5.250
Dt. Gesellschaft für Kunst und Wissenschaft/ Beihilfen [12]									•	•	•	750
Botanischer Garten											22.007	25.000
Zuschuss der Stadt											*19.582*	*20.000*
Sonstiges					100 [8]		100.000 [9]	20.000 [10]	30.000 [10]			
Gesamtausgaben	•	**3.421.567**	**3.268.189**	**3.468.370**	**3.802.371**	**4.274.598**	**10.590.521**	**9.549.892**	**9.649.056**	**9.269.064**	**9.625.956**	**8.825.667**

Tabelle 34 (Fortsetzung) *Ausgaben für außerschulische Bildungsanstalten [1] …*

	1906	1907	1908	1909	1910	1911	1912	1913	1914
Zahlungen an Kirchen [14]	1.000	1.000	1.000	1.000	1.000	1.000	1.000	1.000	1.000
Stadttheater									
Ausgaben ges. [15]	*45.481*	*44.860*	*45.750*	*47.456*	*104.662*	*126.210*	*135.570*	*152.350*	*196.660*
Zuschuss der Stadt	35.495	37.200	35.600	36.240	74.190	101.180	109.940	126.820	177.630
Baureparaturen seitens d. Stadt [2]	2.000	2.000	2.000	•	500	2.000	2.000	2.000	4.000
Städt. Leistungen auf das kgl. Darlehen [3]	4.880	4.757	4.834	4.805	4.773	4.738	–	–	–
Provinzialmuseum / Zuschuss	5.000	5.000	10.000	10.000	10.000	10.000	10.000	10.000	10.000
Verein der Freunde d. Wissenschaften/ Zuschuss zum Provin-zialmuseum [4]	200	200	200	200	200	200	200	1.000	1.000
Lehrerverein/ Zuschuss zum Schulmuseum [5]	500	500	500	500	500	500	500	500	500
Denkmäler/Unterhalt [6]	150	150	150	200	200	200	200	200	300
Provinzialverein z. Förderung u. Pflege d. Naturdenkmäler/ Beitrag					150	150	150	150	150
Germanisches Nationalmuseum Nürnberg/ Beitrag	45	45	45	45	45	45	45	45	45
Historische Gesellschaft f. Posen/Beihilfe [7]	500	500	500	500	500	500	500	500	500
Schwäbischer Schiller-Verein/ /Beitrag	20	20	20	20	20	20	20	20	20
Volksbibliothek in Wilna/Beitrag	300	300	300	300	300	300	600	600	600
Kaiser-Wilhelm-Bibliothek/Zuschuss [11]	5.250	5.250	5.250	5.250	5.250	5.250	5.250	5.250	5.250
Dt. Gesellschaft für Kunst und Wissenschaft/ Beihilfen [12]	750	[750?]	750	[750?]	750	750	750	750	750
Botanischer Garten	25.000	25.000	26.500	27.600	28.730	18.330	20.225	•	•
Zuschuss der Stadt	*20.000*	*20.000*	*8.500*	*9.250*	*9.230*	*8.500*	*8.500*	•	•
Sonstiges			600 [13]	1.000 [16]					
Gesamtausgaben	**9.736.837**	**10.567.633**	**11.951.853**	**13.769.189**	**14.648.819**	**15.078.695**	**16.163.589**	**17.139.779**	**18.478.198**

[1] Ohne Zahlungen an allgemeinbildende Schulen, das gewerbliche, kunstgewerbliche und landwirtschaftliche Bildungswesen sowie an die Jugendpflege.
[2] Aufwendungen der städtischen Hochbauverwaltung für laufende und einmalige Reparaturen.
[3] Von der Stadt von 1884/85 bis 1911/12 gezahlte Zinsen und Tilgungsraten zum Darlehn über 90.000 M aus dem Königlichen Dispositionsfonds für einen Neubau des Stadttheaters.
[4] Unterhalt der vor- und kunstgeschichtlichen Abteilung des Provinzialmuseums.
[5] Beihilfe zum Unterhalt des Schulmuseums.
[6] Einschließlich Unterhalt eines Wetterhäuschens und dazugehöriger Anlagen; ab 1898 ohne Aufwendungen für die Blumenanlagen bei den Denkmälern.
[7] Fortsetzung des Urkundenbuchs für die Stadt Posen.
[8] Beitrag zum Denkmal von Theodor Gottlieb von Hippel in Bromberg.
[9] Zuschuss zum Grunderwerb für die Kaiser-Wilhelm-Bibliothek.
[10] Neubau des Stadttheaters, Rate.
[11] Zinsen und Tilgung auf die von der Stadt aufgenommene Schuld über 100.000 M zum Grunderwerb (vgl. Tabellen-Anm. 9).
[12] Beihilfen zur Förderung des Kunsthandwerks durch öffentliche Vorträge; vor 1905 nicht spezifiziert bei den „unvorhergesehenen Ausgaben vorbehaltlich besonderer Bewilligung“ verbucht.
[13] Zuschuss an den Deutschen Photographischen Verein zur Jahrestagung und Ausstellung in Posen.
[14] Seelsorge in Krankenanstalten.
[15] Einschließlich der Zinsen und Tilgung auf die Bausumme von 1.237.000 M für das am 1.10.1910 in Betrieb genommene neue Stadttheater.
[16] Zuschuss zur Versammlung der Deutschen Gesellschaft für Anthropologie, Ethnologie und Urgeschichte.

Quellen:

Voranschlag für die Einnahmen und Ausgaben der Stadtgemeinde Posen in dem Verwaltungsjahre vom 1. April 1896 bis 31. März 1897, Posen 1896, S. 8 f., 42 f., 136–141, 160 f., 192–195;

Voranschlag für die Einnahmen und Ausgaben der Stadtgemeinde Posen in dem Verwaltungsjahre vom 1. April 1897 bis 31. März 1898, Posen 1897, S. 8 f., 42 f., 138–145, 166 f., 200–203;

Voranschlag für die Einnahmen und Ausgaben der Stadtgemeinde Posen in dem Verwaltungsjahre vom 1. April 1898 bis 31. März 1899, Posen 1898, S. 10 f., 56 f., 188–193, 220 f., 252 f.;

Voranschlag für die Einnahmen und Ausgaben der Stadtgemeinde Posen in dem Verwaltungsjahre vom 1. April 1899 bis 31. März 1900, Posen 1899, S. 4–7, 38 f., 122 f., 136–143;

Voranschlag für die Einnahmen und Ausgaben der Stadtgemeinde Posen in dem Verwaltungsjahre vom 1. April 1900 bis 31. März 1901, Posen 1900, S. 10 f., 38 f., 122–125, 172 f., 182–185, 276 f.;

Voranschlag für die Einnahmen und Ausgaben der Stadtgemeinde Posen in dem Verwaltungsjahre vom 1. April 1901 bis 31. März 1902, Posen 1901, S. 10, 40–43, 140 f., 186 f., 196–199, 306 f.;

Voranschlag für die Einnahmen und Ausgaben der Stadtgemeinde Posen in dem Verwaltungsjahre vom 1. April 1902 bis 31. März 1903, Posen 1902, S. 10 f., 40–43, 144–147, 194 f., 202–205, 304 f.;

Voranschlag für die Einnahmen und Ausgaben der Stadtgemeinde Posen in dem Verwaltungsjahre vom 1. April 1903 bis 31. März 1904, Posen 1903, S. 10 f., 40–43, 150–153, 202 f., 210–213;

Voranschlag für die Einnahmen und Ausgaben der Stadtgemeinde Posen in dem Verwaltungsjahre vom 1. April 1904 bis 31. März 1905, Posen 1904, S. 10 f., 44 f., 156–159, 212 f., 222–225;

Voranschlag für die Einnahmen und Ausgaben der Stadtgemeinde Posen in dem Verwaltungsjahre vom 1. April 1905 bis 31. März 1906, Posen 1905, S. 10 f., 26 f., 44 f., 158–161, 216 f., 226–229;

Voranschlag für die Einnahmen und Ausgaben der Stadtgemeinde Posen in dem Verwaltungsjahre vom 1. April 1906 bis 31. März 1907, Posen 1906, S. 12 f., 22 f., 38–41, 66 f., 132–135, 146 f., 182 f., 188 f.;

Voranschlag für die Einnahmen und Ausgaben der Stadtgemeinde Posen in dem Verwaltungsjahre vom 1. April 1907 bis 31. März 1908, Posen 1907, S. 10 f., 47–49, 61, 66 f., 74 f., 97–103;

Voranschlag für die Einnahmen und Ausgaben der Stadtgemeinde Posen in dem Verwaltungsjahre vom 1. April 1908 bis 31. März 1909, Posen 1908, S. 10 f., 18 f., 51–53, 74 f., 84 f., 107;

Voranschlag für die Einnahmen und Ausgaben der Stadtgemeinde Posen in dem Verwaltungsjahre vom 1. April 1909 bis 31. März 1910, Posen 1909, S. 10, 21, 51, 75, 89, 113, 118 f.;

Voranschlag für die Einnahmen und Ausgaben der Provinzialhauptstadt Posen in dem Verwaltungsjahre vom 1. April 1910 bis 31. März 1911, Posen 1910, S. 10, 18–20, 51–53, 69, 77, 79, 93, 117, 122–125;
Voranschlag für die Einnahmen und Ausgaben der Stadtgemeinde Posen in dem Verwaltungsjahre vom 1. April 1911 bis 31. März 1912, Posen 1911, S. 10, 49–51, 67, 75, 88 f., 113, 118 f.;
Voranschlag für die Einnahmen und Ausgaben der Stadtgemeinde Posen in dem Verwaltungsjahre vom 1. April 1912 bis 31. März. 1913, Posen 1912, S. 10, 20, 49–51, 67, 75, 88 f., 115, 121;
Voranschlag für die Einnahmen und Ausgaben der Residenzstadt Posen in dem Verwaltungsjahre 1913 vom 1. April 1913 bis 31. März 1914, Posen 1913, S. 10, 20, 49–51, 67, 73, 75, 114, 118 f.;
Voranschlag für die Einnahmen und Ausgaben der Stadtgemeinde Posen in dem Verwaltungsjahre vom 1. April 1914 bis 31. März 1915, Posen 1914, S. 10, 20, 49–51, 75, 77, 120 f.

Der Anteil der Aufwendungen für die außerschulischen Bildungsanstalten, Kunst, Wissenschaft und Kultus im Kommunalhaushalt von Posen betrug, wie Tabelle 34 zu entnehmen ist, mit 35.820 M im Jahre 1895 gerade mal 1,1 Prozent des Gesamtbudgets von 3.4 Mio. M; 1907 lag der Anteil bei 0,7 Prozent. 1910 waren die kulturstaatlichen Aufwendungen außerhalb des Unterrichtswesens zwar auf 108.000 M und damit auf das Dreifache von 1895 gestiegen, da das Gesamtbudget sich aber vervierfacht hatte, blieb der Anteil der kulturstaatlichen Aufwendungen wie schon 1907 bei 0,7 Prozent; 1914 waren es dann knapp 1,1 Prozent. Wie in Thorn und Bromberg beanspruchte den höchsten Einzelposten das Theaterwesen. 1895 waren es mit 34.500 M immerhin 96 Prozent der Gelder für die außerschulischen Bildungsanstalten, Kunst, Wissenschaft und Kultus, 1910 mit 79.500 M noch 74 Prozent. Für ein neues Theater hatte die Stadt bereits 1884 ein königliches Darlehn bekommen, dessen Verzinsung und Tilgung mit jährlich knapp 5.000 M zu Buche schlug. Außerdem bestand ein eigenständiges polnisches Theater, das keine öffentlichen Mittel erhielt. Ferner leistete sich Posen noch einen Beitrag von 10.000 M zu dem in seinen Mauern beheimateten Provinzialmuseum und 8.500 M Zuschuss für den Botanischen Garten. Schließlich unterstützte die Kommune mit 5.250 M den Betrieb der wissenschaftlichen Kaiser-Wilhelm-Bibliothek, während eine Volksbibliothek nur 300 M erhielt.

Einzelheiten zur Finanzierung des Stadttheaters, die exemplarisch auch für andere kommunale Bühnen ist, sind der Tabelle 35 zu entnehmen.

Tabelle 35 *Die Finanzierung des Stadttheaters Posen in den Jahren 1878, 1883, 1894 und 1916 (auf ganze Mark gerundet)*

	1878	1883	1894	1916
Einnahmen				
Zinsen vom Stammvermögen	288	263	250	240
Mieten [2]	236	•	•	3.882
Weitere Einnahmen [3]	•	8.935	5.610	14.050
Zuschuss der Kämmereikasse	27	12.879	28.932	144.630
Ausgaben				
Besoldung	540 [3]	6.653	7.323	20.532
Sonstiges [4]	11	15.423	29.445	142.278
Ausgaben gesamt	**551**	**22.076**	**36.768**	**162.810**
Anteil des Kämmereizuschusses an den Ausgaben	*4,9 %*	*58,3 %*	*78,7 %*	*88,8 %*
Gesamtausgaben der Stadt	1.306.366	1.241.881	1.803.848	19.471.501
Anteil des Kämmereizuschusses an den Gesamtausgaben der Stadt	*0,002 %*	*1,037 %*	*1,604 %*	*0,743 %*

[1] 1916 Erstattungen vom Wirtschaftspächter, einschließlich 8 M sonstige Einnahmen.
[2] 1916 Erstattungen vom Direktor.
[3] Besoldung des Theaterkastellans.
[4] 1916 Sachkosten.

Quellen:

Voranschlag für die Einnahmen und Ausgaben der Stadtgemeinde Posen in dem Verwaltungsjahre vom 1. April 1878 bis 31. März 1879, Posen 1878, S. 9, 20;

Voranschlag für die Einnahmen und Ausgaben der Stadtgemeinde Posen in dem Verwaltungsjahre vom 1. April 1883 bis 31. März 1884, Posen 1883, S. 11, 26;

Voranschlag für die Einnahmen und Ausgaben der Stadtgemeinde Posen in dem Verwaltungsjahre vom 1. April 1894 bis 31. März 1895, Posen 1894, S. 6, 20;

Haushaltsplan der Residenzstadt Posen im Rechnungsjahr 1916 (1. April 1916 bis 31. März 1917), Posen 1916, S. 122 f.

Vorstehende Tabelle 35 illustriert den Übergang des Posener Theaters von einem im Wesentlichen kommerziellen Unternehmen, das 1878 auf Rechnung eines Impressarios mit nur sehr geringen städtischen Zuschüssen arbeitete, bereits fünf Jahre später zu einer Institution, die in stärkerem Maße von öffentlichen Geldern abhängig war. Drei Jahrzehnte weiter war der Spielbetrieb nur noch mit Hilfe des Kommunalhaushalts möglich.

Wenn vorstehend die stärkere Förderung von Theatern und wissenschaftlichen Bibliotheken in den östlichen Provinzen in Zusammenhang mit der preußisch-deutschen Germanisierungspolitik gestellt wurde, so relativiert sich dieses Bild aber mit einem Blick auf den in Tabelle 36 erfassten Haushalt der in der Rheinprovinz gelegenen Stadt Düsseldorf, wo ebenfalls Bühnen und Bibliotheken auffallend große Etatposten beanspruchten. Das legt den Schluss nahe, dass im Untersuchungszeitraum von den Magistraten mittlerer und größerer preußischer Städte gerade diese beiden kulturstaatlichen Bereiche, neben dem Unterrichtswesen, als zentrale und prestigeträchtige Aufgabenfelder angesehen wurden, die in durchaus unterschiedlichen Umfeldern und mit differenzierter Ausrichtung wirkten. Bühnen hatten danach nicht nur eine wichtige Funktion bei der Freizeitgestaltung, sondern sollten im Sinne Schillers als moralische Anstalt wirken und zugleich eine Bildungsfunktion ausüben.

Bei einer Analyse der Daten von Düsseldorf ist zu beachten, dass bei den meisten Ausgabeposten in der Quelle ursprünglich die Aufwendungen für Baumaßnahmen einschließlich Reparaturen nicht mit erfasst wurden, sondern als separate Einzelposten unter den Ausgaben der Hochbauverwaltung erschienen; im Rahmen der Tabelle 36 werden sie aber, zur besseren Vergleichbarkeit mit den Etats der anderen Städte, den einzelnen kulturstaatlichen Bereichen bis 1920 nach Möglichkeit zugewiesen. Für die Jahre ab 1921 konnte das nicht fortgesetzt werden, da der gedruckte Haushalt von Düsseldorf für die Hochbauverwaltung nicht mehr aufgeschlüsselt wurde. Die Separierung der Baukosten führte ferner zu der kuriosen Situation, dass in einzelnen Jahren die ausgewiesenen städtischen Zuschüsse für einzelne Kostenträger über den in deren Einzeletats erfassten Ausgaben lagen, wie zum Beispiel bei der Städtischen Sternwarte „Charlottenruhe“ zu Düsseldorf/Benzenberg'sche Stiftung in den Jahren 1914 und 1920.

Tabelle 36 *Ausgaben für nichtschulische Bildungsanstalten [1], Kunst und Wissenschaft sowie den Kultus der Stadt Düsseldorf in den Jahren 1889 bis 1898, 1914 bis 1922, 1924 bis 1926 (auf ganze Mark/Reichsmark gerundet)*

	1889	1890	1891	1892	1893	1894	1895	1896	1897	1898
Theater [2] *Einnahmen* [3]	29.878 *11.745*	30.968 *12.755*	26.245 *19.255*	46.593 *30.744*	49.225 *30.884*	50.225 *31.164*	50.400 *31.164*	49.751 *29.414*	50.697 *31.907*	50.297 *31.907*
Orchester *Einnahmen*	66.192 *51.700*	72.604 *54.246*	72.936 *51.986*	73.072 *52.422*	78.045 *55.075*	78.175 *52.665*	78.500 *59.919*	83.670 *56.598*	83.577 *54.277*	85.355 *54.536*
Städtischer Musikdirektor/Gehalt	–	6.000	6.000	6.000	6.000	6.000	6.000	6.000	6.000	6.000
Musikverein/ Pensionszuschuss	1.500	1.500	1.500	1.500	1.500	1.500	1.500	1.500		
Städtische Tonhalle *Zuschuss der Stadt*				170.600 *31.200*	182.000 *25.600*	190.100 *38.950*				
Städtische Sternwarte [4] *Zuschuss der Stadt*	4.620 *3.400* [7]	4.700 *3.400* [7]	4.700 *3.400* [8]	4.700 *3.400*	5.270 *3.900*	5.270 *3.900*	5.270 *3.900*	5.270 *3.900*	4.960 *3.900*	4.960 *3.900*
Historisches Museum [5]	1.260 [6]	1.370 [6]	1.400 [6]	1.420 [6]	1.420 [6]	1.524 [6]	1.529 [6]	1.530 [6]	1.519	1.549
Volksbibliotheken	1.485	1.710	1.960	2.160	2.170	2.335	2.905	5.885	6.525	7.445
Kunstverein f. Rheinland u. Westfalen/ Aktien	300	300	300	300	300	300	300	300	300	300
Gemäldegalerie-Verein/ Zuschuss	6.000	6.000	6.000	6.000	6.000	6.000	6.000	6.000	6.000	6.000
Germanisches Nationalmuseum/ Beitrag	30	100	100	100	100	100	100	100	100	100
Geschichtsvereine sowie Kunst- u. Naturdenkmale/ Beiträge usw.	100	100	140	140	140	140	690	690	690	690
Kunsthalle/ bauliche Unterhaltung	1.000	1.000	1.000	1.000	1.000	1.000	1.000	1.000	1.000	2.500
Kirchen/ bauliche Unterhaltung	1.100	1.100	1.100	1.100	1.100	1.100	1.100	1.100	1.100	1.100
Landesbibliothek/ bauliche Unterhaltung	• [6]	• [6]	• [6]	• [6]	• [6]	• [6]	• [6]	• [6]	300	1.800
Denkmäler u. Springbrunnen/ Unterhaltung	400	400	400	400	400	400	400	1.000	1.000	1.000
Rathaussaal/ Ausschmückung	–	–	–	6.200	–	–	–	5.500	–	1.800
Gesamtausgaben	**19.332.862**	**21.616.464**	**24.962.577**	**24.130.252**			**27.303.070**	**27.701.040**	**29.619.962**	**32.215.615**

Tabelle 36 (Fortsetzung) *Ausgaben für nichtschulische Bildungsanstalten [1] …*

	1914	1915	1916	1917	1918	1919	1920	1921	1922
Theater [2]	386.856	518.956	544.956	558.756	582.956	949.056	1.506.956	12.977.456	21.475.956 [27]
Einnahmen [3]	*2.500*	*2.500*	*2.500*	*200*	*100*	*100*	*900.500*	*9.138.000*	*11.673.000*
Schauspielhaus/Zuschuss	50.000	50.000	50.000	50.000	100.000	100.000	–	150.000	–
Zuschuss zur Hochschule f. Bühnenkunst	20.000	–	9.000	9.000	9.000	9.000	–	20.000	–
Orchester	238.200	261.100	265.000	269.000	276.000	291.900	1.139.600	1.764.000	4.369.000
Einnahmen	*47.500*	*204.000*	*203.000*	*204.500*	*207.200*	*256.700*	*1.086.100*	*1.564.000*	*2.527.900*
Städt. Musikdirektor/ Gehalt	16.000	16.000	16.000	16.000	16.000	16.000	20.194	45.660	150.000
Ehem. städt. Musikdirektor/ Pension	3.267	3.267	3.267	3.267	3.267	3.267	3.267	6.500	13.000
Städtische Sternwarte [4]	4.090	4.090	4.090	4.090	4.090	4.090	14.190	14.190	29.100 [29]
Zuschuss der Stadt	*5.900*	*3.000*	*4.100*	*3.700*	*3.800*	*4.000*	*14.800*	*13.650*	
Museen [5] [9]	135.100	124.350	124.400	125.300	136.100	144.150	275.830	405.600	1.093.600 [28]
Stadtarchiv					•	4.259	4.500	8.500	10.000 [24]
Ausstellungspalast/ Zuschuss [13]	857	2.050	4.550	5.950	7.110	5.590	25.000	32.100	67.800 [30]
Volksbibliotheken [10]	77.600	75.420	74.420	76.300	80.620	134.570	426.500	590.200	1.742.200
Einnahmen	*3.500*	*4.000*	*4.000*	*4.300*	*4.300*	*5.300*	*23.800*	*60.300*	*62.300*
Landes- und Stadtbibliothek [11]	52.700	53.370	53.780	55.600	55.400	71.600	150.500	255.100	2.402.700 [31]
Musikalische Volksbibliothek	–	500 [12]	500 [12]	500 [12]	500	–	–	–	–
Kunstverein f. Rheinland u. Westfalen/ Aktien	345	345	345	345	345	345	345	690	690
Germanisches Nationalmuseum/ Beitrag	150	150	150	150	150	150	150	150	1.000
Geschichtsvereine sowie Kunst- u. Naturdenkmalpflege/Beiträge usw.	23.212 [14]	1.306	1.306	1.306	1.306	1.306	4.909 [16]	4.318 [16]	5.518
Rheinischer Goethe-Verein/ Festspielbeitrag	10.000	10.000	2.000	2.000	2.000	1.000	1.000	1.000	1.000
Dt. Dichter-Gedächtnis-Stiftung/ Beitrag								200	200
Verein z. Veredlung d. Lichtspiele „Lichtspielkultur"								3.000	3.000
Naturwissenschaftl. Vereine/ Beiträge	162	162	162	162	162	162	167	180	180
Kunsthalle/ bauliche Unterhaltung	2.744	1.400	1.500	2.180	1.100	1.700		18.000 [21]	
Akademie f. prakt. Medizin	77.000	69.050	71.150	71.700	73.700	88.000	396.000	891.000	2.410.000
Zuschuss	*71.000*	*68.400*	*64.000*	*64.000*	*66.000*	*80.000*	*347.000*	*837.000*	*1.100.000*
Akademie f. kommunale Verwaltung	62.000	51.900	53.150	68.400	75.550	89.150	189.812	312.500 [23]	995.550
Zuschuss [13]	*40.500*	*40.600*	*45.100*	*26.150*	*48.350*	*53.350*	*51.662*	*183.000*	*765.550*
Internat. Institut f. Hotelbildungswesen	29.700	48.000	38.000	46.700	44.200	47.900	114.000	200.500	
Zuschuss [15]	*11.500*	*19.700*	*19.800*	*27.700*	*25.700*	*25.600*	*28.540*	*112.500*	
Denkmäler u. Springbrunnen/ Unterhaltung	2.000	2.000	2.000	2.000	2.000	2.000	2.000	2.000	30.000
Kunstankaufsfonds	30.000	4.904	3.679	33.826	4.575	4.747	4.937	5.906	5.773
Kunstakademie/ Zuschuss [18]					–	50.000 [17]	49.600 [19]	49.000 [19]	52.000
Sonstiges						300.000 [22]		500.000 [20]	1.500.000 [32]
Gesamtausgaben	**106.034.677**	**97.941.134**	**100.887.969**	**112.665.486**	**119.081.237**	**179.725.715**	**392.042.125**	**581.063.779**	**1.438.951.749**

Tabelle 36 (Fortsetzung) *Ausgaben für nichtschulische Bildungsanstalten [1] …*

	1924	1925	1926
Theater [2] *Einnahmen*	1.765.240 *1.302.000*	2.658.000 *1.676.000*	2.501.760 *1.501.760*
Orchester *Einnahmen*	169.700 *142.100*	782.800 *429.800*	772.976 *436.276*
Städtische Sternwarte [4] *Zuschuss der Stadt*	6.600 *5.500*	10.500 *9.300*	16.300 *15.100*
Stadtarchiv	4.100 [24]	4.100 [24]	2.100 [24]
Ausstellungen u. Museen zus. [33]	268.310	426.610	372.100 [34]
Volksbibliotheken [10] *Einnahmen*	122.100 *16.000*	176.025 *16.000*	208.025 *16.000*
Landes- und Stadtbibliothek [11]	66.200	85.275	103.275
Kunstverein f. Rheinland u. Westfalen/ Aktien	276	276	276
Germanisches Nationalmuseum/Beitrag	150	150	150
Geschichtsvereine + Kunst- u. Naturdenkmalpflege/ Beiträge usw.	3.231	2.221	2.371
Rhein. Goethe-Verein/Beitrag zu den Festspielen	1.000	1.000	1.000
Naturwiss. Vereine/ Beiträge	162	162	165
Dt. Dichter-Gedächtnis-Stiftung/ Beitrag	100	100	100
Verein zur Veredlung der Lichtspiele „Lichtspielkultur"	1.000	1.000	–
Akademie f. praktische Medizin/Zuschuss	•	183.700	228.400
Staatl. Fachschule f. Wirtschaft u. Verwaltung/Zuschuss	8.900	10.800	10.500
Niederrhein. Frauenakademie	15.500	16.000	20.500
Westdt. sozialhygienische Akademie/Zuschuss	7.500	4.000	7.300
Denkmäler u. Springbrunnen/Unterhaltung	3.000	5.000	6.500
Kunstakademie/Zuschuss	37.900	33.100	26.100
Sonstiges	–	–	50.000 [35]
Gesamtausgaben	**97.405.800**	**106.631.900**	**114.789.850**

[1] Ohne Zahlungen an allgemeinbildende Schulen, das gewerbliche, kunstgewerbliche usw. Bildungswesen sowie an die Jugendpflege.

[2] Einschließlich Zinsen und Tilgung des Baukapitals sowie laufender Bau- und Unterhaltungskosten. – Ab 1924 werden die Haushalte des Düsseldorfer Theaters und des Schauspielhauses zusammen als Haushalt des Vereinigten städtischen Theaters geführt. In den Haushaltsentwürfen für 1924 und 1925 werden Zinsen und Tilgung des Baukapitals für das Düsseldorfer Theater mit 0 RM eingestellt; 1926 wird ein entsprechender Posten nicht mehr erwähnt und die Hochschule für Bühnenkunst schon ab 1924 nicht mehr.

[3] Vor allem Miete des Theaterdirektors für die Benutzung des Gebäudes und des Fundus.

[4] Städtische Sternwarte „Charlottenruhe" zu Düsseldorf/ Benzenberg'sche Stiftung. – Zur baulichen Unterhaltung 1889: 400 M; 1890: 500 M, 1911 bis 1915 außerdem jährlich 500 M für Reparaturen usw. aus dem Etat der Hochbauverwaltung, 1916: 550 M.
Während im Spezialetat der Sternwarte 1891 ein Zuschuss von 3.400 M ausgewiesen wird, verzeichnet der ‚Ordentliche Etat der Stadtkasse' 3.900 M.

[5] Historisches Museum, Naturwissenschaftliche Sammlung des Loebbecke-Museums, Hetjens-Museum, Städtische Kunstsammlungen.

[6] Einnahmen aus Stiftungskapitalien und Zuschüssen der Provinz betrugen 1915 und 1916 je 9.000 M, aus dem Katalogverkauf 1889–1890: je 60 M, 1891–1898: je 50 M sowie aus Eintrittsgeldern 1914: 620 M, 1915 und 1916: je 350 M.

[9] Einschließlich der Summen aus dem Etat der Hochbauverwaltung für Reparaturen usw. im Hetjens-Museum: 1914: 1.612 M, 1915: 700 M, 1916: 650 M, 1917: 800 M.

[10] Einschließlich der Beiträge an den Büchereiverein Düsseldorf-Oberkassel und die Zentralstelle zur Bekämpfung der Schundliteratur 1914–1916: je 420 M sowie 1924–1926 jährlich 100 RM für den Verband Oberschlesischer Büchereien.

[11] Einschließlich der Summen aus dem Etat der Hochbauverwaltung für Reparaturen usw. 1914: 120 M, 1915–1917: je 300 M sowie zur Bibliothek des Vereins der Eisenhüttenleute 1914: 1.000 M, 1915–1917:

je 2.000 M, 1924: 1.000 RM, 1925–1926: je 3.000 RM. Ab 1924 auch jährlich 100 RM als Beitrag zur Gesellschaft der Freunde der Deutschen Bücherei (Leipzig) und ab 1925 jährlich 75 RM an die Zentralbibliothek für Blinde.
Düsseldorf erhielt zum Betrieb der Landes- und Stadtbibliothek einen jährlichen Staatszuschuss von 5.395 M.

[12] Nicht abgerufene Etatsummen, da die Musikalische Volksbibliothek wegen des Krieges nicht eingerichtet wurde.

[13] Ab 1920 Hochschule für kommunale Verwaltung – Einschließlich der Summen aus dem Etat der Hochbauverwaltung für Reparaturen usw.

[14] Einschließlich 10.000 M für ein Werk zur Geschichte der Stadt sowie 1.400 M für ein Werk zum Düsseldorfer Dialekt.

[15] Ab 1919 Hochschule für Hotel- und Verkehrswesen.

[16] 1920 einschließlich 3.600 M für ein Werk zur Grammatik des Düsseldorfer Dialekts sowie 1921 einschließlich 3.000 M für das Düsseldorfer Wörterbuch.

[17] Einschließlich 20.000 M Preisgeld für ein Preisausschreiben zum Umbau der Kunstakademie.

[18] Einschließlich Frauen-Kunstschule.

[19] Einschließlich jährlich 15.000 M Zuschuss an die Stiftungskasse der Kunstakademie 1920–1922 anlässlich des 100-jährigen Bestehens.

[20] Garantiefonds für die Ausstellung 1921.

[21] Ruhegehalt des Direktors der Kunsthalle.

[22] Förderung der bildenden Kunst.

[23] Im Haushaltsplan für 1922 (S. 243) für das Vorjahr: 384.585 M Ausgaben sowie 229.885 M Zuschuss.

[24] Nur Sachkosten sowie 1924–1926 einschließlich jährlich 100 RM jährlich an das Rheinisch-Westfälische Wirtschaftsarchiv.

[27] Einschließlich Zinsen und Tilgung des Baukapitals sowie laufender Bau- und Unterhaltungskosten. – 1922 wurden 11.058.000 M Einnahmen aus dem Eintritt sowie dem Verkauf von Theaterzetteln und Textbüchern erwartet, ferner 209.100 M aus Mieten. Einahmen aus der Lustbarkeitssteuer wurden mit 0 M veranschlagt. Hinzu kamen 320.000 M „vom Reich zu erstattende Wirtschaftsbeihilfe (Besatzungszulage)“.

[28] Einschließlich Jahresbeitrag von 10 RM für den Verein „Rheinmuseum“.

[29] Einschließlich 15.000 M für den Bau eines Zaunes.

[30] Einschließlich 10.000 M zusätzliche Heizkosten.

[31] Einschließlich 91.000 M für Baumaßnahmen und Einrichtungsgegenstände sowie den städtischen Beitrag zur Bibliothek des Vereins der Eisenhüttenleute 1920–1922 je 3.000 M und 100 M jährlicher Beitrag zur Gesellschaft der Freunde der Deutschen Bücherei (Leipzig).
Düsseldorf erhielt zum Betrieb der Landes- und Stadtbibliothek einen jährlichen Staatszuschuss von 5.395 M.

[32] 200.000 M Beitrag zum Tonkünstlerfest 1922, 300.000 M Garantiefonds des Vereins zur Veranstaltung von Kunstausstellungen und 1.000.000 M Garantiefonds der Ausstellung 1921.

[33] Ausstellungspalast, Historisches Museum, Naturwissenschaftliche Sammlung des Loebbecke-Museums, Hetjens-Museum, Städtische Kunstsammlungen, Kunstgewerbemuseum zusammen mit dem Jahresbeitrag von 10 RM für den Verein „Rheinmuseum“ sowie 100 RM für das Deutsche Hygiene-Museum. – 1924 wurden 20.200 RM als Einnahmen in den Haushalt eingestellt, darunter 6.000 RM Miete usw. für den Ausstellungspalast, 11.700 RM Einnahmen des Kunstgewerbemuseums, 300 RM Eintrittsgelder (ohne Kunstgewerbemuseum) sowie 2.000 RM Zuschuss der Provinz zum Kunstmuseum. 1925 betrugen die Einnahmen insgesamt 12.900 RM, 1926: 7.900 RM.

[34] Außerdem 3.000 RM Rücklage für ein neues Museumsgebäude.

[35] 30.000 RM für den Verein Düsseldorfer Künstler, 10.000 RM für die Düsseldorfer Künstler-Witwen-Kasse sowie 10.000 RM Zuschuss zur Freilichtbühne.

Quellen:

Haushalts-Etat. Stadt Düsseldorf. Haushalts-Etat für das Etatsjahr vom 1. April 1890 bis 31. März 1891, Düsseldorf 1890 *(in fünf separat gebundenen Teilen erschienen)*;

Haushalts-Etat. Stadt Düsseldorf. Haushalts-Etat für das Etatsjahr vom 1. April 1892 bis 31. März 1893, Düsseldorf 1892 *(in fünf separat gebundenen Teilen erschienen)*;

Haushalts-Etat. Stadt Düsseldorf. Haushalts-Etat für das Etatsjahr vom 1. April 1893 bis 31. März 1894, Düsseldorf 1893 *(in fünf separat gebundenen Teilen erschienen)*;

Haushalts-Etat. Stadt Düsseldorf. Haushalts-Etat für das Etatsjahr vom 1. April 1894 bis 31. März 1895, Düsseldorf 1895 *(in fünf separat gebundenen Teilen erschienen)*;

Haushalts-Etat. Stadt Düsseldorf. Haushalts-Etat für das Etatsjahr vom 1. April 1896 bis 31. März 1897, Düsseldorf 1896 *(in fünf separat gebundenen Teilen erschienen)*;

Haushalts-Etat. Stadt Düsseldorf. Haushalts-Etat für das Etatsjahr vom 1. April 1898 bis 31. März 1899, Düsseldorf 1898 *(in fünf separat gebundenen Teilen erschienen)*;

Haushalts-Plan. Stadt Düsseldorf, Düsseldorf 1915, Bd. 1: Haupthaushaltsplan mit den dazugehörigen Sonderhaushaltsplänen und dem Haushaltsplan der außerordentlichen Verwaltung der Stadtkasse, S. 5–7, 12–15, 88, 91 f., 237–261, 330; Bd. 2: Haushaltspläne der selbständigen städtischen Kassen, S. 201;

Haushalts-Plan. Stadt Düsseldorf, Düsseldorf 1916, Bd. 1: Haupthaushaltsplan mit den dazugehörigen Sonderhaushaltsplänen und dem Haushaltsplan der außerordentlichen Verwaltung der Stadtkasse, S. 5, 12–15, 88–93, 242–266, 344; Bd. 2: Haushaltspläne der selbständigen städtischen Kassen, S. 203;

Haushalts-Plan. Stadt Düsseldorf, Düsseldorf 1917, Bd. 1: Haupthaushaltsplan mit den dazugehörigen Sonderhaushaltsplänen und dem Haushaltsplan der außerordentlichen Verwaltung der Stadtkasse, S. 5, 7, 12–15, 88–92, 241–266; Bd. 2: Haushaltspläne der selbständigen städtischen Kassen, S. 203

Haushalts-Plan. Stadt Düsseldorf, Düsseldorf 1918, Bd. 1: Haupthaushaltsplan mit den dazugehörigen Sonderhaushaltsplänen und dem Haushaltsplan der außerordentlichen Verwaltung der Stadtkasse, S. 4–7, 12–15, 86–90, 239–264, 334; Bd. 2: Haushaltspläne der selbständigen städtischen Kassen, S. 203;

Haushalts-Plan. Stadt Düsseldorf, Düsseldorf 1919, Bd. 1: Haupthaushaltsplan mit den dazugehörigen Sonderhaushaltsplänen und dem Haushaltsplan der außerordentlichen Verwaltung der Stadtkasse, S. 5–7, 12–15, 86, 89 f., 237–262, 340; Bd. 2: Haushaltspläne der selbständigen städtischen Kassen, S. 209;

Haushalts-Plan. Stadt Düsseldorf, Düsseldorf 1920, Bd. 1: Haupthaushaltsplan mit den dazugehörigen Sonderhaushaltsplänen und dem Haushaltsplan der außerordentlichen Verwaltung der Stadtkasse, S. 5–7, 12–15, 98, 101, 103, 242–268, 364; Bd. 2: Haushaltspläne der selbständigen städtischen Kassen, S. 219;

Haushalts-Plan. Stadt Düsseldorf, Düsseldorf 1921, Bd. 1: Haupthaushaltsplan mit den dazugehörigen Sonderhaushaltsplänen und dem Haushaltsplan der außerordentlichen Verwaltung der Stadtkasse, S. 5, 14–18, 24, 80, 83, 227–264, 384; Bd. 2: Haushaltspläne der selbständigen städtischen Kassen, S. 143,

Haushalts-Plan. Stadt Düsseldorf, Düsseldorf 1922, Bd. 1: Haupthaushaltsplan mit den dazugehörigen Sonderhaushaltsplänen und dem Haushaltsplan der außerordentlichen Verwaltung der Stadtkasse, S. 5–7, 16–20, 26, 80, 82, 216–243, 378; Bd. 2: Haushaltspläne der selbständigen städtischen Kassen, S. 118;

Stadt Düsseldorf. Haushaltsplan für das Rechnungsjahr 1924, Düsseldorf 1924, Bd. 1: Haupthaushaltsplan mit den dazugehörigen Sonderhaushaltsplänen und dem Haushaltsplan der außerordentlichen Verwaltung der Stadtkasse, S. 10–13, 18, 45, 119–135;

Stadt Düsseldorf. Haushaltsplan für das Rechnungsjahr 1925, Düsseldorf 1925, Bd. 1: Haupthaushaltsplan mit den dazugehörigen Sonderhaushaltsplänen und dem Haushaltsplan der außerordentlichen Verwaltung der Stadtkasse, S. 11, 13–17, 23, 28, 140–158, 188 f., Bd. 2: Haushaltspläne der selbständigen städtischen Kassen, S. 29;

Stadt Düsseldorf. Haushaltsplan für das Rechnungsjahr 1926, Düsseldorf 1926, Bd. 1: Haupthaushaltsplan mit den dazugehörigen Sonderhaushaltsplänen und dem Haushaltsplan der außerordentlichen Verwaltung der Stadtkasse, S. 15–17, 24, 52, 145–161, 188 f.; Bd. 2: Haushaltspläne der selbständigen städtischen Kassen, S. 264.

Tabelle 36 zeigt zunächst, dass sich der Düsseldorfer Gesamthaushalt von 1889 bis 1914 verfünffacht hatte und von 19,3 Mio. M auf beeindruckende 106,0 Mio. M gestiegen war. Obwohl die Zahl der Einwohner im Vergleich zu Posen nur doppelt so hoch war, betrug das städtische Gesamtbudget mehr als das Fünffache. Das war Ausdruck einer wesentlich stärkeren Wirtschaftskraft der im Westen gelegenen Kommune und bot den dortigen Stadtvätern Möglichkeiten, bei der Finanzierung von außerschulischen Bildungsanstalten, von Kunst, Wissenschaft und Kultus teilweise andere Akzente zu setzen. Während für diese kulturstaatlichen Bereiche 1889 mit 49.800 M gerade mal 0,3 Prozent des Gesamtbudgets (19,3 Mio. M) in Anspruch genommen wurden, gab man 1914 schon 1,1 Mio. M aus, was das 21fache der Summe von vor einem Vierteljahrhundert und fast 1 Prozent des Gesamtbudgets ausmachte. Das Wachstum des Gesamthaushalts wurde durch den Ersten Weltkrieg zunächst unterbrochen, aber schon 1917 und dann 1918 lagen die Gesamtsummen über der von 1914. Im letzten Kriegsjahr waren auch die Ausgaben für die außerschulischen Bildungsanstalten, für Kunst, Wissenschaft und Kultus mit 1,2 Mio. M höher als im Jahre 1914. Diese Vermehrung entsprach ungefähr dem Aufwuchs des Etats insgesamt; der Anteil der Gelder für die hier interessierenden kulturstaatlichen Bereiche lag 1918 geringfügig über dem Satz von 1914. Nach dem Krieg wuchs der Gesamtetat von 1919 bis 1922 rasant. Das war vor allem der offen zum Ausbruch kommenden Inflation und den deshalb gezahlten Teuerungszulagen geschuldet, aber nicht allein. Während 1918 noch 119,1 Mio. M zur Verfügung standen, waren es 1919 bereits 179,7 Mio. M, und 1922 waren sogar 1.439 Mio. M vorgesehen. Auch wenn die zuletzt genannte Summe haushaltstechnisch kaum noch von Relevanz war, angesichts der immer schnelleren Geldentwertung ab Mai 1922, so lassen sich doch Rückschlüsse auf die von der Stadtverwaltung intendierte Kultuspolitik ziehen.

Es ist bemerkenswert, dass der Anteil der geplanten Ausgaben für die außerschulischen Bildungsanstalten, für Kunst, Wissenschaft und Kultus am Gesamtetat 1919 mit 1,1 Prozent schon über dem Satz von 1918 lag und 1922 dann mit 2,8 Prozent sogar zweieinhalbmal so groß war. Da zu dieser Entwicklung einige große Bauprojekte beitrugen, liegt die Vermutung nahe, dass die Kommune unter Ausnutzung der Inflation ihre kulturstaatliche Infrastruktur zu verbessern suchte. Dabei handelte es sich sowohl um dringende Sanierungsmaßnahmen, die seit Kriegsbeginn aufgeschoben worden waren, als auch um Neubauten.

Der erste ausbilanzierte Haushalt Düsseldorfs nach der Währungsstabilisierung sah 1924 bei einem Gesamtvolumen von 97,4 Mio. RM einen Anteil von 1,05 Prozent für die außerschulischen Bildungsanstalten, für Kunst, Wissenschaft und Kultus vor. Zwei Jahre später konnte Düsseldorf über insgesamt 114,8 Mio. RM verfügen, von denen immerhin 2,07 Prozent für kulturstaatliche Belange außerhalb des Unterrichtswesens vorgesehen waren. In den „Goldenen Zwanzigern" wandte also eine großstädtische Kommune einen doppelt so hohen Anteil vom Budget wie vor 1914 für kulturstaatliche Zwecke neben dem unmittelbaren Unterrichtswesen auf. Da die Aufwendungen für die bauliche Unterhaltung nicht einzeln ausgewiesen wurden, sondern nur als Sammelposten im Etat der Hochbauverwaltung erschienen, lag der Anteil der Ausgaben für die außerschulischen Bildungsanstalten, für Kunst, Wissenschaft und Kultus de facto sogar noch etwas höher. Im Jahre 1924 kommt man unter Berücksichtigung jener 43.500 RM auf einen Anteil von 1,09 Prozent gegenüber den bereits benannten 1,05 Prozent.

Wie in den anderen bisher betrachteten Städten war auch in Düsseldorf der größte Einzelposten des Etats der für das Theater. Wenn nun aber in den in Tabelle 36 dokumentierten Perioden die in den städtischen Haushalten ausgewiesenen Einnahmen der Bühne äußerst unterschiedlich ausfielen, dann ist das wahrscheinlich darauf zurückzuführen, dass über die Zeit verschiedene Methoden der Buchführung praktiziert wurden, die zum Beispiel entweder die Erlöse aus der Verpachtung an die Impressarii oder die Gaststättenbetreiber erfassten oder bereits vor der Aufnahme in das städtische Budget mit den Betriebsausgaben verrechneten, so dass nur teilweise minimale Überschüsse verblieben, die der öffentlichen Hand zugute kamen. Ferner fällt gegenüber den bisher betrachteten Städten auf, dass Düsseldorf neben einem eigenen Orchester, dessen Zuschüsse ebenfalls zu den größten kulturstaatlichen Einzelposten neben dem Unterrichtswesen gehörten, auch zahlreiche Museen usw. finanzierte. Eine lokale Besonderheit war schließlich die Unterhaltung der Städtischen Sternwarte „Charlottenruhe", die auf der Benzenberg'schen Stiftung beruhte, deren Ertrag aber im Untersuchungszeitraum die Kosten dieser Bildungs- und Kultureinrichtung in keiner Weise mehr decken konnte und von der Stadt subventioniert wurde.

Vergleicht man nun den Düsseldorfer Haushalt für 1914, der noch zu Friedenszeiten aufgestellt wurde, mit dem für das Kriegsjahr 1918, dann ist festzustellen, dass es einige Positionen gab, für die nahezu die gleichen Beträge vorgesehen waren, wie zum Beispiel für die Museen, für das stattliche Gehalt des Städtischen Musikdirektors und für den ebenso beachtlichen Zuschuss zur Pension seines Vorgängers. Andere Bereiche verzeichneten bedeutende Veränderungen. Besonders auffallend ist die Zunahme beim Theaterwesen, das 1914 noch rd. 454.000 M bekam, vier Jahre später aber schon 691.900 M. Weitere beachtenswerte Aufwüchse verzeichneten der Ausstellungspalast (von rd. 850 M auf 7.110 M) sowie die Akademie für kommunale Verwaltung (von 40.500 M auf 48.350 M) und das Internationale Institut für Hotelbildungswesen (von 11.500 auf 25.700 M). Dem standen einschneidende Kürzungen gegenüber. Beim städtischen Orchester wurde durch eine massive Erhöhung der Einnahmen der Zuschuss von 190.700 M auf – immer noch sehr beachtliche – 68.800 M reduziert. Der Beitrag an den Rheinischen Goethe-Verein für die Festspiele wurde von 10.000 M auf 2.000 M beschränkt, und auch die Akademie für praktische Medizin musste statt mit 71.000 M im Jahre 1914 mit 66.000 M im Jahre 1918 auskommen. Bei all dem ist zu beachten, dass bereits im letzten Kriegsjahr die meisten Betriebskosten vor allem wegen der Teuerungszuschläge bei den Besoldungen gegenüber der Zeit vor 1914 spürbar gestiegen waren. Wenn schließlich der Kunstankauffonds von 30.000 M auf gerade mal 4.575 M gesenkt wurde, dann ist anzunehmen, dass es sich bei den 1918 zur Verfügung gestellten Geldern wohl im Wesentlichen um zweckgebundene

Einkünfte aus Stiftungen oder Vermächtnissen usw. handelte. Unter den Geldern für Geschichtsvereine usw., die 1914 über 23.000 M betrugen, waren in gerade jenem Haushalt einmalig 10.000 M für die Abfassung einer mehrbändigen Stadtgeschichte sowie 1.400 M für ein dialektkundliches Werk dabei.

Für die Jahre von 1924 bis 1926 ist festzustellen, dass jene Budgettitel, die bereits in den Vorperioden stark gefördert wurden, wie das Theaterwesen, das Orchester und die Bibliotheken, jetzt ebenfalls bedeutende Aufwüchse verzeichneten. Hinzu kamen neue Ausgabeposten wie die Niederrheinische Frauenakademie, deren Zuschuss von 15.500 RM auf 20.500 RM wuchs, sowie die Westdeutsche sozialhygienische Akademie, die zwischen 4.000 RM und 7.500 RM erhielt. Die Förderung derartiger Einrichtungen spielte für eine Stadt, die sich seit längerem um die Einrichtung einer eigenen Universität bemühte, eine wichtige Rolle und war nicht nur eine Zukunftsinvestition, sondern zahlte sich bereits durch die Vermehrung der Steuereinnahmen aus. Inwieweit die Verringerung der Zuschüsse für die Kunstakademie damit in Zusammenhang stand, müssen weiterführende Untersuchungen klären. Anzumerken bleibt schließlich, dass erstmals ein Haushaltstitel für das Stadtarchiv ausgewiesen wurde; bis dato waren die entsprechenden Aufwendungen einer Sammelposition zugeordnet, und auch jetzt wurden nur die Sachkosten gesondert ausgewiesen.

Das um rd. 50.000 Einwohner größere Frankfurt/Main wies in seiner Haushaltsstruktur verschiedene Ähnlichkeiten mit Düsseldorf auf, wie nachstehender Tabelle 37 zu entnehmen ist.

Tabelle 37 *Ausgaben für nichtschulische Bildungsanstalten [1], Kunst und Wissenschaft sowie den Kultus der Stadt Frankfurt/Main in den Jahren 1870 bis 1877 und 1882 bis 1894 (auf ganze Mark gerundet)*

	1870	1871	1872	1873	1874	1875	1876	1877
Theater-AG/ Subvention		17.140	17.140	17.140	17.140	17.143	17.143	17.143
Neues Theater [24] *Einnahmen aus dem Verkauf von Logen*						1.406.518 *205.714*	92.610 *214.286*	113.190
Dotationen an lutherische Gemeinden		33.385		48.849	48.849	48.857	48.857	48.857
Dotation der kath. Gemeinde		22.374		32.737	32.737	32.473	32.473	32.473
Prästationen an lutherische Landprediger		3.791		5.375	5.375	5.377	5.377	5.377
Wohnungsmiete des Dom-Glöckners		141		206	206	206	206	206
Evangel.-luther. Konsistorium	746	3.965	143			5.418	5.418	5.418
Reformiertes Konsistorium	34	726	9				429	429
Vereintes evangelisch-protestantisches Konsistorium	771	462	189					
Unterhalt lutherischer Kirchen		351		514	514	514	514	514
Unterhalt katholischer Kirchen		176		257	257	257	257	257
Kirchenbau *Königl. Zuschuss zum Dombau*		46.856 [5]		68.560 [5]	602.471	102.857 *34.286*	450.000 *34.286*	537.650 *34.286*
Stadtbibliothek	7.107 [20]	12.771	6.925 [20]	20.873	22.052	22.233	22.477	19.505 [2]
Stadtarchiv	1.692 [20]	9.649	1.371 [20]	16.268	16.468	15.087	14.755	14.880
Gemäldegalerie [21]		2.665 [22]	2.231	5.061 [22]	6.061 [22]	6.389 [22]	6.497 [22]	7.740 [22]
Germanisches Nationalmuseum/Beitrag		117		171	171	171	171	
Geschichtsvereine/ Beiträge		117		171	171	1.029	171	
Goethe-Gedenken [3]		205		300	300	300	300	
Senckenbergische Naturforschende Gesellschaft/ Zuschuss		1.757	1.757			2.571		
Physikalischer Verein		1.757		2.571	2.571	2.571		
Verein f. Geographie u. Statistik						857	1.000	1.000
Gesamtausgaben	**2.883.905**	**3.440.301**	**6.193.062**	**6.241.342**	**8.796.089**	**7.494.870**	**9.833.760**	**10.599.513**

Tabelle 37 (*Fortsetzung*) *Ausgaben für nichtschulische Bildungsanstalten [1] …*

	1882	1883	1884	1885	1886	1887	1888	1889	1886	1887	1888	1889
Opernhaus bauliche Unterhaltung [4]	19.250	6.813	23.380	52.558	44.178	44.568	45.890	48.071	44.178	44.568	45.890	48.071
Schauspielhaus bauliche Unterhaltung [10]	7.250	3.000	11.131	21.158	16.040	21.494	19.375	28.074	16.040	21.494	19.375	28.074
Neue Theater-AG/ Subvention	33.333	80.000	80.000	80.000	80.000	150.000	150.000	150.000	80.000	150.000	150.000	150.000
Theater-Feuerwache [11]	4.023	6.648	5.347	5.497	5.485	7.585	7.585		5.485	7.585	7.585	
Dotationen an lutherische Gemeinden	49.557	49.557	49.557	49.557	49.557	49.557	49.557	49.557	49.557	49.557	49.557	49.557
Dotation der katholischen Gemeinde	32.743	32.743	32.743	32.743	32.743	32.743	32.743	32.743	32.743	32.743	32.743	32.743
Prästationen an lutherische Landprediger	5.591	5.719	5.719	5.719	5.719	5.719	5.719	5.719	5.719	5.719	5.719	5.719
Städtisches Kirchengeläut zu Feiertagen	139	139	139	139	159	158	158	158	159	158	158	158
Evangel.-luther. Konsistorium	5.236	5.429	5.429	5.429	4.786	4.786	4.786	4.786	4.786	4.786	4.786	4.786
Reformiertes Konsistorium	516	686	686	686	686	686	686	686	686	686	686	686
Unterhalt lutherischer Kirchen	310	514	514	514	514	514	514	514	514	514	514	514
Unterhalt katholischer Kirchen	253	257	257	257	257	257	257	257	257	257	257	257
Kirchenbau		*3.000* [12]	6.000 [5]				30.000 [8]	74.000 [8] [13]			30.000 [8]	74.000 [8] [13]
Stadtbibliothek	21.285	21.888 [2]	24.830 [2]	29.240 [2]	33.000	32.785	115.509 [9]	116.388 [9]	33.000	32.785	115.509 [9]	116.388 [9]
Stadtarchiv	19.741	21.910	20.020	20.880	22.108	23.005	22.865	22.671	22.108	23.005	22.865	22.671
Verein f. Geschichte u. Altertumskunde					1.000 [7]	1.000 [7]	1.000 [7]	1.000 [7]	1.000 [7]	1.000 [7]	1.000 [7]	1.000 [7]
Germanisches Nationalmuseum/ Beitrag	150	150	150	150	150	150	150	150	150	150	150	150
Kommission f. Kunst- und Altertumsgegenstände	6.819	6.400	6.400	10.050 [6]	11.095 [6]	11.350 [6]	11.550 [6]	11.550 [6]	11.095 [6]	11.350 [6]	11.550 [6]	11.550 [6]
Einnahmen aus Eintrittskarten	*894*	*1.000*	*900*	*900*	*900*	*900*	*800*	*800*	*900*	*900*	*800*	*800*
Goethe-Gedenken [3]	300	360	400	400	400	400	400	400	400	400	400	400
Senckenbergische Naturforschende Gesellschaft/ Zuschuss	–	–	2.000	–	–	–	–	–	–	–	–	–
Physikalischer Verein	3.500	3.500	3.500	3.500	3.500	3.500	3.500	3.500	3.500	3.500	3.500	3.500
Verein f. Geographie u. Statistik	1.000	1.000	1.000	1.000	1.000	1.000	1.000	1.000	1.000	1.000	1.000	1.000
Gesamtausgaben	•	•	**16.935.706**	**16.797.410**	**14.990.904**	**13.981.802**	**14.549.683**	**14.708.165**	**14.990.904**	**13.981.802**	**14.549.683**	**14.708.165**

Tabelle 37 (Fortsetzung) *Ausgaben für nichtschulische Bildungsanstalten [1] ...*

	1890	1891	1892	1893	1894
Opernhaus [4]	41.880	22.444 [17]	18.945 [17]	21.562 [17]	19.060
Schauspielhaus [10]	19.937	12.121 [17]	6.945 [17]	12.834 [17]	10.490
Neue Theater-AG/ Subvention	150.000	167.366	200.000	200.000	200.000
Theaterneubau am Bockenheimer Tor (Anleihe v. 26.6.1874, Zinsen u. Rückzahlung)		75.195	73.440	71.685	69.795
Dotationen an lutherische Gemeinden	49.557	53.167 [18]	52.860 [18]	52.860 [18]	52.860 [18]
Dotation der katholischen Gemeinde	32.743	32.743	32.743	32.743	33.443
Prästationen an lutherische Landprediger	5.719	5.248	6.005	6.005	6.005
Städtisches Kirchengeläut zu Feiertagen	158	158	158	200	200
Evangel.-luther. Konsistorium	4.786	4.702	4.786	4.786	4.786
Reformiertes Konsistorium	686	647	686	•	686
Unterhalt lutherischer Kirchen	514	513	514	514	514
Unterhalt katholischer Kirchen	257	253	257	257	257
Kirchenbau	41.530 [14]			217.500 [14]	270.500 [14]
Stadtbibliothek	117.904 [15]	38.262	43.691	138.379 [15]	47.879
Stadtarchiv	22.846	23.999	35.136	26.637	24.663
Verein f. Geschichte u. Altertumskunde	1.000 [7]	1.000 [7]	1.000 [7]	1.000 [7]	1.000
Germanisches Nationalmuseum/ Beitrag	150	1.150 [19]	150	150	150
Kommission f. Kunst- und Altertumsgegenstände *Einnahmen aus Eintrittskarten*	11.550 [6] *800*	24.313 [6] [23] *914*	29.300 [6] [23] *800*	38.330 [6] [23] *800*	37.245 [23] *1.000*
Goethe-Gedenken	400	(100?)			100
Senckenbergische Naturforschende Gesellschaft/ Zuschuss	–	–	–	–	–
Freies Deutsches Hochstift					4.000
Physikalischer Verein	3.500	3.500	3.500	3.500	3.500
Verein f. Geographie u. Statistik	1.000	600	600	600	600
Gesamtausgaben	**17.489.695**	**•**	**19.397.189**	**21.028.687**	**20.832.719**

[1] Ohne Zahlungen an allgemeinbildende Schulen, das gewerbliche, kunstgewerbliche usw. Bildungswesen sowie an die Jugendpflege; außerdem ohne die Aufwendungen für die Restaurierung bzw. bauliche Gestaltung des sogenannten Römers. – Die Gulden-Beträge der Haushaltsetats für 1870 bis 1874 wurden nach dem Satz des Wiener Münzvertrages von 1857, 1 Fl. = 1,714 Mark, umgerechnet.

[2] Einschließlich 1877 und 1883–1885 jährlich 200 M zum Ankauf einer Münzsammlung von Eduard Rüppell gemäß Magistratsbeschluss vom 18.2.1876.

[3] 1871 und 1873–1876 allein Beitrag zur Goethe-Stiftung Weimar: 300 M, ab 1883 einschließlich 60 M zur Pflege des Familiengrabes, ab 1884 einschließlich weiterer jährlicher 100 M.

[4] 1885 bis 1893 einschließlich jährlich 840 M Anteil am Gehalt des Maschinisten sowie Aufwendungen für die Brandversicherung 1885: 32.951 M, 1886–1890: jährlich 26.480 M.

[5] Rate zum Dombau.

[6] Einschließlich einer jährlichen Rente von 2.200 M an Karl Theodor Reiffenstein, die ursprünglich bis 1897 gezahlt werden sollte, für den 1876 erfolgten Erwerb einer Sammlung von Stadtansichten; Reiffenstein starb jedoch schon am 9.12.1893.

[7] Von 1886 bis 1891 jährlich 1.000 M für Bestandsübersichten und Inventare zum Stadtarchiv.

[8] 30.000 M Rate zum Bau der Peterskirche; 1889 erneut eingestellt.

[9] Einschließlich 30.000 M als 1. Rate für den Erweiterungsbau der Stadtbibliothek; 1889 erneut eingestellt.

[10] 1885–1889 einschließlich der Brandversicherung in Höhe von jährlich 9.158 M, 1890: 7.236 M.

[11] Ab dem Haushalt 1889 nicht mehr gesondert ausgewiesen; Teilaufwendungen finden sich im Haushalt der Berufsfeuerwehr wie die Kosten für Wache und Übungszeiten in den Theatern 1887: 3.258 M, 1888: 3.450 M, 1889: 2.830 M.

[12] Einnahme vom Dombau-Verein.

[13] 30.000 M erneut eingestellte Rate zum Bau der Peterskirche plus 20.000 M Rate für die Dom-Orgel plus 24.000 M Rate zur Wiederherstellung der Dominikanerkirche in den nicht zur Turnhalle verwendeten Teilen (Gesamtbewilligung von 41.348 M lt. Magistratsbeschluss vom 24.6.1887).

[14] 1890: 10.000 M zum Bau der Peterskirche plus 31.530 M für den Dom, 1893: 200.000 M für die Peterskirche und 17.500 M für ein Requisitenhaus zum Dom, 1894: 253.000 M für die Peterskirche und 17.500 M für den Dom.

[15] Einschließlich 1890: 80.000 M sowie 1893: 90.500 M für den Erweiterungsbau der Stadtbibliothek, für den insgesamt 427.000 M lt. Beschluss des Magistrats vom 27.2.1891 vorgesehen waren.

[17] Einschließlich der Hälfte der Instandhaltungskosten für die Telegraphenanlagen im Opern- und Schauspielhaus von 1891: 830 M, 1892 und 1893: je 1.150 M.

[18] Einschließlich Entschädigung für Brennholz: 1891: 4.310 M, ab 1892: 4.003 M.

[19] Einschließlich 1.000 M als Beitrag zum Ankauf der Sammlung des Fürsten Sulkowsky.

[20] Nur Sachausgaben.

[21] Ab 1874: Kommission für Kunst- und Altertumsgegenstände.

[22] 1871 einschließlich einer jährlichen Rente für Eduard Rüppell von 1.300 M, 1873 und 1874 dann von 1.885 M, 1875–1877 von jährlich 1.903 M anlässlich der Übereignung von Sammlungen.

[23] Einschließlich 5.000 M zum Ankauf kunstgewerblicher Gegenstände im Jahr 1891; ab 1892 jährlich 10.000 M.

[24] Zinsen und Tilgung 1875: 86.518 M, 1876: 92.610 M aus der Anleihe über 2.058.000 M vom 26.6.1874 sowie Baukosten (im Extraordinarium) 1875: 1.320.000 M.

Quellen:

Haushalts-Etat der Stadt Frankfurt a./M. für das Jahr 1870, genehmigt durch die Beschlüsse des Magistrats und der Stadtverordneten-Versammlung vom 21. November 1869 und 4. März 1870 bez. 15. Februar 1870, Frankfurt/M. 1870, S. 12 f., 18 f., 33 f.;

Haushalts-Etat der Stadt Frankfurt a./M. für das Jahr 1871, genehmigt durch die Beschlüsse des Magistrats und der Stadtverordneten-Versammlung vom 30. März und 18. April 1871, Frankfurt/M. 1871, S. 4, 7–9, 12, 39;

Haushalts-Etat der Stadt Frankfurt a./M. für das Jahr 1872, genehmigt durch die Beschlüsse des Magistrats und der Stadtverordneten-Versammlung vom 20. Juni und 12. Juli 1872, Frankfurt/M. 1872, S. 12, 19, 32, 34, 40;

Haushalts-Etat der Stadt Frankfurt a./M. für das Jahr 1873. Genehmigt durch die Beschlüsse des Magistrats und der Stadtverordneten-Versammlung vom 6. und 27. Mai 1873, Frankfurt/M. 1873, S. 2, 5–7, 10, 17;

Haushalts-Etat der Stadt Frankfurt a./M. für das Jahr 1874. Genehmigt durch die Beschlüsse des Magistrats und der Stadtverordneten-Versammlung vom 31. März und 5. Mai 1874, Frankfurt/M. 1874, S. 2, 6, 8, 11, 46;

Haushalts-Etat der Stadt Frankfurt a./M. für das Jahr 1875. Genehmigt durch die Beschlüsse des Magistrats und der Stadtverordneten-Versammlung vom 13. Mai und 1. Juni 1875, Frankfurt/M. 1875, S. 2, 6–8, 10–13, 18, 35, 41;

Haushalts-Etat der Stadt Frankfurt a./M. für das Jahr 1876. Genehmigt durch die Beschlüsse des Magistrats und der Stadtverordneten-Versammlung vom 16. und 23. Mai 1876, Frankfurt/M. 1876, S. 2, 6–9, 11 f., 17;

Haushalts-Etat der Stadt Frankfurt a./M. für das Jahr 1877. Genehmigt durch die Beschlüsse des Magistrats und der Stadtverordneten-Versammlung vom 8 und 18. Mai 1877, Frankfurt/M. 1877, S. 5, 7–12, 16, 33 f.;

Haushalts-Plan der Stadt Frankfurt am Main für die Zeit vom 1. April 1884 bis 31. März 1885, Frankfurt/M. 1884, S. 7 f., 15, 39, 105, 145, 179, 247–251, 269;

Haushalts-Plan der Stadt Frankfurt am Main für die Zeit vom 1. April 1885 bis 31. März 1886, Frankfurt/M. 1885, S. 6 f., 15, 39, 99, 103, 145, 179, 247–251;

Haushalts-Plan der Stadt Frankfurt am Main für die Zeit vom 1. April 1887 bis 31. März 1888, Frankfurt/M. 1887, S. 6 f., 17, 39, 109, 113, 158, 193, 265–269;
Haushalts-Plan der Stadt Frankfurt am Main für die Zeit vom 1. April 1888 bis 31. März 1889, Frankfurt/M. 1888, S. 6 f., 17, 43, 117, 123, 167, 201, 274–279, 301;
Haushalts-Plan der Stadt Frankfurt am Main für die Zeit vom 1. April 1889 bis 31. März 1890, Frankfurt/M. 1889, S. 6 f., 17, 45, 121, 127, 169, 207, 287–289, 311–313;
Haushalts-Plan der Stadt Frankfurt am Main für die Zeit vom 1. April 1890 bis 31. März 1891, Frankfurt/M. 1890, S. 6 f., 17, 45, 89, 101, 103, 121, 127, 214 f., 292–297, 319;
Haushalts-Plan der Stadt Frankfurt am Main für die Zeit vom 1. April 1893 bis 31. März 1894, Frankfurt/M. 1893, S. 8–11, 21, 103, 109, 203–205, 287–293, 317;
Haushalts-Plan der Stadt Frankfurt am Main für die Zeit vom 1. April 1894 bis 31. März 1895, Frankfurt/M. 1894, S. 6–11, 21, 29, 87, 99, 101, 107, 215–217, 293, 302–309, 333.

Tabelle 37 folgend verdreifachte sich in Frankfurt/Main der Gesamtetat in nur sieben Jahren zwischen 1871 und 1877 von 3,4 Mio. M auf 10,6 Mio. M. Die hierin enthaltenen Aufwendungen für die außerschulischen Bildungsanstalten, für Kunst, Wissenschaft und Kultus wurden im gleichen Zeitraum von 158.000 M auf 805.000 M erhöht, was einer Verfünffachung beziehungsweise Anteilen von 4,6 Prozent und 7,6 Prozent entsprach. Diese Sätze liegen ganz wesentlich über denen für alle anderen bisher besprochenen Städte. Der Hauptgrund dürfte vermutlich darin liegen, dass im Haushalt der Main-Stadt jeweils große Zahlungen an die Kirchen insbesondere für Bauten ausgewiesen wurden, während in den Etats der bisher betrachteten Kommunen nur kleinere Beträge, darunter vor allem solche, die auf alten Rechtstiteln beruhten, zu finden waren. Rechnet man nun 1871 und 1877 für Frankfurt/Main die Gelder für den Kultus im engeren Sinne heraus, so ergeben sich Aufwendungen für die außerschulischen Bildungsanstalten, für Kunst und Wissenschaft von 46.000 M beziehungsweise 173.000 M, was Anteilen am Gesamtetat von 1,3 Prozent beziehungsweise 1,6 Prozent entsprach und damit in vergleichbarer Größenordnung zu den anderen Städten stand. Ferner scheint sich die bereits für Düsseldorf formulierte Beobachtung zu bestätigen, dass sich mit steigender Einwohnerzahl der Anteil der außerschulischen Bildungsanstalten für Kunst, Wissenschaft und Kultus an den städtischen Haushalten erhöhte.

In den sieben Jahren von 1877 bis 1884 verlangsamte sich das Wachstum des Gesamthaushalts von Frankfurt/Main, der schließlich 16,9 Mio. M erreichte, was dem Eineinhalbfachen von 1877 entsprach. Der Aufwuchs bei den außerschulischen Bildungsanstalten, für Kunst, Wissenschaft und Kultus war aber noch geringer: auf 278.000 M beziehungsweise auf 177.000 M ohne die Gelder für den Kultus. Von 1884 bis 1894 stieg das Gesamtbudget in kleinen Schritten auf 20,8 Mio. M beziehungsweise das 1,2fache. Dabei vermehrten sich die Gelder für die außerschulischen Bildungsanstalten, für Kunst, Wissenschaft und Kultus schneller und erreichten schließlich 806.000 M (beziehungsweise 437.000 M ohne Kultus). Das entsprach Anteilen von 3,9 Prozent beziehungsweise 2,1 Prozent.

Auch in Frankfurt/Main empfing das Stadttheater die höchsten Summen aus dem Kommunalbudget, sieht man von den teilweise sehr großen Beträgen zum Kirchenbau ab. Das

Stadtarchiv und die Stadtbibliothek, die zusätzlich zu Büchern auch museale Sammlungen wie ein Münzkabinett beherbergte, wurden ebenfalls auffallend hoch dotiert. – Wie nun die Etats von Düsseldorf die Besonderheit aufwiesen, dass die Bauaufwendungen separat bilanziert und teilweise den einzelnen kulturstaatlichen Bereichen nicht zuzuordnen waren, ist bei den Etats von Frankfurt/Main generell zu beachten, dass die Personalausgaben – mit Ausnahme des Jahres 1871 – meist nicht den jeweiligen Sachtiteln zugezählt wurden, sondern in Sammelposten aufgingen.

Gegenüber den bisher vorgestellten sieben Städten nahm Berlin, für das Auszüge aus den Kommunaletats von 1857 bis 1915 in der nachstehenden Tabelle 38 mitgeteilt werden, sowohl durch seine Größe als auch vor allem durch seine Funktion als Hauptstadt des Königreichs Preußen beziehungsweise ab 1871 auch als Reichshauptstadt eine Sonderstellung ein.

Tabelle 38 *Ausgaben für nichtschulische Bildungsanstalten [1], Kunst und Wissenschaft sowie den Kultus der Stadt Berlin in den Jahren 1857 bis 1915 (in Mark)*

	1857 [2]	1858 [2]	1859 [2]	1860 [2]	1861 [2]	1862 [2]
Kirchen [3]	43.440 [4]	22.953 [5]	8.265	12.252	7.815	8.627
Gesamtausgaben	**8.291.387**	**8.845.234**	**9.850.602**	**10.597.035**	**10.084.495**	**12.286.000**

[1] Ohne Zahlungen an allgemeinbildende Schulen, das gewerbliche, kunstgewerbliche usw. Bildungswesen sowie an die Jugendpflege.

[2] Ist-Ausgaben.

[3] Einschließlich Aufwendungen für Gottesdienst bzw. Seelsorge im Großen Friedrichs-Waisenhaus, Arbeitshaus, Friedrich-Wilhelms-Hospital; ab 1861 auch in den Städtischen Krankenanstalten; ab 1858 auch einschließlich der Besoldung des Arbeitshaus-Küsters.

[4] Einschließlich 36.000 M als 2. und letzte Rate zum Neubau des Probstei-Gebäudes.

[5] Einschließlich 17.256 M für Mehrausgaben beim Bau der St. Andreas-Kirche, deren Bau insgesamt 197.256 M kostete.

Quellen:

Final-Abschluß der Stadt-Haupt-Kasse und der dazugehörigen Spezial-Verwaltungen pro 1857 (Unter Ausscheidung der durchlaufenden Posten), Berlin 1858, S. 8, 18, 32–34;

Final-Abschluß der Stadt-Haupt-Kasse und der dazugehörigen Spezial-Verwaltungen pro 1858 (Unter Ausscheidung der durchlaufenden Posten), Berlin 1859, S. 8A, 18, 32–34;

Final-Abschluß der Stadt-Haupt-Kasse und der dazugehörigen Spezial-Verwaltungen pro 1859 (Unter Ausscheidung der durchlaufenden Posten), Berlin 1860, S. 9, 19, 33–35;

Final-Abschluß der Stadt-Haupt-Kasse und der dazugehörigen Spezial-Verwaltungen pro 1860 (Unter Ausscheidung der durchlaufenden Posten), Berlin 1861, S. 9, 19, 33–35;

Final-Abschluß der Stadt-Haupt-Kasse und der dazugehörigen Spezial-Verwaltungen pro 1861 (Unter Ausscheidung der durchlaufenden Posten), Berlin 1862, S. 9, 19, 33–36;

Final-Abschluß der Stadt-Haupt-Kasse und der dazugehörigen Spezial-Verwaltungen pro 1862 (Unter Ausscheidung der durchlaufenden Posten), Berlin 1863, S. 12, 22, 36–39.

Tabelle 38 (Fortsetzung) *Ausgaben für nichtschulische Bildungsanstalten [1] ...*

	1879	1880	1881	1882
Kirchen [3]	14.466	40.658 [6]	22.277	13.069
Volksbibliotheken	22.310	23.375	24.275	25.100
Städt. Bibliothek u. Archiv [7]	8.500	8.500	8.500	8.500
Märkisches Provinzialmuseum	3.400	14.953 [8]	10.840	10.960
Denkmale u. Umfriedungen/ Instandhaltung [9]	600 (*+10.000* [10])	600 (*+10.000* [10])	1.200 [12]	900 (*+ 10.000* [13])
Ehrengehalt auf Lebenszeit für Musikdirektor Erck [11]	3.000	3.000	3.000	3.000
Verein für d. Geschichte Berlins	500	500	500	500
Hansischer Geschichtsverein	300	300	300	300
Germanisches Nationalmuseum	-	601	601	601
Gesamtausgaben	**42.378.705**	**39.487.804**	**41.877.028**	**44.326.229**

[1] Ohne Zahlungen an allgemeinbildende Schulen, das gewerbliche, kunstgewerbliche usw. Bildungswesen sowie an die Jugendpflege.

[3] Auch Aufwendungen für Gottesdienste bzw. Seelsorge im Großen Friedrichs-Waisenhaus, Arbeitshaus, Friedrich-Wilhelms-Hospital; ab 1861 auch in den Städtischen Krankenanstalten usw.; ab 1858 auch einschließlich der Besoldung des Arbeitshaus-Küsters.

[6] Einschließlich 20.000 M für Baumaßnahmen an der St. Nicolai-Kirche.

[7] Vergütung des Bibliothekars und Archivars sowie seines Assistenten.

[8] Einschließlich 3.000 M für den Umzug in das Cöllnische Rathaus.

[9] Schiller-, Hegel- und vom Stein-Denkmal sowie Kriegerdenkmal im Friedrichshain, 1881 auch Kriegerdenkmal im Kleinen Tiergarten sowie Goethe-Denkmal; 1882 auch Denkmal für Friedrich II. im Friedrichshain.

[10] 10.000 M Beitrag zum Goethe-Denkmal lt. Magistratsbeschluss vom 9.4.1879.

[11] Lt. Magistratsbeschluss vom 8.6.1876.

[12] Einschließlich 300 M für Gedenktafeln an den Geburtshäusern von Ludwig Tieck und Karl Gutzkow.

[13] 10.000 M Beitrag zum Lessing-Denkmal.

Quellen:

Haushalts-Etat der Stadt Berlin pro 1. April 1879/80, Berlin 1879, S. 11, 15 f.;

Haushalts-Etat der Stadt Berlin pro 1. April 1880/81, Berlin 1880, S. 14 f., 20 f.; Anlagen, S. 34; Special-Etats Nr. 29, S. 22–24; Special-Etats Nr. 31 bis 34, S. 16, 31, 40; Special-Etats Nr. 35 bis 38, S. 5, 13, 19, 28; Special-Etats Nr. 39, S. 8; Special-Etats Nr. 40A, S. 6; Special-Etats Nr. 41 bis 44, S. 14, 16 f., Special-Etats Nr. 49 und 50, S. 8 f., 14–17;

Haushalts-Etat der Stadt Berlin pro 1. April 1881/82, Berlin 1881, S. 14 f.; Special-Etats Nr. 29, S. 4, 28; Special-Etats Nr. 30, S. 4; Special-Etats Nr. 31 bis 34, S. 16, 34, 42; Special-Etats Nr. 35 bis 38, S. 4, 9, 15, 21, 28, 36; Special-Etats Nr. 39, S. 11; Special-Etats Nr. 41 bis 44, S. 14; Special-Etats Nr. 48, 49 und 50, S. 14, 16–21;

Haushalts-Etat der Stadt Berlin pro 1. April 1882/83, Berlin 1882, S. 15; S. 12; Special-Etats Nr. 29, S. 29–31; Special-Etats Nr. 30, S. 4; Special-Etats Nr. 31 bis 34, S. 16, 33, 42; Special-Etats Nr. 35 bis 38, S. 4, 9; Special-Etats Nr. 39, S. 11; Special-Etats Nr. 41 bis 44, S. 13; Special-Etats Nr. 48 bis 50, S. 13 f., 18, 20 f.

Tabelle 38 (Fortsetzung) *Ausgaben für nichtschulische Bildungsanstalten [1] ...*

	1900	1901	1902
Kirchen [3]	24.360	25.925	24.205
Volksbibliotheken	104.763	108.235 [14]	178.340
Städt. Bibliothek u. Archiv [7]	14.900	14.900	14.900
Märkisches Provinzialmuseum	84.916 [16]	135.166 [16]	333.390 [16]
Deutsches Schulmuseum	20	20	
Denkmale	600 [15]	600 [15]	900 [15]
Verein für d. Geschichte Berlins	500	500	500
Gesellschaft f. Heimatkunde der d. Provinz Brandenburg	500	500	
Komitee z. Herstellung des Archenhold'schen Fernrohres	3.000	6.000	6.000
Germanisches Nationalmuseum	1.200	1.200	1.200
Für Kunstzwecke	100.000	100.000	100.000
Gesamtausgaben		**109.233.921**	**112.839.112**

[1] Ohne Zahlungen an allgemeinbildende Schulen, das gewerbliche, kunstgewerbliche usw. Bildungswesen sowie an die Jugendpflege.

[3] Auch Aufwendungen für Gottesdienste bzw. Seelsorge in Waisen- und Arbeitshäusern, Krankenanstalten usw.

[7] Vergütung des Bibliothekars und Archivars sowie seines Assistenten.

[14] Einschließlich 300 M für die Krankenbibliothek der Hilfsanstalt für Geschlechtskranke.

[15] Für zwei Gedenktafeln.

[16] Einschließlich jährlicher Kosten für den auf insgesamt 1.550.500 M veranschlagten Neubau 1900: 50.000 M, 1901: 100.000 M, 1902: 300.000 M.

Quellen:

Haushalts-Etat der Stadt Berlin für das Etatsjahr 1901, Berlin 1901, S. 24; Special-Etat Nr. 21, S. 4, 9; Special-Etat Nr. 22, S. 5, 9; Special-Etat Nr. 22A, S. 4, 7; Special-Etat Nr. 23, S. 4; Special-Etat Nr. 24, S. 3, 9; Special-Etat Nr. 25, S. 4; Special-Etat Nr. 26, S. 3; Special-Etat Nr. 27, S. 4; Nr. 27A, S. 3; Special-Etat Nr. 28, S. 4; Special-Etat Nr. 29, S. 4; Special-Etat Nr. 30, S. 4; Special-Etat Nr. 35, S. 16; Special-Etat Nr. 38, S. 28, 34; Special-Etat Nr. 45, S. 6–10, 13–17, 23;

Haushalts-Etat der Stadt Berlin für das Etatsjahr 1902, Berlin 1902, S. 9; Spezial-Etat Nr. 21, S. 4; Special-Etat Nr. 21A, S. 4; Special-Etat Nr. 22, S. 6, 9; Special-Etat Nr. 22A, S. 5, 7; Special-Etat Nr. 23, S. 4 f.; Special-Etat Nr. 24, S. 3; Special-Etat Nr. 25, S. 4; Special-Etat Nr. 26, S. 4; Special-Etat Nr. 27, S. 4; Special-Etat Nr. 27A, S. 3; Special-Etat Nr. 27B, S. 3; Special-Etat Nr. 28, S. 4; Special-Etat Nr. 29, S. 5; Special-Etat Nr. 30, S. 4 f.; Special-Etat Nr. 35, S. 13; Special-Etat Nr. 38, S. 33, 41, 49; Special-Etat Nr. 45, S. 8–11, 14 f., 17.

Tabelle 38 (Fortsetzung) *Ausgaben für nichtschulische Bildungsanstalten [1] …*

	1913	1914	1915
Kirchen [3]	33.507	33.962	35.355
Stadtbibliothek	317.330 [17]	340.760 [17]	22.450 [17]
Stadtarchiv		5.800	5.800
Märkisches Provinzialmuseum	70.275	128.130	112.140
Deutsche Lehrerbücherei	1.000	1.000	1.000
Gedenktafeln	1.470	1.470	800
Verein für d. Geschichte Berlins	500	500	500
Brandenburgia. Gesellschaft f. Heimatkunde der Provinz Brandenburg	500	500	500
Verein f. d. Geschichte d. Mark Brandenburg	50	50	50
Verein Treptow-Sternwarte	14.000	14.000	14.000
Dt. Dichter-Gedächtnisstiftung	100	100	100
Lessing-Museum Berlin.	1.500	1.500	1.500
Literaturarchiv-Gesellschaft zu Berlin	100	100	100
Dt. Philharmonisches Orchester	60.000	60.000	60.000
Berliner Tonkünstlerverein	2.000	2.000	1.500
Germanisches Nationalmuseum	1.200	1.200	1.200
Röm.-Germanisches Nationalmuseum Mainz	500	500	500
Dt. Museum München	3.000	3.000	3.000
Dt. Kolonial-Museum	200	200	200
Hansischer Geschichtsverein		500	500
Verbindung f. historische Kunst	150	150	150
Für Kunstzwecke	100.000	100.000	100.000
Gesamtausgaben		**408.807.837**	**358.177.068**

[1] Ohne Zahlungen an allgemeinbildende Schulen, das gewerbliche, kunstgewerbliche usw. Bildungswesen sowie an die Jugendpflege.

[3] Auch Aufwendungen für Gottesdienste bzw. Seelsorge in Waisen- und Arbeitshäusern, Krankenanstalten usw.

[17] Einschließlich der Aufwendungen für die Unterhaltungsbibliothek der Hilfsstation für geschlechtskranke Frauen 1913 und 1914: 200 M, 1915: 150 M.

Quellen:

Haushalts-Etat der Stadt Berlin für das Etatsjahr 1914, Berlin 1914, S. 17–64*, 651, 658, 663, 675,680, 691, 694, 697, 709, 716, 726, 733, 752, 761, 769, 782, 790, 810, 830, 844, 856, 1077, 1090, 1209–1211, 1227;

Haushalts-Etat der Stadt Berlin für das Etatsjahr 1915, Berlin 1915, S. 23–24*, 643, 650, 655, 667, 672, 685, 687, 689, 691, 703, 710, 722, 729, 748, 757, 765, 772, 778, 786, 814, 834, 846, 858, 1081–1094a, 1182u–v, 1242–1244, 1258 f.

Tabelle 38 mit Auszügen aus den Budgets zeichnet sich zunächst dadurch aus, dass bereits zu den Jahren von 1857 bis 1862 Daten vorliegen, die aber im Gegensatz zu den Angaben der anderen hier vorgestellten Beispielstädte Ist-Zahlen darstellen. Für diese frühe Zeit werden aus dem kulturstaatlichen Bereich (ohne Unterrichtswesen) allein Zahlungen an die Kirchen ausgewiesen. Auch wenn wegen der Übernahme von Baukosten die Beträge von 43.400 M beziehungsweise 23.000 M in den Jahren 1857 und 1858 hoch erscheinen im Vergleich zu den Kultus-Aufwendungen der meisten anderen hier vorgestellten Städte, entsprachen diese Summen gerade mal 0,52 Prozent der gedachten kulturstaatlichen Aufwendungen insgesamt. Anfang der 60er Jahre waren es ohne derartige Bauaufwendungen nur noch rd. 8.000 M beziehungsweise gerade mal 0,26 Prozent. In späterer Zeit stiegen dann tendenziell die für den Kultus im engeren Sinne zur Verfügung gestellten Geldsummen (Soll-Zahlen) von rd. 13.000 M in den 80er Jahren des 19. Jahrhunderts auf rd. 25.000 M zu Beginn des 20. Jahrhunderts und deutlich mehr als 30.000 M vor dem Ersten Weltkrieg. Da aber der Gesamthaushalt noch schneller wuchs, waren dies nur noch Anteile von 0,03 Prozent bis zuletzt knapp 0,01 Prozent.

Ab 1879 nahm die Zahl der ausgewiesenen kulturstaatlichen Einzeltitel rasant zu, wie auch die Aufwendungen hierfür insgesamt stiegen. Dabei blieb deren Anteil an den Gesamtbudgets aber recht gering mit Sätzen zwischen 0,17 Prozent (1881 und 1914) und 0,36 Prozent im Jahre 1901. Das waren im Verhältnis zu den anderen im vorliegenden Band vorgestellten Städten Sätze am unteren Ende der Skala und allein noch mit den 0,38 Prozent von Halberstadt 1907 zu vergleichen.

Unter den kulturstaatlichen Einzeltiteln der Berliner Etats ragen die Zuwendungen für die Volksbibliotheken heraus, die um 1880 etwas mehr als 25.000 M bekamen und 1900 über fast das Vierfache verfügen konnten, was 22,8 Prozent beziehungsweise 31,3 Prozent der gesamten kulturstaatlichen Aufwendungen außerhalb des Unterrichtswesens entsprach. 1914 wurden mit rd. 340.000 M immerhin 49,0 Prozent der gesamten kulturstaatlichen Aufwendungen in diesem Etattitel geführt. Schließlich wurden seit der Jahrhundertwende jeweils gewaltige 100.000 M „Für Kunstzwecke" ohne nähere Spezifizierung in das Budget eingestellt, während keine Einzelposten für Opern oder Theater zu finden sind; ein tatsächlicher Anteil der Bühnen hieran beziehungsweise eine anderweitige Verwendung dieses Haushaltspostens ließe sich nur aus Haushaltsabrechnungen ermitteln. Ein weiterer gewichtiger Posten waren die Gelder für das Märkische Provinzialmuseum. Bemerkenswert sind vor dem Ersten Weltkrieg ferner jährlich 60.000 M für das Deutsche Philharmonische Orchester und 14.000 M zum Betrieb des Archenhold'schen Fernrohres in Treptow.

In Auswertung des vorstehend mitgeteilten Materials zur Finanzierung kulturstaatlicher Belange in den acht preußischen Städten ist auch unter der Berücksichtigung, dass sich die zeitgenössisch gedruckten Budgets in Struktur und Detailliertheit sehr stark voneinander unterschieden, zusammenfassend festzuhalten:

1. In allen Städten wurde der Hauptanteil der für kulturstaatliche Belange zur Verfügung gestellten Gelder für Unterrichtszwecke verwendet. Die Summen wuchsen über die Jahrzehnte auch absolut. Da aber den Kommunen im erfassten Zeitraum die Finanzierung des Schulwesens bezüglich Umfang und Form in weiten Teilen vom Staat vorgeschrieben wurde, ist zu prüfen, worauf die festzustellenden Unterschiede im Anteil der diesbezüglichen Aufwendungen an den jeweiligen Budgets zurückzuführen waren. Es ist der Frage nachzugehen, in welchem Grade sich die Differenzen aus unterschiedlichen Organisationsstrukturen beziehungsweise objektiven Voraussetzungen wie der Alterszusammensetzung der Einwohnerschaft und abweichender Ausstattung der Unterrichtsanstalten ergaben oder

in welchem Umfang die Zuteilung der Mittel von politischen Vorgaben der Stadtverwaltungen abhing.

2. Die Aufwendungen für die weiteren kulturstaatlichen Belange neben dem Unterrichtswesen wuchsen ebenfalls absolut. Da die Steigerung bei diesen Haushaltsposten in der Regel höher war als die beim Gesamtetat, erhöhte sich auch ihr Anteil.

3. Der Anteil der Aufwendungen für die Kirchen war in den ausgewählten acht preußischen Städten sehr unterschiedlich, in der Tendenz sank er jedoch. Die Zahlungen bestanden oft aus Zuschüssen für Seelsorge zum Beispiel in städtischen Krankenanstalten, Heimen usw.; punktuell wurden Sanierungsmaßnahmen an Gebäuden oder Bauprojekte unterstützt. Darüber hinaus wurde von einigen Kommunen der Schuldendienst für teilweise vor Jahrhunderten aufgenommene Kredite oder zur Ablösung alter Forderungen geleistet.

4. Alle hier erfassten Städte förderten Theater- bzw. Opernhäuser, wenn auch in sehr unterschiedlichem Maße. Die Bühnen wurden im Kaiserreich und in der Weimarer Republik zu einem Aushängeschild städtischen Kulturlebens. Gerade Kommunen im Osten der Monarchie erhielten im Rahmen der Deutschtumspflege relativ hohe staatliche Zuschüsse.

5. Einen vergleichbaren Stellenwert neben den Bühnen besaßen die städtischen Bibliotheken. Vor allem mittlere und große Kommunen leisteten sich neben den meist wissenschaftlich und verwaltungstechnisch-juristisch ausgerichteten Stadtbibliotheken schnell an Bedeutung gewinnende Volksbibliotheken.

6. Alle ausgewählten acht Städte engagierten sich für die Lokal- und Regionalgeschichtsschreibung in einschlägigen Geschichtsvereinen sowie mit jährlichen Beiträgen für das Germanische Nationalmuseum Nürnberg. Über die meist rein zahlende Mitgliedschaft hinaus gab es in einigen Fällen auch Gelder für Forschungsprojekte mit lokalem oder regionalem Bezug, Museen, die Denkmalpflege sowie für den Unterhalt von Stadtarchiven.

4. Bürgerschaftliches Engagement in Form von Stiftungen bei der Finanzierung des Kulturstaats

Das zur Beantwortung der Frage nach der Rolle von Stiftungen als Zeugnisse vor allem bürgerschaftlichen Engagements bei der Finanzierung des Kulturstaats in Preußen vorliegende Material ist disparat und wenig umfangreich. Vor allem die Datenbasis für quantitative Aussagen im Untersuchungszeitraum ist recht schmal, da das Stiftungswesen erst ab Mitte des 19. Jahrhunderts in das Blickfeld der amtlichen Statistik rückte und die archivalische Überlieferung der Stiftungen selbst beziehungsweise der sie beobachtenden oder verwaltenden Behörden oft größere Lücken aufweist. Die in vorliegender Edition mitgeteilten Zahlenreihen werfen somit nur Streiflichter auf diesen Bereich. Der bereits mehrfach erwähnte Geheime Finanzrat im Finanzministerium Otto Schwarz betonte 1911, dass „das Verhältnis zwischen Staatsgewalt und Stiftungsverwaltung vielfach nicht ganz klargestellt“ sei. „Darin und zugleich in der unendlichen Mannigfaltigkeit der Stiftungszwecke und der Verwaltungsformen liegt wohl auch ein Hauptgrund, weshalb die Statistik auf diesem Gebiete eine so mangelhafte und wenig fortgeschrittene ist. Eine auch nur annähernd zuverlässige Zusammenstellung […] ist vollständig unmöglich.“[185] Ungeachtet der seit einiger Zeit im Zusammenhang mit der Bürgertums- und Zivilgesellschaftsforschung intensivierten Beschäftigung mit dem deutschen Stiftungswesen[186] fehlt es weiterhin an zusammenfassenden Daten sowie (langen) Zahlenreihen vor allem für das 19. Jahrhundert, wie auch das monarchische Mäzenatentum zwar ebenfalls Beachtung zu finden beginnt, ohne dass aber bisher systematisierte Angaben hinsichtlich der aus dem Herrscherhaus zur Verfügung gestellten Gelder und gar deren Quellen vorliegen.

Erschwert wird die Forschung dadurch, dass sowohl in den gedruckten und ungedruckten Quellen als auch in der Literatur oftmals Begriffe wie Stiftung, Schenkung, Vermächtnis, Legat, Spende, Zueignung, Überlassung usw. synonym verwandt wurden und werden, was in manchen Fällen die unterschiedliche Rechtsnatur dieser Finanzierungsarten verschleiert oder nicht mehr rekonstruierbar macht. Wenn nachstehend von Stiftungen die

185 Schwarz, Otto, Stiftungen – Statistik, in: Handwörterbuch der Staatswissenschaften, 3. Aufl., Bd. 7, Jena 1911, S. 1011 f.

186 Vgl. die Überblicke bei Spenkuch, Hartwin, Bürgersinn und Staatshoheit. Stiftungen und Schenkungen für wissenschaftliche Zwecke 1890–1918, in: Neugebauer, Wolfgang/Holtz, Bärbel (Hrsg.), Kulturstaat und Bürgergesellschaft. Preußen, Deutschland und Europa im 19. und frühen 20. Jahrhundert, Berlin 2010, S. 241–265; mit zwei stark komprimierten Statistiken zu den Neugründungen in Deutschland 1880–1939: Strachwitz, Rupert Gf., Von Abbe bis Mohn – Stiftungen in Deutschland im 20. Jahrhundert, in: Adam, Thomas/Lässig, Simone/Lingelbach, Gabriele (Hrsg.), Stifter, Spender und Mäzene. USA und Deutschland im historischen Vergleich, Stuttgart 2009, S. 113–120; Strachwitz, Rupert Gf., Die Stiftung – ein Paradox? Zur Legitimität von Stiftungen in einer politischen Ordnung, Stuttgart 2010. – Ferner die fünf Bände der von Jürgen Kocka und Manuel Frey herausgegebenen Reihe „Bürgerlichkeit – Wertewandel – Mäzenatentum“ (Berlin 1998–2000).

Rede ist, dann sind hiermit nur im engeren Sinne des Wortes jene Kapitalien gemeint, die das rechtlich gebundene Vermögen juristischer Personen darstellen. Dies schließt insbesondere freie Schenkungen und andere Übertragungen in die allgemeine Vermögensmasse von Institutionen aus, so generös sie im Einzelfall auch waren.

Im Rahmen der vorliegenden Studie sind Stiftungen als Quelle für die Finanzierung kulturstaatlicher Aktivitäten sowohl hinsichtlich der von ihnen zur Verfügung gestellten Gelder als auch in Bezug auf das in ihnen versammelte Gesamtkapital und dessen Vermehrung durch neu hinzu fließende Gelder von Interesse. Die bereits 1817 im Bereich des preußischen Kultusministeriums wirkenden Stiftungsfonds stammten in der Hauptsache aus der Säkularisation kirchlichen Vermögens. Ihre Widmung beziehungsweise Umwidmung war in der Regel per königlicher Erlasse oder Reglements erfolgt. Ein Teil der Vermögensmassen wurde erneut für religiöse Angelegenheiten zur Verfügung gestellt oder war, vor allem im sozialen und Bildungsbereich, konfessionell gebunden. Es fanden sich daneben ebenfalls schon länger bestehende bürgerlich-weltliche Vermächtnisse und Spenden für wohltätige und gemeinnützige Zwecke.[187] Von den einzelnen Gründern waren sehr unterschiedliche Intentionen verfolgt worden, und dies fand seinen Niederschlag in mitunter vor hunderten Jahren formulierten Statuten in der zeitgenössischen Terminologie gemäß der damaligen Rechtsbegriffe. Deshalb wurde in der älteren juristischen und finanzwissenschaftlichen Literatur oftmals von „Stiftungen sowie besonderen Fonds usw.“ gesprochen, eine Differenzierung, die im vorliegenden Band aber nicht fortgeführt wird.

Aus der unterschiedlichen Struktur der Stiftungen ergab sich unter anderem, dass sie in Preußen verschiedenen Aufsichtsbehörden zu- oder untergeordnet waren. Weil wohltätige und karitative Wirkungsfelder oft mit kirchlich-religiösen Bindungen oder Zielstellungen der Spender einhergingen,[188] gab es aber zahlreiche historische Zufälligkeiten bei der Zuordnung zum Bereich des Kultus- beziehungsweise des Innenministeriums, sowohl als unmittelbar zuständige oder als Oberbehörde. Dies setzte sich zunächst auch bei den zumeist bürgerlich-weltlichen Neugründungen von Stiftungen im 19. Jahrhundert fort.

Noch in den 40er Jahren des 19. Jahrhunderts sah sich das Staatsministerium angesichts der großen Vielfalt an Rechtskonstruktionen bei den Stiftungen außer Stande, einen gesetzlichen Rahmen einzuführen. Man einigte sich nur auf drei sehr allgemeine Verwaltungsgrundsätze für die Aufsichtsbehörden. Danach sei erstens als leitende Maxime auf den Willen des Stifters Rücksicht zu nehmen. Zweitens sollte die von diesem benannte Behörde oder Korporation, die die Verwaltung der Stiftung übernehmen oder die Aufsicht über letztere auszuüben hatte, keiner anderen Oberaufsicht unterliegen als der, die sich aus der allgemeinen Staatsstruktur ergab. Drittens schließlich sollten keine allgemeinen

187 So die Einschätzung bei Schwarz, Der Staatshaushalt und die Finanzen Preußens, Bd. 2, 1. Buch, S. 4.

188 Meyer, Kristin, Die Abgrenzung der kirchlichen Stiftung von der weltlichen Stiftung im staatlichen Recht insbesondere im Hinblick auf ihre Bedeutung für Altstiftungen, Berlin 2012.

Prinzipien aufgestellt werden, sondern bei Differenzen immer nur Lösungen für den Einzelfall gefunden werden.[189] Ungeachtet dessen wurden aber Stiftungsfonds und ihre verfassungs- beziehungsweise haushaltsrechtliche Stellung[190] ab Mitte des 19. Jahrhunderts wiederholt zum Gegenstand teilweise heftiger parlamentarischer Debatten. Dies belegen auch einige im vorliegenden Band edierte Protokolle der Haushaltskommission des Abgeordnetenhauses. Bereits im Dezember 1849 wurden in diesem Gremium ganz grundsätzliche Fragen der Zuständigkeit erörtert.[191] Auf das Problem, dass die Stiftungskapitalien selbst und die aus ihnen für den Bereich des Kultusministeriums zur Verfügung stehenden Summen zunächst weitestgehend dem Einfluss des Parlaments entzogen waren, kamen die Abgeordneten wiederholt zurück, so während der Etatdebatten im März 1855 und im Mai 1865.[192] Erst im Zusammenhang mit dem „Gesetz betreffend den Staatshaushalt" vom 11. Mai 1898,[193] dem sogenannten Komptabilitätsgesetz, wurden derartige Mittel in die Etats eingestellt. Zugleich erfolgte damit auch eine verbindliche Regelung, wie in Zukunft mit solchen Geldern haushaltstechnisch umgegangen werden sollte.[194] Eine dem Budget für 1898/99 beiliegende Denkschrift[195] erläuterte Herkunft und Wesen von 76 Stiftungen und fasste erstmals für Preußen ein derart breites Material zusammen.

Trotz der uneinheitlichen Rechtslage vor 1848 wären für den preußischen Staat wichtige Daten zur finanziellen Situation der Stiftungen gut erreichbar gewesen. Ihre Erträge, die in die Haushalte der jeweils unterstützten Institutionen einflossen, waren nämlich den Aufsicht führenden Behörden bekannt, wurden aber weder im Kultusministerium noch von anderen Ressorts in speziellen Statistiken zusammengefasst. Im regulären Geschäftsbetrieb und vor allem bei der Aufstellung der Staatshaushalte wurden allein bei den (Teil-)Etats der Einrichtungen auf der Einnahmenseite auch die aus Stiftungen usw. zufließenden Gelder

189 Vgl. den Immediatbericht vom 23.12.1844 und die die drei Grundsätze bestätigende Kabinettsordre vom 3.1.1845, in: Justizministerialblatt 7 (1845), S. 26. – Ferner die Staatsministerialsitzung vom 12.11.1844, in: Holtz, Bärbel (Bearb.), Die Protokolle des Preußischen Staatsministeriums 1817–1934/38, Bd. 3, Hildesheim u. a. 2000, S. 215, Dok. Nr. 274, TOP 2.

190 Vgl. überblicksartig Mainzer, Ulf, Der verfassungsrechtliche Schutz der Stiftungen in der ersten Hälfte des 19. Jahrhunderts. – Zu den historischen Grundlagen des modernen Stiftungsrechts, zur Paulskirchen-Verfassung sowie der preußischen Verfassung, Aachen 2005, v. a. S. 142–165.

191 Im vorliegenden Band Dok. Nr. 31 und 34.

192 Im vorliegenden Band Dok. Nr. 37 und 38 bzw. Dok. Nr. 42 und 44.

193 GS, S. 77.

194 Vgl. Schwarz, Otto, Formelle Finanzverwaltung in Preußen und im Reich. Grundzüge des Etats-, Kassen- und Rechnungswesens (Komptabilität) unter Bezugnahme auf die Verhältnisse außerpreußischer und außerdeutscher Staaten nebst einem Anhange betreffend die zivilrechtliche Haftbarkeit der Beamten gegenüber dem Staate, Berlin 1907.

195 Denkschrift zur Beilage 15: Nachweisung der dem Kultus und dem öffentlichen Unterricht gewidmeten Stiftungen sowie der bestimmten Ausgaben gewidmeten Fonds, in: Anlagen zum Staatshaushaltsetat für das Jahr vom 1. April 1898/99, Bd. 2, Berlin 1898, Anlage Nr. 21: Etat des Ministeriums der geistlichen, Unterrichts- und Medizinalangelegenheiten für das Jahr vom 1. April 1898/99, S. 325–378.

(in der Regel) mit aufgelistet. Dieses Material bot jedoch später gute Voraussetzungen dafür, dass mit dem Übergang zur konstitutionellen Monarchie ein zunehmender Anteil der Einnahmen aus Stiftungsfonds im Rahmen der gedruckten Staatshaushaltsetats Preußens gesondert ausgewiesen wurde. Es mangelte jedoch weiterhin an einer eigenen und umfassenden Statistik mit dem jährlichen Gesamtertrag. Vielmehr wurden mehrere Verzeichnisse geführt, die nur sehr begrenzt kompatibel gewesen waren und einzelne, vor allem kleine Fonds oft nicht einbezogen. So enthielt schon 1849 der Etat für das Kultusministerium acht und der für 1919 dann sogar zehn unterschiedlich detaillierte Beilagen mit Angaben zu den Einnahmen aus Stiftungen. Die Auflistungen erfassten den Bereich der Bistümer und der zu denselben gehörenden Institute, der Universitäten usw. sowie ihrer Institute, der Akademien, Bibliotheken, literarischen und Kunstinstitute, der Gymnasien, Schullehrerseminare und Taubstummen- und Blindenanstalten, der Hebammenlehrinstitute, der medizinisch-chirurgischen Lehranstalten, der Charité und der Tierarzneischule sowie der allgemein dem Kultus im engeren Sinne und dem öffentlichen Unterricht insgesamt gewidmeten Stiftungen.[196]

Trotz der damit gegebenen Heterogenität der in den Staatshaushaltsetats veröffentlichten Daten wird nun nachstehend erstmals der Versuch unternommen, das Material zu den Einnahmen aus Stiftungen im Bereich

1. des Kultus im engeren Sinne und des Elementarschulunterrichts,
2. der höheren Lehranstalten,
3. der Akademien der Wissenschaften und der Künste sowie
4. der Universitäten

in den nachstehenden Tabellen 39 bis 42 zu erfassen. In einem weiteren Schritt wird zudem die „Stiftungsquote" berechnet, das heißt der Anteil der durch Stiftungsgelder gedeckten Ausgaben in diesen kulturstaatlichen Bereichen. Mit den vier Tabellen wird der größte Teil jener in der Zuständigkeit des Kultusministeriums geflossenen Summen erfasst. Eine gewisse Unschärfe bleibt aber zum Beispiel bei sehr kleinen Stiftungen zum Beispiel in Form von Legaten für einzelne Elementarschulen oder bei den Etats der regionalen Kunstakademien bzw. -schulen, deren Etattitel im Staatshaushalt keine Hinweise auf Stiftungen enthielten. Es finden sich jedoch Einnahmeposten mit der pauschalen Bezeichnung „Insgemein", denen nach zeitgenössischem Haushaltsgebaren Gelder aus solchen Quellen zugeordnet werden konnten. Daraus etwa folgende Korrekturen dürften die Stiftungsquoten

196 Vgl. Staatshaushaltsetat für das Jahr 1849, Anlagen, Bd. 2, Berlin 1849, S. 75–83, 87–101, 105–118, 125–149; Anlagen zum Staatshaushaltsetat für das Etatsjahr 1919, Bd. 2, Berlin 1919, Anlage Nr. 31: Haushalt des Ministeriums für Wissenschaft, Kunst und Volksbildung für das Rechnungsjahr 1919, S. 114–117, 163–203, 212, 218, 223–276.

aber kaum verändern, handelte es sich doch für das Jahr 1919 nur um Summen von zusammen 1.332 Mark; 1885 waren es gerade mal 225 Mark.[197]

Die Tabelle 39 dokumentiert die Ausgaben für Kultus im engeren Sinne und Elementarunterricht der im Bereich des Kultusministeriums tätigen Stiftungen, besonderen Fonds usw. nach der Systematik des Staatshaushaltsetats von 1900. Wenn nun ab jenem Jahre auch Gelder für „allgemeine Wohltätigkeitszwecke“ und für „verschiedene Zwecke“, wozu unter anderem die Unterstützung von Wissenschaft und Kunst gehörte, gesondert aufgeführt werden, dann hängt das mit den oft breit gefächerten Wirkungsspektren vor allem einzelner größerer Stiftungen zusammen. Eine Sonderstellung nahm zudem der Hannoversche Klosterfonds ein, der ab 1866 in die Zuständigkeit des preußischen Kultusministeriums gekommen war[198] und ebenfalls gesondert ausgewiesen wird. Dies erklärt einen Teil des außergewöhnlich starken Anstiegs der gesamten Stiftungseinnahmen für Kultus im engeren Sinne und Elementarunterricht zwischen 1865 und 1870 von 2,4 auf 5,1 Mio. Mark. Allein der Klosterfonds konnte 1870 zum Beispiel 1,7 Mio. Mark für seine statuarischen Zwecke, wozu unter anderem die Förderung der Höheren Bildung gehörte, einsetzen.

197 Anlagen zum Staatshaushaltsetat für das Jahr vom 1. April 1885/86, Bd. 3, Berlin 1885, S. 176 f.; Anlagen zum Staatshaushaltsetat für das Etatsjahr 1919, Bd. 2, Berlin 1919, Anlage Nr. 31: Haushalt des Ministeriums für Wissenschaft, Kunst und Volksbildung für das Rechnungsjahr 1919, S. 213–216.

198 Vgl. Franitza, Andreas, Der Allgemeine Hannoversche Klosterfonds und die Klosterkammer Hannover. Untersuchung zur rechtsgeschichtlichen Entwicklung, Frankfurt/M. usw. 2000, v. a. S. 67–69, 92–99.

Tabelle 39 *Die Ausgaben für Kultus sowie Elementarunterricht im Bereich des Kultusministeriums im Vergleich zu den Einnahmen aus den Stiftungen 1849 bis 1930 (in Mark/Reichsmark)*

Jahr	Ausgaben für Kultus u. Elementarunterricht [3]	Einnahmen aus Stiftungen								
	gesamt	gesamt [2]				*Zweck der Stiftungseinnahmen*				
			Gesamteinnahmen in % von (2) („Stiftungsquote")	*Staatszuschüsse an Stiftungen usw.*	*kirchliche Zwecke*	*Unterrichtszwecke*	*Kultus- u. Unterrichtszwecke zusammen*	*allgemeine Wohltätigkeitszwecke*	*verschiedene Zwecke*	*Einnahmen des Hannoverschen Klosterfonds gesamt*
(1)	(2)	(3)	(4)	(5)	(6)	(7)	(8)	(9)	(10)	(11)
1849	5.402.601	943.831	17,5	*?*	72.427 [1]	723.760	147.644			
1855	5.682.411	2.006.950	35,3	*464.953*	205.966 [1]	1.100.635	700.348			
1860	5.833.863	2.194.084	37,6	*473.815*	211.057 [1]	1.206.328	776.698			
1865	6.921.108	2.339.016	33,8	*478.180*	243.724 [1]	1.280.928	814.363			
1870	9.918.690	5.047.213	50,9	*907.918*	266.557 [1]	2.149.186	2.631.469			1.741.084
1875	18.983.812	5.678.006	29,9	*482.697*	293.702 [1]	1.878.380	3.505.92X			2.517.657
1880	19.860.727	5.604.815	28,2	*470.626*	290.230 [1]	1.968.937	3.345.648			2.165.440
1885	19.655.804	5.151.162	26,2	*202.068*	23.527 [1]	1.836.281	3.291.354			2.337.200
1890	55.387.451	5.235.868	9,5	*210.717*	41.022	1.868.855	3.325.990			2.385.200
1895	63.575.045	5.283.177	8,3	*195.068* [3]	39.419 [1]	1.765.046	3.478.712			2.519.929
1900	80.396.208	4.342.094	5,4	*71.910* [3]	24.379	1.282.734	2.973.281	24.325	37.377 [4]	2.750.840
1905	88.155.297	5.006.437	5,7	*115.454* [3]	24.381	1.452.698	3.467.237	24.325	37.797 [4]	3.122.000
1910	187.855.232	5.129.829	2,7	*115.282* [3]	2.380	1.582.630	3.481.948	24.325	38.547 [4]	3.144.800
1915	200.844.601	5.481.796	2,7	*132.602*	2.380	1.819.265	3.589.780	28.473	41.810 [4]	3.241.500
1919	201.376.560	5.550.379	2,8	*132.572*	2.380	1.880.555	3.594.365	29.265	42.779 [4]	3.241.500
1920	190.883.036	5.550.610	2,9	*132.572*	2.380	1.880.680	3.594.472	29.265	43.779 [4]	3.241.500
1925	421.117.500	•		•	•	•	•	•	•	2.532.000
1930	547.466.960 [5]	5.005.804	0,9	*110.565*	–	1.238.157	3.755.382	7.800	10.132 [4]	3.574.000

[1] Für evangelisch-geistige Zwecke.
[2] Ab 1870 einschließlich Hannoverscher Klosterfonds.
[3] Nach der Systematik des Staatshaushaltsetats für 1919 die Ausgaben für die Kapitel 109 bis 118 sowie 121, Titel 23 bis 44: Kultus im engeren Sinne und Unterricht gemeinsam, Evangelischer Oberkirchenrat, Evangelische Konsistorien, Geistliche und Kirchen, Bistümer und die dazugehörigen Anstalten, Katholische sowie Altkatholische Geistliche und Kirchen, Provinzialschulkollegien, Prüfungsämter, Schulaufsicht sowie Elementarschulwesen.
[4] Einschließlich Einnahmen für Kunst- und wissenschaftliche Zwecke im Jahre 1900: 24.722 M; 1905: 25.125 M; 1910: 25.125 M; 1915: 28.562 M; 1919: 30.300 M; 1920: 30.300 M; 1930: 7.800 RM.
[5] Einschließlich der Ausgaben für die mittleren Schulen.

Quellen:
Anlagen zum Staatshaushaltsetat für das Jahr 1849, Bd. 2, Berlin 1849, S. 54–59, 148;
Anlagen zum Staatshaushaltsetat für das Jahr 1855, Bd. 3, Berlin 1855, S. 196–203, 302;
Anlagen zum Staatshaushaltsetat für das Jahr 1860, Bd. 3, Berlin 1860, S. 214–219, 330;
Anlagen zum Staatshaushaltsetat für das Jahr 1865, Bd. 3, Berlin 1865, S. 2–7, 11, 122;
Anlagen zum Staatshaushaltsetat für das Jahr 1870, Bd. 3, Berlin 1870, Anlage Nr. 6: Etat für das Ministerium der geistlichen, Unterrichts- und Medizinalangelegenheiten für das Jahr 1870, S. 2, 10, 144 f.;
Anlagen zum Staatshaushaltsetat für das Jahr 1875, Bd. 2, Berlin 1875, Anlage Nr. 9: Etat für das Ministerium der geistlichen, Unterrichts- und Medizinalangelegenheiten für das Jahr 1875, S. 2–21, 34–37, 57–61, 210;
Anlagen zum Staatshaushaltsetat für das Jahr 1880/81, Bd. 2, Berlin 1880, Anlage Nr. 17: Etat für das Ministerium der geistlichen, Unterrichts- und Medizinalangelegenheiten für das Jahr 1880, S. 2 f., 6–22, 42–44, 162;
Anlagen zum Staatshaushaltsetat für das Jahr vom 1. April 1885/86, Bd. 3, Berlin 1885, S. 6, 12–30, 56–59, 202, 204;
Anlagen zum Staatshaushaltsetat für das Jahr vom 1. April 1890/91, Bd. 2, Berlin 1890, Anlage Nr. 21: Etat für das Ministerium der geistlichen, Unterrichts- und Medizinalangelegenheiten für das Jahr 1890, S. 8–25;
Anlagen zum Staatshaushaltsetat für das Jahr vom 1. April 1895/96, Bd. 2, Berlin 1895, Anlage Nr. 21: Etat für das Ministerium der geistlichen, Unterrichts- und Medizinalangelegenheiten für das Jahr 1895/96, S. 6, 12–32, 74–78, 96, 231–254;
Anlagen zum Staatshaushaltsetat für das Etatsjahr 1900, Bd. 2, Berlin 1899, Anlage Nr. 21: Etat für das Ministerium der geistlichen, Unterrichts- und Medizinalangelegenheiten für das Jahr 1900, S. 337–362, 379, 383, 396;
Anlagen zum Staatshaushaltsetat für das Etatsjahr 1905, Bd. 2, Berlin 1905, Anlage Nr. 21: Etat für das Ministerium der geistlichen, Unterrichts- und Medizinalangelegenheiten für das Jahr 1905, S. 8, 14–32, 100–108, 408;
Anlagen zum Staatshaushaltsetat für das Etatsjahr 1910, Bd. 2, Berlin 1910, Anlage Nr. 31: Etat für das Ministerium der geistlichen, Unterrichts- und Medizinalangelegenheiten für das Jahr 1910, S. 14, 381–409;
Anlagen zum Staatshaushaltsetat für das Etatsjahr 1915, Bd. 2, Berlin 1915, Anlage Nr. 31: Etat für das Ministerium der geistlichen, Unterrichts- und Medizinalangelegenheiten für das Jahr 1915, S. 6, 239–267;
Anlagen zum Staatshaushaltsetat für das Etatsjahr 1919, Bd. 2, Berlin 1919, Anlage Nr. 31: Haushalt des Ministeriums für Wissenschaft, Kunst und Volksbildung für das Rechnungsjahr 1919, S. 4–24, 62, 94, 223–249, 251;
Anlagen zum Staatshaushaltsetat für das Rechnungsjahr 1920, Bd. 2, Berlin 1920, Anlage Nr. 31. Haushalt des Ministeriums für Wissenschaft, Kunst und Volksbildung für das Rechnungsjahr 1920, S. 4–6, 249–277;
Anlagen zum Haushaltsplan des Preußischen Staates für das Rechnungsjahr 1925, Berlin 1925, Anlage Nr. 19: Haushalt des Ministeriums für Wissenschaft, Kunst und Volksbildung für das Rechnungsjahr 1925, S. 6, 64–67, 84–98, 192;
Anlagen zum Haushaltsplan des Preußischen Staates für das Rechnungsjahr 1930, Berlin 1930, Anlage Nr. 19: Haushalt des Ministeriums für Wissenschaft, Kunst und Volksbildung für das Rechnungsjahr 1930, S. 34, 304–312, 316;
eigene Berechnungen.

In Tabelle 39 fällt zunächst auf, dass die Jahreseinkünfte für den Kultus im engeren Sinne und den Elementarunterricht aus Stiftungen im Bereich des Kultusministeriums, sieht man einmal von dem Hannoverschen Klosterfonds ab, absolut zwischen 1870 und 1920 annähernd gleich blieben mit Summen um 5 Millionen Mark. Die auf die Staatsausgaben bezogene „Stiftungsquote" hingegen, die von 1849 mit 17,5 Prozent auf beachtliche 50,9 Prozent im Jahre 1870 gestiegen war, verringerte sich dann schnell bis 1890 auf 9,5 Prozent und betrug 1930 nur noch 0,9 Prozent. Bemerkenswert sind ferner die in Spalte (5) aufgeführten Staatszuschüsse an die Stiftungen, die bei den verbreiteten – und durchaus berechtigten – Lobpreisungen des Stiftungswesens nur zu gerne verschwiegen werden: Jene Summen kamen in der Regel Not leidenden wohltätigen Einrichtungen zugute. Deren Vermögen war, aus welchen Gründen auch immer, nicht (mehr?) leistungsfähig genug, um die statuarisch festgelegte Arbeit im beabsichtigten Umfange fortsetzen zu können. Vor allem, wenn dies nach Einschätzung der politisch Verantwortlichen zu wirtschaftlichen und sozialen Problemen geführt hätte, wurden Beihilfen aus dem Staatshaushalt gezahlt.

In der nachfolgenden Tabelle 40 werden die Stiftungseinnahmen der höheren Lehranstalten erfasst. Auch hierunter finden sich Gelder aus dem Hannoverschen Klosterfonds. Es wurde versucht, die in den zeitgenössischen Zusammenstellungen mit den Geldern für die höheren Lehranstalten vermischten Summen für die Taubstummen- und Blindenanstalten, die Einrichtungen der (Elementar-)Lehrerbildung sowie die Priesterseminare usw. nicht in die Daten einfließen zu lassen.

Tabelle 40 *Die Ausgaben für höhere Lehranstalten [1] im Bereich des Kultusministeriums im Vergleich zu den Einnahmen aus den Stiftungen 1849 bis 1930 (in Mark/Reichsmark)*

Jahr	Ausgaben gesamt	*davon* finanziert aus Staatszuschüssen	finanziert aus Stiftungen	
			absolut	in % von (2) („Stiftungsquote")
(1)	(2)	(3)	(4)	(5)
1849	2.315.127	827.386	288.225	12,5
1851	2.385.208	840.808	290.688	12,2
1855	3.191.732	877.826	507.252	15,9
1860	3.710.414	710.038	263.845	7,1
1865	4.281.144	784.734	267.460	6,3
1870	7.116.477	1.429.253	278.921	3,9
1875	19.685.572	3.767.805	•	•
1880	23.222.358	4.310.579	•	•
1885	26.261.613	4.433.965	897.404	3,4
1890	29.253.710	5.142.083	732.205	2,5
1895	37.412.519	7.557.604	954.744	2,6
1900	46.377.294	11.763.557	1.449.820	3,1
1905	57.504.514	13.567.079	1.396.691	2,4
1910	77.123.911	17.916.154	1.752.346	2,3
1915	95.897.710	20.219.074	1.822.558	1,9
1919	100.676.773	20.536.702	1.837.953	1,8
1920	98.881.744	21.591.943	1.814.459	1,8
1925	131.547.374	25.711.493	1.583.311 [2]	1,2
1930	• [3]	• [3]	• [3]	• [3]

[1] Bis 1870 einschließlich Hosianum in Braunsberg.

[2] Im Haushaltsplan wurden bei den höheren Lehranstalten für die männliche Jugend sowie bei den höheren Lehranstalten in Aufbauform für die männliche Jugend zusammen irrtümlich Gesamteinnahmen aus Stiftungsmitteln von 15.962.990 RM statt der tatsächlichen 1.184.899,05 RM verzeichnet (vgl. Anlagen zum Haushaltsplan des Preußischen Staates für das Rechnungsjahr 1925, Berlin 1925, Anlage Nr. 19: Haushalt des Ministeriums für Wissenschaft, Kunst und Volksbildung für das Rechnungsjahr 1925, S. 169).

[3] Die im Haushaltsplan für 1930 enthaltene Tabelle zu den Einnahmen und Ausgaben der öffentlichen hohen Schulen für die männliche und weibliche Jugend verzeichnet nur für die beiden Gruppen der vom Staat zu unterhaltenden Schulen sowie der von diesem zusammen mit anderen gemeinschaftlich zu unterhaltenden Schulen Einnahmen aus Stiftungen oder besonderen Fonds (vgl. Anlagen zum Haushaltsplan des Preußischen Staates für das Rechnungsjahr 1930, Berlin 1930, Anlage Nr. 19: Haushalt des Ministeriums für Wissenschaft, Kunst und Volksbildung für das Rechnungsjahr 1930, S. 249–282).

Quellen:

Anlagen zum Staatshaushaltsetat für das Jahr 1849, Bd. 2, Berlin 1849, S. 110 f.;

Anlagen zum Staatshaushaltsetat für das Jahr 1851, Bd. 3, Berlin 1851, S. 302 f.;

Anlagen zum Staatshaushaltsetat für das Jahr 1855, Bd. 3, Berlin 1855, S. 248 f.;

Anlagen zum Staatshaushaltsetat für das Jahr 1860, Bd. 3, Berlin 1860, S. 272 f.;

Anlagen zum Staatshaushaltsetat für das Jahr 1865, Bd. 3, Berlin 1865, S. 64 f., 76 f.;

Anlagen zum Staatshaushaltsetat für das Jahr 1870, Bd. 3, Berlin 1870, Anlage Nr. 6: Etat für das Ministerium der geistlichen, Unterrichts- und Medizinalangelegenheiten für das Jahr 1870, S. 88 f., 100 f.;

Anlagen zum Staatshaushaltsetat für das Jahr 1875, Bd. 2, Berlin 1875, Anlage Nr. 9: Etat für das Ministerium der geistlichen, Unterrichts- und Medizinalangelegenheiten für das Jahr 1875, S. 162–164;

Anlagen zum Staatshaushaltsetat für das Jahr 1880/81, Bd. 2, Berlin 1880, Anlage Nr. 17: Etat für das Ministerium der geistlichen, Unterrichts- und Medizinalangelegenheiten für das Jahr 1880/81, S. 130 f.;

Anlagen zum Staatshaushaltsetat für das Jahr vom 1. April 1885/86, Bd. 3, Berlin 1885, S. 170–172;

Anlagen zum Staatshaushaltsetat für das Jahr vom 1. April 1890/91, Bd. 2, Berlin 1890, Anlage Nr. 21: Etat für das Ministerium der geistlichen, Unterrichts- und Medizinalangelegenheiten für das Jahr 1890/91, S. 185–187;

Anlagen zum Staatshaushaltsetat für das Jahr vom 1. April 1895/96, Bd. 2, Berlin 1895, Anlage Nr. 21: Etat für das Ministerium der geistlichen, Unterrichts- und Medizinalangelegenheiten für das Jahr 1895/96, S. 218 f.;

Anlagen zum Staatshaushaltsetat für das Etatsjahr 1900, Bd. 2, Berlin 1899, Anlage Nr. 21: Etat für das Ministerium der geistlichen, Unterrichts- und Medizinalangelegenheiten für das Jahr 1900, S. 320 f.;

Anlagen zum Staatshaushaltsetat für das Etatsjahr 1905, Bd. 2, Berlin 1905, Anlage Nr. 21: Etat für das Ministerium der geistlichen, Unterrichts- und Medizinalangelegenheiten für das Jahr 1905, S. 340 f.;

Anlagen zum Staatshaushaltsetat für das Etatsjahr 1910, Bd. 2, Berlin 1910, Anlage Nr. 31: Etat für das Ministerium der geistlichen, Unterrichts- und Medizinalangelegenheiten für das Jahr 1910 S. 360 f.;

Anlagen zum Staatshaushaltsetat für das Etatsjahr 1915, Bd. 2, Berlin 1915, Anlage Nr. 31: Etat für das Ministerium der geistlichen, Unterrichts- und Medizinalangelegenheiten für das Jahr 1915, S. 218 f.;

Anlagen zum Staatshaushaltsetat für das Etatsjahr 1919, Bd. 2, Berlin 1919, Anlage Nr. 31: Haushalt des Ministeriums für Wissenschaft, Kunst und Volksbildung für das Rechnungsjahr 1919, S. 201 f.;

Anlagen zum Staatshaushaltsetat für das Rechnungsjahr 1920, Bd. 2, Berlin 1920, Anlage Nr. 31: Haushalt des Ministeriums für Wissenschaft, Kunst und Volksbildung für das Rechnungsjahr 1920, S. 228 f.;

Anlagen zum Haushaltsplan des Preußischen Staates für das Rechnungsjahr 1925, Berlin 1925, Anlage Nr. 19: Haushalt des Ministeriums für Wissenschaft, Kunst und Volksbildung für das Rechnungsjahr 1925, S. 162–188;

Anlagen zum Staatshaushaltsetat für das Rechnungsjahr 1930, Berlin 1930, Anlage Nr. 19: Haushalt des Ministeriums für Wissenschaft, Kunst und Volksbildung für das Rechnungsjahr 1930, S. 249–282;

eigene Berechnungen.

Im gesamten Untersuchungszeitraum lagen in Preußen die Einnahmen Höherer Lehranstalten aus Stiftungen deutlich unter den staatlichen Zuschüssen. Deren schnelles Wachstum ab den 70er Jahren des 19. Jahrhunderts machten die Kapitalerträge nicht mit und stagnierten sogar ab 1910. Für den gesamten Untersuchungszeitraum lag die Stiftungsquote für die Höheren Lehranstalten (Tabelle 40) unter der für Kultus im engeren Sinne zusammen mit dem Elementarschulwesen (Tabelle 39).

Tabelle 41 erfasst zunächst die in die Hauptetats bzw. in die Gesamtausgaben der Universitäten und der ihnen gleichgestellten Institutionen in Münster und Braunsberg[199] einfließenden Stiftungsgelder. Hierzu zählten jedoch erst in der Weimarer Republik die jetzt mit Promotionsrecht ausgestatteten Handelshochschulen, die aber schon ab Ende des 19. Jahrhunderts meist mit Stiftungskapital gegründet worden waren (Aachen 1898, Köln 1901, Frankfurt/Main und Berlin 1901, Königsberg 1915).[200] Deren Stiftungsgelder wurden für die Zeit des Kaiserreichs mit in den Daten zu den höheren Lehranstalten der Tabelle 40 erfasst. Das galt ebenfalls zum Beispiel in Köln für die 1904 gegründete Akademie für praktische Medizin sowie die Hochschule für kommunale und soziale Verwaltung (1912).

Die 1912 gestiftete Universität Frankfurt/Main, die teilweise auf wesentlich älteren Vermächtnissen basierte und 1914 ihren Betrieb aufnahm, arbeitete zunächst vollständig mit Eigenkapital und wurde deshalb in den für Tabelle 41 ausgewerteten Staatshaushaltsetats nicht geführt. Bei den Stichjahren 1925 und 1930 enthielten diese erstmals den Vermerk, dass die Fonds mit enthalten waren. In Tabelle 41 werden zudem, den gedruckten Staatshaushaltsetats folgend, keine Angaben zu den Technischen Hochschulen gemacht, obwohl auch diese einige wenige Zuwendungen aus Stiftungen erhielten, die aber wie zum Beispiel 1919 bei den Einnahmen der hier ebenfalls geführten Akademie der Künste (!) mitgezählt wurden.[201]

Wegen besserer Übersichtlichkeit wurde darauf verzichtet, die Universitäten einzeln aufzuführen, obwohl die „Stiftungsquote“ zwischen ihnen recht unterschiedlich war. Während im Jahre 1919 Göttingen zum Beispiel bei Gesamtausgaben von 2,13 Mio. Mark immerhin 0,60 Mio. Mark aus Stiftungen bezog, was einer „Stiftungsquote“ von 28,2 Prozent entsprach, wurden in Berlin von den 5,61 Mio. Mark Gesamtaufwendungen nur 0,01 Mio. Mark durch Stiftungen gedeckt, woraus sich eine Quote von gerade mal 0,2 Prozent er-

199 Braunsberg wurde bis 1870 nicht bei den Universitäten, sondern unter den höheren Lehranstalten geführt, obwohl es bereits 1843 die Gleichstellung mit den Landesuniversitäten besaß (vgl. Titze, Hartmut u.a., Wachstum und Differenzierung der deutschen Universitäten 1830–1945, Göttingen 1995, S. 118).

200 Vgl. Zander, Gründung der Handelshochschulen.

201 2.325 Mark von der Louisa E. Wentzel'schen Stiftung zu Stipendien für Studierende der technischen Hochschule in Charlottenburg sowie für bildende Künstler und Musiker (vgl. Anlagen zum Staatshaushaltsetat für das Etatsjahr 1919, Bd. 2, Berlin 1919, Anlage Nr. 31: Haushalt des Ministeriums für Wissenschaft, Kunst und Volksbildung für das Rechnungsjahr 1919, S. 212).

rechnet.[202] Zu den Göttinger Zahlen ist zudem anzumerken, dass die Stiftungseinnahmen zum allergrößten Teil (0,59 Mio. Mark) aus dem Hannoverschen Klosterfonds kamen.[203] Es wurde ferner unterlassen, auch noch die Einnahmen derjenigen den Universitäten gewidmeten, beziehungsweise denselben zur Verwaltung überwiesenen Stiftungen mitzuteilen, deren Erträge nicht in die Hauptetats eingegangen waren. Dabei handelte es sich zum größten Teil um Fonds für Stipendien, Freitische usw. – Gelder, die also nicht unmittelbar der Finanzierung von Lehre und Forschung dienten. 1919 zum Beispiel waren es insgesamt rd. 1,5 Mio. Mark. Ebenso wurden die zeitgenössisch in den entsprechenden Auflistungen mit angeführten Einnahmen der hoch dotierten Universität Greifswald aus der Verwaltung ihrer Güter und ihres Vermögens[204] nicht berücksichtigt, da der hier erwirtschaftete Überschuss bereits in den Hauptetat eingerechnet worden war.

Anhand mehr oder weniger aussagefähiger Vermerke in den gedruckten Staatshaushalten zum Zweck der einzelnen Stiftungen war es möglich, wenigstens den ungefähren Anteil der aus jenen Summen für wissenschaftliche Belange im direkten Sinne des Wortes zur Verfügung gestellten Gelder zu ermitteln. Von den 1,5 Mio. Mark im Jahre 1919 zum Beispiel waren das letztlich nur ca. 0,04 Mio. Mark, also gerade mal 3 Prozent.[205] – Die Einbeziehung aller Summen aus Stiftungen (also unter Einbeziehung der Gelder für Stipendien, Freitische usw.) hätte jedoch die in Tabelle 41 gegenüber den Staatsausgaben ausgewiesene Stiftungsquote von 3,5 Prozent auch nur auf 3,7 Prozent erhöht.

202 Vgl. ebd., S. 116.

203 Vgl. ebd., S. 253.

204 Zu den Einnahmen aus den der Universität 1634 geschenkten 24 ehemaligen Klosterdörfern vgl. Universität Greifswald 525 Jahre, Berlin 1982, S. 18; ferner Bochning, Erhard, Der Waldbesitz der Universität, in: Festschrift zur 500-Jahrfeier der Universität Greifswald 17.10.1956, Bd. 1, Greifswald 1956, S. 199.

205 Von den Gesamteinnahmen 1919 in Höhe von 1.452.135,82 Mark dienten 44.864,06 Mark vor allem wissenschaftlichen Zwecken, während 1.407.271,80 Mark für Stipendien, Unterstützungen, Freitische usw., aber auch zu Unterstützungen für arme Kranke in den Universitätsklinika oder für Professorenwitwen und –töchter sowie für die Verwaltung der Güter und des Vermögens der Universität Greifswald (allein 424.200 Mark) verwandt wurden (vgl. Beilage 7: Übersicht der Einnahmen und Ausgaben der den Universitäten gewidmeten bzw. zur Verwaltung überwiesenen Stiftungen und sonstigen Kapitalien nach den Haushaltsplänen für das Rechnungsjahr 1919, in: Anlagen zum Staatshaushaltsetat für das Etatsjahr 1919, Bd. 2, Berlin 1919, Anlage Nr. 31: Haushalt des Ministeriums für Wissenschaft, Kunst und Volksbildung für das Rechnungsjahr 1919, S. 163–166).

Tabelle 41 *Die Ausgaben im Hauptetat bzw. die Gesamtausgaben der Universitäten [1] im Vergleich zu den Einnahmen aus den Stiftungen 1849 bis 1930 (in Mark/Reichsmark)*

Jahr	Ausgaben im Hauptetat gesamt	*davon* finanziert aus Staatszuschüssen	finanziert aus Stiftungen	
			absolut	in % von (2) („Stiftungs-quote“)
(1)	(2)	(3)	(4)	(5)
1849	1.837.745	1.444.776	118.610	6,5
1851	1.798.679	1.391.207	121.800	6,8
1855	1.800.876	1.392.828	125.157	7,0
1860	2.042.508	1.573.950	134.583	6,6
1865	2.226.606	1.701.072	141.504	6,4
1870	3.676.445	2.578.985	585.659	15,9
1875	6.314.396	4.921.997	779.449	12,3
1880	7.382.159	5.281.222	952.733	12,9
1885	8.663.658	6.242.590	1.012.614	11,7
1890	9.987.577	7.088.537	1.044.713	10,5
1895	11.271.697	7.610.020	1.100.530	9,8
1900	13.064.096	9.553.752	688.474	5,3
1905	15.426.684	11.447.907	700.476	4,5
1910	18.997.722	13.892.369	784.394	4,1
1915	21.915.369	15.593.454	807.985	3,7
1919	23.124.155	15.962.142	810.933	3,5
1920	23.619.044	16.411.202	810.933	3,4
1925	34.604.371 *36.888.371* [2]	27.276.216 *28.976.216* [2]	239.097 *454.995* [2]	0,1 *1,2* [2]
1930	54.872.844 *58.679.634* [2]	41.162.290 *43.994.990* [2]	452.849 *862.385* [2]	0,8 *1,5* [2]

[1] Ab 1875 einschließlich der Akademie in Braunsberg. – Bei den in den Staatshaushaltsetats gesondert ausgewiesenen Einnahmen und Ausgaben der Technischen Hochschulen werden keine Einnahmen aus Stiftungen oder besonderen Fonds verzeichnet.

[2] Mit der Stiftungsuniversität Frankfurt/M.

Quellen:

Anlagen zum Staatshaushaltsetat für das Jahr 1849, Bd. 2, Berlin 1849, S. 88 f., 93–97;

Anlagen zum Staatshaushaltsetat für das Jahr 1851, Bd. 3, Berlin 1851, S. 285–289;

Anlagen zum Staatshaushaltsetat für das Jahr 1855, Bd. 3, Berlin 1855, S. 234 f.;

Anlagen zum Staatshaushaltsetat für das Jahr 1860, Bd. 3, Berlin 1860, S. 258 f.;

Anlagen zum Staatshaushaltsetat für das Jahr 1865, Bd. 3, Berlin 1865, S. 40 f., 51–55;

Anlagen zum Staatshaushaltsetat für das Jahr 1870, Bd. 3, Berlin 1870, Anlage Nr. 6: Etat für das Ministerium der geistlichen, Unterrichts- und Medizinalangelegenheiten für das Jahr 1870, S. 56 f.;

Anlagen zum Staatshaushaltsetat für das Jahr 1875, Bd. 2, Berlin 1875, Anlage Nr. 9: Etat für das Ministerium der geistlichen, Unterrichts- und Medizinalangelegenheiten für das Jahr 1875, S. 122 f., 142–145;

Anlagen zum Staatshaushaltsetat für das Jahr 1880/81, Bd. 2, Berlin 1880, Anlage Nr. 17: Etat für das Ministerium der geistlichen, Unterrichts- und Medizinalangelegenheiten für das Jahr 1880/81, S. 86 f.;

Anlagen zum Staatshaushaltsetat für das Jahr vom 1. April 1885/86, Bd. 3, Berlin 1885, S. 120 f., 145–149;

Anlagen zum Staatshaushaltsetat für das Jahr vom 1. April 1890/91, Bd. 2, Berlin 1890, Anlage Nr. 21: Etat für das Ministerium der geistlichen, Unterrichts- und Medizinalangelegenheiten für das Jahr 1890/91, S. 132 f., 160 f.;

Anlagen zum Staatshaushaltsetat für das Jahr vom 1. April 1895/96, Bd. 2, Berlin 1895, Anlage Nr. 21: Etat für das Ministerium der geistlichen, Unterrichts- und Medizinalangelegenheiten für das Jahr 1895/96, S. 180 f.;

Anlagen zum Staatshaushaltsetat für das Etatsjahr 1900, Bd. 2, Berlin 1899, Anlage Nr. 21: Etat für das Ministerium der geistlichen, Unterrichts- und Medizinalangelegenheiten für das Jahr 1900, S. 252 f.;

Anlagen zum Staatshaushaltsetat für das Etatsjahr 1905, Bd. 2, Berlin 1905, Anlage Nr. 21: Etat für das Ministerium der geistlichen, Unterrichts- und Medizinalangelegenheiten für das Jahr 1905, S. 292 f.;
Anlagen zum Staatshaushaltsetat für das Etatsjahr 1910, Bd. 2, Berlin 1910, Anlage Nr. 31: Etat für das Ministerium der geistlichen, Unterrichts- und Medizinalangelegenheiten für das Jahr 1910, S. 276 f.;
Anlagen zum Staatshaushaltsetat für das Etatsjahr 1915, Bd. 2, Berlin 1915, Anlage Nr. 31: Etat für das Ministerium der geistlichen, Unterrichts- und Medizinalangelegenheiten für das Jahr 1915, S. 132 f.;
Anlagen zum Staatshaushaltsetat für das Etatsjahr 1919, Bd. 2, Berlin 1919, Anlage Nr. 31: Haushalt des Ministeriums für Wissenschaft, Kunst und Volksbildung für das Rechnungsjahr 1919, S. 116 f., 163–166;
Anlagen zum Staatshaushaltsetat für das Rechnungsjahr 1920, Bd. 2, Berlin 1920, Anlage Nr. 31: Haushalt des Ministeriums für Wissenschaft, Kunst und Volksbildung für das Rechnungsjahr 1920, S. 144 f.;
Anlagen zum Haushaltsplan des Preußischen Staates für das Rechnungsjahr 1925, Berlin 1925, Anlage Nr. 19: Haushalt des Ministeriums für Wissenschaft, Kunst und Volksbildung für das Rechnungsjahr 1925, S. 116 f.;
Anlagen zum Staatshaushaltsetat für das Rechnungsjahr 1930, Berlin 1930, Anlage Nr. 19: Haushalt des Ministeriums für Wissenschaft, Kunst und Volksbildung für das Rechnungsjahr 1930, S. 176 f.;
eigene Berechnungen.

Die Stiftungsquoten der einzelnen kulturstaatlichen Hauptbereiche änderten sich über die Jahrzehnte, wie aus den Tabellen 39 bis 41 ersichtlich ist. Die Quoten für den Kultus im engeren Sinne zusammen mit dem Elementarschulwesen lagen zwischen 1849 bis 1885 am höchsten (Tabelle 39), die für die Höheren Lehranstalten aber nur von 1849 bis 1855 (Tabelle 40). Die preußischen Universitäten hingegen (Tabelle 41) profitierten am stärksten zwischen 1870 und 1895 von Geldern aus Stiftungen. Die Existenz derartiger zeitlicher Schwerpunkte legt nahe, dass es sich hier wohl um „Dankbarkeits-Wellen" vor allem von bestimmten Gruppen ehemaliger Absolventen von Bildungseinrichtungen handelte. Vor allem in den Perioden der Expansion der verschiedenen Bereiche des preußischen Schulwesens und der weiterführenden Einrichtungen wie Berufsakademien oder Universitäten konnten mehr junge Menschen zu einer Ausbildung gelangen, die ihnen dann hohe Einkommen und oft sogar sozialen Aufstieg ermöglichte. Zum Ende des (Berufs-)Lebens, drei bis vier Jahrzehnte später, wollte nun ein Teil von ihnen sich seinen ehemaligen Schulen oder Universitäten gegenüber als dankbar erweisen und/oder seinerseits nunmehr junge Menschen auf dem Weg ins Leben unterstützen. Im ersten Drittel des 20. Jahrhundert spielten dann, nach dem Ersten Weltkrieg, der Inflation und der Währungsreform, Zuwendungen aus Stiftungen nur noch eine marginale Rolle, da die meisten Vermögen durch die Geldentwertung verloren gegangen waren. Zahlreiche Stiftungen wurden deshalb in der Weimarer Republik aufgehoben oder mit mehreren anderen, die gleiche Ziele verfolgten, zusammengefasst.

In Tabelle 42 werden die in den Haushalten der Akademien sowie der mit ihnen verbundenen Anstalten enthaltenen Einnahmen aus Stiftungen nachgewiesen. Im Jahre 1919 zum Beispiel rechnete man zur Akademie der Künste noch die Meisterateliers für die bildenden Künste, die Meisterschulen für musikalische Komposition, die Hochschule für die bildenden

Künste, die Hochschule für Musik und das Institut für Kirchenmusik. Das entsprach jenem Tätigkeitsfeld des Kultusministeriums, das nach heutigem Verständnis ein Hauptwirkungsfeld des Mäzenatentums war beziehungsweise ist.

Tabelle 42 *Die Ausgaben der Akademie der Wissenschaften, der Akademie der Künste und der mit ihr verbundenen Anstalten im Vergleich zu den Einnahmen aus den Stiftungen 1849 bis 1930 (in Mark/Reichsmark)*

Jahr	AdW: Ausgaben gesamt	*Davon* finanziert aus Staatszuschüssen	finanziert aus Stiftungen		AdK: Ausgaben gesamt	*davon* finanziert aus Staatszuschüssen	finanziert aus Stiftungen	
			Absolut	in % von (2) („Stiftungsquote")			absolut	in % von (6) („Stiftungsquote")
(1)	(2)	(3)	(4)	(5)	(6)	(7)	(8)	(9)
1849	67.973	62.231	–	–	107.214	101.750	–	–
1851	67.973	62.229	–	–	107.214	101.918	–	–
1855	68.463	61.419	–	–	103.209	98.601	–	–
1860	76.695	66.729	–	–	103.200	97.101	–	–
1865	76.095	68.229	–	–	104.280	95.601	–	–
1870	79.824	68.229	–	–	103.560	94.100	–	–
1875	208.785	197.124	–	–	448.200	342.066	–	–
1880	215.020	200.924	–	–	491.450	409.503	–	–
1885	218.500	203.824	–	–	507.170	426.178	–	–
1890	215.363	198.000	–	–	552.385	449.319	–	–
1895	215.100	199.001	•	•	596.192	495.699	•	•
1900	260.940	245.981	8.273	3,2	652.945	555.574	14.330	2,2
1905	286.644	269.155	11.709	4,1	777.384	680.855	17.271	2,2
1910	317.794	299.425	26.308	8,3	939.897	832.269	26.578	2,8
1915	364.694	346.075	26.277	7,2	993.166	838.550	30.241	3,0
1919	386.491	352.305	26.277	6,8	999.356	844.740	80.775	8,1
1920	389.201	355.015	45.572	11,8	1.011.816	857.200	80.775	8,0
1925	363.047	360.397	• [1]	• [1]	1.678.070 [2]	1.478.303	• [3]	•
1930	534.390	515.210	44.098	8,3	2.230.990 [2]	2.020.740	11.539	0,5

[1] Im Staatshaushaltsetat für 1925 nicht ausgewiesen unter Verweis auf die Angaben im Staatshaushaltsetat für 1921.

[2] Während in den vorangegangenen Jahren für die Akademie der Künste und die mit ihr verbundenen Anstalten Gesamtzahlen angegeben wurden, wurden die nunmehr getrennt ausgewiesenen Daten der Akademie (einschließlich Beethoven-Preis), der Meisterateliers für bildende Künste, der Meisterschulen für musikalische Komposition, der Vereinigten Staatsschulen für freie und angewandte Kunst, der Akademischen Hochschule für Musik sowie der Akademie für Kirchen- und Schulmusik zusammengefasst.

[3] Es wurden allein 2.000 RM Einnahmen aus der Felix-Mendelssohn-Bartholdy-Stiftung für die Hochschule für Musik ausgewiesen.

Quellen:

Anlagen zum Staatshaushaltsetat für das Jahr 1849, Bd. 2, Berlin 1849, S. 100 f.;
Anlagen zum Staatshaushaltsetat für das Jahr 1851, Bd. 3, Berlin 1851, S. 292 f.;
Anlagen zum Staatshaushaltsetat für das Jahr 1855, Bd. 3, Berlin 1855, S. 200, 262 f.;
Anlagen zum Staatshaushaltsetat für das Jahr 1860, Bd. 3, Berlin 1860, S. 290 f.;
Anlagen zum Staatshaushaltsetat für das Jahr 1865, Bd. 3, Berlin 1865, S. 80 f.;
Anlagen zum Staatshaushaltsetat für das Jahr 1870, Bd. 3, Berlin 1870, Anlage Nr. 6: Etat für das Ministerium der geistlichen, Unterrichts- und Medizinalangelegenheiten für das Jahr 1870, S. 104 f.;

Anlagen zum Staatshaushaltsetat für das Jahr 1875, Bd. 2, Berlin 1875, Anlage Nr. 9: Etat für das Ministerium der geistlichen, Unterrichts- und Medizinalangelegenheiten für das Jahr 1875, S. 165, 170;
Anlagen zum Staatshaushaltsetat für das Jahr 1880/81, Bd. 2, Berlin 1880, Anlage Nr. 17: Etat für das Ministerium der geistlichen, Unterrichts- und Medizinalangelegenheiten Für das Jahr 1880/81, S. 133, 138;
Anlagen zum Staatshaushaltsetat für das Jahr vom 1. April 1885/86, Bd. 3, Berlin 1885, S. 173, 178;
Anlagen zum Staatshaushaltsetat für das Jahr vom 1. April 1890/91, Bd. 2, Berlin 1890, Anlage Nr. 21: Etat für das Ministerium der geistlichen, Unterrichts- und Medizinalangelegenheiten für das Jahr 1890/91, S. 188 f., 193;
Anlagen zum Staatshaushaltsetat für das Jahr vom 1. April 1895/96, Bd. 2, Berlin 1895, Anlage Nr. 21: Etat für das Ministerium der geistlichen, Unterrichts- und Medizinalangelegenheiten für das Jahr 1895/96, S. 222, 227;
Anlagen zum Staatshaushaltsetat für das Etatsjahr 1900, Bd. 2, Berlin 1899, Anlage Nr. 21: Etat für das Ministerium der geistlichen, Unterrichts- und Medizinalangelegenheiten für das Jahr 1900, S. 324–327, 332–334;
Anlagen zum Staatshaushaltsetat für das Etatsjahr 1905, Bd. 2, Berlin 1905, Anlage Nr. 21: Etat für das Ministerium der geistlichen, Unterrichts- und Medizinalangelegenheiten für das Jahr 1905, S. 369 f., 375f.;
Anlagen zum Staatshaushaltsetat für das Etatsjahr 1910, Bd. 2, Berlin 1910, Anlage Nr. 31: Etat für das Ministerium der geistlichen, Unterrichts- und Medizinalangelegenheiten für das Jahr 1910, S. 369 f., 374–376;
Anlagen zum Staatshaushaltsetat für das Etatsjahr 1915, Bd. 2, Berlin 1915, Anlage Nr. 31: Etat für das Ministerium der geistlichen, Unterrichts- und Medizinalangelegenheiten für das Jahr 1915, S. 227 f.;
Anlagen zum Staatshaushaltsetat für das Etatsjahr 1919, Bd. 2, Berlin 1919, Anlage Nr. 31: Haushalt des Ministeriums für Wissenschaft, Kunst und Volksbildung für das Rechnungsjahr 1919, S. 116, 217 f.;
Anlagen zum Staatshaushaltsetat für das Rechnungsjahr 1920, Bd. 2, Berlin 1920, Anlage Nr. 31: Haushalt des Ministeriums für Wissenschaft, Kunst und Volksbildung für das Rechnungsjahr 1920, S. 237 f., 242–244;
Anlagen zum Haushaltsplan des Preußischen Staates für das Rechnungsjahr 1925, Berlin 1925, Anlage Nr. 19: Haushalt des Ministeriums für Wissenschaft, Kunst und Volksbildung für das Jahr 1925, S. 156–159;
Anlagen zum Staatshaushaltsetat für das Rechnungsjahr 1930, Berlin 1930, Anlage Nr. 19: Haushalt des Ministeriums für Wissenschaft, Kunst und Volksbildung für das Jahr 1930, S. 238–240, 242 f., 247 f.;
eigene Berechnungen.

Im Gegensatz zu den in den Tabellen 39 bis 41 erfassten Tätigkeitsfeldern des preußischen Kultusministeriums wiesen die Akademie der Wissenschaften und die Akademie der Künste gemäß Tabelle 42 erst ab 1900 überhaupt Einnahmen aus Stiftungen aus, auch wenn in der Literatur immer wieder von Vermächtnissen oder Geschenken zu lesen ist, die großzügige Mäzene gestiftet hatten. Dabei hat es sich aber wohl um Werte gehandelt, die direkt in die Vermögensmassen der beiden Institutionen eingingen, also nicht die spezifische Rechtsform einer Stiftung annahmen und deshalb in den hier vorgelegten Statistiken nicht erfasst werden. Es ist nun bemerkenswert, dass die auf die Staatsaufwendungen bezogene Stiftungsquote der Akademie der Wissenschaften ab 1910 teilweise deutlich über 7 Prozent lag und sogar 1930, also nach Weltkrieg, Inflation und Währungsreform, einen Wert von immerhin 8,3 Prozent erreichte. Das waren ganz andere Verhältnisse als bei den Universitäten (Tabelle 41). Die Sätze für die Akademie der Künste hingegen lagen bis 1910 signifikant unter denen für die Wissenschaftsakademie und betrugen 1930 nur noch marginale 0,5 Prozent.

Die in den Tabellen 39 bis 42 aufgelisteten, von Stiftungen für das Bildungswesen in Preußen zur Verfügung gestellten Gelder werden in Tabelle 43 jeweils für die einzelnen Stichjahre addiert. Es ist verlockend, daraus eine auf die gesamten Haushaltsausgaben bezogene „Gesamtstiftungsquote“ für den Bereich des Kultusministeriums zu errechnen. Wenn dies aber nun nicht geschieht, hängt es vor allem mit einem im Rahmen dieser Studie nicht zu lösenden methodischen Problem zusammen: Anfänglich wurden bei den Einnahmen detailliert die Erträge aus Grundeigentum, Berechtigungen, Zinsen und Kapitalien und so weiter aufgelistet; später umfasste die Kategorie „Einnahmen aus Stiftungs- und anderen Fonds“ aber nicht nur jene Gelder, die unmittelbar laufende Ausgaben deckten, sondern auch Beträge, die den Kapitalstock der bereits bestehenden Stiftungen vergrößerten. Weil diese Summen jedoch nachtäglich kaum voneinander zu trennen sind und vor allem Angaben zu den ursprünglichen Vermögen fehlen, kann hieraus weder eine Statistik zum Gesamtstiftungskapital noch zur „Gesamtstiftungsquote“ für Preußen im Bereich des Kulturstaats entwickelt werden.

Tabelle 43 *Die ordentlichen Haushaltseinnahmen und -ausgaben des Kultusministeriums im Vergleich zu den Einnahmen aus den für Kultus, Unterrichtswesen, Universitäten und Akademien wirkenden Stiftungen 1849 bis 1930 (in Mark/Reichsmark)*

Jahr	Ordentliche Ausgaben		Ordentliche Einnahmen		Einnahmen *von und aus* Stiftungen usw.	
	Mark/ Reichsmark	1849=100	Mark/ Reichsmark	1849=100	Mark/ Reichsmark	1849=100
1849	10.138.530	100	216.876	100	943.831	100
1850	10.137.000	100	210.969	97	•	•
1855	10.510.566	104	262.156	121	2.006.950	213
1860	11.109.552	110	277.866	128	2.194.084	233
1865	12.795.156	126	309.216	143	2.339.016	248
1870	18.801.829	186	361.411	167	5.047.213	535
1875	43.790.496	432	1.364.726	629	5.678.006	602
1880	49.143.913	485	2.360.373	10.884	5.604.815	594
1885	52.750.323	520	2.682.250	12.368	5.151.162	546
1890	92.476.072	912	2.611.353	12.041	5.235.868	555
1895	107.701.153	1.062	3.121.663	14.394	5.283.177	560
1900	139.595.854	1.377	5.115.055	23.585	4.342.094	460
1905	164.032.655	1.618	6.682.194	30.811	5.006.437	530
1910	260.430.892	2.569	8.256.597	38.071	5.129.829	544
1915	278.880.249	2.751	7.813.768	36.029	5.481.796	581
1919	282.114.141	2.786	7.856.591	36.226	5.550.379	588
1920	271.377.796	2.677	7.243.765	33.401	5.550.610	588
1925	515.981.700	5.089	6.320.500	29.143	•	•
1930	710.170.680	7.005	24.825.500	114.469	5.005.804	530

Quellen:
Tabellen 1, 39 bis 42.

Bei Tabelle 43 fällt zunächst ins Auge, dass die Einnahmen aus den Stiftungsfonds bei weitem nicht die hohe Dynamik des Haushalts des Kultusministeriums insgesamt aufwiesen. Während von 1849 bis 1875 die von den Stiftungen bereitgestellten Gelder von knapp

1 Mio. Mark auf mehr als 5,5 Mio. Mark anstiegen (wobei 1870 der neu hinzugekommene Hannoversche Klosterfonds allein mit mehr als 1,5 Mio. Mark zu Buche schlug und 1875 schon 2,5 Mio. M einbrachte), blieben die Summen in den nächsten Jahrzehnten nominell in recht ähnlicher Größenordnung bei einer beachtlichen Schwankungsbreite von rund 1 Mio. Mark einschließlich einer weiteren Vermehrung der Zuflüsse aus dem Klosterfonds auf rund 3,5 Mio. Mark. Insgesamt ist aber festzustellen, dass die Mittel aus Stiftungen im Verhältnis zu den ordentlichen Haushaltseinnahmen und in noch viel stärkerem Maße zu den ordentlichen Haushaltsausgaben im Bereich des Kultusministeriums bei der Finanzierung des Kulturstaats eine abnehmende Bedeutung besaßen und schon zum Ende des 19. Jahrhunderts im Verhältnis zu den Gesamtaufwendungen nur noch marginal waren. Diese Aussage steht nicht im Widerspruch zu der Tatsache, dass in Preußen einzelne bedeutende Kultureinrichtungen wie die Kaiser-Wilhelm-Gesellschaft, das Institut für Weltwirtschaft in Kiel und die Universitäten in Frankfurt/M. und Köln, Handelshochschulen oder wichtige Museumssammlungen auf Stiftungen beruhten und darüber hinaus, wie bereits mehrfach angemerkt, weitere große Geldmittel als Schenkungen usw. direkt in die Vermögensmasse von Institutionen gelangten.

Während in den Tabellen 39 bis 43 bisher nur allgemein von Einkünften aus Stiftungen die Rede war, sollen nachstehend in den Tabellen 44 und 45 detailliertere Informationen dazu gegeben werden, welchen näheren kulturstaatlichen Zwecken die Stiftungen im Bereich des Kultus- sowie des Innenministeriums in Preußen dienten. Hiermit kann eine große Lücke im Forschungsstand geschlossen werden. Selbst die verdienstvolle Arbeit von Thomas Adam über die sogenannten Studienstiftungen an den deutschen Universitäten[206] bietet trotz zahlreich enthaltener Statistiken und Aufstellungen keine größere Zeiträume erfassende „langen Reihen" zu diesem kleinen Bereich des Kulturstaats.

Es kann für die Periode von 1864 bis 1906 auf der Basis jährlicher Veröffentlichungen im „Zentralblatt für die gesamte Unterrichtsverwaltung" sowie im „Deutschen Reichs- und Preußischen Staatsanzeiger" die Datenbasis wesentlich erweitert werden trotz sich verändernder Erfassungsmodi und Darstellungsweisen: Während ab 1864 vom Kultusministerium nur Listen mit Kurzbeschreibungen zu den Zwecken der einzelnen, meist neuen Stiftungen und den gespendeten Summen herausgegeben wurden, begann man ab 1886 die jeweiligen Fonds in jährlichen Übersichten zusammenzufassen. Wurde zunächst in sieben nicht-konfessionelle und fünf konfessionelle Empfängerkategorien unterschieden (I.: Universitäten und Institute", II.: Höhere Lehranstalten, III.: Elementarschulen, IV.: Taubstummen- und Blindenanstalten, V.: Waisenhäuser und andere Wohltätigkeitsanstalten, VI.: Kunst- und wissenschaftliche Institute, VII.: Heil- und Krankenanstalten, VIII.: Evangelische Kirchen- und Pfarrgemeinden, IX.: Evangelisch-kirchliche Anstalten, Gesellschaften

206 Vgl. Adam, Thomas, Stipendienstiftungen und der Zugang zu höherer Bildung in Deutschland von 1800 bis 1960, Stuttgart 2008, zur Forschungslage v. a. S. 9–27.

und Vereine, X.: Bistümer, XI.: Katholische Kirchen- und Pfarrgemeinden sowie XII.: Katholisch-kirchliche Anstalten),[207] kamen 1899 jüdische Gotteshäuser, Religionsgesellschaften und Vereine sowie kleinere Religionsgemeinschaften und deren Vereine hinzu, während die Positionen VIII. und IX. sowie X. bis XII. ab 1900 in nur noch zwei Gruppen für alle evangelischen und alle katholischen Empfänger eingeordnet wurden.[208] Die Stiftungstypen I. bis VII. „ohne besonderen konfessionellen Charakter" wurden aber beibehalten. Die Zuordnung verschiedener Daten aus den Jahren 1864 bis 1879 in Tabelle 44 erwies sich jedoch teilweise als schwierig, weil zum Beispiel in den ausgewerteten Aufstellungen der Wert einzelner Objekte nicht beziffert worden war,[209] manche Stiftungen ausdrücklich die Begünstigung mehrerer Konfessionen zuließen[210] oder Legate mehrere nicht-konfessionelle Bereiche begünstigten. Aus diesem Grund wurden die jeweiligen Summen auf die jeweils relevanten Kategorien aufgeteilt.[211]

Da eine Genehmigung des Landesherrn gemäß dem „Gesetz über Schenkungen und letztwillige Zuwendungen an Anstalten und Gesellschaften" vom 13. Mai 1833[212] erst ab einer Summe von 1.000 Talern oder wegen der Begründung einer sogenannten öffentlichen Anstalt notwendig war, blieben zudem in den zeitgenössischen Listen kleinere Beträge unberücksichtigt. Aussagen darüber, zu welchen Summen sich Letztere addierten und damit

207 Vgl. Schenkungen und letztwillige Zuwendungen an inländische Korporationen und andere juristische Personen, in: Deutscher Reichs- und Preußischer Staatsanzeiger Nr. 119 vom 23.5.1899 (2. Beil.), in: GStA PK, I. HA Rep. 76, IIa Sekt. 41 Gen. 29a Bd. 3, n. f.

208 Vgl. die verschiedenen Zusammenstellungen in: ebd.

209 So wurden in den Listen zum Beispiel das von dem Gutsbesitzer Nückel für eine Erziehungs- und Unterrichtsanstalt katholischer Mädchen vorgesehene historische Schloss zu Mühlheim an der Möhne (Krs. Arnsberg) oder die Originalpartitur von Mozarts „Zauberflöte", die 1866 von dem Bankier Ferdinand Jaques der Königlichen Bibliothek in Berlin geschenkt wurde, nicht bewertet (vgl. Stiftungen, Schenkungen und Vermächtnisse im Ressort der Unterrichtsverwaltung, zu welchen die landesherrliche Genehmigung erteilt worden ist, in: Zentralblatt Unterrichtsverwaltung 1865, S. 58, Nr. 7; Zuwendungen im Ressort der Unterrichtsverwaltung, zu welchen die landesherrliche Genehmigung erteilt worden ist, in: ebd., Jg. 1866, S. 379, Nr. 11). – Derartige Zuwendungen werden in Tabelle 44 ebenfalls nur verbal mit unter dem Zusatz „+ n Stiftungen" erfasst.

210 Die Stipendienstiftung des Bankiers Robert Warschauer und seiner Frau für die Universität Königsberg zum Beispiel bedachte jeweils einen Studenten christlichen und einen Studenten jüdischen Bekenntnisses (vgl. Stiftungen, Schenkungen und Vermächtnisse im Ressort der Unterrichtsverwaltung, zu welchen die landesherrliche Genehmigung erteilt worden ist, in: Zentralblatt Unterrichtsverwaltung 1865, S. 443, Nr. 6).

211 Die Legate des Handlungsdisponenten Zahn aus Breslau zum Beispiel bestanden aus 3.000 Talern für die Diakonissenanstalt Bethanien, 4.000 Talern für das Schlesische Blindeninstitut sowie 2.000 Talern für den Verein für Unterricht und Erziehung Taubstummer (vgl. Stiftungen, Schenkungen und Vermächtnisse im Ressort der Unterrichtsverwaltung, in: Zentralblatt Unterrichtsverwaltung 1864, S. 443, Nr. 5).

212 GS, S. 49, §§ 2 und 5. – Die Bestimmungen blieben in dem Gesetz, betr. die Genehmigung zu Schenkungen und letztwilligen Zuwendungen sowie zur Übertragung von unbeweglichen Gegenständen an Korporationen und andere juristische Personen vom 23.2.1870 erhalten (GS, S. 188, §§ 1–2).

zu deren Wirkungsmächtigkeit, sind beim jetzigen Stand der Forschungen nicht möglich. Schließlich ist noch festzustellen, dass von 1864 bis 1879 im „Zentralblatt für die gesamte Unterrichtsverwaltung“ verschiedene Meldungen über einzelne weitere Schenkungen zu finden sind, die keine Aufnahme in die dort veröffentlichten Listen fanden, ohne dass eine Begründung für die Ungleichbehandlung ersichtlich ist.[213] Diese Gelder oder Objekte wurden ebenfalls nicht in Tabelle 44 aufgenommen. Darunter waren durchaus auch größere Spenden, die bereits bestehende Stiftungen beziehungsweise kulturstaatliche Institutionen aber relativ formlos entgegennahmen,[214] so dass es sich teilweise wohl um Vermögenswechsel „einfacheren“ Rechtscharakters gegenüber einer Überführung in das Eigentum einer neuen juristischen Person oder der Aufstockung bestehender Stiftungskapitalien handelte. Ähnliche verstreute Meldungen aus den Jahren 1880 bis 1885, für die aus dem Kultusministerium keine, die jeweiligen Stiftungsaktivitäten zusammenfassende Akte überliefert ist[215] und für die auch keine Gesamtlisten oder andersartige Aufstellungen seitens des Ministeriums publiziert wurden, sind ebenfalls in Tabelle 44 nicht eingearbeitet worden.

213 Vgl. zum Beispiel im Jahrgang 1866 des Zentralblatts der gesamten Unterrichtsverwaltung: Schenkung einer Büchersammlung an die Bibliothek der Universität zu Halle (ebd., S. 402) sowie: Vermächtnis für die Landesbibliothek zu Düsseldorf (ebd., S. 717). In letztem Falle habe der Minister die Genehmigung für die Annahme von 1.000 Talern gegeben und verfügt, dass die Summe beim Bergischen Schulfonds mit verwaltet werde.

214 Vgl. Hoffmann, Franz, Stichwort: Stiftungen, in: Bitter, Rudolf v., Handwörterbuch der Preußischen Verwaltung, 3. Aufl., hrsg. von Bill Drews und Franz Hoffmann, Bd. 2, Berlin/Leipzig 1928, S. 729–731.

215 Die Akte „Die durch Allerhöchsten Erlaß genehmigten Schenkungen an Kirchen, Anstalten, Vereine pp.“ (GStA PK, I. HA Rep. 76, IIa Sekt. 41 Gen. 29a, Bd. 1) beginnt erst mit dem Jahr 1886 und endet 1892.

Tabelle 44 *Schenkungen und letztwillige Zuwendungen mit landesherrlicher Genehmigung an inländische Korporationen und andere juristische Personen im Bereich des Kultusministeriums nach zeitgenössischen konfessionellen und sachlichen Kriterien 1864 bis 1906 (in Mark)*

Jahr	Evangel. Kirchen, Pfarrgemeinden, kirchl. Anstalten, Stiftungen, Gesellschaften u. Vereine	Katholische Kirchen- u. Pfarrgemeinden, Bistümer u. deren Institute, kirchl. Stiftungen, Vereine	Jüdische Gemeinden, Stiftungen, Vereine	Kleine Religionsgemeinschaften, deren Gotteshäuser, Stiftungen, Vereine	Universitäten u. deren Institute	Höhere Lehranstalten u. deren Stiftungen	Volksschulgemeinden, Elementarschulen usw.	Taubstummen- u. Blindenanstalten	Waisenhäuser u. Wohltätigkeitsanstalten	Kunst- u. wissenschaftl. Institute	Heil- usw. Anstalten
1864	146.970	202.462 + 2 Stiftungen	520.125	36.000	5.610 +1 Stiftung	83.485	31.800 + 3 Stiftungen	62.760	44.731 + 2 Stiftungen	–	–
1865	103.601	112.991 + 1 Stiftung	9.750	–	–	24.750	13.800	–	49.000 + 2 Stiftungen	100.500	15.000
1866	113.550	219.767	47.400 + 1 Stiftung	–	9.000	69.203 + 1 Stiftung	50.400	–	221.250	42.000 + 1 Stiftung	–
1867	133.378 + 1 Stiftung	396.710 + 3 Stiftungen	31.500 + 1 Stiftung	–	49.085 + 1 Stiftung	269.127 + 1 Stiftung	43.485	51.000	733.500 + 1 Stiftung	1 Stiftung	9.000
1868	738.264 + 1 Stiftung	682.981 + 3 Stiftungen	5.400 + 1 Stiftung	–	46.165	120.705 + 1 Stiftung	91.500	6.000	86.470	2 Stiftungen	
1869[1]	379.939 + 1 Stiftung	332.920	246.397	6.000	602.462	91.385 + 1 Stiftung	80.236 + 2 Stiftungen	6.000	785.800 + 2 Stiftungen	90.000	2.250
1870[2]	175.005 + 1 Stiftung	119.997 + 2 Stiftungen	24.000	–	131.100 + 1 Stiftung	107.259	207.918	12.000	173.838 + 1 Stiftung	2.736	–
1871[3]	296.851 + 4 Stiftungen	378.334 + 1 Stiftung	85.010	–	19.875 + 2 Stiftungen	863.250 + 1 Stiftung	140.400 + 2 Stiftungen	–	74.550	24.000	–
1872	450.300 + 1 Stiftung	782.940 + 1 Stiftung	228.000	–	54.958	304.053 + 1 Stiftung	134.800 + 1 Stiftung	6.000	1.271.400 + 1 Stiftung	5.000	1.200 + 1 Stiftung
1873	368.400 + 3 Stiftungen	205.852 + 1 Stiftung	1.923.500 + 1 Stiftung	–	80.190 + 1 Stiftung	129.368	198.450	6.000	754.966 + 1 Stiftung	77.700	–
1874	130.194 + 1 Stiftung	174.670 + 2 Stiftungen	84.000	–	366.000 + 3 Stiftungen	205.575 + 3 Stiftungen	53.000	72.789	163.095 + 1 Stiftung	42.000 + 1 Stiftung	–
1875[4]	–	6.000 + 1 Stiftung	30.000	–	9.000	36.275	16.000	–	34.500	–	–
1876	155.366 + 1 Stiftung	49.820 + 1 Stiftung	115.500 + 1 Stiftung	–	339.409 + 2 Stiftungen	140.168	–	64.906	90.099	300.000 + 1 Stiftung	–
1877	148.000 + 1 Stiftung	39.300	6.000	–	380.887 + 1 Stiftung	318.563 + 1 Stiftung	265.450 + 1 Stiftung	21.429	141.630	4.500 + 1 Stiftung	–
1878	478.650	73.307	–	–	75.900 + 1 Stiftung	13.500	37.330	–	63.000	+ 1 Stiftung	
1879	42.616	103.487 + 1 Stiftung	237.856	–	158.859 + 2 Stiftungen	38.831	38.177	21.000 + 1 Stiftung	48.500	30.109 + 1 Stiftung	
	•	•	•	•	•	•	•	•	•	•	•
1886	1.624.137 + 1 Stiftung	2.188.310 + weitere Stiftungen			215.082	205.523	36.565	51.000	128.000	203.300	127.600

Jahr	Evangel. Kirchen, Pfarrgemeinden, kirchl. Anstalten, Stiftungen, Gesellschaften u. Vereine	Katholische Kirchen- u. Pfarrgemeinden, Bistümer u. deren Institute, kirchl. Stiftungen, Vereine	Jüdische Gemeinden, Stiftungen, Vereine	Kleine Religionsgemeinschaften, deren Gotteshäuser, Stiftungen, Vereine	Universitäten u. deren Institute	Höhere Lehranstalten u. deren Stiftungen	Volksschulgemeinden, Elementarschulen usw.	Taubstummen- u. Blindenanstalten	Waisenhäuser u. Wohltätigkeitsanstalten	Kunst- u. wissenschaftl. Institute	Heil- usw. Anstalten
1887	1.219.634 + 1 Stiftung	2.648.367 + weitere Stiftungen			55.000	365.608	99.810	5.000	58.519	303.300	215.000
1888	1.158.431 + 4 Stiftungen•	2.561.946 + 2 Stiftungen•			308.500	384.578 + 1 Stiftung	27.500	10.000	81.857 + 1 Stiftung	130.000	269.670 + 2 Stiftungen
1889	2.439.584 + 1 Stiftung	3.018.357 + weitere Stiftungen			184.000 + 1 Stiftung	125.593	69.250	21.000	316.000	174.000	89.000
1890	971.900 + 1 Stiftung	1.412.183 + 1 Stiftung			39.770	24.112	16.300	170.277	544.250	81.000 + 1 Stiftung	74.000
1891	3.067.430 + weitere Stiftungen	3.602.721 + weitere Stiftungen			695.100	486.576	6.000	132.800	361.701	301.800	50.000
1892	2.408.132	2.683.517			183.450	141.417	32.800	100.527	103.204	482.300	586.457
1893	2.349.618	4.252.620 + 1 Stiftung			99.400	221.229	17.704	228.150	410.900	129.828	57.200
1894	2.178.744	4.307.493			401.671	111.183	102.411	566.001	118.413	225.500	484.500
1895	2.702.880	3.048.046			171.300	321.230	41.110	58.000	76.000	14.000	132.600
1896	3.861.228	3.775.289			356.749	101.900	15.500	26.000	431.038	483.000	434.100
1897	3.965.631	4.526.054			76.000	88.050	66.754	55.422	572.384	225.000	283.365
1898	3.845.810	4.371.201			349.365	536.201	16.021	117.360	2.471.189	580.500	583.331
1899	5.601.771	4.810.989	278.700	6.000	682.825	146.400	–	533.073	231.015	410.800	590.000
1900	3.419.848	3.686.956	54.452	6.000	536.200	569.542	39.194	447.040	112.197	878.516	45.000
1901	12.287.435	4.718.337	459.000	56.000	698.100	266.000	28.000	10.000	268.079	238.200	296.904
1902	5.206.464	3.590.595	164.442	427.000	343.613	148.005	13.000	30.000	262.000	1.157.000	437.470
1903	2.674.495	4.903.208	212.000	17.172	292.000	106.248	71.605	6.000	219.387	1.024.442	700.993
1904	3.981.154	3.547.379	363.200	160.824	248.750	89.164	96.470	65.200	594.806	1.228.300	516.900
1905	4.967.955	3.373.222	250.000	73.000	1.599.900	300.312	80.500	44.080	213.000	976.542	465.358
1906	4.833.526	4.728.964	397.000	28.458	314.880	158.441	30.900	290.000	51.120	1.329.859	262.701

[1] Hinzu eine nicht einzuordnende Zuwendung über 1.500 Mark.
[2] Hinzu eine nicht einzuordnende Zuwendung über 6.000 Mark.
[3] Hinzu eine nicht einzuordnende Zuwendung über 2.400 Mark.
[4] Während sich im Zentralblatt für die gesamte Unterrichtsverwaltung in den Jahren vor und nach 1875 jeweils zwei mehrseitige Listen mit den einzelnen Zuwendungen finden, enthält der Jahrgang 1875 nur eine einseitige Aufstellung mit neun Positionen (S. 356).
** Keine vom Kultusministerium gesammelten Daten überliefert.

Quellen:

Stiftungen, Schenkungen und Vermächtnisse im Ressort der Unterrichtsverwaltung, in: Zentralblatt Unterrichtsverwaltung 1864, S. 443–445;

Stiftungen, Schenkungen und Vermächtnisse im Ressort der Unterrichtsverwaltung, zu welchen die landesherrliche Genehmigung erteilt worden ist, in: Zentralblatt Unterrichtsverwaltung 1865, S. 58–61, 442–445;

Zuwendungen im Ressort der Unterrichtsverwaltung, zu welchen die landesherrliche Genehmigung erteilt worden ist, in: Zentralblatt Unterrichtsverwaltung 1866, S. 120–124, 377–380;

Zuwendungen im Ressort der Unterrichtsverwaltung, zu welchen die landesherrliche Genehmigung erteilt worden ist, in: Zentralblatt Unterrichtsverwaltung 1867, S. 58–61, 510–514, 771–773;

Zuwendungen im Ressort der Unterrichtsverwaltung, zu welchen die landesherrliche Genehmigung erteilt worden ist, in: Zentralblatt Unterrichtsverwaltung 1868, S. 379–382, 782–788;

Zuwendungen im Ressort der Unterrichtsverwaltung, zu welchen die landesherrliche Genehmigung erteilt worden ist, in: Zentralblatt Unterrichtsverwaltung 1869, S. 371–376, 776–781;

Zuwendungen im Ressort der Unterrichtsverwaltung, zu welchen die landesherrliche Genehmigung erteilt worden ist, in: Zentralblatt Unterrichtsverwaltung 1869, S. 375–378, 759–764;

Zuwendungen im Ressort der Unterrichtsverwaltung, zu welchen die landesherrliche Genehmigung erteilt worden ist, in: Zentralblatt Unterrichtsverwaltung 1871, S. 393–396, 774–778;

Zuwendungen im Ressort der Unterrichtsverwaltung, zu welchen die landesherrliche Genehmigung erteilt worden ist, in: Zentralblatt Unterrichtsverwaltung 1872, S. 376–380, 764–768;

Zuwendungen im Ressort der Unterrichtsverwaltung, zu welchen die landesherrliche Genehmigung erteilt worden ist, in: Zentralblatt Unterrichtsverwaltung 1873, S. 374–379, 734–737;

Zuwendungen im Ressort der Unterrichtsverwaltung, zu welchen die landesherrliche Genehmigung erteilt worden ist, in: Zentralblatt Unterrichtsverwaltung 1874, S. 411–413, 715–718;

Zuwendungen im Ressort der Unterrichtsverwaltung, zu welchen die landesherrliche Genehmigung erteilt worden ist, in: Zentralblatt Unterrichtsverwaltung 1875, S. 356;

Zuwendungen im Ressort der Unterrichtsverwaltung, zu welchen die landesherrliche Genehmigung erteilt worden ist, in: Zentralblatt Unterrichtsverwaltung 1876, S. 130–134, 448–451;

Zuwendungen im Ressort der Unterrichtsverwaltung, zu welchen die landesherrliche Genehmigung erteilt worden ist, in: Zentralblatt Unterrichtsverwaltung 1877, S. 350–356, 666 f.;

Zuwendungen im Ressort der Unterrichtsverwaltung, zu welchen die landesherrliche Genehmigung erteilt worden ist, in: Zentralblatt Unterrichtsverwaltung 1878, S. 406–408;

Zuwendungen im Ressort der Unterrichtsverwaltung, zu welchen die landesherrliche Genehmigung erteilt worden ist, in: Zentralblatt Unterrichtsverwaltung 1879, S. 365–370;

Zusammenstellung der im Ressort des Ministeriums der geistlichen usw. Angelegenheiten während des Jahres 1886 durch Allerhöchste Erlasse genehmigten Schenkungen und letztwilligen Zuwendungen, nach Kategorien geordnet, in: Zentralblatt Unterrichtsverwaltung 1887, S. 465 f.;

Zusammenstellung der im Ressort des Ministeriums der geistlichen usw. Angelegenheiten während des Jahres 1887 durch Allerhöchste Erlasse genehmigten Schenkungen und letztwilligen Zuwendungen, nach Kategorien geordnet, in: Zentralblatt Unterrichtsverwaltung, in: Zentralblatt Unterrichtsverwaltung 1888, S. 363 f.;

Zusammenstellung der im Ressort des Ministeriums der geistlichen usw. Angelegenheiten während des Jahres 1888 durch Allerhöchste Erlasse genehmigten Schenkungen und letztwilligen Zuwendungen, nach Kategorien geordnet, in: Zentralblatt Unterrichtsverwaltung, in: GStA PK, I. HA Rep. 76, IIa Sekt. 41 Gen. 29a Bd. 3, n.f.;

Zusammenstellung der im Ressort des Ministeriums der geistlichen usw. Angelegenheiten während des Jahres 1889 durch Allerhöchste Erlasse genehmigten Schenkungen und letztwilligen Zuwendungen, nach Kategorien geordnet, in: Zentralblatt Unterrichtsverwaltung, in: Zentralblatt Unterrichtsverwaltung 1890, S. 636 f.;

Zusammenstellung der im Ressort des Ministeriums der geistlichen usw. Angelegenheiten während des Jahres 1890 durch Allerhöchste Erlasse genehmigten Schenkungen und letztwilligen Zuwendungen, nach Kategorien geordnet, in: Zentralblatt Unterrichtsverwaltung, in: Zentralblatt Unterrichtsverwaltung 1891, S. 494 f.;

Zusammenstellung der im Ressort des Ministeriums der geistlichen usw. Angelegenheiten während des Jahres 1891 durch Allerhöchste Erlasse genehmigten Schenkungen und letztwilligen Zuwendungen, nach Kategorien geordnet, in: Zentralblatt Unterrichtsverwaltung, in: Zentralblatt Unterrichtsverwaltung 1892, S. 687 f.;

Zusammenstellung der im Ressort des Ministeriums der geistlichen usw. Angelegenheiten während des Jahres 1892 durch Allerhöchste Erlasse genehmigten Schenkungen und letztwilligen Zuwendungen, nach Kategorien geordnet, in: Zentralblatt Unterrichtsverwaltung, in: Zentralblatt Unterrichtsverwaltung 1893, S. 678 f.;

[ohne Titel: 1893], in: Zentralblatt Unterrichtsverwaltung 1894, S. 651 f.;

Zusammenstellung der im Ressort des Ministeriums der geistlichen usw. Angelegenheiten während des Jahres 1894 durch Allerhöchste Erlasse genehmigten Schenkungen und letztwilligen Zuwendungen, nach Kategorien geordnet, in: Zentralblatt Unterrichtsverwaltung, in: Zentralblatt Unterrichtsverwaltung 1895, S. 653 f.;

Zusammenstellung der im Ressort des Ministeriums der geistlichen usw. Angelegenheiten während des Jahres 1895 durch Allerhöchste Erlasse genehmigten Schenkungen und letztwilligen Zuwendungen, nach Kategorien geordnet, in: Zentralblatt Unterrichtsverwaltung, in: Zentralblatt Unterrichtsverwaltung 1896, S. 626 f.;

Zusammenstellung der im Ressort des Ministeriums der geistlichen usw. Angelegenheiten während des Jahres 1896 durch Allerhöchste Erlasse genehmigten Schenkungen und letztwilligen Zuwendungen, nach Kategorien geordnet, in: Zentralblatt Unterrichtsverwaltung, in: Zentralblatt Unterrichtsverwaltung 1897, S. 720 f.;

Zusammenstellung der im Ressort des Ministeriums der geistlichen usw. Angelegenheiten während des Jahres 1897 durch Allerhöchste Erlasse genehmigten Schenkungen und letztwilligen Zuwendungen, nach Kategorien geordnet, in: Zentralblatt Unterrichtsverwaltung, in: Zentralblatt Unterrichtsverwaltung 1898, S. 650 f.;

Zusammenstellung der im Ressort des Ministeriums der geistlichen usw. Angelegenheiten während des Jahres 1898 durch Allerhöchste Erlasse genehmigten Schenkungen und letztwilligen Zuwendungen, nach Kategorien geordnet, in: Zentralblatt Unterrichtsverwaltung, in: Zentralblatt Unterrichtsverwaltung 1899, S. 560 f.;

Zusammenstellung der im Ressort des Ministeriums der geistlichen usw. Angelegenheiten während des Jahres 1899 durch Allerhöchste Erlasse genehmigten Schenkungen und letztwilligen Zuwendungen (Vom konfessionellen Standpunkte aus nach Kategorien geordnet), in: GStA PK, I. HA Rep. 76, IIa Sekt. 41 Gen. 29a Bd. 3, n.f.;

Zusammenstellung der im Ressort des Ministeriums der geistlichen usw. Angelegenheiten während des Jahres 1900 durch Allerhöchste Erlasse genehmigten Schenkungen und letztwilligen Zuwendungen (Vom konfessionellen Standpunkte aus nach Kategorien geordnet), in: ebd.;

Zusammenstellung der im Ressort des Ministeriums der geistlichen usw. Angelegenheiten während des Jahres 1901 durch Allerhöchste Erlasse genehmigten Schenkungen und letztwilligen Zuwendungen (Vom konfessionellen Standpunkte aus nach Kategorien geordnet), in: ebd.;

Zusammenstellung der im Ressort des Ministeriums der geistlichen usw. Angelegenheiten während des Jahres 1902 durch Allerhöchste Erlasse genehmigten Schenkungen und letztwilligen Zuwendungen (Vom konfessionellen Standpunkte aus nach Kategorien geordnet), in: ebd.;

Zusammenstellung der im Ressort des Ministeriums der geistlichen usw. Angelegenheiten während des Jahres 1903 durch Allerhöchste Erlasse genehmigten Schenkungen und letztwilligen Zuwendungen (Vom konfessionellen Standpunkte aus nach Kategorien geordnet), in: ebd.;

Zusammenstellung der im Ressort des Ministeriums der geistlichen usw. Angelegenheiten während des Jahres 1904 durch Allerhöchste Erlasse genehmigten Schenkungen und letztwilligen Zuwendungen (Vom konfessionellen Standpunkte aus nach Kategorien geordnet), in: ebd.;

Zusammenstellung der im Ressort des Ministeriums der geistlichen usw. Angelegenheiten während des Jahres 1905 durch Allerhöchste Erlasse genehmigten Schenkungen und letztwilligen Zuwendungen (Vom konfessionellen Standpunkte aus nach Kategorien geordnet), in: ebd.;

Zusammenstellung der im Ressort des Ministeriums der geistlichen usw. Angelegenheiten während des Jahres 1906 durch Allerhöchste Erlasse genehmigten Schenkungen und letztwilligen Zuwendungen (Vom konfessionellen Standpunkte aus nach Kategorien geordnet), in: ebd.;

eigene Berechnungen.

Tabelle 44 belegt ein sich über die Jahrzehnte steigerndes bürgerschaftliches Engagement in Preußen. Bedeutende Vermögenswerte wurden über Schenkungen und letztwillige Zuwendungen wohltätigen und gemeinnützigen Zwecken im Bereich des Kultusministeriums zur Verfügung gestellt. Dabei machten die Stiftungen zugunsten der Kirchen sowie mit konfessioneller Bindung den größten Anteil aus. Die Zuwendungen ohne Bezug auf die Religion der Empfänger repräsentierten alle vier Haupttätigkeitsfelder des Kultusministeriums: Schule, Wissenschaft, Kunst und Medizinalwesen. Es ist festzustellen, dass diese Bereiche über die Jahrzehnte von den Spendern tendenziell unterschiedlich stark bedacht wurden. Allein Waisenhäuser und allgemeine Wohltätigkeitsanstalten fanden durchgängig große Berücksichtigung. Die hierfür besonders hohen Dotationen der Jahre von 1865 bis 1874 waren vermutlich vom Bemühen getragen, das Schicksal der nach Jahrzehnten des Friedens erstmals wieder zu versorgenden zahlreichen Kriegswaisen und -witwen sowie nicht mehr erwerbsfähiger Kriegsversehrter zu mildern.

Höhere Lehranstalten und Universitäten empfingen ebenfalls über den gesamten Untersuchungszeitraum umfangreiche Gelder vor allem aus dem Kreis ehemaliger Absolventen. Auffallend ist, dass der direkte Mittelfluss an Universitäten erst seit Ende des 19. Jahrhunderts den an die ihnen vorgelagerten höheren Bildungsanstalten zu übersteigen begann. Das hing nicht zuletzt damit zusammen, dass ein nicht geringer Teil der den höheren Schulen zufallenden Stiftungsgelder dazu diente, Abiturienten ein anschließendes Studium zu ermöglichen. De facto kam also ein Teil der bei den höheren Schulen aufgelisteten Gelder indirekt der universitären Bildung zugute.

Wenn für Kunst- und wissenschaftliche Institute größere Summen erst ab den 1870er Jahren flossen, dann hängt das vermutlich damit zusammen, dass nun die erste Generation der mit der Industrialisierung wohlhabend gewordenen Bürger ihre letzten Dinge zu regeln begann. Sie hatte in der eigenen Jugend die Entstehung öffentlicher Museen und Kunstgalerien genossen und sah die wirtschaftliche Entwicklung in vielen Fällen mit dem Aufschwung der Wissenschaften verknüpft. Damit begannen sich diese gesellschaftlichen Bereiche im öffentlichen Bewusstsein als unterstützungs- und förderungswürdig zu manifestieren.

Der Umstand, dass nennenswerte Gelder für Heil- und andere Anstalten erst ab Mitte der 80er Jahre des 19. Jahrhunderts aufgelistet werden, hat zwei Hauptursachen. Zum einen wird wohl ein gewisser Teil der den allgemeinen Wohltätigkeitsanstalten zugerechneten Summen traditionellen Heil- und anderen Anstalten zugute gekommen sein, ohne dass dies aus den manchmal recht knappen Beschreibungen in den Quellenlisten für die Jahre von 1864 bis 1879 zu entnehmen war. Zum anderen und vor allem darf nicht vergessen werden, dass das moderne Krankenhauswesen erst in der zweiten Hälfte des 19. Jahrhunderts zu entstehen begann[216] und es wie bei Kunst und Wissenschaft dauerte, bis sich eine hierauf gerichtete Spendenbereitschaft entwickelte.

Die dem zeitgenössischen Gliederungsschema folgende Tabelle 44 weist aus heutiger Sicht die Besonderheit auf, dass eine konfessionelle Bindung von Stiftungen usw. seitens der Ministerialbeamten als Ordnungsmerkmal in der Regel höher bewertet wurde als eine sachliche Zuordnung nach dem Stiftungszweck. Eine Ausnahme wurde in den Jahren von 1886 bis 1898 bei jüdischen Stiftungen und den Zuwendungen zugunsten kleiner Religionsgemeinschaften gemacht, die nicht gesondert ausgewiesen, sondern den jeweiligen sachlichen Stiftungskategorien zugerechnet wurden, ohne dass Aussagen zu den Gründen für diesen Erfassungsmodus gemacht worden waren. Vergleicht man nun in Tabelle 44 die den beiden großen christlichen Konfessionen zufließenden Summen, dann fällt auf, dass in der Tendenz die Spendenbereitschaft auf katholischer Seite sowohl absolut als auch relativ in Bezug auf den Anteil an der Gesamtbevölkerung höher war.

Da diese zeitgenössische, teilweise konfessionell geprägte Ordnungspraxis das Bild von den tatsächlichen Wirkungsfeldern des Mäzenatentums in Preußen verzerrt, wird abschließend in Tabelle 45 der Versuch unternommen, wenigstens für die Jahre von 1864 bis 1879, für die im „Zentralblatt für die gesamte Unterrichtsverwaltung“ Listen mit näheren Angaben zu den Schenkungen usw. überliefert sind, jene Zuwendungen, die *unmittelbar* den Kirchen usw. zugute kamen, von jenen zu trennen, die *von der Sache her* weltliche Zwecke hatten. Eine Ausweitung dieses Verfahrens über 1879 hinaus war jedoch nicht möglich, da für spätere Jahre kein derart detailliertes Material vorlag.

216 Vgl. Zilch, Reinhold, Gesundheitswesen und Medizinalpolitik in Preußen 1817 bis 1911, in: Bd. 2/1 der vorliegenden Reihe, S. 635–746.

Tabelle 45 *Schenkungen und letztwillige Zuwendungen mit landesherrlicher Genehmigung an inländische Korporationen und andere juristische Personen im Bereich des Kultusministeriums ausschließlich nach sachlichen Kriterien (Empfängerbereichen) 1864 bis 1879 (in Mark)*

Jahr	Evangel. Kirchen, Pfarrgemeinden	Katholische Kirchen- u. Pfarrgemeinden u. Bistümer	Jüdische Gemeinden	Kleine Religionsgemeinschaften u. deren Gotteshäuser	Universitäten u. deren Institute	Höhere Lehranstalten u. deren Stiftungen	Volksschulgemeinden, Elementarschulen usw.,	Taubstummen- u. Blindenanstalten	Waisenhäuser u. Wohltätigkeitsanstalten	Kunst- u. wissenschaftl. Institute	Heil- usw. Anstalten
1864	24.750	30.000	–	36.000	90.810 + 1 Stiftung	33.610	31.800 + 3 Stiftungen	62.760	839.243 + 4 Stiftungen	–	–
1865	–	9.851 + 1 Stiftung	–	–	27.717	24.750	17.300	–	196.351 + 2 Stiftungen	100.500	15.000
1866	15.000	–	–	–	9.000	151.753 + 2 Stiftungen	75.069	–	429.398	65.400 + 1 Stiftung	–
1867	–	18.700	1 Stiftung	–	81.785 + 3 Stiftungen	384.399 + 2 Stiftungen	43.124 + 3 Stiftungen	51.000	1.113.982 + 4 Stiftungen	1 Stiftung	23.355 + 1 Stiftung
1868	53.400 + 1 Stiftung	228.662 + 1 Stiftung	–	–	98.665 + 1 Stiftung	390.355 + 4 Stiftungen	226.173	6.000	733.891 + 5 Stiftungen	15.000 + 2 Stiftungen	
1869 [1]	3.000	–	–	–	808.981	196.540 + 1 Stiftung	89.236 + 3 Stiftungen	6.000	1.306.608 + 4 Stiftungen	90.000	116.550
1870 [2]	7.500	2 Stiftungen	–	–	166.089 + 1 Stiftung	146.970	319.503	12.000	301.965 + 4 Stiftungen	2.736	3.000 + 1 Stiftung
1871 [3]	2 Stiftungen	9.500	6.000	–	128.175 + 2 Stiftungen	994.354 + 3 Stiftungen	117.775 + 2 Stiftungen	–	576.566	24.000	18.000
1872	–	66.000	–	–	411.278	442.053 + 2 Stiftungen	332.230 + 3 Stiftungen	6.000	1.982.320 + 2 Stiftungen	5.000	1.200
1873	–	6.346 + 1 Stiftung	6.000	–	402.390 + 2 Stiftungen	773.334	248.999 + 1 Stiftung	6.000	2.217.582 + 3 Stiftungen	77.700 + 1 Stiftung	3.000
1874	–	–	–	–	378.500 + 1 Stiftung	185.175 + 1 Stiftung	130.594 + 2 Stiftungen	72.789	408.265	42.000 + 2 Stiftungen	–
1875	–	–	–	–	9.000	66.275	16.000	–	45.000 + 1 Stiftung	–	–
1876	3.300	–	–	–	346.475 + 2 Stiftungen	188.168	81.000 + 1 Stiftung	64.906	276.819 + 2 Stiftungen	315.000 + 1 Stiftung	–
1877	45.000	–	–	–	390.027	328.923 + 2 Stiftungen	296.950 + 1 Stiftung	21.429	240.930 + 1 Stiftung	4.500 + 1 Stiftung	–
1878	–	–	–	–	75.900 + 1 Stiftung	13.500	62.980	–	559.307	1 Stiftung	–
1879	–	–	–	–	190.475 + 3 Stiftungen	191.831	91.833	21.000	169.187 + 1 Stiftung	80.109 + 1 Stiftung	–

[1] Hinzu eine nicht einzuordnende Zuwendung über 1.500 Mark.
[2] Hinzu eine nicht einzuordnende Zuwendung über 6.000 Mark.
[3] Hinzu eine nicht einzuordnende Zuwendung über 2.400 Mark.

Quellen:
Wie Tabelle 44;
eigene Berechnungen.

Gegenüber Tabelle 44 ergibt sich aus Tabelle 45 als wesentlicher Unterschied, dass die tatsächliche unmittelbare Dotierung von Kirchen beziehungsweise Kirchengemeinden aus Schenkungen und letztwilligen Zuwendungen im Bereich des Kultusministeriums für die Jahre von 1864 bis 1879 tatsächlich nur einen Bruchteil der Spendentätigkeit insgesamt ausmachte. Am umfangreichsten waren vielmehr die Zuwendungen an Waisenhäuser und allgemeine Wohltätigkeitsanstalten. Diese wurden oftmals von Religionsgemeinschaften getragen oder standen diesen nahe. Ihre Begünstigung war aber dennoch keine unmittelbare Dotierung von Kirchen beziehungsweise Kirchengemeinden. In jenen eineinhalb Jahrzehnten von 1864 bis 1879 begann sich zugleich die Spendentätigkeit in Richtung auf die höheren Lehranstalten sowie die Universitäten zu verlagern. Diese beiden kulturstaatlichen Bereiche werden hier zusammen genannt, da sich gerade bei ihnen die jeweilige Zuordnung in zahlreichen Fällen als problematisch erwies, weil ein nicht geringer Anteil der Stiftungen zugunsten höherer Lehranstalten in Stipendien bestand, die an Absolventen zum Besuch einer Universität vergeben wurden.

Der aus Tabelle 44 herauslesbare und bereits erwähnte Vorsprung in der Spendenbereitschaft auf der katholischen Seite gegenüber der evangelischen wurde im Jahre 1900 seitens des Kultusministeriums anscheinend mit Sorge zur Kenntnis genommen. Minister Konrad Studt wandte sich an seinen Amtskollegen vom Innenministerium, Georg Freiherr von Rheinbaben mit der Bitte, eine Statistik der dort konzessionierten Stiftungen, geordnet nach konfessioneller Bindung, zu übermitteln.[217] Vermutlich wollte man prüfen, ob die katholische Dominanz auch in dem anderen Ressort zu beobachten war. Rheinbaben musste feststellen, dass in seiner Behörde keine derartige Statistik geführt wurde, versprach aber, beginnend mit dem Jahr 1901, die Aufstellungen zu übermitteln.[218] Diese Statistiken, die für die Jahre von 1901 bis 1909 überliefert und in Tabelle 46 zusammengefasst sind, enthalten in den zehn Rubriken neben Angaben über Spenden an bestehende Stiftungen (IX.) sowie zur Begründung neuer Stiftungen (X.) allein mit der Kategorie der Zuwendungen an jüdische Gemeinden (VIII.) ein konfessionelles Ordnungsmerkmal. Sieben weitere Gruppen standen unter der nicht näher erläuterten Überschrift „Kommunen und Kommunalverbände".

217 Im vorliegenden Band Dok. Nr. 118.
218 Im vorliegenden Band Dok. Nr. 119.

Tabelle 46 *Schenkungen und letztwillige Zuwendungen mit landesherrlicher Genehmigung im Bereich des Innenministeriums nach konfessionellen und sachlichen Kriterien 1901 bis 1909 (in 1.000 Mark)*

Nr.	Stiftungszweck	1901	1902	1903	1904	1905	1906	1907	1908	1909
	Kommunen und Kommunalverbände gesamt davon	12.271	10.789	11.658	13.752	9.229	17.417	12.269	16.965	17.081
I.	*a. Zu gemeinnützigen Zwecken*	*2.666*	*141*	*406*	*1.060*	*1.243*	*2.751*	*539*	*2.086*	*2.335*
II.	*b. Zu gemeinnützigen und wohltätigen Zwecken*	*1.224*	*4.016*	*2.005*	*3.096*	*2.212*	*5.848*	*1.478*	*3.357*	*2.686*
III.	*Zu wohltätigen und Armenzwecken*	*4.067*	*4.560*	*6.603*	*5.819*	*852*	*4.105*	*3.915*	*5.212*	*7.024*
IV.	*Zu Schul- und Stipendienzwecken*	*1.345*	*404*	*566*	*1.320*	*679*	*2.001*	*574*	*648*	*1.361*
V.	*Zu Kunst- und wissenschaftlichen Zwecken*	*1.857*	*998*	*977*	*1.093*	*832*	*965*	*3.769*	*2.799*	*1.280*
VI.	*Zu Krankenhaus- pp. Zwecken*	*560*	*233*	*677*	*1.049*	*1.747*	*1.090*	*846*	*1.363*	*1.521*
VII.	*Zu verschiedenen Zwecken*	*532*	*438*	*425*	*314*	*664*	*658*	*1.148*	*1.500*	*874*
VIII.	Jüdische Gemeinden	1.766	3.589	2.562	2.718	1.154	779	992	1.804	1.323
IX.	Bestehende Stiftungen und Vereine	4.058	2.502	4.945	2.719	1.672	3.584	5.751	4.360	3.648
X.	Zur Begründung neuer Stiftungen	3.169	1.815	8.324	3.578	1.445	2.123	2.993	8.258	2.828
	GESAMT	21.265	18.696	27.490	22.767	13.501	23.903	22.004	31.386	24.880

Quellen:
Wie Tabelle 44;
Schwarz, Otto, Artikel: Stiftungen – Statistik, in: Handwörterbuch der Staatswissenschaften, 3. Aufl., Bd. 7, Jena 1911, S. 1017 (hier auch die Zahlen für die Jahre 1905 bis 1907); diese Daten auch bei Meyer, Maximilian, Statistik der Stiftungen im In- und Auslande, in: Jahrbücher für Nationalökonomie und Statistik Bd. 97 (1911), S. 666–705, zu Preußen S. 666–668.

Bei allen Rubriken in Tabelle 46 handelte es sich um Verwendungsbereiche, die teilweise zum Tätigkeitsfeld des Kultusministeriums und teilweise zu dem des Innenministeriums gehörten. Dennoch strebten beide Ressorts keine grundsätzliche Klärung der Kompetenzen an. Sie folgten den bereits erwähnten Grundsätzen von 1844/45,[219] da die Gesetzeslage hinsichtlich der Stiftungen usw. sich mit der Einführung des Bürgerlichen Gesetzbuches nicht geändert[220] hatte.

* * *

219 Vgl. im vorliegenden Band, S. 156 f.
220 Vgl. Verordnung zur Ausführung des Bürgerlichen Gesetzbuchs. Vom 16.11.1899, GS, S. 562, Art. 4.

Obwohl das in diesem Band vorgelegte umfangreiche Material heterogen ist, lassen sich für den Untersuchungszeitraum einige Grundthesen formulieren:

1. Die Entwicklung Preußens zum Kulturstaat vom frühen 19. bis ins erste Drittel des 20. Jahrhunderts basierte auch auf dem Einsatz bedeutender finanzieller Mittel sowohl zur Schaffung beziehungsweise wesentlichen Erweiterung der materiell-baulichen Basis des kulturstaatlichen Lebens als auch zur Bezahlung der wachsenden Zahl der in den entsprechenden Gesellschaftssektoren Beschäftigen. Dabei entwickelten sich die einzelnen kulturstaatlichen Bereiche sowohl hinsichtlich Umfang als auch Tempo durchaus unterschiedlich.
2. Der Hauptteil der in Preußen vom frühen 19. bis ins erste Drittel des 20. Jahrhunderts für kulturstaatliche Zwecke insgesamt zur Verfügung gestellten finanziellen Mittel kam vor allem aus den Kommunalhaushalten oder, über zweckgebundene Steuern und Abgaben, unmittelbar von den Bürgern und nicht aus dem Staatshaushalt. Dies steht nicht im Widerspruch dazu, dass aus dem Staatshaushalt ebenfalls bedeutende Summen flossen, in einzelnen Bereichen die staatlichen Aufwendungen deutlich überwogen und der Kultusetat zeitweise nicht nur einen zunehmenden Anteil an den Gesamtausgaben umfasste, sondern auch schneller wuchs als die Bevölkerung.
3. Die Zurückhaltung des Staates bei der Finanzierung vieler, auch bedeutender kulturstaatlicher Aufgaben war oftmals mit seinem Bemühen verbunden, zugleich den Anteil der hierfür von den Kommunen und den Bürgern direkt bereitgestellten Mittel zu erhöhen. Das hierbei eingesetzte Instrumentarium reichte von Werbe- und Aufklärungskampagnen zur positiven Wirkung der anvisierten Gelder über mehr oder weniger fordernd formulierte Appelle des Obrigkeitsstaates bis hin zu administrativen oder gar gesetzlichen Regelungen, die die Leistungsfähigkeit der Verpflichteten nicht nur ausschöpften, sondern mitunter sogar überstiegen.
4. In verschiedenen Zeitabschnitten wurden einzelne, kulturpolitisch und/oder vor allem für die wirtschaftliche Entwicklung strategisch wichtige Bereiche des kulturstaatlichen Lebens in Preußen vom Staat besonders gefördert. Dies hatte vielfach Initialcharakter und schuf meist die Basis für einen nachfolgenden eigenständigen Aufschwung. Im Kaiserreich und in der Weimarer Republik wurden zudem auf kulturstaatlichem Gebiet bedeutende Summen für die Germanisierungs- beziehungsweise die Deutschtumspolitik ausgegeben.
5. Der Wandel des Kultusministeriums von einem geistlichen zu einem Unterrichtsministerium fand in der Verringerung des Anteils der für religiöse Zwecke zur Verfügung gestellten Gelder auf der einen und einem noch wesentlich stärkeren Aufwuchs der für das Bildungswesen bereitgestellten Mittel auch finanziell seinen Ausdruck.
6. Bei der Distribution der aus dem Staatshaushalt zur Verfügung gestellten Gelder spielte das Abgeordnetenhaus eine erst langsam an Bedeutung gewinnende Rolle. Es unterzog die von der Ministerialbürokratie aufgestellten Budgetentwürfe einer zunehmend genaueren Kontrolle und regte auch einzelne Korrekturen an. Nicht nur im Plenum, sondern vor allem

in der sogenannten Haushaltskommission wurde mit den Regierungsvertretern aus dem Kultus- und Finanzministerium um parlamentarische Kontrollrechte sowie Veränderungen bei einzelnen Budgetposten im Kultusetat gerungen.

7. Die wachsende Rolle des sich emanzipierenden Bürgertums für die Finanzierung des Kulturstaats zeigte sich nicht nur in der Haushaltspolitik der Kommunen, sondern auch im Mäzenatentum. Außer Schenkungen und anderen einfachen Übertragungen in die Vermögensmassen der bedachten Einrichtungen spielten zahlreiche neue Stiftungen eine wichtige Rolle. Obwohl sogar einige herausragende, internationale Bedeutung erlangende kulturstaatliche Institutionen auf solche Weise begründet wurden oder wesentliche Förderung fanden, blieben die insgesamt von den Stiftungen im Bereich des Kultusministeriums zur Verfügung gestellten Gelder im Verhältnis zu den Aufwendungen insgesamt seitens des Staats, der Kommunen und selbst unmittelbar der Bürger über zweckgebundene Steuern und Abgaben nur sehr gering. Die fast vollständige Vernichtung der meisten finanziellen Vermögenswerte der Stiftungen im Gefolge des Ersten Weltkriegs und der Inflation führte zu ihrer Marginalisierung im öffentlichen Leben.

8. Die Finanzierung kulturstaatlicher Belange durch das Kultusministerium in den ersten Jahrzehnten seines Bestehens wurde von der sich im ganzen preußischen Staatsapparat durchsetzenden Entwicklung einer modernen Haushaltsführung begleitet. Dies beinhaltete zahlreiche Strukturveränderungen, die den Vergleich von Budgetzahlen selbst über kurze Zeiträume erschweren oder gar unmöglich machen. Aber auch in späteren Jahrzehnten kam es zu mehreren Veränderungen im Etataufbau. Zusammen mit den Auswirkungen auf die Kaufkraft im Gefolge der tiefgreifenden gesellschaftlichen Veränderungen durch die Industrialisierung und den großen historischen Zäsuren behindert dies die Aufstellung und Bewertung langer statistischer Reihen, die vom frühen 19. bis ins erste Drittel des 20. Jahrhunderts laufen.

Quellen- und Literaturverzeichnis

Geheimes Staatsarchiv Preußischer Kulturbesitz Berlin-Dahlem

I. Hauptabteilung

Rep. 76: Ministerium der geistlichen, Unterrichts- und Medizinalangelegenheiten (Kultusministerium)

Rep. 76, I Sekt. 31 Lit. S Nr. 23
Rep. 76, IIa Sekt. 41 Gen. 29a Bd. 1 und Bd. 3
Rep. 76, IIa Sekt. 53 Gen. Nr. 26 Bd. 1
Rep. 76, IIa Sekt. 53 Gen. Nr. 44 Bd. 1 und Bd. 3
Rep. 76, IIa Sekt. 53 Nr. 28, Bd. 9 und Bd. 11
Rep. 76, IIa Sekt. 53 Nr. 28a, Bd. 10 und Bd. 11
Rep. 76, VIII B Nr. 51
Rep. 76, I Anhang III Nr. 44a

Rep. 84a: Justizministerium

Rep. 84a, Nr. 6792

Rep. 89: Geheimes Zivilkabinett, jüngere Periode

Rep. 89, Nr. 18729 und Nr. 18730

Rep. 90 A: Staatsministerium

Rep. 90 A, Nr. 1358 und Nr. 4001

Rep. 151: Finanzministerium

Rep. 151, I A Nr. 318/1
Rep. 151, I A Nr. 776
Rep. 151, I C Nr. 6455
Rep. 151, I C Nr. 7174 und Nr. 7175

Rep. 169: Abgeordnetenhaus

Rep. 169 C, Abschnitt 65 Nr. 39 Bd. 2
Rep. 169 D, I 32h Adhib. 1, Bd. 23

Verzeichnis der zitierten Literatur

Adam, Thomas, Stipendienstiftungen und der Zugang zu höherer Bildung in Deutschland von 1800 bis 1960, Stuttgart 2008 (= Pallas Athene. Beiträge zur Universitäts- und Wissenschaftsgeschichte, Bd. 28).

Anlagen zum Staatshaushalts-Etat für das Jahr 1849, Berlin 1849.

Anlagen zum Staatshaushalts-Etat für das Etatsjahr 1900, Berlin 1899.

Anlagen zum Staatshaushaltsetat für das Rechnungsjahr 1920, Berlin 1920.

Anlagen zum Haushaltsplan des Preußischen Staates für das Rechnungsjahr 1925, Berlin 1925.

[Bassewitz, Magnus Friedrich v.], Die Kurmark Brandenburg, ihr Zustand und ihre Verwaltung unmittelbar vor dem Ausbruche des französischen Krieges im Oktober 1806. Von einem ehemaligen Staatsbeamten, Leipzig 1847.

Bochning, Erhard, Der Waldbesitz der Universität, in: Festschrift zur 500-Jahrfeier der Universität Greifswald 17.10.1956, Bd. 1, Greifswald 1956.

Breitfeld, Arthur, Die vermögensrechtliche Auseinandersetzung zwischen Kirche und Staat in Preußen auf Grundlage der Reichsverfassung, Breslau 1929 (= Abhandlungen aus dem Staats- und Verwaltungsrecht mit Einschluß des Kolonialrechts und des Völkerrechts, H. 41).

Buchholz, Werner, Geschichte der öffentlichen Finanzen in Europa in Spätmittelalter und Neuzeit. Darstellung, Analyse, Bibliographie, Berlin 1996.
Büchner, Oskar, Steuerkraft und Schulverhältnisse in 33 Gemeinden Groß-Berlins im Jahre 1911, Neukölln 1913.

Denkschrift über den Umfang der Staatsleistungen der deutschen Länder an die evangelischen Kirchen bis zur Ablösung. Ausgearbeitet im Deutschen Evangelischen Kirchenbundesamt. Als Handschrift gedruckt, Berlin-Charlottenburg 1928.
Denkschriftenband zur Begründung des Entwurfs eines Gesetzes betreffend Änderungen im Finanzwesen (Zusammengestellt im Reichsschatzamt). Teil I: Das Finanzwesen der öffentlichen Körperschaften Deutschlands, Berlin 1908 (= Stenographische Berichte über die Verhandlungen des Deutschen Reichstags, Bd. 249: Drucks. Zu Nr. 1035).

Engel, Ernst, Beiträge zur Statistik des Unterrichtswesens im Preußischen Staate und seinen älteren Provinzen. Die Zeit von 1818 bis 1864 resp. 1867 umfassend. Separat-Abdruck aus der Zeitschrift des königlich preußischen statistischen Bureaus, Heft I und II (1869).

Festschrift des Königlich Preußischen Statistischen Bureaus zur Jahrhundertfeier seines Bestehens, Berlin 1905.
Final-Abschluß der Stadt-Haupt-Kasse und der dazugehörigen Spezial-Verwaltungen pro 1857 (Unter Ausscheidung der durchlaufenden Posten), Berlin 1858.
Fischer, Georg, Finanzierung der kirchlichen Sendung. Das kanonische Recht und die Kirchenfinanzierungssysteme in der Bundesrepublik Deutschland und den USA, Paderborn u. a. 2005 (= Kirchen- und Staatskirchenrecht, Bd. 5).
Fix, Wilhelm, Die Territorialgeschichte des preußischen Staates im Anschluß an zwölf historische Karten übersichtlich dargestellt, 3. Aufl., Berlin 1884.
François, Etienne, Alphabetisierung in Frankreich und Deutschland während des 19. Jahrhunderts, in: Zeitschrift für Pädagogik 30 (1983), S. 755–768.
Franitza, Andreas, Der Allgemeine Hannoversche Klosterfonds und die Klosterkammer Hannover. Untersuchung zur rechtsgeschichtlichen Entwicklung, Frankfurt/M. u. a. 2000 (= Schriften zum Staatskirchenrecht, Bd. 2).
Frerk, Carsten, Finanzen und Vermögen der Kirchen in Deutschland, Aschaffenburg 2002.

Gatz, Erwin (Hrsg.), Geschichte des kirchlichen Lebens in den deutschsprachigen Ländern seit dem Ende des 18. Jahrhunderts, Bd. 6: Die Kirchenfinanzen, Freiburg i. Br. u. a. 2000.
Gerber, Heinrich, Die Volksschullast in ihrer Bedeutung für den Haushalt der preußischen Gemeinden, maschinenschriftl. Diss., Kiel 1923.

Haas, Carl (Hrsg.), Kaiserliche königliche Bilder-Gallerie im Belvedere zu Wien. Nebst Erklärungen in artistischer und historischer Hinsicht. Nach den Zeichnungen des k.k. Hofmalers Sigmund v. Perger in Kupfer gestochen von verschiedenen Künstlern, H. 1–60 (= Bd. 1–5), Wien/Prag 1821–1828.
Haenisch, Konrad, Staat und Hochschule. Ein Beitrag zur nationalen Erziehungsfrage, Berlin 1920.
Handbuch der deutschen Bildungsgeschichte,
Bd. 3: 1800–1870. Von der Neuordnung Deutschlands bis zur Gründung des Deutschen Reiches, hrsg. von Karl-Ernst Jeismann und Peter Lundgreen, München 1987.
Bd. 4: 1870–1918. Von der Reichsgründung bis zum Ende des Ersten Weltkrieges, hrsg. von Christa Berg, München 1991.
Bd. 5: 1918–1945. Die Weimarer Republik und die nationalsozialistische Diktatur, hrsg. von Dieter Langewiesche und Heinz-Elmar Tenorth, München 1989.

Der Hauptausschuß des Deutschen Reichstags 1915–1918, bearb. von Reinhard Schiffers, Manfred Koch und Hans Boldt, Bd. 1–4, Düsseldorf 1981–1983 (= Quellen zur Geschichte des Parlamentarismus und der politischen Parteien, R. 1, Bd. 9, Bd. 1–4).

Haushalts-Etat der Stadt Berlin pro 1. April 1879/80, Berlin 1879.

Haushalts-Etat der Stadt Berlin für das Etatsjahr 1901, Berlin 1901.

Haushalts-Etat der Stadt Berlin für das Etatsjahr 1902, Berlin 1902.

Haushalts-Etat der Stadt Berlin für das Etatsjahr 1914, Berlin 1914.

Haushalts-Etat der Stadt Berlin für das Etatsjahr 1915, Berlin 1915.

Haushalts-Etat. Stadt Düsseldorf. Haushalts-Etat für das Etatsjahr vom 1. April 1890 bis 31. März 1891, Düsseldorf 1890.

Haushalts-Etat der Stadt Frankfurt a./M. für das Jahr 1870, genehmigt durch die Beschlüsse des Magistrats und der Stadtverordneten-Versammlung vom 21. November 1869 und 4. März 1870 bez. 15. Februar 1870, Frankfurt/M. 1870.

Haushalts-Etat. Stadt Düsseldorf. Haushalts-Etat für das Etatsjahr vom 1. April 1893 bis 31. März 1894, Düsseldorf 1893 (…).

Haushalts-Plan der Stadt Frankfurt am Main für die Zeit vom 1. April 1884 bis 31. März 1885, Frankfurt/M. 1884.

Haushaltsplan der Kämmerei-Hauptkasse zu Thorn für 1905/06, Thorn 1905.

Haushaltsplan der Kämmerei-Hauptkasse zu Thorn für 1907/08, Thorn 1907.

Haushaltsplan der Residenzstadt Posen im Rechnungsjahr 1916 (1. April 1916 bis 31. März 1917), Posen 1916.

Haushaltsplan der Stadt Bromberg 1903, Bromberg 1903.

Haushaltsplan der Stadt Stargard i. Pom. für das Rechnungsjahr 1911, Stargard (Pom.) 1911.

Haushaltsplan des Preußischen Staates für das Rechnungsjahr 1925, Berlin 1925.

Haushalts-Plan. Stadt Düsseldorf, Düsseldorf 1915.

Haushaltspläne der Stadt Halberstadt 1907, Halberstadt 1907.

Haushaltspläne der Stadtgemeinde Thorn für 1908/09, Thorn 1908.

Herrfurth, Ludwig/Studt, Conrad, Finanzstatistik der Kreise des preußischen Staats für das Jahr 1878/79. Unter Benutzung amtlicher Quellen bearbeitet, Berlin 1880 (= Zeitschrift des königlich preußischen statistischen Bureaus, Erg.-H. 7).

Herrfurth, Ludwig/Tzschoppe, Walter v., Beiträge zur Finanzstatistik der Gemeinden in Preußen. Die Einnahmen und Ausgaben der preußischen Städte und Landgemeinden sowie das Sollaufkommen an direkten Staatssteuern, Kreis-, Provinzial-, Schul- und Kirchensteuern in denselben für das Jahr 1883/84. Unter Benutzung amtlicher Quellen bearbeitet, Berlin 1884 (= Zeitschrift des königlich preußischen statistischen Bureaus, Erg.-H. 16).

Hoffmann, Frank, „Ein den thatsächlichen Verhältnissen entsprechendes Bild nicht zu gewinnen.“ Quellenkritische Untersuchungen zur preußischen Gewerbestatistik zwischen Wiener Kongress und Reichsgründung, Stuttgart 2012 (= Studien zur Gewerbe- und Handelsgeschichte der vorindustriellen Zeit, Bd. 32).

Hoffmann, Franz, Stichwort: Stiftungen, in: Bitter, Rudolf v., Handwörterbuch der Preußischen Verwaltung, 3. Aufl., hrsg. von Bill Drews und Franz Hoffmann, Bd. 2, Berlin/Leipzig 1928, S. 729–731.

Hoffmann, Walter G., Das Wachstum der deutschen Wirtschaft seit der Mitte des 19. Jahrhunderts, Berlin u. a. 1965.

Jeismann, Karl-Ernst, Das preußische Gymnasium in Staat und Gesellschaft, Bd. 1 u. 2, Stuttgart 1996.

Kamptz, Karl Albert v. (Hrsg.), Annalen der Preußischen innern Staatsverwaltung, Bd. 12 (1828).

Kletke, Carl, Literatur über das Finanzwesen des Deutschen Reichs und der Deutschen Bundesstaaten, II. Abt.: Literatur über das Finanzwesen des Preußischen Staats, 3. Aufl., Berlin 1876.

Köpke, Rudolf, Die Gründung der Friedrich-Wilhelms-Universität zu Berlin nebst Anhängen über die Geschichte der Institute und den Personalbestand, Berlin 1860.

Kratz-Kessemeier, Kristina, Kunst für die Republik. Die Kunstpolitik des preußischen Kultusministeriums 1918 bis 1932, Berlin 2008.

Leineweber, Norbert, Das säkulare Wachstum der Staatsausgaben. Eine kritische Analyse, Göttingen 1988 (= Abhandlungen zu den wirtschaftlichen Staatswissenschaften, Bd. 33).

Lienemann, Wolfgang (Hrsg.), Die Finanzen der Kirche. Studien zu Struktur, Geschichte und Legitimation kirchlicher Ökonomie, München 1989 (= Forschungen und Berichte der Evangelischen Studiengemeinschaft, Bd. 43).

Mainzer, Ulf, Der verfassungsrechtliche Schutz der Stiftungen in der ersten Hälfte des 19. Jahrhunderts – Zu den historischen Grundlagen des modernen Stiftungsrechts, zur Paulskirchen-Verfassung sowie der preußischen Verfassung, Aachen 2005.

Meyer, Kristin, Die Abgrenzung der kirchlichen Stiftung von der weltlichen Stiftung im staatlichen Recht insbesondere im Hinblick auf ihre Bedeutung für Altstiftungen, Berlin 2012 (= Staatskirchenrechtliche Abhandlungen, Bd. 49).

Meyer, Maximilian, Statistik der Stiftungen im In- und Auslande, in: Jahrbücher für Nationalökonomie und Statistik Bd. 97 (1911) (= 3. Folge, Bd. 42), S. 666–705.

Müller, Detlef K./Zymek, Bernd, Sozialgeschichte und Statistik des Schulsystems in den Staaten des Deutschen Reiches 1800–1945, Göttingen 1987 (= Datenhandbuch zur deutschen Bildungsgeschichte, Bd. 2/1).

Müller, Erika, Theorie und Praxis des Staatshaushaltsplans im 19. Jahrhundert. Am Beispiel von Preußen, Bayern, Sachsen und Württemberg, Opladen 1989 (= Studien zur Sozialwissenschaft, Bd. 84).

Neigebaur, Johann Ferdinand, Sammlung der auf den Öffentlichen Unterricht in den Königl. Preußischen Staaten sich beziehenden Gesetze und Verordnungen, Hamm 1826.

Neugebauer, Wolfgang, Das Bildungswesen in Preußen seit der Mitte des 17. Jahrhunderts, in: Büsch, Otto (Hrsg.), Handbuch der preußischen Geschichte, Bd. 2: Das 19. Jahrhundert und Große Themen der Geschichte Preußens, Berlin/New York 1992, S. 605–798.

Neugebauer, Wolfgang, Verwaltung und Gesellschaft in der Geschichte des preußischen Kulturstaats, in: Holtz, Bärbel (Hrsg.), Krise, Reformen – und Kultur. Preußen vor und nach der Katastrophe von 1806, Berlin 2010, S. 299–318 (= Forschungen zur brandenburgischen und preußischen Geschichte, N. F., Beiheft 11).

Niederschriften über die Sitzungen des Staatshaushalts-Ausschusses (Hauptausschusses), Jg. 1925, Jg. 1930.

Niedner, Johannes, Die Ausgaben des preußischen Staats für die evangelische Landeskirche der älteren Provinzen. Ein Beitrag zur Geschichte der evangelischen Kirchenverfassung in Preußen, Stuttgart 1904 (= Kirchenrechtliche Abhandlungen, H. 13/14).

Petersilie, Alwin, Die Öffentlichen Volksschulen in Preußen (einschließlich Mittelschulen und höhere Mädchenschulen) und die zur Unterhaltung derselben erforderlichen persönlichen und sächlichen Gesamtaufwendungen im Jahre 1878. Im Auftrage des Herrn Ministers der geistlichen, Unterrichts- und Medicinalangelegenheiten bearbeitet, Berlin 1882 (= Zeitschrift des königlich preußischen statistischen Bureaus, Erg.-H. 10).

Pfetsch, Frank R., Zur Entwicklung der Wissenschaftspolitik in Deutschland, Berlin 1974.

Pfetsch, Frank R., Datenhandbuch zur Wissenschaftsentwicklung. Die staatliche Finanzierung der Wissenschaft in Deutschland 1850–1975, 2. Aufl., Köln 1985 (= Datenhandbücher für die historische Sozialforschung, Bd. 1).

Pfuhlstein, Friedrich v., Der Weg von der Preußischen Generalrechenkammer zum Bundesrechnungshof, in: 250 Jahre Rechnungsprüfung. Zur zweihundertfünfzigjährigen Wiederkehr der Errichtung der Preußischen Generalrechenkammer, Frankfurt/M. 1964, S. 7–127.

Plate, August, Die Geschäftsordnung des Preußischen Abgeordnetenhauses, ihre Geschichte und ihre Anwendung. Unter Berücksichtigung der Geschäftsordnung und der Gewohnheiten des deutschen Reichstages. Mit Textabdrücken der Geschäftsordnungen des Deutschen Reichstages und des Preußischen Herrenhauses, 2. Aufl., Berlin 1904.

Preußen als Kulturstaat, hrsg. von der Berlin-Brandenburgischen Akademie der Wissenschaften (vormals Preußische Akademie der Wissenschaften) unter der Leitung von Wolfgang Neugebauer (= Acta Borussica Neue Folge, 2. Reihe).

Abt. 1: Das preußische Kultusministerium als Staatsbehörde und gesellschaftliche Agentur (1817–1934).

Bd. 1/1: Die Behörde und ihr höheres Personal. Darstellung, Berlin 2009.

Bd. 2/1: Das Kultusministerium auf seinen Wirkungsfeldern Schule, Wissenschaft, Kirchen, Künste und Medizinalwesen. Darstellung, Berlin 2010.

Bd. 3/1: Kulturstaat und Bürgergesellschaft im Spiegel der Tätigkeit des preußischen Kultusministeriums. Fallstudien, Berlin 2012.

Bd. 4: Meinecke, Andreas: Geschichte der preußischen Denkmalpflege 1815 bis 1860, Berlin 2013.

Die Protokolle des Preußischen Staatsministeriums 1817–1934/38, hrsg. von der Berlin-Brandenburgischen Akademie der Wissenschaften (vormals Preußische Akademie der Wissenschaften) unter der Leitung von Jürgen Kocka und Wolfgang Neugebauer (= Acta Borussica Neue Folge, 1. Reihe).

Bd. 1, bearb. von Christina Rathgeber, Hildesheim u. a. 2001.

Bd. 3, bearb. von Bärbel Holtz, Hildesheim u. a. 2000.

Bd. 7, bearb. von Hartwin Spenkuch, Hildesheim u. a. 1999.

Bd. 8/I, bearb. von Hartwin Spenkuch, Hildesheim u. a. 2003.

Bd. 10, bearb. von Reinhold Zilch, Hildesheim u. a. 1999.

Bd. 11/I, bearb. von Gerhard Schulze, Hildesheim u. a. 2002.

Protokolle der Budget-Kommission 1879/80, Berlin o. J.

Protokolle der Budget-Kommission 1885/86, Berlin o. J.

Protokolle der Budget-Kommission 1890/91, Berlin o. J.

Protokolle der Budget-Kommission 1895/96, Berlin o. J.

Protokolle der Budget-Kommission 1900, Berlin o. J.

Protokolle der Budget-Kommission 1905, Berlin o. J.

Protokolle der Budget-Kommission 1910, Berlin o. J.

Protokolle der Budget-Kommission 1915, Berlin o. J.

Protokolle der Kommission zur Prüfung des Staatshaushaltsetats pro 1855, Berlin 1855.

Protokolle der Kommission zur Prüfung des Staatshaushaltsetats pro 1860, Berlin 1860.

Protokolle der Kommission zur Prüfung des Staatshaushaltsetats. Haus der Abgeordneten, 8. Legislaturperiode, II. Session 1865, Berlin 1865.

Protokolle der Zentralkommission zur Prüfung des Staatshaushaltsetats pro 1849, [Berlin 1849].

Rieck, Annette, Rudolf Virchows Mitarbeit in der Budgetkommission des Preußischen Abgeordnetenhauses, in: Wirth, Ingo (Hrsg.), Neue Beiträge zur Virchow-Forschung. Festschrift zum 70. Geburtstag von Christian Andree. Mit einem Anhang „Editionen in der Wissenschaftsgeschichte", Hildesheim u. a. 2010, S. 391–463 (= Rudolf Virchow, Sämtliche Werke, Abt. V: Virchowiana. Materialien und Dokumente, Bd. V,1).

Sammlung der Drucksachen der verfassunggebenden Preußischen Landesversammlung (Anlagen zu den Sitzungsberichten), Tagung 1919/21.
Bd. 13, Drucksachen Nr. 3528 bis 3822, Berlin 1921.
Bd. 14, Drucksachen Nr. 3823 bis 4093, Berlin 1921.
Schäfer, Fritz, Zur Finanzreform in der evangelischen Kirche in Preußen. Ein Beitrag zur Reform des Kirchlichen Finanzwesens für die Mitglieder der evangelischen kirchlichen Körperschaften, 2. Aufl., Gütersloh 1916.
Schanz, Georg (Ritter v.), Stichwort: Budget, in: Handwörterbuch der Staatswissenschaften, Bd. 2, Jena 1891, S 758–773; 2. Auflage, Bd. 2, Jena 1899, S. 1138–1164; 3. Auflage, Bd. 3, Jena 1909, S. 277–308; 4. Auflage, Bd. 3, Jena 1926, S. 84–118.
Schiffers, Reinhard, Der Hauptausschuß des Deutschen Reichstags 1915–1918. Formen und Bereiche der Kooperation zwischen Parlament und Regierung, Düsseldorf 1979 (= Beiträge zur Geschichte des Parlamentarismus und der politischen Parteien, Bd. 67).
Schneider, Franz, Geschichte der formellen Staatswirtschaft von Brandenburg-Preußen, Berlin 1952.
Schneider, Karl/Petersilie, Alwin, Das gesamte Volksschulwesen im preußischen Staate im Jahre 1886. Im Auftrage des Herrn Ministers der geistlichen, Unterrichts- und Medizinalangelegenheiten bearbeitet, Berlin 1889 (= Preußische Statistik (Amtliches Quellenwerk), Bd. 101).
Schremmer, Eckart, Steuern und Staatsfinanzen während der Industrialisierung Europas: England, Frankreich, Preußen und das Deutsche Reich 1800 bis 1914, Berlin u. a. 1994.
Das Schulwesen in Preußen 1926 im Staate, in den Provinzen und Regierungsbezirken. Im Auftrage der Herren Minister für Wissenschaft, Kunst und Volksbildung, für Handel und Gewerbe und für Landwirtschaft, Domänen und Forsten, Berlin 1931 (= Preußische Statistik, Bd. 235).
Schwarz, Otto, Der Staatshaushalt und die Finanzen Preußens. Unter Benutzung amtlicher Quellen, Bd. 2: Die Zuschußverwaltungen, 1. Buch: Die Verwaltung der geistlichen, Unterrichts- und Medizinal-Angelegenheiten, Berlin 1900.
Schwarz, Otto, Formelle Finanzverwaltung in Preußen und im Reich. Grundzüge des Etats-, Kassen- und Rechnungswesens (Komptabilität) unter Bezugnahme auf die Verhältnisse außerpreußischer und außerdeutscher Staaten nebst einem Anhange betreffend die zivilrechtliche Haftbarkeit der Beamten gegenüber dem Staate, Berlin 1907.
Schwarz, Otto, Stiftungen – Statistik, in: Handwörterbuch der Staatswissenschaften, 3. Aufl., Bd. 7, Jena 1911, S. 1011–1027.
Spenkuch, Hartwin, Bürgersinn und Staatshoheit. Stiftungen und Schenkungen für wissenschaftliche Zwecke 1890–1918, in: Neugebauer, Wolfgang/Holtz, Bärbel (Hrsg.), Kulturstaat und Bürgergesellschaft. Preußen, Deutschland und Europa im 19. und frühen 20. Jahrhundert, Berlin 2010, S. 241–265.
Staatshaushalts-Etat für das Jahr 1849, Berlin 1849.
Staatshaushalts-Etat für das Etatsjahr 1900, Berlin 1899.
Staatshaushaltsetat für das für das Rechnungsjahr 1920, Berlin 1920.
Stadt Düsseldorf. Haushaltsplan für das Rechnungsjahr 1924.
Stadthaushaltsplan der Stadt Bromberg für das Verwaltungsjahr vom 1. April 1890 bis 31. März 1891, Bromberg 1891.
Statistische Übersicht des öffentlichen Unterrichts im preußischen Staate im Jahre 1816 und im Jahre 1846, in: Mitteilungen des statistischen Bureaus in Berlin 1 (1849), S. 33–51.
Statistisches Handbuch für den Preußischen Staat, Bd. 1 und Bd. 4, Berlin 1888 und 1903.
Statistisches Jahrbuch für den Preußischen Staat, 12. Jg. 1914, Berlin 1915.
Statistisches Jahrbuch für den Preußischen Staat, 15. Jg. 1918, Berlin 1918.
Statistisches Jahrbuch für den Freistaat Preußen, Bd. 27, Berlin 1931.
Statistisches Jahrbuch für den Freistaat Preußen, Bd. 28, Berlin 1932.
Strachwitz, Rupert Gf., Von Abbe bis Mohn – Stiftungen in Deutschland im 20. Jahrhundert, in: Adam, Thomas/Lässig, Simone/Lingelbach, Gabriele (Hrsg.), Stifter, Spender und Mäzene. USA und Deutschland im historischen Vergleich, Stuttgart 2009 (= Transatlantische historische Studien, Bd. 38), S. 101–132.

Strachwitz, Rupert Gf., Die Stiftung – ein Paradox? Zur Legitimität von Stiftungen in einer politischen Ordnung, Stuttgart 2010 (= Maecenata Schriften, Bd. 5).

Tetzlaff, Oskar, Finanzstatistik der preußischen Landkreise für das Rechnungsjahr 1903, Teil 1, Berlin 1908 (= Preußische Statistik (Amtliches Quellenwerk), Bd. 205, Teil 1).

Tetzlaff, Oskar, Finanzstatistik der preußischen Städte und Landgemeinden für das Rechnungsjahr 1911. [Teil 10]: Staat. Im amtlichen Auftrage bearbeitet, Berlin 1920 (= Preußische Statistik (Amtliches Quellenwerk), Bd. 243, Teil 10).

Thier, Andreas, Steuergesetzgebung und Verfassung in der konstitutionellen Monarchie. Staatssteuerreformen in Preußen 1871–1893, Frankfurt/M. 1999 (= Ius Commune. Veröffentlichungen des Max-Planck-Instituts für Europäische Rechtsgeschichte Frankfurt am Main, Sonderhefte: Studien zur Europäischen Rechtsgeschichte, Bd. 26, H. 119).

Tilly, Richard, Finanzielle Aspekte der preußischen Industrialisierung 1815–1870, in: Fischer, Wolfram (Hrsg.), Wirtschafts- und sozialgeschichtliche Probleme der frühen Industrialisierung, Berlin 1968, S. 477–491 (= Einzelveröffentlichungen der Historischen Kommission zu Berlin, Bd. 1).

Titze, Hartmut u. a., Das Hochschulstudium in Preußen und Deutschland 1820–1844, Göttingen 1987 (= Datenhandbuch zur deutschen Bildungsgeschichte, Bd. 1, Teil 1).

Titze, Hartmut u. a., Wachstum und Differenzierung der deutschen Universitäten 1830–1945, Göttingen 1995 (= Datenhandbuch zur deutschen Bildungsgeschichte, Bd. 1, Teil 2).

Treykorn, Erna, Wirtschaftliche und finanzielle Entwicklung der Berliner Volksschule seit 1870, Berlin 1928.

Ullmann, Hans-Peter, Der deutsche Steuerstaat. Geschichte der öffentlichen Finanzen vom 18. Jahrhundert bis heute, München 2005.

Verzeichnis der Veröffentlichungen des Preußischen Statistischen Landesamts und anderer Schriften, die im Verlag des Preußischen Statistischen Landesamts erschienen sind, Berlin 1926.

Voranschlag für die Einnahmen und Ausgaben der Stadtgemeinde Posen in dem Verwaltungsjahre vom 1. April 1878 bis 31. März 1879, Posen 1878.

Voranschlag für die Einnahmen und Ausgaben der Provinzialhauptstadt Posen in dem Verwaltungsjahre vom 1. April 1910 bis 31. März 1911, Posen 1910.

Voranschlag für die Einnahmen und Ausgaben der Provinzialhauptstadt Posen in dem Verwaltungsjahre vom 1. April 1911 bis 31. März 1912, Posen 1911.

Voranschlag für die Einnahmen und Ausgaben der Provinzialhauptstadt Posen in dem Verwaltungsjahre vom 1. April 1912 bis 31. März. 1913, Posen 1912.

Voranschlag für die Einnahmen und Ausgaben der Residenzstadt Posen in dem Verwaltungsjahre vom 1. April 1913 bis 31. März 1914, Posen 1913.

Voranschlag für die Einnahmen und Ausgaben der Residenzstadt Posen in dem Verwaltungsjahre vom 1. April 1914 bis 31. März 1915, Posen 1914.

Weber, Max, Parlament und Regierung im neugeordneten Deutschland. Zur politischen Kritik des Beamtentums und Parteiwesens, in: Weber, Max, Gesamtausgabe. Abt. I: Schriften und Reden, Bd. 15: Zur Politik im Weltkrieg. Schriften und Reden 1914–1918, hrsg. von Wolfgang J. Mommsen und Gangolf Hübinger, Tübingen 1984, S. 421–596.

Weitzel, Otto, Die Entwicklung der Staatsausgaben in Deutschland. Eine Analyse der öffentlichen Aktivität in ihrer Abhängigkeit vom wirtschaftlichen Wachstum, Erlangen-Nürnberg 1968.

Zahl und Einkommen aller Schullehrerstellen in den Städten und auf dem Lande, in: Jahrbücher des Preußischen Volksschulwesens 1 (1825), S. 68–75.

Zander, Gunther Herbert, Gründung der Handelshochschulen im deutschen Kaiserreich (1898–1919), wirtschafts- u. sozialwiss. Diss., Köln 2004.
Zeitschrift für Demographie und Statistik der Juden (Berlin), Jg. 1905–1923, N.F., Jg. 1924–1931.

www.kriegssammlungen.de/index.php/popup?datensatznr=203&vari=Thorn (gelesen am 18.3.2014).

Zur Einrichtung der Edition

VON BÄRBEL HOLTZ

Die vorliegende Edition steht in der Tradition der durch Gustav Schmoller begründeten Acta Borussica,[1] mit denen seit 1892 in einer vielbändigen Ausgabe Quellen zur preußischen Staatsverwaltung des 18. Jahrhunderts gesammelt und im Volltext oder in Regesten publiziert wurden.[2] Diese große Edition zur Geschichte Preußens ist seit dem Jahre 1999 mit den Acta Borussica, Neue Folge[3] fortgesetzt und chronologisch auf das 19./20. Jahrhundert ausgeweitet worden. In einer 1. Reihe wurden die Protokolle des preußischen Staatsministeriums ediert, wobei diese serielle Quelle gegenüber den „alten" Acta Borussica editionstechnische Modifizierungen erforderte. Die mehr als 5.200 protokollarisch überlieferten Regierungsberatungen wurden in Regesten aufbereitet und durch einen weiterführenden wissenschaftlichen Apparat, eine inhaltliche Einleitung, drei Register sowie weitere Verzeichnisse erschlossen; eine vollständige Publikation der Protokolltexte auf Mikrofiche komplettiert diese Regestenedition. Die zwölf Regestenbände der 1. Reihe sind im Internet frei zugänglich als PDF-Dateien verfügbar.[4]

Auch die 2. Reihe der Acta Borussica, Neue Folge, die unter dem Thema „Preußen als Kulturstaat" das staatliche Aufgabenfeld „Kultur" in seinen Wechselwirkungen zwischen

1 Acta Borussica. Denkmäler der Preußischen Staatsverwaltung im 18. Jahrhundert, hrsg. von der Königlichen Preußischen Akademie der Wissenschaften, Berlin 1892 ff. (im Folgenden auch: AB). Vgl. hierzu Neugebauer, Wolfgang, Zum schwierigen Verhältnis von Geschichts-, Staats- und Wirtschaftswissenschaften am Beispiel der Acta Borussica, in: Kocka, Jürgen (Hrsg.), Die Königlich Preußische Akademie der Wissenschaften zu Berlin im Kaiserreich, Berlin 1999, S. 235–275 (= Interdisziplinäre Arbeitsgruppen. Forschungsberichte, Bd. 7).

2 Neben der „Vorrede" durch die „Akademische Kommission für die Herausgabe der Acta Borussica" (namentlich durch Heinrich v. Sybel und Gustav Schmoller) in dem zuerst publizierten Band: Die Preußische Seidenindustrie im 18. Jahrhundert und ihre Begründung durch Friedrich den Großen, Bd. 1: Akten bis 1768, bearb. von Gustav Schmoller und Otto Hintze, Berlin 1892, S. XIV–XXIV (= AB, Abt. II: Die einzelnen Gebiete der Verwaltung); vgl. vor allem das gedruckte Manuskript: Äußere Grundsätze für die Edition der Acta Borussica. Aufgestellt in der Konferenz der akademischen Kommission und der Mitarbeiter der Acta Borussica vom 6. Februar 1910, Berlin 1910.

3 Acta Borussica, Neue Folge. 1. Reihe: Die Protokolle des Preußischen Staatsministeriums 1817–1934/38, hrsg. von der Berlin-Brandenburgischen Akademie der Wissenschaften unter der Leitung von Jürgen Kocka und Wolfgang Neugebauer, Bde. 1–12, Hildesheim u. a. 1999–2004.

4 http://www.bbaw.de/bbaw/Forschung/Forschungsprojekte/preussen_protokolle/de/Startseite, dort unter: Editionsbände im Internet.

der Gesellschaft und dem preußischen Staat untersucht,[5] konzentriert sich auf das 19. und frühe 20. Jahrhundert. Damit widmet sie sich auch solchen Inhalten, die man bereits 1892 im zuerst publizierten Band der Acta Borussica als prinzipiell editionswürdig betrachtete, als man feststellte, dass „es noch eine Reihe von Verwaltungsgebieten [gäbe], die mit der Zeit in Angriff zu nehmen wären, z. B. das Volksschulwesen, die evangelische Kirchenverwaltung, das Medicinalpolizeiwesen“[6]. Die äußere Form der Schmollerschen Ausgabe bewusst aufnehmend, steht die 2. Reihe der Neuen Folge zugleich als eine inhaltliche und programmatische Fortschreibung jener Bände der Acta Borussica, die von Otto Hintze als „ein neuer Typus“[7] bezeichnet wurden, weil sie Aktenstücke und Darstellung miteinander verbinden.

Kriterien für die Auswahl der Quellentexte

Kulturstaatliche Prozesse, Erfolge und Blockierungen gingen sowohl auf das Wirken verschiedener staatlicher Einrichtungen als auch auf das Engagement gesellschaftlicher Kräfte und Gruppierungen zurück. Das für die Edition in Frage kommende Material ist deshalb nicht nur sehr umfangreich, sondern auch äußerst vielfältig. Es in seiner ganzen Fülle abzudrucken, erscheint aus nahe liegenden Gründen weder sinnvoll noch praktikabel. Es war also eine Auswahl solcher Texte, die als Schlüsseldokumente für das Reihenthema „Preußen als Kulturstaat“ von besonderer Relevanz sind, zu treffen.

Den archivalischen Kernbestand bildet die Überlieferung des preußischen Kultusministeriums (I. HA Rep. 76) im Geheimen Staatsarchiv Preußischer Kulturbesitz in Berlin-Dahlem mit insgesamt rund 2.450 laufenden Metern Akten. Die im November 1817 als „Ministerium der geistlichen, Unterrichts- und Medizinalangelegenheiten“ gegründete Behörde firmierte in ihrer mehr als 110-jährigen Geschichte unter verschiedenen Amtsbezeichnungen, die in der vorliegenden Edition aus Gründen der Übersichtlichkeit vernachlässigt und durchgängig unter der Bezeichnung „Kultusministerium“ subsumiert wurden.

Freilich war es unerlässlich, aus anderen zentralstaatlichen Beständen, beispielsweise des Finanzministeriums, des Innenministeriums sowie anderer Zentralbehörden Preußens für diese Publikation zu schöpfen. Ferner erwiesen sich der Monarch bzw. Angehörige des Hofes als einflussreiche Akteure in kulturstaatlichen Prozessen, was Dokumente aus dem

5 Vgl. hierzu Neugebauer, Wolfgang, Staatlicher Wandel. Kulturelle Staatsaufgaben als Forschungsproblem, in: Das preußische Kultusministerium als Staatsbehörde und gesellschaftliche Agentur, Bd. 1/1: Die Behörde und ihr höheres Personal. Darstellung, Berlin 2009, S. XI–XXXI (Einleitung zu den drei monographischen Bänden der vorliegenden Reihe).

6 „Vorrede“ in: Die Preußische Seidenindustrie, Bd. 1, S. XII.

7 Otto Hintze im Vorwort zu: Die Wollindustrie in Preußen unter Friedrich Wilhelm I. Darstellung und Aktenbeilagen von Carl Hinrichs, Berlin 1933, S. VII (= AB, Abt. II, Reihe 5).

überlieferten Schriftgut des Geheimen Zivilkabinetts (jüngere Periode) und des Brandenburg-Preußischen Hausarchivs verdeutlichen. Darüber hinaus konnten einzelne Bestände aus der archivalischen Überlieferung der preußischen Provinzen und Regierungsbezirke interessante Aufschlüsse aus der Perspektive der mittleren Verwaltungsebene beisteuern. Nachlässe, das heißt Bestände nichtstaatlicher Provenienz, erwiesen sich für dieses Themenfeld von besonderer Aussagekraft. Nachlässe, ob von Ministern oder ihren Direktoren und Räten, von Gelehrten, Geistlichen oder anderen Personen, enthalten oft private Korrespondenzen, ferner Tagebücher und anderes Schriftgut, worin außerdienstliche Meinungsbildungs- und Entscheidungsprozesse überliefert und komplexe Zusammenhänge erst ursächlich erkennbar werden. Durch hier überlieferte Schriftstücke konnten mitunter Lücken in der staatlichen Überlieferung gefüllt werden.

Die in der Edition getroffene Auswahl an Texten stammt somit nicht nur aus unterschiedlichsten Provenienzen wie Staatsbehörden, Kommunen, Parlamenten, Parteien, Kirchen oder Vereinen. Sie vereint mit Denkschriften, Gesetzentwürfen, Instruktionen, Anfragen, Eingaben, Zeitschriften- und Zeitungsartikeln sowie Korrespondenzen auch verschiedenste Quellengattungen,[8] um das vielschichtige Kräftespiel zwischen Staat und Gesellschaft auf kulturpolitischem Terrain sichtbar werden zu lassen.

Der Abdruck schon publizierter Texte wurde soweit tunlich vermieden. Da einige Dokumente von zentraler Bedeutung jedoch unverzichtbar und manche zeitgenössischen Drucke nur schwer zugänglich sind, musste in Ausnahmefällen die Neuedition erfolgen. Als Beispiel eines solchen zentralen Dokumentes sei hier die konstitutive Kabinettsordre vom 3. November 1817, mit der die Einrichtung des Kultusministeriums angeordnet wurde, genannt. Die wenigen Zweitdrucke gehen dabei vornehmlich auf die Originalvorlage zurück und machen zugleich auf Abweichungen des Erstdrucks vom Original aufmerksam. Die Kenntnis bereits vorliegender Themeneditionen oder einzelner Abdrucke muss vorausgesetzt werden; gegebenenfalls ist auf solche in der Darstellung verwiesen.

Bei den verschiedenen Überlieferungsstufen eines Schriftstücks wird möglichst die Endfassung und hier bevorzugt die (behändigte) Ausfertigung ediert. Inhaltlich bedeutsame Abweichungen gegenüber dem Konzept sind, soweit sie ermittelt werden konnten, angemerkt.

Die Quellentexte werden in der Regel vollständig wiedergegeben, um den inhaltlichen Gesamtkontext des Dokuments erkennbar zu machen. Deshalb weisen einige Editionsstücke längere Passagen beispielsweise zu allgemeinen Problemen in Preußen oder auch

8 Hierzu grundlegend: Meisner, Heinrich Otto, Archivalienkunde vom 16. Jahrhundert bis 1918, Göttingen bzw. Leipzig 1969. Ferner Kloosterhuis, Jürgen, Amtliche Aktenkunde der Neuzeit. Ein hilfswissenschaftliches Kompendium, in: Archiv für Diplomatik 45 (1999), S. 465–562; den preußischen Gesichtspunkt überschreitend, aber nicht aufgebend: Hochedlinger, Michael, Aktenkunde. Urkunden- und Aktenlehre der Neuzeit, Köln 2009.

zu anderen Ressorts auf, die den Stellenwert der Kultusverwaltung im Gesamtgefüge des Staates zu erhellen helfen. Eine Kürzung der Quelle wurde nur dann vorgenommen, wenn sie längere textliche Ausführungen enthält, die keinen inhaltlichen Bezug zur Problematik der vorliegenden Reihe aufweisen. Derartige Auslassungen sind in gewohnter Weise durch eckige Klammern kenntlich gemacht.

Grundsätze der editorischen Bearbeitung

Gemäß der bisherigen Verfahrensweise der Acta Borussica gilt für die Edition das Prinzip: Quellentext recte, Bearbeitertext kursiv. Ausgenommen hiervon wurde die Gestaltung der Dokumentenköpfe, die stets das Ergebnis wissenschaftlicher Bearbeitung sind.

In ihrer äußeren Form orientiert sich die Edition an den erstmals 1930 von Johannes Schultze aufgestellten Editionsrichtlinien[9] für Quellen der neueren Geschichte, die in vielen Punkten mit den Leitsätzen der Acta Borussica von 1910 im Einklang stehen. Demnach erfolgten behutsame Eingriffe in den Text nur dort, wo Verständlichkeit oder Lesbarkeit dies erfordern. Das beinhaltet sowohl die stillschweigende Korrektur überflüssiger oder fehlender Satzzeichen, ferner die Vereinheitlichung vieler durch Bindestriche miteinander verbundener Begriffe, die in der zeitgenössischen Amts- und Schriftsprache äußerst inkonsequent verwendet wurden, als auch eine vorsichtige Modernisierung der Rechtschreibung (Hilfe statt Hülfe, Zensur statt Censur, Taler statt Thaler, Direktor statt Director u. ä.).

Die Klassifizierung der Überlieferungsform der edierten Quellen beruht auf der durch Heinrich Otto Meisner entwickelten Terminologie.[10]

Die Dokumente wurden nach Themen gruppiert und innerhalb dieser Blöcke in chronologischer Reihenfolge angeordnet, wofür in aller Regel das Ausstellungs- bzw. Abgangsdatum ausschlaggebend war. Konnte ein solches nicht ermittelt werden, greift für die Datierung und chronologische Einordnung des Dokuments das Eingangsdatum beim Empfänger. Jedes Dokument wurde mit einer Nummer versehen. Das beschriebene Prinzip der chronologischen Abfolge wurde nur dann durchbrochen, wenn zu einem Vorgang mehrere Quellen mit auch unterschiedlichem Datum als eine Dokumentengruppe ediert wurden. Dies ist durch einen Buchstabenzusatz hinter der Dokumentennummer deutlich gemacht.

Mit Sachanmerkungen wurde äußerst sparsam verfahren. Sie beschränken sich im Wesentlichen auf drei Arten der Erläuterung. Zum einen wird stets nachgewiesen, ob ein im

9 Schultze, Johannes, Grundsätze für die äußere Textgestaltung bei Herausgabe von Quellen zur neueren deutschen Geschichte, in: Blätter für deutsche Landesgeschichte 98 (1962), S. 1–11, wieder abgedruckt bei Heinemeyer, Walther (Hrsg.), Richtlinien für die Edition landesgeschichtlicher Quellen (Gesamtverein der deutschen Geschichts- und Altertumsvereine), 2. Aufl., Marburg/Hannover 2000, S. 28–39.

10 Meisner, Archivalienkunde.

Quellentext als Anlage bezeichnetes Schriftstück tatsächlich an derselben Stelle, also in derselben Akte, überliefert ist. Weitere, in der Quelle lediglich erwähnte Schriftstücke sind in der Regel nicht nachgewiesen. Zum anderen werden im Interesse einer besseren Verständlichkeit veraltete, heute ungebräuchliche Begriffe in ihrem zeitgenössischen Inhalt kurz erläutert. Drittens schließlich arbeitet die Edition an den Stellen, wo auf eine protokollierte Staatsministerialberatung Bezug genommen wird, mit Querverweisen zu deren Regestenedition,[11] um auf inhaltliche wie strukturelle Zusammenhänge zwischen den einzelnen Reihen der Acta Borussica, Neue Folge, aufmerksam zu machen. Auf interpretierende Erläuterungen und weiterführende bibliographische Angaben hingegen konnte verzichtet werden. Diese erfolgten in der Einleitung, worauf die am Ende jedes Dokumentenkopfs stehende Literaturangabe hinweist. Damit sind Dokumente und Einleitung, die ihrerseits die Quelle inhaltlich erläutert und auf ihren Editionsort innerhalb der Reihe verweist, konsequent miteinander verknüpft.

Die Kopfzeilen dienen vor allem bei umfangreicheren Quellentexten der schnelleren Orientierung und enthalten die Nummer des Dokuments und den Kurztitel des Themas, dem sie zugeordnet sind.

Der Edition ist ein systematisches Verzeichnis der publizierten Dokumente beigegeben. Alle in den Quellen und in der Einleitung erwähnten Personen sowie Verfasser und Empfänger sind in einem Personenregister erfasst.

Innerhalb der Reihe sind die Dokumente nicht fortlaufend nummeriert; vielmehr beginnt ihre Zählung in jedem Band wieder mit Dokument 1.

Editionstechnische Gestaltung

Die Erläuterung der Editionsprinzipien folgt der Struktur der Dokumente. Der dem Quellentext vorangestellte, in sich gegliederte Dokumentenkopf dient der formalen und sachlichen Erschließung der Quelle.

Jedes Dokument beginnt mit einer zweiteiligen, fett gesetzten Überschrift. Neben der für das Dokument vergebenen laufenden Nummer enthält die erste Zeile – dem Prinzip der Acta Borussica folgend – die Bezeichnung des Aktenstücks, den Adressaten und den Empfänger, beide mit amtlichem Titel und Namen. Amtsbezeichnungen von Behörden bzw. Ressortchefs u. ä. wurden auf gängige, verständliche Formeln (Innenministerium, Handelsminister usw.) reduziert. Bei Immediatberichten bzw. -gesuchen, die sich ja immer an den Monarchen richteten, entfällt dessen Benennung als Empfänger. Wird die Quelle als Auszug wiedergegeben, ist dies hier durch den Vermerk „Aus dem …" deutlich gemacht. Die 2. Zeile weist Ausstellungsort und Ausstellungsdatum aus, wobei zur Vermeidung von

11 Vgl. Anm. 3.

Redundanzen auf die Wiedergabe der konkreten Adresse (Straßenname, Hausnummer usw.) verzichtet wird.

Es schließen sich kursiv Angaben zur archivwissenschaftlichen Kennzeichnung der Quelle an. Hier steht zunächst die Überlieferungsform, die meist auf die Entstehungsstufe – (genehmigtes) Konzept, (behändigte) Ausfertigung, (beglaubigte) Abschrift – des Quellen-stücks schließen lässt. Bei der Klassifizierung der Quelle wird auf den Zusatz „behändigt" verzichtet, da gemäß den Gegebenheiten im Behörden-Geschäftsgang des 19. Jahrhunderts sich die Bearbeitung zumeist auf die eingegangenen Schreiben konzentrierte, was auch durch den Überlieferungsort der Quelle erkennbar ist. Eigenhändige Schriftstücke des Königs, der Minister usw. sind als solche gekennzeichnet. Der Klassifizierung der Quelle schließt sich der Nachweis der Unterschrift(en), wie sie in der Quelle erfolgten, an. Die Vollziehung durch den König ist auf die Angabe des Namens, so wie es in der Ausfertigung ohnehin meist geschah, standardisiert. Diente als Vorlage für den Druck eine Abschrift, so ist dies anschließend vermerkt. Die 4. Zeile gibt den Überlieferungsort der Quelle, also das entsprechende Archiv einschließlich der Signatur der Akte bzw. den Druckort, an und verweist gegebenenfalls in einer Anmerkung auf bereits vorliegende (Teil-)Drucke.

Beginnend mit der sechsten Zeile sind als sachliche Erschließung in kurzen, kursiv gesetzten Formulierungen die inhaltlichen Schwerpunkte der Quelle vorangestellt. Diese knappen Angaben dienen einer ersten Orientierung, erheben keinen Anspruch auf Vollständigkeit und ersetzen nicht die Lektüre des gesamten Textes.

Der Dokumentenkopf schließt mit dem Verweis, wo die edierte Quelle in der Einleitung inhaltlich erläutert bzw. erwähnt ist.

Der gedruckte Quellentext folgt weitgehend der Vorlage. Auslassungen sind, wie allgemein üblich, durch [...] ausgewiesen. Ebenfalls üblichen Grundsätzen folgend, sind die Anrede, die Eingangs- und Begrüßungsformel sowie die Schlusscourtoisie nur in Briefen privaten Charakters, wo sie noch nicht völlig zur leeren Form geraten sind, abgedruckt. In allen anderen Schriftstücken sind sie stillschweigend entfallen. Dies gilt auch für Geschäftszeichen, Bearbeitungsvermerke und Paraphen. Da der Edition kein Abkürzungsverzeichnis beigegeben ist, werden zeitgenössisch übliche Abkürzungen, wie S. K. M. (= Seine Königliche Majestät), ausgeschrieben, andere durch Verwendung eckiger Klammern aufgelöst. Paraphen sowie Ligaturen, sofern es sich um unübliche und schwer verständliche Abkürzungen handelt, erscheinen in aufgelöster Variante mit eckigen Klammern. Gängige, auch heute übliche Abkürzungen bleiben bestehen. Angaben von damals in Preußen üblichen Währungseinheiten sind im Falle vorgefundener Abkürzungen, die durch die Behörden selbst oft recht unterschiedlich verwendet wurden, im Druck standardisiert (T./Rtlr./Sgr./M/RM), ansonsten ausgeschrieben. Im Quellentext vorgenommene Hervorhebungen bleiben ausnahmslos und ihrer jeweiligen Form adäquat erhalten, nachträglich angebrachte Unterstreichungen werden allein bei inhaltlicher Relevanz in einer Anmerkung ausgewiesen. Dies trifft gleichermaßen auf wichtige Marginalien zu. Eigennamen mit veralteter Rechtschreibung („Statistisches Bureau") sowie Fremdworte in Latein, Französisch u. a.

bleiben erhalten. Leseprobleme bei einzelnen Worten sind mit eckigen Klammern und einem Fragezeichen kenntlich gemacht.

Anmerkungen beginnen bei jeder neuen Dokumentennummer mit der Ziffer 1. Innerhalb einer Dokumentengruppe (beispielsweise Nr. 3a–d) werden Anmerkungen durchgezählt, auch um auf den inhaltlichen Zusammenhang dieser Quellenstücke aufmerksam zu machen. Bei notwendiger Wiederholung einer gleichlautenden Anmerkung (wie „Liegt der Akte nicht bei") innerhalb eines Dokumentes bzw. einer Dokumentengruppe wird keine neue Anmerkungsziffer vergeben, sondern lediglich durch eine hochgestellte Ziffer auf die Erstanmerkung verwiesen.

Weitere spezielle Hinweise zur Quellengrundlage dieses Bandes sind in der Einleitung beschrieben.

Systematisches Verzeichnis der Dokumente

I. Etats des Kultusministeriums für die Jahre 1820 bis 1823

II. Dokumente zur Budgetführung des Kultusministeriums aus den Jahren 1818 bis 1836

III. Protokolle der Budgetkommission des Abgeordnetenhauses zum Etat des Kultusministeriums 1849 bis 1930

Dokumente

I. Etats des Kultusministeriums für die Jahre 1820 bis 1823

1. Haushaltsplan des Kultusministeriums 1820 bis 1823. Berlin, 14. Juni 1820.

Revidiertes Konzept, vermutlich von Hand des Geheimen Oberregierungsrats im Kultusministerium Friedrich von Seydewitz.
GStA PK, I. HA Rep. 151, IC Nr. 6455, n. f.

Tabellarische Übersicht zum Haushalt des Kultusministeriums ab 1821. – Begründung der Mehrforderungen gegenüber dem Etat für 1820.[1]

Vgl. Einleitung, S. 4, 29, 31, 32, 35, 104.

Übersicht der für den Kultus, öffentlichen Unterricht und für das Medizinalwesen erforderlichen Zuschüsse aus Staatskassen. Pro 1821 [und] folgende.

Fortlaufende Nummer	Abteilung	Gegenstand der Ausgabe		Ausgabe pro 1820 nach den Etats und sonst definitiv disponiert	Neu erforderliche laufende Bewilligungen		
					anfangend mit dem Jahr 1821	anfangend mit dem Jahr 1822	anfangend 1823 und folgende Jahre
				Rtlr./Sgr./Pf.	Rtlr./Sgr./Pf.	Rtlr./Sgr./Pf.	Rtlr./Sgr./Pf.
	A	Geistliche Verwaltung					
1		Besoldungen der Geistlichen und Kirchendiener					
		a. nach den Provinzialverwaltungsetats[a]	468.943 /10/6				
		b. anderweit definitiv disponiert[b]	9.458 /23/5	478.402/9/11			
		c. neu zu bewilligende Summen					
		1. zur Organisation des katholischen Diözesanwesens in Westfalen und am Rhein	90.000		90.000		

1 *Im Interesse besserer Lesbarkeit werden die Tabellen leicht vereinfacht abgedruckt.*

Fortlaufende Nummer	Abteilung	Gegenstand der Ausgabe		Ausgabe pro 1820 nach den Etats und sonst definitiv disponiert	Neu erforderliche laufende Bewilligungen anfangend mit dem Jahr 1821	anfangend mit dem Jahr 1822	anfangend 1823 und folgende Jahre
				Rtlr./Sgr./Pf.	Rtlr./Sgr./Pf.	Rtlr./Sgr./Pf.	Rtlr./Sgr./Pf.
		2. zur Herstellung des geistlichen Unterstützungsfonds der 100/mille	95.061 /7/5		35.061 /7/5	20.000	40.000
		3. zur Remuneration der evangelischen Superintendenten	20.000				20.000
2		Zahlungen an Kirchen und behufs des übrigen Kirchenwesens					
		a. nach den Provinzialverwaltungsetats[c]	115.815 /10/4				
		b. anderweit definitiv disponiert[d]	6.097 /4/4	121.912/14/8			
		c. neu zu bewilligen					
		1. zur Bildung katholischer Geistlicher	20.000		5.000	5.000	10.000
		2. zur Anlegung von Versorgungs- und korporierten Häusern	20.000		5.000	5.000	10.000
		3. zur Entschädigung hinsichtlich der Union	5.000				5.000
		Summa der Abteilung A Geistliche Verwaltung	850.376 /8/0	600.315/-/7	135.061 /7/5	30.000	85.000
	B	Unterrichtsverwaltung					
3		Ausgaben für die Universitäten					
		a. nach den Provinzialverwaltungsetats	247.054 /10/10				
		b. anderweit definitiv disponiert	66.000	313.054/10/10			
4		Ausgaben für die hiesigen Institute, die Akademien, Kunstschulen, gelehrte Gesellschaften					
		a. nach den Provinzialverwaltungsetats	75.996 /22/6				
		b. anderweit definitiv disponiert	23.375	99.371/22/6			
		c. neu zu bewilligen für die verschiedenen Bedürfnisse dieser Partie	27.600		11.600	8.000	8.000
5		Ausgaben für die Gymnasien					

Fortlaufende Nummer	Abteilung	Gegenstand der Ausgabe		Ausgabe pro 1820 nach den Etats und sonst definitiv disponiert	Neu erforderliche laufende Bewilligungen		
					anfangend mit dem Jahr 1821	anfangend mit dem Jahr 1822	anfangend 1823 und folgende Jahre
				Rtlr./Sgr./Pf.	Rtlr./Sgr./Pf.	Rtlr./Sgr./Pf.	Rtlr./Sgr./Pf.
		a. nach den Provinzialverwaltungsetats	98.991 /4/6				
		b. anderweit definitiv disponiert	14.250	113.241/4/6			
		c. neu zu bewilligen zur Verbesserung des Gymnasialwesens	46.750		26.750	10.000	10.000
6		Ausgaben für die Schullehrerseminarien					
		a. nach den Provinzialverwaltungsetats	35.310 /6/2				
		b. anderweit definitiv disponiert	3.700	39.010/6/2			
		c. neu zu bewilligen zur Verbesserung der Partie	37.500		25.000	7.500	5.000
7		für Waisenhäuser, Erziehungsanstalten, das übrige Schulwesen und für besondere Zwecke					
		a. nach den Provinzialverwaltungsetats	227.297 /1/4				
		b. anderweit definitiv bewilligt	12.690 /6/2	239.987/7/6			
		c. neu zu bewilligen					
		1. zu allgemeinen Zwecken des Elementarschulwesens	40.819 /19/5		20.819 /19/5	10.000	10.000
		2. Zuschuß zum Pensionsfond der Lehrer höherer Unterrichtsanstalten			3.000	1.500	10.500
		3. Ausgaben zum Ortsschulwesen in Folge der Schulordnung			10.000	30.000	160.000
		4. behufs der Kunstsammlungen pp.	100.000		20.000	10.000	70.000
		Summa der Abteilung B Unterrichtsverwaltung	1.057.334 /22/11	804.665/3/6	104.169 /19/5	45.500	103.000
	C	Für den Kultus und das Unterrichtswesen					
8		zu neuen Vergütungen an Geistliche, Schullehrer pp.					

Fortlaufende Nummer	Abteilung	Gegenstand der Ausgabe		Ausgabe pro 1820 nach den Etats und sonst definitiv disponiert	Neu erforderliche laufende Bewilligungen		
					anfangend mit dem Jahr 1821	anfangend mit dem Jahr 1822	anfangend 1823 und folgende Jahre
				Rtlr./Sgr./Pf.	Rtlr./Sgr./Pf.	Rtlr./Sgr./Pf.	Rtlr./Sgr./Pf.
		a. nach den Provinzialverwaltungsetats	72.427 /2/2				
		b. anderweit definitiv bewilligt	2.013 /2/0	74.440/4/2			
		c. Vergütungen bei Ausführung der Allerhöchsten Kabinettsordre vom 30. Januar 1817			250.000		
9		zu Kirchen-, Pfarr- und Schulbauten					
		a. nach den Provinzialverwaltungsetats	111.462 /17/2				
		b. anderweit definitiv disponiert	3.223	114.685/17/2			
		c. zur Zinsvergütung an bedürftige Gemeinden	5.000		5.000		
10		zur Disposition und zu verschiedenen Zwecken					
		a. bei den Regierungen, inklusive 100 Rtlr. außer den Etats pro 1820	19.926 /13/2				
		b. Zuschuß zur Kasse montis pietatis allhier	9.824 /15/9	29.751/4/11			
		c. neu zu bewilligen zur Vergütung der Witwenkassenbeiträge	6.000		300	300	5.400
		Summa der Abteilung C für den Kultus und das Unterrichtswesen	229.877 /2/3	218.877/2/3	5.300	300	5.400
	D	Medizinalverwaltung					
11		Besoldungen der Medizinalbeamten inklusive 100 Rtlr. außer den Etats pro 1820	115.743 /16/9	115.743/16/9			
		neu zu bewilligen zur Anstellung von Tierärzten	20.000		3.000	3.000	14.000
12		Unterhaltungskostenzuschuß an das Charitékrankenhaus allhier	69.300				
		neu zu bewilligen zur Erfüllung des ihm zugesicherten Zuschusses	5.700			5.700	
13		Unterhaltungskosten der hiesigen Tierarzneischule	10.581 /21/0	10.581/21/-			

Fortlaufende Nummer	Abteilung	Gegenstand der Ausgabe		Ausgabe pro 1820 nach den Etats und sonst definitiv disponiert	Neu erforderliche laufende Bewilligungen anfangend mit dem Jahr 1821	anfangend mit dem Jahr 1822	anfangend 1823 und folgende Jahre
				Rtlr./Sgr./Pf.	Rtlr./Sgr./Pf.	Rtlr./Sgr./Pf.	Rtlr./Sgr./Pf.
		neu zu bewilligen zur Verbesserung der Anstalt	8.000		4.000	4.000	
14		zu Hebammenlehr- und anderen Medizinalanstalten inklusive 2.326 Rtlr. außer dem Etat	26.480 /18/7	26.480/18/7			
		neu zu bewilligen zur Verbesserung der Hebammenlehranstalten	20.000		5.000	5.000	5.000
15		zu Pockenimpfungsprämien und zu wissenschaftlichen Zwecken	17.450	17.450			
		neu zu bewilligen					
		1. behufs der Verwaltung der Medizinalkollegii			50.000		
		2. zur Unterhaltung der anzulegenden Irrenheilanstalten			10.000	10.000	40.000
		Summa der Abteilung D Medizinalverwaltung	293.256 /8/4	239.556/8/4	12.000	17.700	24.000
	E	Allgemeine Verwaltungskosten (zur Ablösung spezieller Ansprüche an Domänen)			10.000	10.000	30.000
16		Besoldungen des Ministerii usw.	93.880	93.880			
17		Dispositionsfond des Ministerii	12.000	12.000			
		neu zu bewilligen Extraordinarium für die ganze Verwaltung	100.000				100.000
18		zur Deckung der pro 1820 nicht berücksichtigten Bedürfnisse pp.		30.706/9/1[e]			
				105.880			
		Summa der Abteilung E Allgemeine Verwaltungskosten	205.880	136.586/9/4			100.000
		Summa der Abteilung D Medizinalverwaltung	293.256 /8/4	239.556/8/4	12.000	17.700	24.000
		Summa der Abteilung C für den Kultus und das Unterrichtswesen	229.877 /2/3	218.877/2/3	5.300	300	5.400
		Summa der Abteilung B Unterrichtsverwaltung	1.057.334 /22/11	804.665/3/6	104.169 /19/5	45.500	103.000

Fortlaufende Nummer	Abteilung	Gegenstand der Ausgabe		Ausgabe pro 1820 nach den Etats und sonst definitiv disponiert	Neu erforderliche laufende Bewilligungen		
					anfangend mit dem Jahr 1821	anfangend mit dem Jahr 1822	anfangend 1823 und folgende Jahre
				Rtlr./Sgr./Pf.	Rtlr./Sgr./Pf.	Rtlr./Sgr./Pf.	Rtlr./Sgr./Pf.
		Summa der Abteilung A Geistliche Verwaltung	850.376 /8/-	600.315/-/7	135.061 /7/5	30.000	85.000
		Summa der gesamten Verwaltung	2.636.724 /17/6	1.969.293/14/8	256.531 /2/10	93.500	317.400
				2.000.000			
					1.969.293 /14/8		
				Summa pro 1821	2.225.824 /17/6	2.225.824 /17/6	
					Summa pro 1822	2.319.324 /17/6	2.319.324 /17/6
						Summa pro 1823 und folgende Jahre	2.636.724 /17/6

Anmerkungen in der Tabelle

a *Gestrichen:* pro 1819.

b *Gestrichen:* pro 1819.

c *Gestrichen:* pro 1819.

d *Gestrichen:* pro 1819.

e *Anmerkung am Ende der Zeile:* diese Summe fällt pro 1820 [und] folgende weg, weil für einzelne Bedürfnisse gesorgt ist und etwaige Mehrausgaben durch anderweite Ersparnisse gedeckt werden können.

Erläuterungen zu der Übersicht der für den Kultus, öffentlichen Unterricht und für das Medizinalwesen erforderlichen Zuschüsse aus Staatskassen.

A. Geistliche Verwaltung

1. Besoldungen p.

Die erst nach der Vollziehung der Etats pro 1819 definitiv disponierten Summen sind besonders:

3.108	Rtlr.	Sporteleentschädigung der Superintendenten in Sachsen
3.980/22/1		Gehaltszulagen aus dem Verbesserungsfond der 100.000 Rtlr.
2.370/ 1/4		anderweite Zulagen, Entschädigungen p.

9.458 Rtlr. 23 Sgr. 5 Pf. Summa.

Neu zu bewilligende Summen:

Hierher gehören vor allem die Unterhaltungssummen des Erzbischofs und der Bischöfe in den Rheinprovinzen und Westfalen nebst den Kosten der Kapitel pp. welche bisher zu 90.000 Rtlr. angeschlagen worden sind; ob dieser Betrag ausreichen wird, läßt sich erst

nach beendigter Unterhandlung mit dem römischen Hofe fest bestimmen. Zum allgemeinen Besten muß man wünschen, daß diese Unterhandlungen bereits mit diesem Jahre beendigt werden und ist daher jene ganze Summe als pro 1821 erforderlich angesetzt worden. Für die Dotation der übrigen Bischöfe ist durch die teils auf den Domänenverwaltungsetats befindlichen Kompetenzen, teils durch die auf dem geistlichen Verwaltungsetat befindlichen Fonds – für das Bistum zu Breslau – der erforderliche Bedarf schon beschafft.
Durch die Allerhöchste Kabinettsordre vom 22. April 1809 wurde aus den nach und nach vakant werdenden geistlichen Pensionen ein Fond zur Verbesserung der äußeren Lage der Geistlichkeit zu 100.000 Rtlr. ausgesetzt. So ansehnlich diese Summe erscheint, so wenig läßt sich behaupten, daß durch deren Gewährung etwas Außerordentliches geleistet werde. Denn so würde sie z. B. nicht einmal hinreichen, um den auf dem linken Rheinufer angestellten katholischen Sukkursalpfarrern zu ihrem kümmerlichem Staatsgehalte der 131 Rtlr. 6 Sgr. nur die Hälfte zuzulegen; so würden ferner allein für den Regierungsbezirk Merseburg über 18.000 Rtlr. erforderlich sein, um den Landpfarrern ein Einkommen von 400 Rtlr. und den Stadtpredigern von 500 Rtlr. zu gewähren und für den Regierungsbezirk Frankfurt würde sogar eine noch bedeutendere Summe erforderlich sein. Mit jenem Fond wird daher nie etwas Weiteres geleistet werden können, als daß die würdigeren und bedürftigen Geistlichen teils durch fortlaufende persönliche Bewilligungen, teils durch außerordentliche Zuschüsse unterstützt werden. Weniger kann übrigens nach den Zusicherungen, welche die Besitzergreifungspatente enthalten und welche Seine Majestät der König auch der Geistlichkeit der alten Lande zu erteilen geruht haben, nicht wohl geschehen. – Für das Jahr 1820 ist dadurch einigermaßen geholfen worden, daß die für das Jahr 1819 nicht speziell disponierte Summe von circa 32.000 Rtlr. von des Königs Majestät ihrer Bestimmung erhalten worden ist. Aus dem Fond der 100.000 Rtlr. sind bereits fortlaufend bewilligt

3.980	Rtlr.	22 Sgr.	1 Pf.	die oben vermerkte [errechnete] Summe, und
957	Rtlr.	18 Sgr.	6 Pf.	welche zu Etats pro 1820 gebracht sind; diese
4.938	Rtlr.	16 Sgr.	7 Pf.	von den
100.000	Rtlr.			abgezogen, so ergeben sich
95.061	Rtlr.	7 Sgr.	5 Pf.	als die annoch zu gewährende Summe. So wünschens-

wert es wäre, die Geistlichkeit schon vom Jahr 1821 an der Allerhöchsten Gnade ungeschmälert teilhaftig werden zu lassen, und um so billiger dies auch wäre, da die Ersparnisse an den geistlichen Pensionen seit dem 22. April 1819 bis ultimo Dezember 1820 nach den bis jetzt eingegangenen Notizen ohne allen Zweifel die vorgeschriebene Summe (64.000 Rtlr.) erreichen werden, so wird unter den jetzigen Verhältnissen sie sich schon begnügen müssen, wenn ihr nur

40.000 Rtlr	inklusiv der schon disponierten Zulagen pro 1821 bewilligt, hierzu
20.000	im Jahr 1822 zugelegt und die übrigen
40.000	im Jahr 1823 [und] folgende gewährt werden.

Endlich zeigt sich nach und nach die Notwendigkeit immer dringender, den evangelischen Superintendenten in ihren sich täglich mehrenden Geschäften, welche die jetzige Zivilverwaltung herbeiführt, einige Unterstützung zu gewähren. In der Regel würden sie recht füglich die Haltung eines Schreibers verlangen können, welche jedoch etwas hoch kommen[2] würde; rechnet man daher nur eine jährliche Remuneration von 50 Rtlr. für jeden Superintendenten, deren es im Staate ungefähr 400 gibt, so kommen

20.000 Rtlr. zur Berechnung. Obschon häufig Verlegenheiten wegen Besetzung von Superintendanturen entstehen, da kein Geistlicher öfters die Stelle annehmen will, so ist doch der ganze Betrag erst pro 1823 [und] folgende ausgeworfen worden.

2. Zahlungen an Kirchen

Auf den Provinzialverwaltungsetats befinden sich noch nicht

1.097 Rtlr. 4 Sgr. 4 Pf., die zur Verbesserung des Kirchengesangs aus der Generalstaatskasse gezahlt werden.

5.000 Rtlr. zur Vergütung der durch die Union herbeigeführten Verluste der Witwenkassenbeträge p.

6.097 Rtlr. 4 Sgr. 4 Pf. Summa.

Neu zu bewilligende Summen:

Eines der dringendsten Bedürfnisse ist die Sorge für die richtige Bildung katholischer Geistlicher, deren Stande sich jetzt nur wenig junge Leute noch widmen, da die reichlichen Unterstützungen, welche sonst die Klöster pp. gewährten, mit deren Säkularisation wegfallen. Es ist daher unumgänglich nötig, den Eintritt in diesen Stand möglichst zu erleichtern und so dazu zu reizen, was insonderheit durch die angemessene Dotierung der bischöflichen, zum Teil schon existierenden Seminarien und durch die Gründung einer Anstalt auf der Universität Bonn zu erreichen ist, in welcher die Studenten unter zweckmäßiger Aufsicht beieinander leben und auf Kosten des Staats unterhalten werden. Der für beide Zwecke erforderliche Kostenaufwand läßt sich sehr wohl auf

20.000 Rtlr. anschlagen, und ist es sehr wünschenswert, daß
5.000 Rtlr. pro 1821 hierzu ausgesetzt,
5.000 Rtlr. " 1822 zugelegt und die übrigen
10.000 Rtlr. späterhin bewilligt werden.

Ganz in gleicher Art werden 20.000 Rtlr. zur Anlegung von Korrektions- und Versorgungshäusern für die katholische Geistlichkeit zu bestimmen sein.[3]

Die Verluste der evangelischen Geistlichkeit bei dem Fortschreiten der Union werden sich noch bedeutend vermehren. Wenn jedoch die den Geistlichen zu erstattenden Witwenkassenbeiträge nicht aus jener Summe der 5.000 Rtlr. bestritten, sondern unter der Abteilung C. mit den Beiträgen für die Lehrer aufgebracht werden, so wird vorerst mit den 5.000 Rtlr. für den Aufwand der Union auszureichen und nur vielleicht von 1823 an auf eine Erhöhung von etwa 5.000 Rtlr. Bedacht zunehmen sein.

2 *Gestrichen:* zu teuer.

3 *Satz ergänzt.*

Wenige Wochen später erschienen aber die Allerhöchsten Verordnungen vom 17. Januar 1820, in deren Gemäßheit sich das geistliche Ministerium bereit erklären mußte, pro 1820 mit 2 Millionen Taler auszureichen. Die dringende Bitte um die Zusicherung, daß das Entzogene künftig wieder zugelegt werden solle, wurde Allerhöchsten Orts nicht erhört, sondern bestimmt, daß vorläufig auf nicht mehr als jene Summe gerechnet werden dürfe, in welchem Falle alles unterbleiben muß. – Mehrere Behörden, durch das Zögern bei Ausführung des angeordneten Plans veranlaßt, haben bereits ihr tiefes Bedauern ausgedrückt, daß gerade in dem wichtigsten Teile der Verwaltung mit den Ersparungen der Anfang gemacht werden solle. Jedermann, der die Lage des Unterrichtswesens im Preußischen Staate genau kennt, wird sich überzeugen, daß zur Ehre der Regierung weniger nicht geschehen kann, als das bereits eingeleitete, das überall nur auf das dringende Bedürfnis berechnet war, zur Ausführung zu bringen. Von diesem Gesichtspunkte ausgehend ist in den nachstehenden Berechnungen die jedoch nur als nach und nach erfolgend angenommene Wiederherstellung jener Allerhöchsten Bewilligung vorausgesetzt worden.[4]

B. Unterrichtsverwaltung

3. Universitäten

Auf den Provinzialetats befinden sich noch nicht:

18.000	Rtlr.	für die hiesige Universität,
12.000	Rtlr.	" " Universität Königsberg,
3.000	Rtlr.	" " " Halle,
6.000	"	Dispositionsfond für die Universitäten im allgemeinen und
27.000	"	zur Remuneration der Regierungsbevollmächtigten, Universitätsrichter p.
66.000	Rtlr.	Summa. Neue Zuschüsse werden vorerst nicht verlangt.

4. Die hiesigen Akademien p.

Außer den auf den Provinzialetats stehenden Summen sind anzuweisen

13.957	Rtlr. zur vollständigen Gewährung des Dotationsquantums der 150.000 Rtlr., welche insonderheit für die Institute gebraucht werden.
2.000	Gehalt des Professors Seebeck als Mitglied der Akademie der Wissenschaften.
400	Unterstützung des Philologen [Schönner?] in Paris
7.000	der Akademie zu Düsseldorf.
23.357	Rtlr. Summa.

Neu zu bewilligende Summen:

Aus den für das Unterrichtswesen verheißenen 300.000 Rtlr. waren vorläufig 30.000 Rtlr. bestimmt,[5] auf welche das Gehalt des Seebeck und die Unterstützung des [Schönner?] in

4 *Die beiden letzten Absätze auf einem eingeklebten Blatt.*

5 *Gestrichen:* welche nach und nach die für andere Zweige jetzt zu bewilligenden und hiernächst, besonders nach Emanierung der Schulordnung, wieder einzuziehenden Zuschüsse verstärkt werden sollten. Wenn anjetzt etwas weiteres als nur die vollständige Gewährung jener 300.000 Rtlr., aus welchen die Universität Bonn dotiert und die Fonds der anderen Universitäten verstärkt worden sind, nicht verlangt werden soll, so

Anrechnung gebracht werden müssen, und also noch
27.600 Rtlr. bleiben. Um die Wirksamkeit dieser für die Nationalbildung so wichtigen Institute baldmöglichst zu vergrößern, würde es sehr wünschenswert sein, daß wenigstens
10.600 Rtlr. pro 1821, woraus zunächst das Gehalt des Professors [Liemann?] entnommen werden muß, ausgesetzt,
8.000 pro 1822 zugelegt und die übrigen
8.000 pro 1823 gewährt werden.

5. Gymnasien

Schon definitiv bewilligt und noch nicht zu den Provinzialverwaltungsetats gebracht sind folgende Posten:

5.950	Rtlr.	den Gymnasien im Regierungsbezirk Magdeburg,
5.000		für das Gymnasium zu Erfurt,
1.000		muß das Gymnasium zu Trier infolge früherer Zusicherungen und darauf erfolgter Anstellungen erhalten,
1.000		für das Gymnasium zu Schweidnitz, welche irrig nicht zum Etat pro 1818 gebracht worden sind und
1.300		der Stadtschule zu Köslin.
14.250	Rtlr.	Summa.

Die neu zu bewilligende Summe beschränkt sich auf
46.750 Rtlr., indem die vorbemerkten Summen ausschließlich der schon längst bewilligten 1.000 Rtlr. für Schweidnitz sämtlich auf die nach der obigen Bemerkung für die Gymnasien bestimmten 60.000 Rtlr. in Abrechnung kommen. – Die ungeteilte Verwilligung dieser Summe ist höchst dringend und die Verwaltung wird schon sehr leiden und mehrere äußerst nachteilig wirkende Zögerungen in der Reorganisation einzelner Anstalten werden eintreten, wenn [nicht]
26.750 Rtlr. pro 1821 verwilligt,
10.000 pro 1822 zugeschossen und die fehlenden
10.000 erst pro 1823 gewährt werden.

6. Schullehrerseminarien

Den etatsmäßigen Summen treten zu

1.200	Rtlr.,	welche dem Seminar in Köslin schon längst bewilligt und irrig nicht zum Etat pro 1818 gebracht worden sind.
1.500		für das evangelische Seminar in Neuwied und
1.000		für das katholische Seminar in Trier sind schon unwiderruflich verheißen und darauf die Anstalten gegründet worden.
3.700	Rtlr.	Summa.

daß nur die prinzipienmäßig den Staatskassen mit ihrer Unterhaltung anheimfallenden Anstalten notdürftig bedacht werden, so würden die Akademien der Wissenschaften, der Künste und die Bauakademie sich auf die für sie projektierten 30.000 Rtlr. […].

Neu zu bewilligen sind, da von den nach obiger Auseinandersetzung für das Seminarienwesen ausgesetzten 40.000 Rtlr. nur die soeben bemerkten 2.500 Rtlr. abgehen, überhaupt noch

37.500 Rtlr., welche gleichfalls so schleunig als irgend tunlich zu gewähren sind. Insonderheit kann der Staat, ohne sich hierbei gegen die Nation verantwortlich [zu] machen, die Gründung neuer Seminarien in den Rheinprovinzen, Westfalen, Erfurt und Pommern, und die Verstärkung der Fonds der an einigen Orten schon bestehenden Anstalten nicht länger aussetzen, und sind hiernach

25.000 Rtlr. pro 1821 unumgänglich notwendig, denen

7.500 pro 1822 und

5.000 pro 1823 zuzulegen sind.

7. Waisenhäuser und zu besonderen Zwecken

Auf den Provinzialverwaltungsetats stehen nicht

6.790	Rtlr.	des Elementarschulverbesserungsfonds,
1.350		Gehalt p. für den ehemaligen Turnplatz hierselbst,
2.460		Gehaltszulagen an Schullehrer in Sachsen, welche vor der Auseinandersetzung mit dem Königreiche Sachsen noch nicht zur definitiven Verrechnung kamen. Die übrigen
2.090	[Rtlr.] 6 Sgr. 2 Pf.	bestehen in kleinen Bewilligungen, irrig nicht zum Etat gebrachten Posten.

12.690 Rtlr. 6 Sgr. 2 Pf. Summa.

Neu zu bewilligende Summen: Unter der zuletzt bemerkten Position befinden sich

380 Rtlr. 4 Sgr. 7 Pf., welche auf die nach der obigen Bemerkung zu allgemeinen Zwecken des Unterrichtswesens ausgesetzten

41.200 Rtlr. anzurechnen, so daß noch

40.819 Rtlr. 19 Sgr. 5 Pf. zu gewähren sind, welche gleichfalls besonders jetzt, ehe die Schulordnung erscheint, sehr notwendig gebraucht werden. Nach einer nähren Ermäßigung werden besonders

20.819 Rtlr. 19 Sgr. 5 Pf. pro 1821 gewünscht, denen

10.000 pro 1822 und

10.000 pro 1823 zuzulegen sind.

So wie in Gemäßheit der Schulordnung Provinzialschulfonds gebildet werden können, wird dieser Betrag zu andern Zwecken des Unterrichtswesens, insonderheit für die Akademien, die Kunstschulen und die Realinstitute bestimmt werden müssen, so wie daraus auch derjenige Zuschuß zu entnehmen sein wird, welchen der Staat zu dem Pensionsfond der Lehrer an höheren Unterrichtsanstalten, insofern die Vorschläge der zur Ausarbeitung eines Pensionsreglements Allerhöchsten Orts niedergesetzten Kommission genehmigt werden, wird leisten müssen. Unter dieser Voraussetzung ist für den vorbemerkten Gegenstand keine besondere Summe ausgeworfen, sondern der Gegenstand in der Übersicht nur nachrichtlich bemerkt worden.

In gleicher Art sind aufgeführt die Ausgaben, welche der Staat in Gemäßheit der Schulordnung wird übernehmen müssen. Insoweit sie den Staat als solchen treffen, werden sie hoffentlich aus den vorbemerkten zur Vervollständigung der früher ausgesetzten 300.000 Rtlr. zu bewilligenden Summen gedeckt werden können. Insoweit sie aber den Staat als Grundeigentümer, als Domänenbesitzer treffen, kann deren Leistung nicht auf die Fonds der Unterrichtsverwaltung geworfen, sondern sie müssen von dem Ertrag des dazu verpflichteten Objekts, auf welchem sie ohnehin als eine Reallast ruhen werden, vorweg entnommen und nur der Rest kann als Ertrag des Grundstücks von der Domänenverwaltung in Anspruch genommen werden.

Ein sehr großer Übelstand in der Verwaltung ist, daß für die Vermehrung der Kunstsammlungen und selbst für deren Unterhaltung nicht angemessen oder gar nicht gesorgt ist. Insofern des Königs Majestät nicht andere Einrichtungen treffen und die Fürsorge für diesen, in Beziehung auf den Glanz der Residenz und die Bildung des Kunstsinnes in dem Volke sehr wichtigen Gegenstand nicht einer besonders dazu bestimmten Behörde zu übertragen beschließen sollten, wird sich das geistliche Ministerium der Bearbeitung der hierbei vorkommenden Sachen nicht entziehen können, wenngleich dieselben mit seinem eigentlichen Wirkungskreise nur in einer entfernteren Verbindung stehen. Alsdann muß es aber auch dringend wünschen, daß bestimmte fortlaufende, ihrem Zwecke zu erhaltende Fonds ausgesetzt werden, aus welchen teils die Kosten der Unterhaltung, sorgfältigen Aufbewahrung, teils die Gelder zu Ankäufen von Gemälden, Antiken, Kunstsachen pp. entnommen werden können. Die jetzige Behandlung dieses Gegenstandes kann nicht anders als nachteilig sein, indem stets Verlegenheit über den Fond, woraus der Bedarf zu decken ist, obwaltet, darüber der günstige Augenblick ungenutzt vorüber geht, und endlich der Kunsthändler wohl gar auf indirektem Wege für die Zeit, die er vergeblich gewartet hat und für den damit verbundenen Kostenaufwand entschädigt werden muß. – Es läßt sich wohl mit Wahrheit behaupten, daß es den Verhältnissen des Preußischen Staats, bei einer gehörig geregelten Verwaltung, angemessen sein würde, zu diesem Zwecke eine Summe von jährlich 100.000 Rtlr. zu bestimmen; so wie sich jetzt die Umstände gestaltet haben, wird jedoch allerdings nur ein geringer Teil dieser Summe eine solche Bestimmung erhalten können. Daß dies aber geschehe, erscheint in vielen Beziehungen als sehr wünschenswert und der Würde des Staats entsprechend. Für den Fall, daß des Königs Majestät nicht Allerhöchst selbst einen solchen festen, aus einem Jahre in das andre zu übertragenden Fond auszusetzen geruhen sollten, werden hier zur Nachricht jene

100.000	Rtlr.	ausgeworfen und anheimgegeben,
20.000	Rtlr.	vom 1. Januar 1821 ab zu bestimmen, diesen Fond mit dem Jahre 1822 um
10.000		zu erhöhen und in gleicher Art die übrigen
70.000		nach und nach, und so wie die finanziellen Kräfte des Staats es gestatten, zuzulegen.

C. Für den Kultus und öffentlichen Unterricht

8. Steuervergütungen

Die Vergütungen, welche den Geistlichen und Schullehrern für die von ihnen zu entrichtenden Steuern gezahlt werden, sind, nach dem jetzigen Prinzip der Trennung der Fonds, nun unrichtigerweise zu den geistlichen und Schulverwaltungsetats gebracht worden. Denn ursprünglich wurden jene Individuen gar nicht besteuert, und wenn hiernächst der Staat infolge des Gleichstellungsprinzips die Geistlichen und Schullehrer zur Steuerentrichtung mit heranzog und ihnen den Betrag zurückzahlte, so konnte er den letzteren der diesseitigen Partie keineswegs als einen Zuschuß oder als einen Kostenaufwand, der ihm durch das geistliche und Schulwesen erwachse, anrechnen; der Zustand der Partie, der durch diese Maßregeln sehr verschlimmert wurde, wurde dadurch nicht einmal vollständig wiederhergestellt und ihr durch einen sogenannten Zuschuß auch nicht der geringste Nutzen zugewendet. Grundsätzlich hätten daher sowohl die etatsmäßigen Steuervergütungen, als die 2.000 Rtlr. Entschädigung der hiesigen Geistlichkeit für die von ihr zu zahlende Mietsteuer nicht dieser Partie bei Anfertigung des Staatshaushaltungsplans zur Last geschrieben werden sollen.

Aus diesem Grunde ist auch die mit der noch nicht vollständig[6] bewirkten Ausführung der Allerhöchsten Kabinettsordre vom 20. Januar 1817 verbundene Ausgabe hier nur nachrichtlich bemerkt. Denn des Königs Majestät wollen im allgemeinen, daß die Lasten, welche der Geistlichkeit und dem Schulstande infolge der früheren Ereignisse und der bedrängten Lage der Staaten aufgelegt worden sind, ihnen wieder abgenommen, der Zustand vor dem Jahr 1806 wieder hergestellt und soweit dies untunlich, eine hinreichende Entschädigung gewährt werde. Da nun aber die Steuern von den berechtigten Individuen gar nicht entrichtet werden sollten, so ist auch das Natürlichste, daß der Vergütungsbetrag von dem Bruttoeinkommen der Steuer abgesetzt und jene Vergütungssummen zu den betreffenden Steueretats gebracht werden. Der Betrag ist noch nicht ermittelt, kann aber wohl an 200.000 Rtlr. ausmachen.

9. Zu Kirchen-, Pfarr- und Schulbauten

Pro 1820 befindet sich noch nicht auf dem Provinzialverwaltungsetat eine Summe von 3.223 Rtlr. zu Bauten in dem Culm- und Michelauschen Kreise.

Neu auszubringen sind

5.000 Rtlr. zur Zahlung derjenigen Zinsen, welche hilfsbedürftige Gemeinden von den zu einem Kirchenbau p. erborgten Kapitalien ihren Gläubigern zu zahlen haben. Die Bewilligung ist bereits unterm 23. April 1819 erfolgt; für das Jahr 1820 hat aber diese Summe wegen der Beschränkung der Fonds auf 2 Millionen Taler eingezogen werden müssen, und die etwaige Ausgabe an dergleichen Unterstützungen soll auf den unten unter E. erwähnten Dispositionsfond übernommen werden.

6 *Ergänzt.*

10. Zur Disposition

Neu auszubringen sind

6.000 Rtlr. zur Vergütung der Witwenkassenbeiträge an Geistliche und Lehrer in den dazu nach der Allerhöchsten Kabinettsordre vom 10. Dezember 1806 geeigneten Fällen. Der bisherige Betrag ist sehr gering und soll die Ausgabe daher pro 1820 mit auf die oben unter A.2. bemerkten 5.000 Rtlr. übernommen werden. Mit jedem Jahr steigt aber diese Ausgabe, so daß sie nach einer Wahrscheinlichkeitsberechnung nach und nach bis auf 6.000 Rtlr. wird steigen können, wovon

300	Rtlr.	pro 1821,
300	Rtlr.	pro 1822 und
5.400	Rtlr.	späterhin sukzessiv zu gewähren sein werden.

D. Medizinalverwaltung

11. Besoldungen

Neu zu bewilligende Summen:

Das so geringe Normalgehalt der 200 Rtlr. für einen Kreisphysikus und 100 Rtlr. für einen Kreischirurgus reicht in mehreren Bezirken der Monarchie zur Vergeltung der mit diesen Posten verbundenen Geschäfte nicht mehr hin; auch finden sich an vielen Orten keine qualifizierten Subjekte, oder dieselben können nach der Lokalität von der Praxis nicht leben. Die durch eine Erhöhung der Gehälter einzelner Medizinalbeamten entstehende Mehrausgabe wird aber durch die Ersparnis gedeckt werden können, welche mit der Einziehung einiger landrätlicher Kreise verbunden sein wird, und ist also hier weiter nicht in Ansatz gebracht worden.

Dagegen wird hiernächst auf die Beschaffung des nötigen Fonds zu der höchst notwendigen, Allerhöchsten Orts bereits befohlenen Anstellung von Kreistierärzten mit einem Normalgehalt von 100 Rtlr., sowie zur Anstellung der hiermit in Verbindung stehenden Departmentstierärzten Bedacht zu nehmen sein. Die Monarchie zählt jetzt 345 landrätliche Kreise, so daß, da in manchen Gegenden die Zahl der Kreise verringert werden soll und ein Tierarzt wohl auch zwei kleinere Kreise zugleich versehen kann, etwa auf 200 Kreistierärzte zu rechnen sein wird, deren Gehalt

20.000 Rtlr. beträgt; die Gehälter der Departementstierärzte könnten als ungefähr gedeckt durch die schon etatsmäßigen Gehälter der jetzt angestellten Kreistierärzte betrachtet werden, so daß jene runde Summe als der mutmaßliche Bedarf anzunehmen ist. Das Studium der Tierheilkunde hat sich jedoch erst in den letzteren Jahren gehoben, und läßt sich nach den jetzigen Verhältnissen erwarten, daß sich in jedem der beiden ersten Jahre wohl nicht mehr als dreißig sich vollkommen zu dergleichen Posten eignende Tierärzte finden möchten, so daß

3.000	Rtlr.	für 1821 den diesseitigen Fonds zuzusetzen, ferner
3.000	Rtlr.	für 1822, und
14.000		pro 1823 und folgende Jahre neu zu bewilligen sein werden.

12. Die Charité
Neu aufzubringen sind
5.700 Rtlr., indem die Charitéanstalt von des Königs Majestät mit 75.000 Rtlr. alljährlichem Zuschusse aus der Staatskasse dotiert, ihr bis jetzt aber erst eine Summe von 69.300 Rtlr. überwiesen worden ist. Allem Anschein nach wird jedoch jener Zuschuß im Jahr 1821 noch nicht gebraucht und wird dessen Zahlung so noch bis zum Jahr 1822 ausgesetzt werden können.
13. Die Tierarzneischule
Auch diese Anstalt kann ohne eine Verstärkung ihres jetzigen Fonds nicht gedeihen, indem mehrere mit bedeutenden Kosten verbundene Veränderungen, insonderheit auch im Lehrerpersonale, werden vorgenommen werden müssen. Was neu zu bewilligen sein wird, läßt sich noch nicht mit völliger Bestimmtheit übersehen, vermutlich wird der Bedarf aber wohl an
8.000 Rtlr. hinansteigen, welche zur Hälfte von 1821 und zur Hälfte von 1822 an zu gewähren sein werden. Ein Aufwand, der sowohl wegen des wichtigen dadurch zu erreichenden Zweckes als wegen der Ehre des Staats im Verhältnis zu den andern Staaten, welche wie Frankreich, Österreich auch nur ein einziges und daher notwendig über das Mittelmäßige zu erhebendes Lehrinstitut dieser Art besitzen, gemacht werden muß.
14. Zu Hebammen- und andern Anstalten
Das Hebammenlehrwesen[7] ist in einem Teile der Rheinprovinzen und in Sachsen noch etwas zurück; in Westfalen, den Marken und Pommern ist es sehr vernachlässigt und daher für die existierenden, ihrem Zwecke wenig oder nur notdürftig entsprechenden Anstalten noch sehr viel zu tun.
Neu zu bewilligen dürfte daher nach einem ungefähren Überschlage leicht eine Summe von

20.000	Rtlr.	sein, wovon ungefähr
5.000	Rtlr.	für 1821 auszusetzen,
5.000	Rtlr.	für 1822 zuzulegen und der Rest mit
10.000		von dem Jahr 1823 an zu gewähren sein würde.

15. Impfungsprämienfond
Der jetzige etatsmäßige Fond wird zu seiner eigentlichen Bestimmung, zur Erteilung von Prämien an die sich bei dem Schutzpockenimpfungsgeschäft auszeichnenden Personen und zu wissenschaftlichen Zwecken, wie z. B. zur Erstattung des Wertes, wenn das einer Krankheit verdächtige Vieh behufs der Untersuchung getötet wird, hinreichen. Wenn aber, wie anjetzt seitens der betreffenden Zentralbehörden geschieht, darauf auch Ausgaben hingewiesen werden, welche bisher aus andern Fonds bestritten wurden, und wenn überhaupt das Department alle auf sogenannte medizinalpolizeiliche Gegenstände sich beziehende

7 *Geändert aus:* Hebammenwesen.

Ausgaben übernehmen sollte, so würde die Kreierung eines neuen Fonds unumgänglich notwendig sein, was daher in der Übersicht nachrichtlich bemerkt worden ist. Welche Summe dazu alljährlich erforderlich sein dürfte, läßt sich von hier aus nicht beurteilen, insonderheit auch, da sehr viel von der größeren oder geringeren Tätigkeit der Provinzialbehörden und vom Zufall, wie z. B. von dem Ausbruche ansteckender Krankheiten, von Viehseuchen u.s.w. abhängt.

Endlich sind noch die Kosten für einen bis jetzt, seiner außerordentlichen Wichtigkeit für das öffentliche Wohl ungeachtet, noch ganz vernachlässigten Gegenstand in Erwägung zu ziehen, nämlich für die anzulegenden Irrenheilanstalten. Sie sind indes nur nachrichtlich angemerkt worden, weil hier alles von der Bestimmung der Grundsätze abhängt, welche hinsichts der Beitragspflichtigkeit des einzelnen Kranken, seiner Gemeinde oder gar seiner Provinz werden aufgestellt werden.[8]

E. Allgemeine Verwaltungskosten

Mit den für das Ministerium ausgesetzten Fonds zur Besoldung seiner Beamten pp. wird bei der Rückkehr einer größeren Vereinfachung der Geschäfte hoffentlich auszureichen sein. Dagegen erscheint endlich

die Bewilligung eines Extraordinarii für die Verwaltung dieses so wie jedes Ministerii notwendig. Teils liegt es in der Natur der Sache, daß die mutmaßliche Ausgabe in der Wirklichkeit überstiegen wird, teils beruht es in der Unmöglichkeit, alle Bedürfnisse im voraus zu kennen, und so muß häufig durch eine Verzögerung wegen Mangel an Fonds ein sehr großer finanzieller Nachteil erwachsen. Insbesondere ist für die Verwaltung des geistlichen Departements die Bildung eines Extraordinarii sehr notwendig, weil bei dem beständigen Vorschreiten der allgemeinen Volksbildung ein Stillstand in der Verwaltung unzulässig und in jedem Falle höchst verderblich ist und weil die zu Bauten ausgesetzten Fonds in der Mehrzahl unzureichend sind. Wenn daher irgend ein außerordentliches Ereignis, wie z. B. Verwüstung durch[9] Feuer oder Sturm, eintritt, so fehlt es überall an den Mitteln, den Unfall gleich bei seinem Entstehen zu beseitigen und größeren Nachteil abzuwenden; dies wird in der Folge noch fühlbarer werden, wenn durch die Errichtung des Schatzes jede Benutzung der Ersparnis eines Jahrs für die Verwaltung des andern unmöglich wird. Seither sind zur Deckung dieses Bedürfnisses alljährlich bestimmte Fonds bei dem Königlichen Schatzministerio ausgesetzt worden, was jedoch der Natur der Sache nach nicht stets in der jetzigen Art und Weise wird fortgehen können; vielmehr wird unzweifelhaft auf die Fonds der laufenden Verwaltung zurückgegangen werden müssen. Nach der bisherigen Erfahrung werden hierzu jährlich 100.000 Rtlr. zu bestimmen sein, welche unter der Voraussetzung, daß die Fonds des Königlichen Schatzministerii noch pro 1821 und 1822 die benötigten außerordentlichen Zahlungen werden übernehmen, erst vom Jahr 1823 an in Ansatz gebracht worden ist.

8 *Absatz ergänzt.*

9 *Ergänzt:* Verwüstung durch.

18. Zur Deckung der pro 1820 nicht berücksichtigten Bedürfnisse p.

Unter dieser Rubrik ist diejenige Summe aufgeführt worden, welche von den pro 1820 Allerhöchst ausgesetzten zwei Millionen nach Abzug der bereits feststehend bewilligten und daher einer Verminderung vorerst nicht fähigen Positionen übrig bleiben, und bestimmt sind teils zur Deckung der nicht vorhergesehenen, hin und wieder vorkommenden Mehrausgaben in der gewöhnlichen Verwaltung, teils zur Befriedigung der dringendsten Bedürfnisse, für welche durch die erfolgte Reduktion die bestimmten Fonds gestrichen worden sind. Diese Summe ist dagegen pro 1821 nicht mit zur Berechnung gezogen worden, weil die Wiedergewährung der früher bewilligten[10] und sonst notwendigen Fonds vorausgesetzt worden, und weil zu hoffen ist, daß die Bemühungen des Ministerii, bei einigen Gegenständen Ersparungen einzuleiten, von glücklichem Erfolg sein, hierdurch aber die aus andern Orten entstehenden unvermeidlichen Mehrausgaben werden gedeckt werden.[11]

Etwaige Ersparnisse an den gegenwärtigen Etatssummen

Außer den bei fortdauernder Berichtigung der Etats sich ergebenden kleinen Abweichungen wird besonders auf folgende Summen gerechnet werden können:

2.000 Rtlr. für das niedere Schulwesen im Reg. Bezirke Merseburg, welche irrig zum Etat gebracht worden sind.

9.170 Rtlr. circa welche in Breslau, Oppeln und Erfurt zu Steuerbenefikationen auf die Regierungshauptkassenetats à conto der diesseitigen Verwaltung irrig notiert worden waren.

6.000 circa Ersparnis bei den zur akademischen Disziplin ausgesetzten 27.000 Rtlr.

1.500 in Danzig doppelt zum Etat gebrachte Zahlungen.

10.000 circa Ersparnis an den Geistl[ichen] und Schulbaufonds der rheinischen Regierungen, insofern ihr Bezirk sich auf das linke Rheinufer beschränkt und auch da nicht ganz, insoweit z. B. bei der evangelischen Kirche zu Trier, dem anzulegenden Schullehrerseminar, Bauverpflichtungen eintreten.

28.170 Rtlr. Summa.

Berlin, den 14. Juni 1820

10 *Geändert aus:* ausgesetzten.

11 *Gestrichen:* Berlin, den 14. Juni 1820.

	Etatsmäßige Summe pro 1820		2.000.000
Pro 1821 neu erforderlich	für die Geistliche Verwaltung	135.061/7/5	
	für die Unterrichtsverwaltung	73.463/10/1	
	für beide Verwaltungen	5.300	
	für die Medizinalverwaltung	12.000	
	Summa pro 1821		225.824/17/6
Pro 1822 neu erforderlich	für die Geistliche Verwaltung	30.000	
	für die Unterrichtsverwaltung	45.500	
	für beide Verwaltungen	300	
	für die Medizinalverwaltung	17.700	
	Summa pro 1822		93.500
Pro 1823 und folgende Jahre	für die Geistliche Verwaltung	85.000	
	für die Unterrichtsverwaltung	103.000	
	für beide Verwaltungen	5.400	
	für die Medizinalverwaltung	24.000	
	Extraordinarien	100.000	
	Summa pro 1823 [und] folgende		317.400
Totalsumma pro 1823 und folgende Jahre			2.636.724/17/6

Eventuell erforderliche neue Bewilligungen: Mutmaßlicher Betrag pro				
		1821	1822	1823 [und] folgende
	Totalsumma			
1. Zuschuß zum Pensionsfonds der Lehrer an höheren Unterrichtsanstalten	15.000 Rtlr.	3.000	1.500	10.500
2. für das Ortsschulwesen infolge der Schulordnung	200.000	10.000	30.000	160.000
3. Steuervergütungen der Kabinettsordre vom 30. Januar 1817 gemäß	250.000	250.000		
4. behufs der Verwaltung der Medizinalpolizei /:?:/	50.000	50.000		
5. zur Unterhaltung neuer Irrenheilanstalten /:?:/	60.000	10.000	10.000	40.000
6. zur Abfindung spezieller Ansprüche an die Domänen /:?:/	50.000	10.000	10.000	30.000
	Summa mutmaßlich	333.000	51.500	240.500
Nach der obigen Berechnung sind bereits nachgewiesen			2.319.324 17 ½	2.636.724 17 ½
	Summa pro 1821	2.558.824 17 ½	333.000	333.000
		Summa pro 1822	2.703.814 17 ½	51.500
			Summa pro 1823 [und] folgende	3.261.714 17 ½

2. Bildungsetat für 1822/23 verglichen mit 1805/06. [Berlin, Frühjahr 1822?].

Ausfertigung.

GStA PK, I. HA Rep. 89, Nr. 18729, Bl. 2–13.[1]

Vgl. Einleitung, S. 4, 29, 37.

Zusammenstellung der nach den neusten Etats pro 1822/3 ausgesetzten Kosten für Universitäten, Schulen und andere Bildungs- und wissenschaftliche Anstalten, balanciert gegen die nach den Etats für 1805/6 ausgesetzten Summen

Provinzen und Regierungsbezirke	Ort, woselbst sich die Institute befinden	Bestimmung der Institute	Zuschuß		Nach den neuesten Etats pro 1822/3	
			nach den neuesten Etats	nach den Etats pro 1805/6	mehr	weniger
I. Ostpreußen			Rtlr./Sgr./Pf.	Rtlr./Sgr./Pf.	Rtlr./Sgr./Pf.	Rtlr./Sgr./Pf.
1. Königsberg	Braunsberg	Gymnasium	6.225/11/10	1.071	5.154/-/10	
	Braunsberg	Erziehungsinstitut 1074/2	722/6/10		722/6/10	
	Braunsberg	dem Ermländischen Schulverbesserungsfonds	2.220/3/9	2.455 /5/-		235 /1/3
	Dexen	Schullehrerseminar 350	1.900		1.900	
		Deutsche Gesellschaft	118		118	
		Provinzialkunstschule	695/11/11		695/11/11	
	Königsberg	Universität	56.144/3/7	543/5/- 5.329/25/-	50.271/3/7	
		Sammlung vaterländischer Altertümer	50		50	
		Gymnasium Collegium Fridericianum	4.790/10/-	1.200	3.590/10/-	
	"	Provinzialschulfonds[a]	7.170/13/-		7.170/13/-	
	"	Altstädtisches Gymnasium	26/20/-		26/20/-	
	"	dem Litauischen Seminar	80		80	
	"	dem Polnischen „	80		80	
	"	dem Waisenhause 700	2.466/11/1	1.454/15/-	1.011/26/1	
	"	dem Taubstummeninstitut	2.500		2.500	
	"	der deutschen reformierten Kirchenschulkasse	564/6/3		564/6/3	
	"	Elementar - Schulkasse für den Sackheim[2]	103/3/4		103/3/4	
	Mühlhausen	Schullehrerseminar[b] 600				

1 *Im Interesse besserer Lesbarkeit wird die Tabelle leicht vereinfacht abgedruckt.*

2 *Stadtteil von Königsberg.*

Provinzen und Regierungsbezirke	Ort, woselbst sich die Institute befinden	Bestimmung der Institute	Zuschuß		Nach den neuesten Etats pro 1822/3	
			nach den neuesten Etats	nach den Etats pro 1805/6	mehr	weniger
	Rastenburg	Gymnasium	4.219 /21/10		4.219 /21/10	
	Rössel		774/14/-	774/14/-		
		außerdem laut Provinzetat zu Schullehrerbesoldungen und andern persönlichen Ausgaben	2.748/14/10	905/23/-	1.842/19/10	
		nach den Spezialdomänenetats	815/9/2		815/9/2	
			94.414/11/6	13.733/29/-	80.915/13/8	235/1/3
					80.680/12/5	
II. Litauen						
1. Gumbinnen	Gumbinnen	der Provinzialschulkasse	16.059/25/11	2.30910/-	13.750/15/11	
		hieraus erhalten				
		das Friedrichs-Gymnasium 3.970/3/4				
	Lyck	" Gymnasium 3.449/18/10				
	Tilsit	" " 2.372/26/8				
	Kummetschen[3]	die Erziehungsanstalt und das Schullehrerseminar Karalene[4] 5.504/8/10				
		Außerdem laut Spezialdomänenetats	308/21/4		308/21/4	
			16.368/17/3	2.309/10/-	14.059/7/3	
III. Westpreußen und Posen						
1. Danzig	Danzig	Kunstschule		150		150
	Marienburg	Schullehrerseminar und Normalschule	2.102/10/-		2.102/10/-	
	"	Stadtschule	1.000		1.000	
	Elbing	"	1.81010/6		1.81010/6	
		Mehreren städtischen Schulen	953/10/-	48	905/10/-	
		Besoldung und andere persönliche Ausgaben p.	4.226/20/-		4.226/20/-	
2. Marienwerder		dem Westpreußischen katholischen Gymnasienfonds	{ 1.430/19/7 3.275/25/11		4.706/15/6	
		daraus erhalten				
	Marienburg	Gymnasium 460/9/10 } 276/20/8 }				

3 *Auch: Kummetschen; Dorf und Gut im Kreis Pilkallen.*

4 *Aus dem Gut Augstkummetschen hervorgegangenes Lehrerseminar.*

Provinzen und Regierungsbezirke	Ort, woselbst sich die Institute befinden	Bestimmung der Institute	Zuschuß		Nach den neuesten Etats pro 1822/3	
			nach den neuesten Etats	nach den Etats pro 1805/6	mehr	weniger
	Conitz	Gymnasium 4.000				
	Deutsch Krone	Gymnasium 590				
	Graudenz	Gymnasium 1.048				
	Alt-Schottland	Gymnasium 417/4/3				
	Thorn	Gymnasium	4.000		4.000	
	Marienwerder		4.309/10/-		4.309/10/-	
		Laut Verwaltungsetat Besoldungen	6.336/22/3 }	372/10/- }		
		Für das städtische Schulwesen	4.619/23/8 }	10.673/27/6 }		89/21/7
		Außerdem laut Domänenetats	2.675		2.675	
3. Bromberg	Bromberg	Gymnasium	4.955	633/3/9	4.321/26/3	
	"	Schullehrerseminar	1.233/10/-		1.233/10/-	
	Trzemesznow	Chorschule	125	125		
		Außerdem laut Provinzialetat für Elementarschulen	1.630		1.630	
		Zur Verbesserung der Schulanstalten	2.500		2.500	
		Laut Domänenetats	912/11/5		912/11/5	
4. Posen		Laut Provinzialetat	6.905/8/7	7.705		799/21/5
		hieraus erhalten				
	Lissa	Gymnasium 2.961				
	Posen	" 9.576				
	"	Schullehrerseminar 4.205				
	Fraustadt	Kreisschule 2.232/12/6		432/20/-		432/20/-
	Bojanowo	Kreisschule 429/10		100		100
		Außerdem laut Spezialdomänenetats	30 /27/11		30 /27/11	
	Reisen	der Schule		2.925 /21/9		2.925 /21/9
			55.031/29/10	23.165/23/-	36.364/1/7	4.497/24/9
					31.866/6/10	

Provinzen und Regierungsbezirke	Ort, woselbst sich die Institute befinden	Bestimmung der Institute	Zuschuß		Nach den neuesten Etats pro 1822/3	
			nach den neuesten Etats	nach den Etats pro 1805/6	mehr	weniger
IV. Pommern	Stargard	Gymnasium	500		500	
1. Stettin	Stettin	Seminar und Schule No. 1	552		552	
	"	" " " Nr. 2	1.090		1.090	
		Außerdem laut Provinzialetat zu Besoldungen p.	3.350			
		Für das Ortsschulwesen	1.316			
		Laut Spezialdomänenetats	135/6/11		135/6/11	
				5.702/22/6	1.912/19/5	
2. Köslin	Köslin	Gymnasium	1.800		1.800	
	"	Seminarium	1.200		1.200	
		Außerdem laut Provinzialetats für das Ortschulwesen	2.948/22/8			
		Reisegeld für Schullehrer	18/16/9		18/16/9	
		Laut Spezialdomänenetats	10/29/2		10/29/2	
			12.922/4/9	5.702/22/6	7.219/12/3	
V. Kurmark		Zur Verbesserung der Universitäten	6.000		6.000	
1. Berlin		Hauptkasse der wissenschaftlichen Anstalten				
		daraus erhalten				
		Akademie der Wissenschaften 20.743		1.850	18.893	
		Akademie der Künste 17.300		17.060	240	
		Bauakademie 5.214		300	4.914	
		Kunst- und Gewerbeschule 800			800	
		Besoldungen 2.500			2.500	
		Wissenschaftliche Institute 27.931/7/6			27.931/7/6	
		Universität 84.190	600[c]		84.790	
		Allgemeine Verwaltungskosten 1.297/7/6			1.297/7/6	
		Baukosten 4.000			4.000	
		Allgemeine und außerordentliche Ausgaben 5.200			5.200	
		Unvorherzusehende Ausgaben 2.324/15			2.324/15/-	
			171.500			
		Friedrichwerdersches Gymnasium	1.749/21/11		1.749/21/11	

Provinzen und Regierungsbezirke	Ort, woselbst sich die Institute befinden	Bestimmung der Institute	Zuschuß		Nach den neuesten Etats pro 1822/3	
			nach den neuesten Etats	nach den Etats pro 1805/6	mehr	weniger
		Friedrich-Wilhelms-Gymnasium	8.964/6/3	5.240	3.724/6/3	
		Französisches Gymnasium	5.256/20/-		5.256/20/-	
		Berlin- u. Cölnisches dto.	1.743 /2/8		1.743 /2/8	
		Taubstummeninstitut	4.359/7/6		4.359/7/6	
		Blindeninstitut	3.060		3.060	
		Zur Verbesserung des Elementarunterrichts	6.777		6.777	
		Katholische Schule St. Hedwig	748		748	
		Außerdem an Gehalt laut Konsistorialetat	3.194/22/6		3.194/22/6	
		Joachimsthalsches Gymnasium		3.360		3.360
		Provinzialhauptschule		3.392		3.392
2. Potsdam	Brandenburg	Ritterakademie	2.000		2.000	
	Potsdam	Hauptschulkasse	15.10613/18	6.128/28/9	8.977/15/1	
		hieraus erhalten				
	Brandenburg	Gymnasium 1.826				
	Potsdam	Gymnasium 2.510				
	Prenzlau	Gymnasium 1.975				
	Neuruppin	Gymnasium 2.100				
	Potsdam	Landschullehrerseminar 4.480/5				
		Außerdem laut Provinzialetat				
		Zu Besoldungen	293		293	
		An Schulunterhaltungskosten	1.433		1.433	
		Nach den Spezialdomänenetats	1.722/29/2		1.722/29/2	
	Oranienburg	Waisenhaus		1.504		1.504
			234.508/3/10	38.834/28/9	203.929/5/1	8.256
					195.673/5/1	
VI. Neumark	Frankfurt	Der Provinzialschulkasse	12.587/7/5		12.587/7/5	
1. Frankfurt		hieraus erhalten				
	Guben	Gymnasium 700				
	Luckau	" 650				
	Sorau	" 650				
	Cottbus	" 1.100				
	Frankfurt	Für die gelehrten Schulen im Bezirk 750		1.750	Universität Frankfurt	1.705

Provinzen und Regierungsbezirke	Ort, woselbst sich die Institute befinden	Bestimmung der Institute	Zuschuß		Nach den neuesten Etats pro 1822/3	
			nach den neuesten Etats	nach den Etats pro 1805/6	mehr	weniger
	Königsberg	Lyzeum 2.875				
	Frankfurt	Gymnasium 2.360				
	Neuzelle	Seminarium 5.636				
	Küstrin	Stadtschule 939/13				
		Außerdem				
		Nach den Spezialdomänenetats	1.830/29/1		1.830/29/1	
	Züllichau	Seminarium		2.000		2.000
			14.418/6/6	3.705	14.418/6/6	3.705
					10.713/6/6	
VII. Schlesien	Breslau	Universität[d]	61.027/21/10	300	60.727/21/10	
	Breslau	Katholische Hauptschulfonds	14.472/8/2	21.865/5/-		7.392/26/10
1. Breslau	Breslau	Seminar für gelehrte Schulen	1.200		1.200	
	"	Gymnasium [?] Friedrichs	400		400	
	Schweidnitz	"	1.000		1.000	
	Breslau	Evangelisches Seminar	3.400	1.400	2.000	
	"	Katholisches "	786	1.450		664
	"	Kunstbau- und Handwerksschule	3.095		3.095	
	"	Erziehungsanstalt der Ursulinen	720		720	
	Schweidnitz	desgleichen	480		480	
	Breslau	Jüdische Wilhelms-Schule	150		150	
	"	Elisabethinerinnen	1.800		1.800	
	"	Barmherzige Brüder	2.400		2.400	
	Neiße			600		600
		Außerdem nach dem Provinzialetat				
		An persönlichen Ausgaben	1.961/4/4		1.961/4/4	
		Schulunterhaltungskosten	1.950	4.233/13/9		2.283/13/9
		Nach den Spezialdomänenetats	3.469/8/3		3.469/8/3	
2. Liegnitz	Glogau	Gymnasium	500	1.450		950
	Hirschberg	"	1.275	896	379	
	Glatz	"		2.866		2.866
	Jauer	Lyzeum	100		100	
	Bunzlau	Waisenhaus	6.440		6.440	
	Sagan	"		450		450

Provinzen und Regierungsbezirke	Ort, woselbst sich die Institute befinden	Bestimmung der Institute	Zuschuß		Nach den neuesten Etats pro 1822/3	
			nach den neuesten Etats	nach den Etats pro 1805/6	mehr	weniger
		Außerdem nach dem Provinzialetat				
		an persönlichen Ausgaben	936	870/6/3	65/23/9	
		Nach den Spezialdomänenetats	1.874		1.874	
3. Oppeln	Ratibor	Gymnasium	2.500		2.500	
	Ober-Glogau	Schullehrerseminar	325		325	
	Beuthen	Schule katholisch	200		200	
	Kreuzburg	" "	300		300	
	Leobschütz	" "		1.010		1.010
	Oppeln	Katholische Schule	420	1.083		663
	Neiße	do.	400	1.138		738
	Rosenberg	do.	200		200	
	Neustadt	Kloster der barmherzigen Brüder	1.200		1.200	
	Pilchowitz	Barmherziges Brüderkonvent	1.200		1.200	
		Außerdem laut Provinzialetat				
		Zu persönlichen Ausgaben	733/13/7		733/13/7	
		An Schulunterhaltungskosten	946/4/6		946/4/6	
		Nach den Spezialdomänenetats	2.761 /2/1		2.761 /2/1	
			120.622/2/9	42.878/26/3	98.627/18/4	20.884/11/10
					77.743/6/6	
VIII. Sachsen ehemals Preußischen Anteils						
1. Merseburg	Halle	Universität	40.000	34.307	5.693	
	"	Franckesche Stiftungen	18.000	1.748	16.252	
	Eisleben	do. Luthers Freischule	889/22/6		889/22/6	
		Außerdem laut Provinzialschuletat				
		An persönlichen Ausgaben	2.115		2.115	
		An Schulunterhaltungskosten	945/6/9		945/6/9	
		Nach den Spezialdomänenetats	6.229/16/-		6.229/16/-	
2. Magdeburg	Magdeburg	Gymnasium	9.680/18/5		9.680/18/5	
	Halberstadt	"	5.807/3/9		5.807/3/9	
	Stendal	"	1.815/20/-		1.815/20/-	
	Salzwedel	"	1.935		1.935	
	Quedlinburg	"	1.224/19/3		1.224/19/3	
	Magdeburg	Kunst- und Bauschule	390		390	
	Halberstadt	Seminarium	494/3/7		494/3/7	
	Sudenburg[5]	Armenschule	199/25/11		199/25/11	

5 *Vorort von Magdeburg.*

Provinzen und Regierungsbezirke	Ort, woselbst sich die Institute befinden	Bestimmung der Institute	Zuschuß		Nach den neuesten Etats pro 1822/3	
			nach den neuesten Etats	nach den Etats pro 1805/6	mehr	weniger
	Huysburg	Katholische Schule	470/1/7		470/1/7	
	Magdeburg Altstadt	do.	477/17/1		477/17/1	
		Außerdem nach dem Provinzialetat				
		Persönliche Ausgaben	4.437/18/-		4.437/18/-	
		Schulunterhaltungskosten	510/10/-	105/21/3	404/18/9	
		An die Domänenverwaltung für an die Geistlichen und Schullehrer und Kirchendiener zu verabfolgenden Naturalien	5.334/22/4		5.334/22/4	
		Nach den Spezialdomänenetats	297/19/11		297/19/11	
3. Erfurt	Erfurt	Universitätskasse	1.000			
	Erfurt	Akademie nützlicher Wissenschaften[6]	130/18/9		130/18/9	
	Erfurt	Gymnasium	5.585/27/-		5.585/27/-	
				967/7/6	959/22/6	
	Heiligenstadt Schleusingen	do.	500		500	
	Erfurt	Provinzial-Kunst- und Bauschule	927			
	Heiligenstadt	Ex-Jesuitenfonds	2.143/8/4	1257/12/6	685/25/10	
		Außerdem nach dem Provinzialetat				
		Besoldungen	931/21/4		931/21/4	
		Schulunterhaltungskosten	489/10/-	360	129/10/-	
		Nach den Spezialdomänenetats	1.180/16/7		1.180/16/7	
		Summa VIII.	114.142/27/1	3.8745/11/3	75.397/15/10	
IX. Westfalen		Nach den neusten Etats für 1823/25				
1. Münster		Besoldungen	1.430		1.430	
		An Schul- und Unterrichtsanstalten	160		160	
		Zu Schullehrerzulagen zur Berechnung[e]	9.985/29/11[b]	2467/12/6	7.518/17/5	
		Nach den Spezialdomänenetats	930/11/11		930/11/11	
2. Minden	Bielefeld	Gymnasium	1.137/25/-		1.137/25/-	
	"	Waisenhaus	50/1/3		50/1/3	
	"	Industrieschule	592/8/9		592/8/9	
	Minden	Gymnasium	1.500		1.500	
	"	Industrieschule	300		300	
	Höxter	Schulkasse	78/22/6		78/22/6	
	Paderborn	Studienfonds	3.587		3.587	

6 *Seit 1819 eigentlich: Königliche Akademie gemeinnütziger Wissenschaften.*

Provinzen und Regierungsbezirke	Ort, woselbst sich die Institute befinden	Bestimmung der Institute	Zuschuß		Nach den neuesten Etats pro 1822/3	
			nach den neuesten Etats	nach den Etats pro 1805/6	mehr	weniger
		Außerdem nach dem Provinzialetat				
		Besoldungen	5.370/13/7	169/8/9	5.201/4/10	
		Schulunterhaltungskosten	173/1/-		173/1/-	
		Nach den Spezialdomänenetats	259 /24/-		259/24/-	
				750[f]		750
3. Arnsberg	Hamm	Gymnasium	1.008/2/6		1.008/2/6	
	Soest	"	2.860		2.860	
	Dortmund	"	376		376	
	Soest	Seminar	2.843		2.843	
		Außerdem nach dem Provinzialetat				
		Besoldungen	505/11/6		505/11/6	
		Schulunterhaltungskosten	532/15/-		532/15/-	
		Zur Disposition	1.309/20/-		1.309/20/-	
		Nach den Spezialdomänenetats	2.004/17/3		2.004/17/3	
		Summa IX	36.994/24/2	3.386/21/3	34.358/2/11	750
					33.608/2/11	
X. Berg						
Düsseldorf	Moers	Seminar 833/22/6 und 2.166/20	3.000/12/6	100 Wesel	2.900/12/6	
	Düsseldorf	Polytechnische Schule	5.961/15/-		5.961/15/-	
	Kleve	Gymnasium	3.038/17/6		3.038/17/6	
		Außerdem nach dem Provinzialetat				
		Besoldungsausgaben	3.268/1/5		3.268/1/5	
		Schulunterhaltungskosten	1.321/9/8		1.321/9/8	
		Bergischer Schulfonds	5.431/1/11	3.633/6/3	1.797/25/8	
		Disposition	2.000		2.000	
		Nach den Domänenetats[g]	2.105/29/4	3.303/3/9	2.105/29/4	3.303/3/9
		Summa X	26.126/27/4	7.036/10/-	22.393/21/1	3.303/3/9
					19.090/17/4	

Provinzen und Regierungsbezirke	Ort, woselbst sich die Institute befinden	Bestimmung der Institute	Zuschuß		Nach den neuesten Etats pro 1822/3	
			nach den neuesten Etats	nach den Etats pro 1805/6	mehr	weniger
		Wiederholung				
I.		Ostpreußen	94.414/11/5	13.733/29/-	80.680/12/5	
II.		Litauen	16.368/17/3	2.309/10/-	14.059 /17/3	
III.		Westpreußen und Großherzogtum Posen	55.031/29/10	23.165/23/-	31.866/6/10	
IV.		Pommern	12.922/4/9	5.702/22/6	7.219/12/3	
V.		Kurmark, einschließlich Berlin	234.508/3/10	38.83428/9	195.673 /5/1	
VI.		Neumark, einschließlich Frankfurt	14.418/6/6	3.705	10.713/6/6	
VII.		Schlesien	120.622/2/9	42.878/26/3	77.743/6/6	
VIII.		Sachsen ehemals Preußischer Anteil	114.142 /27/1	38.745 /11/3	75.397/15/10	
IX.		Westfalen desgleichen	36.994/24/2	3.386/21/3	33.608/2/11	
X.		Großherzogtum Berg desgleichen	26.126/27/4	7.036/10/-	19.090/17/4	
		Zusammen	725.550/4/11	179.499/2/-	546.051/2/11	

Anmerkungen in der Tabelle

a Hieraus erhalten: Seminar in Dexen: 350, Seminar in Mühlhausen: 600, Waisenhaus in Königsberg: 700, Erziehungsinstitut in Braunsberg: 1.074/2

b aus der Hauptschulkasse

c aus der Hauptschatzkasse

d Sind die reservierten Mehrsteuern, welche im Provinzialetat zwar nicht in Ausgabe, im Universitätsetat aber in Einnahme stehen. Die Generalkontrolle ist davon, diese als Zuschuß zu behandeln, noch nicht abgegangen. Die beim Katholischen Hauptschulfonds angesetzten 14.472 Rtlr. 8/2 reservierte Mehrsteuern ist der Rest der durch die Allerhöchste Kabinettsordre vom 16. März 1812 bewilligten fixierten 75.500 Rtlr. Erst für 1825/7 wird ein Etat dieses Hauptfonds bei der Generalkontrolle zur Korevision einerwartet.

e Werden durch besondere Landesbeiträge (2½ % von der Grundsteuer) aufgebracht.

f Gymnasium in Lingen

g Universität Duisburg

II. Dokumente zur Budgetführung des Kultusministeriums aus den Jahren 1818 bis 1836

3. Erlass des Kultusministers Karl Freiherr von Altenstein an sämtliche Räte des Ministeriums. Berlin, 27. Juli 1818.

Ausfertigung, gez. von Altenstein.
GStAPK, I. HA Rep. 76, VIII B Nr. 51, Bl. 59–59v.

Zur Gewährleistung vollständiger Rechnungsführung im Ministerium sind einschlägige Verfügungen Regierungsrat Friedrich Ferdinand von Seydewitz vorzulegen.

Vgl. Einleitung, S. 31, 38.

Um die Schwierigkeiten, welche sich bei der Zusammenstellung mehrerer neulich zu verschiedenen Zwecken notwendig gewesener Nachweisungen über erfolgte Geldverwilligungen gezeigt haben, künftig zu umgehen und zugleich eine gewisse notwendige Ordnung in der Rechnungspartie des Departements durch fortlaufende Annotation der Allerhöchsten Verwilligungen und darauf gegründeter Anweisungen einführen zu können, die dazu dienen soll, die Finanzlage des Ministerii mit dem ersten Blick zu übersehen, scheint es mir wichtig und notwendig, daß dem Dezernenten dieser Angelegenheiten, Herrn Regierungsrat von Seydewitz, die wichtigeren, hierauf Bezug habenden Verfügungen zur Mitzeichnung, alle und jede Angaben aber, in welchen Zahlen vorkommen, post expeditionem vorgelegt werden, um durch die Geheime Kalkulatur die nötigen Bemerkungen machen lassen zu können.
Euer Hochwohlgeboren ersuche ich daher ergebenst, hiernach bei vorkommenden Fällen und namentlich bei allen Verfügungen, welche auf die von des Königs Majestät für das gesamte Unterrichtswesen bereits bewilligten 125.000 Rtlr. Bezug haben, etc. verfahren zu wollen.

4. Schreiben des Finanzministers Karl Georg Maaßen an den Kultusminister Karl Freiherr von Altenstein. Berlin, 16. Dezember 1831.

Ausfertigung, gez. Maaßen; Abschrift.
GStA PK, I. HA Rep. 76 IIa Sekt. 53 Gen. 28 a, Bd. 9, n. f.

Übernahme von Zahlungen an Geistliche, Lehrer usw. aus dem Etat des Finanzministeriums auf den des Kultusministeriums

Vgl. Einleitung, S. 39.

Mit Bezug auf mein Schreiben vom 19. Januar dieses Jahres wegen Übernahme der in den Etats einzelner Finanzverwaltungszweige stehenden Leistungen an Geistliche, Schullehrer und andere zu Euer Exzellenz gehörende Beamte und Anstalten in den rheinischen und westfälischen Regierungsbezirken auf die Etats der geistlichen und Schulverwaltung beehre ich mich, Euer Exzellenz nunmehr auch in Betracht derjenigen Regierungen, an welchen die Etatsfertigungen für die Jahre 1833/35 steht, eine Hauptnachweisung nebst zehn Spezialnachweisungen von derartigen Leistungen im Gesamtbetrage von 14.351 Rtlr. 5 Sgr. 4 Pf. mit dem ganz ergebensten Ersuchen mitzuteilen, diese Posten von 1833 ab gleichfalls auf die Etats der geistlichen und Schulverwaltung gefälligst übernehmen zu lassen, indem solche von da ab der getroffenen Verfügung gemäß aus den Spezialetats der Finanzverwaltung ausscheiden werden.

Nachweisung
der in den nachbenannten Regierungsbezirken an Kirchen, Pfarrer, Schullehrer pp. etatsmäßig zu verabreichenden Kompetenzen, welche sich zur Überweisung auf die Geistlichen Verwaltungsetats eignen.[1]

Regierungsbezirk		Betrag der Kompetenzen			laut Spezialnachweisung[2]
		Rtlr.	Sgr.	Pf.	No.
1.	Danzig	77	10	10	1.
	und	132	29	4	2.
2.	Marienwerder	3.353	3	11	3.
3.	Posen	Nichts			
4.	Bromberg	966	6	5	4.
5.	Stettin	2.252	15	7	5.
6.	Köslin	697	13	10	6.
7.	Stralsund	269	8	9	7.
8.	Magdeburg	1.298	9	4	8.
9.	Merseburg	3.665	16	11	9.
10.	Erfurt	1.638	10	5	10.
	Überhaupt	**14.351**	**5**	**4**	

1 *Ausfertigung, gez. Hipke; Abschrift.*
2 *Liegen der Akte nicht bei.*

5. Erlass des Kultusministers Karl Freiherr von Altenstein und des Innenministers Gustav von Rochow an die Regierung zu Königsberg. Berlin, 9. Mai 1834.

Ausfertigung, gez. Altenstein, Rochow; Abschrift.
GStA PK, I. HA Rep. 76, IIa Sekt. 53 Nr. 28 Bd. 11, n. f.

Übernahme der Etatposten zum Waisenhaus und Schullehrerseminar in Königsberg vom Innen- und Polizeiministerium auf das Kultusministerium.

Vgl. Einleitung, S. 39.

Die Königliche Regierung wird hierdurch angewiesen, bei Aufstellung der nächsten Provinzialetats den Zuschuß von 150 Rtlr., geschrieben Einhundertundfünfzig Taler, welche das dortige Waisenhaus und das damit verbundene Schullehrerseminar aus dem Fonds der Verwaltung des Ministerii des Innern und der Polizei empfängt, von der Einnahme und Ausgabe dieser Verwaltung abzusetzen, dagegen Einhundertundfünfzig Taler dem Fonds für die geistliche und Unterrichtsverwaltung in Einnahme zuzurechnen und den Zuschuß von 2.466 Rtlr., welchen das Waisenhaus nach dem für dasselbe pro 1835/36 vollzogenen Etat aus dieser Verwaltung empfängt, um 150 Rtlr., geschrieben Einhundertundfünfzig Taler, zu erhöhen.

6. Aus dem Revisionsprotokoll der Oberrechnungskammer zum Rechnungsabschluss des Kultusministeriums für das Haushaltsjahr 1823. Potsdam, 19. Januar 1826.

Ausfertigung, gez. Aschenborn, v. Kummer.
GStA PK, I. HA Rep. 76, IIa Sekt. 53 Gen. Nr. 44 Bd. 1, n. f.

Monita zum Abschluss des Haushaltsjahres 1823 (inklusive 1820 bis 1822). – Auflistung der Mehreinnahmen bzw. Ausgabeersparnisse des Kultusministeriums sowie der Summen, für die gesonderte Begründungen erforderlich sind.

Vgl. Einleitung, S. 39.

Die Revision der mit dem Schreiben des Königlichen Geheimen Staatsministers Herrn Freiherrn v. Altenstein Exzellenz vom 30. April vorigen Jahres eingekommenen, von der Generalkasse des Königlichen Ministerii der geistlichen, Unterrichts- und Medizinalangelegenheiten abgelegten Rechnung von der Zentralverwaltung des eben erwähnten Königlichen Ministerii pro 1823, – der ersten Rechnung dieser Art, indem die in demselben nachgewiesenen Fonds bis inklusive 1822 bei der Generalstaatskasse verwaltet worden sind, – hat sich zu einem gefunden:

1. Daß die vorliegende Rechnung vor erfolgter Abnahme derselben, vorschriftsmäßig in calculo geprüft worden, hätte auf dem Titelblatte der Rechnung attestiert werden sollen. Dies ist daher künftig nicht außer Acht zu lassen.

2. Die vorliegende Rechnung [weiset?] laut der sub Litt. A beigefügten näheren Zusammenstellung, respektive an Mehreinnahmen gegen die Etats und den Ausgabeersparnissen bei den Provinzial-, geistlichen, Schul- und Medizinal-Kassen pro 1820–1823,

I. für die geistliche und Unterrichtsverwaltung

	Rtlr.	Sgr.	Pf.
a) pro 1820/2	49.078	13	4
b) pro 1823	21.433	6	9
	70.511	20	1
inklusive	70 Rtlr. Gold		

II. für die Medizinalverwaltung

	Rtlr.	Sgr.	Pf.
a) pro 1820/22	16.166	9	5
b) pro 1823	4.727	19	1
	20.893	28	6
überhaupt	91.405	18	7
inklusive	70 Rtlr. Gold		

in Einnahme nach, von welcher Summe, nach Abzug der Allerhöchsten Ortes auf die von sub I^a erwähnten 49.078 Rtlr. 13 Sgr. 4 Pf. angewiesenen 13.000 Rtlr. sowie nach Abzug der von den sub IIa gedachten 16.166 Rtlr. 9 Sgr. 5 Pf. zurückgezahlten 135 Rtlr. 23 Sgr. 10 Pf. noch verbleiben:

ad I^a	36.078	13	4
" "^{b}	21.433	6	9
	57.511	20	1
inklusive	70 Rtlr. Gold		
ad II^a	16.030	15	7
" "^{b}	4.727	19	1
	20.758	24	8
in Summa	78.269	24	9
inklusive	70 Rtlr. Gold		

Die vorerwähnten 36.078 Rtlr. 13 Sgr. 4 Pf. sind zu Gegenständen verschiedener Art als zu Gehaltszuschüssen, Witwenkassenbeiträgen für Geistliche und Schullehrer, Deckung von Mehrausgaben gegen die Etats baulicher Einrichtungen und dergleichen mehr ganz verwendet;

die vorgedachten 21.433 Rtlr. 6 Sgr. 9 Pf. sind dagegen meist zum Teil zu ähnlichen Zwekken verwendet, und zum Teil befinden sich solche noch unter dem fol. 84[1] aufgeführten Bestande von 74.208 Rtlr. 20 Sgr. 5 Pf. inklusive 430 Rtlr. Gold.

Die oben bemerkten respektiven	16.030 Rtlr	15 Sgr.	7 Pf.	
und	4.727	19	1	

sind aber, als unter den fol. 36, 44, 60 und 93 nachgewiesenen Beständen von respektiven

....	3.316 Rtlr.	5 Sgr.	1 Pf.	pro 1820,
....	9.022	4	1	pro 1821,
....	9.706	16	7	pro 1822,
....	22.044	25	9	
und	48.398	14	10	pro 1823,

noch ganz vorhanden anzusehen.

Nach der Verfügung des Königlichen Ministerii an die Generalkasse vom 9. April 1823, sub Anlage Litt. A sollen „die Dispositions-Fonds um so viel überschritten werden können, als die eigenen Ersparnisse der Generalkasse und die derselben überwiesenen Ausgabeersparnisse bei den Provinzialverwaltungen betragen“.

Dies steht jedoch mit der Allerhöchsten Kabinettsordre vom 17. Januar 1820, betreffend den Staatshaushalt und das Staatsschuldenwesen, sowie mit dem Beschlusse des Königlichen Staatsministerii vom 5. Juni 1822[2] wegen Ausführung der in Abschnitt I dieser Allerhöchsten Kabinettsordre enthaltenen Bestimmung hinsichtlich der zum Staatsschatze abzuführenden Mehreinnahmen und Ausgabe-Ersparnisse, insofern in Widerspruch, als hiernach die qu[aestionierten] Mehreinnahmen gegen die Etats und Ausgabeersparnisse bei den Provinzialverwaltungen, im Betrage von 78.269 Rtlr. 24 Sgr. 9 Pf. inklusive 70 Rtlr. Gold, dem Staatsschatze gebühren, und an denselben hätten abgeführt werden sollen.

Es bleibt daher entweder, letzteres, mit Hinsicht auf die Monita 6, 7 und 8, noch zu bewirken, und nachzuweisen, oder durch Allerhöchste Genehmigung darzutun,

a) daß die von den qu[aestionierten] Mehreinnahmen und Ausgabeersparnissen bereits verausgabten Beträge, wie geschehen, verwendet, und daß daraus namentlich

aa) lt. fol. 33 Beleg No. 248/50 und fol. 56 Beleg No. 714/16 und 736/37 der Generalstaatskasse die von derselben bei dem Dispositionsfonds der geistlichen und Unterrichtsverwaltung pro 1820 und 1822 [vorgeschossene?] Summe respektive

1 *Diese und folgende Blattangaben beziehen sich auf drei, der Oberrechnungskammer ebenfalls vorgelegte Bände mit den Einzelbelegen, die nicht überliefert sind.*

2 *Vgl. Rathgeber, Christina (Bearb.), Die Protokolle des Preußischen Staatsministeriums 1817–1934/38, Bd. 1, Hildesheim u. a. 2001, S. 107, Sitzung vom 5.6.1822, TOP 6.*

....	9.535 Rtlr.	1 Sgr.	3 Pf.
....	6.867	2	4
und	443	7	7
....	16.845	11	2

erstattet;

bb) die in dem Monito 5 näher erwähnten 2.217 Rtlr. 7 Sgr. 10 Pf. und

cc) [besage?] fol. 37 Beleg No. 283/4: 8.000 Rtlr. Zuschuß zu dem Einrichtungsfonds der Universität Bonn gezahlt, ferner

dd) laut fol. 42 und 55 Beleg No. 386/7 und 712/13

respektive	2.371 Rtlr.	29 Sgr.	9 Pf.
und	6.585	–	–
....	8.956	29	9

zu dem, von der Generalkasse des Königlichen Ministerii verwalteten Fonds zur Ausführung der Zirkumskriptions-Bulle De salute animarum übergelegt werden dürfen, wie wohl bei diesem Fonds, nach fol. 21 der Rechnung der Generalkasse pro 1823,

noch	18.933 Rtlr.	10 Sgr.	– Pf.

und nach fol. 84 der vorliegenden Rechnung, von den etatsmäßigen 75.000 Rtlr. zur Dekkung der Bedürfnisse der noch nicht völlig eingerichteten Erzbistümer und Bistümer

pro 1823 annoch.................	40.175	21	3
überhaupt also	59.109	1	3 als unverwendet im Bestande sind.

b) daß die von den qu[aestionierten] Mehreinnahmen und Ausgabeersparnissen nach der vorliegenden Rechnung [nachverwendeten?] Beträge ebenfalls nicht zum Staatsschatze abgeführt, sondern zur Disposition des Königlichen Ministerii verbleiben dürfen. […][3]

3 *Es folgen rund sechs Blatt Bemerkungen zu Einzelposten.*

[Anlage] Litt. A

Nachweisung

der in der Rechnung von der Zentralverwaltung des Königlichen Ministerii der geistlichen, Unterrichts- und Medizinalangelegenheiten pro 1823 vereinnahmten respektive Mehreinnahmen gegen die Etats und Ausgabe-Ersparnisse bei den Provinzial-, geistlichen, Schul- und Medizinalkassen pro 1820 bis inklusive 1823.[4]

I. Aus den Provinzial-, geistlichen und Schulkassen
sind an Mehreinnahmen gegen die Etats und an Ausgabeersparnissen vereinnahmt:

	Rtlr.	Sgr.	Pf.	Rtlr.	Sgr.	Pf.
1. pro 1820, fol. 4–7 respektive	2.270	4	6			
	6.022	4	6	8.292	9	–
				inkl. 32	15 Gold	
2. pro 1821, fol. 10–12 respektive	2.029	29	6			
	9.833	–	10	11.863	–	4
				inkl. 35 Gold		
3. pro 1822, fol. 15–17 respektive	3.821	18	11			
	25.101	15	1	28.923	4	–
				49.078	13	4
				inkl. 67	15 Gold	

Aus diesen Ersparnissen sind Allerhöchsten Ortes folgende Zahlungen bewilligt und geleistet
a) durch die Allerhöchste Kabinettsordre vom 16. April 1823, von welcher eine beglaubigte Abschrift fol. 34 Beleg No. 252 beigebracht ist, zur Unterstützung hilfsbedürftiger und -würdiger Geistlicher

	Rtlr.	Sgr.	Pf.	Rtlr.	Sgr.	Pf.
	12.000	–	–			

b) durch die fol. 54 Beleg No. 708 in beglaubigter Abschrift beigebrachte Allerhöchste Kabinettsordre vom 20. August 1823, zur ersten Einrichtung der Gärtner-Lehr-Anstalt zu Schöneberg

	Rtlr.	Sgr.	Pf.	Rtlr.	Sgr.	Pf.
	1.000	–	–			
				13.000	–	–
nach deren Abzug noch verbleiben				36.078	13	4
				inkl. 67	15 Gold	
4. pro 1823, fol. 21–25 respektive	19	22	6			
	43	22	6			
	1.808	22	6			
	6.061	16	6			
	13.499	12	9	21.433	6	9
				inkl. 2	15 Gold	

4 *Angefertigt lt. Signatur vom* Rechnungs-Revisions-Bureau für die Justiz-, geistlichen, Schul- und Medizinal-Rechnungen.

Summa der noch disponiblen Mehreinnahmen gegen die Etats und Ausgabeersparnisse bei den Provinzial-, geistlichen und Schulkassen

pro 1820–1823				57.511	20	1
				inkl. 70 Gold		

II. Aus den Provinzial-Medizinalkassen sind an Mehreinnahmen gegen die Etats und an Ausgabeersparnissen vereinnahmt:

1. pro 1820, fol. 8–9				408	1	11
2. pro 1821, fol. 13–14 respektive	4.946	9	5			
	230	11	11	5.176	21	4
3. pro 1822 fol. 18–20 respektive	2.266	22	3			
	8.314	23	11	10.581	16	2
				16.166	9	5

Davon gehen ab die fol. 13 und 18 vereinnahmten, von der Regierungshauptkasse zu Köln irrig als Ersparnisse abgeführten und derselben, laut fol. 43 und 57 Beleg No. 405/7 und Beleg No. 762/3

erstatteten respektive	67	26	11			
und	67	26	11	135	23	10
verbleiben				16.030	15	7
4. pro 1823 fol. 26–28 respektive	2.977	6	4			
	1.750	12	9	4.727	19	1

Summa aller Mehreinnahmen gegen die Etats- und Ausgabeersparnisse bei den Provzial-Medizinalkassen pro 1820–1823

	20.758	4	8

Dazu: die auf der umstehenden ersten Seite nachgewiesenen Mehreinnahmen gegen die Etats und Ausgabeersparnisse bei den Provinzial-, geistlichen und Schulkassen pro 1820–1823

	57.511	20	1
	inkl. 70	–	– Gold
Total	78.269	24	9
	inkl. 70	–	– Gold

[Anlage] Litt. B

Designation

derjenigen Summen, welche die Generalkasse des Königlichen Ministerii der geistlichen, Unterrichts- und Medizinalangelegenheiten von verschiedenen Provinzialkassen empfangen hat, und in Absicht deren Vereinnahmung eine nähere Anzeige erforderlich ist.[5]

Nr.	Kasse	Gegenstand der Zahlung	Datum	Betrag Rtlr./Sgr./Pf.
1.	Regierungshauptkasse Magdeburg	Ersparnis von Besoldung aus den Resten pro 1821 der Medizinalverwaltung	17.3.1822	50/-/-
2.	Regierungshauptkasse Stettin	Ersparnis bei der Provinzialschulkasse pro 1822	26.2.1823	138/17/4
3.	Dto.	dto.	14.2.1823	210/11/3
4.	Hauptinstitutenkasse der Regierung Breslau	Ersparnis bei der für die Reparatur der Heinrichauer Kreuz- und Antonien-Kapelle angewiesenen 596 Rtlr. 22 Sgr. 5 Pf.	17.3.1823	71/2/5
5.	Regierungshauptkasse Liegnitz	Ersparnis bei der Schulverwaltung pro 1822	6.4.1823	90/-/-
6.	Regierungshauptkasse Merseburg	Restverwaltung pro 1820/21 Gehaltsersparnis bei der geistlichen und Schulverwaltung	15.4.1823	16/20/-
7.	Dto.	dto.	"	50/-/-
8.	Dto.	Ersparnis bei der Beihilfe für die 6 Söhne des Prediger Hertling	"	10/-/-
9.	Dto.	Gehaltsersparnis	"	107/25/-
10.	Dto.	Ersparnis bei Deputatholz	"	3/-/-
11.	Dto.	Ersparnis bei den Beiträgen für das Taubstummen-Institut zu Leipzig	"	30/-/-
12.	Dto.	Ersparnis pro 1821	"	1.645/10/8
13.	Dto.	Ersparnis bei Extraordinaria	"	131/-/-
		Pro 1822		
14.	Regierungshauptkasse Merseburg	Ersparnis bei der geistlichen und Schulverwaltung	15.4.1823	50/-/-
15.	Dto.	Dto.	"	8/22/6
16.	Dto.	Dto.	"	17/15/-
17.	Dto.	Ersparnis bei der Anfuhr von Deputatholz	"	7/18/9
18.	Dto.	Ersparnis bei verlorenen Emolumenten	"	14/5/-
19.	Dto.	Ersparnis bei Ausgaben über den Etat	"	9/5/-
20.	Regierungshauptkasse Erfurt	Ersparnis beim Gehalt pro 1822 des Kaplans Rheinländer dto. des Schullehrers Kirtz	22.2.1823	230/10/-

5 *Vereinfachte, nicht wörtliche Abschrift unter Wegfall v. a. der Verweise auf den Rechnungsabschluss und die betreffenden Belege.*

Nr.	Kasse	Gegenstand der Zahlung	Datum	Betrag Rtlr./Sgr./Pf.
21.	Regierungshauptkasse Köslin	Ersparnis bei der extraordinären Einnahme aus der Resteverwaltung pro 1820/22	27.2.1824	1/2/11
22.	[keine Angabe]			
23.	[keine Angabe]			
24.	Regierungshauptkasse Arnsberg	Ersparnis bei der geistlichen Verwaltung pro 1820/22	12.4.1824	100/-/-
25.	Hauptinstituten- und Kommunalkasse Liegnitz	Ersparnis bei den Provinzial-, geistlichen und Schulkassen pro 1819	18.10.1823	2.117/27/7
26.	Dto.	Dto.	16.7.1823	1.686/1/10
27.	Hauptinstituten- und Kommunalkasse Frankfurt	Ersparnis bei der Geldentschädigung bei der Hofpredigerstelle zu Züllichau pro 1823	19.2.1824	5/-/-
28.	Dto.	Ersparnis bei der Geldentschädigung der reformierten Predigerstelle zu Frankfurt pro April–Dezember 1823	19.2.1824	3/22/6
29.	Dto.	Ersparnis bei den Pfarr-Dotationsbeiträgen für die Kirche zu Jordan pro 1823	"	111/16/3
30.	Dto.	Ersparnis bei dem ganzen Beitrag für die Pfarrkirche zu Oppeln pro 1823	"	368/19/10
31.	Dto.	Ersparnis bei den Beiträgen zur Unterhaltung der Pfarrkirche und Schulgebäude zu Kotzen [?] pro 1823	"	33/-/-
32.	Dto.	Dto. zu Manschnow pro 1823	"	10/22/6
33.	Dto.	Zinsen von einem Kapital von 500 Rtlr. à 4% pro Oktober und Dezember 1821	19.8.1823	3/10/-
34.	Regierungshauptkasse Erfurt	Ersparnis bei der Resteverwaltung der geistlichen und Unterrichtsverwaltung pro 1820/22 im Jahre 1823	3.3.1824	150/3/7
35.	Dto.	Dto. pro 1822	5.1.1824	1/28/8
36.	Regierungshauptkasse Düsseldorf	Geistliche und Schulverwaltungsreste; Wiedererstattung aus der Regierungshauptkasse für das 5. Heft der Wiener Bildergalerie[6]	18.1.1822	2/-/-
37.	Dto.	Dto. für das 6. Heft	Dto.	2/-/-
38.	Dto.	Ersparnis bei der Unterstützung des Malers Kühlen in München	"	101/-/-
39.	Dto.	Ersparnis beim Ankauf von 5 Gemälden in Köln	8.1.1822	459/20/7
40.	Dto.	Dto. bei dem 7. und 8. Heft der Wiener Bildergalerie	9.5.1822	4/-/-

6 *Vermutlich Haas, Carl (Hrsg.), Kaiserliche königliche Bilder-Gallerie im Belvedere zu Wien. Nebst Erklärungen in artistischer und historischer Hinsicht. Nach den Zeichnungen des k.k. Hofmalers Sigmund v. Perger in Kupfer gestochen von verschiedenen Künstlern, Wien/Prag 1821–1828; das Werk erschien in 60 Heften, die zu fünf Bänden vereinigt wurden. Bd. 1 (= H. 1–15) war 1823 abgeschlossen.*

7. Aus der Stellungnahme der Zentralkasse des Kultusministeriums zu Monita der Oberrechnungskammer zur Haushaltsrechnung des Kultusministeriums für das Jahr 1823. Berlin, 25. Juni 1826.

Ausfertigung,[1] *gez. Dannemann.*
GStA PK, I. HA Rep. 76, IIa Sekt. 53 Gen. Nr. 44 Bd. 1, n. f.

Stellungnahme der Zentralkasse des Kultusministeriums zu Monita der Oberrechnungskammer wegen der Haushaltsrechnung für 1823. – Buchhalterische Schwierigkeiten bei der erstmaligen Übernahme nachgeordneter Kassen vor allem aus den Provinzen.

Vgl. Einleitung, S. 39.

Beantwortung der Notaten
einer Königlichen Hochlöblichen Oberrechnungskammer de dato Potsdam, den 19. Januar 1826, die von der Generalkasse des Königlichen Ministerii der geistlichen pp. Angelegenheiten abgelechten [!] Rechnung von der Zentralverwaltung pro 1823 betreffend
[*Spalte 1*] Notaten[2] [...]
14. Fol. 80–81: In der Verfügung des Königlichen Ministerii an die Generalkasse vom 9. April 1823 Beleg Litt. A heißt es unter anderem:
„Außer den im Etat namentlich aufgeführten Ausgaben kommen im Laufe der Verwaltung noch mehrere vor, welche besonders angewiesen werden. Obgleich die Mittel zur Bestreitung dieser, teils aus dem Dispositionsfonds der geistlichen und Unterrichtsverwaltung fol. 16 des Etats pag. 14 der vorliegenden beglaubigten Abschrift des Etats pro 1823, teils aus dem Dispositionsfonds der Medizinalverwaltung fol. 20 des Etats entnommen werden, so wird der Generalkasse in der Anweisung doch immer vorgeschrieben werden, je nach dem deren Verwendung bei einer Provinzial- oder bei einer andren Kasse oder von ihr selbst in Rechnung nachgewiesen werden soll, dieselbe unter a, b oder c zu berechnen.
Damit nun aber auch aus dem Manual und der Rechnung hervorgehe, welche Ausgaben aus dem Dispositions-Quanto bestritten sind, und wie weit dasselbe absorbiert ist, so müssen alle diese Ausgaben bei dem Dispositions-Quanto, von der Linie nachrichtlich, mit Hinweisung auf die Stelle, wo sie in der Linie berechnet sind, aufgeführt, und die Summe derselben gegen das Soll des Dispositionsfonds balanciert werden.“

1 *Auf dem ersten Blatt als* Unicat *gekennzeichnet.*
2 *Im Interesse besserer Lesbarkeit leicht vereinfacht abgedruckt: Im Original vierspaltig geschrieben, wobei nur Spalte 1* Notaten, *Spalte 2* Beantwortung *sowie Spalte 3* Gutachten des Königlichen Ministerii der geistlichen pp. Angelegenheiten *ausgefüllt sind und im Rahmen dieser Edition nicht neben- sondern nacheinander abgedruckt werden, während Spalte 4* Decision *leer ist und deshalb hier entfällt.*

Diese Vorschrift ist bei dem Abschlusse des Titels
„zur Disposition des Ministerii, behufs der gesamten geistlichen und Unterrichtsverwaltung pro 1823"
nicht befolgt worden, indem hierbei diejenigen Beträge, welche von den fol. 63–76 der vorliegenden Rechnung außer [den im][3] Etat nachgewiesenen Ausgaben dem Dispositionsfonds zur Last fallen, unberücksichtigt gelassen sind. Es ist daher ein anderweiter Abschluß dieses Titels nach der oben angeführten Vorschrift anzufertigen und einzureichen, woraus sich sodann auch ergeben wird,
inwieweit zu den, dem Dispositionsfonds pro 1823 zur Last fallenden Ausgaben die Mehreinnahmen und Ausgabeersparnisse bei den Provinzial-, geistlichen und Schulkassen pro 1823 mitverwandt worden sind. Gleichgestalt ist
15. Fol. 92: ein anderweiter Abschluß des Titels
„zur Disposition des Ministerii behufs der gesamten Medizinalverwaltung pro 1823"
anzufertigen und einzureichen.
[*Spalte 2*] Beantwortung […]
Ad 14. Die Übernahme und Verwaltung der den Kassenbeamten ganz fremden Kasse und die Trennung der einzelnen in derselben vereinigten Fonds war mit so mannigfaltigen und nicht immer gleich zu beseitigenden Schwierigkeiten verbunden, daß dadurch es sich rechtfertigt, wenn die Rechnung nicht allen Anforderungen entspricht.
In der Rechnung pro 1824 aber sind die Abschlüsse aller Fonds vollständig berichtigt, und da diese jetzt einer Königlichen Hochlöblichen Oberrechnungskammer zur hohen Superrevision vorliegt, so wird solche die Aufstellung eines nochmaligen Abschlusses überflüssig machen und hofft Rendant Dannemann dies Monitum dadurch schon erledigt zu haben. […]
[*Spalte 3*] Gutachten des Königlichen Ministerii der geistlichen pp. Angelegenheiten […]
Ad 14. wird ganz gehorsamst noch eingestellt.

3 *Im Original:* dem.

8. Protokoll zum Rechnungsabschluss der Generalkasse des Kultusministeriums für das Haushaltsjahr 1823. Berlin, 30. April 1825.[1]

Ausfertigung, gez. Dannemann, Schneider, Dieterici, Kuhlmann.
GStA PK, I. HA Rep. 76, IIa Sekt. 53 Gen. Nr. 44 Bd. 1, n. f.

Feststellung einer korrekten Haushaltsrechnung des Kultusministeriums im Etatjahr 1823. – Übertragung der Saldi auf das Jahr 1824.

Vgl. Einleitung, S. 39.

Auf dem heute anberaumten Termin wurde die Rechnung von der Zentralverwaltung des Ministerii der geistlichen, Unterrichts- und Medizinalangelegenheiten pro 1823 abgenommen.
Der Rendant Rechnungsrat Dannemann legte solche mit drei Bänden Belegen vor. Es ist dies die erste Rechnung, welche von der Generalkasse des Ministerii über diese Verwaltung abgelegt wird, da bisher hierüber von der Königlichen Generalstaatskasse Rechnung geführt wurde. Aus diesem Grunde findet sich auch kein Bestand aus einer frühern Rechnung übertragen.
Der nach der vorliegenden Rechnung verbleibende Bestand von 144.652/-/- Rtlr. und 242 Rtlr. Defizit in Golde ist in das Manual pro 1824 resp[ektive] bei der Einnahme und Ausgabe richtig übertragen.
Da sich sonst nichts zu erinnern fand, so wurde die Verhandlung hiermit geschlossen.

1 *Geändert aus:* 29. April 1825.

9. Aus einem Schreiben des Kultusministeriums an die Oberrechnungskammer. Berlin, 17. März 1826.

Revidiertes Konzept mit Korrekturen des Geheimen Oberregierungsrates Friedrich von Seydewitz.
GStA PK, I. HA Rep. 76, IIa Sekt. 53 Gen. Nr. 44 Bd. 1, n. f.

Keine Abführung von Haushaltsersparnissen im Kultusministerium an den Staatsschatz wie bei den anderen Ressorts üblich, sondern Verwendung für den sogenannten Bistums-Einrichtungsfonds.

Vgl. Einleitung, S. 40.

Da einige der in der Revisionsverhandlung einer Königlichen Hochlöblichen Oberrechnungskammer vom 19. Januar dieses Jahres[1] über die von der Generalkasse des Ministerii abgelegte Rechnung der Zentralverwaltung desselben pro 1823 enthaltenen Monita von der Kasse nicht ohne weiteres zu beantworten und resp[ektive] zu erledigen sein würden, so hat das Ministerium diese zum Gegenstande seiner eigenen Verhandlung gemacht, und ermangelt daher nicht, darüber in Nachfolgendem ganz ergebenst sich zu [äußern?].
Ad 2. In diesem Monito und der demselben beigefügten Nachweisung sub A sind Berechnungen [aufgestellt?], wieviel, allgemeinen Bestimmungen zufolge, an Ersparnissen zum Staatsschatze abzuführen gewesen wäre. Auf eine spezielle Berichtigung[2] dieser Berechnungen wird es jedoch weiter nicht ankommen, da die in beglaubigter Abschrift ganz ergebenst hier beigefügte Allerhöchste Kabinettsordre vom 30. Oktober 1822[3] die besondere Bestimmung enthält, alles, was von dem Departementalfonds zur laufenden Verwaltung nicht erforderlich ist, zur Ausführung der Zirkumskriptions-Bulle ‚De salute animarum' vorzubehalten und zu Hilfe zu geben. Dieser Allerhöchsten ausdrücklichen Bestimmung gemäß sind die bei der geistlichen und Unterrichtsverwaltung im ganzen sich als erübrigt ergebenen Summen dem besondern Bistums-Einrichtungsfonds überwiesen worden.
Die Überschüsse der Medizinalverwaltung sind nach der Bestimmung des Beschlusses des Königlichen Staatsministerii vom 5. Juni 1822 sub II. 2.b. und sub 3. B. a. aa. und bb.[4] an den Staatsschatz abgeführt.
[…]

1 *Vgl. im vorliegenden Band Dok. Nr. 6.*
2 *Geändert aus:* Widerlegung.
3 *Liegt der Akte nicht bei.*
4 *Vgl. Rathgeber, Christina (Bearb.), Die Protokolle des Preußischen Staatsministeriums 1817–1934/38, Bd. 1, Hildesheim u. a. 2001, S. 107, Sitzung vom 5.6.1822, TOP 6.*

10. Aus dem Schreiben des Kultusministers Karl Freiherr von Altenstein an den Chefpräsidenten der Oberrechnungskammer Philipp von Ladenberg. Berlin, 11. April 1829.

Ausfertigung; Abschrift.
GStA PK, I. HA Rep. 89, Nr. 18730, Bl. 102.

Genehmigung einer eigenverantwortlichen Verwendung der eingesparten Haushaltsmittel im Kultusministerium.

Vgl. Einleitung, S. 40.

[…]
Bei dem Ministerium der geistlichen, Unterrichts- und Medizinal-Angelegenheiten werden die bisherigen Schwierigkeiten wegen Ablieferung der Ersparnisse für die Zukunft wegfallen, da nach der inzwischen getroffenen Anordnung dem gedachten Ministerium vom Jahre 1829 an alle Ersparungen belassen werden und dagegen die bisherigen einzelnen Anträge nicht mehr stattfinden sollen.
[…]

11. Schreiben des Kultusministers Karl Freiherr von Altenstein an die Oberrechnungskammer. Berlin, 24. Dezember 1831.

Konzept, von Altenstein eigenhändig revidiert und paraphiert.[1]
GStA PK, I. HA Rep. 76, IIa Sekt. 53 Gen. Nr. 44 Bd. 3, n. f.

Zurückweisung des Monitums betreffend die fehlende Genehmigung des Königs bei persönlichen Zuwendungen aus dem „Fonds zur Verbesserung des Elementarunterrichts“ als unbegründet und die Arbeit des Kultusministeriums behindernd.

Vgl. Einleitung, S. 40.

Das Monitum 14[e] der Revisionsverhandlung einer Königlichen Hochlöblichen Oberrechnungskammer vom 25. August dieses Jahres über die Rechnung von der Zentralverwaltung des unterzeichneten Ministeriums pro 1829[2] verlangt hinsichtlich der aus dem Fond zur

1 *Der Text basiert auf einer eigenhändigen Aktennotiz des Geheimen Oberregierungsrates Wilhelm Dieterici vom 20. November 1831 in der gleichen Akte.*
2 *Vgl. im vorliegenden Band Dok. Nr. 15.*

Verbesserung des Elementarunterrichts verausgabten außerordentlichen Unterstützungen pp. entweder noch die Beibringung Allerhöchster Genehmigung, oder nähere Erläuterung darüber, weshalb solche nicht erforderlich ist. Das Ministerium ermangelt demnach nicht, Folgendes ergebenst zu bemerken:

Der obengedachte, schon seit vielen[3] Jahren bestehende Fond hatte früher (confer: spedierter Etat der Generalkasse des Ministerii pro 1820) vollständig nachstehende Überschrift „Zur Verbesserung des Elementarunterrichts, zur Einrichtung und Unterhaltung des Provinzialschulkursus, zu pädagogischen Reisen der Prediger und Schulinspektoren, zur Unterhaltung von Schulamtskandidaten bei Pestalozzi, zur Anschaffung von Lehrmitteln für Schulen und Schüler usw. nach der Disposition des Ministerii."

Der Kürze halber ist diese lange Anschrift in die späteren Etats nicht vollständig übernommen; es versteht sich jedoch von selbst, daß solcher ganz nach seiner ursprünglichen Bezeichnung fortdauernd dieselbe Bestimmung hat.

Von den, von einer Königlichen Hochlöblichen Oberrechnungskammer monierten verschiedenen Posten stellen somit schon nach den ausdrücklichen Worten der Überschrift des Etatstitels [klar?],

a) die sub 7. aufgeführten 36 Rtlr. Reisekosten für den zum Lehrer an der Bürgerschule in Neu Ruppin berufenen Kuhlmei [?] und

b) die Post[en] sub 23. im Betrage von 300 Rtlr. als Ausgabe zur Anschaffung von Lehrmitteln.

Alle übrigen Ausgaben sind solche, welche zu dem Zwecke erfolgt sind, jungen Leuten, welche sich zum Schulfache [?] eignen, die nötige Unterstützung zur weiteren Ausbildung zu gewähren, oder Elementarlehrern, welche sich ausgezeichnet, eine wohlverdiente Aufmunterung zuteil werden zu lassen; oder endlich alten notleidenden Lehrern, wie z. B. dem emeritierten Rektor Dorry (Nr. 17) einige Hilfe zu verschaffen, damit sie nicht, den Lehrerstand erniedrigend, als Bettler von Haus zu Haus sich Almosen erbitten müssen. Dergleichen Unterstützungen entsprechen recht eigentlich dem Zwecke jenes Fonds. Mit kleinen Gaben von 20–30 Rtlr. wird oft schon viel bezweckt, und die Ausbildung fähiger aber armer Schulamtskandidaten gefördert. Es ist unverkennbar die sicherste Art der Verbesserung des Elementarschulwesens, fähige junge Leute durch kleine Unterstützungen dafür heranzuziehen und auch verdienstliche Leistungen älterer Schulmänner auf solche Weise anzuerkennen.

So wie der in Rede stehende Fond also schon nach seiner vollständigen Überschrift zu dergleichen Ausgaben ausdrücklich bestimmt ist, so dürften auch die Schlußworte des Etatstitels „zur Beschaffung von Lehrmitteln für Schulen und Schüler usw. nach der Disposition des Ministerii" unbeschränkte Anwendung zulassen, und es ist wohl nicht gut tunlich, in der betreffenden Kostenanweisung, welche als Rechnungsbeleg zu einer Königlichen

3 *Gestrichen:* mehreren.

Hochlöblichen Oberrechnungskammer gelangt, jedesmal alle Gründe ausführlich zu erörtern, welche das Ministerium zu der Bewilligung bewogen haben. Dergleichen Unterstützungen sind auch von jeher auf den gedachten Fond angewiesen worden, und [ist] dagegen früher niemals etwas erinnert worden.
Das Ministerium hält sich hiernach verpflichtet, eine Königliche Hochlöbliche Oberrechnungskammer ebenso dringend als ergebenst zu ersuchen, gefälligst das eingangs gedachte Monitum[4] fallenzulassen und in dem wohlbegründeten Vertrauen, daß dergleichen Verwendungen immer zum Besten des Elementarunterrichts gereichen, die Wirksamkeit des Ministerii in einem ebenso schwierigen als gemeinnützigen und wesentlichen Teile seiner Verwaltung wie dem Elementarunterrichtswesen nicht zu erschweren oder zu [bremsen?].[5]

12. Aus dem Immediatbericht des Kultusministers Karl Freiherr von Altenstein und des Finanzministers Friedrich von Motz. Berlin, 28. Dezember 1829.

Ausfertigung, gez. Altenstein, Motz.
GStA PK, I. HA Rep. 89, Nr. 18730, Bl. 114v–115.

Antrag auf Genehmigung einer Ergänzung im Wortlaut des Etats des Kultusministeriums zur Zweckbestimmung der Fonds „zur Verbesserung des höheren Unterrichts" und „für den Elementarunterricht" hinsichtlich der Zulässigkeit außerordentlicher Unterstützungen und Gratifikationen.

Vgl. Einleitung, S. 41.

[…]
Noch ist bei den folio 39 aufgeführten Fonds zur Verbesserung des höheren Unterrichts und für den Elementarunterricht ausdrücklich hinzugesetzt: „und zu außerordentlichen Unterstützungen und Gratifikationen", wozu sie ihrer Natur nach zwar immer schon verwendet worden, welches indessen, zur Vermeidung von Erinnerungen der Oberrechnungskammer, im Etat zu erwähnen notwendig war. Eure Königliche Majestät bitten wir alleruntertänigst, diese Änderung und Vervollständigung des Textes des Etats allergnädigst zu genehmigen.[1]
[…]

4 *Gestrichen:* auch diesmal.

5 *Geändert aus:* nicht durch [fernerweite ähnliche?] Erinnerungen zu erschweren oder nachteilig zu hemmen.

1 *Die auf den Immediatbericht nur Bezug nehmende und keine weiteren inhaltlichen Ausführungen zum Thema enthaltende Kabinettsordre vom 5.1.1830, ebd., Bl. 116–116v.*

13. Entwurf eines Immediatberichts namens des Kultusministers Karl Freiherr von Altenstein. Berlin, [?] Oktober 1830.

Genehmigtes und dann zurückgezogenes Konzept.[1]
GStA PK, I. HA Rep. 76, IIa Sekt. 53 Gen. Nr. 44 Bd. 3, n. f.

Bitte um nachträgliche Genehmigung der von Seiten der Oberrechnungskammer monierten persönlichen Zuwendungen im Haushaltsjahr 1827 aus dem Fonds zur Verbesserung der höheren Lehranstalten.

Vgl. Einleitung, S. 41.

In der ehrfurchtsvollst beigeschlossenen Nachweisung[2] hat die Oberrechnungskammer aus der Rechnung pro 1827 über den etatsmäßigen Fonds zur Verbesserung der höheren Unterrichtsanstalten diejenigen Zahlungen zusammengestellt, welche als mit der etatsmäßigen Bestimmung dieser Fonds nicht im Einklange stehend Euer Königlichen Majestät Allerhöchster Genehmigung bedurft hätten. Ich kann mich zwar nicht überzeugen, daß Remunerationen für Lehrer an Universitäten und Gymnasien, die gar nicht oder doch nur, im Verhältnis gegen ihre Leistungen, sehr gering besoldet sind, Gratifikationen für ausgezeichnete Professoren zur Herstellung ihrer Gesundheit, oder auch um wissenschaftliche Zwecke zu erreichen, ferner Gratifikationen, um Lehrer von Ruf und Geschicklichkeit dem Preußischen Staate zu erhalten, diesem Fonds fremd sein sollten; indessen bitte Eure Königliche Majestät ich alleruntertänigst, um dem Verlangen der Oberrechnungskammer zu genügen, die in der Nachweisung speziell verzeichneten Zahlungen im Betrage von 4.080 Rtlr. 14 Sgr. 4 Pf. aus dem Fonds zur Verbesserung der höheren Unterrichtsanstalten pro 1827 nachträglich allergnädigst genehmigen zu wollen.[3]

1 *Sichtvermerk u. a. mit den Unterschriften des Geheimen Regierungsrates Wilhelm Dieterici und des Geheimen Oberregierungsrates Johannes Schulze. – Die Geschäftsanweisung* Mundum *ist gestrichen.*

2 *Nicht abgedruckt; die Nachweisung umfasst 26 Positionen.*

3 *Geschäftsanweisung des inzwischen zum Geheimen Oberregierungsrat beförderten Wilhelm Dieterici an das Zentralbüro vom 18.4.1831, gegengezeichnet von Kultusminister Altenstein:* Die sämtlichen anliegenden Entwürfe zu Immediatberichten gehen mit Rücksicht auf das [mittelst?] eingegangene Schreiben der Königlichen Oberrechnungskammer vom 17. Nov[em]b[er] 1830 s[alva] re[missione]? 20.473 pr[aesentatum] und das darauf heut dekretierte Schreiben an die Königliche Oberrechnungskammer ad acta. – *Das vorerwähnte Schreiben der Oberrechnungskammer vgl. im vorliegenden Band Dok. Nr. 14.*

14. Schreiben des Chefpräsidenten der Oberrechnungskammer Philipp von Ladenberg an Kultusminister Karl Freiherr von Altenstein. Potsdam, 17. November 1830.

Ausfertigung, gez. Ladenberg.

GStA PK, I. HA Rep. 76, IIa Sekt. 53 Gen. Nr. 44 Bd. 3, n. f.

Einspruch gegen die vom Kultusministerium angestrebte Rückwirkung einer für 1830 erteilten königlichen Genehmigung auf die Jahre 1827/28, aus dem Dispositionsfonds auch persönliche Zuwendungen zahlen zu dürfen.

Vgl. Einleitung, S. 41.

In dem geehrten Schreiben vom 30. September dieses Jahres ist rücksichtlich der in dem Monito 5 der diesseitigen Revisionsverhandlung B vom 19. Januar dieses Jahres angeregten 1.985 Rtlr. 10 Sgr., welche in den Jahren 1827/8 aus dem Dispositionsfonds der gesamten geistlichen, Unterrichts- und Medizinalverwaltung zu Unterstützungen und Remunerationen gezahlt sind, die Ansicht aufgestellt, daß der Generaletat des Hochlöblichen Ministerii pro 1830 bei dem Dispositionsfonds die ausdrückliche Bestimmung enthalte, daß dieser Fonds auch zu Unterstützungen verwendet werden dürfe, und daß, da des Königs Majestät diesen Etat Allerhöchst selbst zu vollziehen geruht hätten, es in der Allerhöchsten Absicht zu liegen scheine, daß [die] hier [belegten?] Dispositionsfonds zu jener Bestimmung wohl immer mit zu verwenden gewesen wären.

Die Schlußfolge, daß ein Fonds, welchem eine zusätzliche Bestimmung in einem neueren Etat gegeben wird, eben dieselbe Bestimmung auch schon früher gehabt habe, obwohl die Etats der entsprechenden Jahre denselben nicht erwähnen, dürfte, wie wir uns ganz ergebenst zu erwidern erlauben, wohl überhaupt nicht zulässig sein, nicht nur, weil sie gegen die gesetzliche Vorschrift, nach welcher neue Vorschriften auf schon vorhin vorgefallene Handlungen nicht angewendet werden dürften, läuft, sondern auch, weil sie zu Inkonsequenzen führen könnte. Hiernächst bemerken wir, daß der Dispositionsfonds für die geistliche und Unterrichtsverwaltung in den Jahren 1827 und 1828 11.552 Rtlr. 15 Sgr. 8 Pf., für die Medizinalverwaltung 10.531 Rtlr. 18 Sgr. 3 Pf. betragen hat, wogegen diese Fonds schon im Jahre 1829 auf resp[ektive] 1.164 Rtlr. 12 Sgr. 2 Pf. und 7.095 Rtlr. 18 Sgr. 3 Pf. herabgesetzt sind. Wenn nun auch zugegeben würde, daß des Königs Majestät bei Vollziehung des Generaletats pro 1830 die Absicht gehabt hätten, die neu hinzugekommene Bestimmung der Dispositionsfonds auch auf das vorhergehende Jahr 1829 auszudehnen, so kann dieses doch nicht auch für die bei weitem größeren Fonds der Jahre 1827 und 1828 präsummiert werden.

Obwohl wir nun hiernach die Ansicht eines Königlichen Hochlöblichen Ministerii in keiner Weise teilen können, so wollen wir wohl auch diesmal [wohldessen?] Wunsch nachgeben und das betreffende Monitum fallen lassen, indem wir zugleich der baldgefälligen Erledigung der übrigen Erinnerungen der Revisionsprotokolle vom 19. Januar dieses Jahres ganz ergebenst entgegen sehen.

15. Auszug aus einem Revisionsprotokoll der Oberrechnungskammer. Potsdam, 25. August 1831.

Ausfertigung, gez. Wißmann, von Reitzenstein; Teilabschrift.
GStA PK, I. HA Rep. 76, IIa Sekt. 53 Gen. Nr. 44 Bd. 3, n. f.

Monitum betreffend die fehlende Genehmigung des Königs bei persönlichen Zuwendungen, die 1829 aus dem „Fonds zur Verbesserung des Elementarunterrichts" gezahlt wurden.

Vgl. Einleitung, S. 41.

[…]
Bei Revision der von dem Königlichen Ministerio der geistlichen, Unterrichts- und Medizinalangelegenheiten mittelst Schreibens vom 13. Mai dieses Jahres anher [gesandten?] Rechnung von der Zentralverwaltung desselben pro 1829
hat sich zu erinnern gefunden:
5. mon[itum] 14e: Die aus dem Fonds zur Verbesserung des Elementarunterrichts verausgabten außerordentlichen Unterstützungen pp., wegen deren es entweder der Allerhöchsten Genehmigung, oder Erläuterung, warum solche nicht erforderlich, bedürfen würde.
Um die geneigte Erledigung nach Maßgabe der vorstehenden Andeutungen wird ergebenst ersucht.
[…]

16. Auszug aus einem Revisionsprotokoll der Oberrechnungskammer. Potsdam, 25. August 1831.

Ausfertigung, gez. Wißmann, von Reitzenstein; Abschrift.
GStA PK, I. HA Rep. 76, IIa Sekt. 53 Gen. Nr. 44 Bd. 3, n. f.

Monitum betreffend die fehlende Genehmigung des Königs bei persönlichen Zuwendungen, die 1829 aus dem „Fonds zur Verbesserung der höheren Unterrichtsanstalten" gezahlt wurden.

Vgl. Einleitung, S. 41.

[…]
Bei Revision der von dem Königlichen Ministerio der geistlichen, Unterrichts- und Medizinalangelegenheiten mittelst Schreibens vom 13. Mai dieses Jahres anher [gesandten?] Rechnung von der Zentralverwaltung desselben pro 1829
hat sich zu erinnern gefunden:
4. mon[itum] 14d: Die aus dem Fonds der 6.000 Rtlr. zur Verbesserung der höheren Unterrichtsanstalten verausgabten außerordentlichen Remunerationen und Unterstützungen, in Absicht derer es noch der Allerhöchsten Genehmigung bedürfen würde.
Um die geneigte Erledigung nach Maßgabe der vorstehenden Andeutungen wird ergebenst ersucht.
[…][1]

1 *Aktennotiz des Geheimen Oberregierungsrats Wilhelm Dieterici vom 2.11.[1831]:* „S[alutem]! Dem Herrn Geh[eimen] O[ber]Reg[ierungs]Rat Schulze Hochwohlgeboren zur gefälligen Erledigung mit folgender ganz ergebenster Bemerkung vorzulegen: Wenngleich nach § 15 der Instruktion für die Oberrechn[ungs]K[amme]r Gratifikationen nur aus besonders dazu bestimmten Fonds angewiesen werden sollen, so dürfte die verlangte Allerhöchste Kabinettsordre doch insofern nicht nötig sein, als es im Interesse der Verbesserung des höheren Unterrichts, wozu die 6.000 Rtlr. bestimmt sind, liegt und lag, die monierten Unterstützungen pp. anzuweisen. Daß und inwiefern dies der Fall war, wird nach den einzelnen Bewilligungen der Kön[iglichen] Ob[er] R[echnungs] K[amme]r näher darzustellen sein, in welcher Rücksicht Euer Hochwohlg[eboren] ich um die diesfällige nähere Angabe ganz ergebenst bitte.

17. Geschäftsanweisung des Geheimen Oberregierungsrats Wilhelm Dieterici. [Berlin], 20. Oktober 1831.

Eigenhändige Ausfertigung,[1] *gez. Dieterici.*
GStA PK, I. HA Rep. 76, IIa Sekt. 53 Gen. Nr. 44 Bd. 3, n. f.

Anweisung zur Beantwortung der Monita der Oberrechnungskammer betreffend die fehlenden Genehmigungen des Königs bei persönlichen Zuwendungen aus den Dispositionsfonds.

Vgl. Einleitung, S. 41.

D[ecretum]
1. Zur Geheimen Kanzlei
Von dem Monito 14 und dazu gehörigen 8 Anlagen sind besondere Abschriften zu fertigen, bei den 8 Nachweisungen aber eine breite Kolonne „Bemerkungen" zu schreiben, so daß bei jedem einzelnen Falle die Gründe der Bewilligung und daß und warum Allerhöchste Genehmigung dazu nicht zu erbitten sei, daneben geschrieben werden kann.
2. Geh[eime] Registratur hat
a) obige Abschrift (1) zur besonderen [?] Präsentation zu befördern und mir zuzustellen.
b) zu dem anliegenden Protokolle acta bei einem jeden Monito beizufügen, so daß [ich] solches zu beantworten im Stande bin.
Es wird am besten sein, immer ein Monitum mit den proponierten Akten vorzulegen.

1 *Geschrieben in auffallend großen, teilweise undeutlichen Buchstaben und unter Auslassung einzelner Wortteile.*

18. Aus einem Schreiben des Kultusministeriums an die Oberrechnungskammer. Berlin, 19. Mai 1832.

Revidiertes Konzept.[1]

GStA PK, I. HA Rep. 76, IIa Sekt. 53 Gen. Nr. 44 Bd. 3, n. f.

Beantwortung der Monita der Oberrechnungskammer betreffend die fehlenden Genehmigungen des Königs bei persönlichen Zuwendungen aus den Dispositionsfonds. – Begründung einzelner Zahlungen.

Vgl. Einleitung, S. 41.

Unter Bezugnahme auf das von einer Königlichen p. vorgelegte Revisionsprotokoll vom 25. August 1831 bemerkt das Ministerium ad 4 mon[itum] 14d[2] über die Rechnung der Zentralverwaltung pro 1829 Folgendes:

Der Fonds von 6.000 Rtlr. zur Verbesserung der höhern Unterrichtsanstalten ist dem Ministerio ohne Einschränkung zur Disposition gestellt, und es kann nicht darauf ankommen, unter welchen Formen und Titeln über ihn disponiert wird, sofern nur die dem Fond zum Grunde liegenden Zwecke dabei verfolgt werden. Diese aber in den Kassenordres immer nachzuweisen, um den Titel, unter welchem eine Verwilligung geschehen, zu rechtfertigen, würde nicht nur eine große Geschäfts[mühe?] sein, sondern bisweilen auch den Zweck vereiteln oder Mißstände herbeiführen. Das Ministerium ist auch oft in dem Falle, etwas ein für allemal zu bewilligen, um fortlaufende Bewilligungen, wenn auch nicht ganz auszusetzen, doch auf längere Zeit verschieben zu können, wodurch im ganzen allerdings erspart wird. Sofern ein solcher Fall nun die höhere Unterrichtsverwaltung betrifft, so steht dem Ministerio kein anderer Fond als der obige zur Disposition.

Dem Ministerio erscheinen daher auch ohne Allerhöchste Genehmigung die folgenden Ausgaben gerechtfertigt:

1. die dem Professor Hornschuch in Greifswald gewährte Unterstützung zu einer wissenschaftlichen Reise nach Süddeutschland, indem die Früchte dieser Reise der Universität Greifswald, und insonderheit dem dortigen botanischen Garten zugute gekommen sind.

2. die außerordentliche Remuneration des Professors Herbart, Vorstehers des pädagogischen Seminars in Königsberg, welche behufs einer Reise, um teils hier in Berlin wegen des Seminars Rücksprache zu nehmen, teils sich mit Gelehrten in Leipzig und Bonn über die von ihm herauszugebenden Werke[3] zu beraten, bewilligt ist, kommt dem gedachten Seminar insbesondere und den Seminaranstalten im allgemeinen zugute. […]

1 *Der Text basiert auf einem beiliegenden Material des Geheimen Oberregierungsrates Johannes Schulze.*

2 *Vgl. im vorliegenden Band Dok. Nr. 16.*

3 *Gestrichen:* betreffend das Seminarwesen [?].

4. die außerordentliche Remuneration des Professors van Calker, da solche zu einer wissenschaftlichen Reise, nochmehr aber dazu bewilligt war, ihn zu beruhigen, daß ihm eine mehrmals erbetene und wohlverdiente Gehaltszulage wegen Mangels an disponiblen Mitteln nicht gewährt werden konnte.
5. die außerordentliche Remuneration und Unterstützung des Professors Hegel zu einer Badereise, bewilligt in der Rücksicht, daß ihm bei seiner Berufung außer der Besoldung noch eine Zulage zugesichert worden war, die bis zu seinem Tode nicht hat gewährt werden können.
6. die außerordentliche Remuneration des Professors Freytag, bewilligt zur Herausgabe seines arabischen Wörterbuchs. […]
9. die fernere Unterstützung des Dr. med. Dietz zu den Kosten seiner Reise, die er behufs einer neuen Ausgabe der Schriften der alten griechischen Ärzte mit Genehmigung des Ministerii unternommen hat.
Das Ministerium [erhofft?] sich, daß die obigen Bemerkungen für genügend halten und stellt ganz ergebenst anheim, die in Rede stehenden Monita geneigtest als erledigt anzusehen.[4]

4 *Geändert aus:* Das Ministerium hält die obigen Bemerkungen für genügend und stellt E[iner] K[öniglichen] p. ganz ergebenst anheim, die in Rede stehenden Monita als erledigt anzusehen.

19. Schreiben des Chefpräsidenten der Oberrechnungskammer Philipp von Ladenberg an Kultusminister Karl Freiherr von Altenstein. Potsdam, 25. März 1832.

Ausfertigung, gez. Ladenberg.
GStA PK, I. HA Rep. 76, IIa Sekt. 53 Gen. Nr. 44 Bd. 3, n. f.

Einverständnis der Oberrechnungskammer mit der Verwendung der Dispositionsfonds des Kultusministeriums auch für persönliche Zuwendungen, wenn diese sachlich begründet sind und nicht den Charakter von Almosen besitzen.

Vgl. Einleitung, S. 42.

Auf Veranlassung Euer Exzellenz sehr geehrten Schreibens vom 24. Dezember vorigen Jahres Nr. 19.465[1] erlauben wir uns nachstehende ganz ergebenste Äußerung.
Der Fonds des Generaletats für die Verwaltung Euer Exzellenz Ministerii „zur Verbesserung des Elementarunterrichts p.“[2] hat auch für das Jahr 1829 ganz dieselbe Überschrift, welche wohldieselben als für das Etatsjahr 1820 gültig angemerkt haben, mit alleiniger Ausnahme des Satzes „zur Unterhaltung von Schulamtskandidaten bei Pestalozzi“, welcher [weggefallen?] ist. In der Fassung dieser Überschrift dürfte aber wohl nichts liegen, wodurch auf eine Bestimmung des Fonds zu Unterstützungen im allgemeinsten Sinne des Worts hingedeutet wird.
Sofern wir nun auf unserm Standpunkte bei Revision der Rechnungen von dem Grundsatze ausgehen müssen, daß die Etats die Normen für die Verwaltungen sind, und dabei voraussetzen dürfen, daß die Bedürfnisse der letztern bei Abfassung der Etats sowohl der Art als dem Umfange nach vollständig erwogen, und nicht nur nach ihrer eigentümlichen Bedeutung, sondern auch mit Berücksichtigung der Staatskräfte und der allgemeinen oder höheren Zwecke der betreffenden Verwaltung, nach Maßgabe der leitenden Erfahrung abgemessen und bezeichnet sind, so wird es auch zu unsern wesentlichen Pflichten gehören, darauf zu sehen, und soweit es unsere Stellung verstattet, dahin zu wirken, daß die Verwaltungen nicht aus den Grenzen hinaustreten, welche die Etats sowohl rücksichtlich der Bestimmung der Fonds nach ihren gegebenen Unterordnungen als rücksichtlich der Zahlengrößen ausgewiesen haben. Wird dieses Verfahren vielleicht hin und wieder als ein zu stures Festhalten an Förmlichkeiten beurteilt, so fürchten wir doch keinen Widerspruch,

1 *Vgl. im vorliegenden Band Dok. Nr. 11.*

2 *Randnotiz des Dirigenten der Geheimen Kalkulatur Regierungsrat Langheinrich vom 22.8.1832:* Dies Quantum steht fest, und wie es 1820 war, ist es auch noch 1832, obgleich sich in den Verhältnissen und Bedürfnissen im Laufe dieser Reihe von Jahren manches geändert hat. Es kann also wohl bei diesem Fonds nicht von einem Erwägen sein, wie es bei [?] Fonds zur Anwendung kommt, die nach Funktion normiert werden.

wenn wir die Meinung aussprechen, daß diesen Formen sehr materielle Interessen zum Grunde liegen. Die Etats bezeichnen die Richtschnur, welcher die Verwaltungen zur Erreichung der ihnen vorgegebenen Zwecke zu folgen haben, soweit dieselbe durch Ziffer und Zahl ausgedrückt werden kann; sie sind also die möglich kurzen Ausdrücke der besonderen Allerhöchsten Bestimmungen für die Verwaltung, und es würde unmöglich werden, mit den zur Erreichung der Staatszwecke erforderlichen Mitteln fortschreitend zu wirken, wenn keine Bürgschaft dafür wäre, daß jene Bestimmungen genau beachtet werden. Wir hoffen daher ganz im Einverständnisse sowohl mit Euer Exzellenz als den übrigen Herrn Chefs zu verfahren, wenn wir die genaue Befolgung der Etats in allen ihren Abteilungen zum Gegenstande der sorgfältigsten Berücksichtigung bei Revision der hierher gelangenden Rechnungen machen.

Diese Erörterung hat nur den Zweck, das auf die Etatsposition „zur Verbesserung des Elementarschulwesens" bezügliche Monitum 14e des diesseitigen Revisionsprotokolls vom 25. August vorigen Jahres[3] Euer Exzellenz gegenüber näher zu motivieren, und wenn wir auf der einen Seite nicht zweifeln, diesen Zweck erreicht zu haben, so sind wir auf der andern Seite doch sehr bereit anzuerkennen, daß es ungemein schwierig sein dürfte, die mannigfachen und verschiedenartigen Bedürfnisse der geistlichen und Unterrichtsverwaltung, namentlich des Elementarschulwesens, durch die kurzen Worte, welche der Überschrift eines Etatstitels nur gewidmet werden können, dergestalt genau zu bezeichnen, daß allem, auch dem Unerwarteten, damit vorzusehen wäre.

Wir wünschen nicht, daß Euer Exzellenz die Meinung hegen könnten, daß wir nicht eben sowohl die vielfachen Schwierigkeiten, welche mit der obersten Leitung des gesamten Volksunterrichtswesens verbunden sind, erkennen, als den Umfang und die Bedeutung der Erfolge würdigen und schätzen sollten. Je weniger beide uns unbekannt sein dürfen, desto mehr sind wir geneigt, die Zahl jener Schwierigkeiten, sofern sie mit den Förmlichkeiten des Etats- und Rechnungswesens zusammenhängen, soviel an uns ist, zu vermindern. Mit diesem Wunsche und in Berücksichtigung der in Euer Exzellenz sehr geehrtem Schreiben vom 24. Dezember vorigen Jahres enthaltenen geneigten Äußerungen wollen wir nicht nur das vorgedachte Monitum 14e des Revisionsprotokolls vom 25. August vorigen Jahres über die Rechnung von der Zentralverwaltung Euer Exzellenz Ministerii pro 1829 als erledigt ansehen, sondern es auch künftig nicht monieren, wenn bei dem Titel „zur Verbesserung des Elementarunterrichts" Ausgaben vorkommen, welche als Gratifikationen, Remunerationen oder Unterstützungen für Elementarschulanstalten, Lehrer oder Lernende zu betrachten, und ihrer Natur nach mit dem Zwecke der Verbesserung des Elementarunterrichts pp. zu vereinigen sind, wohin aber Unterstützungen, deren alleiniges Motiv die Dürftigkeit des empfangenden Schulmannes ist, und die also die Natur eines Almosen annehmen, nicht gehören werden.

3 *Vgl. im vorliegenden Band Dok. Nr. 15.*

Euer Exzellenz dürften hierunter unzweifelhaft mit uns einverstanden sein, und in dieser Voraussetzung beschränken wir uns auf die Bitte, daß wohldieselben die Anordnung geneigtest treffen wollen, daß ungewöhnlich hohe Bewilligungen oder solche, deren Zusammenhang mit dem etatsmäßigen Zwecke hier nicht zu ersehen ist, in den Kostenordres hinreichend motiviert werden.

20. Auszug aus einem Revisionsprotokoll der Oberrechnungskammer. Potsdam, 4. August 1832.

Ausfertigung, gez. Heuer, von Reitzenstein; Abschrift.
GStA PK, I. HA Rep. 76, IIa Sekt. 53, Nr. 28a, Bd. 10, n. f.

Ausgaben des Dispositionsfonds sind künftig nach Kategorien zu gliedern.

Vgl. Einleitung, S. 42.

Verhandelt Potsdam, den 4. August 1832.
Bei der Rechnung von der Zentralverwaltung des Königlichen Hochlöblichen Ministerii der geistlichen, Unterrichts- und Medizinalangelegenheiten pro 1830 hat sich außer den im Revisionsprotokolle A. vom heutigen Tage über diese Rechnung enthaltenen Erinnerungen, zu bemerken gefunden:
8. fol. 46–50 und fol. 189–205: Sowohl bei dem Fonds „zur Disposition des Königlichen Ministerii behufs der gesamten geistlichen, Unterrichts- und Medizinalverwaltung, zur Deckung der vorkommenden Mehrausgaben, zu unvorgesehenen Ausgaben und anderes mehr" pro 1829 in 1830, als bei demselben Fonds pro 1830, sind die Ausgaben nicht nach der geistlichen und Unterrichts- und nach der Medizinalverwaltung getrennt, sondern für beide Verwaltungen zusammengefaßt verrechnet. Da es jedoch wünschenswert ist, die Verausgabungen bei dem gedachten Fonds nach den verschiedenen Verwaltungszwecken übersichtlich dargestellt zu sehen, so wird das Königliche Hochlöbliche Ministerium ganz ergebenst ersucht, mit gefälliger Berücksichtigung des § 27 der Instruktion für die unterzeichnete Behörde vom 18. Dezember 1824, den Rendanten anweisen zu wollen,
künftig die bei dem Dispositionsfonds [zu] verrechnenden Ausgaben nicht bloß [nach] den Abschnitten
I. Ausgaben für die geistliche und Unterrichtsverwaltung,
II. Ausgaben für die Medizinalverwaltung,
sondern auch bei jedem dieser beiden Abschnitte unter angemessenen Abteilungen nach Verschiedenheit der Gegenstände als z. B.

a. Gehälter und Gehaltszulagen
b. Fortdauernde Zuschüsse an Provinzial- und Spezialkassen,

c. Extraordinäre Zuschüsse zur Deckung von Einnahmeausfällen und Mehrausgaben bei Provinzial- und Spezialkassen
d. Remunerationen und Gratifikationen für extraordinäre Dienstleistungen,
e. Unterstützungen und Gnadengeschenke
und anderes mehr gehörig getrennt nachzuweisen.

21. Auszug aus einem Hauserlass des Kultusministers Karl Freiherr von Altenstein. Berlin, 30. April 1833.

Ausfertigung, gez. Altenstein; Abschrift.
GStA PK, I. HA Rep. 76, IIa Sekt. 53, Nr. 28a, Bd. 10, n. f.

Zukünftige Gliederung der Ausgaben aus dem Dispositionsfonds.

Vgl. Bd. Einleitung, S. 42.

Ad 8. Es wird bei Aufstellung des pp. nächsten Generaletats darauf Rücksicht genommen werden, die von einer Königlichen Hochlöblichen Oberrechnungskammer vorgeschlagenen Unterabteilungen in denselben aufzunehmen, nach denen sodann im Laufe der Verwaltung die einzelnen Anweisungen werden gestellt werden.

22. Immediatbericht des Kultusministers Karl Freiherr von Altenstein. Berlin, 9. März 1836.

Ausfertigung, gez. Altenstein; Abschrift.
GStA PK, I. HA Rep. 76, I Anhang III Nr. 44a, n. f.

Dringende Notwendigkeit von staatlichen Unterstützungen für zu gering besoldete Geistliche und Lehrer mit 860.000 Rtlr. – Bis zur Bereitstellung dieser Summe sind zur Minderung wenigstens der härtesten Notlagen jene rd. 80.000 Rtlr, die 1823 zum Ausgleich der neu eingeführten Steuerbelastungen den Fonds von 200.000 Rtlr. entzogen worden waren, wieder für den Ursprungszweck zur Verfügung zu stellen.

Vgl. Einleitung, S. 42, 77.

Eure Königliche Majestät haben mir unterm 27. Juli 1832 einen Auszug aus dem Geschäfts-Promemoria der Oberrechnungskammer und unterm 31. Mai 1834 den ehrerbietigst wieder beigefügten Bericht des damaligen Chefpräsidenten vom 16. Mai 1834 zur Äußerung zuzufertigen, zur möglichst erschöpfenden Abgabe derselben aber mittelst allerhöchster Kabinettsordre vom 10. Juli 1834 mir eine angemessene[1] Frist[2] allergnädigst zu gestatten geruht. Nachdem mir nunmehr die Resultate der in meinem vorläufigen alleruntertänigsten Bericht vom 12. Juni vorigen Jahres erwähnten Ermittelungen, welche der möglichst vollständigen Erledigung des Gegenstandes notwendig vorausgehen mußten, vorliegen, verfehle ich nicht, mich darüber in Folgendem ehrerbietigst zu äußern.

Das eingangs ehrfurchtsvollest gedachte Promemoria und der Bericht des von Ladenberg betreffen

a) die Verwendung des zur Verbesserung der Geistlichen und Schullehrer bestimmten Fonds,

b) die von Allerhöchstdenenselben den Unternehmern des Solbades zu Unna bewilligten Unterstützungen und

c) die Mitverwendung des allgemeinen Dispositionsfonds meiner Verwaltung zu Unterstützungen und Gratifikationen.

Was zunächst den Fonds ad a) angeht, so haben Eure Königliche Majestät solchen durch die Allerhöchste Kabinettsordre vom 5. Juli 1823 zur Verbesserung der Geistlichen und Schullehrer als Entschädigung für die ehemalige Befreiung von indirekten Steuern zu bestimmen und ursprünglich auf die Summe von 200.000 Rtlr. festzusetzen geruhet. Bald nach dessen allergnädigster Bewilligung und zwar durch die Allerhöchste Kabinettsordre vom 31. August 1824 sind jedoch, wie ich glaube annehmen zu dürfen, lediglich wegen damaliger finanzieller Verlegenheit, 73.527 Rtlr. zur vollständigen Dotation der katholischen Bistümer, demnach zu einem, dem Ursprung und der Bestimmung dieses Fonds fremden Zweck davon in Abzug gebracht und später von dem Finanzministerium auch noch diejenigen 5.360 Rtlr. in Anrechnung gebracht worden, welche in den Regierungsbezirken Frankfurt und Merseburg vor Bewilligung des Hauptentschädigungsfonds bereits an Geistliche und Lehrer als Vergütigung der entzogenen Steuerfreiheit bewilligt und etatsmäßig gemacht worden waren, so daß dem mir anvertrauten Ministerium nur die Summe von 121.113 Rtlr. nach und nach überwiesen worden ist. Diese wird jetzt nach dem Etat pro 1836 verwendet, und zwar:

1. zur dauernden besseren Dotation von Geistlichen und Schulstellen	6.194 Rtlr.	13 Sgr.	2 Pf.
2. zu Gehaltsverbesserungen, die teils nur für die Person, teils unter verschiedenen Bedingungen zeitweise bewilligt sind	37.927 "	1 "	3 "
3. zu Witwenkassen-Beiträgen für Geistliche und Schullehrer, welche noch nicht ein Einkommen von 400 Rtlr. beziehen	4.500 "	–	–

1 *Ergänzt.*

2 *Gestrichen:* von vier Monaten.

4. zur Unterstützung hilfsbedürftiger Predigt- und Schulamtskandidaten	1.000 "	–	–
5. zur Unterstützung hilfsbedürftiger Studierender und Schüler, welche Söhne verstorbener und lebender Prediger und Lehrer sind	3.000 "	–	–
6. zur Deckung der Überschreitung des Pensionsfonds von 10.000 Rtlr. für Geistliche und Lehrer	17.000 "	–	–
7. zur Deckung der Überschreitung des Pensionsfonds von 10.000 Rtlr. für die Witwen und Kinder verstorbener Geistlicher und Lehrer	23.000 "	–	–
8. zu einem allgemeinen Dispositionsfonds der gesamten geistlichen, Unterrichts- undMedizinalverwaltung	15.000 "	–	–
zusammen =	107.621 Rtlr.	14 Sgr.	5 Pf.
daher zu ferneren Stellenverbesserungen, Gehaltszulagen und temporären Unterstützungen nur noch	13.491 Rtlr.	15 Sgr.	7 Pf.

zur Zeit disponible sind. Daß mit dieser ganz unverhältnismäßig geringen Summe künftig nicht einmal ganz besonders hervortretender Not durch Gewährung augenblicklicher Unterstützungen ausreichend abgeholfen, viel weniger aber eine nur irgend wohltätige durchgreifende Verbesserung des geistlichen und Lehrstandes bewirkt werden kann, bedarf keiner näheren Auseinandersetzung. Durch die nachstehende ehrfurchtsvolle Darlegung des wirklich vorhandenen Bedürfnisses hoffe ich jedoch auch überzeugend nachzuweisen, daß selbst mit der ganzen, meinem Ministerium verbliebenen und nach und nach überwiesenen Summe von 121.113 Rtlr. eine durchgreifende Verbesserung aller zu gering dotierten Geistlichen und Lehrerstellen in Euer Königlichen Majestät Staaten nicht zu erreichen gewesen sein würde.

Es sind nämlich darin	5.800	evangelische
und	5.600	katholische
zusammen	11.400	Geistliche

beider Konfessionen ungefähr vorhanden. Darunter befinden sich 718 evangelische Geistliche, welche nicht 300 Rtlr. und 405 dergleichen, die nicht ein Einkommen von 400 Rtlr. haben. Um solche auf eine dauernde Einnahme von 400 Rtlr. und in den Städten wenigstens auf 500 Rtlr. zu bringen, würde nach den stattgefundenen Ermittlungen mindestens die Summe von 160.000 Rtlr. jährlich erforderlich sein. Ein noch ungünstigeres Verhältnis stellt sich bei den katholischen Geistlichen rücksichtlich ihres Einkommens heraus, wenn inzwischen bei diesen als unverheiratet und in Betracht anderer Rücksichten die Gehälter auf dem platten Lande nur auf 300 Rtlr. und in den Städten auf 400 Rtlr. gebracht werden sollen, so würde für solche wenigstens die Summe von 100.000 Rtlr., demnach für sämtliche Geistliche beider Konfessionen überhaupt 260.000 Rtlr. erforderlich sein. An Schullehrern sind ungefähr 21.500 vorhanden, von denen 323 nicht 10 Rtlr., 857 zwischen 10 und 20 Rtlr., 2.287 zwischen 20 und 40 Rtlr. und 1.413 zwischen 40 und 50 Rtlr. bare Einnahme haben.

Sollen die Stellen dieser Lehrer, wie der Wirkliche Geheime Rat von Ladenberg vorschlägt, bis auf 150 Rtlr. verbessert werden, so würde mindestens ein Fonds von 600.000 Rtlr. notwendig sein. Meines Erachtens wird es aber schon eine große Wohltat für den Lehrstand sein, wenn diese Verbesserung vorerst und bis die Gemeinden mehr zu Kräften kommen, um auch ihrerseits zu einer Verbesserung wesentlicher als es jetzt geschehen kann, beizutragen und das Einkommen bis auf 150 Rtlr. zu bringen, auch nur bis auf 75 Rtlr. ausgedehnt wird, für welchen Fall 300.000 Rtlr. genügen würden. Rechnet man hierzu die Summe von 260.000 Rtlr., welche zur Verbesserung der Predigerstellen notwendig ist, so ergibt sich bei Berücksichtigung des Vorschlages des p. von Ladenberg die Hauptsumme von 860.000 Rtlr. und bei Nichtberücksichtigung desselben von 560.000 Rtlr., welche zu einer durchgreifenden Verbesserung der am geringsten besoldeten Prediger und Schullehrer erforderlich sein würde, ohne daß jedoch dabei auch nur für die Milderung der dringendsten Not der oft nur mit einigen Talern mehr besoldeten, wenn sie unverschuldet leiden, gesorgt wäre. Hieraus geht überzeugend hervor, daß mit denjenigen 121.113 Rtlr., welche von dem Entschädigungsfonds der 200.000 Rtlr. nur zu diesem Zweck dem mir anvertrauten Ministerium überwiesen worden sind, diese Verbesserung nicht herbeizuführen war. Ich habe daher darauf Bedacht nehmen müssen, die Verwendung der 121.113 Rtlr. vorerst wenigstens, bis die anderweite Erhöhung der Fonds eine allgemein durchgreifende Dotierung der Stellen gestatten würde, in anderer Art der ursprünglichen Absicht möglichst entsprechend, so zu leiten, daß für den geistlichen und Lehrstand der Fonds für alle Hilfsbedürftigen, seien solche durch zu unbedeutendes Gehalt oder auch bei besserm Einkommen durch unabwendbare drückende Verhältnisse und Unglücksfälle in Not geraten, sowie auch für ihre Hinterbliebenen für alle Zeiten wirksam sei. Hiernach habe ich meine ehrerbietigsten Anträge, die sich Euer Königlichen Majestät Genehmigung jederzeit zu erfreuen hatten, eingerichtet, und ich schmeichle mir, den Zweck wenigstens zum größten Teile erreicht zu haben. Zur Rechtfertigung dieser Verwendungsart halte ich mich verpflichtet, ehrfurchtsvollest zu bemerken,
ad 1. daß die zur dauernden bessern Dotation von Geistlichen und Schulstellen bewilligten 6.194 Rtlr., so wie die
ad 2. zu Gehaltsverbesserungen zeitweise verwendeten 37.927 Rtlr. ganz der ursprünglichen Bestimmung des Fonds gemäß disponiert worden sind, indem dieser nicht wie die Oberrechnungskammer irrtümlich annimmt, ausschließlich zu Stellenverbesserungen, sondern als Entschädigungsquantum für verlorene Steuerfreiheit, selbstredend auch zu persönlichen Verwilligungen, bestimmt worden und dazu geeignet ist. Bei der bereits ehrfurchtsvollest nachgewiesenen Unzulänglichkeit desselben zu einer durchgreifenden Stellenverbesserung mußte die Bewilligung von Zulagen auf einen gewissen Zeitraum einer dauernden Verwilligung vorgezogen werden, [weil?] solche das einzige Mittel darbot, dem Bedürfnisse da wenigstens einigermaßen abzuhelfen, wo es gerade am dringendsten hervortrat, daneben aber auch den Vorteil gewährte, die Bewilligung nach Ablauf des festgestellten Zeitraums oder nach dem Ableben des Empfängers wieder zurückziehen zu können, um sie für ein unmittelst hervorgetretenes gleich dringendes Bedürfnis in gleicher Art wieder zu verwenden,

was bei dauernden Stellenverbesserungen natürlich nicht geschehen kann. Denjenigen Geistlichen und Lehrern, welche mit ihren begründeten Ansprüchen einstweilen zurückgewiesen werden mußten, konnte überdies einige bestimmte Hoffnung auf künftige Berücksichtigung bei stattfindenden Heimfällen gemacht, und so ihr Mut und ihr Vertrauen auf Euer Königlichen Majestät allergnädigste Hilfe aufrecht erhalten werden. Wenn eine umfassendere Erhöhung der Dotation der Stellen nicht so bedeutend ist, daß nicht leicht mehr ein drückender Notstand durch ganz gewöhnliche Verhältnisse herbeigeführt werden kann, so wird solche nur wahrhaft wohltätig, wenn ein solcher Fonds wie der vorstehende dabei vorhanden ist, um das auszugleichen, was bei der Dotation nicht berücksichtigt werden kann.

Ad 3. Die Erstattung der Witwenkassenbeiträge an Geistliche und Lehrer, welche noch nicht ein Einkommen von 400 Rtlr. zu beziehen haben, gründet sich auf Euer Königlichen Majestät Allerhöchste Autorisation und soll nach Allerhöchstdero Bestimmung aus dem mehrerwähnten Entschädigungsfonds erfolgen. Da solche gerade den am schlechtesten gestellten Geistlichen und Lehrern unmittelbar zugute kommt, dennoch gewissermaßen als eine persönliche Zulage zu betrachten ist, und außerdem die nicht hoch genug anzuschlagende Wohltat der Sicherstellung der Hinterbliebenen von Geistlichen und Lehrern befördert und auch die Belästigung der Pensionsfonds bedeutend mindert, wenn diese Einrichtung sich später erst in ihrer vollen Wirksamkeit betätigen kann; so dürfte auch diese Verwendung der Bestimmung des Fonds ganz entsprechen.

Ebendies möchte auch ad 4. und 5. mit denjenigen 1.000 Rtlr. und 3.000 Rtlr. der Fall sein, welche mit Euer Königlichen Majestät Allerhöchsten Genehmigung zur Unterstützung hilfsbedürftiger Predigt- und Schulamtskandidaten sowie Studierender und Schüler, welche Söhne verstorbener und lebender Prediger und Lehrer sind, verwendet werden. Es wird dadurch den hilfsbedürftigen Geistlichen und Schullehrern die wichtigste Erleichterung in der schmerzlichsten Sorge gewährt. Außerdem ist es in vielfacher Beziehung wichtig, die Ausbildung der Söhne von Geistlichen und Lehrern auf alle Weise zu befördern, weil gerade sie nach den bisherigen Erfahrungen vorzugsweise geeignet sind, würdige Nachfolger auch in schlecht dotierten Stellen zu werden. Schon von Kindheit an an Entbehrung und Beschränkung gewöhnt, wird ihnen solches auch später nicht schwer und stört sie nicht an der freudigen Erfüllung ihres ernsten Berufes, während Söhne von Vätern, die in günstigeren Verhältnissen gelebt haben, sich schwer in die notwendige Beschränkung ihrer früher nicht entbehrten Bedürfnisse fügen, sich unglücklich fühlen und deswegen nur selten mit dem segensreichen Erfolge wirken, welcher überall und unter jedem Verhältnis von einem Geistlichen und Lehrer erwartet werden muß.

Was die ad 6. und 7. bezeichneten Summen von respektive 17.000 Rtlr. und 23.000 Rtlr. betrifft, welche zur Deckung der Überschreitungen der Pensionsfonds für Geistliche und Lehrer und für deren Witwen und Kinder verwendet werden, so hat diese Verwendung nicht umgangen werden können, weil die etatsmäßig zu diesen Zwecken ausgesetzten Fonds gleich anfangs viel zu gering abgemessen worden sind, und wird auch für die Folge so lange nicht zu vermindern sein, als diese Fonds durch Euer Königlichen Majestät Gnade

nicht um ein Bedeutendes aus allgemeinen Staatsmitteln erhöht werden. Es beruht nach den bisherigen Erfahrungen in der Unmöglichkeit, die Ansprüche aus den dermaligen etatsmäßigen Fonds zu befriedigen. Ich habe dies vielfach sowohl bei Euer Königlichen Majestät Finanzministerium als auch bei dem Staatsministerium nachzuweisen mich bemüht, aber niemals eine Anerkennung meiner Anträge gefunden, so daß mir endlich nichts übrig geblieben ist, als bei Euer Königlichen Majestät die auch von Allerhöchstdenenselben genehmigte teilweise Verwendung des fraglichen Fonds für die gedachten Zwecke alleruntertänigst in Vorschlag zu bringen, um dem großen Nachteil einigermaßen vorzubeugen, welcher durch die Zurückweisung begründeter Ansprüche auf Pension notwendigerweise hervorgehen mußte, indem dadurch eine große Zahl ergrauter Diener der Kirche und des Lehrstandes und eine noch größere Zahl von Witwen derselben in das größte Elend hätten geraten müssen, was mit Euer Königlichen Majestät diesem Stande bei allen Gelegenheiten großmütigst gewidmeten Fürsorge gewiß nicht in Übereinstimmung gewesen sein würde. Ich kann nicht leugnen, daß der in Frage stehende Fonds zu dergleichen Verwendungen weniger geeignet erscheint, so wohltätig er an sich und auch für die Geistlichen und Lehrer selbst durch die Beruhigung über das Schicksal der Ihrigen wirkt, so lange die Bedürfnisse der wirklich aktiven Geistlichen und Schullehrer in Ermangelung der Fonds nicht ganz beschafft werden können; und ich wünsche deshalb sehr dringend, daß die etatsmäßigen Fonds, und zwar derjenige für Geistliche und Lehrer, bis auf 30.000 Rtlr. und der für die Hinterbliebenen derselben bis auf 40.000 Rtlr. aus allgemeinen Staatsfonds erhöht und auf diese Weise dem Entschädigungsfonds diejenigen Summen zurückgewährt werden könnten, welche derselbe jetzt gegen seine Bestimmung zu Pensionen hergeben muß. Es würde dadurch diesem Fonds die nicht unbedeutende Summe von 40.000 Rtlr. wieder zugute kommen und, dem ursprünglichen Zwecke gemäß, teils zu dauernden Dotationen von Stellen, teils zu zeitweisen Verbesserungen und Unterstützungen in dringenden Fällen und zu Gehaltszulagen für Geistliche und Lehrer verwendet werden können.
Ad 8. Die infolge Euer Königlichen Majestät Allerhöchsten Bestimmung zu einem allgemeinen Dispositionsfonds der gesamten Verwaltung des mir anvertrauten Ministeriums verwendete Summe von 15.000 Rtlr. stehet mit dem Zwecke, für welche der Entschädigungsfonds von Allerhöchstdenenselben verwilligt worden ist, in gar keiner Verbindung und dürfte, wie auch die Oberrechnungskammer bevorwortet, vorzugsweise geeignet sein, demselben aus allgemeinen Staatsmitteln erstattet zu werden. Die Verwendung wurde von Euer Königlichen Majestät in einem Zeitpunkte verfügt, wo die Staatskasse, welche das Bedürfnis meiner Verwaltung zu decken verpflichtet war, durch die Mobilmachung der Armee[3] und durch die Vorkehrungen gegen die Asiatische Cholera sehr in Anspruch

3 *Gemeint ist die Aufstellung der Observationsarmee an der Grenze zu Russisch-Polen wegen des dortigen Aufstandes; zu den Maßnahmen gegen die Cholera vgl. Zilch, Reinhold, Gesundheitswesen und Medizinalpolitik in Preußen 1817 bis 1911, in: Bd. 2/1 der vorliegenden Reihe, S. 685 f.*

genommen wurde, und es ihr an Mitteln zu fehlen schien, die nachgewiesenen Bedürfnisse meiner Verwaltung zu gewähren. Ich darf mit Sicherheit annehmen, daß es der Finanzverwaltung des Preußischen Staats nicht fortdauernd unmöglich sein kann, eine Ausgabe zu übernehmen, zu welcher der Staat, ihrer Natur nach, unbezweifelt verpflichtet ist. Der Entschädigungsfonds für Geistliche und Lehrer würde dadurch wieder erhalten, was er in der Zeit der Not gewissermaßen nur vorschußweise hergegeben hat. Es lag und liegt auch gewiß noch jetzt nicht in Euer Königlichen Majestät allergnädigsten Absicht, daß ein Fonds für allgemeine Verwaltungszwecke zum Vorteile der Staatskasse fortdauernd in Anspruch genommen werden soll, welcher von Allerhöchstdenenselben ausdrücklich als Entschädigung für entzogene Rechte und Einnahmen bewilligt und für ein ebenso wohltätiges als dringendes Bedürfnis bestimmt ist, zumal wenn dies Bedürfnis durch die bewilligten Mittel noch nicht einmal ausreichend befriedigt werden kann. Bei dieser Gelegenheit halte ich mich zugleich verpflichtet, derjenigen 73.527 Rtlr. ausführlicher ehrerbietigst zu erwähnen, welche dem mehrgedachten Fonds zur vollständigen Dotation der katholischen Bistümer in Abzug gebracht worden sind. Es ist wohl keinem Zweifel unterworfen, daß dieser Fonds zur Übernahme der fraglichen Ausgabe ganz ungeeignet ist. Eure Königliche Majestät haben denselben auf dem Grund vorangegangener vielfacher Verhandlungen und genauer Ermittlungen im Finanz- und im Staatsministerium als Entschädigung für die Verluste zu bewilligen geruhet, welche der geistliche und Lehrerstand durch die Aufhebung früher genossener Steuerfreiheit erlitten hat. Eine nähere Zusammenstellung der Vorteile, welche dem Staate durch die Entziehung dieser Freiheit erwachsen sind, wird sicher ergeben, daß solche durch die bewilligte Entschädigungssumme bei weitem nicht ausgeglichen worden ist. Es liegt in der Natur der Sache, daß bei der immer steigenden Konsumtion der Betrag des für die Kassen gewonnenen Zuwachses sehr beträchtlich wird und daß die Geistlichen und Schullehrer bis zu einer ausreichenden Dotation der geringen Stellen und Berücksichtigung des Bedürfnisses auch der auf besseren Stellen befindlichen, gegen Euer Königlichen Majestät stets ausgesprochen gnädigen Absicht, in Nachteil sein werden. Es muß daher diesem Stande allerdings schmerzlich sein, diese Entschädigung noch durch so bedeutende Abzüge für Ausgaben geschmälert zu sehen, zu welchen die allgemeinen Staatsfonds nach der Bulle ‚De salute animarum' ausdrücklich verpflichtet waren, welche mit solcher in gar keiner Beziehung stehen und welche dem Zwecke der Verwilligung derselben, der vielmehr die ausschließliche Verwendung zum Besten jenes Standes bedingt, durchaus fremd ist. Zu dieser Dotation der Bistümer eigneten sich vorzüglich die Aussterbefonds durch die heimfallenden Pensionen der höhern katholischen Geistlichkeit und die Erträge früherer Säkularisationen. Euer Königlichen Majestät kann ich nicht verschweigen, daß diese teilweise Bestimmung des Fonds für einen fremdartigen Zweck, soweit er bekannt geworden ist, einen nicht günstigen Eindruck auf den beteiligten geistlichen und Lehrerstand gemacht hat und daß derselbe nur durch die Hoffnung gemildert worden ist, daß Eure Königliche Majestät bei der der Kirche gnädigst zugewendeten Fürsorge nicht gestatten würden, daß jener Fonds dieses Betrags für immer verlustig gehe und daß derselbe solchem wieder ersetzt werden würde, wenn die Umstände

solches gestatteten. Ich habe zwar die Gründe gegen den angeordneten Abzug mehrmals im Staatsministerium geltend zu machen gesucht und mich überhaupt gegen die Maßregel verwehrt, aber keine Unterstützung gefunden. Die Sache früher zu Euer Königlichen Majestät Allerhöchst unmittelbaren Entscheidung zu bringen, habe ich Bedenken getragen, weil der Fonds bisher noch jährlich Zuflüsse aus den allgemeinen Staatsmitteln zu empfangen hatte, mit welchen es möglich war, dem dringendsten Bedürfnisse einigermaßen abzuhelfen. Mit Ende des Jahres 1834 haben jedoch diese Zuflüsse aufgehört, nachdem die meiner Verwaltung oder vielmehr dem Fonds nur verbliebene Summe von 121.113 Rtlr. vollständig gewährt worden ist und ich befinde mich jetzt zur Befriedigung dieser Bedürfnisse auf den unbedeutenden Betrag beschränkt, welcher im Eingange meines ehrfurchtsvollen Berichtes mit 13.491 Rtlr. als noch disponibles Quantum nachgewiesen ist. Bei der Verlegenheit, in welche ich hierdurch wegen Befriedigung der Ansprüche geraten muß, welche begründetermaßen an den Fonds gemacht werden, kann ich jedoch nicht länger anstehen, Euer Königlichen Majestät Gnade auch in dieser Beziehung ehrfurchtsvollest in Anspruch zu nehmen und Allerhöchstdieselben alleruntertänigst zu bitten, dem Entschädigungsfonds für Geistliche und Lehrer diejenige Summe mit 73.527 Rtlr. allerhuldreichst aus allgemeinen Staatsmitteln nach und nach in bestimmten Raten wieder gewähren zu lassen, welche solchem nach Vorstehendem lediglich zum Besten der katholischen Bistümer, welche darauf gar keinen Anspruch hatten, entzogen worden ist. Das Bedürfnis der Verbesserung zu gering dotierter katholischer Geistlicher und Schullehrer ist unabweislich, soll nicht die religiöse und sittliche Ausbildung der so großen Zahl katholischer Untertanen empfindlich leiden. Der Staat wird deshalb unaufhörlich in Anspruch genommen werden. Es scheint im Interesse des Staats, die gedachten[4] 73.527 Rtlr. dem Fonds zur Verbesserung des Zustandes der Geistlichen und Schullehrer zurückzugewähren und damit die Ansprüche der Katholiken zunächst auf diese Summe zu beschränken, während Euer Königlichen Majestät der evangelischen Kirche zugewandte besondere Liebe, noch außerdem für deren Bestes nach einem größeren Maßstabe sorgt. Wenn Eure Königliche Majestät dies zu bestimmen und außerdem dem Fonds diejenigen 15.000 Rtlr., welche zu einem allgemeinen Verwaltungsfonds des mir anvertrauten Ministeriums verwendet worden sind, erstatten zu lassen, sowie den beiden Pensionsfonds eine Verstärkung von respektive 20.000 Rtlr. und 30.000 Rtlr. allergnädigst zu bewilligen geruhen, dann würde ich mit dem für die Geistlichen und Lehrer wieder disponibel werdenden Betrage von überhaupt 142.018 Rtlr. wenn auch nicht eine durchgreifende, doch eine teilweise schon in hohem Grade wohltätige Verbesserung der Lage des geistlichen und Lehrstandes einzuleiten und auszuführen imstande sein und mir erlauben, Allerhöchstdenenselben einen Plan über die zweckmäßigste Verwendung ehrerbietig vorzulegen.
Eure Königliche Majestät wage ich daher unter ehrfurchtsvoller Bezugnahme auf die vorangeführten Umstände alleruntertänigst zu bitten, huldreichst geruhen zu wollen

4 *Ergänzt.*

1. dem Pensionsfonds für Geistliche und Lehrer eine Verstärkung von 20.000 Rtlr.
2. dem Pensionsfonds für deren Witwen und Kinder eine Verstärkung von 30.000 Rtlr. aus allgemeinen Staatsmitteln zu bewilligen,
3. die zu einem allgemeinen Dispositionsfonds verwendeten 15.000 [Rtlr.] aus eben diesen Mitteln erstatten zu lassen und
4. diejenigen 73.527 Rtlr., welche zur vollständigen Dotation der katholischen Bistümer in Abzug gebracht worden sind, nachträglich in Gnaden gewähren und das Finanzministerium wegen Zahlung aller dieser Summen mit der erforderlichen Autorisation versehen zu wollen.

Die Verstärkung der beiden Pensionsfonds würde vom 1. Januar folgenden Jahres ab erfolgen müssen, die Erstattung und Gewährung der sub 3. und 4. gedachten Summen kann aber zur Erleichterung der Staatskassen nach und nach und zwar mit jährlich 15.000 Rtlr. in ebender Art geschehen, wie die Zahlung der dem Fonds verbliebenen und bereits gewährten Summe bis zu Ende des Jahres 1834[5] erfolgt ist.

Rücksichtlich der von dem Wirklichen Geheimen Rath von Ladenberg in dem Berichte vom 16. Mai 1834 wegen künftiger Verwendung des Entschädigungsfonds gemachten Vorschläge erkläre ich mich mit denen ad 1. und 2. gern einverstanden und bemerke alleruntertänigst, daß schon zeither im Sinne derselben mit wenigen Ausnahmen verfahren und nicht allein zu diesen Ausnahmen, sondern zu allen dauernden Verwilligungen Euer Königlichen Majestät Allerhöchste Genehmigung eingeholt worden ist.

Ad 3. Diesem Vorschlage kann ich jedoch, wenigstens im Bezug auf die Gymnasial- und Seminarlehrer, nicht beitreten. Diese Lehrer waren zum größeren Teile früher gleichfalls im Genuß der Steuerfreiheit und haben solche durch die neuere Gesetzgebung und Umgestaltung der Dinge verloren. Es würde daher unbillig sein, wenn solche nicht an einem Fonds teilnehmen sollten, welcher als Entschädigung für diesen Verlust ausdrücklich bewilligt worden ist. Sollen sie nicht ganz hilflos bleiben, so werden außerdem noch andere Staatsfonds in Anspruch genommen werden müssen. Dagegen werden die Universitätslehrer ferner, wie bisher, von der Teilnahme ausgeschlossen bleiben müssen.

Ad 4. Dieser Vorschlag kann nur berücksichtigt werden, wenn Eure Königliche Majestät die oben ehrfurchtsvollest beantragte Verstärkung der beiden Pensionsfonds aus allgemeinen Staatsmitteln allergnädigst zu befehlen geruhen. Solange diese nicht erfolgt, fehlt es mir ganz an andern Mitteln, auf welche Pensionen für Geistliche und Lehrer sowie für deren Witwen und Kinder angewiesen und übernommen werden könnten. Bei der so bedeutenden Überschreitung dieser Pensionsfonds, deren Deckung jetzt aus dem Fonds für Geistliche und Lehrer erfolgt, ist nicht abzusehen, wann die ursprünglich bewilligten, ganz unverhältnismäßig gering abgemessenen etatsmäßigen Fonds ohne eine bedeutende Verstärkung wieder in zahlbaren Zustand kommen werden.

5 *Geändert aus:* vorigen Jahres.

Was dagegen ad 5. den Vorschlag betrifft, daß neue Stellen aus dem Entschädigungsfonds nicht fundiert werden dürfen, so erkläre ich mich mit demselben ganz einverstanden, und bitte Eure Königliche Majestät, nach solchem auch das Finanzministerium mit Instruktion allergnädigst versehen sowie dasselbe autorisieren zu wollen, die bisher schon aus dem gedachten Fonds zu dergleichen Dotationen hergegebenen Summen nach einer von mir vorzulegenden speziellen Nachweisung aus allgemeinen Staatsmitteln erstatten zu lassen. Es ist meine auch schon gegen das Finanzministerium vielfach ausgesprochene innigste Überzeugung, daß der Entschädigungsfonds zu dergleichen Dotationen weder geeignet noch verpflichtet ist. Meines unmaßgeblichen Erachtens ist es lediglich Sache des Staats und der demselben zu Gebote stehenden allgemeinen Mittel, Ausgaben für ganz neue Institutionen zu befriedigen, welche durch die Vermehrung der Bevölkerung, von welcher er die sonstigen Vorteile bezieht, hervorgerufen werden, aber unbillig und nicht zu rechtfertigen, dazu Fonds zu verwenden, welche ausdrücklich als eine Entschädigung für verlorne Einnahmen bewilligt und bestimmt sind, dem in seinem Einkommen so gering gestellten geistlichen und Lehrerstande einige Verbesserung zu gewähren. Es würde auch die von Euer Königlichen Majestät mit der huldreichsten Vorsorge für die evangelische Kirche begünstigte Stiftung evangelischer Gremien in Gegenden von größtenteils katholischer Bevölkerung leichteren Fortgang gewinnen können, wenn die erforderliche Dotation nicht ferner dem Unterstützungsfonds entzogen werden müßte.
Indem ich nun zu den übrigen, in dem Promemoria der Oberrechnungskammer vom 23. April 1832 berührten Punkten übergehe, bemerke ich ad 6., daß die Verlängerung der dem Unternehmer des Solbades zu Unna bewilligten Unterstützung bereits durch Euer Königlichen Majestät Allerhöchste Ordre vom 28. Juli 1827 genehmigt, und daher diese Angelegenheit definitiv erledigt ist.
Ad c, daß die Bestimmung der Mitverwendung des allgemeinen Dispositionsfonds meiner Verwaltung zu Unterstützungen und Gratifikationen, wie sie der Generaletat enthält, durch die Oberrechnungskammer selbst veranlaßt worden ist. Diese monierte nämlich Unterstützungs-Verwilligungen daraus, und da diese nicht zu umgehen gewesen waren, auch vorausgesehen werden konnte, daß sie in der Folge nicht ganz zu vermeiden sein würden, so wurde zur Vorbeugung weiterer Monitorien im Einverständnis mit dem Finanzministerium die erforderliche Bestimmung gleich in den Generaletat aufgenommen und solche von Euer Königlichen Majestät durch dessen Allerhöchste Vollziehung auch allergnädigst genehmigt. Hierbei bitte Allerhöchstdenselben ich ehrfurchtsvollest, es auch für die Folge umso mehr huldreichst belassen zu wollen, als die Oberrechnungskammer selbst einräumt, daß die Eigentümlichkeit der Verwaltung meines Ministeriums das Bedürfnis, durch Unterstützungen für deren Zwecke zu wirken, fühlbarer als bei andern Verwaltungen hervortreten lasse. Wenn solche aber die bereits hierfür bestimmten Fonds für ausreichend hält, so muß ich dies nach langjährigen Erfahrungen als irrtümlich bestreiten, indem die sämtlichen Fonds, deren sie namentlich erwähnt, teils vorzugsweise für sachliche Zwecke, wozu solche selten ausreichen, teils nur für Personen einer bestimmten Kategorie ausgesetzt sind, für Personen,

welche dieser Kategorie nicht angehören, mir aber besondere Fonds nicht zur Disposition stehen und daher in Fällen, wo eine Unterstützungs- oder Gratifikationsbewilligung für dieselben nicht umgangen werden kann, notwendigerweise auf den allgemeinen Dispositionsfonds zurückgegangen werden muß. Dies ist zwar bisher nur selten geschehen und wird auch künftig möglichst vermieden werden, indessen muß ich doch dringend wünschen, daß mir auch ferner die von Allerhöchstdenenselben genehmigte freie Disposition nicht beschränkt werde. Euer Königlichen Majestät stelle ich daher ehrfurchtsvollest anheim, die Oberrechnungskammer mit ihrem nicht begründeten und meines Erachtens auch die ihr beiwohnende Befugnis überschreitenden Antrage allergnädigst zurückweisen zu wollen.

23. Aus dem Schreiben des Finanzministers Friedrich von Motz an Kultusminister Karl Freiherr von Altenstein. Berlin, 13. Juli 1826.

Ausfertigung, gez. Maaßen.

GStA PK, I. HA Rep. 76, IIa Sekt. 53 Gen. Nr. 26 Bd. 1, Bl. 75.

Fehlende Einzeletats im Bereich des Kultusministeriums für 1826. – Anregung zur Übernahme der Zahlen aus den bereits vorliegenden Etats von 1826 für 1827 zur Arbeitsersparnis.

Vgl. Einleitung, S. 43.

Nach einem bei der vormaligen Generalkontrolle aufgestellten Verzeichnis sind von denjenigen Etats, welche instruktionsgemäß bis zum 30. Juni c[urrentis] als dem Tage der Auflösung der Generalkontrolle bei ihr zur Revision hätten eingehen sollen, aus Euer Exzellenz Verwaltungsressort die in der anliegenden Nachweisung[1] aufgeführten Etats rückständig geblieben.

Eure Exzellenz sehe ich mich daher veranlaßt, ganz ergebenst zu ersuchen, die in jener Nachweisung aufgeführten Etats gefälligst so bald als irgend tunlich hierher gelangen lassen zu wollen, und erbitte ich mir vorläufig wenigstens eine gefällige Benachrichtigung darüber ganz ergebenst, wann auf den Eingang der quaest[ionierten] Etats zu rechnen sein dürfte.

Da übrigens bei dem jetzt schon mehr als zur Hälfte verstrichenen Jahre 1826 noch ein so bedeutender Teil der Etats für dasselbe zurücksteht und es schon viele Mühe machen wird, die Sache nur so zu fördern [?], daß wenigstens vor Ende des Jahres jede Behörde im Besitz

1 *Die Liste mit den fehlenden 104 Einzeletats (Bl. 76–77v) wird hier nicht abgedruckt.*

der Etats ist, so läßt sich um so bestimmter voraussehen, daß es fast gänzlich unmöglich sein wird, nun auch noch bis zu jenem Zeitpunkte neue Etats auf das Jahr 1827 zustande zu bringen, und ich ersuche Euer Exzellenz daher ehrerbietig [?], sich auch besonders gefälligst äußern zu wollen, welche von den pro 1826 sowohl [?] bereits vollzogenen, als noch unvollendeten Etats sogleich pro 1827 prolongiert und nach Unterschied gleich auf letzteres Jahr mitgerichtet werden können.

24. Kabinettsordre an Kultusminister Karl Freiherr von Altenstein. [o. O.], 8. Februar 1827.

Ausfertigung; Abschrift.

GStA PK, I. HA Rep. 89, Nr. 18730, Bl. 51–52.

Forderung nach einer unverzüglichen Vorlage des Etats für 1826. – Die Etats für 1827 und die folgenden Jahre sind jeweils im ersten Quartal einzureichen.

Vgl. Einleitung, S. 43.

Ich ersehe aus einem Bericht des Finanzministers, daß der Etat der Generalstaatskasse für 1826, der schon vor Jahresfrist hätte zu Meiner Vollziehung gelangen sollen, Mir auch jetzt noch nicht eingereicht werden kann, weil unter anderem der Hauptverwaltungsetat des Ministeriums der geistlichen, Unterrichts- und Medizinalangelegenheiten für dasselbe Jahr noch nicht zustande gekommen ist. Da Ich es nicht dulden kann, daß das Etatwesen ferner, wie bisher zu Meiner höchsten Unzufriedenheit geschehen ist, gleichgültig behandelt und weit über die betreffenden Jahre hinaus verzögert werde, so veranlasse Ich Sie, die Ausstände, welche den gedachten Etat aufhalten, sofort zu beseitigen, oder insofern dies nicht angeht, nach Maßgabe Meiner Ordre vom 29. Mai vorigen Jahres die unerledigten Bedenken bei Vorlegung des Etats vorzutragen, diesen selbst ohne den mindesten Zeitverlust dergestalt zu befördern, daß Ich den Etat der Generalstaatskasse spätestens bis zur Mitte des Monats März erwarten kann.

Gleichzeitig empfehle Ich Ihnen die Beschleunigung der Etats Ihrer Verwaltung pro 1827, die schon bis dem 1. Dezember vorigen Jahres den betreffenden Kassen hätten zugehen sollen, dergestalt, daß solche jedenfalls im Laufe des gegenwärtigen Quartals zustande kommen, und mache Sie dafür verantwortlich, daß mit dem Etat pro 1828 und ferner jener Termin unverbrüchlich gehalten werde. Sollte die Zögerung der Etatsfertigung den Ihnen untergeordneten Behörden zur Last fallen und sie Ihren Befehlen hierunter nicht Genüge leisten, so will Ich eine namentliche Anzeige derselben erwarten, um sie zu Ihrer Pflicht anhalten zu lassen.

25. Kabinettsordre an Kultusminister Karl Freiherr von Altenstein. [o. O.], 6. April 1827.

Ausfertigung; Abschrift.
GStA PK, I. HA Rep. 89, Nr. 18730, Bl. 53–54.

Rüge wegen fortgesetzter Verspätung bei der Fertigstellung des Etats für 1826. – Forderung nach unverzüglicher Vorlage des Etats für 1827 und Einhaltung der Fristen in den kommenden Jahren als Bedingung für die Freigabe der Mittel im laufenden Quartal.

Vgl. Einleitung, S. 44.

Aus einem Bericht des Finanzministers habe Ich ersehen, daß der Generaletat des Ministeriums der geistlichen, Unterrichts- und Medizinalangelegenheiten pro 1826 fortwährend durch die Differenz über die bei der Dotation der schlesischen Kirchen und Schulen eingetretene Ersparnis von 11.000 Rtlr. aufgehalten wird. Es ist Ihnen bereits in Meiner Ordre vom 8. Februar currentis[1] zu erkennen gegeben, daß nach Maßgabe der Ordre vom 29. Mai vorigen Jahres Mir die unerledigten Bedenken bei Vorlegung des Etats vorzutragen wären, dieser aber ohne den mindesten Zeitverlust befördert werden müßte, und kann Ich daher Mein Mißfallen über die weitere Verzögerung um so weniger bergen, als Ich in Meiner Ordre vom 8. Februar currentis jeden Falles die Beendigung des Etatswesens bis inklusive 1827 im Laufe des ersten Quartals dieses Jahres befohlen habe und die obige Differenz nicht einmal begründet erscheint, als überhaupt der Grundsatz gelten muß, daß Ersparnisse an dem bisherigen Bedürfnis vom Etat abgesetzt werden müssen und nur mit Meiner Genehmigung darüber anderweit disponiert werden darf, zur Kasse zurückfallen und darüber nicht weiter disponiert werden darf. Jetzt fordere Ich Sie wiederholt auf, den Generaletat pro 1826 sofort einzureichen und auch hiernächst denselben pro 1827 dergestalt zu beeilen, daß solcher im Laufe des gegenwärtigen zweiten Quartals vollzogen oder nach Befinden von 1826 prolongiert werden kann. Nur in dieser sichern Erwartung habe Ich den Finanzminister autorisiert, auch noch für dieses Quartal zur Bestreitung des Bedarfs Ihrer Verwaltung Abschlagszahlungen nach Maßgabe des zuletzt vollzogenen Hauptetats aus der Generalstaatskasse leisten zu lassen. Alsdann müssen die betreffenden Etats ohnfehlbar eintreten, und außerdem rechne Ich darauf, daß Sie mit den Etats pro 1828 und ferner die vorgeschriebene Ordnung genau befolgen werden.

1 *Vgl. im vorliegenden Band Dok. Nr. 24.*

26. Kabinettsordre an Finanzminister Friedrich von Motz. [o. O.], 20. Juli 1827.

Ausfertigung; Abschrift.
GStA PK, I. HA Rep. 89, Nr. 18730, Bl. 60.

Freigabe der Mittel im laufenden Quartal unter anderem für das Kultusministerium, da die Fertigstellung des Etats für 1827 direkt bevorsteht.

Vgl. Einleitung, S. 44.

Aus Ihrem Bericht vom 7. dieses Monats habe Ich ersehen, daß die sämtlichen Etats für das Jahr 1827 noch nicht völlig zustande gekommen, und namentlich der Etat der Generalbergwerkskasse, der Hauptetat für die Verwaltung des Ministerii der geistlichen pp. Angelegenheiten und der Hauptetat der Justizverwaltung noch nicht vollzogen sind. Da solche jedoch soweit gediehen sind, daß deren Vorlegung nächstens zu erwarten steht, so will Ich Sie hiermit ermächtigen, die Bedarfssummen für das Ministerium der geistlichen pp. Angelegenheiten nach Maßgabe der zuletzt festgestellten Etats auch für das dritte Quartal dieses Jahres zahlen zu lassen. In Absicht der Justizverwaltung habe Ich Sie auf die Anzeige des Justizministers schon mit einer ähnlichen Autorisation versehen.

27. Aus dem Schreiben des Finanzministers Friedrich von Motz an Kultusminister Karl Freiherr von Altenstein. Berlin, 18. September 1827.

Ausfertigung, gez. Motz.
GStA PK, I. HA Rep. 76, IIa Sekt. 53 Gen. Nr. 26 Bd. 1, Bl. 90.

Dringende Mahnung, die fehlenden Einzeletats für 1828 einzureichen. – Androhung von Strafen durch das Kultusministerium für die säumigen Provinzialbeamten.

Vgl. Einleitung, S. 44.

Nach der Allerhöchsten Kabinettsordre vom 29. Mai vorigen Jahres sollen spätestens bis dem 1. Dezember die sämtlichen Kassen mit dem Etat für das folgende Jahr versehen sein.

Da nun dieser Termin immer näher rückt, aus den zu Euer Exzellenz Ressort gehörenden Verwaltungen aber eine bedeutende Zahl der pro 1828 oder für den Turnus pro 1828/30 zu vertretenden Etats noch nicht hierher gelangt ist, so erlaube ich es mir unter Übersendung einer Nachweisung,[1] welche diese Rückstände näher ergibt, Eure Exzellenz um Ergreifung solcher Maßregeln ganz ergebenst zu ersuchen, daß der baldigen Mitteilung der fehlenden Etats entgegengesehen werden kann.[2]

28. Kabinettsordre an Kultusminister Karl Freiherr von Altenstein. [o. O.], 28. September 1827.

Ausfertigung; Abschrift.

GStA PK, I. HA Rep. 89, Nr. 18730, Bl. 64.

Erneute Mahnung, den Etat für 1827 einzureichen.

Vgl. Einleitung, S. 44.

Da der Generaletat für die Verwaltung der geistlichen, Unterrichts- und Medizinalangelegenheiten pro 1827 bis jetzt noch immer nicht zu Meiner Majestät Vollziehung gelangt ist, so fordere Ich Sie in Verfolg Meiner Ordre vom 8. Februar[1] und 6. April dieses Jahres[2] wiederholt auf, denselben in Gemeinschaft mit dem Finanzminister ohne weiteren Anstand einzureichen und sich dabei über die stattgefundene Verzögerung auszuweisen.

1 *Die Liste mit den fehlenden 99 Einzeletats (Bl. 91–92v) wird hier nicht abgedruckt. – In einer Aktennotiz vom [8.?] November 1827 betont der Geheime Oberregierungsrat Wilhelm Dieterici, dass diese Aufstellung auch einige Etats benenne, die bereits vorlägen (ebd., Bl. 90).*

2 *Geschäftsanweisung des Geheimen Oberregierungsrats Wilhelm Dieterici vom 20. Oktober 1827, ebd., Bl. 90–90v:* D[ecretum] Zur Geh[eimen] Registratur: Da ähnliche Excitatoria jetzt oft kommen, und selbst bis zur Anzeige in das Königl[iche] Kabinett gelangen, so daß dem unangenehme allerhöchste Kabinettsordres erfolgen [!], so ist es unerläßlich, diesseits nichts zu versäumen, was nachher bei Einsicht der Akten irgend zum Vorwurf gereichen könnte. – Ich ersuche daher – und bitte der Kürze wegen ausnahmsweise das einmal zu tun – durch einen geeigneten Beamten der Geh[eimen] Reg[istratur] – viel[leicht?] pp. Beyssel [?] – unter Beifügung der resp[ektiven] Akten, mir Excitatoria vorzul[egen]; in denen jedem [säumigen?] Etat aus der Provinz mit kurzem Termin und – unter Anfügung des Inhalts obigen Schreib[ens] des K[öni]gl[ichen] Fin[anz]min[isters] – mit Androhung einer Strafe von 20 Rtlr. für den säumigen Beamten die Einforderung der Etats aufgegeben wird.

1 *Im vorliegenden Band Dok. Nr. 25.*

2 *Im vorliegenden Band Dok. Nr. 26.*

29. Kabinettsordre an das Staatsministerium.
Berlin, 4. Januar 1834.

Ausfertigung, gez. Friedrich Wilhelm; Abschrift.
GStA PK, I. HA Rep. 76, IIa Sekt. 53 Nr. 28a, Bd. 11, n. f.

Geplante Mehrausgaben für das Folgejahr sind dem König gesammelt vom Finanzminister zur Bewilligung vorzulegen.

Vgl. Einleitung, S. 45.

Nach den Bestimmungen Meiner Ordre vom 26. Februar vorigen Jahres soll jede Verwaltung jährlich dem Finanzminister eine Nachweisung der für das nächste Jahr erforderlichen Ausgabeerhöhungen und der dagegen vorhandenen Fonds zusenden, und die Mitteilung beizeiten dergestalt stattfinden, daß Mir der Finanzminister seinen gutachtlichen Bericht darüber und über die allgemeinen Deckungsfonds jedesmal im Monat September erstatten kann. Der Erfolg hat jedoch für dieses Jahr der Anordnung nicht entsprochen, indem die Nachweisungen dem Finanzminister teils gar nicht zu[ge]kommen, teils so sehr verzögert worden sind, daß derselbe Mir erst jetzt die Übersicht der verlangten Mehrausgaben pro 1834 hat einreichen können. Aus dieser ergibt sich hiernächst auch, daß der größte Teil der Ausgabeerhöhungen schon in besonderen Berichten in Antrag gebracht worden und nur noch über den geringsten Teil die Entscheidung frei geblieben ist. Ich kann ein solches geteiltes Verfahren ebenso wenig als die bewiesene Verzögerung dulden, und mache es daher dem Staatsministerium und jedem Verwaltungschef zur Pflicht, dafür zu sorgen, daß sämtliche Etatserhöhungen für das folgende Jahr, ehe sie Meine Genehmigung erhalten, bei dem Finanzminister angemeldet und ihm die Mitteilungen beizeiten dergestalt gemacht werden, daß derselbe seinen Bericht Mir darüber jedesmal im Monat September erstatten kann. Da auch die gegenwärtigen Nachweisungen ergeben, daß aus den darin befindlichen Bemerkungen die neuen Anforderungen nicht überall gründlich beurteilt werden können, so bestimme Ich zur mehreren Sicherung des Verfahrens, daß jedes Bedürfnis durch ein besonderes, ausführliches Promemoria nachzuweisen und in Antrag zu bringen ist. Diese Promemoria sind mit der Nachweisung beizufügen und in letztere die Beträge mit Bezug auf jene zu übernehmen. Der Finanzminister wird dann diese Nachweisungen in einer Hauptübersicht zusammenstellen und mir solche mit allen Beilagen, unter Begutachtung der möglichen Gewährung nach den vorhandenen Mitteln, einreichen. Zu diesen Mitteln sind aber keineswegs, wie jetzt angenommen worden, die anheimgefallenen Aussterbebeträge zu rechnen, indem solche ihrer Natur nach nicht als disponibel betrachtet werden können, sondern nach den Bestimmungen Meiner Ordre vom 26. Februar vorigen Jahres durchaus erspart werden müssen.

30. Schreiben des Finanzministers Karl Georg Maaßen an Kultusminister Karl Freiherr von Altenstein. Berlin, 14. Januar 1834.

Ausfertigung, gez. Maaßen; Abschrift.
GStA PK, I. HA Rep. 76, IIa Sekt. 53 Nr. 28a Bd. 11, n. f.

Zusammenstellung der zum Etat für 1834 beantragten Mehrausgaben des Kultusministeriums.

Vgl. Einleitung, S. 45.

Infolge einer Allerhöchsten Kabinettsordre vom 4. dieses Monats,[1] welche auf die in Gemäßheit der allgemeinen Anordnung vom 26. Februar vorigen Jahres Seiner Königlichen Majestät von mir vorgelegte Übersicht von den bei den einzelnen Verwaltungen für 1834 erforderlichen Mehrausgaben und den dazu vorhandenen Mitteln an mich erlassen worden, beehre ich mich, Euer Exzellenz ganz ergebenst zu benachrichtigen, daß auf die von denselben angesprochenen .... 28.742 Rtlr. 23 Sgr. wovon
durch die Kabinettsordres vom 27. April vorigen Jahres ...... 500 Rtlr.
vom 30. September vorigen Jahres .... 181 Rtlr.
und vom 20. September vorigen Jahres .... 220 Rtlr.
bereits genehmigt sind, des Königs Majestät nur folgende zu bewilligen geruhet haben:

1.	Mehrzuschuß für das Seminarium zu Klein Dexen	809 Rtlr.	5 Sgr.	–
2.	Mehrzuschuß für die Schule zu Vitte bei Memel	100 Rtlr.	–	–
	und	125 Rtlr.	9 Sgr.	3 Pf.
3.	Zuschuß für das Seminar zu Marggrabowa	100 Rtlr.	–	–
4.	Mehrzuschuß für das Gymnasium zu Lück	160 Rtlr.	6 Sgr.	8 Pf.
5.	Zuschuß für das Hebammeninstitut zu Königsberg	539 Rtlr.	6 Sgr.	9 Pf.
	zusammen	1.853 Rtlr.	27 Sgr.	8 Pf.

Außerdem sind Allerhöchsten Orts die für das hiesige medizinisch-chirurgische Klinikum in Antrag gekommenen 1.200 Rtlr. zunächst aus den Fonds der Charité bewilligt, wie Euer Exzellenz aus einer deswegen besonders an Hochdieselben ergangenen Kabinettsordre bereits bekannt ist, nach welcher ich der beschleunigten Mitteilung des Charité-Etats nunmehr ganz ergebenst entgegensehe.
Übrigens haben des Königs Majestät zu gestatten geruhet, daß sämtliche jetzt nicht bewilligten Etatserhöhungen, insofern sie noch für nötig erachtet werden, auf die Nachweisung der Mehrausgaben für das künftige Jahr gebracht und, wenn etwa dringende Zahlungen darunter begriffen sein sollten, solche, unter meiner Teilnahme, zur Anweisung auf das Extraordinarium der Generalstaatskasse durch besondere Berichte in Antrag gebracht werden.

1 *Vgl. im vorliegenden Band Dok. Nr. 29.*

III. Protokolle der Budgetkommission des Abgeordnetenhauses zum Etat des Kultusministeriums aus den Jahren 1849 bis 1930

31. Aus dem Protokoll der Sitzung der Zentralkommission zur Prüfung des Staatshaushaltsetats des Abgeordnetenhauses. Berlin, 5. Dezember 1849.

Druck, gez. Pochhammer, Hesse.
Protokolle der Zentralkommission zur Prüfung des Staatshaushaltsetats pro 1849, [Berlin 1849?], S. 59–61.
(Universitätsbibliothek der HU Berlin, Signatur: F 22532: F4).

Etat des Kultusministeriums. – Der Fonds zur Verbesserung der äußeren Lage der Geistlichen und Lehrer. – Die Zuständigkeit für die Überprüfung des Etats der Universität Greifswald. – Stipendien für Studenten im Staatshaushaltsetat und in Provinzialetats.

Vgl. Einleitung, S. 83, 88, 157.

Kultusetat: Verbesserung der äußeren Lage der Geistlichen und Lehrer.
Antrag auf Streichung von 5 verschiedenen Posten aus dem Fonds […]
1. bezieht ein evangelischer Bischof, einige Naturallieferungen abgerechnet, zusammen ein Gehalt von 5.122 Rtlr., worunter 700 Rtlr. als persönliche Zulage aus jenem Fonds entnommen werden.
Der Herr Regierungskommissar *Knerk* erläutert das Sachverhältnis dahin: Der Empfänger hat jene persönliche Zulage im Jahre 1828 als Entschädigung für eine ihm gewordene und im Interesse des Dienstes abgelehnte Berufung bekommen. Er bezahlt davon zwar keine Pensionsbeiträge, indessen erhellt aus der vorgelegten Kabinettsordre und den daran geknüpften Mitteilungen, daß ihm dieselbe nicht entzogen werden kann. Bis zum Jahre 1847 wurde diese Summe aus dem Extraordinarium der Generalstaatskasse gezahlt, dann aber von deren Etat abgesetzt und auf den oben erwähnten Fonds übernommen. Wenn nun auch diese Ausgabe als gerechtfertigt anerkannt werden mußte, konnte die Zentralkommission es doch nicht billigen, daß der betreffende Fonds seiner Natur nach bestimmt, die Not ärmerer Geistlicher und Lehrer zu lindern, zur Verbesserung der Lage hochgestellter Beamten verwendet werde und beschloß,
daß jene Summe mit 700 Rtlr. aus dem betreffenden Titel gestrichen und auf den Generaletat des Ministeriums unter die Kolonne „Aussterbebeträge“ verwiesen werde.
Die vier weiteren Einzelfälle.

Beschlussfassung zu Haushaltspositionen.
Außerdem faßte die Zentralkommission folgenden Beschluß:
Bei der Spezialprüfung des obgedachten Fonds hat sich ergeben, daß derselbe auch auf solche Personen verwendet wurde, die mitunter nicht in die Kategorie der aus demselben zu unterstützenden Personen gehören, was die Kommission in Zukunft vermieden zu sehen wünscht.
Ferner gab der Herr Regierungskommissar *Knerk* eine Nachweisung[1] des Umfanges der Geschäfte, welche die [...] „wissenschaftliche Deputation für das Medizinalwesen" zu besorgen hat.
Beschlussfassung zu Haushaltspositionen.
Kultusetat: Universitäten. Universität Greifswald [...]
Da der Etat zu den Einnahmen derselben nur die Summe von 1.200 Rtlr., den Betrag des Gehaltes für den Kurator, zuschießt, dieser aber gemäß dem für alle Hochschulen gefaßten Beschlusse aus dem Budget wegfallen soll, so erhob sich die Frage, ob die Kommission den Etat einer Anstalt, welche im übrigen sich ganz aus eigenen Mitteln erhält, zu prüfen sich veranlaßt sehe. Obgleich der Staat vermöge seines Oberaufsichtsrechtes zu einer solchen Prüfung berechtigt ist, glaubte die Kommission dieselbe ihrerseits, wenn sie nur das Budget zu beraten habe, nicht vornehmen zu sollen und faßte für diesen und ähnliche Fälle den Beschluß, daß sie überhaupt der Prüfung von Instituten sich zu entheben habe, welche keinen Zuschuß vom Staate beziehen.
Nur in Betreff der Immatrikulationsgebühren, welche nach einem alten Statut für Adliche [!] 8 Rtlr. 5 Sgr., für Bürgerliche 6 Rtlr. betragen, erklärte sie dem Antrage des Referenten *Urlichs* zufolge sich dahin, daß dieser der Verfassung widersprechende Unterschied aufgehoben werden müsse.
Einzelheiten zur Akademie zu Münster [...]
Zum Schlusse dieses Abschnittes seines Berichtes machte Referent *Urlichs* namens der Spezialabteilung darauf aufmerksam, wie überhaupt eine zweckmäßige Prüfung der Universitätsetats und eine lebendige Kontrolle im einzelnen nur dadurch herbeizuführen sei, daß die Etats den betreffenden Korporationen, welchen sie bisher im ganzen und einzelnen großenteils vorenthalten wurden, mitgeteilt werden. Seinem Antrage, daß die Etats den Universitäten künftig vor der Aufstellung zur Begutachtung zugesandt und ihre Berichte demnächst der Budgetkommission mit dem Etat vorgelegt werden, trat die Zentralkommission (mit 10 Stimmen) bei.
Zur Zusammenstellung der Nebeneinnahmen der mit Staatszuschüssen dotierten Universitätsinstitute und Stiftungen.
Kritik, daß sie, namentlich was die Stipendien betreffe, kein volles und ganzes Bild der Einnahmen und keine Anschauung des Umfanges gewähre.

1 *Vgl. die Anlage.*

Einzelheiten.
Beschlussfassung zu Haushaltspositionen.
Kultusetat: Universitäten. Zu Stipendien für Studierende, soweit solche unmittelbar aus Staatsfonds erfolgen: 9.492 Rtlr.
Einzelheiten.
Es wurde daher der Wunsch ausgesprochen und von der Zentralkommission geteilt, daß die Provinzialetats für diese Zweige und die Zusammenstellungen im Staatshaushaltsetat künftig in größerer Übereinstimmung gehalten werden. […]

Anlage
Zur Gründungsgeschichte der Wissenschaftlichen Deputation für das Medizinalwesen, *ihrem Verhältnis zur* Medizinalabteilung *des Kultusministeriums sowie den Aufgaben der* Deputation.
[…]

32. Aus dem Protokoll der Sitzung der Zentralkommission zur Prüfung des Staatshaushaltsetats des Abgeordnetenhauses. Berlin, 12. Dezember 1849.

Druck, gez. Pochhammer, Hesse.
Protokolle der Zentralkommission zur Prüfung des Staatshaushaltsetats pro 1849, [Berlin 1849?], S. 61–62.
(Universitätsbibliothek der HU Berlin, Signatur: F 22532: F4).

Etat des Kultusministeriums. – Die Vereinigung von Kunstschulen und -akademien sowie Handwerksschulen in der Provinz. – Akademie der Wissenschaften. – Die Stelle des Konservators der Kunstdenkmäler.

Vgl. Einleitung, S. 83.

Kultusetat: Besoldungen und *Zuschüsse* für katholische Pfarrer und Kirchen.
373.119 Rtlr.
Beschlussfassung zu Haushaltspositionen.
Kultusetat: Akademien, Bibliotheken, literarische, Musik- und Kunstinstitute sowie für wissenschaftliche Vereine und Zwecke […] 178.466 Rtlr. […]

1) Povinzialkunstschule in Königsberg	695	Rtlr.
2) Höhere Kunstschule daselbst	1.000	"
3) Kunstakademie daselbst	3.000	"

Da letzterer Zuschuß von 3.000 Rtlr. nach Seite 152 der Erläuterungen neuerdings erforderlich geworden, so bot sich die Erwägung dar, inwieweit die drei genannten Institute getrennt voneinander bestehen sollten. Der Herr Regierungskommissarius *Knerk* erklärte aber, daß 3) und 1) bereits vereinigt seien. Aus diesem Grunde ging die Zentralkommission über dies Bedenken hinweg und genehmigte den Zuschuß zu 1), weil auch andern Provinzen ähnliche Zuschüsse verwilligt sind. Ebenso wurde zu Nr. 7) die Frage, ob es zweckmäßig sei, daß die Kunst- und Handwerksschule zu Danzig und die unter 8), 10) und 11) verzeichneten Schulen vom Ministerium der geistlichen usw. Angelegenheiten, ähnliche Handwerks- und Gewerbeschulen aber nach Band I, Seite 386 vom Ministerium des Handels und der Gewerbe ressortieren, auf die Erklärung des Herrn Regierungskommissarius *Knerk* für jetzt nicht entschieden, daß darüber gegenwärtig noch Erwägungen schweben, die der Vorlage des Unterrichtsgesetzes vorhergingen.
Beschlussfassung zu Haushaltspositionen.
Kultusetat: Akademie der Kunst [!] […] 33.916 Rtlr.
Einzelheiten zu den sehr ungleichen Besoldungen der Mitglieder *und der Frage,* ob nicht bei neuer Besetzung der erledigten Stellen Normalgehälter fixiert oder eingehalten werden sollten. Mit Rücksicht auf die eigentümlichen Verhältnisse indessen, welche es notwendig machen, daß einzelne hochberühmte Künstler nur durch ein höheres Einkommen der Anstalt gewonnen oder erhalten werden können, wurde dieselbe von der Zentralkommission verneinend entschieden.
Kultusetat: Kunstmuseum zu Berlin […] 44.290 Rtlr.
Information, daß pro 1850 ein neuer, wesentlich veränderter Etat aufgestellt werde […].
Kultusetat: Bibliothek zu Berlin […] 25.080 Rtlr.
Einzelheiten zu möglichen Einsparungen von Referenten, *was* am zweckmäßigsten zur Verbesserung der Lage der Kustoden und Hilfsarbeiter *zu verwenden wäre.*
Einzelheiten, u. a. zu den Musikinstituten und der Musikausbildung.
Beschlussfassung zu Haushaltspositionen.
Kultusetat: Akademie der Wissenschaften.
Einzelheiten zur Zahlung von 3.000 Rtlr. an zwei Mitglieder der Akademie der Wissenschaften zur Förderung wissenschaftlicher Zwecke […].
Da die Akademie ihre eigenen Fonds hat und dieselben ohne Zuschuß zu ihrer Bestimmung verwendet, so wurde von der Kommission die Meinung ausgesprochen, daß die Bezeichnung der beiden Gelehrten als Mitglieder der Akademie zu der Mißdeutung führen könne, als ob die Summe der Akademie bewilligt sei. Gegen die Zahlung selbst an Männer wie die beiden Gebrüder Grimm fand sich indessen nichts einzuwenden.
Die Kommission beschloß daher, der Regierung zu empfehlen, diese Summe künftig als einen wegfallenden Posten unter der Rubrik „Aussterbebeträge" auf den Generaletat des Ministeriums zu übernehmen, womit sich der Herr Regierungskommissar *Knerk* einverstanden erklärte.

Beschlussfassung zu Haushaltspositionen.
Kultusetat: Einem Konservator der Kunstdenkmäler an Gehalt 1.000 Rtlr.
und zu Reisekosten 500 Rtlr.
Der Nutzen der seit einigen Jahren eingesetzten Stelle wurde anerkannt, auch die dafür ausgesetzte Summe dem Zwecke entsprechend befunden. Da aber nach der Mitteilung des Herrn Regierungskommissar *Knerk* die Stelle eine bleibende sein soll, also auch nach dem Abgange des zeitigen Inhabers wieder besetzt wird, so beschloß die Kommission der Regierung zu empfehlen, dieselbe künftig auf den Zentralfonds des Königlichen Ministeriums zu übernehmen.
Der Herr Regierungskommissar *Knerk* erklärte sich damit einverstanden.
[…]

33. Aus dem Protokoll der Sitzung der Zentralkommission zur Prüfung des Staatshaushaltsetats des Abgeordnetenhauses. Berlin, 13. Dezember 1849.

Druck, gez. Pochhammer, Hesse.
Protokolle der Zentralkommission zur Prüfung des Staatshaushaltsetats pro 1849, [Berlin 1849?], S. 63–66.
(Universitätsbibliothek der HU Berlin, Signatur: F 22532: F4).

Etat des Kultusministeriums. – Das Musikinstitut der Domkirche zu Berlin. – Verbesserung der Gymnasiallehrergehälter. – Die geistlichen Räte bei den Regierungen. – Die höheren Schulen ohne staatliche Zuschüsse.

Vgl. Einleitung, S. 91.

Kultusetat: Musikinstitut der Domkirche zu Berlin. *8.563 Rtlr.*
Danach ist das seit [!] mehreren Jahren gegründete Institut im allgemeinen eine musikalische Bildungsanstalt und hat nebenbei den Zweck, den Gottesdienst in der Domkirche durch liturgische Musikaufführungen zu verherrlichen und auf die Hebungen der Kirchenmusik im allgemeinen einzuwirken. Man ist indessen auf seiten der Regierung auf Ersparnisse bedacht gewesen und hat schon jetzt die Instrumentalmusik aufgehoben, wodurch eine Minderausgabe von 1.600 Rtlr. erzielt wird. Von dem Rest von 6.936 Rtlr. sind dagegen 2.000 Rtlr. für die Vokalmusik des Domchores erforderlich, den Rest mit pp. 5.000 Rtlr. wünscht die Regierung deshalb auf dem Etat zu belassen, damit für das binnen nicht zu langer Zeit bei der Akademie der Künste zu errichtende musikalische Institut eine entsprechende Summe reserviert bleibe.
Einzelheiten.

Beschlussfassung zu Haushaltspositionen.
Kultusetat: Gymnasien und Realschulen. 281.196 Rtlr.
Information, dass viele und zum Teil bedeutende Gymnasien in der Zusammenstellung gar nicht erscheinen, weil sie vom Staate nichts beziehen. Sie werden in der Anlage namentlich aufgeführt.
Budgetrechtliche Diskussion.
Einzelheiten, u. a. zum Pädagogium zu Puttbus *und anderen Gymnasien usw.*
Beschlussfassung zu Haushaltspositionen.
Endlich führt die Erörterung der äußeren Verhältnisse der Gymnasien zu einer Betrachtung der Ungleichheit der Lehrerbesoldungen, welche der Zentralkommission unverkennbar der Abhilfe zu bedürfen, aber für den Augenblick zu bestimmten Anträgen auf Erhöhung des Etats keinen Anlaß zu bieten schien. Eine Gelegenheit, sich damit insbesondere zu beschäftigen, gab ihr der zur Begutachtung überwiesene Antrag der Abgeordneten Evelt und Genossen, welcher dahin geht, dem Staatsministerium dringend zu empfehlen, auf eine ausreichende Verbesserung der Gehälter der Lehrer an den Gymnasien und Progymnasien der Provinz Westfalen bei dem Staatshaushaltsetat für das Jahr 1850 Bedacht zu nehmen.
Referent *Urlichs* schlug vor, über diesen Antrag der Kammer den Übergang zur motivierten Tagesordnung zu empfehlen, indem der Gegenstand nicht einer provinziellen, sondern einer allgemeinen Abhilfe bedürfe, die Regierung der Konferenz der Gymnasiallehrer bereits Vorschläge über die Normierung der Besoldungen zur Begutachtung vorgelegt und inzwischen eine Summe von 25.000 Rtlr. zur Unterstützung der Gymnasiallehrer auf den Etat pro 1850 gefordert habe, auch mit den Übelständen in Westfalen bekannt sei, da zufolge des letzten Abschieds an die Provinzialstände die Aufmerksamkeit der Regierung darauf gerichtet sei, den westfälischen Lehrerstand besser zu stellen. […]
Beschlussfassung.
Kultusetat: Schullehrerseminarien. 112.093 Rtlr.
Einzelheiten.
Beschlussfassung zu Haushaltspositionen.
Kultusetat: Elementarunterrichtswesen. 196.303 Rtlr.
Einzelheiten zur Verwendung der zur Verbesserung des Elementarunterrichts *vorgesehenen* Summe von 6.788 Rtlr., *die für* die Bestellung methodologischer Kurse für die Lehrer, Reisen von Schulinspektoren in pädagogischen Zwecken, Anschaffung von Lehrmitteln für arme Schulen *verwendet werden sollen.*
Beschlussfassung zu Haushaltspositionen.
Kultusetat:
Gemeinschaftliche Ausgaben für den Kultus und öffentlichen Unterricht 499.869 Rtlr.
Zur Position a) für die geistlichen und Schulräte bei den Regierungen 50.15 Rtlr. […]

Beschlussfassung zu Haushaltspositionen.

Im allgemeinen kam die Frage zur Erwägung, inwieweit überhaupt noch geistliche Räte bei den Regierungen, nach den früher schon eingetretenen Abänderungen und namentlich denjenigen, welche die Verfassung in dem Verhältnisse zwischen Staat und Kirche herbeiführt, notwendig wären. Die Zentralkommission faßte nach einer längeren Erörterung derselben den Beschluß, gegen die Regierung die Erwartung auszusprechen, es werde die Ausgabe für die geistlichen Räte bei den Regierungen aus dem Budget so bald als möglich entfernt werden.

Zur Position b) Zur Verbesserung der äußern Lage des geistlichen und Lehrstandes und zu Steuervergütungen 186.982 Rtlr.

[...]

Davon 64.950 Rtlr. 5 Sgr. 1 Pf. [...] Nach einer Kabinettsordre vom Jahre 1810 wurde nämlich bei der Aufhebung der Geistlichen und Lehrern zustehenden Akzisefreiheit und Braugerechtigkeit denselben eine Entschädigung unter dem Namen „Brau- und Akzise-Bonifikation" bewilligt, welche nach dem Tode des Empfängers oder nach seiner Versetzung nicht eingezogen, sondern vom Staate zu dem oben bezeichneten Zwecke verwendet werden solle. Auf einem ähnlichen Grunde beruht die unter Nr. 29 aufgeführte Summe von 121.083 Rtlr. 27 Sgr. 4 Pf., welche denselben als eine Entschädigung für die früher bestandene Steuerfreiheit durch Kabinettsordre von 1823 bewilligt worden.

Beschlussfassung zu Haushaltspositionen.

Anlage

Verzeichnis derjenigen *38* Gymnasien und höhern Schulanstalten, welche in der Nachweisung J zum Hauptetat des Ministeriums der geistlichen usw. Angelegenheiten pro 1849 nicht vorkommen. [...]

Alle diese Lehranstalten erhalten ihre Unterstützungsfonds entweder aus Stiftungsfonds (diese sind dann in der Nachweisung M angegeben) oder von Kommunen, oder sie erhalten sich durch sich selbst und sind deshalb in die Etatsnachweisungen nicht aufgenommen.

34. Aus dem Protokoll der Sitzung der Zentralkommission zur Prüfung des Staatshaushaltsetats des Abgeordnetenhauses. Berlin, 15. Dezember 1849.

Druck, gez. Pochhammer, Hesse.
Protokolle der Zentralkommission zur Prüfung des Staatshaushaltsetats pro 1849, [Berlin 1849?], S. 66–68.
(Universitätsbibliothek der HU Berlin, Signatur: F 22532: F4).

Etat des Kultusministeriums. – Dem Kultus und dem Unterricht gewidmete Stiftungen. – Die Ausgaben für das Medizinalwesen. – Die Notwendigkeit von Staatszuschüssen für die Anstellung von Kreistierärzten.

Vgl. Einleitung, S. 89, 157.

Kultusetat: Nachweisung der dem Kultus und dem öffentlichen Unterricht gewidmeten Stiftungen
Einzelheiten, u. a. zur Verwaltung Montis pietatis zu Berlin, *zum* katholischen Gymnasialfond von Westpreußen, *zum Allgemeinen* Schulfond des Herzogtums Westfalen *sowie zum* Bergischen Schulfond. […]
Antrag, der Regierung zu empfehlen, daß künftig zu den Verwendungen des Überschusses genauere und detailliertere Bemerkungen gegeben werden.
Annahme des Antrags.
Kultusetat: Für das Medizinalwesen 304.348 Rtlr.
Zu der Position a) für die Provinzialmedizinalkollegien 10.900 Rtlr.
[…]
Frage […], ob diese Kollegien überall noch nötig seien; indessen mit Rücksicht auf die bevorstehende Reform des Medizinalwesens davon Abstand genommen.
Beschlussfassung zu Haushaltspositionen.
Position c) für die Departements- und Kreistierärzte 21.900 Rtlr.
Es wurde vom Referenten *Urlichs* darauf aufmerksam gemacht, wie bis jetzt in der Zahl und den Besoldungen derselben eine große Ungleichmäßigkeit stattfinde und auf die Befriedigung des Bedürfnisses, welches in allen Kreisen immer lebhafter gefühlt werde, in Zukunft Bedacht genommen werden müsse. Anderseits wurde die Meinung ausgedrückt, daß die Wirksamkeit der Tierärzte überhaupt der freien Konkurrenz überlassen werden solle, und beantragt, die ganze Summe von 21.900 Rtlr. zu streichen, damit die Anstellung der Tierärzte künftig den Kreisen und Bezirken überlassen werde, und zur Begründung ausgeführt, wie nur auf diese Weise ohne größere Belastung des Etats die Ungerechtigkeiten und Klagen über ungleichmäßige Beteiligung des Staates vermieden werden können. Dagegen wurde erinnert, daß besonders die Gefahr von Viehseuchen die Anstellung zuverlässiger Staatsbeamter erfordere, und bei der Abstimmung der obige Antrag mit allen gegen 4 Stimmen verworfen.

Dagegen fand der Antrag, daß gegen die fragliche Summe um so weniger etwas erinnert werde, als das anerkannte Bedürfnis noch nicht vollständig und gleichmäßig erfüllt sei, die Billigung der Majorität. Außerdem wurde beschlossen, die Ansicht der Kommission ins Protokoll niederzulegen, daß es überhaupt notwendig sei, die Zahl der Kreistierärzte zu vermehren.

Position f) für Geburtshilfe usw. 24.586 Rtlr.

Beschlussfassung zu Haushaltspositionen.

Zu 23 und 24 wurde gegen die Regierung die Erwartung ausgesprochen, daß die Etats der Hebammen-Lehrinstitute zu Köln und Trier, weil zu ihnen der Staat einen Zuschuß bezahle, künftig zur Prüfung mit vorgelegt werden.

Beschlussfassung zu Haushaltspositionen.

Zu g) Zuschüsse für Hospitäler usw. 74.741 Rtlr.

wurde die Prüfung von *Position* 28, dem Zuschuß für das Charité-Krankenhaus (68.607 Rtlr.) auf die Beratung des Budgets pro 1850 verschoben.

Beschlussfassung zu Haushaltspositionen.

Ebenso wird von den 12.713 Rtlr. für medizinisch-chirurgische Lehranstalten die Summe von 10.713 Rtlr., worüber […] nähere Nachweisungen enthalten [sind], künftig wegfallen, weil diese Anstalten sich als unzweckmäßig herausgestellt haben und daher aufgehoben werden.[1]

Beschlussfassung zu Haushaltspositionen.

Kultusetat: Einmalige und außerordentliche Ausgaben […] 132.700 Rtlr.

Information, daß keine Einwände erhoben werden gegen den zu 2 a) zur Unterstützung der Elementarlehrer angesetzten Posten von 25.000 Rtlr.

umso weniger, als früher größere Mittel zu demselben Zwecke verwendet werden konnten. […]

1 *Vgl. Zilch, Reinhold, Gesundheitswesen und Medizinalpolitik in Preußen 1817 bis 1911, in: Bd. 2/1 der vorliegenden Reihe, S. 663–666.*

35. Aus dem Protokoll der 29. Sitzung der Kommission zur Prüfung des Staatshaushaltsetats des Abgeordnetenhauses. Berlin, 8. März 1855.

Druck, gez. Kühne, Thissen.
Protokolle der Kommission zur Prüfung des Staatshaushaltsetats pro 1855, Berlin 1855, S. 155–166.
(Universitätsbibliothek der HU Berlin, Signatur: F 22532: F4).

Etat des Kultusministeriums. Einnahmen: Dem Kultus und dem Unterricht gewidmete Stiftungen. – Etat des Kultusministeriums. Ausgaben: Die Konsistorialpräsidenten und -direktoren. – Die evangelischen und katholischen Staatspfarrgehälter auf der linken Rheinseite.

Vgl. Einleitung, S. 59, 83, 90.

Kultusetat: Einnahmen. Tit. I. Evangelischer Kultus.
Information des Regierungskommissars, Geheimen Regierungsrats Knerk zum Kurmärkischen Ämter-Kirchen-Hauptfonds [...], daß dieser Fonds seiner Natur nach ein rein kirchlicher sei und nur zur Zeit etwas davon für Unterrichtszwecke zur Verwendung komme, was später wieder wegfallen werde.
Beschlussfassung zu Haushaltspositionen.
Kultusetat: Einnahmen. Tit. II. Katholischer Kultus.
Einzelheiten, u. a. zum Problem, ob in den Fällen, wo Einnahmen bei Einziehung geistlicher Güter [...] als Kompetenzen für die betreffenden geistlichen Stellen bestimmt worden seien, [...] der Staat als Eigentümer der betreffenden Güter die Verpflichtung habe, die Kompetenzen zu zahlen, in dem Falle aber, daß er dieselben anderen Besitzern überlassen habe, für die Zahlung derselben an die Berechtigten zu sorgen habe, da die Kirche nur einen Rechtsanspruch gegen den Fiskus, nicht aber gegen die Besitzer der Güter habe.
Beschlussfassung zu Haushaltspositionen.
Kultusetat: Einnahmen. Tit. IV. Kultus und Unterricht gemeinsam.
Diskussion haushaltstechnischer Fragen zur Verrechnungsart der Einnahmen und Ausgaben bei speziellen Titeln, *die zur* Verdunkelung der Qualität der an kirchliche und Unterrichtsanstalten geschehenden Zahlungen *führe.*
Notwendigkeit einer Sonderung der für evangelisch-kirchliche und Schulzwecke von dem für die katholische[n] dergleichen bestimmten Fonds.
Einzelheiten zum Fonds zur Unterstützung hilfsbedürftiger Pfarrer und Lehrer im Regierungsbezirk Arnsberg, *zum Posenschen* Säkularisationsfonds *sowie zur Katholischen* Rate des Neuzeller Fonds.
Beschlussfassung zu Haushaltspositionen.
Kultusetat: Dauernde Ausgaben. *Titel I und II: Ministerium.*

Beschlussfassung zu Haushaltspositionen.
Titel III. Evangelischer Kultus. 2: Konsistorien.
In Betreff der Konsistorialpräsidenten und -direktoren *wurde* die Frage aufgeworfen, ob dieselben nicht überhaupt entbehrt werden könnten, wie das ja auch bei einzelnen Konsistorien der Fall sei, wo die Geschäfte auch ohne diese Beamten ihren geregelten Gang hätten. Der Herr Regierungskommissar *Knerk* antwortete, daß das Bestehen der Konsistorien auch die Vorstände derselben erfordere. Nach einer aus dem Schoße der Kommission gemachten Bemerkung, daß ein näheres Eingehen auf die Sache selbst zu unnötigen Weiterungen führen würde, die betreffenden Positionen aber seit dem Jahre 1849 unverändert auf dem Etat geblieben seien, wird auf die Sache nicht weiter eingegangen.
Einzelheiten, u. a. zum Dispositionsfonds der Evangelischen Kirche.
Beschlussfassung zu Haushaltspositionen.
Tit. IV. Katholischer Kultus.
Einzelheiten zu den evangelischen und katholischen Staatspfarrgehältern der linken Rheinseite.
Beschlussfassung zu Haushaltspositionen.

36. Aus dem Protokoll der 30. Sitzung der Kommission zur Prüfung des Staatshaushaltsetats des Abgeordnetenhauses. Berlin, 9. März 1855.

Druck, gez. Kühne, Thissen.
Protokolle der Kommission zur Prüfung des Staatshaushaltsetats pro 1855, Berlin 1855, S. 167–175.
(Universitätsbibliothek der HU Berlin, Signatur: F 22532: F4).

Etat des Kultusministeriums. Einnahmen: Dem Kultus und dem Unterricht gewidmete Stiftungen. – Ausgaben: Unterstützungen für die evangelischen und katholischen Geistlichen. – Auflösung der Haushaltsposition „Kultus und Unterricht gemeinsam".

Vgl. Einleitung, S. 59, 90, 91.

Kultusetat: Einnahmen aus Stiftungen.
Information des Regierungskommissars, Geheimen Regierungsrats Knerk zum Fonds zur Unterstützung hilfsbedürftiger Pfarrer und Lehrer im Regierungsbezirk Arnsberg, *zum* Posener Säkularisationsfonds *sowie zur Katholischen* Rate des Neuzeller Fonds.
Antrag:
Die Kammer spricht gegen die Königliche Staatsregierung die dringende Erwartung aus,

daß diese unter ihrer Verwaltung stehenden Fonds den dargelegten Bedürfnissen des katholischen Kultus und Unterrichts und ihrer Bestimmung gemäß wirklich zur Verwendung kommen sollen.

Annahme des Antrags.

Kultusetat: Ausgaben. Tit. X. Kultus und Unterricht gemeinsam. [...]

Position: Dispositionsfonds behufs Anstellung von Schulräten usw. 1.250 Rtlr.

Einzelheiten zur unzureichenden Zahl katholischer Schulräte in Posen und Oppeln *sowie* in Potsdam.

Budgetrechtliche Diskussion.

Beschlussfassung zur Haushaltsposition.

Kultusetat: Ausgaben. Tit. XII. Zur Verbesserung der äußeren Lage des geistlichen und Lehrstandes.

Einzelheiten zum Verhältnis der Zuschüsse nach den Konfessionen:

An dauernden Bewilligungen:

a) für evangelische Geistliche	53.737 Rtlr.
b) für katholische Geistliche	1.722 Rtlr.
an einmaligen Bewilligungen	
a) für evangelische Geistliche	17.187 Rtlr.
b) für katholische Geistliche	2.535 Rtlr. [...]

Der Herr Regierungskommissar *Knerk* äußerte:

Um ein richtiges Urteil über das Unterstützungswesen zu erhalten, müsse man sich nicht an einen einzelnen Fonds halten, sondern alle dafür vorhandenen betrachten; es befinde sich namentlich vieles für katholische Geistliche auf den einzelnen Provinzialetats. Übrigens habe die Regierung immer ausgeholfen, wo das Bedürfnis eingetreten sei; kein begründetes Gesuch eines katholischen Geistlichen sei unberücksichtigt geblieben, aber eine Teilung nach bestimmten Zahlen für die katholische und die evangelische Seite könne und dürfe nicht Platz greifen.

Einzelheiten zu den katholischen Geistlichen auf dem linken Rheinufer *sowie zu* Schlesien, wo infolge der Unterdrückung von 1.200 evangelischen Pfarrsystemen die Widermuthe[1] der Kirchen in den Besitz der Katholiken gekommen, so daß dort wohl im allgemeinen die Hilfsbedürftigkeit der evangelischen Geistlichen größer sei als die der katholischen.

Beschlussfassung zur Haushaltsposition.

Diskussion zu haushaltstechnischen Fragen:

In Betreff der gesamten Rubrik „Kultus und Unterricht gemeinsam" wurde im allgemeinen geäußert, daß man den Grund nicht erkennen könne, weshalb nicht die Ausgaben für den Kultus von denen für Unterricht auch hier wie bei andern Titeln gesondert erscheinen; es lasse sich eine Trennung wenigstens bei vielen Posten vornehmen, weil die Verbindlichkeiten nach den verschiedenen Seiten feststünden, und es wurde hieran der Antrag geknüpft,

1 *Ecclesiastici, d. h. Hörige bzw. Schutzleute von Kirchen usw.*

die Staatsregierung möge in Erwägung ziehen, ob nicht die Titel XI, XII und XIII[2] der Ausgabe künftig wegfallen könnten, als die Ausgabe zur Aufnahme in die früheren Positionen geeignet scheinen.
Der Herr Regierungskommissar *Knerk* erklärte sich gegen diesen Antrag, indem er ausführte, die Natur dieser Fonds lasse eine solche Trennung nicht zu, indem die aus dem Titel XI zu erfüllenden rechtlichen Verpflichtungen des Staats sich nach Zahlen nicht feststellen lassen, die Verhältnisse der Titel XII und XIII, auf welche sie sich beziehen, aber zu wandelbar seien. Es sei übrigens auch kein Erfolg von dieser Rechnungsoperation abzusehen, die nur zu sehr großen Weiterungen des Rechnungswesens führen würde. Die Regierung habe auf Grund der früher in den Budgetkommissionen gepflogenen Verhandlungen den Etat in die vorliegende Form gebracht, alle dadurch hervorgerufenen Arbeiten [würden] in umgekehrter Richtung vorgenommen werden müssen.
Von Mitgliedern der Kommission wurde in Betreff des Patronatsbaufonds hervorgehoben, daß hier die verlangte Trennung unmöglich sei, weil oft in einer und derselben Stelle Kirche und Staat sich vereinigten, z. B. wo die Stellen des Küsters, Lehrers und Kantors miteinander vereinigt seien, lasse sich nicht bestimmen, ob die aus dem Patronatsbaufonds gewährten Patronatsbeiträge mit Rücksicht auf die eine oder andere Qualität gegeben würden. Es wurde auch aus formellen Rücksichten gegen den Antrag geltend gemacht, daß bei dem Etat auf eine gewisse Stabilität des Schematismus gehalten werden müsse, und die Budgetkommission kein Interesse daran habe, die Positionen des Etats vermehrt zu sehen.
Seitens des Antragstellers wurde dagegen angeführt, die nähere Einsicht der Spezialetats habe ihm die Überzeugung gewährt, daß die Trennung möglich sei. Er verhehle es keineswegs, daß dem Antrag eine Rücksicht auf konfessionelle Parität zu Grunde liege. Es seien Klagen genug vorhanden, daß bei den an den Patronatsbaufonds gemachten Anforderungen die Befriedigung der Bedürfnisse katholischerseits immer hinausgeschoben würden; den desfallsigen Beschwerden lasse sich nur abhelfen, wenn die den einzelnen Konfessionen zustehenden Rechte bestimmt auseinandergehalten werden könnten. Auf die von dem Herrn Regierungskommissarius *Knerk* gemachte Bemerkung, daß die Verpflichtung des Staates sich in den meisten Fällen nicht auf Zahlen zurückführen lasse, was namentlich bei dem Patronatsbaufonds, der ein Pauschquantum sei, stattfinde, wird von einem Abgeordneten bemerkt, daß dieses Pauschquantum auf Grund bestimmter Verhältniszahlen angenommen sei, und hiernach auch wieder eine Zerlegung in zwei Teile stattfinden könne.
Annahme des Antrags mit 12 zu 10 Stimmen.
Tit. XIV: Medizinalwesen 36.800 Rtlr.
Beschlussfassung zur Haushaltsposition.

2 Titel *XI: Patronatsbaufonds; Titel XII: Zur Verbesserung der äußeren Lage des geistlichen und Lehrstandes; Titel XIII: Sonstige Ausgaben.*

Tit. XV: Kreismedizinalbeamte.
Einzelheiten zur Anstellung von Kreistierärzten.
Beschlussfassung zur Haushaltsposition.
Tit. XVI: Für Unterrichts-, Heil- und Wohltätigkeitsanstalten.
Einzelheiten, u. a. zur Weigerung des Kriegsministeriums, *den* Zivilärzten *die Möglichkeit zu geben, an der* Charité zu Berlin an den Unterweisungen und praktischen Übungen *teilzunehmen.*
Beschlussfassung zur Haushaltsposition.
Kultusetat. II. Gruppe: [...] Unterrichtszwecke.
Einzelheiten zum Posenschen Provinzialschulfonds *und zur Frage, ob dieser* ein Stiftungsfonds *sei.*
Beschlussfassung zur Haushaltsposition.

37. Aus dem Protokoll der 31. Sitzung der Kommission zur Prüfung des Staatshaushaltsetats des Abgeordnetenhauses. Berlin, 10. März 1855.

Druck, gez. Kühne, v. Sanden.
Protokolle der Kommission zur Prüfung des Staatshaushaltsetats pro 1855, Berlin 1855, S. 177–186.
(Universitätsbibliothek der HU Berlin, Signatur: F 22532: F4).

Etat des Kultusministeriums. – Budgetrechtliche Diskussion zum Wesen der speziellen Fonds für das Unterrichtswesen und ihrer konfessionellen Zweckbestimmung. – Konfessionalität von Lehrstühlen an der Universität Breslau. – Stärkere Ausstattung des Patronatsbaufonds.

Vgl. Einleitung, S. 59, 89, 157.

Kultusetat: Ausgaben.
Nochmals zum Posenschen Provinzialschulfonds *sowie außerdem zum* Erfurter Universitätsfonds.
Budgetrechtliche Diskussion zur Frage, inwieweit diese Fonds Staatseigentum *seien und deshalb mit den* Einnahmen *sowie* Ausgaben *in den Etats voll einzustellen seien und damit der vollen Aufsicht des Abgeordnetenhauses unterlägen, oder* Stiftungsfonds, *über die* nur in den Anlagen zum Etat Auskunft erteilt wird.
Einzelheiten zur Wahrung der konfessionellen Zweckbestimmung der entsprechenden Fonds.
Tit. VI: Universitäten.
Universität zu Breslau:

Einzelheiten zur Umsetzung der Erklärungen des Herrn Kultusministers Raumer in der Sitzung der Zweiten Kammer vom 7. Mai 1853, [...] daß bei einer vereinigten katholischen und evangelischen Universität, [...] von den theologischen Fakultäten abgesehen, auch in Ansehung des Kirchenrechts, der Geschichte und der Philosophie die Notwendigkeit einer konfessionell verschiedenen Auffassung innerlich begründet sei, daß dieses daher auch statuarisch (durch Begründung von beiderseitigen Lehrstühlen für die gedachten drei Disziplinen) festzustellen sein werde und daß er, der Herr Minister, die Absicht habe, sobald es möglich sei, für die Anstellung eines katholischen Professors der Geschichte bei der genannten Universität ebenso zu sorgen, wie dabei katholische Professoren des Kirchenrechts und der Philosophie schon fungieren. [...]
Von anderer Seite wurde dagegen behauptet, daß eine Berechtigung nur für theologische Professoren bestehen könne, aber daß in den übrigen Wissenschaften, welche der freien Forschung unterliegen, keine konfessionelle Berechtigung gegen den Staat obwalte. Diese Aufstellung [!] veranlaßte mehrfachen Widerspruch aber auch Beistimmung. [...]
Tit. VII: Gymnasien und Realschulen. [...]
Antrag zur Annahme:
Die Kammer wolle beschließen, die Königliche Staatsregierung aufzufordern, daß sie die Angelegenheit wegen Aussonderung der Staatszuschüsse für Gymnasien, welche auf rechtlicher Verpflichtung beruhen, resp[ektive] als zu Stiftungsfonds gehörig zu erachten sind, fortgesetzt in sorgfältige Erwägung nehme und zu baldigem Abschluß bringe.
Einzelheiten, u. a. zu den Gymnasien zu Lissa und Posen *sowie die* katholischen Gymnasien in Schlesien *und zur Wahrung der konfessionellen Parität bei der Herkunft und dem Einsatz der Gelder.*
Der Herr Regierungskommissarius *Knerk* bemerkte, daß die Regierung fortwährend bemüht gewesen sei, dem Beschluß der Kammern vom Jahre 1850 (Stenographischer Bericht, pag. 3146) wegen allmälicher Aussonderung der auf rechtlicher Verpflichtung beruhenden Zuschüsse für Gymnasien nachzukommen. Die Sache unterliege aber großen Schwierigkeiten, daher auch nicht rascher als geschehen vorgegangen werden könnte. [...]
Nachdem dann noch der Einwendung des Herrn Regierungskommissarius *Knerk*, daß die obwaltenden Schwierigkeiten nicht so leicht zu bewältigen sein würden, daß namentlich der Herr Kultusminister wegen der geforderten Anerkenntnisse an die Zustimmung anderer Ressorts gebunden sei, durch die Erwiderung begegnet worden war, daß die Kammer, mithin auch deren Kommission, nicht mit dem Herrn Kultusminister, sondern mit der Königlichen Staatsregierung zu verhandeln habe und daß, wenn ein anderer Minister Bedenken habe, wohl zu erwarten sei, daß derselbe diese Bedenken in der Kommission zur Diskussion bringen werde, wurde der obige, von dem Korreferenten *Thissen* gestellte Antrag auf Absonderung der Staatszuschüsse für Gymnasien mit 14 gegen 7 Stimmen angenommen.
Beschlussfassung zu Haushaltspositionen.
Kultusetat. Einmalige und außerordentliche Ausgaben.

Tit. XI: Zuschuß zum Patronatsbaufonds.
Hier wurde zur Sprache gebracht, daß dieser Fonds durchaus zu klein sei, um alle die rechtlichen Verpflichtungen zu erfüllen, welche dem Staat obliegen. Wenn Privatpersonen und Kommunen zu dergleichen Bauten verpflichtet, aber in der Ausführung säumig wären, so würden sie durch Exekution zur rechtlichen Erfüllung ihrer Pflichten angehalten, und nur [der] Fiskus bliebe oft mit den notwendigsten Bauten im Rückstande, nur weil dieser Fonds nicht stark genug dotiert sei. Es möchten deshalb eher bei anderen nicht so notwendigen Ausgaben Ersparnisse veranlaßt werden, um nur für diesen Fonds die Mittel zu finden.
Der Herr Regierungskommissarius *Knerk* erkannte an, daß der Fonds nicht ausreicht, um sofort allen angemeldeten Bedürfnissen zu genügen, daß man aber hoffte, allmählich damit durchzukommen, was aber bis jetzt zu erzielen nicht möglich gewesen.
Es wurde hiernach der Wunsch ausgesprochen, die Staatsregierung möge in Erwägung nehmen, auf den nächsten Staatshaushaltsetat die zur Erfüllung der rechtlichen Verpflichtungen des Staats in Beziehung auf Patronatsbauten erforderlichen Summen aufzubringen.
[…]

38. Aus dem Protokoll der 38. Sitzung der Kommission zur Prüfung des Staatshaushaltsetats des Abgeordnetenhauses. Berlin, 26. März 1855.

Druck, gez. Kühne, Thissen.
Protokolle der Kommission zur Prüfung des Staatshaushaltsetats pro 1855, Berlin 1855, S. 213–215.
(Universitätsbibliothek der HU Berlin, Signatur: F 22532: F4).

Etat des Kultusministeriums. – Budgetrechtliche Diskussion zum Wesen der speziellen Fonds für das Unterrichtswesen und ihrer konfessionellen Zweckbestimmung.

Vgl. Einleitung, S. 59, 157.

Kultusetat: Ausgaben.
Nochmals zum Provinzialschulfonds von Posen.
Budgetrechtliche Diskussion zum Wesen der speziellen Fonds für das Unterrichtswesen und ihrer konfessionellen Zweckbestimmung.

39. Aus dem Protokoll der 32. Sitzung der Kommission zur Prüfung des Staatshaushaltsetats des Abgeordnetenhauses. Berlin, 30. April 1860.

Druck, gez. Frh. v. Schleinitz, Peterson.
Protokolle der Kommission zur Prüfung des Staatshaushaltsetats pro 1860, Berlin 1860, S. 193–197.
(Universitätsbibliothek der HU Berlin, Signatur: F 22532: F4).

Etat des Kultusministeriums. – Die Übernahme der Ausgaben für den Oberkirchenrat auf den Staatshaushalt. – Die Überführung der Zuschüsse zum Patronatsbaufonds vom Extraordinarium in das Ordinarium.

Vgl. Einleitung, S. 40.

Kultusetat: Dauernde Ausgaben.
A. Ministerium. […]
Tit. III Nr. 1: Für den Oberkirchenrat […].
Aus der Kommission wird an den Regierungskommissar *Wilckens* die Frage gerichtet, auf Grund welcher Bestimmung die Kosten für den Oberkirchenrat auf den Staatshaushaltsetat genommen würden, da derselbe doch eine wesentlich kirchliche Behörde sei.
Der Regierungskommissar *Wilckens* erwidert, daß die Ausgaben für den evangelischen Oberkirchenrat bereits im Jahre 1852 auf den Staatshaushaltsetat übernommen worden seien. Rücksichtlich der Begründung derselben bezieht er sich auf die in der 28. Sitzung der damaligen zweiten Kammer am 24. Februar 1852 gepflogenen ausführlichen Verhandlungen (Seite 475–487 der Stenographischen Berichte), in deren Folge von einer Bemängelung der betreffenden Etatpositionen damals Abstand genommen sei.
Beschlussfassung zu Haushaltspositionen.
Kultusetat. Extraordinarium:
C. Tit. X: Zuschuß zum Patronatsbaufonds.
Es stellt der Referent *Schrötter* den Antrag, dem Hause zu empfehlen, daß dieses Extraordinarium schon für dieses Jahr in das Ordinarium aufgenommen werden möge und motiviert denselben dadurch, daß der letzte sechsjährige Durchschnitt dieses Postens die Summe von 300.000 Rtlr. ergebe, daß es notorisch sei, wie auch dieser Betrag nicht ausgereicht habe, um den Patronatspflichten des Fiskus in vollständigem Maße zu genügen, daß die Behörden gegen Private strenger sein müßten, um sie zur Erfüllung solcher Pflichten anzuhalten als gegen den Staat, da diesem für solche Fälle öfter die Mittel fehlten und daß diese Pflichten dauernde seien.
Aus der Kommission wird der Antrag mehrseitig befürwortet.
Der Regierungskommissar *Wilckens* entgegnet, die vom Fiskus zu übernehmenden Staatszuschüsse hätten sich von Zeit zu Zeit gesteigert, die Regierung habe erst einen Behar-

rungszustand abwarten wollen, um eine feste Summe in Vorschlag bringen zu können, welche aus dem Extraordinario auf das Ordinarium zu übernehmen sein möchte. Ein solcher Zustand sei nunmehr eingetreten, und es schwebten deshalb Verhandlungen zwischen dem Ressort- und dem Finanzministerio. Sowie diese zum Abschluß gelangt seien, werde das Gewünschte erfolgen.

Von einer Seite wurde diese Erklärung als genügend erachtet und der Vorschlag gemacht, es hierbei bewenden zu lassen und auf das Bedenkliche des vom Referenten *Schrötter* gestellten Antrages hingewiesen.

Von anderer Seite dagegen wurde die Notwendigkeit, daß dieser Gegenstand möglichst bald geordnet werde, aus den Übelständen, welche aus dem jetzigen Zustande folgten, erkannt und der Antrag gestellt, dem Hause der Abgeordneten zu empfehlen, es möge die Erwartung aussprechen, die Königliche Staatsregierung werde eine dem Bedürfnisse des Patronatsbaufonds entsprechende Summe im nächsten Jahre auf das Ordinarium übernehmen.

Annahme des Antrags.

Beschlussfassung zu Haushaltspositionen.

40. Aus dem Protokoll der 33. Sitzung der Kommission zur Prüfung des Staatshaushaltsetats des Abgeordnetenhauses. Berlin, 1. Mai 1860.

Druck, gez. Frh. v. Schleinitz, Peterson.

Protokolle der Kommission zur Prüfung des Staatshaushaltsetats pro 1860, Berlin 1860, S. 199–205.

(Universitätsbibliothek der HU Berlin, Signatur: F 22532: F4).

Etat des Kultusministeriums. – Der Botanische Garten zu Berlin. – Der Baustop für vier neue Schullehrerseminare im Jahre 1859 wegen der Kriegsgefahr.

Vgl. Einleitung, S. 40.

Kultusetat: Dauernde Ausgaben.

Tit. VI: Universitäten.

Einzelheiten zur Erhöhung der Dotation des botanischen Gartens in Berlin. […]

Der Regierungskommissar *Knerk* verkennt nicht, daß der Zustand des botanischen Gartens nicht allen Ansprüchen genüge, welche man an ein derartiges vollkommenes Institut zu machen berechtigt sei. […]

Die Regierung sehe ein, daß die wissenschaftliche Ausbeute aus der Anlage noch immer nicht von dem Umfange sei, als sie solche wünschen müsse. Sie sei aber unausgesetzt bemüht, solche zu mehren und werde von nun an auch bestrebt sein, den Mängeln abzuhelfen,

da sich der Umfang des Gartens um 12 Morgen erweitert habe und so die Möglichkeit gegeben sei, das bisher vermißte ordnende System mehr als bisher zur allseitigen Ausführung zu bringen.
Einzelheiten, u. a. zum christlich-archäologischen Museum.
Tit. VII: Gymnasien und Realschulen.
Einzelheiten, u. a. zur Regelung des Verhältnisses zwischen dem Joachimstaler Gymnasio und dem von diesem abgezweigten Progymnasio. [...]
Referent *Eckstein* führt ferner aus, die durch Erhöhung der Schulgelder aufgebrachten Mehreinnahmen seien zu Remunerationen der Gymnasiallehrer verwendet worden. [...]
Tit. IX: Kunst und Wissenschaft. [...]
Nach Vollendung der Kunstmuseen in Berlin erscheint es wünschenswert, daß der Spezialetat derselben neu geregelt und dabei ein Fonds zur Vermehrung der Kunstschätze ausgebracht werde.
Beschlussfassung zu Haushaltspositionen.
Kultustetat. Einmalige und außerordentliche Ausgaben. [...]
Tit. III.1 Zum Neubau eines Gymnasialgebäudes zu Kulm: erste Rate 14.760 Rtlr.
Einzelheiten.
Tit. IV. Man bemerkt, daß während im Vorjahre die ersten Raten zum Neubau der Schullehrerseminarien zu Kozmin, Exin, Pölitz, Liebenthal und Peiskretscham aufgeführt seien, sich in diesem Jahre allein die zweite Rate für Pölitz auf dem Etat befinde.
Der Regierungskommissarius *Knerk* erläutert dies dadurch, daß die Provinzialbehörden im vorigen Jahre bei dem Eintreten bedenklicher politischer Zustände angewiesen worden seien, die aus dem Extraordinario zu bestreitenden Bauten zu sistieren, daß aber zur Zeit dieser Anordnung der Bau in Pölitz schon soweit vorangeschritten gewesen, daß die Verwendung der bewilligten ersten Rate erfolgt sei. Um nun den Bau fortsetzen zu können, sei die zweite Rate auf den Etat gebracht.
Beschlussfassung zur Haushaltsposition.

41. Aus dem Protokoll der 9. Sitzung der Kommission zur Prüfung des Staatshaushaltsetats des Abgeordnetenhauses. Berlin, 21. Februar 1865.

Druck, gez. v. Bockum-Dolffs, Eberty.

Protokolle der Kommission zur Prüfung des Staatshaushaltsetats. Haus der Abgeordneten, 8. Legislaturperiode, II. Session 1865, Berlin 1865, S. 45–49. (Universitätsbibliothek der HU Berlin, Signatur: F 22532: F4).

Etat des Kultusministeriums. – Die Besoldung der Elementar- und Gymnasiallehrer und die Staatszuschüsse. – Vorwürfe hinsichtlich einer Benachteiligung sich oppositionell betätigender Lehrer.

Vgl. Einleitung, S. 91.

Der Abgeordnete Twesten erstattete Bericht über den Etat des Ministeriums für Unterrichts- usw. Angelegenheiten. […]

Der Regierungskommissar Knerk bemerkte:

Die Besoldung der Gymnasiallehrer sei sehr bedeutend erhöht; man bemühe sich, den Normaletat zu verwirklichen.

Es wurde von mehreren Mitgliedern der Kommission weiter hervorgehoben, daß die politische Gesinnung bei der Erhöhung des Gehalts und der Zuwendung von Gratifikationen von der Regierung berücksichtigt werde.

Regierungskommissar Knerk bemerkte:

Die Provinzialkollegien seien angewiesen, nicht die Namen der Lehrer zu nennen, sondern nur die Stellen, und könne er deswegen die Rüge nicht für begründet erachten. […]

Ein Abgeordneter bemerkte gegen den Regierungskommissar Knerk:

Die Anordnungen der Zentralbehörden ständen in schreiendem Widerspruch mit den ausführenden Maßregeln der Provinzialbehörden. Er exemplifizierte seine Behauptung durch die Hinweisung auf Zurücksetzungen eines Schulmeisters in seinem Wahlbezirk, dem eine Gratifikation entzogen, weil er im Sinne der Opposition gewählt.

Der Regierungskommissar Knerk erklärte:

Das Ministerium selbst verteile nicht die Unterstützungen der Elementarlehrer, sondern die Provinzialbehörden.

Ein anderes Mitglied der Kommission machte darauf aufmerksam, daß bei Versetzungen auf die politische Gesinnung gesehen werde.

Ein anderes rügte, daß ein Lehrer seines Kreises wegen Anwesenheit bei der Lehrerversammlung auf ein Gesuch um Fixierung abschläglich beschieden worden sei.

Der Regierungskommissar Knerk widersprach diesen Behauptungen und bemerkte, 40.000 Rtlr. seien in den letzten Jahren zur Erhöhung des Gehalts der Gymnasiallehrer verwandt. Die Staatsregierung gehe pari passu mit den städtischen Behörden in den Verbesserungen der Lage der Lehrer.

Ein Mitglied der Kommission hob hervor, daß der Normaletat auf einer Kabinettsordre beruhe. Der Regierungskommissar Knerk ergänzte seine frühere Erklärung, indem er bemerkte: Außer den 40.000 Rtlr. seien aus speziellen Stiftungsfonds und aus den eigenen erhöhten Einnahmen der Anstalten bedeutende Summen zur Erhöhung der Lehrergehälter verwendet. […]

Darüber gefragt, ob diese Seminarien auch für gehobene Stadtschulen zu präparieren bestimmt seien, verneinte der Regierungskommissar *Knerk* diese Frage.

Der Staat habe nur eine subsidiäre Pflicht zur Besoldung der Elementarlehrer. Er habe die Gemeinden zur Erhöhung der Lehrergehälter angehalten.

Die mangelnde Elementarbildung der Rekruten falle demnach der Staatsregierung nicht zur Last.

Ein Abgeordneter bezeichnete 35.000 Rtlr. als einen höchst kläglichen Ansatz des Budgets zur Verbesserung der Lage der Elementarlehrer. Es entfalle 1 Rtlr. pro Kopf auf die Elementarlehrer.

Regierungskommissar Moeller bemerkte, daß diese Durchschnittsannahme nicht zutreffe, weil ein großer Teil der Elementarlehrer der Unterstützung nicht bedürfe.

Hingegen wurde bemerkt, daß bei der ungeheuren Steigerung der Staatslasten der Zwang der Gemeinden zur Erhöhung der Lehrergehälter umso drückender empfunden werde. […]

42. Aus dem Protokoll der 37. Sitzung der Kommission zur Prüfung des Staatshaushaltsetats des Abgeordnetenhauses. Berlin, 4. Mai 1865.

Druck, gez. Stavenhagen, Rassow.
Protokolle der Kommission zur Prüfung des Staatshaushaltsetats. Haus der Abgeordneten, 8. Legislaturperiode, II. Session 1865, Berlin 1865, S. 191–195. (Universitätsbibliothek der HU Berlin, Signatur: F 22532: F4).

Etat des Kultusministeriums. – Die Zulässigkeit einer Neuvergabe von Dotationen aus Stiftungen, deren erledigte Stellen dem Kultusministerium anheimfallen. – Die Zulässigkeit, die Einnahmen von Stiftungen nicht satzungsgemäß zu verwenden, sondern für größere Projekte zu thesaurieren. – Die Einführung des Normaletats für die Gymnasien.

Vgl. Einleitung, S. 89, 157.

[…]
Beratung des Etats des Kultusministeriums. […]
Einnahmen […].
Der Abgeordnete Rohden bringt zur Sprache, daß im verflossenen Jahre bei den übernommenen Dom- und Kollegiat-Stiften drei neue Stellen, und zwar dem General v. Manteuffel, dem Oberpräsidenten v. Witzleben und dem Regierungspräsidenten v. Münchhausen verliehen seien. Nach den früher ergangenen Kabinettsordres, namentlich aus den zwanziger Jahren und vom 28. Februar [1845] und 15. Januar [1847],[1] wäre den Stiftern die Erteilung von Expektanzen untersagt und bestimmt, daß die frei werdenden Geldbeträge zu Schul- und Kultuszwecken verwendet werden sollten. Er glaubt, daß diesem Zwecke durch die Ernennungen entgegengetreten werde und daß die Einnahmen des Kultusministeriums darunter litten.
Er ist ferner der Ansicht, daß diese Sache zum Ressort des Kultusministeriums, nicht zu dem des Ministeriums des Innern, gehört, daß jedoch eine Eruierung der Sache in diesem Jahre nicht mehr zweckmäßig sei. Er stellt den Antrag, das Haus der Abgeordneten wolle beschließen, die Königliche Staatsregierung aufzufordern, dem pro 1866 vorzulegenden Entwurf des Staatshaushaltsetats für das Kultusministerium eine vollständige Auskunft über die in der Provinz Sachsen vorhandenen Stifte Merseburg, Naumburg und Zeitz und die Verwendung der Einkünfte der dabei seit 1820 erledigten Stellen beizufügen.

1 *In der Vorlage:* 28. Februar und 15. Januar 1845*; vgl. das Protokoll der Sitzung der „Kommission zur Prüfung des Staatshaushaltsetats" des Abgeordnetenhauses vom 9.5.1865; abgedruckt im vorliegenden Bd., Dok. Nr. 44.*

Der Regierungskommissarius *Knerk* erklärt, daß die Verwaltung der Stifte zum Ressort des Ministeriums des Innern gehöre, daß für Zwecke der Kultur- und Unterrichtsverwaltung bisher aus erledigten Präbenden der Stifte nichts zur Disposition gestellt worden sei und daher das Ministerium des Innern um die der Kommission erforderliche Auskunft zu ersuchen sein möchte.
Annahme eines dementsprechenden Beschlusses.
Einzelheiten zur Praxis, daß die Erträge des Säkularisationsfonds für die Provinz Posen und des Neuzeller Stiftungsfonds zu Bestandskapitalien angesammelt werden, auch wenn dringende Bedürfnisse des Kultus und Unterrichts, welche bestimmungsmäßig für ihre Befriedigung an jene Fonds gewiesen, vorhanden gewesen und noch seien.
Spezialdiskussion.
Der Regierungskommissarius *Knerk* erklärt, daß die Staatsregierung darauf bedacht sein müsse, zu größeren Ausgaben, namentlich zu Bauten, erheblichere Fonds zu besitzen. Inzwischen würden die Revenuen des Hauptfonds für die Stiftungszwecke verwendet.
Mehrere Mitglieder halten dies Verfahren der Regierung nicht für unzulässig und glauben, daß die Vermehrung der Einnahmen nicht bloß durch die Zinsen des vergrößerten Hauptfonds, sondern vielleicht auch durch größere Erträge der Pachtgrundstücke erzielt sein könnten.
Der Regierungskommissarius *Knerk* erbietet sich, unter Vorlegung des Etats von Neuzelle genauere Auskunft zu geben.
Vertagung der Angelegenheit.
Der Regierungskommissarius *Knerk* erklärt, daß bei Schulen, welche gar keinen Zuschuß vom Staate oder aus Stiftungen, welche vom Staate verwaltet werden, erhalten, die Regierung weder das Recht noch die Befugnis habe, deren Etats zu verlangen und ihre Verhältnisse zu veröffentlichen.
Widerspruch seitens mehrerer Abgeordneter, die namentlich darauf verweisen, daß die Gymnasien, welche keinen Zuschuß bekommen, sich nicht bloß aus Stiftungsmitteln, sondern wesentlich durch die Schulgelder erhalten.
Einzelheiten zu dem ohne Zuschuß *arbeitenden* Wilhelms-Gymnasium *zu Berlin.*
Auf eine weitere Anfrage eines Mitgliedes, ob der Normaletat für die Gymnasien schon zur Ausführung gebracht sei, bemerkt der Regierungskommissarius *Knerk*, dies sei noch nicht der Fall; die Regierung habe festgestellt, daß zur Erreichung des Normaletats bei denjenigen Gymnasien, bei welchen der Staat als Patron verpflichtet sei, noch 70.000 Rtlr. fehlen und daß jetzt darüber verhandelt werde, in welcher Weise diese Mittel aus Stiftungsfonds aufzubringen sind und welchen Betrag der Staat zuschießen müsse. Die Regierung werde demnächst weitere Anträge beim Landtage stellen. Diejenigen Gymnasien, welche bei Durchführung des Normaletats Zuschüsse erhalten, wären in die Zusammenstellung aufgenommen.
Der Antragsteller *Virchow* führt aus, daß die Lehrer derjenigen Staatsanstalten, welche keine Zuschüsse erhalten, wegen ihres Gehaltes Ansprüche an den Staat erhielten, deshalb müßten die Anstalten der Kontrolle der Landesvertretung unterliegen.

Der Regierungskommissarius *Knerk* erwidert, daß solche Lehrer nur vom Staate bestätigt werden und daß sie wegen ihres Gehaltes keine Ansprüche an den Staat besitzen.
Beschlussfassung zu Haushaltspositionen.

43. Aus dem Protokoll der 39. Sitzung der Kommission zur Prüfung des Staatshaushaltsetats des Abgeordnetenhauses. Berlin, 8. Mai 1865.

Druck, gez. v. Bockum-Dolffs, Rassow.
Protokolle der Kommission zur Prüfung des Staatshaushaltsetats. Haus der Abgeordneten, 8. Legislaturperiode, II. Session 1865, Berlin 1865, S. 201–206. (Universitätsbibliothek der HU Berlin, Signatur: F 22532: F4).

Etat des Kultusministeriums - Einnahmen und Ausgaben. – Die katholischen Pfarrstellen am linken Rheinufer.

Vgl. Einleitung, S. 157.

Kultusetat. Einnahmen.
Einzelheiten zum Neuzeller Stiftungsfonds.
Kultusetat. Ausgaben.
Einzelheiten zu den katholischen Pfarrstellen am linken Rheinufer. [...]
Der Regierungskommissarius *Knerk* erwidert, daß die Angelegenheit weitläufig erörtert und daß durch Staatsministerialbeschluß festgestellt sei, daß keine rechtliche Verpflichtung vorhanden, den Geistlichen neu zu errichtender katholischer Succursalen ein Staatsgehalt zu gewähren, der Staat vielmehr nur verpflichtet sei, im Bezirk eines jeden Friedensgerichts wenigstens einem katholischen Pfarrer des Bezirks das den curés im Art. 66 des organischen Gesetzes vom 18. Germinal X vorgesehene Staatsgehalt zu gewähren. Übrigens erkläre die Staatsregierung sich bereit, wenn das Bedürfnis der Errichtung neuer Pfarrstellen vorhanden und zugleich festgestellt sei, daß die kirchlichen Gemeinden nicht selbst zur Dotierung der Pfarrstellen im Stande sind, ihrerseits helfend einzutreten.
Von einem Mitgliede wird hervorgehoben, daß der Staat stets bereit sei, die Lasten der Gemeinden zu vermehren und ihnen die Dotierung aufzuerlegen.
Der Regierungskommissarius *Knerk* bestreitet diese Anführung und hebt wiederholt hervor, daß der Staat eine rechtliche Verpflichtung zur Zahlung der Gehälter nicht anerkennen könne.
Beschlussfassung zu Haushaltspositionen.

44. Aus dem Protokoll der 40. Sitzung der Kommission zur Prüfung des Staatshaushaltsetats des Abgeordnetenhauses. Berlin, 9. Mai 1865.

Druck, gez. Stavenhagen, Eberty.

Protokolle der Kommission zur Prüfung des Staatshaushaltsetats. Haus der Abgeordneten, 8. Legislaturperiode, II. Session 1865, Berlin 1865, S. 207–209. (Universitätsbibliothek der HU Berlin, Signatur: F 22532: F4).

Kultusetat. – Einführung eines besonderen Haushaltstitels für das Turnwesen. – Die Stifter Naumburg, Merseburg und Zeitz.

Vgl. Einleitung, S. 157.

Kultusetat. Ausgaben.
Kap. 45. Tit. 22 *Schullehrerseminarien*
Zur Ausbildung von Turnlehrern 10.000 Rtlr. [...]
Befragt, ob die Benutzung der Zentralturnanstalt für das Zivil aufrecht erhalten werden solle, erklärte der Regierungskommissarius *Stiehl*, die Regierung gehe von der Ansicht aus, daß die Zentralturnanstalt zur Ausbildung der Zivil-Turnlehrer nicht entbehrt werden könne. Der geringste Teil der 10.000 Rtlr. werde für die Zentralturnanstalt verwendet.
Antrag Dr. Virchow: [...], die für das Turnwesen zu bewilligenden Summen in einen besonderen Titel des Etats aufzunehmen.
Der Regierungskommissarius *Stiehl* erklärte sich mit diesem Antrag einverstanden. Es werde dadurch der Staatsregierung eine viel freiere Bewegung in Beziehung auf das Turnen gewährt werden, indem sie dadurch dauernd in den Besitz von Mitteln für diesen Zweck gesetzt werde.
Beschlussfassung zu Haushaltspositionen.
Einzelheiten zu den Stiften Naumburg, Merseburg und Zeitz *sowie dem Domstift* Brandenburg.
Antrag Haacke: [...]
Das Haus der Abgeordneten wolle beschließen, die Königliche Staatsregierung aufzufordern, dem Landtage in dessen nächster Sitzungsperiode einen Gesetzentwurf über die künftige Verwendung der Einkünfte der Domstifte Naumburg und Merseburg und des Kollegiatstiftes zu Zeitz im Sinne des Allerhöchsten Erlasses vom 28. Februar 1845 und 15. Januar 1847 vorzulegen.
[...]

45. Aus dem Protokoll der 41. Sitzung der Kommission zur Prüfung des Staatshaushaltsetats des Abgeordnetenhauses. Berlin, 11. Mai 1865.

Druck, gez. v. Bockum-Dolffs, v. Saucken.
Protokolle der Kommission zur Prüfung des Staatshaushaltsetats. Haus der Abgeordneten, 8. Legislaturperiode, II. Session 1865, Berlin 1865, S. 211–214.
(Universitätsbibliothek der HU Berlin, Signatur: F 22532: F4).

Etat des Kultusministeriums. – Die Zukunft des Dombaus in Berlin. – Die Ritterakademie in Brandenburg. – Ankündigung eines Gesetzes über die Verbesserung der Elementarschullehrergehälter. – Die Kunstmuseen in Berlin.

Vgl. Einleitung, S. 157

Kultusetat. Ausgaben.
Einzelheiten zum Dombau *in Berlin.*
Der Regierungskommissar Knerk erklärt:
Es sei nicht ratsam, einen Bau dem Verfall preiszugeben, der über 300.000 Rtlr. gekostet habe. Er bitte, den Posten nicht anzugreifen, da baldmöglichst eine Entscheidung darüber getroffen werde, was aus dem Bau werden solle.
Einzelheiten zum 1864 *aufgehobenen* Gymnasium in Trzemeszno.
Einzelheiten zur Ritterakademie in Brandenburg.
Budgetrechtliche Diskussion und einstimmiger Beschluss, den Zuschuß von 5.400 Rtlr. *zu verweigern, bis der* Prozeß des Fiskus gegen das Kuratorium *abgeschlossen ist.*
Was die Elementarschullehrer anbetrifft, erklärt der Regierungskommissar *Knerk*, daß die Regierung bereit sei, das Möglichste für Verbesserung der Gehälter der Lehrer zu tun, sie habe aber den Grundsatz, nur da einzutreten, wo die Kommunen, deren Verpflichtung zunächst sie durchaus anerkenne, nicht imstande seien, selbst das Erforderliche zu leisten. Übrigens sei in der Unterrichts-Kommission dieserhalb ein Antrag gestellt und vom Hause angenommen, und die Regierung habe die Absicht, im Sinne dieses Beschlusses im nächsten Jahre ein Gesetz über Verbesserung der Gehälter der Elementarschullehrer vorzulegen; augenblicklich sei sie dazu außerstande.
Beschlussfassung zu Haushaltspositionen.
Kultusetat. Ausgaben für Kunst und Wissenschaft.
Bei Tit. 28 wird gerügt, daß die Verwaltung der Kunstmuseen in Berlin in höchstem Grade mangelhaft sei; nicht nur die Aufstellung der Kunstschätze sei tadelnswert und geschmacklos, sondern es gäbe auch nicht einmal einen Katalog, der zur Belehrung des Publikums doch ganz notwendig sei. Es wird daher von dem Abgeordneten v. Hennig der Antrag gestellt, das Haus wolle beschließen, die Königliche Staatsregierung aufzufordern, den Inhalt

der Museen und namentlich das neue Museum durch die Bezeichnung der Kunstwerke für das Publikum nutzbar zumachen.
Der Antrag wurde einstimmig angenommen.
Zu Tit. 29 und 30 wird der Antrag gestellt von dem Abgeordneten Moeller, das Haus wolle beschließen, die Königliche Staatsregierung aufzufordern, erhöhte Beträge für die Akademie der Wissenschaften und für die Königliche Bibliothek in Berlin auf den nächsten Etat zu bringen.
Der Regierungskommissar *Knerk* wird gefragt, ob von der Regierung das Bedürfnis einer Erhöhung anerkannt wird.
Derselbe erwidert, daß von der Verwaltung ein Bedürfnis augenblicklich nicht angemeldet sei. Er hebt noch das Recht hervor, daß von jedem in Preußen erscheinenden Werke ein Pflichtexemplar eingereicht werden müsse, wodurch ein schöner Zuwachs der Bibliothek entstünde.
Einstimmige Annahme des Antrags.
Beschlussfassung zu Haushaltspositionen.

46. Aus dem Protokoll der 43. Sitzung der Kommission zur Prüfung des Staatshaushaltsetats des Abgeordnetenhauses. Berlin, 12. Mai 1865.

Druck, gez. Stavenhagen, Eberty.
Protokolle der Kommission zur Prüfung des Staatshaushaltsetats. Haus der Abgeordneten, 8. Legislaturperiode, II. Session 1865, Berlin 1865, S. 221–223. (Universitätsbibliothek der HU Berlin, Signatur: F 22532: F4).

Etat des Kultusministeriums. – Die Fixierung des Patronatsbaufonds. – Der Staatszuschuß für die Charité in Berlin. – Der Kölner Dom.

Vgl. Einleitung, S. 157.

Kultusetat. Ausgaben: Öffentlicher Unterricht.
Es ward von einem Mitgliede der Kommission bemerkt, daß zu dem Patronatsbaufonds von 500.000 Rtlr. im Extraordinarium ein Zuschuß von 30.000 Rtlr. (Tit. 32) hinzutrete.
Der Regierungskommissarius *Knerk* wurde befragt, wann es keines Zuschusses mehr bedürfen werde.
Er erklärte, der Zeitpunkt werde nicht mehr fern sein, in welchem sich ein Beharrungszustand erreichen lassen werde.
Beschlussfassung zu Haushaltspositionen.
Kultusetat. Ausgaben: Medizinalwesen.

Beschlussfassung zu Haushaltspositionen.
Der Referent *Moeller* beantragt zu Tit. 42, die Königliche Staatsregierung aufzufordern, in dem nächstjährigen Etat eine angemessene Erhöhung des Staatszuschusses für die Charité zu beantragen und motivierte diesen Antrag dadurch, daß der Zuschuß des Staats zur Unterhaltung der Charité als eine Krankenhaus-Musteranstalt von Bedeutung für das ganze Land sei.
Der Regierungskommissar *Knerk* bemerkte, daß der Zuschuß, wie er bis jetzt der Charité zufließt, auf rechtlichen Verpflichtungen beruht. Die Charité liefere das Material für die wissenschaftliche Ausbildung der Mediziner; was für die von dem Referenten angeregte Erhöhung des Staatszuschusses in Betracht käme.
Der Antrag wurde gegen 6 Stimmen abgelehnt.
Kultusetat. Ausgaben: Kölner Dom.
Zu 2. erklärte der Regierungskommissarius *Knerk* auf Befragen, daß die zur Vollendung des Dombaues in Köln erforderliche Summe noch nicht feststehe.
Einzelheiten zu den Kosten für den Bau des chemischen Laboratoriums in Berlin.
Beschlussfassung zu Haushaltspositionen.

47. Aus dem Protokoll der 1. Sitzung der Budgetkommission des Abgeordnetenhauses, 12. Legislaturperiode, II. Session. Berlin, 8. Februar 1875.

Metallographierte Ausfertigung, gez. Lasker, Frh. v. Heeremann, Weber, Tiedemann.
GStA PK, I. HA Rep. 151, I A Nr. 776, n. f.

Etat des Kultusministeriums. – Zuschüsse zur Verbesserung der äußeren Lage der Geistlichen und Lehrer. – Entschädigung der Geistlichen und Kirchendiener für den Ausfall an Stolgebühren.

Vgl. Einleitung, S. 73.

[…]
Kap. 126: *Kunst und Wissenschaft.*
Information, daß die Staatsregierung im Laufe der nächsten Tage den Plan für die Reorganisation der Akademie der Künste vorlegen werde.
Routinemäßige Beschlussfassung zu Haushaltspositionen.
Kap. 127: *Kultus und Unterricht gemeinsam.*
Tit. 3*: Zur Verbesserung der äußeren Lage der Geistlichen und Lehrer.*
Abgeordneter Miquel: Die Staatsregierung habe dem Vernehmen nach den Geistlichen und Lehrern Zuschüsse zur Verbesserung ihrer äußeren Lage auf 10 Jahre bewilligt. Dies entspre-

che nicht den vorjährigen Beschlüssen des Hauses, durch welche die gedachten Zuschüsse nur für das laufende Etatsjahr bewilligt seien. Er wünsche die Verfügung zu sehen, durch welche die Zuschüsse festgestellt wurden, um beurteilen zu können, ob der Staat den Geistlichen pp. gegenüber auf einen bestimmten Zeitraum rechtliche Verpflichtungen eingegangen.
Regierungskomissar Geheimer Rat Schallehn:
Er sei im Augenblicke nicht in der Lage, die gewünschte Verfügung vorzulegen. Die Staatsregierung glaube aber nach den Intentionen des Hauses gehandelt zu haben, wenn sie wie geschehen verfahre. Sie betrachte die Zuschüsse nicht als dauernde Dotationen, sondern lediglich als temporäre Bedürfniszuschüsse, habe aber eine Bewilligung auf eine gewisse Reihe von Jahren für notwendig gehalten, damit die Geistlichen sich wirtschaftlich einrichten könnten.
Routinemäßige Beschlussfassung zu Haushaltspositionen.
Diskussion zur Denkschrift, betreffend die Entschädigung der Geistlichen und Kirchendiener gemäß § 54 Absatz 2 des Gesetzes vom 9. März 1874 für den Ausfall an Stolgebühren (Zu Kapitel 127, Titel 15).
Einzelheiten.
Routinemäßige Beschlussfassung zu Haushaltspositionen und zu Entschließungsanträgen.
Zur Geschäftsordnung.

48. Aus dem Protokoll der 4. Sitzung der Budgetkommission des Abgeordnetenhauses, 12. Legislaturperiode, II. Session. Berlin, 20. Februar 1875.

Metallographierte Ausfertigung, gez. Virchow, Bernards.
GStA PK, I. HA Rep. 151, I A Nr. 776, n. f.

Etat des Kultusministeriums. – Hochschule für Musik. – Die Dopplung von Professuren durch Berufungen seitens des Ministeriums und die Selbstverwaltung der Universitäten.

Vgl. Einleitung, S. 83.

[…]
Titel 110 des Extraordinarii: *Zur Beschaffung von Räumen für die mit der Akademie der Künste zu Berlin verbundene Hochschule für Musik.*
Einzelheiten.
Kap. 123: Universitäten.
Einzelheiten, u. a. zum Problem der Dopplung von Professuren in einzelnen Fakultäten.
Geheimer Rat Dr. Goeppert erwidert, daß die Regierung an die Stellenzahl des Etats gebunden sei. Bei transitorischen Maßregeln, sogenannten Aussterbeprofessuren, komme

zeitweilig eine Duplizität vor, die sich aus dem Hauptetat erkennen lasse in der als künftig wegfallend bezeichneten Summe. Die Mehrzahl der neu errichteten Professuren bezwecke dagegen seine dauernde Vermehrung des Bestandes. Die Regierung wolle den Fakultäten möglichst entgegenkommen, aber nicht auf deren Anträge warten, sondern ein selbständiges Einschreiten ex officio sich wahren. Eine Lähmung der Zentralstelle müsse bedenklich erscheinen, zumal bei der jetzigen Mitwirkung des Landtags die Notwendigkeit der Rückfrage an die Fakultät nicht anzunehmen sei. [...]
Geheimer Rat Dr. Goeppert bemerkt, daß die Fakultät nur ein Vorschlagsrecht für vorhandene Stellen habe mit der Befugnis, etwaige Lücken anzuzeigen. Der Minister sei berechtigt, mit eigenen Augen zu schauen. Zugleich liege hier eine Frage der Delikatesse vor.
Abgeordneter Dr. Seelig betont das Prinzip der Selbstverwaltung als Kern der Entwicklung der deutschen Universitäten; die lokalen Verhältnisse seien den Näherstehenden besser bekannt.
Referent *Virchow* hebt hervor, daß im absolutistischen Staate gerade nach dem Sinne des Antrags verfahren werde, indem in den Statuten die Nominalprofessuren festgestellt seien. Der Etat sei übrigens in jedem Jahre abzuändern und eine geheime Information der Regierung durch unberufene Ratgeber nicht wünschenswert.
Abgeordneter Dr. Mommsen, welchem mit Zustimmung der Kommission das Wort erteilt wurde, ist der Ansicht, daß die Fakultät nur zu einer Begutachtung berechtigt sei und die Regierung zuweilen wohl tue, wenn sie in Betreff der Personenfrage sich nicht an die Priorität der Einzelvorschläge binde. Viel wichtiger erscheine die Anhörung der Fakultät bei Gründung neuer Lehrfächer, indem hierdurch der Lehrplan geändert werde, für welchen die Fakultät eine gewisse Verantwortlichkeit habe. Die Vermehrung der Fächer würde leicht zur Verflachung und Zersplitterung führen und in dieser objektiven Hinsicht müsse man eine Erweiterung der Fakultätsrechte anstreben.
Abgeordneter Schroeder (Lippstadt) weist darauf hin, daß die Bevormundung durch den Staat auf allen Gebieten vielfach von den Majoritätsparteien empfohlen werde und tadelt die neue Gründung von Geographieprofessuren mit Bezugname auf den mangelhaften Zustand des Gymnasialunterrichts.
Geheimer Rat Dr. Goeppert erwidert, daß schon früher in Preußen geographische Professuren und Vorlesungen existierten, solche ebenso in Leipzig, München, Straßburg vorhanden sind. Es handle sich jetzt nur um eine Ergänzung, die notwendig sei wegen [der] Gymnasialverhältnisse. Prinzipiell könne die Sache nur beim Unterrichtsgesetz geregelt werden.
Routinemäßige Beschlussfassung zu Haushaltspositionen und zu Entschließungsanträgen.
Referent *Virchow* regt die Frage an, ob nicht im nächsten Etat das astrophysikalische Observatorium bei Potsdam aus dem Etat der Universität Berlin, mit welcher es in keinem Zusammenhange stehe, auszuscheiden sei.
Geheimer Rat Dr. Goeppert erwidert, daß über die definitive Platzierung dieses Instituts, welches möglicherweise mit der Akademie der Wissenschaften zu verbinden oder unter

Kap. 126 Tit. 7a zu bringen sei, noch nicht disponiert werden könne, indem man auf die Person des künftigen Direktors Rücksicht zu nehmen habe.
Routinemäßige Beschlussfassung zu Haushaltspositionen.

49. Aus dem Protokoll der 6. Sitzung der Budgetkommission des Abgeordnetenhauses, 12. Legislaturperiode, II. Session. Berlin, 24. Februar 1875.

Metallographierte Ausfertigung, gez. Virchow, Hoppe.
GStA PK, I. HA Rep. 151, I A Nr. 776, n. f.

Etat des Kultusministeriums. – Verbesserung der Lage der Privatdozenten.

Vgl. Einleitung, S. 81 f.

[…]
Ordinarium des Kultusministeriums.
Kap. 123: *Universitäten.*
Einzelheiten zur Verbesserung der Lage der Privatdozenten.
Regierungskomissar Geheimer Rat Dr. Goeppert: […]
Auf allen preußischen Universitäten seien gegenwärtig nur 7 juristische und 10 theologische Privatdozenten vorhanden. Es sei nicht die Absicht, feste Privatdozentenstellen zu schaffen, sondern lediglich solche, die sich der akademischen Laufbahn widmen wollten, vor wirklichem Mangel zu schützen. Die Staatsregierung wünsche in der Lage zu sein, eine Summe zu erhalten, durch welche strebsamen Privatdozenten eine Unterstützung ohne erniedrigenden Beigeschmack gewährt werden könne. Die Fakultäten würden bei der Verteilung der Stipendien zu Rat gezogen werden.
Routinemäßige Beschlussfassung zu Haushaltspositionen und zu Entschließungsanträgen.
Extraordinarium.
Budgetrechtliche Diskussion.
Routinemäßige Beschlussfassung zu Haushaltspositionen und zu Entschließungsanträgen.
Einzelheiten, u. a. zum Ankauf der mineralogischen, oryktognostischen Sammlung *von* Dr. Krantz in Bonn *für die dortige* Universität.
Routinemäßige Beschlussfassung zu Haushaltspositionen und zu Entschließungsanträgen.

50. Aus dem Protokoll der 7. Sitzung der Budgetkommission des Abgeordnetenhauses, 12. Legislaturperiode, II. Session. Berlin, 25. Februar 1875.

Metallographierte Ausfertigung, gez. Virchow, Tiedemann.
GStA PK, I. HA Rep. 151, I A Nr. 776, n. f.

Etat des Kultusministeriums. – Reorganisation der Akademie der Künste.

Vgl. Einleitung, S. 81 f.

[…]
Kultusetat. Ordinarium *und Extraordinarium.*
Kap. 126: *Kunst und Wissenschaft.*
Reorganisation der Akademie der Künste.
Einzelheiten, u. a. zur Ausbildung des weiblichen Geschlechts auf künstlerischem Gebiete *und zur Stellung der sogenannten* Meisterateliers *in der* Künstlerschule.
Beschlussfassung zu Haushaltspositionen und zu Entschließungsanträgen.

51. Aus dem Protokoll der 8. Sitzung der Budgetkommission des Abgeordnetenhauses, 12. Legislaturperiode, II. Session. Berlin, 26. Februar 1875.

Metallographierte Ausfertigung, gez. Virchow, Hundt von Hafften.
GStA PK, I. HA Rep. 151, I A Nr. 776, n. f.

Etat des Kultusministeriums. – Gymnasien und Realschulen. – Wohnungsgeldzuschüsse für städtische Anstalten. – Zuschuss für ein in Hannover zu errichtendes staatliches Gymnasium. – Staatszuschüsse für städtische Schulen bei Wahrung des Selbstverwaltungsrechts der Kommunen.

Vgl. Einleitung, S. 92.

[…]
Kultusetat. Ordinarium.
Kap. 124: *Gymnasien und Realschulen.*
Einzelheiten.
Referent Abgeordneter Dr. Wehrenpfennig […] motiviert seinen Antrag wegen Veränderung der Überschrift zu Tit. 5. Im vorigen Jahre habe man noch nicht übersehen können, wie viel von der in diesem Titel ausgeworfenen Summe für Beihilfen zu Wohnungszu-

schüssen bei städtischen Anstalten übrig bleiben werde und daher sich mit dem damals beschlossenen Vermerk begnügt, jetzt aber, wo nur noch 6 Anstalten den Normaltetat nicht hätten, und mindestens 180–200.000 Mark zu jenen Beihilfen übrig bleiben, müsse man den Zweck im Vermerk nunmehr als Hauptzweck in den Titel selbst zu [!] stellen, [um] dadurch der Staatsregierung auszudrücken, daß sie die Summe der Titel auch wirklich zu Wohnungsgeldzuschüssen voll und ganz verwenden könne. In diesem Sinne beantragt er eine Änderung der Titelüberschrift und meint, daß, wenn die vorhandenen Fonds von 180–200.000 M in diesem Jahre zu Wohnungsgeldüberschüssen[1] verwendet würden, man auch in die Lage komme, genau zu übersehen, um wieviel dieser Titel später erhöht werden müsse.

Beschlussfassung zu Haushaltspositionen und zu Entschließungsanträgen.

Zu Tit. 2: *Zuschuss für ein in Hannover zu errichtendes staatliches Gymnasium über 13.000 M* bemerkt der Vorsitzende Dr. Virchow, ob der Staat für die hannöverschen Schulen, speziell das Gymnasium zu Hannover, nicht den Hannoverschen Klosterfonds mobilisieren könne, was Geheimer Oberregierungsrat Dahrenstädt deshalb für unmöglich erklärt, weil Hannover noch 5 höherer Lehranstalten bedürfe, der hannöversche Klosterfonds aber schon durch die Universität Göttingen stark in Anspruch genommen werde.

Beschlussfassung zu Haushaltspositionen und zu Entschließungsanträgen.

Abgeordneter Miquel: *zu Unterstützungen an* Kommunalschulen […].

Die Staatsunterstützungen dürften nicht unter Vorbehalt der Gewährung von Patronatsrechten gesichert sein. Die Selbständigkeit und Bewegungsfreiheit der Kommunalschulen sei die Grundbedingung ihrer Entwicklung. Geheimer Rat Dahrenstädt erklärt, eine Einmischung in die Interna der Schulverwaltung habe nur aus Gründen der Staatssicherheit und Unterrichtsfreiheit bei den konfessionellen Schulen in Westfalen stattgefunden, in Hannover habe die Regierung die Bewilligung von Staatszuschüssen lediglich an die Erfüllung finanzieller Forderungen geknüpft, z. B. daß Überschüsse aus Staatszuschüssen nicht kapitalisiert, Lehrern nicht Zuschüsse aus Schulfonds, sondern nur aus dem dazu bestimmten Etatstitel gewährt werden dürften, Überschüsse regelrecht abzuheben seien und nicht willkürlich verwendet werden könnten.

Der Vorsitzende *Virchow* erteilt dem Abgeordneten Hofmann das Wort zu Begründung der in der Unterrichtskommission angenommenen Anträge zwecks Erhöhung der Staatszuschüsse zu den städtischen Lehranstalten. Letzterer führt aus, wie der Staat an die Gewährung seiner Zuschüsse nie allein finanzielle Bedingungen knüpfe, wie wenig er sich mit einer Kontrolle begnüge, welche lediglich die bestimmungsmäßige Verwendung der gewährten Zuschüsse bezwecke, sondern wie sehr er in die Externa der Schule einzudringen suche, sein Konpatronat zur Beschränkung des Wahlrechts der Gemeinden benutze. Das Patronatsrecht der Gemeinden, namentlich die Freiheit bei Besetzung der einzelnen

1 *In der Vorlage:* Wohnungsüberschüssen.

Lehrerstellen, müßte gesichert sein. Der Begriff des Patronatsrechts sei ebensowenig gesetzlich geregelt, als eine gesetzliche Bestimmung bis dahin darüber erfolgt, was zu den internen und was zu den externen Angelegenheiten der Schule gehöre. Seit 5 Jahren habe der Staatszuschuß sich den Kommunalschulen gegenüber um 10 Prozent erhöht, desto größer sei die Gefahr eines staatlichen Übergriffs.

Nachdem Abgeordneter Miquel darauf hingewiesen, wie es dem gesunden Grundsatze der Selbstverwaltung auf dem Schulgebiete widerstreite, die städtischen Schulbehörden zu unterwerfen, der Abgeordnete Dr. Röpell auf das tendenziöse Vorgehen der Regierung unter Eichhorn, Raumer und Mühler hingewiesen, welche das Anstellungsrecht lediglich nach ihren religiös-politischen Anschauungen gemißbraucht hätten, eine Gefahr, die allerdings jetzt nicht vorliege, wird der Antrag Miquel von der Kommission zu Kap. 125 Tit. 4 und 5 angenommen. Derselbe lautet:

Das Haus der Abgeordneten wolle beschließen, der Staatsregierung gegenüber zu erklären, daß der Landtag bei der Bewilligung der Zuschüsse an Gemeinden zur Unterhaltung höherer Schulen von der Voraussetzung ausgegangen ist, daß seitens der Staatsregierung die Gewährung derselben nicht von einer Beschränkung der bestehenden Verwaltungs- und Patronatsrechte der Gemeinden abhängig gemacht werde und die Staatsregierung aufzufordern, in Gemäßheit ihres früher hiermit ausgesprochenen Einverständnisses, dieser Voraussetzung gemäß zu verfahren und sich auf die Kontrolle der bestimmungsgemäßen Verwendung der gewährten Zuschüsse zu beschränken.

Beschlussfassung zu Haushaltspositionen und zu Entschließungsanträgen.

Die Abgeordneten Witte [und] Hoffmann, denen das Wort als Vertreter der Unterrichtskommission erteilt wird, weisen auf die Anträge der Unterrichtskommission hin, welche die Erhöhung und Ausdehnung der Staatsunterstützungen für das höhere städtische Schulwesen ins Auge fassen. Von den 424 höheren städtischen Lehranstalten hätten überhaupt erst 154 Wohnungszuschüsse erhalten, es bleibe also noch viel zu tun übrig, namentlich da die Wohnungszuschüsse fast $^1/_6$ des ganzen Einkommens betrügen. Es müsse die Leistungsfähigkeit der Gemeinden geprüft und darnach der Staatszuschuß bemessen werden. Auch eine prinzipielle Verschiedenheit in der Behandlung der Lehranstalten aus politischen und religiösen Gründen sei verwerflich. Leiste die Schule nichts, müsse sie reorganisiert oder aufgelöst werden, einen Unterschied der finanziellen Behandlung aus konfessionellen Gründen zu machen, sei vom Staate ungerechtfertigt.

Beschlussfassung zu Haushaltspositionen und zu Entschließungsanträgen.

[…]

52. Aus dem Protokoll der 9. Sitzung der Budgetkommission des Abgeordnetenhauses, 12. Legislaturperiode, II. Session. Berlin, 27. Februar 1875.

Metallographierte Ausfertigung, gez. Virchow, Tiedemann.
GStA PK, I. HA Rep. 151, I A Nr. 776, n. f.

Etat des Kultusministeriums: Extraordinarium und Ordinarium. – Erarbeitung eines Stadtplans von Berlin, in dem alle dem Fiskus gehörenden Grundstücke eingezeichnet sind. – Plan für den Neubau der großen Staatsanstalten für Wissenschaft und Kunst in Berlin. – Denkschrift über den Hannoverschen Klosterfond.

Vgl. Einleitung, S. 92.

[…]
Kultusetat. Extraordinarium.
Einzelheiten, u. a. zur Herstellung des Reiterstandbildes des hochseligen Königs Friedrich Wilhelm IV. *sowie zur Erarbeitung eines Stadtplans von Berlin, in dem alle dem* Fiskus *gehörenden* Grundstücke *eingezeichnet sind, der der Budgetkommission als Hilfsmittel zur Beurteilung von Bauprojekten vorzulegen ist.*
Spezialdiskussion.
Annahme der Resolution, […]
die Königliche Regierung erneut und dringend aufzufordern, einen geordneten Plan für den Neubau der großen Staatsanstalten für Wissenschaft und Kunst in Berlin aufstellen zu lassen und bei der Beratung des nächsten Etats vorzulegen, wobei namentlich die Akademie der Künste, das ethnologische Museum und die medizinischen Kliniken, das Gewerbemuseum und die Räume für Kunstausstellungen in Betracht zu ziehen sind. Dabei ist eine nahe Zusammenlegung der verwandten Anstalten und die Möglichkeit künftiger Entwicklungen ins Auge zu fassen.
Beschlussfassung zu Haushaltspositionen und zu Entschließungsanträgen.
Kap. 124, *126 und 127* des Ordinariums: *Gymnasien und Realschulen; Kunst und Wissenschaft; Kultus und Unterricht gemeinsam.*
Spezialdiskussion.
Beschlussfassung zu Haushaltspositionen und zu Entschließungsanträgen.
Ministerialdirektor Greiff gibt mit Bezug auf den vorjährigen Beschluß des Hauses, die Königliche Staatsregierung zu ersuchen, mit dem Etatentwurfe pro 1875 eine Denkschrift über die Entstehung, den rechtlichen Charakter und den Umfang der Verbindlichkeiten des Hannoverschen Klosterfonds dem Hause vorzulegen, nachstehende Erklärung ab:
Es ist zunächst seitens des Staatsministeriums das umfangreiche Material für die gewünschte Denkschrift vollständig und übersichtlich zu beschaffen gewesen. Nachdem dies geschehen, haben die in der Denkschrift zu behandelnden prinzipiellen Fragen zum Gegenstande

eingehender Erörterung der beteiligten Ressorts gemacht werden müssen. Von dem bevorstehenden Abschlusse der hierüber gepflogenen Verhandlungen hängt die Fertigstellung der Denkschrift ab, weshalb dieselbe für die Beratung des diesjährigen Etats noch nicht vorgelegt werden kann.

53. Aus dem Protokoll der 10. Sitzung der Budgetkommission des Abgeordnetenhauses, 12. Legislaturperiode, II. Session. Berlin, 2. März 1875.

Metallographierte Ausfertigung, gez. Virchow, Tiedemann.
GStA PK, I. HA Rep. 151, I A Nr. 776, n. f.

Etat des Kultusministeriums. – Verbesserung der Besoldung an den Schullehrerseminaren.

Vgl. Einleitung, S. 92.

[…]
Ordinarium des Kultusetats.
Kap. 125: Elementarunterrichtswesen.
Referent Abgeordneter Dr. Wehrenpfennig beantragt, „die Staatsregierung aufzufordern, den Normalbesoldungsetat für die Schullehrerseminarien einer Revision zu unterziehen und im nächsten Jahre einen anderweitigen Etat vorzulegen, in welchem namentlich die Gehälter der ordentlichen Seminarlehrer dem Bedürfnis gemäß verbessert werden."
Regierungskommissar Geheimer Regierungsrat Schneider gibt zu, daß der Etat vielleicht in einigen Punkten verbesserungsfähig oder gar verbesserungsbedürftig sei; es sei indessen bis jetzt noch immer gelungen, geeignete Kräfte für das Seminarlehrerwesen zu gewinnen, und im übrigen die Frage als eine Finanzfrage zu betrachten.
Regierungskommissar Geheimer Oberfinanzrat Hoffmann:
Die Staatsregierung sei der Ansicht, daß die Zeitverhältnisse nicht geeignet seien, mit neuen umfassenden Erhöhungen der Beamtengehälter vorzugehen. Die Erhöhung der Gehälter stehe, besonders soweit es sich um die untersten Beamtenkategorien handle, mit der Frage der Arbeitslöhne im engsten Zusammenhange. Die zahllosen Petitionen der unteren Beamten betonten durchgängig, daß ihr Einkommen nicht demjenigen eines gewöhnlichen Handarbeiters entspreche. Hierbei werde übersehen, daß der Arbeiter durch Krankheit, Invalidität pp. einen Ausfall in seinem Einkommen erleide, welcher in diesem Umfange den Beamten niemals treffe. Sodann müsse berücksichtigt werden, daß die Höhe der Arbeitslöhne der letzten Jahre nicht als dauernd anzusehen sei, daß vielmehr nach Lage des Arbeitsmarktes ein wesentlicher Rückgang des Arbeitslohnes in Aussicht stehe. Die Staatsregierung halte es für bedenklich, eine Erklärung abzugeben, welche in den betreffenden Kreisen die Hoffnung

erwecken könnte, man beabsichtige die allgemeinen Gehaltserhöhungen des Jahres 1872 fortzusetzen. Sie müsse auch wünschen, daß seitens des Hauses kein derartiger Beschluß gefaßt werde. Damit sei nicht ausgeschlossen, daß einzelne Beamtenkategorien, welche vielleicht in der allgemeinen Skala nicht richtig platziert seien, hinsichtlich ihrer Gehaltsbezüge einer Revision unterzogen würden. Aber äußerste Vorsicht sei anzuempfehlen.
Spezialdiskussion.
Beschlussfassung zu Haushaltspositionen und zu Entschließungsanträgen.
Einzelheiten, u. a. zur Besoldung der Elementarlehrer, *insbesondere* die zu Alterszulagen bestimmten Mittel soweit zu erhöhen, daß den Lehrern nach 10 bis 20 Dienstjahren 50 bis 100 Taler Alterszulagen gewährt werden können. [...]
Regierungskommissar Geheimer Oberfinanzrat Hoffmann: Im Anschluß an seine frühere Erklärung müsse er bitten, den Antrag des Referenten *Wehrenpfennig* sub 2 abzulehnen. Der Staat stehe vor der Eventualität einer Erhöhung der Matrikularbeiträge an das Reich; die Bergwerke und Eisenbahnen würden geringere Erträge wie [!] bisher liefern. Zu einer Erhöhung der Lehrergehälter, in irgendeiner Form über die Vorschläge der Staatsregierung hinausgehend, sei die Zeit nicht geeignet.
Spezialdiskussion.
Beschlussfassung zu Haushaltspositionen und zu Entschließungsanträgen.
[...]

54. Aus dem Protokoll der 10. Sitzung der Budgetkommission des Abgeordnetenhauses, 14. Legislaturperiode, I. Session. Berlin, 28. November 1879.

Metallographierte Ausfertigung, gez. Benda, Strippelmann.
Protokolle der Budget-Kommission 1879/80, 19v–22v
(Staatsbibliothek Berlin, Signatur: 4"Sx4643-1879/80).

Kultusetat. – Anforderung näherer Informationen zu mehreren Haushaltspositionen. – Förderung des höheren Mädchenschulwesens. – Vermehrte Ausbildung von Turnlehrern. – Ausbau des Schulinspektionswesens.

Vgl. Einleitung, S. 81 f.

[...]
Kultusetat.
Einnahmen und Ausgaben der Porzellanmanufaktur.
Beschlussfassung zu Haushaltspositionen.
Kap. 110: Gerichtshof für kirchliche Angelegenheiten. [...]

Herr Abgeordneter Janssen wünscht, daß dem Hause eine Übersicht der Geschäftstätigkeit des Gerichtshofes für kirchliche Angelegenheiten während des letzten Geschäftsjahres vorgelegt werde. – Der Herr Kultusminister *Puttkamer* sagt zu, diese Vorlage in Erwägung ziehen zu wollen.

Beschlussfassung zu Haushaltspositionen.

Kap. 115: Bistümer und zugehörige Institute.

Zu Tit. 1 stellt Herr v. Huene den Antrag (sowie ad No. 40 Drucksachen), „die Staatsregierung zu ersuchen, die mitgeteilte Nachweisung so einzurichten, daß daraus ersichtlich ist, welche Beträge 1) für Geistliche, 2) für Kirchendiener, 3) Kirchenfabriken gezahlt werden.

Wird seitens des Herrn Regierungskommissars *Schulze* zugesagt.

Beschlussfassung zu Haushaltspositionen.

Kap. 120 Tit. 1 Gymnasien und Realschulen [...]

Tit. 5 *Zur Erfüllung des Normaletats vom 20.4.1872 bei den Gymnasien und Realschulen 1. Ordnung, zu Besoldungsverbesserungen für die technischen, Hilfs- und Elementarlehrer an diesen Anstalten und für Dirigenten und Lehrer an allen übrigen höheren Unterrichtsanstalten sämtlicher Landesteile, sowie zu Beihilfen zu Wohnungsgeldzuschüssen an die Dirigenten und Lehrer der nicht ausschließlich vom Staate unterhaltenen höheren Unterrichtsanstalten.*

Wird vom Abgeordneten Dr. Weber ersucht, die zugesagte „Nachweisung über die finanziellen Verhältnisse der sämtlichen städtischen höheren Lehranstalten und eine vergleichende Übersicht der Kommunalsteuerbeträge und der Aufwendungen für das Schulwesen in den betreffenden Städten" zugehen zu lassen.

Beschlussfassung zu Haushaltspositionen.

Tit. 9 *Zuschüsse zur Unterhaltung höherer Mädchenschulen*

Wird von Herrn v. Heeremann auf eine gleichmäßigere Verteilung der Zuschüsse hingewiesen.

Herr Abgeordneter Grumbrecht spricht die Ansicht aus, daß Zuschüsse zu derartigen Mädchenanstalten überhaupt abzuweisen seien.

Herr Regierungskommissar *Schulze* legt klar, daß diese Zuschüsse nach verschiedenen Richtungen vollste Berechtigung haben und daß auch die Verteilung auf begründete Erwägungen basiert werde.

Beschlussfassung zu Haushaltspositionen.

Kap. 121: Elementarunterrichtswesen.

Referent von Heeremann ersucht um Aufklärung über die Erweiterung der Lehrkräfte.

Werden von dem Herrn Regierungskommissar *Schulze* erteilt.

Beschlussfassung zu Haushaltspositionen.

Turnlehrer-Bildungswesen.

Tit. 17: Abgeordneter v. Heeremann glaubt, daß zum Teil eine Übertreibung in dem Turnlehrerwesen z. Zt. stattfinde und bittet um näheren Aufschluß. Herr Regierungskommissar

Dr. Schneider teilt genauere Details mit, womit sich Herr Referent *Heeremann* befriedigt erklärt.
Beschlussfassung zu Haushaltspositionen.
Tit. 23 Elementarschulen: [Es] findet auf Anregung des Herrn Referenten Dr. Virchow, welcher unmittelst wieder eingetroffen und das Referat übernommen hat, eine Nachweisung und Aufklärung über das Schulinspektionswesen durch den Herrn Regierungskommissar *Schneider* statt, wodurch die Berechtigung einer Vermehrung derselben nachgewiesen wird. Hiermit erklärt sich Herr Referent *Virchow* befriedigt.
Beschlussfassung zu Haushaltspositionen.

55. Aus dem Protokoll der 11. Sitzung der Budgetkommission des Abgeordnetenhauses, 14. Legislaturperiode, I. Session. Berlin, 29. November 1879.

Metallographierte Ausfertigung, gez. Benda, Tomasczewski.
Protokolle der Budget-Kommission 1879/80, Bl. 23–26, 32
(Staatsbibliothek Berlin, Signatur: 4“Sx4643-1879/80).

Kultusetat. – Die Ausgabenstruktur bei den Berliner Kunstmuseen. – Die Wiederbesetzung der Stelle des Konservators der Kunstdenkmäler. – Ausbau der Technischen Hochschule Aachen. – Der Umzug des Kunstgewerbemuseums in Berlin.

Vgl. Einleitung, S. 81 f.

Kultusetat.
Kap. 122*: Kunst und Wissenschaft.*
Titel 6: Kunstmuseen in Berlin. Sonstige sächliche Ausgaben (Bürokosten, besondere wissenschaftliche Arbeiten und Reisen, Dienstkleidung, Heizung, Licht, Miete usw.)
Bei Tit. 6 regt Abgeordneter Rickert die Frage an, ob es gerechtfertigt sei, die sämtlichen, speziell aufgeführten Ausgaben, welche zum Teil einmalige Einrichtungen beträfen, in einem Titel für laufende Unterhaltungskosten zu bringen.
Der Herr Regierungskommissar bemerkt:
a) daß dem qu[aestionierten] Titel alle Ausgaben zur Last fielen, welche die Vermehrung, Aufstellung und Konservierung der Sammlungen zum Zwecke hätten,
b) daß auf diesem Gebiete in den letzten Jahren sehr bedeutende Ausgaben erwachsen seien, z. B. bei dem Kupferstichkabinett und der ethnologischen Sammlung, welche ziffernmäßig um so weniger gerechtfertigt werden könnten, als sie sich vorwiegend aus kleinen Posten zusammensetzten,
c) daß die zur Diskussion stehenden Ausgaben zum Teil allerdings einmalige, vielleicht

in das Extraordinarium gehörige seien, welche indessen durch ihre stetige Wiederkehr die Natur von ordentlichen Ausgaben angenommen hätten.

Beschlussfassung zu Haushaltspositionen.

Im Abschlusse stellt Abgeordneter Graf Limburg an die Staatsregierung die Frage, wie es mit der Wiederbesetzung der Stelle des Konservators der Kunstdenkmäler stehe und wie sich die Regierung die Ausführung der Konservierung der Kunstdenkmäler denke?

Der Herr Minister *Puttkamer* erwidert: daß die qu[aestionierte] Stelle besetzt werden würde, sobald sich eine für dieselbe geeignete Persönlichkeit gefunden haben möchte und daß die Regierung mit Erwägungen darüber beschäftigt sei, wie die Konservierung der Kunstdenkmäler in ein System zu bringen sei. Es werde der qu[aestionierten] Frage regierungsseitig eine große nationale Bedeutung beigemessen.

Kap. 123 Tit. 1: *Technische Hochschule in Berlin*

Einzelheiten zur Verwendung des Gehalts des beurlaubten Professors Reuleaux, *der* auf Wunsch des Reichs *ggf. die* Funktionen des Reichskommissars für die Ausstellungen in Australien *übernimmt.*

Beschlussfassung zu Haushaltspositionen.

Bei Tit. 3 *(Technische Hochschule in Aachen)* vermißt Referent *Virchow* den Nachweis über die Einnahme der in den Bemerkungen erwähnten 100.000 Mark.

Der Regierungskommissar erklärte darauf in Bezug der neuen Positionen des Etats für die Einrichtung einer Bergbauabteilung in Aachen, nämlich:

a) 5.000 Mark Durchschnittsbesoldung für den Lehrstuhl (Tit. 3)

b) 2.000 Mark Remunerierung für den Unterricht in der Markscheidekunst (Tit. 7)

c) 1.050 Mark Remunerierung eines Sammlungsdieners (Tit. 7)

daß die Staatsregierung diese Positionen nicht eher zur Ausgabe bringen werde, als bis die seitens der Aachener und Münchener Feuerversicherungsgesellschaft und dem Verein für Förderung der Arbeitsamkeit angebotenen 100.000 Mark zur sächlichen Einrichtung der Bergbau-Abteilung an die Hochschule eingezahlt sein würden resp. deren ratenweise Einzahlung sichergestellt sein würde.

Tit. 4–18 werden bewilligt.

Bei Tit. 3 stellt Abgeordneter Janssen die Frage an die Staatsregierung, ob nicht durch Beteiligung der Lehrkräfte des Aachener Politechnikums an der Verwaltung und Leitung der Anstalt und durch Etablierung eines durch Wahl auf Zeit zu besetzenden Rektorats eine bessere Organisierung der Hochschule herbeizuführen sein möchte, wie sie zur fördersamen Entwicklung der Anstalt unentbehrlich sei.

Der Regierungskommissar Dr. Wehrenpfennig erklärte, daß es Absicht der Königlichen Staatsregierung sei, die angedeutete bessere Organisation der Hochschule möglichst bald ins Leben treten zu lassen.

Bei Tit. 15 fragt Dr. Weber die Staatsregierung, ob in Cottbus die Einrichtung einer Webeschule beabsichtigt sei resp. in nächster Zeit in Angriff genommen werden würde?

Der Regierungskommissar *Wehrenpfennig* erklärte, daß das Projekt sich noch im Stadium

der ersten Vorarbeiten befinde und im Etat für den fraglichen Zweck nichts ausgeworfen sei.
Bei Tit. 19 hat Referent *Virchow* Zweifel darüber, ob die Erhöhung von 15.000 M (Beihilfe für Berlin zur Ausbildung des gewerblichen Fachschulwesens) in den Titel gehöre.
Nachdem der Regierungskommissar *Wehrenpfennig* bemerkt, daß die 15.000 M deshalb hier zugesetzt worden seien, weil die Organisation der fraglichen Schule noch gar nicht beendigt sei, beantragte Abgeordneter Rickert die Absetzung, weil Berlin die Schule aus eigenen Mitteln einrichten könne.
Beschlussfassung zu Haushaltspositionen.
Einmalige und außerordentliche Ausgaben. [...]
Bei Tit. 61 *(Ausrüstung der Verwaltungs-, Bibliotheks-, Sammlungs- und Unterrichtsräume des Kunstgewerbemuseums in Berlin sowie zu allgemeinen, besonders auf den Schutz der Sammlungen berechneten Vorkehrungen und für den Umzug)* wünscht der Referent *Virchow* eine Spezialisierung der für die einzelnen, im Titel angegebenen Zwecke erforderlichen Summen.
Der Abgeordnete Rickert weist darauf hin, daß die Bewilligung der ganzen, im Etat ausgeworfenen Summe z. Zt. nicht notwendig sei, weil z. B. der Umzug des Kunstgewerbemuseums erst für den 1. April 1881 in Aussicht genommen sei.
Demgegenüber erklärt der Regierungskommissar *Wehrenpfennig*, daß er die einzelnen Summen der Natur der Sache nach noch nicht bestimmt angeben könne, es würden aber der Umzug allein 4.000 M, die Aufstellung der Gegenstände 1.500 M, die anzuschaffenden Zuggardinen 11.428 M, die Schränke über 100.000 M kosten usw. Der Umzug, welcher mehrere Monate in Anspruch nehmen müßte, werde nach Beendigung des Baus des Museums, d. h. schon im Oktober 1880 in Angriff genommen werden. Bei Streichungen in diesem Titel würde die Verwaltung leicht genötigt sein, einen Teil der Sammlungen zu schließen.
Die Abgeordneten Dr. Weber und Dr. Virchow treten für die Bewilligung des Titels ein, obschon der Regierungskommissar *Wehrenpfennig* auf eine Anfrage des Abgeordneten Rickert erklärte, daß zwar über die unter dem Titel zu subsumierenden Ausgaben ein Anschlag gerechtfertigt sei, er aber seitens der Staatsregierung nicht erklären könne, daß die geforderten 334.740 M wirklich vollständig bis zum 1. April 1881 ausgegeben werden würden.
Beschlussfassung zu Haushaltspositionen.
Bei Tit. 62 *(Ankauf der Destailleur'schen Ornamentenstichsammlung)* hebt Referent *Virchow* hervor, daß seiner Meinung nach das Kunstgewerbemuseum zu hohe Ziele verfolge und gewissermaßen den Museen Konkurrenz machen zu wollen scheine.
Demgegenüber bemerkt der Regierungskommissar *Wehrenpfennig*, daß eine solche Konkurrenz weder beabsichtigt noch wahrscheinlich sei, weil das Kunstgewerbemuseum sich auf ganz bestimmte Fächer beschränke und lediglich zu deren Förderung Sammlungen anlege. Die anzukaufenden Sachen hätten ausschließlich für das Gewerbemuseum, keineswegs aber auch für die Kupferstichsammlung Wert.

Abgeordneter v. Heeremann empfahl den vorgeschlagenen Ankauf der Destailleur'schen Sammlung, welche ein Unikum sei und bei der berücksichtigt werden müsse, daß ähnliche selten oder nie wieder zum Verkaufe stehen möchten. [...]

Anlage
Schreiben des Geheimen Regierungsrats Raffel *betreffs der für den Regierungsbezirk* Merseburg *verbuchten* Ablösungsrente des aufgelösten Militär-Trauscheingelder- und Kollekten-Überschußfonds *von* 1.209 M 75 Pf. [...]

Nachtrag zu dem Protokoll vom 29. November 1879 *vom* 17. Dezember 1879*:*
Erklärung des Kultusministers Puttkamer zur Lage des Baues des ethnologischen Museums zu Berlin [...], daß der quaestionierte Bau als eines der dringlichsten Bedürfnisse seines Ressorts angesehen werde und durch den Etat pro 1880/81 Mittel für denselben lediglich deshalb nicht in Anspruch genommen worden seien, weil noch eine erste Rate von 500.000 M zur Verfügung stehe, welche ausreiche, um diejenigen Kosten zu decken, die bei Inangriffnahme des Baus im nächsten Etatsjahre entstehen würden.
[...]

56. Aus dem Protokoll der 5. Sitzung der Budgetkommission des Abgeordnetenhauses, 15. Legislaturperiode, III. Session. Berlin, 31. Januar 1885.

Metallographierte Ausfertigung, gez. Benda, Mooren.
Protokolle der Budget-Kommission 1885/86, Bl. 19–25v
(Staatsbibliothek Berlin, Signatur: 4"Sx4643-1885/86).

Rückführung des gewerblichen und technischen Fachschulwesens vom Kultus- an das Handelsministerium.

Vgl. Einleitung, S. 81 f.

[...]
Etat des Ministeriums für Handel und Gewerbe. [...]
Es entspann sich zunächst eine lebhafte Generaldiskussion darüber, ob und inwieweit es sich empfehle, die gewerblichen Fachschulen wieder vom Ressort der Unterrichtsverwaltung abzuzweigen und dem Handelsministerium beizulegen.
Referent Abgeordneter Graf zu Limburg gibt an der Hand der beigefügten Motive und der früher auf diesem Gebiet gesammelten Erfahrungen eine kritische historische Darstellung des Sachverhältnisses, als deren Resultat er empfiehlt, dem Vorschlage der Königlichen Staatsre-

gierung zwar beizutreten, obwohl es nicht klar sei, warum dieselbe das Kunstgewerbemuseum in Berlin und die eigentlichen Fortbildungsschulen von dieser Reorganisation ausschließe.
Abgeordneter Kieschke findet die Änderung bedenklich und sähe am liebsten, wenn ein lediglich dem Unterricht vorgesetztes Fachministerium kreiert würde.
Die Konzentration des Unterrichts sei wünschenswert, die Trennung des technischen Unterrichts schädlich.
Regierungskommissar Unterstaatssekretär Dr. v. Moeller gibt die in der Anlage enthaltene Erklärung ab.
Abgeordneter Dr. Fhr. v. Heeremann freut sich, daß man endlich auch hier wieder zu gesunden Grundsätzen zurückkehre. Nichts sei bedenklicher, als die Zentralisation des Unterrichts, namentlich in den Spezialfächern. Das Kunstgewerbe müsse aber mit dem eigentlichen Gewerbe verbunden bleiben.
Abgeordneter Kieschke will das nur bedingungsweise gelten lassen und bedauert, daß das ganze Handelsdepartement nicht auf das Reich übergegangen sei.
Regierungskommissar Unterstaatssekretär Dr. v. Moeller glaubt, auf diese Kompetenzfrage hier nicht eingehen zu können.
Die weitere Erklärung desselben betreffs der Handelsschulen ist in der Anlage enthalten.
Abgeordneter Büchtemann hält die auf Grund des Unfallversicherungsgesetzes ins Leben tretenden Berufsgenossenschaften für die erstrebten Zwecke nicht geeignet. Auch die Innungen versprechen hier keinen Erfolg. Ihm scheine es sehr bedenklich, die Abzweigung vorzunehmen. Zum Beweise berufe er sich auf die in Berlin auf diesem Gebiete während der Herrschaft der Unterrichtsverwaltung erzielten großartigen Erfolge.
Regierungskommissar Geheimer Oberregierungsrat Lüders: Die in Berlin erzielten großen Erfolge seien mehr auf die ausgezeichnete Leitung und reichliche Ausrüstung als auf die innere Organisation der betreffenden Anstalten zurückzuführen.
Auch Abgeordneter v. Tiedemann freut sich mit dem Abgeordneten Dr. Fhr. v. Heeremann, daß in den technsichen Schulen pro fut[urum] mehr auf „praktisches Können“ als „theoretisches Wissen“ gehalten werden soll.
Abgeordneter Dr. Enneccerus hält dafür, daß die technischen Hochschulen dem Kultusdepartement nicht entzogen werden dürfen. [...]
Abstimmung*:*
Für die Regierungsvorlage stimmten 12, dagegen 1 Mitglied.
Routinemäßige Beschlussfassung zu Haushaltspositionen.

Anlage
1. Erklärung
Auf die von dem Referenten gestellten Fragen erwiderte der Regierungskommissar *Moeller*:
Der Entwurf des Staatshaushaltsetats verfolge nicht den Plan, das gesamte technische Unterrichtswesen aus der Unterrichtsverwaltung in die Gewerbeverwaltung hinüber zu führen. So wünschenswert es vielleicht in mancher Hinsicht wäre, dies ganze Gebiet einheitlich zu

verwalten, so hätten doch überwiegende praktische Rücksichten dazu bestimmen müssen, einzelne technische Anstalten bei der Unterrichtsverwaltung zu belassen, und es sei hierüber volles Einverständnis zwischen den beteiligten Herren Ministern *Bismarck und Goßler* erzielt, wie denn auch der dem Hause der Abgeordneten vorgelegten Denkschrift durchweg die Zustimmung des Herrn Ministers der Unterrichtsangelegenheiten *Goßler* zuteil geworden sei. In erster Linie sollten danach die technischen Hochschulen bei der Unterrichtsverwaltung verbleiben; denn es sei anzuerkennen, daß sie nach ihren wissenschaftlichen Aufgaben vielfach Berührungen mit den Universitäten haben, daß ferner zwischen beiden Arten von Anstalten häufig ein Austausch von Lehrkräften vorzunehmen sei und daß diese nahen gegenseitigen Beziehungen beträchtlich erschwert und gehemmt werden würden, wenn die technischen Hochschulen einem anderen Ressort als die Universitäten angehören sollten. Ein ähnliches Verhältnis besteht zwischen dem Kunstgewerbemuseum und den Kunstmuseen; auch der gegenwärtige Zusammenhang dieser Anstalten lasse sich, zur Zeit wenigstens, durch eine Ressortveränderung nicht lösen, ohne die Interessen beider Teile zu beeinträchtigen. Die Fortbildungsschulen aber dienten keineswegs allein dem Zweck, in ihren Schülern die in der Volksschule erworbenen Kenntnisse zu befestigen und zu erweitern, sondern sie betrachteten zugleich die Unterweisung in den Anfangsgründen der Technik als ihre Aufgabe; sie bildeten eine Vorstufe der mittleren technischen Unterrichtsanstalten und müßten deshalb demjenigen Ressort angehören, welchem die letzteren Institute zugewiesen würden. Die Beeinträchtigung wichtiger Interessen werde vermieden, wenn bei dem Kunstgewerbemuseum der Gewerbeverwaltung, bei den Fortbildungsschulen der Unterrichtsverwaltung ein Recht der Mitwirkung eingeräumt werde. Die Gewerbeverwaltung sei durch die Verhältnisse genötigt, auf die Übernahme der technischen Hochschulen zu verzichten; man möge ihr nicht zumuten, auch dem Gedanken, die Fortbildungsschulen in ihr Ressort zu ziehen, zu entsagen; denn sonst werde das, was aus der Unterrichtsverwaltung an die Gewerbeverwaltung kommen solle, ein bloßes Fragment bleiben, welches nach keiner Seite hin befriedigen könne.

2. Erklärung

Dem Abgeordneten Kieschke erwiderte der Regierungskommissar *Moeller*, er wolle zugeben, daß man zu den von dem Herrn Vorredner *Kieschke* vertretenen Anschauungen gelangen könne, wenn man die Angelegenheit lediglich von den Gesichtspunkten aus betrachte, nach welchen sie vor 7 Jahren behandelt worden sei, als man das technische Unterrichtswesen der Unterrichtsverwaltung überwiesen habe. Damals habe die Diskussion wesentlich theoretische und interne Erwägungen zur Unterlage genommen. Gegenwärtig müßten daneben noch andere Gesichtspunkte in Betracht kommen, und diese seien von ausschlaggebender Bedeutung.

Seit dem Jahre 1879 habe die wirtschaftliche und besonders die gewerbliche Tätigkeit der Nation nun Impulse empfangen, welche dazu nötigten, weit mehr als früher den Blick auf das Ausland zu richten, und diese Notwendigkeit sei durch die Ereignisse des letzten Jahres noch verstärkt worden. Die Verhältnisse des Auslands kämen dabei insofern weniger in Betracht, als in einigen fremden Staaten das gewerbliche Unterrichtswesen in manchen Beziehungen weiter als bei uns entwickelt sei; viel wichtiger sei die Rücksicht darauf, daß wir alles aufbieten müßten, um in der Konkurrenz auf den auswärtigen Märkten den übrigen Staaten mit bedeutender Industrie ebenbürtig zu werden. Deutschland sei in Bezug auf die natürlichen Voraussetzungen einer ergiebigen gewerblichen Produktion weniger begünstigt als manche andere Länder. Wenn es diesen auf dem Weltmarkt mit Erfolg an die Seite treten wolle, so müsse es den Mangel an natürlichen Hilfsmitteln durch Steigerung seiner geistigen Kraft und seiner geistigen Leistungen ausgleichen; es müsse sich durch die Geschicklichkeit seiner gewerblichen Unternehmer und Arbeiter den Platz in dem Konkurrenzkampfe erringen, nach welchem es strebe. Dies lasse sich nur erreichen, wenn das gewerbliche Unterrichtswesen intensiver entwickelt werde als bisher, und wenn es vorzugsweise in unmittelbarer Anlehnung an die gewerbliche Praxis sich weiter auszubilden suche. Diesen möglichst engen Zusammenhang zwischen technischem Unterricht und technischer Praxis aber könne die Gewerbeverwaltung leichter herstellen und erhalten als die Unterrichtsverwaltung; denn die erstere stehe ohnehin in unausgesetztem Verkehr mit dem Gewerbestande und seinen Organen. Auch in dieser Beziehung lägen die Verhältnisse anders als vor 7 Jahren. Für alle Zweige der Fabrikindustrie seien Berufsgenossenschaften in der Bildung begriffen; die Innungen, welche in ihrer früheren Vereinzelung wenig zu leisten vermocht hätten, vereinigten sich mehr und mehr zu Innungsverbänden, von denen eine beachtenswerte Zahl bereits zu großer Ausdehnung gelangt sei. Von diesen Körperschaften dürfe die Gewerbeverwaltung für das technische Unterrichtswesen Informationen und sonstige Förderung erwarten, welche ihr leichter als der Unterrichtsverwaltung zugänglich sein würden. Wenn übrigens der Vorredner *Kieschke* angenommen habe, daß die vorgeschlagene Ressortveränderung nur für eine Seite der Tätigkeit des Handelsministeriums, nämlich nur für die Gewerbe, nicht aber für den Handel von Bedeutung sei, so könne dies nicht zugegeben werden. Man werde nicht behaupten können, die Vorbildung, welche gegenwärtig die angehenden Kaufleute erhielten, sei eine derartige, daß sie nichts zu wünschen übrig lasse. Es existierten zwar Handelsschulen; aber die allermeisten derselben seien Privatinstitute und der Einwirkung des Staats entzogen. Auch auf diesem Gebiet werde es nötig und erreichbar sein, Besseres herzustellen.

57. Aus dem Protokoll der 9. Sitzung der Budgetkommission des Abgeordnetenhauses, 15. Legislaturperiode, III. Session. Berlin, 10. Februar 1885.

Metallographierte Ausfertigung, gez. Stengel, Mooren.
Protokolle der Budget-Kommission 1885/86, Bl. 53–61v
(Staatsbibliothek Berlin, Signatur: 4"Sx4643-1885/86).

Etat des Kultusministeriums: Ordinarium, Universitäten. – Einrichtung einer ordentlichen Professur an der katholisch-theologischen Fakultät in Breslau. – Einrichtung eines besoldeten Extraordinariats für Dermatologie an der Universität zu Berlin (Fall des Prof. Schweninger, Leibarzt von Bismarck).

Vgl. Einleitung, S. 86.

[…]

Etat des Kultusministeriums. Ordinarium Kap. 119 (Universitäten) […]

Referent Abgeordneter Dr. Enneccerus bemerkt zunächst, daß sich in den Ausgaben für die Universitäten kein Posten finde, wofür nicht ein lebhaftes Bedürfnis spreche, und daß manches aus Ersparnisrücksichten leider zurückgesetzt werden mußte.

Routinemäßige Beschlussfassung zu Haushaltspositionen.

Ad Tit. 4 beschwert sich Abgeordneter Mooren darüber, daß für Breslau nicht ein ordentlicher Professor in der katholisch-theologischen Fakultät in Aussicht genommen sei, da das Bedürfnis doch wohl keinem begründeten Zweifel unterliege.

Regierungskommissar Geheimer Regierungsrat Dr. Althoff erkennt an, daß die ordentlichen Professuren im Prinzip den Vorzug vor den außerordentlichen verdienen. Die Regierung erkenne das Bedürfnis in vorliegendem Falle für Breslau an und werde ihm pro fut[ura] Rechnung tragen. Die knappen Etatsmittel hätten leider nicht erlaubt, dasselbe schon jetzt zum Ausdruck zu bringen. […]

Routinemäßige Beschlussfassung zu Haushaltspositionen.

Zuschuß für die Universität Berlin […]

Referent Abgeordneter Dr. Enneccerus glaubt, daß es nicht Sache der Budgetkommission sei, auf die naheliegende persönliche Seite der Frage einzugehen.

In Paris und Wien seien schon vor Jahren Lehrstühle der Dermatologie errichtet worden. Inzwischen sei in Berlin dasselbe Bedürfnis hervorgetreten; deshalb befürworte er die Einstellung des geforderten Kredits.

Korreferent Abgeordneter Dr. Virchow bestreitet, daß hier rein sachliche Erwägungen maßgeblich seien; es sei ein öffentliches Geheimnis, daß es sich nur darum handle, dem betreffenden Herrn – Professor Dr. Schweninger – eine finanzielle Zuwendung zu machen. Die Gründung einer Nebenklinik sei eigentlich nur ein Vorwand. Erst möge der Mann doch beweisen, daß er wirklich etwas verstehe. Warum die große Eile? Andere oft verdienstvolle

Extraordinarien müßten sich jahrelang ohne Gehalt behelfen. Hier liege eine offenbare Ungleichheit vor. Redner geht auf die Genesis der Frage näher ein und spricht sich hiernach für Absetzung des geforderten Kredites aus.
Regierungskommissar Geheimer Regierungsrat Dr. Althoff gibt eine eingehende Darstellung des Sachverhältnisses. (siehe Anlage)
Abgeordneter Dr. Lieber (Montabaur) ist der Meinung, daß hier jedenfalls ein dunkles Gebiet der Medizin in Frage stehe, worin gerade der Korreferent als gewichtige Autorität anerkannt sei. Wer übernehme die Garantie für den protegierten Herrn Schweninger?
Referent Dr. Enneccerus wendet sich ausführlich gegen die Virchow'schen Ausführungen. Die Kommission hat lediglich die Frage zu prüfen, ob die Professur im Interesse der Wissenschaft und des Landes wünschenswert erscheine oder nicht. Ob p. Schweninger dafür die geeignete Persönlichkeit sei oder nicht, gehe über den Rahmen ihrer Kompetenz.
Abgeordneter Freiherr v. Minnigerode betont, daß ähnliche Forderungen der Regierung seitens der Kommission niemals beanstandet worden sind; deshalb stimme er auch jetzt dafür.
Abgeordneter Dr. Virchow: Hätte die Regierung freie Hand gehabt, so würde sie den Dr. Schweninger nicht gewählt haben. Der Fall sei unerhört und bedrohe das deutsche Universitätsleben mit tiefer Erniedrigung. Wir stehen hier – führt Redner aus – vor einer Gewalttat, die wir energisch bekämpfen müssen. Es handle sich nicht um eine Professur, sondern um eine persönliche Gehaltszuwendung, nicht weil der Betreffende in der Dermatologie, sondern anderweit Verdienste aufzuweisen habe. Bis jetzt habe er in dieser Spezialität keine Verdienste aufzuweisen. Wenn Herr Professor Linnow sich veranlaßt gesehen habe, die betreffende Station niederzulegen, dann möge man seinen Nachfolger unter den bewährten jüngeren Privatdozenten suchen.
Regierungskommissar Geheimer Regierungsrat Dr. Althoff bemerkt, daß er sich auf die subjektive Seite nicht einlassen könne. Entscheidend sei nur der Punkt, ob die Begründung der Professur an und für sich ein Bedürfnis sei, und diese Frage könne die Staatsregierung – abgesehen von der Person Schweninger – nur bejahen.
Abgeordneter Büchtemann erwidert: Wenn die Frage so läge, könne man leichter zu einem Entschlusse kommen. Hier frage es sich: Dürfen wir die Hand dazu bieten, die Stellung der Universitäten zu verschlechtern, und andere, jedenfalls besser befähigte Kandidaten zurückzusetzen? Ein exzeptioneller Fall müsse auch dementsprechend behandelt werden.
Abgeordneter Dr. Lieber (Montabaur) nimmt auf analoge Vorgänge in der Budgetkommission Bezug und fragt,
1. seit wann das Bedürfnis zur Kreierung der betreffenden Klinik hervorgetreten sein, und
2. ob die Regierung die Garantie übernehme, daß Dr. Schweninger dieselbe in einer den Anforderungen der Wissenschaft entsprechenden Weise in die Höhe bringen werde?
Abgeordneter Kieschke bemerkt, daß auch für ihn nur die Frage entscheidend sei, ob die Begründung der Professur ein öffentliches Bedürfnis sei, worüber er bis jetzt noch nicht klar sei.

Regierungskommissar Geheimer Regierungsrat Dr. Althoff erwidert, daß es Pflicht des Staates sei, das Gebiet der Dermatologie mehr wie seither zu kultivieren.
Hierauf wird die Diskussion geschlossen.
In einem Schlußworte weist Referent Abgeordneter Dr. Enneccerus darauf hin, daß Korreferent Abgeordneter Dr. Virchow keinen sachlichen Grund gehabt habe, sich gegen ihn zu echauffieren; auf die vom Abgeordneten Dr. Virchow aufgeworfenen objektiven Fragen werde er als Referent im Plenum zurückkommen, müsse sich aber die Erlaubnis erbitten, die delikaten persönlichen Punkte unerörtert zu lassen.
Dagegen behauptet Korreferent Abgeordneter Dr. Virchow, daß alle zur Sprache kommenden Punkte ein unteilbares Ganzes bilden und im Plenum vorgetragen werden müssen, umsomehr, weil das Gehalt, so wie im Etat gefordert, nicht der eigentlichen Stelle, sondern der Person Schweninger anklebe!
Zustimmung: Freiherr v. Huene und Büchtemann
Annahme mit 13 gegen 5 Stimmen *der* Forderung der Regierung – 3.900 Mark [...].

Anlage
Erklärung des Regierungskommissars *Althoff*:
Ich bin beauftragt, mich auf die objektive Seite der Sache, auf die Darlegung des Bedürfnisses für die Errichtung des in Rede stehenden Extraordinariats zu beschränken. In dieser Beziehung aber habe ich Folgendes zu bemerken:
1. Die Lehre von den Hautkrankheiten bildet ein ebenso wichtiges wie schwieriges und dunkles Gebiet der medizinischen Wissenschaft. Sie ist bisher in der Entwicklung hinter anderen Zweigen der Medizin zurückgeblieben, und zwar hauptsächlich aus dem Grunde, weil ihr auf unseren Universitäten nicht die gebührende Beachtung und Pflege zuteil geworden ist. An vielen deutschen Universitäten – es wird ungefähr die Hälfte sein – fehlt es noch gänzlich an einer Vertretung der Dermatologie. Und wo diese auf deutschen Universitäten vertreten ist, also z. B. in Berlin, Breslau, Bonn etc., da ist sie überall mit der Syphilidologie verbunden. Diese Verbindung ist aber im wesentlichen nicht aus einer inneren Verwandtschaft der beiden Fächer, sondern vorwiegend aus äußeren Gründen hervorgegangen, wohin namentlich der Mangel an ausreichendem Krankenmaterial gehört. Prinzipiell ist davon auszugehen, daß jede dieser beiden Diszplinen zu ihrer gedeihlichen Entwicklung einen eigenen Vertreter, eine volle Kraft erfordert.
Wo daher der Bestand an Krankenmaterial es irgend zuläßt, da ist die Trennung der beiden Disziplinen ein wichtiges Interesse der medizinischen Wissenschaft. In dieser Erkenntnis ist die Wiener Hochschule allen anderen vorangegangen. Dort ist die Dermatologie schon seit Jahrzehnten von der Syphilidologie getrennt, und wesentlich diesem Umstande ist es zu verdanken, daß fast ausschließlich von dort – unter Führung v. Hebras – der neuere Fortschritt in der Dermatologie ausgegangen ist, und die Universität Wien jetzt den von nah und fern aufgesuchten Mittelpunkt der dermatologischen Studien bildet. Es erscheint dringend geboten, den bewährten Vorgang Wiens gebührend zu beachten und auch für Berlin, wo

es ja an zureichendem Material ebenfalls nicht fehlt, auf eine selbständige Vertretung wie der Syphilidologie so auch der Dermatologie Bedacht zu nehmen, damit dieser Zweig der Medizin endlich auch in Deutschland diejenige Anerkennung und Unterstützung findet, auf welche er, wie kein Sachverständiger leugnen wird, nach seiner ganzen Bedeutung vollen Anspruch hat.

2. Die Forderung einer selbständigen Vertretung der Dermatologie in Berlin ist keineswegs etwas Neues. Bereits im Jahre 1865 wurde diese Forderung von der medizinischen Fakultät in Sicht gestellt. Es handelte sich damals um den Ersatz für den verstorbenen Professor Dr. von Bärensprung, der bis zu seinem Tode die beiden vereinigten Fächer der Syphilidologie und der Dermatologie vertreten hatte. Die medizinische Fakultät zog damals in Erwägung, „daß die Einrichtung einer selbständigen Klinik für Hautkrankheiten sowohl im Interesse der Kranken als des Unterrichts in Zukunft auch an hiesiger Universität als ein dringendes Bedürfnis sich herausstellen werde“. Deshalb beantragte die Fakultät, dem als Nachfolger von v. Bärensprung empfohlenen damaligen Privatdozenten und jetzigen Professor Dr. Lewin die Direktion der Klinik für Hautkrankheiten nur provisorisch zu übertragen, während er bezüglich der Syphilidologie definitiv zum Nachfolger v. Bärensprungs ausersehen war. In derselben Weise stellte sich auch Dr. Lewin selbst zu der Frage, da er sich für die dauernde Vertretung der Dermatologie nicht als Spezialisten genug ansah. Dementsprechend erfolgte auch die Entscheidung der Regierung und Dr. Lewin wurde nur provisorisch mit der Direktion der Klinik für Hautkranke beauftragt. Dieses Provisorium hat sich dann von Jahr zu Jahr weiter hinausgezogen. Im vorigen Jahre hat aber Herr Professor Dr. Lewin ausdrücklich beantragt, ihn von der Klinik für Hautkrankheiten zu entlasten, da er die Verantwortlichkeit für die Direktion derselben, zumal bei seinem zunehmenden Alter – er ist über 60 Jahre alt – und bei seiner Kränklichkeit nicht ferner zu tragen vermöge. Eine Nichtberücksichtigung dieses Antrages erschien umso mehr ausgeschlossen, als Professor Lewin sich, wie vorhin bemerkt, von Anfang an ja nur zu einer provisorischen Übernahme dieser Funktion verpflichtet hatte. Es bedarf aber keiner Bemerkung, daß damit ein weiterer und sehr zwingender Grund für die Errichtung des beantragten Extraordinariats gegeben ist.

3. Der Herr Korreferent *Virchow* hat gefragt, warum man die betreffenden Funktionen nicht, wenigstens einige Zeit hindurch, unentgeltlich wahrnehmen lasse, da es doch so viele unbesoldete Extraordinarien in der hiesigen medizinischen Fakultät gebe. Die Antwort auf diese Frage liegt nahe. Es gibt nämlich an unseren Universitäten zwei Kategorien von Extraordinariaten. Einmal solche, bei denen es sich nicht um die Ausfüllung einer eigentlichen Lücke im akademischen Lehrkörper (die Vertretung eines Faches, das nicht unvertreten beleiben darf) handelt, sondern die den betreffenden Dozenten etc. bloß um ihres Verdienstes willen und zur persönlichen Auszeichnung verliehen werden. Dann solche, bei welchen zugleich die Erwägung maßgebend ist, daß es darauf ankommt, eine Ergänzung und Vervollständigung des akademischen Lehrkörpers in dieser oder jener Richtung zu schaffen. Die erstere Kategorie von Extraordinariaten pflegt nun, wie das ja auch ganz natürlich ist, meist unbesoldet zu sein. Bezüglich der zweiten Kategorie aber kommt der

Gesichtspunkt zur Geltung, daß bei uns der Regel nach die unmittelbaren Staatsämter besoldet sind, ein Prinzip, das bekanntlich der Organisation der staatlichen Ämter in Deutschland überhaupt zugrunde liegt. Zu dieser zweiten Kategorie von Extraordinariaten gehört aber, was keiner weiteren Ausführung bedarf, auch das vorliegende, bei dem es sich ja um die Vertretung eines wichtigen Zweiges der Medizin und um die Leitung einer klinischen Abteilung der Charité sowie einer ausgedehnten Poliklinik handelt. Der vorliegende Fall gehört also unter die Regel und es würde einer besonderen Aufklärung daher nur bedürfen, wollte man hier eine Ausnahme von der Regel machen.
Berlin, den 13. Februar 1885
Althoff

58. Aus dem Protokoll der 10. Sitzung der Budgetkommission des Abgeordnetenhauses, 15. Legislaturperiode, III. Session. Berlin, 13. Februar 1885.

Metallographierte Ausfertigung, gez. Benda, Hartmann (Lübben). Protokolle der Budget-Kommission 1885/86, Bl. 62–64v (Staatsbibliothek Berlin, Signatur: 4"Sx4643-1885/86).

Etat des Kultusministeriums: Ordinarium, Universitäten. – Einrichtung eines hygienischen Museums, einer Professur für Hygiene und eines hygienischen Laboratoriums. – Die Universitätsrichter nach Aufhebung der akademischen Gerichtsbarkeit. – Beihilfen zu Schulbauten für Gemeinden und Schulverbände.

Vgl. Einleitung, S. 81 f.

Etat des Ministeriums der geistlichen pp. Angelegenheiten: *Universitäten*
Die Forderung für das hygienische Museum, einer Professur für Hygiene und eines hygienischen Laboratoriums.
Korreferent Abgeordneter Dr. Virchow hebt hervor, daß das hygienische Gebiet ein so umfangreiches und in alle mögliche Zweige des Wissens eingreifend sei, außerdem so wesentlich technische Gebiete betreffe, daß seines Erachtens ein Bedürfnis nicht vorliege, das hygienische Institut an das medizinische Studium anzuschließen, es vielmehr wohl richtiger gewesen sei, dasselbe an die technischen Hochschulen abzugeben.
Abgeordneter Kieschke ist gleichfalls der Ansicht, daß in Folge des weiten Umfangs der Wissensgegenstände, die die Hygiene umfaßt, nicht recht verständlich sei, wie alle diese wissenschaftlichen Zweige so konzentriert werden könnten, daß sie von einem Professor gelehrt und in einem Laboratorium bearbeitet werden könnten. Er befürchte, daß das hygienische Institut sehr bald sehr große Mehrforderungen nach sich ziehen werde.
Hierauf gibt Geheimer Regierungsrat Polenz Auskunft über den Studienplan des Labora-

toriums. An sich habe das hygienische Museum mit dem hygienische Laboratorium nichts zu tun, ersteres solle nur für das letztere verwertet werden. Die Anschließung des hygienischen Instituts an die Universität sei aber zu dem Zwecke geschehen, um zu verhindern, daß dasselbe nicht über den Rahmen der Hygiene hinaus nach der technischen Seite hin zu weit ausgebaut werde.
Das anzustellende Personal, dessen Menge durch Abgeordneten Dr. Virchow beanstandet war, sei keineswegs zu groß, zumal später das hygienische Museum der Öffentlichkeit zugänglich gemacht werden solle.
Abgeordneter Dr. Virchow befürchtet dennoch, daß das hygienische Museum sich zu weit ausdehnen möchte, wie dies bei dem Londoner der Fall, welches ein Sammelsurium aller möglichen Dinge sei. Einen großen Nutzen für das Publikum verspreche er sich von demselben nicht. Naturgemäß werde je nach der Leitung ein hygienisches Institut immer eine besondere Richtung nehmen, wie in München das chemische Moment bevorzugt sei, so werde in Berlin das bakteriologische Moment in den Vordergrund treten.
Geheimer Regierungsrat Polenz weist darauf hin, daß die Einrichtung hygienischer Laboratorien nichts Neues sei, da bereits München, Leipzig, Amsterdam, Pest, Moskau und Göttingen solche besitzen.
Diskussion zur Raumfrage.
Routinemäßige Beschlussfassung zu Haushaltspositionen.
Ersatzprofessur *für die Besetzung der Stelle des erkrankten Direktors* der chiurgischen Klinik *an der Universität* Marburg.
Diskussion zu haushaltstechnischen Fragen.
Routinemäßige Beschlussfassung zu Haushaltspositionen.
Auf eine Anfrage des Abgeordneten Schreiber (Marburg) erklärt Geheimer Regierungsrat Dr. Althoff, daß die Universitätsrichter auch noch nach Aufhebung der akademischen Gerichtsbarkeit für die Universitäten notwendig seien, da sie noch die Bearbeitung der Disziplinargerichtsbarkeit hätten, sie außerdem auch als Justitiare verwendet würden. Doch habe die Staatregierung Bedacht genommen, die Remuneration der Universitätsrichter, da wo Neubesetzungen vorkämen, herabzusetzen, so in Breslau und Marburg.
Routinemäßige Beschlussfassung zu Haushaltspositionen.
Beurlaubung des Prof. Michaelis auf mehrere Jahre durch Seine Majestät den Kaiser.
Routinemäßige Beschlussfassung zu Haushaltspositionen.

Kapitel 121, Titel 28a […]
Beihilfen zu Schulbauten *für* Gemeinden und *Schulverbände*

Ostpreußen	55.590 M
Westpreußen	56.686 M
Brandenburg	23.310 M
Pommern	32.222 M
Posen	100.220 M

Schlesien	79.245 M
Sachsen	24.105 M
Schleswig-Holstein	22.900 M
Hannover	20.742 M
Westfalen	40.516 M
Hessen-Nassau	21.400 M
Rheinprovinz	50.355 M

Diskussion zu haushaltstechnischen Fragen.
Routinemäßige Beschlussfassung zu Haushaltspositionen.

59. Aus dem Protokoll der 11. Sitzung der Budgetkommission des Abgeordnetenhauses, 15. Legislaturperiode, III. Session. Berlin, 16. Februar 1885.

Metallographierte Ausfertigung, gez. Benda, Mithoff.
Protokolle der Budget-Kommission 1885/86, Bl. 65–69v
(Staatsbibliothek Berlin, Signatur: 4"Sx4643-1885/86).

Etat des Kultusministeriums: Kunst und Wissenschaft. – Einnahmen der Kunstmuseen. – Reorganisation der Königlichen Bibliothek zu Berlin. – Die Technische Hochschule in Berlin. – Die mechanisch-technische Versuchsanstalt. – Umbau des Zeughauses in Berlin und die Ausschmückung durch Gemälde.

Vgl. Einleitung, S. 81 f.

[…]
Kultusetat *(Kunst und Wissenschaft)*
Routinemäßige Beschlussfassung zu Haushaltspositionen.
Diskussion zu haushaltstechnischen Fragen.
Kunstmuseen. *Bei ihnen entstehen* nicht unbeträchtliche Einnahmen […], so durch Vermietungen, durch den Verkauf von Katalogen, durch die Gipsformerei pp.
Diskussion zu haushaltstechnischen Fragen.
Routinemäßige Beschlussfassung zu Haushaltspositionen.
Regierungskommissar Geheimer Regierungsrat Dr. Althoff gibt in einer sehr eingehenden Darlegung Auskunft über die große Reorganisationsfrage der Königlichen Bibliothek zu Berlin, die gegenwärtig in Angriff genommen ist. Es handelt sich hierbei um eine ganze Reihe der wichtigsten Fragen. So um die Art der Leitung, ob durch fachmännisch gebildete Beamte, um die Mitwirkung eines Rates von Gelehrten, ferner um die Einteilung in mehrere Abteilungen, um eine veränderte Aufstellung der Bücher, um die Katalogisierung,

die Frage der Pflichtexemplare, der Benutzung usw., ferner um die Besoldung der Beamten, den Büchervermehrungsfonds, der im Betrage von 96.000 M seit 1876 derselbe geblieben ist und sich als ungenügend erwiesen hat; um Ausfüllung der Lücken, über die eingehende Ermittelungen angestellt sind; ferner um die Frage der Baulichkeiten. In dieser letzteren Beziehung ist manches geschehen und jetzt ein gutes, erträgliches Provisorium auf längere Zeit, aber kein Definitivum geschaffen.
Spezialdiskussion zu den Reisekosten für die Experten […], die zur Beratung nach Berlin eingeladen wurden oder zum Studium der Bibliothekseinrichtungen in Deutschland und im Auslande entsandt wurden.
Abgeordneter Kieschke: […] Auf seine Frage, ob es bei der Bewilligung zur Ergänzung der Bücherbestände noch möglich ist, mit den Räumen auszukommen, erwidert der Regierungskommissar Geheimer Regierungsrat Dr. Althoff, daß dieselben für eine Reihe von Jahren auch bei weiteren Bewilligungen in den nächsten Jahren ausreichen.
Routinemäßige Beschlussfassung zu Haushaltspositionen.
Kultusetat (Technisches Unterrichtswesen und Kunstgewerbemuseum)
Spezialdiskussion zu den Kürzungen im Wohnungsgeldzuschuss für die Professoren und Beamten *bei* der technischen Hochschule in Berlin *durch deren Verlagerung nach Charlottenburg.*
Routinemäßige Beschlussfassung zu Haushaltspositionen.
Der Referent *Virchow* wirft die Frage auf, ob es zweckmäßig ist, in Verbindung mit der technischen Hochschule eine praktische Tätigkeit zu bringen, wie sie die mechanisch-technische Versuchsanstalt in sich schließt.
Abgeordneter Stengel fragt, ob eine derartige Anstalt zur Prüfung von Baumaterialien neben der an der geologischen Lehranstalt bestehenden erforderlich ist.
Der Regierungskommissar Geheimer Oberregierungsrat Dr. Wehrenpfennig erwidert, daß die betreffende Anstalt seit 1871 an der höheren Gewerbeschule bestanden habe und die an der technischen Hochschule bestehende die Hauptanstalt für derartige Zwecke sei. Seit mehreren Monaten werde dort auch unter großer Anerkennung der Leistungen die Prüfung von Papier vorgenommen.
Diskussion zu haushaltstechnischen Fragen.
Beschlussfassung zu Haushaltspositionen.
Wesen und Bedeutung des photogrammetrischen Aufnahmeverfahrens.
Beschlussfassung zu Haushaltspositionen.
Diskussion zu haushaltstechnischen Fragen.

Anlage
Der Kommissar des Finanzministers, Geheimer Oberfinanzrat Grandke hob hervor, daß die Bilder, mit deren teilweiser Ausführung man begonnen habe, bei den Verhandlungen über das Gesetz wegen der anderweiten Einrichtung des Zeughauses niemals, und zwar weder bei denen über den ersten, noch bei denen über den zweiten Gesetzentwurf, Gegenstand der

Beschußfassung oder auch nur der Erörterung gewesen seien, daß sie daher als abgelehnt unmöglich gelten könnten. Er, der Kommissar, halte sie vielmehr sowohl nach den Eindrücken, die ihm aus der Beratung des Gesetzes in der Budgetkommission geblieben seien, als auch nach dem ganzen Bauplan als integrierende, unentbehrliche und organische Teile des letzteren; in dem Projekte, welches der Landtag genehmigt habe, sei die Schaffung großer Wandflächen durch Verblendung der vorhandenen Fenster und die Anbringung von Oberlichtern zur Beleuchtung dieser Flächen vorgesehen. Das setze voraus, daß die Flächen haben bemalt werden sollen; außerdem seien in dem der Gesetzvorlage angehängten Kostenüberschlage unter C für Ausschmückung der beiden hier in Frage kommenden Säle mit Malerei 160.000 Mark ausgeworfen. Daraus folge, daß die Bemalung der Wandflächen nicht erst nachträglich von der Regierung in Aussicht genommen worden sei.
Der Herr Finanzminister *Scholz* erkenne aber an, daß die Frage, ob die Bilder als vom Landtage genehmigt anzusehen seien, zweifelhaft erscheinen könne und stehe deshalb nicht an, zu erklären, daß sein Herr Amtsvorgänger *Bitter* vielleicht korrekter und jedenfalls vorsichtiger gehandelt hätte, wenn er dem Landtage noch vor der 1881 erfolgten Bestellung der Bilder von dem erforderlichen Mehrbedarfe Kenntnis gegeben hätte.

60. Aus dem Protokoll der 12. Sitzung der Budgetkommission des Abgeordnetenhauses, 15. Legislaturperiode, III. Session. Berlin, 19. Februar 1885.

Metallographierte Ausfertigung, gez. Benda, Posadowsky-Wehner. Protokolle der Budget-Kommission 1885/86, Bl. 70–73 (Staatsbibliothek Berlin, Signatur: 4"Sx4643-1885/86).

Extraordinarium: Kunst und Wissenschaft. – Neubau der klinischen Institute in Breslau. – Unterstützung der Universitätsbibliotheken bei der Katalogisierung und dem Schließen von Bestandslücken.

Vgl. Einleitung, S. 81 f.

[…]
Einmalige und außerordentliche Ausgaben
Routinemäßige Beschlussfassung zu Haushaltspositionen.
Die Ressortverhältnisse *der landwirtschaftlichen* Hochschule.
Routinemäßige Beschlussfassung zu Haushaltspositionen.
Neubau der klinischen Institute in Breslau.
Spezialdiskussion zur Standortwahl, v. a. hinsichtlich der Bodenpreise, der sanitären Verhältnisse der Gegend *einschließlich der Anbindung an die* Kanalisation *und der Gefahr von*

Hochwasser, *der* Entfernung nach der Universität *und der Anbindung an die* Pferdebahnen *sowie der Zugänglichkeit für das* Material *an Patienten.*
Routinemäßige Beschlussfassung zu Haushaltspositionen.
Unterstützung der Universitätsbibliotheken mit 800.000 M *zur Verbesserung der* Katalogisierung *und zum Ankauf fehlender Standardwerke.* Verteilung *des* Fonds *auf mehrere Jahre,* da sonst eine Steigerung der Bücherpreise stattfinde. […]
Der Regierungskommissar Geheimer Regierungsrat Dr. Althoff entgegnet:[…] Mit den Mitteln wolle man den schlimmsten Lücken abhelfen; falls sich die Finanzverhältnisse des Staates besserten, würde man später auch mit weiteren Forderungen kommen.
Routinemäßige Beschlussfassung zu Haushaltspositionen.

61. Aus dem Protokoll der 15. Sitzung der Budgetkommission des Abgeordnetenhauses, 15. Legislaturperiode, III. Session. Berlin, 26. Februar 1885.

Metallographierte Ausfertigung, gez. Benda, Mithoff.
Protokolle der Budget-Kommission 1885/86, Bl. 82–87v
(Staatsbibliothek Berlin, Signatur: 4"Sx4643-1885/86).

Etat des Kultusministeriums: Ministerium. – Neue Planstellen.

Vgl. Einleitung, S. 81 f.

[…]
Kultusetat *(Ministerium)*
Regierungskommissar Ministerialdirektor Exzellenz Greiff: […] Es finde eine steigende Vermehrung der Geschäftsnummern statt. Die Zahl derselben habe betragen 1882: 71.338, 1883: 73.059, 1884: 79.038. Die Gründe des Anwachsens in allen Abteilungen liegen darin, daß die Fonds bedeutend vermehrt sind und deshalb die Spezial-Verfügungen sehr zugenommen haben; daß ferner gegenwärtig die statistischen Ermittlungen in allen Abteilungen sehr vermehrt sind, wodurch größere Arbeitskräfte nicht vorübergehend, sondern dauernd in Anspruch genommen werden. Die Zahl der Diätarien sei gewachsen. Das Kultusministerium habe nicht so weit gehen wollen, alle diese Diätarien in etatsmäßige Stellen zu verwandeln. Die Zahl der geforderten fünf neuen etatsmäßigen Stellen sei eine geringe. Im Kultusministerium sei das Verhältnis der Zahl der Bureaubeamten zu den Räten auch nach Bewilligung der neuen Stellen ungünstiger als in den übrigen Ministerien. […]
Bewilligung […] ohne Abstimmung.
[…]

62. Aus dem Protokoll der 16. Sitzung der Budgetkommission des Abgeordnetenhauses, 15. Legislaturperiode, III. Session. Berlin, 2. März 1885.

Metallographierte Ausfertigung, gez. Benda, Posadowsky-Wehner.
Protokolle der Budget-Kommission 1885/86, Bl. 82–88v
(Staatsbibliothek Berlin, Signatur: 4“Sx4643-1885/86).

Etat des Kultusministeriums: Universitäten. – Professuren für Naturwissenschaften und Theologie in Greifswald.

Vgl. Einleitung, S. 81 f.

Kultusetat (Universitäten)
Beratung einzelner Anträge.
Regierungskommissar Geheimer Finanzrat Lehnert: *Universität Greifswald.*
Einen Zusammenhang zwischen der fortfallenden Professur für Naturwissenschaften, die nur eine Ersatzprofessur gewesen sei und der Errichtung einer neuen Professur für Theologie könne die Regierung nicht anerkennen, vielmehr entscheide hier lediglich das Bedürfnis. […]
Abgeordneter Fhr. v. Minnigerode befürwortet wiederholt den Antrag, da sich Greifswald wegen seiner Stille und Billigkeit vorzugsweise für Studierende der Theologie eigne.
Beschlussfassung.

63. Aus dem Protokoll der 16. Sitzung der Budgetkommission des Abgeordnetenhauses, 17. Legislaturperiode, III. Session. Berlin, 3. März 1885.

Metallographierte Ausfertigung, gez. Stengel, Hartmann (Lübben).
Protokolle der Budget-Kommission 1885/86, Bl. 89–92
(Staatsbibliothek Berlin, Signatur: 4"Sx4643-1885/86).

Etat des Kultusministeriums: Kultus und Unterricht gemeinsam. – Verbesserung der äußeren Lage der Geistlichen aller Bekenntnisse. – Restaurierung der Marienburg.

Vgl. Einleitung, S. 81 f.

Kultusetat
Beratung eines 1. Antrages betreffend die Verbesserung der äußeren Lage der Geistlichen aller Bekenntnisse.
Budgetrechtliche Diskussion.
Abgeordneter Büchtemann *beantragt die Ablehnung des Antrags,* da nach dem von seinen politischen Freunden[1] von jeher festgehaltenen Prinzipe der Trennung der Kirche vom Staat es den Kirchengemeinden überlassen werden müsse, aus eigenen Kräften sich zu helfen.
Zusatzantrag Abgeordneter Freiherr von Huene: […]
Die Summen sind im Verhältnis der Bevölkerungszahlen für die evangelische Kirche und für die römisch-katholische Kirche getrennt einzustellen und zu verwenden. Bestände sind für jede der beiden Kirchen gesondert zur Verwendung in die folgenden Jahre übertragbar.
Ablehnung des Antrags Huene mit großer Majorität *und Beschlussfassung zu dem Hauptantrag.*
Beratung eines 2. Antrages betreffend die Einkommensverbesserungen für Geistliche.
Abgeordneter Dr. Enneccerus *stellt den Zusatzantrag:* Diese Zulagen sind, soweit dadurch das Einkommen der Geistlichen über das genannte Minimalgehalt gebracht wird, widerruflich.
Budgetrechtliche Diskussion.
Zurückziehung des Zusatzantrages und Beschlussfassung zu dem Hauptantrag.
Beratung eines 3. Antrages betreffend die Weiterführung der Restaurierung der Marienburg.
Der Abgeordnete Dr. Wehr […] hebt hervor, daß eine weitere Unterbrechung der Arbeiten an der Marienburg sehr schädlich wirken würde. Die mit Mühe herangebildeten Arbeiter würden wegziehen und der sehr verdiente Baumeister Steinbroth würde nicht länger gehal-

1 *Deutsche Fortschrittspartei.*

ten werden können. Übrigens habe der Kultusminister wiederholt erklärt, daß die Staatsregierung dazu bereit sei, das Schloß und die Kirche Marienburg zu restaurieren.
Geheimer Finanzrat Lehnert erklärt, daß der Finanzminister schon bevor die Absicht, zugunsten der Restaurierung der Marienburg eine Lotterie zu veranstalten, kund geworden wäre, genötigt gewesen sei, sich gegen Einstellung einer Summe in den Etat für den gedachten Zweck zu erklären. Die Restaurierung der Marienburg sei eine ideale Aufgabe des Staats, die erst nach Deckung der realen Bedürfnisse befriedigt werden könne; sie hätte deshalb in dem vorliegenden Etat, der ein Defizit habe, zurückgestellt werden müssen.
Ein Engagement dahin, daß sofort und hintereinander der Ausbau der Kirche und des Schlosses Marienburg auf Kosten des Staats vorgenommen werden solle, sei weder der Finanz- noch der Kultusminister eingegangen.
Die Bedenken des Abgeordneten Dr. Wehr könne die Finanzverwaltung nicht teilen, sie meine, der Aufschub der Arbeiten um ein Jahr sei ohne Schädigung leicht möglich.
Budgetrechtliche Diskussion.
Ablehnung des Antrags mit großer Majorität.
[…]

64. Aus dem Protokoll der 20. Sitzung der Budgetkommission des Abgeordnetenhauses, 17. Legislaturperiode, III. Session. Berlin, 9. März 1885.

Metallographierte Ausfertigung, gez. Benda, Posadowsky-Wehner.
Protokolle der Budget-Kommission 1885/86, Bl. 103–106v
(Staatsbibliothek Berlin, Signatur: 4"Sx4643-1885/86).

Etat des Kultusministeriums: Kultus und Unterricht gemeinsam. – Antrag betreffend die Verteilung der Unterstützungen für die Kirchengemeinden zwischen den Konfessionen.

Vgl. Einleitung, S. 81 f.

Kultusetat (Kultus und Unterricht gemeinsam).
Beratung eines Antrages betreffend die Unterstützung der Kirchen.
Der Referent Abgeordneter Fhr. v. Minnigerode sieht in dem Zusatzantrag […] einen nicht ungerechtfertigten Wunsch, einen entsprechenden Verteilungsmaßstab des eventuell auszuwerfenden Fonds für die evangelische und römisch-katholische Kirche zu finden, hält aber den vorgeschlagenen Maßstab nach der Seelenzahl für unzutreffend. Die alten Kulturländer im Westen hätten bereits ausreichende kirchliche Einrichtungen, während der Mangel sich vorzugsweise im Norden und Osten der Monarchie geltend mache. Hier aber herrsche die evangelische Bevölkerung vor.

Abgeordneter Fhr. v. Huene bemerkt, daß er über die Art der Verteilung zu einem Vergleiche gerne bereit sei, indessen die Angabe eines festen Verteilungsmodus in dem Etatstitel selbst fordern müsse.
Abgeordneter Kieschke motivierte, daß er gegen den Prinzipalantrag wäre. Die katholische Kirche befinde sich bereits im Besitz erhöhter Selbständigkeit gegenüber dem Staate, während die evangelische Kirche durch die Synodalordnung vom Jahre 1873 gegenüber dem Staate selbständig gemacht worden sei, und müßten deshalb die Kirchengemeinschaften auch selbst die Mittel zur Befriedigung der kirchlichen Bedürfnisse aufbringen. Er befürchte auch, daß diese Mittel vorzugsweise zur Förderung einer bedenklichen orthodoxen Richtung verwendet werden könnten, er wolle aber nicht, daß die Königliche Staatsregierung auch nur in den Verdacht komme, das materielle Bedürfnis nach den religiösen Überzeugungen zu bemessen. Die katholische Kirche würde in diesem Falle auch viel günstiger stehen, da bei dem Einflusse des katholischen Klerus mit Staatsunterstützung nur solche Einrichtungen zustande kommen würden, die der Klerus selbst wünsche. Den Verteilungsmaßstab nach der Bevölkerungszahl halte er ebenfalls für unrichtig. Handle es sich um das Bedürfnis, so wäre der Steuermaßstab der geeignete.
Abgeordneter Dr. Enneccerus weist darauf hin, daß wir Bedürfniszuschüsse nach den verschiedensten Richtungen hin hätten, und daß ohne solche die Kirche nicht bestehen könne. Das Bedürfnis mache sich nach verschiedenen Richtungen geltend, und lasse sich eine feste Schablone hierfür nicht finden. Man könne deshalb auch den Fonds nicht mechanisch nach der Seelenzahl teilen.
Der Regierungskommissar des Herrn Finanzministers, Geheimer Finanzrat Lehnert, erklärt, es seien bisher schon zur Beseitigung kirchlicher Notstände auf dem Gebiete des Kirchenbaues Gnadenbeihilfen aus dem Allerhöchsten Dispositionsfonds gewährt worden. Falls ein Beschluß in der Richtung des Abgeordneten Hahn und Genossen gefaßt werden sollte, so werde die Königliche Staatsregierung denselben in tunlichst wohlwollende Erwägung nehmen. Es falle hierbei für die Königliche Staatsregierung auch ins Gewicht, daß die kirchliche Baulast hauptsächlich auf den Gemeinden beruhe [!] und in der Gewährung von Baubeihilfen an solche mithin eine finanzielle Erleichterung derselben liegen würde. Die Entlastung der Kommunen sei aber ein Ziel der Königlichen Staatsregierung.
Der Herr Vertreter des Ministers der geistlichen Angelegenheiten, Ministerialdirektor Barkhausen, erklärt, daß er bezüglich des vorliegenden Antrages keine Instruktion seines Herrn Chefs *Goßler* empfangen habe, da ein Antrag erst wenige Minuten vor dem Beginn der Sitzung in seine, des Regierungskommissars, Hände gelangt wäre. Er habe aber früher sehr eingehende Rücksprache mit seinem Herrn Chef *Goßler* über den Gegenstand gehabt und glaube deshalb in dessen Sinne Folgendes erklären zu können: Es handle sich bei den Unterstützungen unvermögender Kirchengemeinden, ebenso wie bei der Unterstützung der Schulgemeinden, nicht um die Kirche als solche, sondern eben um die <u>einzelnen</u> bedürftigen Kirchengemeinden. Die Verpflichtung zum Kirchenbau ruhe auch ausschließlich auf

den Gemeinden und nicht auf der Kirche als solcher, weshalb eine Trennung des Fonds und eine Zuweisung desselben an die beiden Kirchengemeinschaften im Sinne des Antrages v. Huene nicht zulässig erscheine. Eine derartige Trennung würde einen ganz neuen Grundsatz in die Verfassung hineinbringen; einen allgemeinen Maßstab für die Verteilung des Fonds zu gewinnen, sei ungemein schwer. Nach der Seelenzahl der gesamten Kirchengemeinschaften könne man nicht das Bedürfnis für die einzelnen Kirchengemeinden berechnen, so z. B. sei in der Provinz Posen trotz der zahlreichen Katholiken kein Bedürfnis zu Bauzuschüssen für die katholische Kirche vorhanden. Durch eine derartige Teilung des Fonds könnte in den Diaspora- und Missionsgemeinden leicht der Gesichtspunkt der Proselytenmachereien in den Vordergrund treten. Davon, ob die Parität genügend gewahrt werde, könne sich das Haus überzeugen, wenn, wie beim Schulbaufonds, alljährlich eine Übersicht der Verwendungsart gegeben würde.
Abgeordneter Dr. Graf v. Posadowsky-Wehner erkennt den Wunsch des Abgeordneten Fhr. v. Huene zwar als berechtigt an, daß die Verteilung des Fonds eventuell möglichst nach einem gleichen Maßstabe auf beide Konfessionsgemeinschaften erfolge, die Verteilung nach der Seelenzahl sei indes unhaltbar. Es liege der Versuch nahe, das Bedürfnis in der Art generell festzustellen, daß die auf die Parochien der beiden Kirchengemeinschaften durchschnittlich entfallende Seelenzahl festgestellt und die Summe verteilt würde. Hiergegen spreche aber das Bedenken, daß einzelne Kirchengemeinden viel zu klein seien und sich auch in ihrem Bestande nicht verändern ließen, während andere an ihrer übermäßigen Größe laborierten, auch sollte ja der Fonds für Neubauten an Stelle vorhandener baufälliger Gebäude verwendet werden; der Steuermaßstab könne nicht in Frage kommen, da für die Feststellung des Bedürfnisses nicht nur die Höhe der kommunalen Belastung ins Gewicht falle, sondern auch die Frage, wie diese kommunale Belastung entstanden sei. Die Begünstigung einer besonders orthodoxen Richtung in der evangelischen Kirche befürchte er nicht, da nach seiner Erfahrung für die Bewilligung von Gnadenunterstützungen lediglich der finanzielle Gesichtspunkt als maßgebend erachtet sei.
Abgeordneter Büchtemann vermag keinen Maßstab zu finden, nach dem sich die Verteilung generell regeln lasse, er sei aber auch aus prinzipiellen Gründen gegen den Prinzipalantrag; es empfehle sich vielmehr, die diskretionären Fonds zu beschränken, statt dieselben zu vermehren; es lasse sich auch kein objektives Kriterium finden, um das diskretionäre Ermessen auszuschließen. Das Bedenken des Abgeordneten Kieschke, daß vorzugsweise die orthodoxe Richtung begünstigt werden könnte, vermag er als unbegründet nicht anzuerkennen, denn nirgends sei der Fanatismus so groß wie gerade in kirchlichen Fragen. Wir sollten in der Tat von der Staatsregierung für die Kirche nicht mehr beanspruchen wie nach den historischen Verhältnissen gerechtfertigt sei. Die dauernde Unterstützung der Kirche seitens des Staates führe noch mehr zur Verquickung von Staat und Kirche; wir hätten schon genug Abhängigkeit vom Staate auf dem Gebiete der Eisenbahn usw. und wolle er die Abhängigkeit der Gemeinden gegenüber dem Staate nicht noch vermehren. Er werde deshalb gegen den Antrag stimmen.

Abgeordneter Kieschke erklärt, daß die Erwägung für ihn nicht vorzugsweise entscheidend sei, daß mit dem Fonds einmal Mißbrauch getrieben werden könne, er halte indessen eine derartige Einwirkung auf die Kirchengemeinden, wie sie hier beabsichtigt werde, für besonders bedenklich. Erkenne man einmal von Staats wegen deren Bedürftigkeit an und die Verpflichtung, aushilfsweise einzutreten, so werde man zu dauernden Bewilligungen kommen müssen; Gnadenbewilligungen seien etwas ganz anderes, als wenn ein spezieller Etatstitel vorhanden wäre, auf den sich die Gemeinden berufen könnten.
Abgeordneter Fhr. v. Huene erklärt, daß er den prinzipalen Antrag zwar nicht gestellt haben würde, aber denselben auch nicht prinzipiell abweisen könne. Der Staat habe den Gemeindesäckel in den letzten 10 Jahren so beschwert, daß es Zeit sei, auch einmal etwas für die Erleichterung der Gemeinden zu tun; das Bedürfnis der Seelsorge sei ein so wichtiges, daß es sich wohl rechtfertigen ließe, wenn Staatsmittel zu dessen Befriedigung in dringenden Fällen gewährt würden.
Abgeordneter Dr. Enneccerus bemerkt gegenüber dem Abgeordneten Büchtemann, daß es sich hier nicht um Übernahme eines Patronats seitens des Staates handle, sondern um jeweilige Bedürfniszuschüsse in Baufällen. Ein Recht könne hieraus der Gemeinde nicht erwachsen.
Abgeordneter Fhr. v. Minnigerode konstatiert, daß es für die Kontrolle des Fonds ausreichend erscheine, wenn, ebenso wie beim Schulbaufonds, alljährliche Übersicht über dessen Verwendung gegeben würde.
Ablehnung des Antrages Huene mit 2 gegen 11 Stimmen *und Annahme des Prinzipalantrages* Hahn und Genossen mit 9 gegen 4 Stimmen.
[…]

65. Aus dem Protokoll der 10. Sitzung der Budgetkommission des Abgeordnetenhauses, 17. Legislaturperiode, II. Session. Berlin, 4. März 1890.

Metallographierte Ausfertigung, gez. Benda, Jagow.
Protokolle der Budget-Kommission 1890/91, Bl. 27–28
(Staatsbibliothek Berlin, Signatur: 4"Sx4643-1890/91).

Kultusetat: Einnahmen: Die Sack'sche Stiftung. – Ausgaben: Provinzialschulkollegium zu Breslau. – Museum für Naturkunde. – Das Orientalische Seminar an der Berliner Universität.

Vgl. Einleitung, S. 81 f.

Kultusetat.
Referent Dr. Mithoff.
Einnahmen:
Routinemäßige Beschlussfassung zu Haushaltspositionen.
Die Sack'sche Stiftung; *Bildung einer* Subkommission von 3 Mitgliedern *wegen verfassungsmäßiger Bedenken.*[1]
Routinemäßige Beschlussfassung zu Haushaltspositionen.
Ausgaben:
Routinemäßige Beschlussfassung zu Haushaltspositionen.
Kreierung einer besonderen Direktorialstelle für das Provinzialschulkollegium zu Breslau.
Routinemäßige Beschlussfassung zu Haushaltspositionen.
Museum für Naturkunde. […]
Mitteilung über das orientalische Seminar, insbesondere über die Zahl der Besucher.[2]
Routinemäßige Beschlussfassung zu Haushaltspositionen.

1 *Vgl. Protokoll der Budgetkommission vom 7.3.1890; im vorliegenden Band Dok. Nr. 67.*
2 *Vgl. Anlage III zum Protokoll der Budgetkommission vom 6.3.1890; im vorliegenden Band Dok. Nr. 66.*

66. Aus dem Protokoll der 11. Sitzung der Budgetkommission des Abgeordnetenhauses, 17. Legislaturperiode, II. Session. Berlin, 6. März 1890.

Metallographierte Ausfertigung, gez. Benda, Kröcher.
Protokolle der Budget-Kommission 1890/91, Bl. 29–34
(Staatsbibliothek Berlin, Signatur: 4"Sx4643-1890/91).

Kultusetat: Verstaatlichung des Gymnasiums zu Tarnowitz. – Volksschullehrergehälter und Zulagen. – Die nebenamtlichen Kreisschulinspektoren und ihre bessere Remunerierung. – Das „Seminar für Orientalische Sprachen" an der Berliner Universität.

Vgl. Einleitung, S. 81 f.

Kultusetat.
Referent Dr. Mithoff.
Diskussion zu haushaltstechnischen Fragen.
Routinemäßige Beschlussfassung zu Haushaltspositionen.
Petition II. 353 (Verstaatlichung des Gymnasiums zu Tarnowitz) [...]. Herr Referent stellt den Antrag, die Petition der Königlichen Staatsregierung zur Berücksichtigung zu überweisen und namentlich auch den Zuschuß von 15.000 Mark auch in den vorliegenden Etat einzusetzen. Der Herr Regierungskommissar Geheimer Oberregierungsrat Bohtz sagt, die Regierung sei im *Zweifel, ob das Bedürfnis für das Realgymnasium vorliege. Es sei so schwach besucht, daß dies schon* sehr zweifelhaft sei. Die Verhandlungen schweben noch.
Spezialdiskussion.
Routinemäßige Beschlussfassung zu Haushaltspositionen.
Erhöhung der Gehälter der Lehrer, insonderheit der Rektoren *an Volksschulen.*
Herr Ministerialdirektor Dr. Kügler erklärt auf verschiedene Anfragen, er hoffe, daß sich aus dem Tit. 35 die Möglichkeit finden lassen werde, in besonders dringlichen Fällen solchen Lehrern resp. Rektoren Zulagen geben zu können, d. h. da, wo die Gemeinden nicht in der Lage wären, solche Zulagen zu gewähren.
Routinemäßige Beschlussfassung zu Haushaltspositionen.

Anlage I
Bemerkungen zu Kap. 121 Tit. 29 des Etats des Ministeriums der geistlichen, Unterrichts- und Medizinalangelegenheiten
Tit. 29 ist bestimmt zur Remunerierung
a) der Kreisschulinspektoren im Nebenamt,
b) der Lokalschulinspektoren.
Die in den Jahren 1885–87 angestellten Erhebungen über die Tätigkeit der Kreisschul-

inspektoren im Nebenamt ergaben die Notwendigkeit, dieses Institut im Schulinteresse weiter auszugestalten. Zu diesem Zwecke wurden
1.) zu große Bezirke geteilt,
2.) Anweisungen für die Kreisschulinspektoren erlassen, welche das Mindestmaß der an sie gestellten dienstlichen Anforderungen begrenzten. Die Folge hiervon war
1.) eine Vermehrung der Aufsichtsbezirke und zu
2.) eine erhebliche Steigerung der Aufsichtspflicht, wenn auch grundsätzlich an dem Charakter des Amtes als eines Ehrenamtes festgehalten wurde.
Hiernach bestehen gegenwärtig rd. 1.000 Kreisschulinspektionen im Nebenamt.
Denselben unterstehen 22.510 Schulen mit 51.013 Klassen. Diese müssen nach Vorschrift jedes Jahr mindestens einmal ordentlich revidiert werden (bei 3.448 Schulen ist zudem die Lokalschulaufsicht mit einbegriffen). Mehr als 2 Kilometer vom Wohnort entfernt liegen 20.143 Schulen mit 31.688 Klassen. Hierzu kommen etwa 17.000 Schulen mit 20.000 Klassen, welche auch in der Ortsschulaufsicht durch die Lokalschulinspektionen außerhalb ihres Wohnsitzes zu revidieren sind – rund 37.000 Schulen mit 51.700 Klassen. Es würden also nach dem Etatsvertrage noch nicht durchschnittlich (51.700 : 650.000 =) 12½ M jährlich auf außerhalb des Wohnsitzes zu beaufsichtigende Klassen entfallen.
Übergang der Entschädigungspflicht von den Gemeinden auf den Staat gemäß einer neueren Entscheidung des Oberverwaltungsgerichts. [...]

Anlage II
Neue Gliederung des Kapitels 121 Tit. 27: Zu Beihilfen an Schulverbände wegen Unvermögens für das Stelleneinkommen der Lehrer und Lehrerinnen. [...]

Anlage III
Das bei der hiesigen Friedrich-Wilhelms-Universität bestehende „Seminar für Orientalische Sprachen“, welches am 27. Oktober 1887 eröffnet wurde, befindet sich in erfreulichem Aufschwunge.
Während dasselbe im Herbst 1887 nur 70 bis 80 ständige Besucher hatte, ist die Zahl derselben gegenwärtig auf 115 gestiegen. Am größten ist die Zahl der Schüler in der arabischen, chinesischen und japanischen Klasse (29 bzw. 22 und 21); es entspricht dies der hervorragenden Wichtigkeit dieser Ländergebiete für die Interessen des deutschen Handels. Es folgen demnächst Suaheli und türkisch mit 17 und 15 Besuchern. Am geringsten ist die Zahl der Studierenden in der indischen und persischen Klasse, welche nur 2 Zuhörer haben.
4 Hörer für Neugriechisch und 4 Hörer für Spanisch.
Unter den 115 Besuchern nehmen die Studierenden der juristischen Fakultät und Aspiranten für den konsularischen und Kolonialdienst mit der Zahl von 56 die erste Stelle ein.
Sehr erfreulich ist es indessen, daß die Zahl der Angehörigen der anderen Berufsklassen, insbesondere der Mitglieder des Kaufmannsstandes, welcher anfänglich nur durch einige Besucher vertreten war, beträchtlich gestiegen ist. Dem Kaufmannsstande gehören gegen-

wärtig 23 Zuhörer an. Daneben befinden sich 15 Lehrer, Gelehrte und Ärzte, 5 Offiziere, 4 Theologen und 3 Techniker.
Von den Besuchern des Seminars sind bereits 10 in den Dolmetscherdienst des Reiches eingetreten und 12 zu anderweiten Beschäftigungen nach Asien beziehungsweise Afrika gegangen.
Das Seminar steht in wissenschaftlichen Beziehungen zu den in anderen europäischen Hauptstädten bestehenden Instituten gleicher Art, so zur „École des langues orientales" in Paris und zu den orientalischen Colleges in London. Ein neuerrichtetes College ist noch jüngst nach dem Muster des Berliner Seminars organisiert worden.

67. Aus dem Protokoll der 12. Sitzung der Budgetkommission des Abgeordnetenhauses, 17. Legislaturperiode, II. Session. Berlin, 7. März 1890.

Metallographierte Ausfertigung, gez. Benda, Mithoff.
Protokolle der Budget-Kommission 1890/91, Bl. 35–36v
(Staatsbibliothek Berlin, Signatur: 4"Sx4643-1890/91).

Kultusetat: Museum für Völkerkunde. – Personal der Königlichen Bibliothek und der Universitätsbibliotheken. – Sack'sche Familienstiftung. – Museum für Naturkunde.

Vgl. Einleitung, S. 81 f.

Kultusetat.
Ordinarium.
Referent Dr. Mithoff. […]
Dr. Virchow weist darauf hin, daß das Personal des Museums für Völkerkunde nicht ausreicht, um die großen, diesem Institute obliegenden Aufgaben zu erfüllen. Der Regierungskommissar Wirklicher Geheimer Oberregierungsrat Dr. Schöne bemerkt, daß in den letzten Jahren das Personal des Instituts auf 2 Direktoren und 4 Assistenten erhöht ist, ohne daß er durch diese Angabe behaupten will, daß das Bedürfnis vollständig gedeckt ist.
Routinemäßige Beschlussfassung zu Haushaltspositionen.
Bei Tit. 12 bringen die Abgeordneten Dr. Mithoff und Dr. Virchow das ungünstige Verhältnis zur Sprache, in welchem die Zahl der Assistenten und Hilfsarbeiter bei der Königlichen Bibliothek und den meisten Universitätsbibliotheken steht.
Routinemäßige Beschlussfassung zu Haushaltspositionen. […]
Angelegenheit der Sack'schen Familienstiftung.[1] […]

1 *Vgl. Protokoll der Budgetkommission vom 4.3.1890; im vorliegenden Band Dok. Nr. 65.*

Routinemäßige Beschlussfassung zu Haushaltspositionen.
Bei Tit. 12 weist Abgeordneter Dr. Virchow auf den Mißstand hin, der in der Nichtausstattung des chemischen Laboratoriums bei dem mineralogischen Institut im Museum für Naturkunde liegt.
Regierungskommissar Geheimer Regierungsrat Naumann erwidert, daß vom betreffenden Direktor noch kein dahin zielender Antrag bei der Regierung eingegangen sei, daß [aber] die Mittel zur Erfüllung eines solchen Antrags vorhanden seien.
Routinemäßige Beschlussfassung zu Haushaltspositionen.

68. Aus dem Protokoll der 15. Sitzung der Budgetkommission des Abgeordnetenhauses, 17. Legislaturperiode, II. Session. Berlin, 15. März 1890.

Metallographierte Ausfertigung, gez. Benda, Steffens.
Protokolle der Budget-Kommission 1890/91, Bl. 40–41v
(Staatsbibliothek Berlin, Signatur: 4"Sx4643-1890/91).

Kultusetat: Petition zur außerordentlichen Förderung des Kirchenbaus in Berlin. – Kirchensteuern und Anleihen der Synoden. – Berücksichtigung aller Konfessionen.

Vgl. Einleitung, S. 81 f.

Petitionen.
Ad 1 berichtet Herr v. Benda über die Petition II 478 des Fhr. v. d. Goltz betreffend Unterstützung der Berliner Kirchenbauten und stellt einen Antrag, welchen er ausführlich begründet.
Herr Fhr. v. Huene kann nur ein Bedürfnis für Berlin anerkennen und macht aufmerksam, daß die Petition sich nur auf die protestantischen Kirchen beziehe und stellt den beiliegenden Antrag I auf motivierte Tagesordnung.
Herr Abgeordneter Graf zu Limburg-Stirum will einen Dispositionsfonds zur Allerhöchsten Verfügung einstellen ins Extraordinarium für eine Reihe von Jahren und überreicht den Antrag II.
Herr Abgeordneter Dr. Mithoff fragt, ob Berlin nicht imstande ist, sich selbst zu helfen.
Herr Unterstaatssekretär Dr. Barkhausen hält den Notstand für Berlin für konstatiert. Die Verhandlungen über Erhöhung der Kirchensteuern sind in der Schwebe. Zur Genehmigung von Anleihen für die Synoden sei eine Änderung der Gesetzgebung notwendig, welche viele Bedenken habe.
Herr Abgeordneter Fhr. v. Huene bekämpft den Antrag ad II. Herr Abgeordneter Stengel ist dem Antrag II geneigt, will ihn aber nur auf 3 Jahre beschränken, womit Abgeordneter Graf zu Limburg-Stirum einverstanden ist.

Herr Abgeordneter Steffens stellt den Antrag, zur Tagesordnung überzugehen. […]
Herr Abgeordneter Francke (Tondern) ist der Ansicht, daß durch ein gesetzliches Einschreiten die Kirchengemeinden zu einem Ganzen vereinigt werden müßten, dem die Kirchenbauten prinzipaliter obliegen müßten. In vielen auswärtigen Kreisen gehen die Kirchensteuern auf 20–80 % aller Steuern, während sie in Berlin nur 7 % betragen.
Antrag Benda wird zurückgezogen.
Antrag II wird abgelehnt.
Antrag I wird 10:5 angenommen.

Anlage I
Antrag
Das Haus der Abgeordneten wolle beschließen:
I. In Anbetracht,
1) daß es nicht die Aufgabe des Staates ist, ohne Nachweis des Bedürfnisses im einzelnen Falle und ohne spezielle Bestimmung hinsichtlich der Verwendung Summen zu den angegebenen Zwecken flüssig zu machen,
2) daß nur in paritätischer Weise gegenüber den verschiedenen gleichberechtigten Bekenntnissen vorgegangen werden kann,
über die Petition zur Tagesordnung überzugehen.
II. Die Bewilligung von außerordentlichen Staatsbeihilfen nur auf Grund spezieller und im einzelnen begründeter Vorschläge eintreten zu lassen.
Freiherr v. Huene

Anlage II
Antrag
Das Haus der Abgeordneten wolle beschließen, unter Überweisung der Petition des Propstes Dr. v. d. Goltz die Königliche Staatsregierung aufzufordern, im Extraordinarium des Staatshaushalts der nächsten 3 Jahre einen Allerhöchsten Dispositionsfonds in angemessener Höhe zur Befriedigung des dringendsten Bedürfnisses an Kirchenneubauten aller Konfessionen einzustellen.
Graf zu Limburg-Stirum

Anlage III
Antrag
In Erwägung, daß die Initiative zur Forderung von staatlichen Mitteln zum Bau von Kirchen und Kirchengebäuden am besten der Königlichen Staatsregierung zu überlassen ist und in fernerer Erwägung, daß, wenn die Regierung den Nachweis des Bedürfnisses und der finanziellen Unfähigkeit der betreffenden Kirchengemeinde führt, der Landtag sich einer ernsten Prüfung der gestellten Forderungen nicht versagen wird, zur Tagesordnung über die Petition überzugehen.
Dr. Mithoff

69. Aus dem Protokoll der 16. Sitzung der Budgetkommission des Abgeordnetenhauses, 17. Legislaturperiode, II. Session. Berlin, 18. März 1890.

Metallographierte Ausfertigung, gez. Benda, Jagow.
Protokolle der Budget-Kommission 1890/91, Bl. 42–42v
(Staatsbibliothek Berlin, Signatur: 4"Sx4643-1890/91).

Petitionen zu einem Zuschuss zum Pfarrgehalt, zu Ablassgeldern und zum Dienstverhältnis von Missionspfarrern.

Vgl. Einleitung, S. 81 f.

Petitionen zum Kultusetat. […]
Petition II 93, betr. Zuschuß zum Pfarrgehalt.
Routinemäßige Beschlussfassung zur Petition.
Petition II 309 *betreffend die* Ablaßgelder.
Routinemäßige Beschlussfassung zur vorgenannten und weiteren Petitionen.
Petition II 103 *betreffend die Kriterien einer Festanstellung von Pfarrern, die* bei den Missionspfarrern nicht *zutreffen.*
Routinemäßige Beschlussfassung zur vorgenannten und weiteren Petitionen.

70. Aus dem Protokoll der 23. Sitzung der Budgetkommission des Abgeordnetenhauses, 17. Legislaturperiode, II. Session. Berlin, 1. Mai 1890.

Metallographierte Ausfertigung, gez. Benda, Tiedemann.
Protokolle der Budget-Kommission 1890/91, Bl. 59–63v
(Staatsbibliothek Berlin, Signatur: 4"Sx4643-1890/91).

Nachtragsetat: Neubau des Berliner Doms. – Aufbesserung der Beamtenbesoldungen, u. a. für Volksschullehrer und -lehrerinnen.

Vgl. Einleitung, S. 74, 83, 87, 92.

Nachtragsetat
Neubau des Berliner Doms
Herr Kultusminister von Goßler: Die Frage, ob wir es hier mit dem Anfange der Ausführung oder mit der Vorbereitung zum Bau zu tun haben, könne er nur im letzteren Sinne auffassen. Die Interimskirche sei in erster Linie notwendig. Eine andere Kirche stehe nicht

zur Verfügung, insbesondere nicht die Werder'sche Kirche, die nicht geeignet sei, schon der für die Domgemeinde besonders zahlreich nötigen Gottesdienste sowie der kirchlichen Bedürfnisse des Domes wegen.
Dann müsse die Frage beantwortet werden, wie sollen die 95 Särge, die sich jetzt in der Gruft des Domes befinden, untergebracht werden. Eine irgend geeignete Möglichkeit sei nicht vorhanden, weder in einem der Königlichen Schlösser, noch in der Garnisonskirche. Vor Abschluß der Vorarbeiten müssen die Särge beseitigt werden. Nach genauer Untersuchung habe sich als einzige Möglichkeit der Unterbringung die Erbauung einer Interimsgruft in der Interimskirche herausgestellt.
Wenn die Särge nicht transloziert werden, so sei eine Untersuchung des Baugrundes unter dem Dom nicht möglich. Das Bedürfnis der Erweiterung der Spree hinter dem Dom sei nach Erklärung der Bauverwaltung nicht länger hinauszuschieben, auch daher müsse an den alten Domfundamenten gerührt werden. – Hiernach sei die Sachlage eine von ähnlichen Fällen ganz abweichende. Aus diesen Gründen müsse die Sache einen anderen als den gewöhnlichen budgetmäßigen Weg gehen und sei dadurch wohl das außergewöhnliche Vorgehen begründet.
Was die Bauverpflichtung betreffe, so sei festgestellt, daß bisher alle Bauten am Dom vom Staate getragen seien und sei der Staat daher zu allen Bauten am Dom verpflichtet. Die Frage dieses Neubaues gehe ja allerdings ihren besonderen Weg. Entweder der Staat müsse bauen, oder ein anderer Bauherr unter Zuschüssen vom Staat. Welche Alternative den Vorzug verdiene, unterliege zur Zeit der Prüfung des Staatsministeriums. Jedenfalls hänge mit dieser Frage die Frage nach der Errichtung einer Interimskirche nicht zusammen, welche lediglich in den Kreis der vorbereitenden Maßnahmen, mithin derjenigen Zwecke falle, für welche im vorigen Jahre die 600.000 M bestimmt seien.
Wenn jetzt der Landtag in die beantragte Erweiterung der Verwendungszwecke willige, so folge in keiner Weise daraus, daß er sich auch zur Errichtung des Domes auf Staatskosten verpflichte.
Abgeordneter Fhr. v. Erffa-Wernburg fragt, ob die Platzfrage bereits entschieden sei und hebt Bedenken gegen den Neubau auf der alten Stelle hervor.
Kultusminister v. Goßler: Bisher seien alle Projekte darauf hinausgekommen, auf der alten Stelle zu bauen. Das neuste vorliegende Projekt halte die richtige Grenze nach dem Wasser hin ein und überschreite nach dem Lustgarten hin den jetzigen Bürgersteig nicht. Verschiedene Möglichkeiten, einen anderen Platz zu wählen, seien schon geprüft, aber ohne Resultat.
Widerspruch verschiedener Kommissionsmitglieder.
Kultusminister v. Goßler […] hebt hervor, daß es sich hier nicht um den Anfang der Ausführungen des Dombaus handele. Daß der Staat zum Bau einer Interimskirche, wenn solche notwendig sei, verpflichtet sei, darüber könne kein Zweifel bestehen. Die Herstellung einer Interimskirche, die zu dauerndem Gebrauche geeignet, würde über die Bauverpflichtung des Staates hinausgehen.

Abgeordneter Dr. Lieber: Seiner Ansicht nach stehe die Baupflicht noch nicht fest und müsse er noch eine weit eingehendere Prüfung dieser Frage verlangen. Den Bau der Interimskirche könne er nur als den Beginn der Ausführung auffassen. Denn wer diese baue, müsse auch den neuen Dom bauen.

Kultusminister v. Goßler: Über die Rechtsfrage sei seit vorigem Jahre alles vorliegende Material geprüft und sei er zu der Überzeugung gekommen, daß der Staat an und für sich die Verpflichtung zum Bauen der Domkirche habe. Was jetzt die projektierte Errichtung eines großen Domes betreffe, so unterliege die Frage, wer als Bauherr auftreten solle, aber der Beschlußfassung des Staatsministeriums, und hoffe er, daß diese Frage in wenigen Tagen entschieden werden könne. [...]

Die Platzfrage sei entschieden.

Budgetrechtliche Spezialdiskussion.

Zu Tit. 5a wird darauf einstimmig beschlossen, die Worte „zur Errichtung einer Interimskirche" zu streichen.

Beamtenbesoldung.

Notwendigkeit der Gehaltserhöhungen

Bereitstellung von 18 Millionen *Mark.*

Abgeordneter Dr. Mithoff fragt, ob die Regierung sich schon einen Plan über die allgemeinen Beamtenbesoldungserhöhungen gemacht habe?

Abgeordneter Bödiker schließt sich dieser Frage an.

Geheimer Oberfinanzrat Lehnert: Es sei allerdings im Jahre 1883/84 ein solcher Plan ausgearbeitet worden, es habe sich aber gezeigt, daß derselbe infolge der eingetretenen Veränderungen nicht mehr zutreffend sei und sich solche Pläne nicht im voraus ausarbeiten ließen.

Abgeordneter Bödiker fragt, ob auf dem jetzt eingeschlagenen Wege der Gehaltserhöhungen von unten anfangend nach oben fortgefahren werden solle.

Geheimer Oberfinanzrat Lehnert: Die weitere Erhöhung wird nur nach Maßgabe der vorhandenen Mittel geschehen können.

Auf eine Anfrage des Abgeordneten Sperlich erklärt Geheimer Oberfinanzrat Lehnert, daß die Unterbeamten mit der Vorlage auf absehbare Zeit abgefunden sein sollten.

Spezialdiskussion.

Anlage

Bemerkungen zum Nachtragsetat

Haushaltstechnische Details.

III. Die 3.000.000 M für die Volksschullehrer und Lehrerinnen würden in den Nachtragsetat bei dem entsprechenden Titel des Kultusministeriums einzustellen sein. Durch Vermerk wären die Verwendungsgrundsätze festzulegen.

IV. Nach Abtrennung der 3.000.000 M würde der Rest von 1.500.000 M [!] in drei Titel geteilt einzustellen sein. [...]

Haushaltstechnische Details.

Die aus den vorstehenden Bemerkungen sich ergebenden Anträge werde ich formell noch stellen.
Berlin, den 30. April 1890
Freiherr von Huene

71. Aus dem Protokoll der 24. Sitzung der Budgetkommission des Abgeordnetenhauses, 17. Legislaturperiode, II. Session. Berlin, 2. Mai 1890, vormittags.

Metallographierte Ausfertigung, gez. Benda, Mithoff.
Protokolle der Budget-Kommission 1890/91, Bl. 64–67
(Staatsbibliothek Berlin, Signatur: 4"Sx4643-1890/91).

Nachtragsetat: Aufbesserung der Beamtenbesoldungen, Fortsetzung der Diskussion und Überweisung an eine Subkommission.

Vgl. Einleitung, S. 81 f.

Nachtragsetat.
Beamtenbesoldung.
Diensteinkommensverbesserungen *über* 18.000.000 Mark.
Budgetrechtliche Spezialdiskussion, u. a. bezüglich der 3.000.000 *M* für Lehrer und Lehrerinnen an Volksschulen.
Geschäftsordnungsdiskussion.
Budgetrechtliche Spezialdiskussion.
Überweisung der Vorlage *an eine* Subkommission.
Details zu den Gehaltsverbesserungen, insbesondere die Abstufungen *zwischen den* Besoldungsklassen, *sowie zum* System der Dienstalterszulagen. […]

Anlage A
Bemerkungen zum Nachtragsetat.[1] […]

Anlage B
Antrag Tiedemann betreffend die Aufteilung der 15.000.000 M.

Anlage C
Resolution des Abgeordneten Bödiker *betreffend die Einordnung der Beamtenkategorien*

1 *Wiederabdruck der Anlage 1 des Protokolls der Budgetkommission vom 1.5.1890; im vorliegenden Band Dok. Nr. 70.*

in die einzelnen neuen Besoldungsklassen *und Bitte an die* Staatsregierung, *darüber den Landtag zu informieren.*

72. Aus dem Protokoll der 25. Sitzung der Budgetkommission des Abgeordnetenhauses, 17. Legislaturperiode, II. Session. Berlin, 2. Mai 1890, mittags.

Metallographierte Ausfertigung, gez. Benda, Mithoff.
Protokolle der Budget-Kommission 1890/91, Bl. 68–71
(Staatsbibliothek Berlin, Signatur: 4"Sx4643-1890/91).

Nachtragsetat: Aufbesserung der Beamtenbesoldungen, Fortsetzung der Diskussion.

Vgl. Einleitung, S. 81 f.

Nachtragsetat *und die dazu* eingegangenen Petitionen.
Beamtenbesoldung.
Übersicht der Gehaltsverbesserungen für untere Beamte.
Spezialdiskussion.
Das in der Denkschrift zum Nachtragsetat ausgesprochene Prinzip der gleichen Besoldung für gleiche Leistung.
Routinemäßige Beschlussfassung zu Haushaltspositionen.
Zuschüsse für die Universitäten.
Routinemäßige Beschlussfassung zu Haushaltspositionen.

73. Aus dem Protokoll der 26. Sitzung der Budgetkommission des Abgeordnetenhauses, 17. Legislaturperiode, II. Session. Berlin, 5. Mai 1890.

Metallographierte Ausfertigung, gez. Benda, Arendt.
Protokolle der Budget-Kommission 1890/91, Bl. 72–80
(Staatsbibliothek Berlin, Signatur: 4"Sx4643-1890/91).

Nachtragsetat: Aufbesserung der Beamtenbesoldungen. – Unterbeamte an den Technischen Hochschulen und an den Universitäten.

Vgl. Einleitung, S. 81 f.

Nachtragsetat *und die dazu* gehörigen Petitionen.
Beamtenbesoldung.
Spezialdiskussion und routinemäßige Beschlussfassung zu Haushaltspositionen.
Bei Nr. 61 – Unterbeamte bei der technischen Hochschule in Charlottenburg – tadelt Abgeordneter Dr. Mithoff, daß die Unterbeamten der Universitäten nicht gleichfalls in eine höhere Stufe gesetzt [sind]. Er behält sich einen Antrag für die zweite Lesung vor.
Geheimer Oberfinanzrat Lehnert: Es seien hier zum Teil ganz ungerechtfertigte Ungleichheiten. Wo sachliche Gründe vorliegen, sind Stellenzulagen zu bewilligen.
Abgeordneter Bödiker: Da gleiche Beamte gleiche Gehalte erhalten sollen, so sei Dr. Mithoff's Einwurf gerechtfertigt und die Beamten der Universitäten nicht anders zu behandeln wie die der technischen Hochschulen.
Geheimer Oberfinanzrat Lehnert: Bei den Universitäten verbessert sich der Satz um 150 M pro Kopf, die Beamten mit ganz kleinem Sitze hätten nur so angemessen erhöht werden können. Die jetzigen Gehaltsdifferenzierungen unter den Universitäts-Unterbeamten seien unberechtigt und müßten aufhören. Bei den Universitäten rücken die Beamten in einer größeren Gesamtzahl auf als bei den technischen Hochschulen und seien dadurch im Vorteil.
Spezialdiskussion und routinemäßige Beschlussfassung zu Haushaltspositionen.
Geheimer Oberfinanzrat Lehnert spricht sich bestimmt gegen den Antrag Dr. Mithoff aus, dann würde umgekehrt die Regierung erwägen, ob nicht Nr. 61 eine Stufe herabzusetzen sei. Es gäbe zu erwägen, daß die Mehrzahl der Unterbeamten bei den Universitäten bisher mit 780 M anfing und sich demnach erheblich verbessert, die kleinere Zahl bei den technischen Hochschulen fing mit höheren Gehältern an.
Spezialdiskussion und routinemäßige Beschlussfassung zu Haushaltspositionen.

74. Aus dem Protokoll der 27. Sitzung der Budgetkommission des Abgeordnetenhauses, 17. Legislaturperiode, II. Session. Berlin, 6. Mai 1890.

Metallographierte Ausfertigung, gez. Benda, Bödiker.
Protokolle der Budget-Kommission 1890/91, Bl. 81–85v, 88–88v
(Staatsbibliothek Berlin, Signatur: 4"Sx4643-1890/91).

Nachtragsetat: Aufbesserung der Beamtenbesoldungen für mittlere Beamte im Bereich des Kultusministeriums. – Dienstalterszulagen für Volksschullehrer.

Vgl. Einleitung, S. 81 f.

Nachtragsetat *und die dazu* gehörigen Petitionen.
Beamtenbesoldung.
Übersicht der Gehaltsverbesserungen für mittlere Beamte.
Spezialdiskussion und routinemäßige Beschlussfassung zu den einzelnen Ministerien.
Ministerium der geistlichen Angelegenheiten.
„Bauinspektoren" wird genehmigt.
Zu „Zweite Lehrer an Präparandenanstalten" und "Hilfslehrer an Seminaren" bemerkt Regierungskommissar, Ministerialdirektor Dr. Kügler auf Anfrage des Abgeordneten Boemel, daß letztere mit einem höheren Betrage in der Besoldung erhöht seien, weil aus dieser Kategorie die höheren Seminarlehrer genommen würden, während jene in ihren Stellungen verblieben.
Routinemäßige Beschlussfassung zu Haushaltspositionen.
Beschlussfassung zu Petitionen. [...]
Über die Petition von Seminarlehrern II Nr. 328 berichtet Abgeordneter Dr. Mithoff. Regierungskommissar, Ministerialdirektor Dr. Kügler anerkennt das Bedürfnis einer Verbesserung der Petenten, der Herr Minister *Goßler* habe in Rücksicht auf die zur Verfügung stehenden Gesamtmittel mit entsprechenden Anträgen zurücktreten müssen. Referent beantragt, die Petition mit Rücksicht auf die Erklärung des Herrn Regierungskommissars der Königlichen Staatsregierung zur Erwägung zu überweisen.
Angenommen.
Einordnung der Lehrer an den neun Nassauischen Neuen [...] Realschulen.
Beschlussfassung zu weiteren Petitionen. [...]

Anlage 3
Antrag
Das Haus der Abgeordneten wolle beschließen, die königliche Staatsregierung aufzufordern, im nächsten Etat tunlichst die Aufbesserung des Gehaltes derjenigen Beamtenkategorien durchzuführen, welche wie die Lehrer der höheren Lehranstalten, die Seminar- und

Mittelschullehrer bei den durch den Nachtragsetat herbeigeführten Gehaltserhöhungen nicht haben bedacht werden können.
Dr. Arendt [...]

Anlage 6
Antrag
Kap. 121 Tit. 35: Zugang 3 Millionen Mark
An Stelle des bisherigen Vermerkes zu setzen: Die Abstufung der Alterszulagen ist in der Weise zu regeln, daß dieselben nach einer Dienstzeit von 5 Jahren 100 M, 10 Jahren 150 M, 15 Jahren 200 M, 20 Jahren 300 M, 25 Jahren 350 M, 30 Jahren 400 M betragen, soweit nicht das Stelleneinkommen einschließlich besonderer Stellenzulagen im Schuldienst, aber ausschließlich der Dienstwohnung oder der Mietsentschädigung, durch die Dienstalterszulagen in den Gemeinden bis zu 2.000 Einwohnern 1.800 M, in den Gemeinden über 2.000 Einwohner bis zur zweiten Servisklasse ausschließlich 2.100 M, in den Städten der höchsten Servisklasse 2.400 M erreicht. Die Dienstalterszulagen sind nur bis zur Höhe dieser Gehaltssätze auszuzahlen. Für den Fall, daß die für diese Zulagen bewilligten 8.250.000 M nicht ausreichen und die Unterrichtsverwaltung den Fehlbetrag aus anderen bereiten Mitteln nicht zu decken vermag, erfolgt ein gleichmäßiger Abzug von jedem [!] 100 M der zur Auszahlung gelangenden Alterszulagen.
Dr. Arendt
[...]

75. Aus dem Protokoll der 28. Sitzung der Budgetkommission des Abgeordnetenhauses, 17. Legislaturperiode, II. Session. Berlin, 8. Mai 1890.

Metallographierte Ausfertigung, gez. Benda, Steffens.
Protokolle der Budget-Kommission 1890/91, Bl. 86–87v
(Staatsbibliothek Berlin, Signatur: 4"Sx4643-1890/91).

Nachtragsetat: Petitionen zur Aufbesserung der Beamtenbesoldungen. – Dienstalterszulagen für Volksschullehrer.

Vgl. Einleitung, S. 81 f.

Nachtragsetat *und dazu gehörige* Petitionen.
Beamtenbesoldung.
Spezialdiskussion und routinemäßige Beschlussfassung zu den einzelnen Petitionen.
Zu Kap. 121 Tit. 35 bittet Herr Dr. Arendt, seinen Antrag vom 5. Mai anzunehmen und rechtfertigt denselben.
Herr Ministerialdirektor Dr. Kügler bezieht sich auf seine Erklärung bei der Beratung des Kultusetats und bittet, den Antrag abzulehnen. Die Regierung wünsche durch die Alterszulagen die unzureichend besoldeten Lehrer in kleineren Orten aufzubessern und erklärt sich gegen Beginn der Alterszulagen mit 5 Jahren, auch sei die Festlegung der höchsten Gehalte untunlich. Die Kosten des Beitrages würden 2.000.000–2.100.000 M mehr betragen. Die Regierung werde für die leistungsunfähigen Gemeinden die Mehrkosten für die Pensionen, die auf die Erhöhung durch die Dienstalterszulagen entfallen, übernehmen. Er werde seine Erklärung schriftlich einreichen.[1]
Der Antrag wird mit allen gegen 1 Stimme abgelehnt.
[…]

1 *Protokollmarginalie:* Folgt nach. – *Eine entsprechende Erklärung liegt nicht bei.*

76. Aus dem Protokoll der 29. Sitzung der Budgetkommission des Abgeordnetenhauses, 17. Legislaturperiode, II. Session. Berlin, 9. Mai 1890.

Metallographierte Ausfertigung, gez. Benda, Jagow.
Protokolle der Budget-Kommission 1890/91, Bl. 89–92
(Staatsbibliothek Berlin, Signatur: 4"Sx4643-1890/91).

Nachtragsetat: Aufbesserung der Beamtenbesoldungen. – Dienstalterszulagen für Volksschullehrer. – Notwendigkeit eines Spezialgesetzes zur Volksschulunterhaltung.

Vgl. Einleitung, S. 81 f.

Nachtragsetat, I. und II. Lesung mit Petitionen.
Beamtenbesoldung.
Spezialdiskussion und routinemäßige Beschlussfassung zu den einzelnen Petitionen.
Auf Anregung des Herrn Dr. Lieber findet eine Debatte über die Fassung des Generalberichts bezüglich der Position der Alterszulagen der Lehrer statt […].
Verfahrensfragen.
Herr Ministerialdirektor Dr. Kügler spricht gegen *die* Anträge *D und E*, bei deren Annahme eine erhebliche Mehrbelastung des Etats erforderlich sein würde; ein die Gehaltsverhältnisse der Lehrer und die Schulunterhaltungspflicht regulierender Gesetzentwurf würde bereits im Kultusministerium vorbereitet.
Herr Abgeordneter Graf zu Limburg-Stirum erachtet es für zweckmäßig, diesen Gesetzentwurf abzuwarten und die Anträge Dr. Arendt abzulehnen.
Herr Geheimer Oberfinanzrat Germar weist den Ausführungen des Antragsstellers gegenüber darauf hin, daß anstelle des bisherigen, schwankenden Begriffs „größere Schulverwaltung" die feste Norm der „10.000 Seelen" getreten sei; außerdem sei es nicht richtig, dem Prinzip der Aszension, welches in den größeren Städten vorhanden bzw. zu erstreben sei, das zweite Prinzip der Alterszulagen noch hinzuzufügen. Eventuell würde vielfach der Fall eintreten, daß durch diese aus Staatsmitteln gewährten Zulagen die Lehrer, also nur mittelbare Staatsbeamte, günstiger gestellt würden als unmittelbare Staatsbeamte in an sich gleichwertigen Stellungen.
Herr Abgeordneter Fhr. v. Huene glaubt, daß ein derartiger Fall durchaus unerwünscht sein müsse, hält das direkte Aussprechen derartiger Gedanken, wie sie den Anträgen zu Grunde lägen, selbst wenn man dieselben teile, in der strikten Form von Anträgen und Beschlüssen nicht für opportun und beantragt die Ablehnung der Anträge.
Zustimmung des Abgeordneten Sperlich.
Ablehnung der Anträge Dr. Arendt (Beilagen D und E) […] mit allen gegen 3 Stimmen […].
Zu dem Antrage Dr. Mithoff erklärt Herr Geheimer Regierungsrat Wever, daß derselbe zu Schwierigkeiten für die Unterrichtsverwaltung führen würde. Herr Geheimer Oberfinanzrat

Lehnert weist darauf hin, daß bei den in dem Antrage erwähnten Beamten die Aussicht auf ein Aufrücken im Gehalt größer sei als bei den entsprechenden Beamten bei den technischen Hochschulen; nach dem bei der Klasseneinteilung befolgten allgemeinen Prinzip gehörten diese Beamten in die Stufe VII; eine ausreichende Veranlassung bei den Unterbeamten der Universitäten zwei Stufen zu bilden, liege nicht vor, eine derartige Teilung würde eventuell auch nur dahin führen können, daß der erste Teil in Stufe VII verbliebe und der zweite Teil in Stufe VIII herabgesetzt würde, also die Gehaltsstellung dieser Beamtenkategorie verschlechtern; bei der Einreihung der Beamten an den technischen Hochschulen in eine höhere Stufe sei auch die Lage dieser Schulen in besonders teuren Orten in Berücksichtigung gezogen.
Ablehnung mit allen gegen 1 Stimme.
Diskussion zu haushaltstechnischen Fragen.
Beschlussfassung über die Anträge der Subkommission.

Anlage A
Anträge der Subkommission
Änderung einzelner Positionen des Nachtragshaushalts.
C IX. Ministerium der geistlichen, Unterrichts- und Medizinalangelegenheiten.
Kap. 121 Tit. 35 Zu den Dienstalterszulagen, sonstigen persönlichen Zulagen und Unterstützungen für Lehrer und Lehrerinnen 3.000.000 M
Der Vermerk zu diesem Titel wegen der Abstufung der Alterszulagen erhält folgenden Wortlaut: „Die Abstufung der Alterszulagen ist in der Weise zu regeln, daß dieselbe nach einer Dienstzeit von – (Wie in den Motiven S. 23 angegeben.).“ […]

Anlage D
Antrag
Das Haus der Abgeordneten wolle beschließen, die Königliche Staatsregierung aufzufordern, im nächsten Staatshaushaltsetat einen erhöhten Betrag für Dienstalterszulagen an Volksschullehrer behufs Berücksichtigung auch der Lehrer in Städten mit über 10.000 Einwohnern einzustellen.
Dr. Arendt

Anlage E
Antrag
[Das Haus der Abgeordneten wolle beschließen,] die Königliche Staatsregierung aufzufordern, in der nächsten Session den Erlaß eines die Gehaltsverhältnisse der Lehrer an öffentlichen Schulen und Schulunterhaltungspflicht durchgreifend regelnden Gesetzes herbeizuführen.
Dr. Arendt
[…]

77. Aus dem Protokoll der 12. Sitzung der Budgetkommission des Abgeordnetenhauses, 18. Legislaturperiode, II. Session. Berlin, 11. Februar 1895.

Metallographierte Ausfertigung, gez. Frh. v. Huene, Frh. v. Richthofen-Gäbersdorf. Protokolle der Budget-Kommission 1895/96, Bl. 107–110v (Staatsbibliothek Berlin, Signatur: 4"Sx4643-1895/96).

Kultusetat: Einnahmen. – Die vom Kultusministerium verwalteten Nebenfonds. – Kultusetat: Ausgaben. – Hannoversche Entschädigungsrenten für Kirchen- und Schulzwecke.

Vgl. Einleitung, S. 89.

Kultusetat. Einnahmen. […]
Referent Abgeordneter Dr. Weber (Halberstadt): […] allgemeine Bemerkungen dahingehend, daß zwar der Etat angewachsen sei, daß es aber erfreulich sei, daß trotz der schlechten Finanzlage Mehraufwendungen für die Kulturausgaben des Staates sich ermöglichen lassen […].
Abgeordneter Dr. Sattler:
Fragen nach der Vollständigkeit der Auflistung der in Anlage 16 des Etatentwurfs angeführten, durch das Kultusministerium verwalteten Nebenfonds, ihrem Rechtsstatus sowie der Gründe, warum die Einnahmen und Ausgaben der nicht den Charakter juristischer Persönlichkeiten tragenden Nebenfonds nicht im Kultusetat erscheinen.
Abgeordneter Im Walle weist bezüglich derselben auf die Vorgänge im Jahre 1893 hin. Damals sei seitens des Vertreters des Herrn Kultusministers mitgeteilt worden, daß ein ausführlicher Nachweis über die in Verwaltung des Kultusministeriums stehenden Fonds in Arbeit sei. Derselbe sei noch nicht zur Kenntnis der Kommission gelangt.
Ministerialdirektor Dr. Kügler stellt die Beantwortung […] in Aussicht.
Routinemäßige Beschlussfassung zu Haushaltspositionen.
Kultusetat. Ausgaben.
Kap. 109: *Ministerium.*
Budgetrechtliche Diskussion anläßlich der Besetzung einer etatmäßigen Ratsstelle in der Universitätsverwaltung, *welche* mehrere Jahre hindurch im Etat ausgeworfen *worden sei,* ohne tatsächlich besetzt zu werden.
Routinemäßige Beschlussfassung zu Haushaltspositionen.
Kap. 111 *bis* 116: *Kultus.*
Abgeordneter Im Walle.
Frage nach den Gründen für die Verlegung eines evangelischen Predigerseminars nach Naumburg am Queis, *das* gerade eine katholische Enklave *sei.*
Routinemäßige Beschlussfassung zu Haushaltspositionen.
Kap. 119: *Universitäten.*

Einzelheiten, u. a. zur Frage der Universitätskuratoren *sowie zu den* Dienstalterszulagen der Professoren.
Routinemäßige Beschlussfassung zu Haushaltspositionen.
Budgetrechtliche Diskussion über die Frage, ob über die Verschiebungen und Ersatzprofessuren im Etat speziellere Mitteilungen notwendig seien. […]

Anlage C
Erklärung des Regierungskommissars, Geheimen Regierungsrat Schwartzkopff, zu *persönlichen* Entschädigungsrenten *an die Inhaber* von Kirchen- und Schulstellen *in der Provinz Hannover bzw. den aus dem* Grundsteuer-Entschädigungsfonds *fließenden* Beihilfen für Kirchen- und Schulzwecke.

78. Aus dem Protokoll der 13. Sitzung der Budgetkommission des Abgeordnetenhauses, 18. Legislaturperiode, II. Session. Berlin, 12. Februar 1895.

Metallographierte Ausfertigung, gez. Frh. v. Huene, Paasche.
Protokolle der Budget-Kommission 1895/96, Bl. 111–114
(Staatsbibliothek Berlin, Signatur: 4"Sx4643-1895/96).

Kultusetat: Ausgaben. – Die Einrichtung von Professuren für angewandte Chemie mit Unterstützung der Industrie. – Die gemeinsame Ausbildung von Volksschullehren für Stadt- und Landschulen an Seminaren. – Stipendien und Unterstützungen für Studierende.

Vgl. Einleitung, S. 84.

Kultusetat. Ausgaben.
Information über die Verwendung der 2.000.000 M zu Beihilfen an unvermögende Schulgemeinden. […]
Kap. 119: *Universitäten.*
Abgeordneter Dr. Friedberg:
Frage nach den Hilfskräften bei den Bibliotheken. […]
Geheimer Oberregierungsrat Dr. Althoff erklärt, daß dadurch die Möglichkeit geschaffen wird, ältere pensionierte Beamte zu beschäftigen zur Aushilfe.
[…] Abgeordneter Dr. Friedberg: *Frage nach der Einrichtung von* Professuren für angewandte Chemie, *weil* es wohl an Polytechniken, aber nicht an Universitäten Lehrgelegenheit der Art gebe.
Geheimer Oberregierungsrat Dr. Althoff erklärt seine Sympathie dafür, meint aber, daß die technischen Fächer eigentlich aus dem Rahmen der Universitäten herausfallen, er hoffe

aber, daß, wie bereits Anfänge gemacht sind, die Industrie selbst Opfer bringen werde, solche Lehrstühle zu errichten.
Routinemäßige Beschlussfassung zu Haushaltspositionen.
Kap. 120: *Höhere Lehranstalten.*
Abgeordneter v. Buch:
Frage danach, ob die Seminarausbildung [...] noch zeitgemäß sei, weil sie für Stadt- und Landschulen ganz gleichartig sei und der in dem allgemeinen Seminar ausgebildete Lehrer auf dem Lande oft unzufrieden sei und mit seiner Landdotation nichts anzufangen wisse.
Der Herr Regierungskommissar teilt mit, daß man die Schwierigkeiten anerkenne, möglichste Abhilfe suche, aber unmöglich den Landlehrern das Aufsteigen in die Stadtschulen verschließen könne.
Die Landdotationen sollen erhalten bleiben, aber die Schwierigkeiten seien groß.
Routinemäßige Beschlussfassung zu Haushaltspositionen.
Einzelheiten zur Frage der Dienstalterszulagen *für Volksschullehrer.*
Routinemäßige Beschlussfassung zu Haushaltspositionen.

Anlage.
Erklärung seitens des Kultusministeriums hinsichtlich des Haushaltstitels für Stipendien und Unterstützungen an würdige und bedürftige Studierende, daß die Zweifel nicht zuträfen, daß vielmehr die Verwendung des Fonds genau in dem Sinne erfolgt sei, wie es bei der Bewilligung der Mittel gewollt gewesen.
[...]

79. Aus dem Protokoll der 14. Sitzung der Budgetkommission des Abgeordnetenhauses, 18. Legislaturperiode, II. Session. Berlin, 14. Februar 1895.

Metallographierte Ausfertigung, gez. Frh. v. Huene, Friedberg.
Protokolle der Budget-Kommission 1895/96, Bl. 115–117v
(Staatsbibliothek Berlin, Signatur: 4“Sx4643-1895/96).

Kultusetat: Ausgaben. – Niederes Schulwesen. – Die Unterstützung der Gemeinden beim Schulunterhalt.

Vgl. Einleitung, S. 84.

Kultusetat. Ausgaben.
Kap. 121: *Niederes Schulwesen.*
Routinemäßige Beschlussfassung zu Haushaltspositionen.
Zur Frage der Leistungsfähigkeit der Gemeinden *für den Schulunterhalt.*

Abgeordneter v. Buch *und Genossen stellen den Antrag,* die Verfügung über *den Fonds zur Unterstützung der* Gemeinden *für den Schulunterhalt durch einen* Vermerk *im Etat an das* Einvernehmen mit dem Finanzminister *zu koppeln.*
Die Schulverwaltung beachte nicht genügend die Leistungsfähigkeit der Gemeinden. Die Leistungsfähigkeit lasse sich nicht lediglich auf den Ertrag der direkten Steuern beurteilen. Die Unterrichtsverwaltung stelle zu hohe Anforderungen und wolle sich nicht nach der Decke strecken. Der Referent Dr. Weber (Halberstadt) fürchtet, daß der Antrag dem Finanzminister eine völlige Mitregierung in der Schulverwaltung einräumen würde. Der Vorsitzende *Huene* hält es nicht für richtig, daß Ressortverhältnisse durch einen Vermerk im Budget geregelt werden. Ministerialdirektor Dr. Kügler muß die Stellung der Staatsregierung zu diesem Antrage vorbehalten. Der Vorsitzende faßt den Antrag v. Buch so auf, daß bei den allgemeinen Erlassen des Kultusministeriums betreffend die Leistungsfähigkeit der Finanzminister gefragt wird. Er *Huene* bittet aber, daß der Abgeordnete v. Buch heute auf eine Abstimmung verzichtet. Er würde besser den Antrag ins Plenum bringen. Ministerialdirektor Dr. Kügler erklärt, daß bei der allgemeinen Direktion die anderen Minister gefragt worden seien. Dies ergebe sich schon aus der Staatsministerialinstruktion. Abgeordneter Dr. Sattler erklärt, daß er zu dem Antrage keine Stellung nehmen könne, bevor er sich mit seinen politischen Freunden in Einvernehmen gesetzt habe.
Routinemäßige Beschlussfassung zu Haushaltspositionen.
Besprechung der in der Sitzung der Budgetkommission vom 12.2.1895 vorgelegten Nachweisung *über die Verwendung der 2.000.000 M zu Beihilfen an unvermögende Schulgemeinden.*[1] Ministerialdirektor Dr. Kügler erläutert die Nachweisung in verschiedenen Punkten. Die Grundsätze über die Beurteilung der Leistungsfähigkeit seien sehr schwer aufzustellen. Abgeordneter v. Buch bittet, daß die Schulverwaltung die Gemeinden nicht zur Aufnahme von Darlehen drängen möge. Die Drucksache Nr. 38 wird durch Kenntnisnahme für erledigt erklärt.
Einzelheiten zur Volksschullehrerbesoldung, u. a. bezüglich der Zuschüsse für Alterszulagen in den Orten bis zu 10.000 Einwohnern […]. Ministerialdirektor Dr. Kügler glaubt doch, daß im allgemeinen die Grenze von 10.000 Einwohnern doch das richtige getroffen habe. Eine Neuregelung müsse beim Lehrerbesoldungsgesetz erfolgen.
Routinemäßige Beschlussfassung zu Haushaltspositionen.
Kap. 122: Kunst und Wissenschaft.
Einzelheiten zur Besoldung der Assistenten *und* wissenschaftlichen Oberbeamten.
Routinemäßige Beschlussfassung zu Haushaltspositionen.

1 *Vgl. im vorliegenden Band Dok. Nr. 78.*

Kap. 123: *Technisches Unterrichtswesen und Kunstgewerbemuseum.*
Routinemäßige Beschlussfassung zu Haushaltspositionen.
Kap. 124 *bis* 126: *Kultus und Unterricht gemeinsam; Medizinalwesen; Allgemeine Fonds.*
Routinemäßige Beschlussfassung zu Haushaltspositionen.

80. Aus dem Protokoll der 15. Sitzung der Budgetkommission des Abgeordnetenhauses, 18. Legislaturperiode, II. Session. Berlin, 15. Februar 1895.

Metallographierte Ausfertigung, gez. Frh. v. Huene, Im Walle.
Protokolle der Budget-Kommission 1895/96, Bl. 118–120v.
(Staatsbibliothek Berlin, Signatur: 4"Sx4643-1895/96).

Kultusetat: Ausgaben. Extraordinarium. – Großes lateinisches Wörterbuch. – Gesamtkatalog der wissenschaftlichen Bibliotheken.

Vgl. Einleitung, S. 84.

Kultusetat. Extraordinarium.
Einzelheiten, u. a. zu einzelnen Bauten, zum Entstehen von Fehlbeträgen bei den Einnahmen der Universitäten *z. B.* aus rückgehender [!] Frequenz, *zu einer jetzt anstehenden* Erweiterung nach Ausbau des meteorologischen Instituts in Potsdam *sowie zur* Zweckmäßigkeit *der Erarbeitung eines großen lateinischen* Wörterbuches *(Thesaurus latinitatis).*
Beschlussfassung zu Haushaltspositionen.
Zu Tit. 62 erläutert der Regierungsrat Dr. Schmidt näher den Zweck der Herstellung des Gesamtkataloges gemäß Anlage B.
Beschlussfassung zu Haushaltspositionen.

Anlage B [...]
Zur Herstellung eines Gesamtkataloges der in der Königlichen Bibliothek zu Berlin, den Universitätsbibliotheken und einigen anderen wissenschaftlichen Bibliotheken vorhandenen Bücherbestände, erste Rate 15.000 M.
Für die Königliche Bibliothek zu Berlin und die Preußischen Universitätsbibliotheken einschließlich einiger wissenschaftlicher Spezialbibliotheken ist die Herstellung eines gedruckten Gesamtkataloges in Aussicht genommen, dessen Kosten sich nach sachverständiger Schätzung auf 300.000 M belaufen werden, jedoch auf zwanzig Jahre mit Raten von 15.000 M verteilt werden können.
Wie für andere größere Bibliotheken, so ist insbesondere auch für die beiden bedeutendsten zur Zeit existierenden Büchersammlungen, die Bibliothèque Nationale zu Paris und die

Bibliothek des British Museum zu London, die Herstellung eines gedruckten Kataloges in Angriff genommen. Die Drucklegung macht den Katalog einem erweiterten Interessentenkreise zugänglich und ermöglicht hierdurch eine umfassendere Benutzung der vorhandenen Bestände. Sie erleichtert zugleich die Herstellung aller für die Bibliotheksverwaltung erforderlichen oder wünschenswerten Arten von Katalogen, indem sich die gedruckten Titel für besondere Zwecke beliebig ordnen lassen, wobei die durch handschriftliche Herstellung verschiedenartiger Kataloge erwachsenden Kosten erspart werden.

Gleichartige Erwägungen lassen auch für die hiesige Königliche Bibliothek die gedruckte Verzeichnung ihrer überaus wertvollen Bücherschätze dringend erwünscht erscheinen. Es empfiehlt sich jedoch, dieselbe zugleich auf die Preußischen Universitätsbibliotheken und einige wissenschaftliche Spezialbibliotheken wie die des Meteorologischen Instituts auszudehnen, was bei der Gleichartigkeit der Bestände ohne wesentliche Erhöhung an Arbeit und Kosten geschehen kann.

Diese Erweiterung liegt nicht nur im Interesse der beteiligten anderen Bibliotheken, sondern bietet auch den besonderen Vorzug, den gesamten bibliothekarischen Besitz Preußens durch gemeinsame Verzeichnung gewissermaßen zu einem einheitlichen Bücherbestande zu vereinigen. Indem die in jeder einzelnen Bibliothek vorhandenen Bücher durch den Gesamtkatalog zur Kenntnis aller übrigen Bibliotheken kommen, werden sie für diese in erhöhtem Maße nutzbar. Die bisher unumgänglichen Doppelanschaffungen kostspieliger Werke werden demzufolge in vielen Fällen vermieden werden können. Dies erscheint zugleich als die einzige Möglichkeit, um den bei zunehmender Vertiefung und Spezialisierung aller Wissenschaftszweige und ständig wachsenden Anschaffungskosten wissenschaftlicher Werke an die Bibliotheken künftighin zu stellenden Anforderungen ohne eine Verdopplung und Verdreifachung der Anschaffungsfonds gerecht zu werden.

Es ist sonach nicht zu bezweifeln, daß sich die Ausgabe als eine in hohem Maße produktive Anlage erweisen wird.

81. Aus dem Protokoll der 17. Sitzung der Budgetkommission des Abgeordnetenhauses, 18. Legislaturperiode, II. Session. Berlin, 22. Februar 1895.

Metallographierte Ausfertigung, gez. Frh. v. Huene, Frh. v. Richthofen-Gäbersdorf. Protokolle der Budget-Kommission 1895/96, Bl. 125–128v (Staatsbibliothek Berlin, Signatur: 4"Sx4643-1895/96).

Kultusetat: Ausgaben. – Niederes Schulwesen. – Die Unterstützung der Gemeinden beim Unterhalt der Volksschulen.

Vgl. Einleitung, S. 84.

Kultusetat. Ausgaben.
Kap. 121: *Niederes Schulwesen.*
Antrag[1] des Abgeordneten v. Buch *zur gesetzlichen Bestimmung der Leistungsfähigkeit der Gemeinden bei der Schulunterhaltung.*
Erklärung *von* Minister *Bosse*.[2]
Spezialdiskussion.
Der Herr Minister führt aus, daß schon aus dem Umstande, daß er die vorstehende Erklärung zu Protokoll gegeben habe, hervorgehe, daß die Frage in Fluß gekommen sei; auch habe er nichts dagegen einzuwenden, daß die Materie durch den Referenten im Plenum zum Vortrag gelange.
Beschlussfassung.
Einzelheiten zur Anrechnung der auswärtigen Dienstzeit eines Pfarrers. […]
Spezialdiskussion.

Anlage A […]
Das Haus der Abgeordneten wolle beschließen, die Königliche Staatsregierung zu ersuchen, die Vorlegung eines Gesetzentwurfs in Erwägung zu nehmen, durch welchen die Verwendung der in Kap. 121 Tit. 34, 36, 38 des Etats des Ministeriums der geistlichen pp. Angelegenheiten sowie durch den § 49 Absatz 2 des Ergänzungssteuergesetzes vom 14.7.1893 für Schulzwecke verfügbaren Mittel in der Weise geregelt wird, daß
1. für die Festsetzung der Grundlagen behufs Ermittlung der Leistungsfähigkeit der Gemeinden und Feststellung der Anforderungen an dieselben durch Beschluß des Staatsministeriums möglichst einheitliche und feste Bestimmungen getroffen werden, deren Durch-

1 *Vgl. Anlage A.*
2 *Vgl. Anlage B.*

führung der Unterrichtsminister unter Mitwirkung der Minister des Innern und der Finanzen zu beaufsichtigen haben würde,
2. bei Feststellung der Leistungsfähigkeit in den einzelnen Fällen den Organen der Selbstverwaltung ein mitentscheidender Einfluß eingeräumt wird,
3. dem Landtage der Monarchie alljährlich eine Nachweisung über die stattgehabte Verwendung der Mittel vorgelegt wird, unter gleichzeitiger Darlegung der für dieselben maßgebend gewesenen Grundsätze. [...]

Anlage B
In dem ersten Punkt bringt der Antrag eine sehr schwierige, aber, wie ich anerkenne, einer Regelung dringend bedürfende Frage. Gegenwärtig liegt die Entscheidung über die Leistungsfähigkeit der Schulverbände für Zwecke der Volksschule ja nach der Natur der Ausgabe in verschiedener Hand.
Treten an die Gemeinden neue oder erhöhte Anforderungen heran, so entscheiden die Frage der Leistungsfähigkeit nach dem Gesetz vom 26. Mai 1887 die Selbstverwaltungsbehörden allein, in letzter Instanz die Provinzialräte.
Handelt es sich um die Anordnungen von Volksschulbauten, so entscheiden die Verwaltungsgerichte, in letzter Instanz das Oberverwaltungsgericht, darüber, ob die Gemeinde bei billiger Rücksichtnahme auf ihre wirtschaftliche Lage fähig ist, die ihr angesonnene Leistung zu übernehmen.
Ist in Frage, ob eine Gemeinde bei Aufbringung ihrer bereits bestehenden Ausgaben für die Volksschule staatlicherseits unterstützt werden soll, so ist die Entscheidung in die Hand der Bezirksregierungen gelegt. Es befinden darüber die Schulabteilung und die Finanzabteilung der Regierung gemeinschaftlich.
In welcher Weise diese Entscheidung vorzubereiten, auf welche Punkte bei der Prüfung der Leistungsfähigkeit einzugehen und darüber, in welcher Reihenfolge etwa die Steuerkraft der Gemeinden für Zwecke der Volksschule und für andere kommunale Zwecke in Anspruch zu nehmen ist, darüber sind unter dem 8. Mai 1854 und 23. Oktober 1856 von dem Unterrichtsminister im Einverständnis mit dem Finanzminister und gemeinsam mit dem Finanzminister und dem Minister des Innern allgemeine Anordnungen ergangen, die sich bei Schneider und v. Bremen, Das Volksschulwesen im preußischen Staate, Bd. II, S. 412, abgedruckt finden.
Trotz der Erleichterung, welche die Gemeinden in der Aufbringung der Volksschullasten durch die Gewährung von Staatsbeiträgen zum Stelleneinkommen und zu den Ruhegehältern sowie durch die Einführung staatlicher Dienstalterszulagen erfahren haben, nimmt die Volksschullast in dem Haushalt der Gemeinden einen viel breiteren Raum ein, als zur Zeit des Erlasses der vorerwähnten Verfügungen. Auch sind den Gemeinden inzwischen auf anderen Gebieten des öffentlichen Lebens Aufgaben gestellt, deren Erfüllung sie sich ebenso wenig wie der Unterhaltung ihrer Volksschulen entziehen können.
Es scheint deshalb allerdings angezeigt, die Grundlagen für die Ermittlung der Leistungsfähigkeit der Gemeinden für die Zwecke der Volksschulen und die an die Gemeinden hier-

für zu stellenden Anforderungen einer erneuten Prüfung zu unterziehen und namentlich zu versuchen, durch die Aufstellung einheitlicher Gesichtspunkte eine gerechte, der Leistungsfähigkeit der ärmeren Gemeinden gleichmäßig Rechnung tragende Verteilung der zu ihrer Unterstützung im Staatshaushalt ausgeworfenen Mittel herbeizuführen.
Die Frage, ob und auf welchem Wege dies möglich wäre, ohne die individuelle Behandlung des einzelnen Falls auszuschließen und ohne die Grenze der bereitstehenden staatlichen Mittel zu überschreiten, wird bereits seit einiger Zeit zwischen dem Unterrichtsministerium und den Ministerien des Innern und der Finanzen als den nächstbeteiligten Ressorts erörtert. Indessen läßt sich zur Zeit noch nicht bestimmt übersehen, ob bei den großen Schwierigkeiten, welche in der Sache liegen, es möglich sein wird, zu einem praktischen Ergebnis zu gelangen.
Erweist es sich als möglich, seitens des Königlichen Staatsministeriums Bestimmungen, sei es im Wege der Verwaltung, sei es auf gesetzgeberischem Wege, zu treffen, wie sie der Antrag zu 1 in Aussicht nimmt, so wäre ein solches Ergebnis nicht nur vom Standpunkt der Gemeinde- sondern auch von dem der Unterrichtsverwaltung mit Freude zu begrüßen.
Was den Antrag zu 2 anlangt, so ist eingangs ausgeführt worden, daß bei neuen oder erhöhten Anforderungen sowie bei der Anordnung von Volksschulbauten die Selbstverwaltungsorgane als Beschluß- oder Gerichtsbehörde die Entscheidung über die Feststellung der Leistungsfähigkeit allein zu treffen haben. Es ist dies angängig, weil es sich überall um Ausgaben handelt, die unterbleiben können, wenn die Leistungsfähigkeit der Gemeinden verneint wird. Anders liegt die Sache bei den bereits feststehenden Ausgaben, die geleistet werden müssen und in der Hauptsache – den Lehrerbesoldungen – gegen die Gemeinden klagbar sind. Sollte die Verneinung der Leistungsfähigkeit der Gemeinden hier die Rechtswirkung haben, daß auf Grund des Artikels 25 der Verfassung der Staat in die Zahlungsverpflichtung der Gemeinde einzutreten hat, so würde den Organen der Selbstverwaltung eine Verfügung über die Mittel des Staates eingeräumt, welche mit einer geordneten Finanzverwaltung nicht vereinbar ist.
Betreffs des Antrages zu 3 wird es einer gesetzgeberischen Maßnahme nicht bedürfen, da auch ohne dieselbe nichts entgegensteht, auf Wunsch des Landtags demselben über die Verwendung der in dem Antrage bezeichneten Fonds alljährlich Mitteilung zu machen. Diese Mitteilung wird allerdings, wenn nicht sehr viel Schreibwerk entstehen soll, nur eine summarische sein können.
[…]

82. Aus dem Protokoll der 12. Sitzung der Budgetkommission des Abgeordnetenhauses, 19. Legislaturperiode, II. Session. Berlin, 13. Februar 1900.

Metallographierte Ausfertigung, gez. Frh. v. Erffa-Wernburg, Gf. Moltke.
Protokolle der Budget-Kommission 1900, S. 169–180
(Staatsbibliothek Berlin, Signatur: 4"Sx4643-1900).

Kultusetat: Einnahmen und Ausgaben, Ordinarium. – Religionsunterricht für kleinere Glaubensgemeinschaften. – Das Gehalt der Zeichenlehrer im Verhältnis zur Besoldung anderer Lehrer und Beamter.

Vgl. Einleitung, S. 84, 86.

Kultusetat. Einnahmen.
Beschlussfassung zu Haushaltspositionen.
Kap. 34 Tit. 7: *Universität Breslau*
Einzelheiten zu den in einer Königlichen Universitätsklinik zu Breslau durch den Professor Neisser vorgenommenen „Versuchs-Einspritzungen mit Syphilisserum an lebenden Personen".
Spezialdiskussion.
Beschlussfassung zu Haushaltspositionen.
Kultusetat. Dauernde Ausgaben. […]
Kap. 116 a: Altkatholische Geistliche und Kirchen.
Abgeordneter Dr. Friedberg bedauert, daß die Staatsregierung die seinerzeit gestrichene Position für altkatholische Seminare nicht wieder in den vorliegenden Etat eingesetzt habe. Er regt als teilweisen Ersatz die Errichtung einer altkatholischen Professur an der Universität Bonn an. […]
Beschlussfassung zu Haushaltspositionen.
Kap. 120: Höhere Lehranstalten.
Einzelheiten, u. a. zum Religionsunterricht auch kleinerer Minoritäten *sowie zu Besoldungszuschüssen* für Lehrer an nichtstaatlichen Nicht-Vollanstalten […]
Wirklicher Geheimer Oberfinanzrat Dr. Germar: Die Zustände seien im allgemeinen durch die vorjährige Vorlage erheblich verbessert, es empfehle sich, jetzt dabei stehenzubleiben. Man müsse auf die Interessen auch der Gemeinden besondere Rücksicht nehmen.
Auf eine weitere Anfrage des Abgeordneten Wetekamp erwidert der Gerichtsassessor Tilmann, der alte Stellenetat habe überhaupt in keiner Anstalt Geltung mehr, der Normaletat von 1892 nur noch bezüglich einer Schule. […]
Beschlussfassung zu Haushaltspositionen.
Auf eine Anfrage des Abgeordneten v. Pappenheim-Liebenau, wie sich die Gehaltsbezüge der technischen Lehrer pp. zu denen der Volksschullehrer verhielten, gibt der vorgenannte

Regierungskommissar *Tilmann* zahlenmäßige Aufschlüsse, wobei er auf die durch die Befreiung letzterer Kategorie von Kommunalsteuern entstehenden Verschiebungen des Bildes hinweist.
Abgeordneter Schmieding gibt der Ansicht Ausdruck, daß die Besoldung der Zeichenlehrer in den Anfangsgehaltsstufen zwar ausreiche, im Durchschnitts- und Höchstgehalt aber unzureichend erscheine. Sie seien künstlerisch vorgebildet und gewissermaßen als eine Art Elite in ihrem Stand zu betrachten. Er schlägt folgende Resolution vor:
Die Budgetkommission wolle beschließen, die Königliche Staatsregierung aufzufordern, die Besoldungsverhältnisse der staatlich geprüften Zeichenlehrer der allgemeinbildenden höheren Schulen in einer ihrer Ausbildung und der Begründung zum Normaletat vom 4. Mai 1892 mehr entsprechenden Weise höher als im gegenwärtigen Etat geschehen zu erwirken.
Geheimer Oberfinanzrat Dr. Germar[1] widerspricht der Resolution und weist unter anderem darauf hin, daß nach Abschluß der Besoldungsaufbesserungen Regierung wie Volksvertretung darin einig gewesen seien, daß nur in ganz ausnahmsweisen Fällen an dem so geschaffenen Status gerüttelt werden dürfe. Es sei nicht erwünscht. Es sei weder erwünscht, erneut wieder Unruhe in den Kreis der daran Interessierten hineinzutragen, noch den Kommunen neue Lasten zuzumuten.
Abgeordneter Dr. Lewald fragt an, ob durch den 3. Nachtrag zum Normaletat eine Verbesserung der Gehaltsbezüge der Vorschullehrer Berlins angestrebt sei.
Gerichtsassessor Tilmann gibt folgende Erklärung ab: Für die technischen Elementar- und Vorschullehrer der höheren Lehranstalten in Berlin ist in dem dritten Nachtrag zum Normaletat vom 4. Mai 1892 eine Besoldungsaufbesserung nicht vorgesehen.
Dies beruht darauf, daß die für diese Lehrer in dem ersten Nachtrage vom 16. Juni 1897 unter § 1 Nr. 5a und § 2 Nr. 5a festgesetzte Besoldung von 1.800–3.600 M, welche nach wie vor in Kraft bleibt, nicht nur erheblich höher ist als die bisherigen für Lehrer gleicher Kategorie in den übrigen Orten vorgesehenen Bezüge, sondern auch die künftig für diese Lehrer in Aussicht genommenen Gehaltssätze sowohl im Anfangsgehalt wie im Höchstgehalt übersteigt. Ein Bedürfnis zur Erhöhung der Berliner Sätze konnte jedenfalls nicht anerkannt werden. Übrigens ist auch die fragliche Besoldung einschließlich des Wohnungsgeldzuschusses höher als die entsprechenden Bezüge der Berliner Volksschullehrer.
Auf eine Anfrage des Abgeordneten Wallenborn äußert sich ferner Wirklicher Geheimer Oberfinanzrat Dr. Germar in der Anlage.
Abgeordneter Dr. Friedberg: Die Zeichenlehrer ständen selbst im Maximalgehalt noch erheblich hinter den Elementar- und Volksschullehrern z. B. Berlins zurück. Was ferner die

1 *Anmerkung im Protokoll:* Diese wie mehrere der nachstehenden und nachfolgenden Äußerungen sind wegen der herrschenden Unruhe und des leisen Sprechens der betreffenden Redner kaum verständlich. Der Protokollführer *Moltke* kann daher für exakte Wiedergabe nicht einstehen.

Vorschullehrer Berlins angehe, so dürften diese nicht schlechter gestellt werden als die Volksschullehrer. Nicht die Gemeinden, sondern der Staat sei mit seinen Gehaltssätzen zurückgeblieben.
Wirklicher Geheimer Oberfinanzrat Dr. Germar erwidert, der Staat kann nicht so vorgehen, daß er die Gehaltsbezüge für jeden Ort und jede Anstalt besonders reguliere entsprechend den Sätzen, welche die Kommunen festsetzten.
Abgeordneter Wetekamp unterstützt die Resolution Schmieding. Es sei ungerecht und widersinnig, die Zeichenlehrer – wenn und weil sie einige Stunden weniger als die Normalzahl von 12 pro Woche gäben – geringer zu besolden.
Er stellt folgenden Antrag,
in § 1 der Beilage 20 zu Nr. 21 der Drucksachen zu streichen: „und mindestens 12 Zeichenstunden wöchentlich zu erteilen hat", und den letzten Absatz von „Sofern diese" … bis … „wie vorstehend zu 5b".
Abgeordneter Ehlers: Die Gehaltsaufbesserungen könnten nicht als völlig abgeschlossen gelten. Der Zeichenunterricht bedürfe auf unseren Schulen größerer Pflege, sonst würden sich auch unter den Lehrern geeignete Kräfte nicht mehr finden lassen.
Er würde wünschen, daß die Resolution Schmieding im Plenum vorgelegt würde.
Wirklicher Geheimer Oberfinanzrat Dr. Germar weist unter näherer Begründung die Befürchtung zurück, als werde in Zukunft ein Mangel an Zeichenlehrern entstehen. Dem Antrage Wetekamp müsse er entschieden widersprechen. Dieser Antrag wird demnächst unter Vorbehalt seiner Wiedereinbringung im Plenum zurückgezogen.
Beschlussfassung zu Haushaltspositionen.
[…]
Erklärung des Wirklichen Geheimen Oberfinanzrats Dr. Germar in der 12. Sitzung der Budgetkommission am 13. Februar 1900
Aus der Begründung des dritten Nachtrags zum Normaletat (Beilage 20 zum Entwurf des Staatshaushaltsetats für 1900) ergebe sich, daß die Staatsregierung die von ihr vorgeschlagene Besoldungsverbesserung der Zeichenlehrer nur deshalb für zulässig und angezeigt erachtet habe, weil eine Erhöhung des Diensteinkommens der übrigen technischen Lehrer höherer Unterrichtsanstalten infolge der neuerdings durchgeführten Besoldungsverbesserung der Volksschullehrer unvermeidlich geworden sei. Der Zusammenhang bestehe darin, daß die Zeichenlehrer wegen der für sie schwierigeren Ausbildung aus der Zahl der übrigen technischen Lehrer herausgehoben bleiben müßten, wie dies im Jahre 1892 angeordnet worden. Weiter dürfe man aber nicht gehen, als daß dieses Ziel erreicht werde. Sonst würde zu weitgehenden unerfüllbaren Berufungen zahlreicher Beamtenkategorien begründeter Anlaß gegeben werden. Die Lage der Zeichenlehrer an den höheren Unterrichtsanstalten sei schon durch die wiederholte Erhöhung ihres Diensteinkommens in besonders erheblichem Maße verbessert, und überdies seien die Zeichenlehrer an Staatsanstalten schon gegenwärtig im Vergleich mit den Zeichenlehrern an den übrigen höheren Unterrichtsanstalten keineswegs ungünstig gestellt.
[…]

83. Aus dem Protokoll der 13. Sitzung der Budgetkommission des Abgeordnetenhauses, 19. Legislaturperiode, II. Session. Berlin, 15. Februar 1900.

Metallographierte Ausfertigung, gez. Frh. v. Erffa-Wernburg, Savigny.
Protokolle der Budget-Kommission 1900, S. 181–203
(Staatsbibliothek Berlin, Signatur: 4"Sx4643-1900).

Kultusetat: Dauernde Ausgaben. – Errichtung neuer Präparandenanstalten. – Haupt- und nebenamtliche Kreisschulinspektoren und die geistliche Schulaufsicht. – Kriterien für die Einstellung von Elementarschullehrerinnen.

Vgl. Einleitung, S. 91.

Kultusetat. Dauernde Ausgaben. […]
Kap. 120*: Höhere Lehranstalten.*
Einzelheiten, u. a. zu den erheblichen Fortschritten in der Beherrschung der fremden neueren Sprachen gerade an den Gymnasien.
Beschlussfassung zu Haushaltspositionen.
Kap. 121: *Elementarunterrichtswesen.*
Beschlussfassung zu Haushaltspositionen.
Zu Tit. 9 *Präparandenanstalten* gibt der Berichterstatter *Winckler* einen Überblick über die Neuanforderungen für die neu zu errichtenden Anstalten in Memel, Schlochau, Schönlanke und Lundau und befürwortet die Bewilligung. Zugleich trägt er die Petition der Stadt Kappeln (Kreis Schleswig) – II 202 – vor, die neue Präparandenanstalt statt in Lundau in Kappeln zu errichten. […]
Ministerialdirektor Wirklicher Geheimer Rat Dr. Kügler betont demgegenüber, daß die Wahl des Ortes nach rein sachlichen Gründen unter Erwägung der für eine Präparandenanstalt günstigsten Verhältnisse und selbstverständlich mit Rücksicht darauf erfolgt sei, daß für eine solche Anstalt nur ein im wesentlichen deutscher Ort in Frage kommen könne. Hierbei haben für Lundau die Einfachheit der Verhältnisse, welche eine billige Pension und solide Unterbringung der Schüler ermögliche, und die entgegenkommende Leistung der Stadt gesprochen, welche das Gebäude für die Anstalt unentgeltlich zur Verfügung stelle. Wenn darauf hingewiesen sei, daß Kappeln der Unterstützung durch Errichtung einer staatlichen Anstalt besonders bedürftig erscheine, so könne dasselbe auch von Lundau gesagt werden, da dessen Verhältnisse ebenfalls bedrückte seien.
Abgeordneter Wetekamp befürwortet wie die Vorredner die Wahl von Kappeln zwecks Verteilung der Anstalten über den ganzen Regierungsbezirk.
Abgeordneter Wallenborn pflichtet ihm bei, worauf Regierungskommissar Dr. Kügler darauf verweist, daß nicht allein die staatlichen, sondern auch die bereits bestehenden privaten und mit den Seminaren verbundenen Präparandenanstalten bei der Beurteilung der Frage

einer angemessenen örtlichen Verteilung über die Provinz berücksichtigt werden müssen. Nun liege z. B. nahe bei Kappeln bereits die private Präparandenanstalt von Eckernförde. [...]

Spezialdiskussion, auch zu den geplanten Präparandenanstalten *in* Salzkotten im Kreise Bürau *sowie in* Heidekrug.

Beschlussfassung zu Haushaltspositionen.

Kapitel 121: Elementarunterrichtswesen, Abschnitt Schulaufsicht.

Frage des Berichterstatters Winckler zu den Gründen für die Errichtung der 6 neuen Kreisschulinspektorenstellen.

Der Regierungskommissar, Geheimer Regierungsrat Rotzoll gibt hierauf die folgende Erklärung:

1. Er bemerke, daß es sich bei dem vorgeschlagenen neuen Kreisschulaufsichtsbezirke Eschweiler darum handele, die hauptamtliche Kreisschulinspektion über die katholischen Schulen des Landkreises Aachen zu teilen. Dem Kreisschulinspektor unterständen zur Zeit 335 Schulklassen, eine geregelte und eingehende Schulaufsicht sei bei dieser Zahl nicht möglich, außerdem habe der Landkreis Aachen einen industriellen Charakter. Die Bevölkerung wachse sehr schnell und mit ihr die Zahl der schulpflichtigen Kinder. Bei der Teilung wäre vorgesehen, den bisherigen Bezirk Aachen-Land auf 185 Klassen zu beschränken und dem neuen Bezirke Eschweiler 150 Klassen zu überweisen.

2. Die Schaffung einer hauptamtlichen Kreisschulaufsicht für Schöneberg sei deshalb geboten, weil der bisherige Kreisschulinspektor im Nebenamte tatsächlich außerstande gewesen sei, die Aufsicht ordnungsgemäßig [!] auszuüben und die vorgeschriebenen Revisionen vorzunehmen. Aus diesem Grunde und krankheitshalber habe er sein Amt niedergelegt. Auch anderweit ließe sich, wie eingehend geprüft sei, die erhebliche Zahl der Klassen nicht nebenamtlich verwalten; es handle sich um 191 Schulklassen und 196 Lehrer. Außerdem bedürften die vier hauptamtlichen Bezirke in der Umgegend von Berlin dringend einer Entlastung. Den vier Kreisschulinspektoren unterständen 1.290 Schulklassen und 1.145 vollbeschäftigte Lehrkräfte. Der Kreisschulinspektor in Schöneberg würde zur Entlastung dieser Bezirke derartig herangezogen werden, daß ihm etwa 293 Schulklassen zufielen. Geschehe dieses, so wäre es möglich, daß trotz der schnell wachsenden Zahl der Schulen und Schulklassen eine weitere Teilung der Schulaufsichtsbezirke für die nächste Zeit vermieden werde.

3. In Preußisch-Holland seien früher zwei Geistliche als nebenamtliche Kreisschulinspektoren tätig gewesen, beide seien bejahrt und nicht imstande gewesen, die Schulaufsicht zu führen. Einer dieser Beamten habe das Amt niedergelegt, der andere auch mit Rücksicht auf körperliche Gebrechen um Abnahme des Nebenamtes gebeten. Mit Zustimmung des Finanzministers sei bei der zwingenden Lage vom 1. Mai 1899 ab die auftragsweise Verwaltung der Kreisschulaufsicht über die im Kreise Preußisch-Holland vorhandenen 142 Schulklassen und 140 Lehrkräfte durch den Pfarrer Dieser angeordnet.

4. Auf der Danziger Nehrung hätten früher drei Geistliche im Nebenamte die Kreisschulaufsicht geführt. Der Kreisschulinspektor für den mittleren Teil der Nehrung habe das Ne-

benamt niedergelegt, sein Bezirk sei dem Kreisschulinspektor für den westlichen Teil mit übertragen. Das Konsistorium habe diesen Geistlichen die dauernde Mitverwaltung nicht gestattet. Mit Rücksicht hierauf sowie auf die örtlichen Schwierigkeiten der Verwaltung des östlichen Teiles – der Kreisschulinspektor kann nur, wenn das Eis hält oder ein Verkehr mit dem Boote möglich ist, von seinem Wohnsitz aus die Schulen besuchen – und da eine anderweite Regelung nicht möglich gewesen sei, habe auch hier vom 1. April 1899 ab die einstweilen auftragsweise Verwaltung der jetzt beantragten hauptamtlichen Stelle Stutthof erfolgen müssen. Der Bezirk habe 70 Klassen und 66 Lehrpersonen.
5. Im Kreise Steinburg seien früher drei Geistliche Kreisschulinspektoren im Nebenamte gewesen. Zwei von ihnen hätten das Schulamt wegen Überbürdung im geistlichen Amte und aus Gesundheitsrücksichten niedergelegt. Der eine Geistliche – Propst Lilie in Horst – sei nicht im Stande gewesen, die Aufsicht in dem ganzen Kreise Steinburg dauernd auszuüben. Unter dem Zwange der Verhältnisse habe vom 1. Mai 1899 ab der Pastor Alberti auftragsweise mit der Führung der Aufsicht über 196 Schulklassen betraut werden müssen, 58 Schulklassen wären dem Propste Lilie nebenamtlich unterstellt. Dieser Zustand solle durch Schaffung des hauptamtlichen Kreisschulaufsichtsbezirks Itzehoe zu einem dauernden gemacht werden.
6. Die evangelischen Schulen der Kreise Ahaus, Borken und Coesfeld sowie die der Kreise Beckum, Lüdinghausen, Recklinghausen – zusammen 120 Schulklassen – seien z. Zt. Geistlichen als Kreisschulinspektoren im Nebenamte unterstellt. Der eine von ihnen müsse sich wegen der Inanspruchnahme durch sein Hauptamt auf die schriftliche Erledigung der Kreisschulinspektionsgeschäfte beschränken. Auch der andere könne mit Rücksicht auf sein Hauptamt sich nur selten den Revisionen des Regierungs- und Schulrats anschließen. Andere geeignete Geistliche seien nicht vorhanden. Die Schulen und Schulklassen wüchsen ungewöhnlich rasch und unvorhergesehen, an verschiedenen Orten blühe Industrie – Kohlen-, Eisen-, Textil-, Zement- und Kalkindustrie – auf, ein wesentlicher Prozentsatz zweisprachiger Kinder sei vorhanden, die hauptamtliche Kontrolle und vorbildliche Anregung der Lehrer sei unbedingt nötig. Im Nebenamte könne diese Aufsicht nicht mehr geführt werden. Von allen zuständigen Verwaltungsbehörden werde dringend die Einrichtung einer hauptamtlichen Inspektion befürwortet.
Abgeordneter v. Pappenheim-Liebenau betont den von ihm mit seinen politischen Freunden stets eingenommenen Standpunkt, daß die Ausübung der Schulaufsicht durch die Geistlichen aufrecht erhalten werden müsse. Daß hiervon einzelne Ausnahmen unter besonderen Verhältnissen und Umständen zulässig seien, werde anerkannt. In dem vorliegenden Falle genügten jedoch die angeführten Gründe nicht, um die Überzeugung von der Notwendigkeit einer solchen Ausnahme hervorzurufen. Wenn hier von dem Vertreter der Königlichen Staatsregierung betont werde, daß die Abneigung zur Übernahme der Schulaufsicht bei den Geistlichen in steigendem Maße hervortrete, so habe dies zum Teil seinen Grund darin, daß die Kreisschulinspektoren mit unnötigem Schreibwerk übermäßig belastet würden und daß ihre Remuneration eine durchaus ungenügende sei, wie denn schon die Stellung der

geistlichen Lokalschulinspektoren zu dem Kreisschulinspektor eine vielfach unklare und deshalb unbefriedigende sei. Er müsse eine Fortdauer dieser Zustände und einer Weiterentwicklung derselben in der Richtung des Schwindens der geistlichen Schulaufsicht für sehr bedenklich erachten und es müsse hierin Remedur geschaffen werden. [...] Hinsichtlich der 6 neu zu errichtenden Stellen beantrage er die Ablehnung, da die angegebenen Gründe eine Ausnahme nicht rechtfertigten, und verweise darauf, daß durch eine Erhöhung der Remuneration für die nebenamtliche Versehung der Schulaufsicht und durch eine Teilung der Bezirke die nebenamtliche Fortversehung durch 2 oder 3 Geistliche statt des einen bisherigen sehr wohl gesichert werden könne. [...]
Ministerialdirektor Wirklicher Geheimer Rat Dr. Kügler erklärt hierauf, daß in den vorliegenden Fällen das Bedürfnis, hauptamtliche Kreisschulinspektoren anzustellen, klar erwiesen sei und daß hier sicher eine Abweichung von dem Grundsatze, hauptamtliche Inspektionen nur in dringenden Fällen einzurichten, nicht behauptet werden könne. [...]
Wenn Auskunft darüber gewünscht würde, wieviele hauptamtliche Kreisschulinspektoren in den letzten Jahren angestellt seien, so gebe er hiermit die Zahl der seit 1895 eingerichteten hauptamtlichen Kreisschulinspektionen, einschließlich der hier vorgeschlagenen 6 Stellen, auf 62 an, bemerke aber dabei, daß für diese Zahl wesentlich ins Gewicht fielen die zur Durchführung der hauptamtlichen Kreisschulaufsicht in den Regierungsbezirken Bromberg und Posen bewilligten Stellen. Gegenüber der Annahme, daß die nebenamtliche Kreisschulaufsicht hinter die hauptamtliche schon zurücktrete, wolle er feststellen, daß z. Zt. 310 hauptamtliche Bezirke bestehen, während 921 Kreisschulaufsichtsbezirke im Nebenamte verwaltet würden. In diesen Bezirken seien 58.190 Schulklassen vorhanden. Die Zahl der Kreisschulinspektoren im Nebenamte, welche katholischer Konfession wären, betrage 95.[1]
Wenn angenommen werde, daß auf katholischer Seite das Rektorensystem wesentlichen Einfluß auf den Bestand der Ortsschulaufsicht habe, so sei festzustellen, daß am 1. Januar 1890 5.766 Schulen katholischen Geistlichen in der Ortsschulaufsicht unterstellt waren, während die Zahl dieser Schulen sich am 1. Januar 1900 auf 7.329 belaufe und daß zu diesem Zeitpunkt die Zahl der katholischen Schulen, welche bei erweiterten Befugnissen für ihren Leiter der Kreisschulaufsicht unmittelbar unterstellt sind, nur 319 betrage.
Es sei außerdem für besondere Verhältnisse zugelassen, daß die Ortsschulaufsicht auch dann bestehen bleibe, wenn die Ausstattung von Rektoren mit erweiterten Befugnissen erfolge. Übrigens beruhe das Rektorensystem bereits auf der Instruktion für die Schuldeputation vom 26. Juni 1811. [...]
Auch von dem empfohlenen Wege, die nebenamtlichen Bezirke zu teilen, um einer Überbürdung der Geistlichen vorzubeugen, sei in Hunderten von Fällen Gebrauch gemacht worden. So sei die Zahl der nebenamtlichen Bezirke seit dem Jahre 1880 trotz der inzwischen

1 *Weiter unten gibt Kügler die Zahl von* 96 *katholischen* Kreisschulinspektoren im Nebenamte *an.*

erfolgten Gründung neuer hauptamtlicher Stellen um 209 gestiegen. Nur all zu klein dürften solche Bezirke nicht gestaltet werden, damit der Kreisschulinspektor durch Vergleichung der Leistungen der ihm unterstellten Schulen ein zutreffendes Urteil darüber sich bilde, was er im einzelnen Falle von den Lehrern und den Schülern fordern dürfe. [...]

Spezialdiskussion.

Abgeordneter Dr. Friedberg [...] hält die vorgebrachten Bedenken für nicht ausreichend zu der Stellung des Antrages v. Pappenheim-Liebenau und betont, daß den Kreisschulinspektoren gegenüber den Ortsschulinspektoren ihre autoritative Stellung gewahrt bleiben müsse und daß hierfür bei den stets steigenden Ansprüchen an die Schulleistungen vielfach die Vorbildung der geistlichen Kreisschulinspektoren nicht genüge. Die hervorgehobene Abneigung der Ortsschulinspektoren, ihr Amt fortzuführen, erkläre sich ebenfalls daraus, daß sie ihre eigene Unzulänglichkeit für die Versehung dieser in ihrer Bedeutung stets wachsenden Stellung fühlten. Durch die Hebung der Volksschule und ihre moderne Entwicklung sei die Aufgabe, sowohl des Ortsschulinspektors wie diejenige des Kreisschulinspektors, eine wesentlich andere und höhere Leistungen beanspruchende geworden.

Ebenso sei durch die höhere Bildung des Lehrerstandes, welchem nur ein pädagogisch nach jeder Richtung durchgebildeter Mann überlegen gegenüber treten könne, die nebenamtliche Versehung der Kreisschulinspektion nicht mehr zeitgemäß und dränge alles dieses darauf hin, dieselbe im Hauptamte durch speziell hierzu vorgebildete Sachverständige versehen zu lassen. Gegen den Antrag von Pappenheim-Liebenau habe er auch erhebliche budgetmäßige Bedenken, da derselbe die Erhöhung eines Ausgabetitels vorschlage, was den bisher befolgten Anschauungen über das Verfahren der Budgetkommission widerspreche.

Ministerialdirektor Wirklicher Geheimer Rat Dr. Kügler betont gegenüber dem Antrag von Pappenheim-Liebenau, daß in den hier vorliegenden Fällen es sich nicht um die prinzipielle Frage, sondern um örtliche Notwendigkeiten handele, so daß auch die auf prinzipiell anderem Standpunkte Stehenden die hier vorgeschlagenen Ausnahmen bewilligen könnten. [...]

Spezialdiskussion.

Der Minister der geistlichen pp. Angelegenheiten hebt die dem Antrage von Pappenheim-Liebenau entgegenstehenden budgetrechtlichen Bedenken hervor und gibt über die von dem Antragsteller erörterte Frage die Erklärung ab, daß er die Ansicht, die Unterrichtsverwaltung wolle die Geistlichen systematisch aus der Kreisschulinspektion verdrängen, entschieden als eine irrige bezeichnen müsse. Nach seiner persönlichen Ansicht und Überzeugung würde er einer solchen Tendenz niemals zustimmen können. Er werde deshalb auf die Aufrechterhaltung der Versehung des Schulaufsichtsamtes durch die Geistlichen sowohl als Ortsschulinspektoren wie als Kreisschulinspektoren überall dort hinwirken, wo nicht besondere, zwingende örtliche Verhältnisse zu einer Ausnahme nötigten. [...]

Spezialdiskussion.

Ministerialdirektor Wirklicher Geheimer Rat Dr. Kügler weist darauf hin, daß von den 6 zur Verhandlung stehenden Stellen bereits bei dreien mit Rücksicht auf die eingetretenen

Notwendigkeiten, durch Amtsniederlegungen der nebenamtlichen Kreisschulinspektoren und durch die Unmöglichkeit, einen Ersatz für dieselben zu finden, die hauptamtliche kommissarische Verwaltung eingerichtet sei und nunmehr diese Beamten nicht nach mehrmonatiger Tätigkeit aus dem Amte wieder entfernt werden könnten. Bei diesen Stellen handle es sich also nicht um eine eigentliche Neuerung, sondern um die gesetzliche Festlegung eines bereits im Verwaltungswege provisorisch eingerichteten Zustandes.
Beschlussfassung zu Haushaltspositionen.
Abschnitt Elementarschulwesen.
Einzelheiten zur Gewährung von Entschädigungen an die Lehrer und Lehrerinnen [...], wenn alljährlich in jedem Kreisschulinspektionsbezirke eine Kreiskonferenz stattfinde, *wofür* zur Zeit ein Betrag von zusammen rund 245.000 M erforderlich *sei.*
Spezialdiskussion zu den Regionen, in denen mehrere Konferenzen üblich seien.
Ministerialdirektor Wirklicher Geheimer Rat Dr. Kügler ist der Ansicht, daß die zweiten Konferenzen mehr freiwillige, von der Entschließung der Gemeinden abhängige seien; es werde auf dieselben keinen Druck in dieser Beziehung geübt.
Beschlussfassung zu Haushaltspositionen.
Zu Tit. 36 [...] Errichtung neuer Schulstellen
Ministerialdirektor Wirklicher Geheimer Rat Dr. Kügler erklärt, daß die Regierungen angewiesen seien, zunächst stets die Frage der Leistungsfähigkeit zu prüfen.
Abgeordneter v. Arnim fragt an, ob es gestattet werden würde, behufs Errichtung von Schulstellen auch in kleineren Orten, um den Kindern die weiten Schulwege zu sparen, statt eines Lehrers die geringer besoldete Lehrerin für alle anzustellen.
Ministerialdirektor Wirklicher Geheimer Rat Dr. Kügler weist demgegenüber darauf hin, daß die Ersparnis durch die Anstellung einer Lehrerin nicht sehr bedeutend sei, weil der Staatszuschuß zu einer Lehrerinnenstelle geringer sei als zu einer Lehrerstelle. Überdies ständen erhebliche pädagogische Bedenken dem entgegen, die 13 bis 14 Knaben und Mädchen der Oberstufe von einer Lehrerin in einer Klasse gemeinsam unterrichten zu lassen.
Beschlussfassung zu Haushaltspositionen.

84. Aus dem Protokoll der 15. Sitzung der Budgetkommission des Abgeordnetenhauses, 19. Legislaturperiode, II. Session. Berlin, 19. Februar 1900.

Metallographierte Ausfertigung, gez. Frh. v. Erffa-Wernburg, Savigny. Protokolle der Budget-Kommission 1900, S. 215–238 (Staatsbibliothek Berlin, Signatur: 4“Sx4643-1900).

Kultusetat: Ausgaben. – Schulausbau im Osten zur Stärkung des Deutschtums unabhängig von der Konfession. – Museum für Völkerkunde in Berlin. – Die Provinzialdenkmalpflege. – Die Errichtung Technischer Hochschulen in Danzig und Breslau. – Die Vertretung der neuen Sprachen an den Universitäten. – Das neue Institut und Museum für Meereskunde.

Vgl. Einleitung, S. 91.

Kultusetat. Ausgaben.
Kap. 121 Tit. 37 *Förderung des Deutschen Volksschulwesens in den Provinzen Westpreußen und Posen sowie im Regierungsbezirk Oppeln*
Abgeordneter v. Grabski: *spricht* gegen die Position und fragt, wie die Summe nach Provinzen und Konfessionen verteilt worden sei.
Geheimer Oberregierungsrat v. Chappuis: […]
Der Fonds Kap. 121 Tit. 37 ist bestimmt zu Beihilfen zur Errichtung neuer Schulen und Schulstellen im Interesse der Förderung des Deutschtums und zu persönlichen Zulagen an Lehrer und Lehrerinnen für die Förderung des Deutschtums. Der Fonds ist seit Jahren dieser Zweckbestimmung gemäß festgelegt.

Der Regierung in	Danzig sind aus demselben rund	50.000	M,
"	Marienwerder	105.000	"
"	Posen	200.000	"
"	Bromberg	158.000	"
"	Oppeln	85.000	"

überwiesen. Der Rest ist zu persönlichen Zulagen an Lehrer und Lehrerinnen katholischer und evangelischer Religion verwendet, die im Interesse der Förderung des Deutschtums aus anderen Landesteilen nach den vorerwähnten Bezirken berufen sind.
Eine Übersicht, welcher Betrag des Fonds evangelischen und welcher katholischen Schulen zugute kommt, ist nicht aufgestellt. Der Fonds ist nicht nach konfessionellen Rücksichten, sondern lediglich nach den Rücksichten verwendet, die die Förderung des Deutschtums erfordert.
Eine Übersicht vorerwähnter Art könnte aber auch, wie bereits in der vorigen Session bei der Beratung des Staatshaushaltsetats im Plenum hervorgehoben, nicht aufgestellt werden, weil in den Bezirken Danzig, Marienwerder und Oppeln die politischen Gemeinden Träger

der Schulunterhaltungslast sind und die Beihilfen, welche einer solchen Gemeinde gewährt werden, naturgemäß allen steuerpflichtigen Einwohnern ohne Rücksicht der Konfession zugute kommen und bei der Gewährung solcher Beihilfen ebenso die Kosten der evangelischen wie der katholischen Volksschule berücksichtigt werden müßten.
In der Provinz Posen sind zwar zumeist konfessionelle Sozietäten Träger der Schulunterhaltung. Indessen sind hier die Fälle besonders zahlreich, in denen im Interesse des Deutschtums und konfessioneller Minderheiten an evangelischen Schulen katholische Lehrer und umgekehrt an katholischen Schulen evangelische Lehrer angestellt sind. [...]
Tit. 45 *Taubstummenanstalt in Berlin und Blindenanstalt in Steglitz*
Einzelheiten zur Besoldung des Personals.
Tit. 46 *Taubstummen- und Blindenwesen*
Einzelheiten, u. a. zum Schulzwang für die Verbringung der taubstummen Kinder in die Taubstummen-Anstalt *unter den neuen Rechtsverhältnissen des Bürgerlichen Gesetzbuchs sowie zur* Einführung von Fortbildungsschulkursen für Taubstumme.
Routinemäßige Beschlussfassung zu Haushaltspositionen.
Kap. 122 *Kunst und Wissenschaft*
Information, daß die Eröffnung des Pergamonmuseums [...] im Herbste des Jahres 1900 bevorstehe.
Zu Tit. 6 weist der Berichterstatter *Winckler* darauf hin, daß das Museum für Völkerkunde, nachdem die Sammlungen durch die Entwicklung unseres Kolonialwesens schnell gewachsen seien, nicht mehr genügende Räume darbiete. Insbesondere sei die jetzige Art der Aufstellung zu Lehrzwecken ungeeignet, da der Raum zu Demonstrationen zu eng sei. Aus diesem Museum Belehrung zu schöpfen sei besonders für die in die Kolonien gesandten Beamten wichtig.
Generaldirektor der Museen, Wirklicher Geheimer Rat Dr. Schöne gibt die Schilderung der Zustände als richtig zu. Es habe die eingetretene schnelle Entwicklung bei dem Bau des Museums noch nicht übersehen und erwartet werden können. Den dringendsten Bedürfnissen würde durch die bei Tit. 160 des Kap. 14 im Extraordinarium eingestellte Forderung abgeholfen werden. Überdies schwebten schon Verhandlungen wegen eines Neubaues oder eines Erweiterungsbaues. Für Lehrzwecke sei übrigens die Aufstellung der Sammlungen doch wohl genügend, da schon jetzt vielfach örtliche Vorträge stattfänden. Es werde mit der Zeit sich die Notwendigkeit herausstellen, die Zahl der ausgestellten Gegenstände einzuschränken, da manche derselben für das Publikum wenig interessant und zur allgemeinen Belehrung nicht notwendig seien.
Der Berichterstatter *Winckler* macht darauf aufmerksam, daß mehrere der Dozenten auf dieses Museum für ihre praktischen Unterweisungen angewiesen seien und daß jetzt noch ein günstiger Zeitpunkt für die notwendige Vermehrung der Sammlungen sei, bevor die drohende Konkurrenz von England und Amerika eine solche Vermehrung erheblich verteuern könnte. Er empfehle daher, in Zukunft diesen Fonds zu verstärken.
Regierungskommissar, Generaldirektor der Museen, Wirklicher Geheimer Rat Dr. Schöne

betont, daß das Museum bereits einen größeren Saal für Vorträge besitze, der auch häufig benutzt werde. Die bisher für Vermehrung der Sammlungen verwendeten Mittel seien ausreichend gewesen. Dazu sei die Jost'sche Stiftung mit einem Jahresbetrage von ca. 10.000 M gekommen, so daß er eine Erhöhung des Fonds nicht für notwendig halte.
Der Berichterstatter *Winckler* stellt fest, daß er mit seinen Bemerkungen einen Vorwurf gegen die Museumsverwaltung in keiner Weise habe erheben, sondern lediglich eine Anregung geben wollen.
Kapitel 122 Tit. 12 *Königliche Bibliothek.*
Einzelheiten zur Neuanstellung von Beamten *wegen der bedeutend gestiegenen* Benutzung.
[…]
Kapitel 122 Tit. 24 *Sonstige Kunst- und wissenschaftliche Anstalten und Zwecke.*
Abgeordneter v. Arnim fragt zu der Position in Tit. 24, in welcher für 2 Historiographen des preußischen Staates und der Mark Brandenburg mit je 900 M, zusammen 1.800 M, gefordert sind, nach dem hierfür geleisteten Beitrage der Provinz Brandenburg.
Regierungskommissar Ministerialdirektor Dr. Althoff erklärt, daß diese Beträge lediglich Ehrengaben an bewährte Historiker darstellen, zu welchen die Provinz Brandenburg nichts beitrage.
Kapitel 122 Tit. 34 *Ausgaben für musikalische Zwecke.*
Einzelheiten zur Unterstützung der Kirchenmusiker, dem dazu geplanten Gesetzentwurf sowie der dazu notwendigen Zustimmung der kirchlichen Instanzen.
Kapitel 122 Tit. 36 *Denkmalpflege*
Zu Tit. 36 fragt der Berichterstatter *Winckler* an, wie der hier ausgeworfene Fonds an die Konservatoren verteilt werde. Die Zuwendungen in der Provinz Sachsen seien durchaus ungenügende. Der Konservator daselbst erhalte im ganzen 2.400 M, 1.200 M von der Provinz und 1.200 M vom Staate, womit er kaum die baren Auslagen für seine Dienstreisen bestreiten könne, für seine eigene Mühwaltung jedoch gar kein Äquivalent erhalte. Der Provinziallandtag habe in Erkenntnis dieses Umstandes sich zu einer Erhöhung um 1.800 M erboten, wenn auch der Staat das Gleiche gewähre. Leider habe die Staatsregierung diese Erhöhung rundweg abgelehnt, und anerkennenswerter Weise habe trotzdem der Provinziallandtag die Erhöhung um 1.800 M bewilligt. Er empfehle, eine Erhöhung dieser Bezüge vorzunehmen, da die Aufgaben und die Arbeitslast für die Konservatoren erheblich gestiegen seien.
Der Regierungskommissar weist darauf hin, daß ursprünglich das Amt der Konservatoren als ein Ehrenamt gedacht worden sei. In den meisten Provinzen werde es auch von Provinzialbaubeamten im Nebenamte versehen, so daß die Remuneration sich lediglich als ein Ersatz der baren Auslagen darstelle. Diese Einrichtung habe sich gut bewährt.
Abgeordneter Ehlers bezweifelt dies für die Provinz Westpreußen. Dort sei das Amt mit demjenigen des Direktors des Provinzialmuseums verbunden gewesen, und habe diese Vereinigung diesen inzwischen verstorbenen Beamten *Heise*, gehindert, sich beiden Ämtern ausreichend zu widmen. Seit etwa Jahresfrist sei infolgedessen das Amt noch unbesetzt,

und könne er ein solches Vorgehen für die Provinz Sachsen daher ebenfalls nicht empfehlen. Er spricht sich für eine Erhöhung der Gehälter der Konservatoren aus.
Bewilligung des Etattitels.
Kap. 123: *Technisches Unterrichtswesen und Kunstgewerbemuseum.*
Abgeordneter Dr. v. Heydebrand und der Lasa:
Frage, ob die Errichtung einer technischen Hochschule in Breslau, welche der Provinziallandtag beantragt habe, beabsichtigt werde.[1] Die Errichtung einer Hochschule in Danzig könne kein Hindernis bilden, da dieselbe wegen der weiten Entfernung für Schlesien einen Ersatz nicht bieten könne. Die hohe Entwicklung der schlesischen Industrie, welche derjenigen im westfälischen Industriegebiete fast gleichkomme, lasse die Begründung einer solchen Anstalt für die Provinz als ein dringendes Bedürfnis erscheinen.
Regierungskommissar Ministerialdirektor Dr. Althoff teilt mit, daß bei der Beratung über die Vermehrung der technischen Hochschulen von der aus Sachverständigen zusammengesetzten Kommission in ihrem Gutachten die Begründung von 2 Hochschulen, also einer zweiten in Breslau, allerdings befürwortet worden sei, die Erwägung in den beteiligten Ministerien hätte jedoch zunächst nur zu der Errichtung der Danziger Anstalt geführt, und müsse sich deshalb auch die Unterrichtsverwaltung von dem damaligen Standpunkte aus den Wünschen der Schlesier gegenüber ablehnend verhalten. […]
Der Berichterstatter *Winckler* spricht sein Erstaunen über die bisherige Nichtberücksichtigung der Resolution des Abgeordnetenhauses aus und die bestimmte Erwartung, daß bis zum nächsten Etat die Erledigung erfolge.
Abgeordneter Wetekamp ist hierin mit dem Vorredner einverstanden und tritt dem Abgeordneten Dr. v. Heydebrand und der Lasa in der Befürwortung der Errichtung einer technischen Hochschule in Breslau bei.
Abgeordneter Dr. Schilling äußert sich in gleichem Sinne und ersucht den Kultusminister, auf den Minister des Innern dahin einzuwirken, daß derselbe seine Verfügung ändere, in welcher der Stadt Breslau aufgegeben sei, aus der von ihr beantragten Anleihe die Summe von 1 Million M zu streichen, welche zur Beihilfe für die neue technische Hochschule bestimmt war.
Regierungskommissar, Wirklicher Geheimer Oberfinanzrat Dr. Germar betont, daß der Betrag von 1 Million M viel zu unbedeutend sei gegenüber den hohen Kosten, welche die Errichtung einer solchen Anstalt erfordere, um dafür entscheidend ins Gewicht zu fallen. Man könne nicht auf diesem einen Gebiete gleichzeitig viele so kostspielige Neueinrichtungen treffen, und müsse deshalb zunächst die Entwicklung der neuen Hochschule in Danzig abgewartet werden.
Regierungskommissar, Ministerialdirektor Dr. Althoff betont die Übereinstimmung beider

1 *Vgl. Spenkuch, Hartwin, Die Politik des Kultusministeriums gegenüber den Wissenschaften und den Hochschulen, in: Bd. 2/1 der vorliegenden Reihe, S. 212–215.*

Ministerien in dieser Frage, gibt jedoch zu, daß sich die Errichtung einer technischen Hochschule in Breslau billiger gestalten werde als in Danzig und rät, da die Erwägungen über diese Frage in den Ministerien noch nicht zum Abschlusse gebracht seien, das Ergebnis derselben vorerst abzuwarten.
Beschlussfassung zu Haushaltspositionen.
Einzelheiten, u. a. zum Ausbau der Räumlichkeiten der mechanisch-technischen Versuchsanstalt in Charlottenburg. [...]
Abgeordneter Macco: [...]
Die jetzt benutzten Gebäude seien baufällig und ungesund und müßten eigentlich von Aufsichts wegen geschlossen werden. Die Vorberatungen seien auch schon weit genug gefördert. Es sei ein Zuschuß vom Reiche in Höhe von 100.000 M bereit, von welchem 80.000 M für Bauten bestimmt seien. Er ersuche dringend, das Tempo in der Erledigung zu beschleunigen.
Regierungskommissar, Geheimer Oberregierungsrat Dr. Naumann, bedauert die Verzögerung; dieselbe rühre jedoch von dem seitens des Reiches gestellten Antrage her, die Preußische Anstalt auf das Reich zu übernehmen. Dieser Antrag befände sich noch in der Beratung, und sei deshalb vorläufig durch Mieten von Räumen für die dringendste Not Abhilfe geschaffen.
Beschlussfassung zu Haushaltspositionen.
Kap. 124: *Kultus und Unterricht gemeinsam.*
Einzelheiten zur Besoldung von Geistlichen.
Beschlussfassung zu Haushaltspositionen.
Kap. 125: Medizinalwesen.
Einzelheiten zur Ausführung des Kreisarztgesetzes *sowie zur Finanzierung der* Charité.
Beschlussfassung zu Haushaltspositionen.
Kap. 119: Universitäten.
Einzelheiten zur Vernachlässigung des Unterrichts in den neueren Sprachen an den Universitäten, *da für diese* keine Ordinariate vorhanden, sondern nur Extraordinariate *eingerichtet seien, weshalb es* an dem Nachwuchs an jüngeren Gelehrten leider fehle. [...]
Regierungskommissar Ministerialdirektor Dr. Althoff erwidert, daß das Bedürfnis nach einer Besserung der Verhältnisse in den von dem Berichterstatter erörterten Beziehungen auch bei der Unterrichtsverwaltung anerkannt werde. Es seien auch schon verschiedene Maßnahmen zu diesem Zwecke getroffen. Dahin gehörten die Verstärkungen des Fonds zu Reisestipendien für Lehrer und für Studierende, die Anstellung von Lektoren an den Universitäten, für welche vorzugsweise Personen gewählt würden, welche die betreffende Sprache als ihre Muttersprache beherrschten. Die Erhöhung der Remunerationen für diese Lektoren, die Frage, ob es angezeigt sei, eigentliche Professuren zu errichten, werde noch erwogen, ihre Entscheidung habe jedoch noch Zeit; auch solle erwogen werden, ob von den Verwaltungsbeamten in Zukunft nicht wenigstens die Kenntnis einer neuen Sprache verlangt werden solle.

Der Berichterstatter *Friedberg* betont demgegenüber, daß die Lektoren nur Sprachlehrer seien und die wissenschaftliche Seite in dem Studium der betreffenden Sprache nicht zu vertreten vermöchten. Er empfehle besonders eine größere Fürsorge für die englische Sprache.

Regierungskommissar Ministerialdirektor Dr. Althoff warnt vor einer zu schnellen Vermehrung der Ordinariate. Bei dem Fehlen an qualifizierten Kandidaten für dieselben sei man sonst genötigt, weniger befähigte Kräfte heranzuziehen, welche dann für eine lange Reihe von Jahren den betreffenden Posten besetzt hielten.

Beschlussfassung zu Haushaltspositionen.

Einzelheiten zum Mangel an Einrichtungen für die wissenschaftliche Ausbildung der Landwirte im Osten *und zur* Errichtung einer ethnographischen Professur in Berlin *auf Bestreben der* Kolonialgesellschaft.

Beschlussfassung zu Haushaltspositionen.

Einzelheiten zur Errichtung des neuen Instituts und Museums für Meereskunde. [...]

Regierungskommissar Ministerialdirektor Dr. Althoff: Die wissenschaftliche Meereskunde habe in neuerer Zeit sowohl nach der naturwissenschaftlichen wie nach der topographischen und historisch-nationalökonomischen Seite mächtigen Aufschwung genommen. Durch neuere Untersuchungsfahrten, vor allem durch die in den letzten Jahrzehnten von ausländischer und jüngst auch von deutscher Seite unternommenen Tiefsee-Expeditionen seien eine Fülle bisher unbekannter wissenschaftlicher Tatsachen zu Tage gefördert auf dem Gebiete der Meeresbildungen und Meeresströmungen, der physikalischen und chemischen Eigenschaften des Wassers, der Gestaltung des Meeresbodens und der Küsten sowie der magnetischen, meteorologischen und insbesondere der biologischen Verhältnisse des Meeres zahlreiche für die Meeresforschung wie für Erdgeschichte und Geophysik wertvolle, noch ungelöste Probleme erschlossen. Auch praktisch seien dieselben, wie die Erforschung der als Urnahrung der Fische dienenden niedersten Lebewesen und der für die Witterung Deutschlands einflußreichen meteorologischen Verhältnisse der Nordmeere von wesentlicher Tragweite. Dazu komme der zunehmende Aufschwung der deutschen überseeischen Interessen und aller mit dem Seewesen zusammenhängenden Zweige des Wirtschaftslebens, die zur tieferen Durchdringung der wirtschaftlichen und historischen Bedeutung des Meeres sowie der öffentlichen und privaten Rechtsbeziehungen zur See und der seetechnischen Wissenszweige nötigten.

Um diesem wichtigen Gebiete auch im Universitätsunterricht gebührende Berücksichtigung zu sichern, sei nach dem Vorbilde der die gesamte Länderkunde umfassenden geographischen Institute und im engen Anschluß an das hiesige geographische Institut die Begründung eines Instituts für Meereskunde ins Auge gefaßt, in dem die verschiedenen Zweige der Meereskunde, losgelöst von anderen Wissenschaftszweigen, in ihren gegenseitigen Beziehungen und unter Bezugnahme auf ein umfassendes Anschauungsmaterial gelehrt werden sollen. Auch die beantragte außerordentliche Professur solle, wie dies bei den geographischen Professuren der Fall sei, das ganze Gebiet umfassen und dazu dienen, neben wissenschaftlicher Förderung einzelner Zweige die Ergebnisse der Forschung einem weiteren Kreise von Studierenden zugänglich zu machen. Die Tätigkeit sei durch Erteilung von Lehraufträgen für Spezialkurse zu ergänzen, wofür ein besonderer Betrag vorgesehen sei.

Die Leitung des Instituts solle dem Direktor des Geographischen Instituts übertragen werden, welchem zur Verwaltung der Sammlungen ein Kustos und entsprechend der Verschiedenheit der vertretenen Gebiete zwei Assistenten sowie auch das erforderliche Unterpersonal zur Seite treten müßten. Die zur Ausstattung sowie zur laufenden Vermehrung der Sammlungen eingestellten Beträge seien vorzugsweise für naturwissenschaftliche und instrumentelle Gegenstände bestimmt. Neben sonstigen Sammlungen seien selbstverständlich eine Bibliothek sowie eine Kartensammlung unentbehrlich.

Beschlussfassung zu Haushaltspositionen.

Einzelheiten zur Errichtung eines Ordinariates für die chinesische Sprache an der Universität *im Verhältnis zu* orientalischen Seminar.

Einzelheiten, u. a. zur unzureichenden Ausstattung der Universitätssternwarte in Breslau *sowie zur Behandlung des Falls* des Professors Neisser, Breslau, *gegen den ein* Disziplinarverfahren[2] *laufe.*

Beschlussfassung zu Haushaltspositionen.

2 *In dem Verfahren ging es um Versuche an Patienten, darunter auch an Minderjährigen, vgl. im vorliegenden Band Dok. Nr. 82.*

85. Aus dem Protokoll der 16. Sitzung der Budgetkommission des Abgeordnetenhauses, 19. Legislaturperiode, II. Session. Berlin, 21. Februar 1900.

Metallographierte Ausfertigung, gez. Frh. v. Erffa-Wernburg, Winckler.
Protokolle der Budget-Kommission 1900, S. 239–246
(Staatsbibliothek Berlin, Signatur: 4"Sx4643-1900).

Kultusetat: Ausgaben. Extraordinarium. – Der konfessionelle Charakter eines geplanten Progymnasiums in Münster. – Staatsbeihilfen zu Volksschulbauten.

Vgl. Einleitung, S. 91.

Kultusetat. Ausgaben. Extraordinarium.
Einzelheiten, u. a. zum neuen Botanischen Garten in Berlin *sowie zur Fortsetzung der* Versuche mit Tuberkulose-Giftpräparaten […] zur Bekämpfung der Rindertuberkulose.
Routinemäßige Beschlussfassung zu Haushaltspositionen.
Einzelheiten, u. a. zur Errichtung eines Progymnasiums in Münster *unter den gegebenen* konfessionellen *Verhältnissen.*
Abgeordneter Dr. Dittrich (Braunsberg) *plädiert* angesichts der jetzt dort herrschenden Erregung *dafür,* daß mit der Errichtung des Progymnasiums noch ein Jahr gewartet werde.
Regierungsrat Dr. Fleischer gibt über die Sachlage folgende Auskunft:
Die Überfüllung der beiden in Münster vorhandenen höheren Lehranstalten, des Königlichen Gymnasiums und des Städtischen Realgymnasiums, ist schon seit Jahren Gegenstand von Klagen der dortigen Bevölkerung gewesen.
Auch die städtischen Behörden haben bereits im Oktober 1898 dem dringenden Wunsche Ausdruck gegeben, daß diesem Übelstande möglichst bald durch Errichtung neuer höherer Schulen abgeholfen werden möge.
Inzwischen hat die Schülerzahl an den beiden Lehranstalten weiter zugenommen. An dem Realgymnasium haben die unteren und mittleren Klassen geteilt, an dem Gymnasium neben einer Zweiteilung sämtlicher Klassen noch dritte Parallelklassen für die Sexta, Quinta, Obertertia und Untersekunda eingerichtet werden müssen. Die Schülerzahl ist beim Gymnasium auf rund 770 gestiegen. Die Eröffnung einer weiteren gymnasialen Lehranstalt ist hiernach ein dringendes Bedürfnis.
Sollte die Stadt, wie von dem Abgeordneten Dr. Dittrich (Braunsberg) bemerkt worden, zur Errichtung einer lateinischen Realschule neben dem Realgymnasium schreiten, so könnte dies von der Unterrichtsverwaltung nur mit Dank begrüßt werden. Daß das Städtische Realgymnasium durch die gleichzeitige Eröffnung eines Progymnasiums und einer lateinlosen Realschule in seinem Bestande bedroht werde, läßt sich bei der starken Zunahme der für höhere Lehranstalten bestimmten Schüler in der Stadt Münster nicht annehmen.

Was den konfessionellen Charakter des neuen Progymnasiums betrifft, so haben die städtischen Behörden anfänglich die unentgeltliche Hergabe des Bauplatzes für diese Anstalt davon abhängig gemacht, daß letztere als ein evangelisches Gymnasium errichtet werde. Seitens der Unterrichtsverwaltung ist darauf erklärt worden, daß eine vertragsmäßige Festlegung des konfessionellen Charakters der zu gründenden staatlichen Lehranstalt nach allgemeinen Verwaltungsgrundsätzen nicht zugestanden werden könne. Tatsächlich werde beabsichtigt, das Progymnasium als ein evangelisches zu behandeln und bis auf weiteres nur evangelische Lehrer an demselben zu beschäftigen.
Nach Kenntnisnahme von dieser Erklärung haben im weiteren Verlaufe der Verhandlungen die städtischen Behörden im Juli 1899 beschlossen, den noch auszuwählenden Bauplatz unentgeltlich zur Verfügung zu stellen, ohne die bisherige Bedingung, daß das Gymnasium stiftungsgemäß evangelisch sein müsse, aufrecht zu erhalten.
Seitdem ist eine Änderung in der Sachlage nicht eingetreten.
Nach wie vor wird von der Unterrichtsverwaltung beabsichtigt, das in Münster zu errichtende Progymnasium ohne stiftungsmäßige Festlegung eines evangelischen Charakters unter den in Münster obwaltenden Verhältnissen tatsächlich als ein evangelisches zu behandeln und bis auf weiteres nur evangelische Lehrer an der Schule anzustellen.
Andererseits ist die Berufung katholischer Lehrer an sich nicht ausgeschlossen. Sollten sich die Verhältnisse in Münster später anders gestalten und die Schule demnächst nicht ganz überwiegend von evangelischen Schülern besucht werden, so würde auch die Anstellung katholischer Lehrer an der Anstalt in Frage kommen.
Routinemäßige Beschlussfassung zu Haushaltspositionen.
Einzelheiten, u. a. Stand der Ausgrabungen in Babylon *sowie zur* Bekämpfung der Granulose.
Routinemäßige Beschlussfassung zu Haushaltspositionen.

Anlage A
Nachweisung der im Etatsjahre 1899 aus dem Fonds Kap. 121 Tit. 38 des Staatshaushaltsetats und den Ersparnissen aus Vorjahren gewährten Staatsbeihilfen zu Volksschulbauten
Nach den Regierungsbezirken gegliederte Tabelle zu 164 *Bauten, für die insgesamt* 1.046.762 *M aufgewendet wurden, davon* 82 Neubauten *für 676.447 M.*

Anlage B
Nachweisung der aus dem Extraordinarium Kap. 14 Titel 99 des Staatshaushaltsetats für das Etatsjahr 1899 gewährten Staatsbeihilfen zu Volksschulbauten
Nach den Regierungsbezirken gegliederte Tabelle zu 350 *Bauten, für die insgesamt* 2.899.196 *M aufgewendet wurden, davon* 190 Neubauten *für* 1.843.981 *M.*

86. Aus dem Protokoll der 21. Sitzung der Budgetkommission des Abgeordnetenhauses, 19. Legislaturperiode, II. Session. Berlin, 2. März 1900.

Metallographierte Ausfertigung, gez. Frh. v. Erffa-Wernburg, Hauptmann. Protokolle der Budget-Kommission 1900, S. 295–305 (Staatsbibliothek Berlin, Signatur: 4“Sx4643-1900).

Etat des Finanzministeriums: Ausgaben. – Der Ankauf des Berliner Akademieviertels zum Neubau der Königlichen Bibliothek.

Vgl. Einleitung, S. 91.

Etat des Finanzministeriums: Ausgaben.
Kap. 3 Tit. 3
Berichterstatter Wallenborn: [...]
Der Komplex des Akademieviertels war früher kurfürstlich. Später ist er als Königlicher Stall bezeichnet, ohne Bezeichnung des Eigentümers. 1809 wollte Friedrich Wilhelm III. das Terrain der Akademie schenken resp. verschiedene wissenschaftliche Institute dort errichten, die als selbständige Institute errichtet werden sollten. Dies scheint aber nur ein Programm gewesen zu sein. Das Kultusministerium hat vergeblich das Eigentumsrecht geltend gemacht. Der Fiskus habe nur eine Superficies daran; das Eigentumsrecht stehe der Krone zu. 1886 sei das Grundstück als Eigentum der Krone ins Grundbuch eingetragen.
Finanzminister Dr. v. Miquel: Das Bedürfnis des Staats, das Grundstück des Akademieviertels zu erwerben, sei außer Zweifel. Schon die Lage des Grundstücks neben der Universität und die bisherige Verwendung eines großen Teils desselben für Wissenschaft und Kunst lasse es unstatthaft erscheinen, daß das Grundstück in Privatbesitz übergehe.
Seit langer Zeit sei aber auch anerkannt, daß ein Neubau für die Königliche Bibliothek notwendig sei, und ebenso seien die ferner vorgeschlagenen Neubauten für die Akademie der Wissenschaften und der Künste unvermeidlich. Die Lage und Gestalt des Grundstücks seien namentlich auch für den Neubau der Königlichen Bibliothek in besonderem Maße geeignet. Dies sei u. a. von dem in dieser Frage zu einem Urteil vorzugsweise berufenen Generaldirektor der Bibliothek *Wilmanns* mit Entschiedenheit betont. Zweifelsfreie Bestätigung habe diese Auffassung durch die erfolgte Ausarbeitung eines vorläufigen Projekts erhalten, welches der Kommissar des Ministeriums der öffentlichen Arbeiten näher erläutern werde.
Aus diesem Projekt ergebe sich, daß auf dem für die Bibliothek bestimmten Teil des Grundstücks neben den sonstigen für dieselbe erforderlichen Räumen 3.800.000 Bände in sehr günstiger Weise untergebracht werden könnten. Damit werde für das zu erwartende Anwachsen der Bibliothek in mehr als hundert Jahren gesorgt sein. Es sei gerechtfertigt, die Sorge für eine noch weiter hinausliegende Zeit den dann Lebenden zu überlassen. Unüber-

windliche Schwierigkeiten werde eine alsdann etwa erforderliche Erweiterung der Räume für die Unterbringung von Büchern nicht wohl finden können.
Ein anderes für den Neubau geeignetes Grundstück sei überhaupt nicht verfügbar. Die Bibliothek aus der Mitte der Stadt Berlin in die Peripherie oder Umgebung derselben zu verlegen, unterliege sehr erheblichen Bedenken. Die desfalls in Anregung gekommene Verwendung des fiskalischen Terrains neben dem Bahnhof „Zoologischer Garten" für den Neubau sei überdies dadurch ausgeschlossen, daß dieses Grundstück für andere Zwecke reserviert werden müsse.
Die Rechtslage betreffend das Eigentum an dem Grundstück sei von ihm persönlich eingehend geprüft und mit Rechtskundigen erörtert. Danach könne in keiner Weise bestritten werden, daß das Grundstück in seinen für die Bestimmung des geforderten Preises in Betracht gezogenen Teilen sich im Eigentum der Krone befinde.
Daß die Krone bis zum Jahre 1809 Eigentümerin des Grundstücks gewesen, sei außer Zweifel. Es sei aber auch in diesem Jahre oder in späterer Zeit kein Vorgang eingetreten, welchem die rechtliche Bedeutung beigemessen werden könne, daß das Grundstück aus dem Eigentum der Krone in das Eigentum des Staats übergegangen sei. Vielmehr habe die Fortdauer des Eigentums der Krone bis in die neueste Zeit wiederholt Anerkennung gefunden.
Allerdings sei im Jahre 1809 von dem König den Ressortministern gegenüber die Absicht ausgesprochen, eine in Berlin demnächst zu errichtende Universität in Gemeinschaft mit einer größeren Anzahl anderer Institute mit Kapitalien und Grundstücken, unter anderem dem Akademieviertel, auszustatten. Dieser Plan habe indes nur die Bedeutung eines Programms gehabt, welches demnächst in anderer als der ursprünglich beabsichtigten Weise zur Durchführung gelangt sei. Insbesondere sei danach die Krone damals Eigentümerin des in Rede stehenden Grundstücks geblieben und auch später als Eigentümerin in das Grundbuch eingetragen.
Bei den Verhandlungen im Jahre 1875 über die Erwerbung des auf dem Grundstück befindlichen Kasernenetablissements sowie über die Ausführung von Projektarbeiten für die Bebauung des Akademieviertels sei zwar nicht allgemein die Sachlage ganz zutreffend zum Ausdruck gebracht worden, indes übereinstimmend mit dem bestehenden Rechtsverhältnis darauf hingewiesen, daß die gedachte Kaserne einer Schwadron des Regiments der Gardes du Corps und der Königliche Marstall nicht zur Verfügung des Staates ständen. Die Verwendung der Kaserne sei für besondere Zwecke der Hofverwaltung erfolgt, da die in derselben untergebrachte Schwadron speziell zum persönlichen Schutze des Herrschers und zur Repräsentation am Hofe bestimmt gewesen sei. Demgemäß habe auch die Militärverwaltung auf das Eigentum an der Kaserne keinen Anspruch erhoben und sei das Reichsgesetz vom 25. Mai 1873 auf dieselbe nicht zur Anwendung gelangt, die durch den Etat für 1875/76 zur Erwerbung der Kaserne bereitgestellte Summe vielmehr in Abgang gebracht.
Hiernach habe das Staatsministerium die Überzeugung gewinnen müssen, daß das seit unvordenklicher Zeit bestehende, von dem Grundbuchrichter eingetragene Eigentum der

Krone an dem Grundstücke in dem in Anspruch genommenen Umfange unanfechtbar sei. Dem gegenwärtigen Verhältnis des Staats zur Krone aber entspreche es, daß für die Übertragung eines Eigentumsrechts der Krone auf den Staat seitens des letzteren ein dem Wert des Eigentums entsprechender Preis bezahlt werde.
Dieser von der Krone geforderte Preis sei für den Staat in zweifellos günstiger Weise bemessen. Der Wert des an den Staat abzutretenden Grundstücks sei durch eingehend begründete Taxe festgestellt. Der zu zahlende Preis sei unter dem Werte bestimmt, welchen die Grundstücke in der betreffenden Gegend in letzter Zeit erlangt hätten, und vor allem weit unter dem Preise, der für dieselben bei einer Veräußerung zu Spekulationszwecken zweifellos zu erzielen sein würde.
Die Grundstücke in der Behrenstraße, welche der Krone in Anrechnung auf den Kaufpreis abgetreten werden sollten, seien für den Staat entbehrlich, wenn die Bibliothek verlegt werde. Diese Regelung entspreche daher dem Interesse des Staates. Der für die Abtretung der Grundstücke anzurechnende Wert derselben übersteige um reichlich 300.000 M den für ihre Erwerbung von dem Staat früher aufgewendeten Preis.
Der Kroll'sche Garten endlich sei nur nutzbar als Annex der dortigen Gebäude, welche Eigentum der Krone seien. Es sei ohne weiteres anzunehmen, daß die Krone den Garten nicht zu spekulativen Zwecken veräußern werde. Die stipulierte Bestimmung, daß dem Staat während 50 Jahre ein Vorkaufsrecht für die Summe von 1.000.000 M zustehen solle, sei dadurch sogar eine vielleicht überflüssige Kautel. Der Staat könne keinesfalls mit dem Garten spekulieren; ein solcher Versuch werde allgemeine Entrüstung hervorrufen. Der beabsichtigte Verkauf des Gartens an die Krone für 1.000.000 M sei daher für den Staat vorteilhaft. Wenn aber in dieser Beziehung Bedenken beständen, so werde die Krone wohl bereit sein, gegen Nachzahlung von 1.000.000 M im Jahre 1901 auf Abtretung des Gartens an sie zu verzichten.
Den Verwendungszweck des Grundstücks jetzt festzustellen, sei dringend wünschenswert. Sonst würden sofort von vielen Ressorts Ansprüche auf das Grundstück erhoben werden.
Abgeordneter Dr. Friedberg zweifelt nicht an dem Rechte der Krone auf dieses Grundstück. Hält die Kaufsumme für nicht zu hoch. Will den Kroll'schen Garten lieber behalten. Hält für verfehlt, die Akademie in der neuen Bibliothek beizubehalten. Das Britische Museum in London habe ein Areal von 17.000 qm, die Bibliothèque National in Paris 16.380 qm, die Hof- und Staatsbibliothek in München 8.758 qm zur Verfügung. Er hält demgegenüber das Areal für zu klein. Auch Kultusminister D. Dr. Bosse habe für bedenklich gehalten, 1/3 des Grundstücks an die Akademie abzugeben, da die Bibliothek sich so nicht ausdehnen könne. Er beantragt, den Vermerk zu streichen: „als Bauplatz etc. bis Schluß", also das Terrain zu kaufen, aber die Verwendung desselben offen zu lassen.
Finanzminister Dr. v. Miquel hält es für unpraktisch, Gebäude zu kaufen, ohne den Zweck anzugeben für was.
Ministerialdirektor Dr. Althoff erklärt, als Kultusminister D. Dr. Bosse seine Erklärung abgab, seien die Pläne andere gewesen und es wären damals nur 2 Millionen Bücher

vorgesehen. Nach den jetzigen Plänen könne man weit mehr wie 3 Millionen Bücher unterbringen.
Spezialdiskussion.
Routinemäßige Beschlussfassung zu Haushaltspositionen und zu Entschließungsanträgen.
Anlage
Abschrift der Kabinettsordre vom 16.8.1809.[1]

87. Aus dem Protokoll der 48. Sitzung der Budgetkommission des Abgeordnetenhauses, 20. Legislaturperiode, I. Session. Berlin, 14. Februar 1905.

Druck, gez. Frh. v. Erffa-Wernburg, Pallaske.
Protokolle der Budget-Kommission 1905, [Berlin 1905], S. 103–115 (Staatsbibliothek Berlin, Signatur: 4"Sx4643-1905).

Kultusetat: Ausgaben. – Die Verwahrung der alten Kirchenbücher. – Die Anlegung von Kirchengeldern. – Die Schulung von Studenten in photographischen Verfahren. – Die Unterstützung der streikenden Bergarbeiter durch den Bonner Universitätskurator. – Die weitere Verbilligung des Diphtherieserums.

Vgl. Einleitung, S. 91.

Kultusetat. Dauernde Ausgaben. […]
Kap. 109*: Kultus und Unterricht gemeinsam.*
Einzelheiten zur besseren Verwahrung der alten, mitunter überaus wertvollen Kirchenbücher. […][1]
Beschlussfassung zu Haushaltspositionen.
Kap. 112: *Kultus.*
Anfrage des Abgeordneten v. Arnim-Züsedom *zur* Anlegung von Kirchengeldern. Er glaubt, daß von den oberen Behörden die Gemeinden zur vorzugsweisen Anlegung der Gelder in Hypotheken gedrängt werden und hält das für bedenklich, insbesondere bei Grundstücken, die der Kenntnis und der Beaufsichtigung der Gemeindeorgane entzogen seien. Er wünscht bessere Verwahrung der Kirchengelder, wenn möglich bei staatlichen Anstalten und eine eingehende Revision durch geprüfte Rechnungsverständige, wenn möglich durch die Revisoren der Staatskassen. […]

1 *Druck: Köpke, Rudolf, Die Gründung der Friedrich-Wilhelms-Universität zu Berlin nebst Anhängen über die Geschichte der Institute und den Personalbestand, Berlin 1860, S. 194 f., Dok. Nr. 21.*
1 Anlage 1.

Von seiten der Königlichen Staatsregierung wird erklärt, daß ihr von dem erwähnten Drängen nichts bekannt sei. Bezüglich der gegebenen Anregungen aber sprach sie prinzipielle Zustimmung aus und stellte möglichste Erfüllung in Aussicht.[2]
Beschlussfassung zu Haushaltspositionen.
Haushaltstechnische Fragen.
Beschlussfassung zu Haushaltspositionen.
Kap. 119 der dauernden Ausgaben: *Universitäten und Charité.*
Berichterstatter Dr. v. Savigny [...] spricht seine Anerkennung aus, daß wenigstens eine kleine Vermehrung der Lehrkräfte stattgefunden hat, hält sie aber bei weitem nicht für ausreichend. Er bedauert, daß die Wünsche der Bibliothekare um Gleichstellung mit den Oberlehrern noch keine Berücksichtigung gefunden haben. Er wünscht eine Besserstellung der außeretatsmäßigen Extraordinarien, speziell bezüglich der Reliktenversorgung, und eine Beseitigung der Nachteile, welche den inländischen Studenten vielfach noch durch den Zudrang der auswärtigen Studenten, insbesondere bezüglich der Raumverhältnisse in den Hochschulen, erwachsen.
Einzelheiten zur Besoldung der Bibliothekare: Die Königlichen Staatsregierung *weist* auf die doch nun einmal für längere Zeit abgeschlossene Gehaltsregulierung und die bedenklichen Konsequenzen der besonderen Regelung für eine einzelne Beamtenklasse hin.
Einzelheiten, u. a. zu den ausländischen Studierenden *sowie den* außeretatsmäßigen Extraordinarien.
Beschlussfassung zu Haushaltspositionen.
Hinweis des Abgeordneten Brandt auf die große Bedeutung, [...] welche die Photographie für die verschiedensten Gebiete des wissenschaftlichen und gewerblichen Lebens erlangt habe; er wünscht daher eine bessere Ausbildung der Studierenden auch an den Universitäten in den verschiedenen Methoden des photographischen Verfahrens. Die Errichtung von besonderen Unterrichtsräumen, Anschaffung besonderer Apparate und Abhaltung besonderer Kurse, vor allem auch die Anstellung eines besonderen Lektors seien durchaus wünschenswert.
Die Königlichen Staatsregierung erkennt die große Bedeutung der Photographie an und sagt Erwägung der gegebenen Anregungen zu.
Einzelheiten zur Finanzierung verschiedener Universitäten.
Anregung des Abgeordneten v. Pappenheim *für* eine weitere Verbilligung *des Diphtherieserums* unter Anerkennung, daß eine solche Verbilligung bereits stattgefunden habe und weiter auch unter voller auch von den übrigen Mitgliedern der Kommission geteilten Anerkennung der Uneigennützigkeit des Erfinders. Am letzten Ende sei doch eine Verstaatlichung dieses so unendlich bedeutsamen Mittels notwendig.
Der letzteren Auffassung wird von seiten des Berichterstatters widersprochen.

2 Anlage 2.

Die Königliche Staatsregierung gibt über die rechtlichen und tatsächlichen Verhältnisse bezüglich der Herstellung und Veräußerung des Serums eine eingehende Darstellung […].[3]
Beschlussfassung zur Haushaltsposition.
Kapitel 11, Titel 9 der dauernden Ausgaben: Universität Bonn.
Bei Tit. 9 wird ein Aufruf zugunsten der im Streik befindlichen notleidenden Bergarbeiter zur Sprache gebracht und die Meinung vertreten, daß sich die Unterzeichnung desselben durch den Kurator der Universität *Rottenburg*, nicht mit der Stellung eines Staatsbeamten vertrage.
Der Minister *Studt* erklärt, daß er in eine nähere Prüfung des Falles eintreten werde.
Beschlussfassung zu Haushaltspositionen. […]

Anlage 1
Erklärung des Ministerialdirektors v. Chappuis,[4] betreffend die Aufbewahrung der Kirchenbücher und sonstigen kirchlichen Urkunden. […]

Anlage 2
Erklärung des Regierungskommissars *zur* Anlage kirchlicher Kapitalien. […]

Anlage 5
Erklärung des Ministerialdirektors Dr. Althoff *zur* Verbilligung *des Diphtherieserums.*
Die Unterrichts- und Medizinalverwaltung hat es sich in Übereinstimmung mit der von dem Regierungskommissar in der vorjährigen Beratung der Budgetkommission abgegebenen Erklärung angelegen sein lassen, eine Verbilligung des Diphtherieheilserums herbeizuführen. Dies ist insofern erreicht, als der Preis für 1.000 I[mmunisierungs] E[inheiten] des gebräuchlichen Serums, welcher in den Apotheken bisher 4,25 M betrug, auf 2,25 M herabgesetzt worden ist.
[…]

3 Anlage 5.
4 *Im Protokoll ist eine* mündliche Erklärung *des Ministers Studt [!] vermerkt.*

88. Aus dem Protokoll der 49. Sitzung der Budgetkommission des Abgeordnetenhauses, 20. Legislaturperiode, I. Session. Berlin, 17. Februar 1905.

Druck, gez. Frh. v. Erffa-Wernburg, Praschma.
Protokolle der Budget-Kommission 1905, [Berlin 1905], S. 117–140 (Staatsbibliothek Berlin, Signatur: 4"Sx4643-1905).

Kultusetat: Einmalige Ausgaben. – Universitäten. – Die Unterstützung der streikenden Bergarbeiter durch den Bonner Universitätskurator. – Die Gymnasien und Reformschulen. – Pflege der neueren Sprachen durch Austausch von Lehramtskandidaten mit Frankreich. – Gehaltsforderungen und Versetzungswünsche von Volksschullehrern vor dem Erlaß des Schulunterhaltungsgesetzes. – Zusatzvergütungen für Volksschullehrer in Germanisierungsbezirken.

Vgl. Einleitung, S. 92.

Kultusetat: Universitäten. […]
Einmalige Ausgaben.
Einzelheiten, u. a. zum Botanischen Garten, *zum* Institut für Infektionskrankheiten *in Berlin sowie zur geplanten* Erdbebenstation *in* Breslau.
Bei Tit. 120 wird der vom Universitätskurator Dr. v. Rottenburg in Bonn unterschriebene Erlaß zugunsten der streikenden Bergarbeiter des Ruhrgebiets im Wortlaut verlesen. Auf eine materielle Diskussion verzichtet die Kommission, nachdem die Verwaltung in eine Untersuchung eingetreten ist. Von seiten der Regierung wird aber Verwahrung dagegen eingelegt, daß, wie in einigen Zeitungen gestanden, sofort eine Disziplinaruntersuchung eingeleitet worden sei.
Beschlussfassung zu Haushaltspositionen.
Kultusetat: Höhere Lehranstalten. […]
Dauernde Ausgaben Kap. 120.
Einzelheiten, u. a. zur Laufbahn der Oberlehrer […][1] *sowie zu verschiedenen Gymnasien und zur* Frage der Reformschulen. […]
Ministerialdirektor Dr. Althoff: […] Der Stadt Berlin müsse man überlassen, wie sie in der Reformschulfrage vorgehen wolle. Die staatlichen Anstalten hätten sich außerordentlich bewährt. Sie seien in keiner Weise, auch nicht in pädagogischer Hinsicht, hinter den humanistischen Anstalten zurückgeblieben. Es sei nicht beabsichtigt, in überschnellem Tempo vorzugehen.
Statistik der verschiedenen Anstaltstypen in Preußen und Deutschland am 1. April 1904.
Einzelheiten zur Pflege der neueren Sprachen, *die* sehr im Argen läge. Es sollten speziell die humanistischen Anstalten berücksichtigt werden.

[1] Anlage 2.

Geheimer Regierungsrat Dr. Reinhardt legt den Plan für den Austausch französischer und deutscher Lehramtskandidaten vor, über den mit Zustimmung des Auswärtigen Amts zwischen Beamten der beiderseitigen Ministerien Verabredungen getroffen worden sind. Ein solcher Austausch besteht bereits zwischen Frankreich und England, in gewissem Sinne auch zwischen Frankreich und Deutschland; denn die französischen Schulen nehmen schon jetzt deutsche Assistenten auf, und zwar Studenten, die vielfach noch in den ersten Semestern stehen. Die französische Unterrichtsverwaltung hat nun den Wunsch geäußert, diese Einrichtung, die sich im allgemeinen bewährt hat, weiter auszugestalten, und dies liegt durchaus im Interesse unseres neusprachlichen Unterrichts und der Ausbildung unserer künftigen Lehrer. […] Die Zeit ihrer dortigen Tätigkeit wird ihnen voll auf das Probejahr angerechnet. Sie erhalten freie Station (Wohnung, Beköstigung usw.) und haben die Verpflichtung, täglich 2 Stunden deutsche Konversationsübungen mit den Schülern in kleinen Gruppen abzuhalten. […] Für weniger bemittelte Kandidaten sind 10 × 300 M zur Ausrüstung und zu den Reisekosten vorgesehen.
Umgekehrt werden unsere Schulen französische Kandidaten aufnehmen. […]
Als Vergütung erhalten die ausländischen Kandidaten 100 M monatlich. […]
Beschlussfassung zu Haushaltspositionen.
Kultusetat: Elementarunterrichtswesen. […]
Dauernde Ausgaben Kap. 121.
Einzelheiten zur Frage der Mittelschulen, *bei denen zu hoffen sei,* daß in absehbarer Zeit die ganze Angelegenheit zu einem Abschluß gebracht sein wird.
Einzelheiten zur Frage der Volkschullehrergehälter, wobei nach Auffassung des Abgeordneten v. Pappenheim gerade vor dem Erlaß des Schulunterhaltungsgesetzes es unerwünscht *sei*, wenn weitere Unzufriedenheit geschaffen werde. Der Wechsel in den Lehrerstellen nehme immer mehr zu. Die Lehrer übten vielfach geradezu einen Druck auf die Gemeinden aus, indem sie sich in höhere Stellen meldeten. Von der Regierung und den Schulinspektoren würde das vielfach gefördert. Er bitte dringend, in dieser Beziehung Einhalt zu tun.
Ministerialdirektor D Schwartzkopff: Der Wechsel in den Lehrerstellen sei eine natürliche Folge der Bestimmungen des Besoldungsgesetzes, da die reicheren Gemeinden natürlich bessere Gehälter zahlten. Der starke Wechsel sei zwar bedauerlich, aber die Freizügigkeit der Lehrer könne nicht beschränkt werden und sei auch gewissermaßen erwünscht.
Abgeordneter Eickhoff kann das Bestreben der Lehrer, bessere Lebensbedingungen zu erhalten, nicht als unberechtigt erkennen. […]
Abgeordneter Dr. v. Savigny ist mit den Ausführungen des Abgeordneten v. Pappenheim einverstanden. Es sei erwünscht, daß die Lehrer angewiesen würden, zunächst nicht mit neuen Wünschen an die Gemeinden heranzutreten. Die Bezirksregierungen dürften die Landräte, Schulinspektoren, noch weniger die Lehrer selbst bis zum Erlaß des Gesetzes nicht zu Änderungen anregen. Sehr häufig entstünden Mißstände dadurch, daß ein Lehrer,

der in der Gemeinde beliebt sei, mit Leichtigkeit eine Erhöhung des Gehalts erreiche und daß dann an andere Gemeinden ähnliche Forderungen gestellt würden.

Abgeordneter D Hackenberg findet einen Eingriff in die Freiheit der Lehrer nicht berechtigt. Nach seinen Erfahrungen seien die Verhältnisse nicht zu schlimm, so leicht würden die Lehrer nicht versetzt. Andererseits sei es natürlich, daß die Gemeinden minder gute Lehrer nicht so leicht los würden.

Ministerialdirektor D Schwartzkopff: Eine allgemeine Verfügung der Regierung, daß sie für die Erhöhung der Lehrergehälter sorgen möchten, bestände nicht, nur in einzelnen Fällen sollten Härten ausgeglichen werden. Im Gegenteil sei häufig den Beschlüssen der Gemeinden auf Erhöhung der Gehälter von der Regierung nicht zugestimmt worden.

Abgeordneter v. Pappenheim: Diese Grundsätze seien richtig, würden aber von den Bezirksregierungen nicht überall befolgt, da dort doch für größere Distrikte entsprechende Anweisungen erfolgten. Das führe zu erheblichen Schwierigkeiten. Seiner Meinung nach seien in den 6 Jahren die Verhältnisse nicht so verändert, daß das, was damals von der Regierung als genügend anerkannt sei, es heute nicht mehr sei.

Einzelheiten.

Einzelheiten zu den 1903 neu errichteten Schullehrerseminaren und bereits bestehenden Einrichtungen.

Geheimer Oberregierungsrat Altmann: Wann der Lehrermangel beseitigt sein würde, könne natürlich nicht bestimmt werden; jedenfalls sei durchaus keine Abnahme des Zudrangs zum Lehrerstande zu bemerken. Der Besuch der neuen Seminare sei durchaus günstig.[2]

Einzelheiten zur Lage der Oberlehrerinnen, die wenig günstig sei. Sie seien vielfach schlechter gestellt, selbst bei längerer Dienstzeit als ihre eben entlassenen Schülerinnen. [...]

Ministerialdirektor D Schwartzkopff: Die Gemeinden hätten einen größeren Einfluß auf die Besoldung als der Staat. Die ganze Frage hinge mit der Regelung des Mädchenschulwesens zusammen. Die Aufbesserung der Seminarlehrerinnen sei vorgesehen, sei aber nicht so dringlich erschienen wie die der Lehrer, da bisher ein Mangel an Kräften nicht eingetreten sei.

Einzelheiten zur Umwandlung der nebenamtlichen Stellen der Kreisschulinspektoren in hauptamtliche. [...][3]

Einzelheiten zur Frage der Germanisierung *und der Unterstützung der Lehrer.*

Die Höhe des Bedürfnisses ist auf Grund der von den beteiligten Provinzialbehörden erstatteten Berichte festgestellt worden. Maßgebend ist vor allen Dingen die Zahl der in den Landesteilen mit gemischt deutscher und polnischer Sprache angestellten Lehrer und Lehrerinnen gewesen. Die Zahl dieser stellt sich im Regierungsbezirken Oppeln

2 Anlage 3.
3 Anlage 4.

(ausschließlich der im wesentlichen deutschen Kreise Neiße und Grottkau)	4.791
Regierungsbezirk Breslau (Kreise Namslau und Groß-Wartenburg)	250
Regierungsbezirk Königsberg	815
Regierungsbezirk Gumbinnen	687
Regierungsbezirk Köslin	200
Summe	6.743

Werden 550.000 M für den bezeichneten Zweck zur Verfügung gestellt und für die Provinzen Posen und Westpreußen 40.000 M in Abzug gebracht, so bleiben für die vorgedachten Landesteile 510.000 M, so daß auf den Lehrer (Lehrerin) ein Betrag von 75 M entfällt.

Beschlussfassung zu Haushaltspositionen.

Kultusetat: Kunst und Wissenschaft. [...]

Einnahmen.

Einzelheiten, u. a. zum Ausstellungsgebäude in Berlin, *zur* Kunstausstellung in St. Louis *sowie zum* Bau des Völkerkundemuseums *und den* Neubau des Kunstgewerbemuseums.

Einzelheiten zur Entwicklung der Akademie in Posen, *die nach Auskunft des Regierungsvertreters* sehr erfreulich *sei.*

Bei den Titeln 24 und 25 bespricht der Abgeordnete v. Pappenheim das Verhältnis der Provinzialmuseen zu den Berliner Museen. Dort seien die Zuschüsse viel zu gering. Wichtige Erwerbungen für die Heimatkunst seien nicht möglich. Er fragt an, ob nicht ein größerer Dispositionsfonds für diesen Zweck geschaffen werden könne. Eine Heranziehung der provinziellen Verbände zu derartigen Ankäufen werde er befürworten.

Geheimer Oberregierungsrat Dr. Schmidt: Die Schwierigkeit bestände darin, daß die meisten derartigen Anstalten den provinzialen Verbänden gehörten. Die Errichtung eines Dispositionsfonds, der allerdings nur beim Ministerium möglich sei, sei vielleicht zu erwägen.

Einzelheiten zur Denkmalpflege.

Anlage 1

Erklärung des Regierungskommissarius, Wirklichen Geheimen Oberregierungsrats Dr. Naumann *zum Bau des Hörsaalgebäudes* Dorotheenstraße 5 für die Universität Berlin. [...]

Anlage 2

Erwiderung des Regierungskommissariums, Geheimen Regierungsrats Tilmann *zur* Anrechnung der Hilfslehrerdienstzeit auf das Besoldungsdienstalter der Oberlehrer, *zur pensionsfähigen* Dienstzeit der Oberlehrer *sowie zu den* fälligen Charakterisierungen zum Professor. [...]

Anlage 3
Erklärung des Regierungskommissars, Geheimen Oberregierungsrats Altmann über die Aussichten zur Beseitigung des Lehrermangels sowie betreffend der Verteilung der neuen Seminare und Präparandenanstalten. […]

Anlage 4
Dokumentation zur Errichtung von 5 neuen hauptamtlichen Kreisschulinspektorstellen. […]

Anlage 5
Erklärung des Regierungskommissars *zur* Remuneration für Ortsschulinspektoren. […]

89. Aus dem Protokoll der 50. Sitzung der Budgetkommission des Abgeordnetenhauses, 20. Legislaturperiode, I. Session. Berlin, 18. Februar 1905.

Druck, gez. Frh. v. Erffa-Wernburg, Rewoldt.
Protokolle der Budget-Kommission 1905, [Berlin 1905], S. 141–148 (Staatsbibliothek Berlin, Signatur: 4"Sx4643-1905).

Kultusetat: Technisches Unterrichtswesen. Kultus und Unterricht gemeinsam. Medizinalwesen. – Bakteriologische Kenntnisse bei den Kreisärzten. – Gehaltserhöhungen für evangelische Geistliche. – Das Rechtsverhältnis zwischen Emil v. Behring und den Höchster Farbwerken. – Beihilfen an zur Disposition gestellte Medizinalbeamte.

Vgl. Einleitung, S. 81 f.

Kultusetat: Technisches Unterrichtswesen. […]
Dauernde Ausgaben. Kap. 123.
Der Berichterstatter, Abgeordneter Dr. Friedberg bespricht die Gehaltsfrage der Professoren an den technischen Hochschulen. Dieselbe ist nicht befriedigend. Die Einführung außerordentlicher Professuren sei empfehlenswert.
Wirklicher Geheimer Oberregierungsrat Dr. Naumann: Die Erwägungen seien noch nicht abgeschlossen, die Klagen aber teilweise übertrieben. Zur Abhilfe für künftige Berufungen sei der Tit. 9 Kap. 123 eingestellt.
Beschlussfassung zu Haushaltspositionen.
Kultusetat: Medizinalwesen. […]
Abgeordneter v. Pappenheim: Die Ansprüche der Staatsverwaltung an Kommunen wegen

[der] Krankenhäuser seien gesteigert. Man möge nicht zu rigoros vorgehen, namentlich bei den sehr segensreichen kleinen Krankenhäusern.
Ministerialdirektor Dr. Förster: Danach werde verfahren werden.
Beschlussfassung zu Haushaltspositionen.
Abgeordneter Brütt [...] bespricht die Anstellung der Kreisärzte, bei welcher die Zurücksetzung praktischer Ärzte aus bakteriologischen Rücksichten befürchtet werde.
Ministerialdirektor Dr. Förster: Auf die bakteriologische Vorbildung müsse Gewicht gelegt werden. Das gehe auch aus der neuen Prüfungsordnung hervor. Es sei erwünscht, daß auch die Kandidaten aus der Zeit vor 1901 bakteriologische Kenntnisse erwürben bzw. ergänzten. [...]
Beschlussfassung zu Haushaltspositionen.

Anlage 1
Erklärung des Regierungskommissars zur Petition II 584 (Gehaltserhöhungen usw. für die evangelischen Geistlichen). [...]

Anlage 2
Erklärung des Ministerialdirektors Dr. Althoff [...]
1. über das Rechtsverhältnis zwischen Herrn v. Behring und den Höchster Farbwerken *vor allem hinsichtlich des Diphtherieserums sowie*
2. *zur* Jennerisierung des Rindviehs gegen Pocken. [...]

Anlage 3
Erklärung des Ministerialdirektors Dr. Förster [...]
zur Gewährung von Beihilfen an zur Verfügung gestellte Medizinalbeamte im Gefolge der Medizinalreform. [...]

90. Aus dem Protokoll der 61. Sitzung der Budgetkommission des Abgeordnetenhauses, 20. Legislaturperiode, I. Session. Berlin, 28. März 1905.

Druck, gez. Frh. v. Erffa-Wernburg, Pallaske.
Protokolle der Budget-Kommission 1905, [Berlin 1905], S. 273–277
(Staatsbibliothek Berlin, Signatur: 4"Sx4643-1905).

Zulagen für die Leiter, Lehrer und Lehrerinnen an den Seminaren und Präparandenanstalten. – Die Gleichstellung von Schuldienern an höheren Lehranstalten mit Unterbeamten an Bezirksregierungen usw. – Unterstützungen für Geistliche aller Bekenntnisse.

Vgl. Einleitung, S. 92.

[…]

Antrag der Abgeordneten Frhr. v. Zedlitz und Genossen, betreffend pensionsfähige Zulagen für Seminardirektoren, Seminarlehrer und Seminarlehrerinnen, Drucksache Nr. 707. Berichterstatter […] Abgeordneter Winckler […] wies auf den Zweck hin, welcher nach den Bemerkungen zu Kap. 121 Tit. 3 der ordentlichen Ausgaben des Etats des Ministeriums der geistlichen, Unterrichts- und Medizinalangelegenheiten mit der hier eingestellten Zulage für die dienstältere Hälfte der Leiter, Lehrer und Lehrerinnen an den Seminaren und Präparandenanstalten verfolgt wird, nämlich Sicherstellung der Gewinnung tüchtiger Lehrer für die staatlichen Lehrer- und Lehrerinnenbildungsanstalten, und andererseits die Gründe, welche dazu geführt hatten, diese Zulage als nichtpensionsfähige anzunehmen, nämlich Festhalten an dem Grundsatz, daß die Gehaltsregulierung vom Jahre 1897, von der Beseitigung einzelner Härten abgesehen, einen Abschluß bildet, der auf längere Zeit hinaus nicht wieder in Frage gestellt werden dürfe; Abweisung der Konsequenzen, welche die Pensionsfähigkeit der Zulage, also die dann doch vorhandene Gehaltserhöhung nach sich ziehen müßte.

Die Ministerialdirektoren Dr. Germar und D Schwartzkopff weisen ebenfalls auf diese Gründe hin und bitten namens der Königlichen Staatsregierung dringend um Ablehnung des Antrages. Die Staatsregierung sei überzeugt, daß sie mit den beantragten und bewilligten Zulagen ihr Ziel erreichen werde, auch ohne daß ihnen die Pensionsfähigkeit verliehen würde. Es sei doch zum mindesten geboten, abzuwarten, ob diese Überzeugung eine irrige sei, und nicht schon jetzt nach kaum einem Jahre die Voraussetzungen zu erschüttern, unter denen die Zulagen gefordert und bewilligt worden sind. Die Annahme des Antrags werde gerade das Gegenteil seines Zweckes bewirken, nämlich die Lehrerschaft beunruhigen und neue Wünsche in ihr erwecken. […]

Abgeordneter Dr. Friedberg möchte die Staatsregierung nicht gerade schon für den nächsten Etat drängen und schlägt deshalb den Ersatz der bezüglichen Worte des Antrages

durch „demnächst“ vor. Er spricht sich aber dagegen aus, die Gehaltsregulierungen von 1897 als eine für lange Zeit feststehende Grundlage anzusehen. Dieses Festhalten sei doch zu formalistisch.
Abgeordneter Dr. Rewoldt schließt sich im wesentlichen dem an und bemerkt, daß ja die Staatsregierung schon selbst den von ihr vertretenen Standpunkt dadurch aufgegeben habe, daß sie die Zulagen beantragte; ob diese Zulagen pensionsfähig zu gewähren seien oder nicht, das sei ja lediglich eine Zweckmäßigkeitsfrage.
Auch Abgeordneter Dr. Zwick schließt sich dieser Ausführung an, ist aber doch der Ansicht, daß die Zeit noch zu kurz sei, um die Wirkung der getroffenen Maßnahmen richtig zu beurteilen, und daß es sich deshalb empfehle, den Antrag bloß der Staatsregierung zur Erwägung zu überweisen.
Ablehnung des Antrages mit 12 gegen 9 Stimmen.
Diskussion zu Petitionen […] von Schuldienern an den staatlichen höheren Lehranstalten *zur* Gleichstellung der Petenten mit den Unterbeamten bei Regierungen, Landratsämtern, Gerichten usw. *und die damit verbundene* Besserstellung im Gehalt.
Beschluss: die Petitionen der Königlichen Staatsregierung als Material zu überweisen.
[…]
Besprechung des Antrages der Abgeordneten Gamp und Genossen, betreffend Unterstützungen für Geistliche aller Bekenntnisse, Drucksache Nr. 706 […].
Von seiten der Regierungsvertreter wird erwidert, daß der Fonds nicht dazu bestimmt sei, zu geringe Einkommen aufzubessern, daß er nur im Falle einer wirklich nachgewiesenen Bedürftigkeit gewährt werde, dann aber auch ohne Rücksicht auf Dienstalter und auch auf das spezielle Bekenntnis. Ob der Fonds in seiner jetzigen Höhe ausreichend sei, ließe sich zur Zeit noch nicht mit Sicherheit absehen; jedenfalls bringe die Königliche Staatsregierung dem Antrage ihre Sympathie entgegen.
Annahme des Antrages.
[…]

91. Aus dem Protokoll der 18. Sitzung der Budgetkommission des Abgeordnetenhauses, 21. Legislaturperiode, III. Session. Berlin, 3. März 1910.

Druck, gez. Frh. v. Erffa-Wernburg, Viereck, Hintzmann.
Protokolle der Budget-Kommission 1910, o. O., S. 191–207
(Staatsbibliothek Berlin, Signatur: 4"Sx4643-1910).

Kultusetat: Ministerium. Kultus und Unterricht gemeinsam. Elementarunterrichtswesen. – Entlastung des Kultusministeriums. – Der Mangel an Volksschullehrern. – Verweltlichung der Schulinspektion.

Vgl. Einleitung, S. 81.

Kultusetat: Ministerium.
Dauernde Ausgaben. Kap. 109.
Der Berichterstatter *Tilly* weist darauf hin, daß der Etat an ordentlichen Ausgaben eine Summe von 260.430.892 M vorsehe, gegenüber 199.340.294 M im Jahre 1909. Der Unterschied betrage 61.090.598 M. Eine Summe von 265.513 M sei bei den Ausgaben nicht wieder aufgeführt infolge Umwandlung der bisherigen Staatsverwaltung bei den höheren Mädchenschulen in eine Zuschußverwaltung. Von den Gesamtmehrausgaben, die hiernach 61.356.111 M betrugen, entfielen 56.652.444 M auf Besoldungsverbesserungen, und zwar 13,2 Millionen Mark auf die Pfarrerbesoldung, 34,6 Millionen Mark auf die Lehrerbesoldung und 8,8 Millionen Mark auf die Besoldungserhöhungen der übrigen Beamten. Abgesehen von diesen Besoldungserhöhungen betrage das Mehr noch 4.703.666 M gegenüber 4.259.033 M im Jahre 1909 und 3.847.670 M im Jahre 1908. Daraus ließe sich wohl ersehen, daß trotz der ungünstigen Finanzlage die Kulturaufgaben nicht hätten leiden sollen.
Ähnlich verhalte es sich bei den einmaligen Ausgaben im Gesamtbetrage von 20.176.682 M gegenüber 19.474.371 M im Jahre 1909. Diese seien also um 702.314 M gestiegen, während der Etat von 1909 ein Minus von 493.509 M aufgewiesen habe.
Redner bittet dann den Minister um Auskunft über den Stand der Frage betreffend die Abtrennung der Medizinalabteilung vom Kultusministerium.
Der Minister erwidert, daß endgültige Beschlüsse über die Abtrennung der Medizinalabteilung und ihre Zuweisung an das Ministerium des Innern noch nicht gefaßt seien. Allerdings bestehe das Projekt, diese Überweisung herbeizuführen, und er habe sich entschlossen, dafür einzutreten. Die Verhandlungen mit dem Minister des Innern haben zu einer grundsätzlichen Einigung über die Frage geführt, so daß sich das Staatsministerium in der nächsten Zeit über diese Angelegenheit schlüssig machen könne.[1] […]

1 *Vgl. Zilch, Reinhold, Gesundheitswesen und Medizinalpolitik in Preußen 1817 bis 1911, in: Bd 2/1 der vorliegenden Reihe, S. 727; ferner ein Votum Trotts vom 17.1.1910, in: I. HA Rep. 77 Tit. 182 Nr. 3 Beiakte 1,*

Ferner habe er eine Entlastung des Kultusministeriums dadurch herbeizuführen gesucht, daß er eine ganze Reihe von Angelegenheiten, die vorher in der Zentralinstanz erledigt worden seien, nachgeordneten Behörden überwiesen habe. Dadurch sei gleichzeitig erreicht, daß die Provinzialbehörden auf ihren Gebieten selbständiger wären, größere Verantwortung hätten und dadurch leistungsfähiger seien. Zu diesen Angelegenheiten gehörten insbesondere die Fonds, die bisher in der Ministerialinstanz verwaltet worden seien, die Fonds für die Unterstützung von Schulbauten und für die Errichtung von neuen Lehrerstellen. Bei dem erstgenannten Fonds habe bisher für jeden einzelnen Baufall der König seine Genehmigung erteilt, jetzt solle jede Regierung während eines gewissen Zeitraums über den ihr zukommenden Anteil selbständig disponieren. Der Zeitraum solle zunächst auf 3 Jahre bemessen werden, um einen Versuch zu machen. […]
Diskussion zur Einführung eines gemeinsamen Buß- und Bettages in ganz Deutschland.
Zur Rechtsfähigkeit von Ordensgenossenschaften *sowie zur* Entlastung des Ministeriums, *indem ein besonderes* Unterrichtsministerium *geschaffen würde.*
Beschlussfassung zu Haushaltspositionen.
Kultus und Unterricht gemeinsam. […]
Dauernde Ausgaben Kap. 110.
Der Berichterstatter *Tilly* weist darauf hin, daß die Unterbringung von Kultus und Unterricht in Kap. 110 einem Wunsch der Budgetkommission entspreche. Früher sei dieser Teil in Kap. 124 untergebracht worden. Das Kapitel umfasse jetzt nur noch diejenigen Sachen, die wirklich für Kultus und Unterricht beider Konfessionen gemeinsam seien. Die Sachen, die nur eine einzelne Konfession beträfen, wären in Kap. 113 und in Kap. 117 untergebracht.
Einzelheiten, u. a. zur Berücksichtigung von früher emeritierten Geistlichen *im Sinne der Sätze bei der* Neuordnung der Besoldungen.
Beschlussfassung zu Haushaltspositionen.
Evangelischer Oberkirchenrat usw. […]
Dauernde Ausgaben. […]
Kap. 113 […] Tit. 11
Einzelheiten zur Erhöhung der Bezüge der Pfarrwitwen.
Beschlussfassung zu Haushaltspositionen.
Bistümer, katholische Geistliche und Kirchen usw. […]
Dauernde Ausgaben.
Kap. 115 […] Tit. 11
Einzelheiten zum Kollegialstift in Aachen.

Bl. 55–66; Bd. 1/2 der vorliegenden Reihe, Dok. Nr. 28 a (17. Januar 1910). – Ausführlich zum Wechsel und mit weiteren Dokumenten vgl. Bd. 1/1 der vorliegenden Reihe, S. 36–39.

Beschlussfassung zu Haushaltspositionen.
Provinzialschulkollegien.
Dauernde Ausgaben.
Kap. 117 Tit. 1
Einzelheiten, u. a. zu einer weitgehenden Mitwirkung *der* Kuratorien der städtischen höheren Lehranstalten [...] bei der Aufsicht im innern Dienst *sowie der vermehrten Anstellung von Mittelschullehrern* an höheren Lehranstalten *aus Kostengründen und der dadurch entstehende Verlust an* Einheitlichkeit des Lehrkörpers *und die Gefährdung eines wissenschaftlichen Unterrichts.*
Beschlussfassung zu Haushaltspositionen.
Elementarunterrichtswesen. [...]
Dauernde Ausgaben.
Kap. 121 Tit. 1
Einzelheiten zum Stand des Lehrermangels. [...]
Geheimer Oberregierungsrat Altmann führt aus, daß sich die Füllung der Seminare und Präparandenanstalten weiter gesteigert habe und ergänzt die am 24. März 1909 in der Budgetkommission gegebenen Angaben dahin, daß im letzten Wintersemester 1909/10 bestanden haben: 175 Lehrerseminare mit 500 Klassen und 15.400 Seminaristen gegenüber 165 Lehrerseminaren mit 464 Klassen und 14.296 Seminaristen im vorhergehenden Jahre. In 61 außerordentlichen Seminarnebenkursen befanden sich 1.830 Zöglinge gegenüber 1.492 im Vorjahre. In Summa waren im Wintersemester 1909/10 vorhanden: 17.230 Seminaristen gegenüber 15.788 im Jahre vorher. Bei den Lehrerinnenseminaren waren in 20 Seminaren und 5 außerordentlichen Kursen: 1.593 + 157 = 1.750 Seminaristinnen im Winterhalbjahr 1909/10 vorhanden gegen 1.734 im Vorjahre. Im ganzen seien also 195 Seminare mit 18.980 Zöglingen vorhanden gewesen, gegen 183 Seminare mit 17.500 Zöglingen im vorhergehenden Jahre. [...]
Präparandenanstalten haben 228 (davon 82 staatliche) bestanden mit 19.356 Zöglingen und 654 Klassen; außerordentliche Kurse seien 98 vorhanden gewesen mit 2.901 Zöglingen, also in Summa seien 22.257 Präparanden vorhanden gewesen, gegen 20.808 im Vorjahre, so daß in den staatlichen Lehrerbildungsanstalten mehr als 41.000 Zöglinge wären. [...]
Die Prozentzahl der Verluste beim Durchgange durch die Präparandenanstalten sei in der ganzen Monarchie 25 %. Daraus ergebe sich, daß hinsichtlich der Ausscheidung ungeeigneter Elemente mit der wünschenswerten Strenge vorgegangen worden sei.
Von den 22.348 Präparanden, die am 1. Mai 1909 vorhanden gewesen seien, waren Söhne von Arbeitern 1.335, von Kaufleuten und Gastwirten 2.610, von Lehrern 2.917, von Landwirten 4.613, von Beamten 5.084 und von Handwerkern 5.384. Aus Volksschulen seien gekommen 74 %; aus Mittel- und Bürgerschulen 16 % und aus höheren Lehranstalten 11 %. Unbesetzte Lehrerstellen seien am 2. Oktober 1909 noch 2.559 vorhanden gewesen, von diesen seien aber 1.491 durch Lehrerinnen verwaltet worden, so daß nur 1.068 vollständig unbesetzt waren. Länger als 6 Monate waren davon unbesetzt 228. Es sei also ein erfreu-

liches Zurückgehen des akuten Lehrermangels bemerkbar. Die unbesetzten Lehrerstellen machten 2,3 % von der Zahl der Lehrkräfte überhaupt aus, gegenüber ungefähr 3½ % im Jahre 1906.
Die Zahl der neu errichteten Stellen sei 1908 ungefähr auf der gleichen Höhe geblieben wie im vorhergehenden Jahre, jedoch habe sich die Zahl der neu errichteten Lehrerinnenstellen vermehrt. Von 2.880 neuen Stellen seien 1.864 für Lehrer und 1.016 für Lehrerinnen errichtet worden. Außerdem seien viele Lehrerstellen in Lehrerinnenstellen umgewandelt worden, und zwar vom 1. Mai 1908 bis dahin 1909 236, von da bis 1. Oktober 1909 172, in eineinhalb Jahren also über 400, und davon die meisten auf dem Lande.
Die Zahl der überfüllten Schulen sei weiter zurückgegangen. Am 1. Mai 1909 seien solche Schulen vorhanden gewesen: 4.719 evangelische, 3.543 katholische und 235 paritätische Schulen mit 1.476.316 Kindern, während im Jahre 1900 da waren: 6.266 evangelische, 4.282 katholische und 244 paritätische überfüllte Schulen mit 2.013.000 Kindern. Die Besserung sei klar ersichtlich; aber es träfen auch heute noch die Bemerkungen des vorigen Jahres zu, daß der Unterrichtsverwaltung viel Arbeit übrig bleibe. Sie bitte deshalb um die Bewilligung der beantragten neuen Lehrer- und Lehrerinnenbildungsanstalten.
Spezialdiskussion.
Der Minister *Trott zu Solz* erkennt die Notwendigkeit an, daß der Staat etwas für die Fortbildung der Volksschullehrer tue. Der erste Schritt auf diesem Wege sei durch die Einrichtung des Kursus in Berlin geschehen. Die Erfolge seien dort durchaus befriedigend, und das habe dazu geführt, einen zweiten Kursus in Posen einzurichten, für den die Mittel im vorliegenden Etat angefordert würden. Dort sollten sich diejenigen Lehrer weiter fortbilden können, die das Mittelschullehrerexamen bestanden haben; denn der Staat habe großes Interesse daran, sich geeignete Kräfte für die Seminare zu schaffen. Wenn sich der Kursus in Posen bewähre, werde man vielleicht noch einen weiteren Kursus im Westen einrichten, um dem vorhandenen Bedürfnis zu entsprechen. Er halte es für richtiger, besondere Einrichtungen zu treffen, um den Volksschullehrern weitere Bildungsmöglichkeiten zu geben, als wenn man ihnen, wie dies in anderen Staaten geschehen sei, die Universitäten öffne; denn dort würden den Lehrern auf Kosten des Staates Wege eröffnet, die sie der Volksschule leicht entfremdeten, während das in erster Linie stehende Interesse der Schule dahin gehe, ihr tüchtige Lehrer zu erhalten.
Spezialdiskussion.
Beschlussfassung zu Haushaltspositionen.
Tit. 23
Abgeordneter Dr. Dittrich (Braunsberg) macht darauf aufmerksam, daß man in manchen Gegenden die Schulsysteme künstlich umgestalte, um sechsklassige Schulen zu bilden. Dadurch werde sogar in einzelnen Anstalten in den oberen Klassen Koedukation herbeigeführt, und gegen solches Vorgehen müsse er sich ganz entschieden wenden. Gleichzeitig werde dabei eine Vermehrung der Rektoren bewirkt und damit die Ortsschulinspektion immer mehr beseitigt.

Abgeordneter v. Kessel schließt sich diesen Ausführungen an und spricht sich auch namens seiner Freunde gegen die Gemeinschaftserziehung aus. [...]
Der Minister *Trott zu Solz* hält es gleichfalls nicht für richtig, daß auf künstlichem Wege sechsklassige Schulen geschaffen würden. Wenn in einigen Fällen dagegen verstoßen sein sollte, so werde dort Remedur eintreten.
Abgeordneter Cassel spricht sich für die Zusammenlegung von Schulen mit geringerer Klassenanzahl aus und erhofft sich davon eine Vertiefung der Volksschulbildung. Wenn die Gemeinden und die Aufsichtsbehörden damit einverstanden seien, sehe er nicht ein, warum man ihnen in den Arm fallen solle.
Spezialdiskussion.
Beschlussfassung zu Haushaltspositionen.
Tit. 26
Der Berichterstatter *Winckler* trägt vor, daß hier 13 neue hauptamtliche Kreisschulinspektorenstellen gefordert werden [...]
Beschlussfassung zu Haushaltspositionen.
[...] allgemeine Erörterung über die Kreisschulinspektion [...]
Abgeordneter Wallenborn beklagt sich darüber, daß die katholische Geistlichkeit von der hauptamtlichen Kreisschulinspektion mehr und mehr zurückgedrängt werde, trotzdem geeignete Kräfte dafür genügend vorhanden seien. Von 378 Inspektionen seien nur 3 katholisch. Der Umwandlung der nebenamtlichen Inspektionen in hauptamtliche ständen seine Freunde nicht freundlich gegenüber. Man könne ja, um eine Fortführung der nebenamtlichen Inspektion zu ermöglichen, die Bezirke verkleinern. [...]
Abgeordneter v. Arnim-Züsedom spricht sich auch dahin aus, daß die Umwandlung von nebenamtlichen in hauptamtliche Inspektionen nur erfolgen dürfe, wenn die unbedingte Notwendigkeit dazu nachgewiesen sei. Wenn man den nebenamtlichen Inspektoren eine genügendere Vergütung zahlen würde, so wären viele vielleicht geneigt, dieses Amt weiter auszuüben, und der Staat würde die Inspektion billiger bewerkstelligen können als durch hauptamtliche Inspektoren. Gleichzeitig würde man dadurch die lebendige Fühlung zwischen Geistlichkeit und Schule wahren können.
Abgeordneter Heckenroth führt eine Statistik der Zentralstelle des deutschen Lehrervereins vor, nach welcher sich die hauptamtlichen Kreisschulinspektoren hauptsächlich aus Oberlehrern rekrutieren. Der Zugang sei im letzten Jahre gewesen 50 %, 1907 59 % und 1909 70 %. Die Theologen kämen sehr schlecht dabei weg, und man verlange von ihnen meist, daß sie die Rektorats- oder Mittelschullehrerprüfung abgelegt haben. Wenn also ein Theologe aus einer nebenamtlichen Inspektorenstelle in eine hauptamtliche übergehen wolle, müsse der das Examen noch in höherem Alter ablegen. Dadurch schalte man die Theologen meist aus. Die Bedenken gegen die Umwandlung nebenamtlicher Inspektionen in hauptamtliche würden durch ein solches Vorgehen noch erhöht; denn wenn mehr Theologen genommen würden, würde die Verbindung mit der Kirche auch mehr aufrechterhalten bleiben. Schließlich müßten diese Stellen auch den

seminaristisch vorgebildeten Lehrern, besonders den Rektoren, mehr und mehr eröffnet werden.
Abgeordneter Cassel spricht sich namens seiner Freunde für die Fachschulaufsicht im Hauptamte im ganzen Staate aus und bedauert es, daß die Umwandlung der nebenamtlichen in die hauptamtliche Inspektion so langsam fortschreite. Während im vorigen Jahre 19 Stellen verlangt worden seien, seine es in diesem Jahre nur 13.
Einzelheiten, u. a. zur neuen Stelle in Landsberg […].
Beschlussfassung zu Haushaltspositionen.

92. Aus dem Protokoll der 20. Sitzung der Budgetkommission des Abgeordnetenhauses, 21. Legislaturperiode, III. Session. Berlin, 9. März 1910.

Druck, gez. Frh. v. Erffa-Wernburg, Gf. Clairon d'Haussonville. Protokolle der Budget-Kommission 1910, o. O., S. 209–225 (Staatsbibliothek Berlin, Signatur: 4"Sx4643-1910).

Kultusetat: Elementarunterrichtswesen. Universitäten. – Die Einrichtung hauptamtlicher Kreisschulinspektorstellen. – Die Umsetzung des Volksschulunterhaltungs- und Lehrerbesoldungsgesetzes. – Die Titelauswahl bei den Volksbibliotheken. – Die geplante Stiftungsuniversität Frankfurt/M. – Die Frage einer Beschränkung in der Zahl ausländischer Studierender.

Vgl. Einleitung, S. 81.

Kultusetat: Elementarunterrichtswesen (Fortsetzung).
Dauernde Ausgaben. Kap. 121 Tit. 26
Einzelheiten zur Einrichtung hauptamtlicher Kreisinspektorstellen in Glogau, Stendal, Halberstadt, Quedlinburg, Bitterfeld, Neumünster, Hemelingen und Herford *sowie* Fulda.
Beschlussfassung zu Haushaltspositionen.
Tit. 32
Einzelheiten zur Umsetzung des Volksschulunterhaltungs- und Lehrerbesoldungsgesetzes, *u. a. zu den* Amtszulagen für Rektoren, *den* Ortszulagen, *zur* Regelung bezüglich der vereinigten Küster- und Schulstellen, *zur Erteilung des Religionsunterrichts, wenn weniger als* 12 Kinder *eines Bekenntnisses* sich in einer Schule und nicht in mehreren Schulen desselben Ortes befänden *sowie zur Behandlung* der Dissidentenkinder.
Beschlussfassung zu Haushaltspositionen.

Extraordinarium. Kap. 31 […] Tit. 162

Abgeordneter Wallenborn bemerkt, an der Saar werde über die Ausführung des Grundsatzes geklagt, daß in die Volksbibliotheken nur Bücher aufgenommen werden sollten, die bei keiner Konfession Anstoß erregen könnten.

Der Kultusminister *Trott zu Solz* erwidert, die Auswahl der Bücher werde den örtlichen Kommissionen überlassen.

Abgeordneter v. Arnim-Züsedom macht auf das immer zunehmende Lesebedürfnis in den ländlichen Gemeinden aufmerksam und bittet um Auskunft über die Grundsätze der Verteilung der Mittel.

Geheimer Oberregierungsrat Schöppa teilt mit, die Verteilung des Fonds erfolge durch die Oberpräsidenten, und neben den Übersichten über die Verteilung machten sie gleichzeitig Angaben über das Bedürfnis. Die Unterverteilung erfolge von den Oberpräsidenten an die Regierungspräsidenten und von diesen an die Kreise.

Abgeordneter Cassel meint, die Volksbibliotheken müßten auch Bücher enthalten, die, wenn auch keine Quellenwerke, so doch in wissenschaftlichem Charakter geschrieben seien, und dabei werde auf eine besondere religiöse Tendenz keine Rücksicht genommen werden können.

Beschlussfassung zu Haushaltspositionen.

Universitäten und Charité-Krankenhaus Berlin.

Dauernde Ausgaben Kap. 119 Tit. 1

Der Berichterstatter *Savigny* fragt die Staatsregierung nach ihrer voraussichtlichen Stellungnahme zu dem Plan der Begründung einer kommunalen Universität in Frankfurt a. M. Dieser Plan beruhe auf einer Reihe von Schenkungen zu wissenschaftlichen Zwecken. Er bringe eine prinzipiell wichtige Durchbrechung des bisherigen Systems der staatlichen Universitäten mit sich; eine besondere Schwierigkeit werde die Frage der Verleihung der Privilegien enthalten.

Die Gründe für und gegen seien in der Presse erörtert worden. Erhebliche Bedenken richteten sich dagegen, weil es ein Systemwechsel sei, weil der Einfluß des Staates bei der Ernennung der Professoren unter Umständen in Frage gestellt werden könnte, weil damit die ganze Auffassung, die in der begründenden Stadt herrsche, auf dieses wissenschaftliche Institut von Einfluß sein könnte; es sei direkt auf die stark linksgehenden Tendenzen im dortigen kommunalen Leben hingewiesen worden. Bedenklich sei auch erschienen, daß es eine Rumpfuniversität mit drei Fakultäten, unter Ausschluß der theologischen, werden solle. Ferner sei erwogen worden, daß den anderen Universitäten, besonders Marburg, in diesem Falle Besucher entzogen werden würden. Weitere Bedenken beständen wegen des Lebens der Studenten in der Großstadt mit allen seinen Schattenseiten. Es sei dann behauptet worden, die akademischen Berufe seien ohnehin schon überfüllt, und es bedürfe nicht noch einer Vermehrung dieser Bildungsstätten. Es sei auch gerade nach Frankfurt ein starker Zufluß von Ausländern zu erwarten.

Von den Freunden des Gedankens sei betont worden, daß die Universität einer großen Stadt eine bessere Bildungsstätte für die Studenten darstelle als die einer Kleinstadt mit ihrem engeren Gesichtskreis. Es werde dadurch, daß die Kommune in der Hauptsache die Lasten zu tragen gewillt sei, eine Entlastung des Staates herbeigeführt. Es sei außerdem sehr erwünscht, wenn das Staatsuniversitätsprinzip durchbrochen und daneben eine freie Universität errichtet werde. Man verweise dabei auf die günstigen Erfahrungen, die das Ausland auf diesem Gebiete gemacht habe, auf Belgien und England, wo das gemischte System bestehe. Zu den Vorzügen gehöre der Schutz gegen zu weit gehende staatliche Bevormundung bei der Ernennung der Professoren. Der Stadt Frankfurt würde damit ein gewisser Ausgleich gegeben für den Verlust der Rechte einer freien Stadt, den sie 1866 erlitten habe. Das Zuströmen von Ausländern sei von dieser Seite als ein Vorteil hervorgehoben worden.

Der Kultusminister *Trott zu Solz* erklärt, zu dem Plan der Errichtung einer Universität in Frankfurt a. M. habe er noch keine Stellung nehmen können, weil ihm die erforderlichen Unterlagen dazu noch nicht vorlägen. Nach dem, was er durch die Zeitungen davon gehört habe, könne er allerdings nicht verschweigen, daß er recht erhebliche Bedenken dagegen habe, und er wolle jetzt schon aussprechen, daß er seine Hand nicht dazu bieten würde, eine Universität zu begründen, die im wesentlichen auf anderen Grundlagen als die bestehenden Universitäten beruhe.

Abgeordneter Graf Clairon d'Haussonville begrüßt die Erklärung des Ministers mit Freude, denn sie entspreche dem Standpunkt seiner politischen Freunde, die es zunächst prinzipiell für untunlich erachten, überhaupt eine neue Universität einzurichten und die erhebliche Bedenken trügen, eine Universität durch die Munifizenz eines Privatmannes zu errichten. Sie hielten es nicht für ausgeschlossen, daß in der Stiftungsurkunde Beschränkungen in Bezug auf die Berufung der Lehrpersonen gemacht werden könnten. Sie erachteten es auch nicht als bundesfreundlich, wenn in die Nähe der Universitäten von anderen Bundesstaaten eine Konkurrenzuniversität gelegt werde. Sie hätten auch Bedenken dagegen, daß eine theologische Fakultät fehle. Sie glaubten auch, daß, selbst wenn die dazu zur Verfügung stehenden Fonds zur Zeit sehr reichlich seien, es nicht ausgeschlossen sei, daß in späteren Jahren, wenn die Ausgaben für die Universitäten stiegen, auch der Staat einspringen müsse; darunter würden aber die Universitäten leiden, die seit sehr langer Zeit den Anspruch auf staatliche Unterstützung hätten.

Abgeordneter Cassel führt aus, ihm sei das Projekt im einzelnen nicht näher bekannt; ein Teil der Bedenken, die geltend gemacht worden seien, dürften aber keineswegs stichhaltig sein. Wenn man es den Gemeinden überlasse, höhere Schulen zu gründen und wenn die Gemeinden von dieser Berechtigung Gebrauch gemacht, ja überhaupt erst den Zustand geschaffen hätten, daß überall die Möglichkeit zur Erlangung höheren Unterrichts vorhanden sei, dann sehe er nicht ein, warum man es einer Gemeinde verwehren solle, wenn sie die Mittel besitze, auch eine Universität zu gründen. Daß diese Universität unter staatlicher Aufsicht stehen würde, sei ja selbstverständlich und daraus erledige sich doch ein sehr großer Teil der vorgebrachten Bedenken. Das Bedenken, daß die Universität zu weit nach links gehen würde, sei ihm nicht recht verständlich, weil ja die Wissenschaft voraussetzungslos sein solle. Er habe auch noch nicht gehört, daß die höheren Lehranstalten, die die Gemeinden errichteten, einen anderen Charakter hätten als diejenigen, die der Staat errichte. Einen Mangel an Bundesfreundlichkeit könne er darin auch nicht erblicken. Die Erfahrung habe gelehrt, daß der Anreiz der kleinen Universitäten für die ersten Studienjahre groß sei, daß aber auf den Universitäten an großen Orten wahrlich nicht weniger gearbeitet werde, eher noch mehr, weil die Studenten in den Semestern, in denen sie sich dem Examen näherten, mit Vorliebe in die großen Städte gingen. Er bitte den Minister, erst Näheres abzuwarten, bevor eine völlige Ablehnung erfolge.

Einzelheiten, u. a. zum Jubiläum der Universität Berlin, *zur* Vertretung des Kolonialrechts auf den Universitäten, *zu einem* Lehrauftrag für Luftschiffahrt *sowie die damit zusammenhängenden* rechtlichen Fragen *sowie zur Stellung der* Extraordinarien in der Universitätsverfassung. […]

Abgeordneter v. Arnim-Züsedom macht darauf aufmerksam, daß die Zahl der ausländischen Studierenden an den preußischen Universitäten im Winter 1909/10 wieder erheblich gestiegen sei, und zwar sei wie früher die Steigerung am bedeutendsten in Berlin, und hier wiederum die der russischen Studenten. Der Gesichtspunkt der Reziprozität, der sonst immer befolgt worden sei, könne hierbei nicht in Betracht kommen, da preußische Lernbegierige sich schwerlich mit entsprechendem Erfolge russischen Universitäten zuwenden würden. Diesen Elementen gegenüber, deren Anwesenheit weder in kultureller noch in politischer Beziehung wünschenswert sei und die sogar der Sicherheit unseres Staatswesens gefährlich werden könnten, sei besondere Vorsicht am Platze. Man werde namentlich für solche Ausländer, bei denen der Gesichtspunkt der Gegenseitigkeit bei der Förderung der Bildung nicht in Frage komme, schärfere Bedingungen stellen können. Diese würden in finanziellen Erschwerungen und auch darin zum Ausdruck zu kommen haben, daß Ausländer erst 14 Tage oder noch längere Zeit nach Beginn des Semesters Plätze belegen dürften.

Der Kultusminister *Trott zu Solz* erwidert, nach den ihm vorliegenden Zusammenstellungen sei das Verhältnis im allgemeinen konstant geblieben; nur im letzten Semester sei nach einer vorläufigen Feststellung das Verhältnis der Ausländer zu den Einheimischen von 7 % auf 8 % gestiegen. Die stärkere finanzielle Heranziehung der Ausländer sei eine sehr schwierige Frage, und es sprächen auch recht erhebliche Gründe dagegen. Bisher sei das niemals geschehen. Man habe es gern gesehen, wenn geeignete Ausländer auf den hiesigen Universitäten studierten, mit deutschem Wesen bekannt wurden und dann in ihrer Heimat deutsche Sympathien verbreiteten. Man werde deshalb mit finanziellen Erschwerungen sehr vorsichtig sein müssen. Auffallend stark sei in der Tat die Frequenz von Ausländern in Berlin. Indessen stelle die Universität hohe Anforderungen bei der Aufnahme und suche ungeeignete Elemente namentlich aus Rußland auf diese Weise fern zu halten. Er sei in Erwägungen eingetreten, ohne die gekennzeichneten allgemeinen Rücksichten zu gefährden, die ausländischen Studenten zu erhöhten Beiträgen für die Benutzung von Einrichtungen auf den Universitäten, die mit besonderen Unkosten für den Staat verbunden seien, heran-

zuziehen; diese Erwägungen seien noch nicht abgeschlossen, die Sache werde aber weiter verfolgt.
Einzelheiten, u. a. zur Trennung der Paläontologie von der Geologie *sowie der* Anerkennung des Doktortitels, den sich Tierärzte auf den Universitäten Bern und Zürich erworben hätten.
Beschlussfassung zu Haushaltspositionen.

93. Aus dem Protokoll der 21. Sitzung der Budgetkommission des Abgeordnetenhauses, 21. Legislaturperiode, III. Session. Berlin, 14. März 1910.

Druck, gez. Frh. v. Erffa-Wernburg, v. Kessel.
Protokolle der Budget-Kommission 1910, o. O., S. 227–243
(Staatsbibliothek Berlin, Signatur: 4"Sx4643-1910).

Kultusetat: Universitäten. – Die Einführung einer Leihgebühr bei der Königlichen Bibliothek zu Berlin und den preußischen Universitätsbibliotheken. – Die angebliche Bevorzugung der Universität Berlin durch die Unterrichtsverwaltung.

Vgl. Einleitung, S. 81 f.

Kultusetat: Universitäten und Charité-Krankenhaus Berlin (Fortsetzung). […]
Bemerkung, betreffend die Bibliotheksgebühren. […]
Zur geplanten Einführung einer Leihgebühr bei der Königlichen Bibliothek zu Berlin und den preußischen Universitätsbibliotheken.
Der Berichterstatter Dr. v. Savigny *fragt*
1. *nach den diesbezüglichen Gepflogenheiten* an den ausländischen und an den deutschen Universitäten außerhalb Preußens […]
2. *danach, ob eine Freistellung der Hochschullehrer* angemessen *sei,*
3. *ob andere Personenkreise, so wie die Lehrer* an höheren Lehranstalten*, ebenfalls befreit werden sollten,*
4. *warum die Universitätsbibliothek* Berlin *von ihren* Gebühren *dann* 13.000 M einem anderen Institut, nämlich der Königlichen Bibliothek, *zukommen lassen soll, obwohl der Bedarf der Universitätsbibliothek selbst nicht gedeckt sein wird, sowie*
5. ob es zutrifft, daß, wie eine Zeitungsnachricht besagt, man beabsichtige, die Berliner Bibliothek (womit wohl die Königliche Bibliothek gemeint sein solle) in eine Reichsbibliothek auszugestalten, und ob diese Anregung vom zweiten Bundesstaate, von Bayern, ausgehe.
Wirklicher Geheimer Oberregierungsrat Dr. Schmidt führt aus, die Königliche Bibliothek

sei Landesanstalt, obgleich sie tatsächlich die Funktionen einer Reichsbibliothek in weitem Umfange erfülle. An eine Reichsbibliothek sei nicht gedacht worden.
Wenn die Benutzung der Bibliotheken bisher frei gewesen sei, so habe man damit eine größere Weitherzigkeit gezeigt als das Ausland, denn in London und Paris bestehe das Präsenzsystem, frei sei dort nur die Benutzung im Lesesaal. Die Benutzung durch Mitnahme der Bücher nach Hause sei eine deutsche Spezialität. Die Bücher würden dabei außerordentlich schnell abgenutzt, und die Beschaffung von neuen Büchern und Doppelexemplaren werde dadurch mehr als anderswo notwendig gemacht. Auf der anderen Seite könne man von dem Prinzip nicht abgehen, den Professoren die Entleihung der Bücher zu ermöglichen, weil die Zweckmäßigkeit dieses Verfahrens für die Wissenschaft anerkannt worden sei. Im übrigen sei die Neigung der deutschen Gelehrten, die Bücher zu Hause zu benutzen, sehr groß und im Interesse der Bibliotheken könne man nur wünschen, daß sie etwas eingeschränkt werde. Jedenfalls müsse man wünschen, daß die Bibliotheken so viel wie nur irgend denkbar benutzt würden, aber die Förderung der Benutzung der Bücher an Ort und Stelle sei ein wichtiger Punkt der Bibliothekspolitik. Der Neubau der Königlichen Bibliothek mit ihrem großen Lesesaal sei geeignet, dieses Prinzip zu fördern. Übrigens würde auch an den österreichischen Universitätsbibliotheken eine Gebühr erhoben. [...]
Während früher die Benutzung der Universitätsbibliotheken allgemein üblich gewesen sei, sei sie heute in den Hintergrund getreten gegenüber der Benutzung der inzwischen erheblich gewachsenen Seminar- und Institutsbibliotheken, die von den Professoren, zum Teil auf außeretatsmäßigem Wege, ausgestattet worden seien. Es sei an den meisten Universitäten Sitte, daß der einzelne Professor eine Privatgebühr von 5 M pro Semester von seinen Studenten für die Benutzung der Instituts- oder Seminarbibliothek erhebe. Diese Maßnahme bürge zugleich dafür, daß die Studenten durch die hier vorgeschlagene, nur die Hälfte betragende Gebühr für die Universitätsbibliotheken nicht allzu stark belastet würden. [...]
Die eingehenden Gebühren verbleiben sämtlich der betreffenden Bibliothek, nur in Berlin sei ein Drittel an die Königliche Bibliothek abzuführen, weil diese tatsächlich in weitem Umfange die Universitätsbibliothek für Berlin sei. Es sei zwar kein ganz normaler Zustand, daß die Königliche Bibliothek einen so viel schöneren Lesesaal habe als die Universitätsbibliothek, aber man könne sich im gegenwärtigen Lesesaal der Königlichen Bibliothek doch immerhin davon überzeugen, wie die Königliche Bibliothek von den Studenten bevorzugt werde. Dieser Zustand werde auch fortbestehen, selbst wenn die Universitätsbibliothek durch reichere Fonds allmählich in die Lage versetzt werde, ihre Lücken aufzufüllen. Man müsse auch bedenken, daß die Universität Berlin mit ihren 9.000 Studenten ganz andere Anforderungen an die Universitätsbibliothek stellen müßte, als sie überhaupt jemals erfüllt werden könnten.
Ganz leicht habe sich die Königliche Staatsregierung zu der vorgeschlagenen Maßnahme nicht entschlossen, nur die Not, in der sich die Universitätsbibliotheken gegenwärtig befänden, habe sie dazu geführt. Da bei der gegenwärtigen Finanzlage nicht daran habe gedacht werden können, die notwendigen Opfer ganz dem Staate aufzuerlegen, so sei die Biblio-

theksverwaltung dankbar, wenn ihr wenigstens ein Teil seitens des Landes gewährt werde, und sie glaube, daß es wohl zu rechtfertigen sei, den Benutzern dieses Opfer zuzumuten.

Berichterstatter Dr. Friedberg erklärt, er habe schon im vorigen Jahre aus den von dem Regierungskommissar dargelegten Gründen den für die Königliche Bibliothek entworfenen Plan gutgeheißen. Aber die damals in Aussicht genommene Gebühr sei nur ein Teil des Gesamtplanes gewesen, und er wundere sich, daß man hier nur die Gebühr herangezogen habe. Er sei damals von der Voraussetzung ausgegangen, daß sich nun der Staat außerdem mit einer erheblichen Erhöhung des Zuschusses beteiligen würde; diese Voraussetzung sei bis jetzt nicht verwirklicht worden. Mit den 40.000 M sei doch nicht wesentlich geholfen; wenn es sich nur darum gehandelt habe, dann hätte die Gebühr vielleicht auch unterbleiben können. Er möchte aber fragen, ob es nicht beabsichtigt sei, in durchgreifender Weise der Königlichen Bibliothek auszuhelfen.

In den drei Petitionen um Ablehnung der Gebühren werde unter anderem eine Hemmung der wissenschaftlichen Arbeit Deutschlands befürchtet und die der studierenden Jugend auferlegte erhebliche Last als völlig ungerechtfertigt bemängelt. Daß eine Belastung vorhanden sei, sei nicht zu verkennen, aber sie falle neben den übrigen Gebühren nicht so erheblich ins Gewicht. [...]

Abgeordneter v. der Osten erklärt für seine Freunde, sie ständen der Einführung einer Bibliotheksgebühr im allgemeinen sympathisch gegenüber, namentlich soweit sich die Gebühr auf Nichtstudierende beziehe, während die Zwangsgebühr, wie sie für Studierende geplant sei, auch bei ihnen erheblichen Bedenken begegne.

Die Klage des Vorredners *Friedberg* über den Mangel an Staatshilfe könne er nicht verstehen, da die Einnahme von 40.000 M für die Königliche Bibliothek und der Zuschuß von 10.000 M für die Universitätsbibliothek in Berlin eine außerordentlich hohe Zuwendung bedeute. Wundern müsse er sich nur über die Erläuterung: „um sie auf die Höhe einer mittleren Bibliothek zu bringen".

Er bedauere, daß bisher kein Regulativ über Benutzung der Bibliothek, Art der Erhebung der Gebühren und eventuelle Befreiung von ihnen bekanntgegeben sei.

Wirklicher Geheimer Oberregierungsrat Dr. Schmidt bestätigt dem Abgeordneten Dr. Friedberg, daß die Königliche Bibliothek keinen neuen Staatszuschuß bekomme, aber sie bekomme ja künftig ein Drittel der Gebühren, die an der Universitätsbibliothek zu Berlin eingingen, und ihre eigenen Gebühren, die bei ihr aufkämen. Außerdem habe die Königliche Bibliothek in den letzten Jahren eine sehr bemerkenswerte Verbesserung ihrer Fonds erfahren. Gewiß werde man immer wünschen müssen, daß neben den hier eingestellten Gebühren auch noch größere Mittel bereit ständen; aber diese Frage habe die Verwaltung bei der gegenwärtigen Finanzlage geglaubt zurückstellen zu müssen.

Daß die Universitätsbibliothek in Berlin „auf die Höhe einer mittleren Bibliothek" gebracht werden solle, hänge damit zusammen, daß sie von Hause aus eigentlich nur eine Institutsbibliothek gewesen sei, die erst jetzt ganz allmählich in die Reihe der anderen Universitätsbibliotheken aufgerückt sei. Auch trotz der Gebühren werde sie keine große Bibliothek

werden, so daß sie bei der ungeheuren Zahl der Studenten in Berlin doch immer nur in beschränktem Umfange dem Bedürfnis genügen könne.
Die Staatsregierung habe natürlich die Entschließungen des Abgeordnetenhauses erst abwarten zu müssen geglaubt, ehe sie mit einem Erlaß vorgehen könne, der im einzelnen über die Bedingungen und die Form der Gebührenerhebung Bestimmung treffe. Die Zahl der Erleichterungen solle nicht groß sein. Es handle sich darum, daß man vielleicht von der Erhebung der Gebühren absehen könne, wenn jemand, der nicht zu den dauernden Benutzern der Bibliothek gehöre, triftige Gründe für die Entleihung von Büchern anführen könnte.
Im übrigen seien auch gegen die Einführung von Eintrittsgebühren bei den Museen erhebliche Bedenken erhoben worden, und dennoch habe die Museumsverwaltung nicht den Eindruck, daß deswegen ein Besucher weniger gekommen sei. [...]
Der Unterstaatssekretär des Finanzministeriums *Michaelis* erklärt, für die Einstellung der 62.750 M sei die Einführung der Gebühren Voraussetzung gewesen. Die fakultative Einführung der Gebühren würde ein zu unsicheres Ergebnis haben. Wenn der Student zu Anfang des Semesters die 2,50 M mit allen anderen Gebühren zusammen bezahle, werde es für ihn nicht viel ausmachen, während es sonst für ihn, wenn er die Gebühren nur im Benutzungsfall zu zahlen hätte, viel peinlicher sein könnte. [...]
Wirklicher Geheimer Oberregierungsrat Dr. Schmidt führt aus, die Not der Königlichen Bibliothek sei außerordentlich groß; trotz ihrer aufsteigenden Bewegung, und der Generaldirektor *Harnack* glaube, die Fortführung der Geschäfte nicht weiter verantworten zu können, wenn nicht einmal mit dem bisherigen System gebrochen werde, das von Jahr zu Jahr immer neue Lücken entstehen lasse, die nicht wieder ausgefüllt werden könnten. [...]
Berichterstatter Dr. v. Savigny führt in seinem Schlußwort aus, er halte eine Opposition jetzt für nutzlos. Er habe gegen die 13.000 M opponiert, die an die Königliche Bibliothek abzuführen seien; denn es sei eigentlich unlogisch, den Universitätsbibliotheken, wenn sie hilfsbedürftig seien, einerseits die Möglichkeit zu gewähren, sich außerordentliche Hilfsquellen zu verschaffen und ihnen auf der anderen Seite wieder etwas zu nehmen für ein anderes Institut, das auch seinerseits auf den Staat angewiesen sei. Einen besonderen Antrag wolle er trotzdem nicht stellen.
Redner gibt der Hoffnung Ausdruck, daß der jetzt gewählte Satz entsprechend einem etwa wachsenden Bedürfnis der Universitäten nicht weiter erhöht werden möchte, da dadurch auch die indirekte Besteuerung der Eltern der Studenten nicht unerheblich wachsen würde. Da es ferner auch arme Studenten gebe, die auf Stipendien des Staates oder der Universität angewiesen seien, so möchte er anregen, ob nicht diesen der Nachlaß, der ihnen in irgendwelcher andern Beziehung gewährt werde, auch vielleicht in Bezug auf die Gebühren gewährt werden könnte.
Daß die Würde eines Professors darunter leide, wenn er zu den Beiträgen ebenfalls beisteuere, glaube er nicht. Bei 1.000 Professoren würde es nach dem von ihm vorgeschlagenen Satze von 20 M 20.000 M ergeben, was doch eine verhältnismäßig bedeutende Summe sei.

Beschlussfassung zu Haushaltspositionen.
Tit. 1 Universität Königsberg
Einzelheiten, u. a. zur Unterstützung der Verbreitung des vaginalen Kaiserschnitts *an den anderen medizinischen Fakultäten und die* einseitige Besetzung der medizinischen Lehrstühle, *zur* Schaffung ordentlicher Lehrstühle für das Genossenschaftswesen.
Beschlussfassung zu Haushaltspositionen.
Tit. 2 Universität Berlin
Einzelheiten, u. a. zur Lage der 131 Privatdozenten *im Fach Medizin und zur Schaffung eines* Ordinariats für Anthropologie [...]
Der Kultusminister *Trott zu Solz* führt aus, die wiederholten Klagen hätten ihn veranlaßt, sich einmal statistisch nachweisen zu lassen, wie sich die Aufwendungen für Berlin und die anderen Universitäten stellten.[1] Dabei werde man die Frequenz berücksichtigen müssen, denn von dieser seien die Ausgaben abhängig. Es könne der Universitätsverwaltung nicht der Vorwurf gemacht werden, daß sie künstliche Mittel anwende, um die Frequenz der hiesigen Universität zu steigern, indem sie etwa hier besonders gute und umfassende Einrichtungen schüfe und sie erst allmählich durch den Zuzug der Studenten füllen lasse; vielmehr folge die Universitätsverwaltung hier wie bei den anderen Universitäten dem wachsenden Bedürfnis. Sie habe sich auch bei Aufstellung dieses Etats große Beschränkung auferlegen müssen. Es handle sich fast überall um zweite und dritte Raten, abgesehen von dem einen großen Institut für Zahlheilkunde, das ja einer alten Forderung des Hauses entspreche.
Bei Zugrundelegung der Frequenz komme man nicht zu dem Resultat, daß für Berlin mehr geschehe als für andere Universitäten, was Redner zahlenmäßig nachweist. Man müsse auch berücksichtigen, wie viel teurer in Berlin gebaut werde, den höheren Wert von Grund und Boden. Es sei durchaus nicht das Bestreben, die Universität Berlin immer mehr zu füllen, im Gegenteil, die Unterrichtsverwaltung leide ganz erheblich unter dem unerwünschten Zustande, daß in diesem Semester über 9.000 Studenten in Berlin seien. Dem könne sie aber doch nicht dadurch entgegentreten, daß sie die hiesige Universität vernachlässige. [...]
Abgeordneter Dr. Friedberg bezweifelt nicht die Richtigkeit der Zahlenangaben des Ministers, bemängelt aber ihren Ausgangspunkt. Es sei kein objektiver Maßstab darin zu erblicken, wie sich die durchschnittlichen Kosten für einen Studenten stellten; denn bei einer großen Frequenz der Universität würden diese Kosten selbstverständlich relativ sinken. Die Bevorzugung von Berlin sei darin zu erblicken, daß alle Spezialitäten in Berlin konzentriert würden, und das halte er für einen großen Fehler; das trage nicht unwesentlich dazu bei, die Frequenz von Berlin immer noch künstlich zu steigern.

1 Anlage 1.

Einzelheiten, u. a. zur medizinischen Fakultät und zu den Verhältnissen der medizinischen Privatdozenten *sowie zu den* Erfahrungen mit den lateinischen und griechischen Kursen für Mediziner und Juristen[2] […]
Beschlussfassung zu Haushaltspositionen.
Einzelheiten zur Einrichtung eines Ordinariats für Anthropologie, *bei dem es sich* weniger um ein Bedürfnis der Universität als um ein Bedürfnis der Museen *handele, sowie eines Extraordinariats* für Kolonialrecht.
Beschlussfassung zu Haushaltspositionen.

Anlage 1
Statistiken zur Frequenz und Finanzierung der preußischen Universitäten.

Anlage 2
I. Die Kurse zur sprachlichen Einführung in die Quellen des römischen Rechts.
II. Die Anfängerkurse im Griechischen für Studierende der juristischen, medizinischen und der philosophischen Fakultät.
[…]

94. Aus dem Protokoll der 22. Sitzung der Budgetkommission des Abgeordnetenhauses, 21. Legislaturperiode, III. Session. Berlin, 15. März 1910.

Druck, gez. Frh. v. Erffa-Wernburg, Rewoldt, v. Campe.
Protokolle der Budget-Kommission 1910, o. O., S. 245–272
(Staatsbibliothek Berlin, Signatur: 4“Sx4643-1910).

Kultusetat: Universitäten und Charité. Höhere Lehranstalten. – Der Ausbau der Universität Münster. – Die wiederholten hohen Etatüberschreitungen bei der Charité. – Die Entwicklung des höheren Mädchenschulwesens.

Vgl. Einleitung, S. 73.

Kultusetat: Universitäten und Charité-Krankenhaus Berlin (Dauernde Ausgaben Kap. 119)
Fortsetzung
Einzelheiten zu den Universitäten Breslau, Kiel, Göttingen sowie Marburg
Beschlussfassung zu Haushaltspositionen.

2 Anlage 2.

Einzelheiten zur beantragten Professur für systematische Theologie – Dogmengeschichte – für die katholisch-theologische Fakultät in Bonn
Beschlussfassung zu Haushaltspositionen.
Anträge zum Ausbau der Universität Münster[1]
Zur Begründung dieser Anträge führt der Abgeordnete Dr. v. Savigny an, daß es nicht wohl angehe, unter Berufung auf die Finanzlage jeden noch so dringenden Wunsch als unerfüllbar zurückzuweisen; die Finanzlage könne sich schon im nächsten Jahre ändern. Die Antragsteller hielten es für unbillig, daß für die Universität Münster so wenig geschehe. Mit Rücksicht auf die Finanzlage wollten sie von der Verfolgung des schon seit Jahren vertretenen Wunsches auf den vollständigen Ausbau der medizinischen Fakultät Abstand nehmen; aus dem gleichen Grunde würden sie auch nicht auf Errichtung einer evangelisch-theologischen Fakultät bestehen, mit der die katholische Bevölkerung Westfalens durchaus einverstanden sei. Nicht zurückgestellt könnten aber die Wünsche werden, die sich zur Beseitigung auffallender Mängel und Lücken in der philosophischen Fakultät als notwendig herausgestellt hätten. Für Münster sei außerordentlich wenig geschehen. Seit 1901 weise das Extraordinarium für Münster 720.000 M auf, während für weit weniger frequentierte Universitäten (Kiel, Königsberg, Greifswald) zwischen 3 und 5 Millionen Mark aufgewandt worden seien. Es fehle Münster ein Mineralogisches, ein Zoologisches und ein Geologisch-Paläontologisches Institut, ferner auch an Seminarräumen für orientalische Sprachen. Unter diesen Umständen sei es erklärlich, daß die staatlichen Aufwendungen für den Kopf des Studenten in Münster weit geringer seien als in den weniger frequentierten Universitäten Kiel, Greifswald und Bonn; auch die Zahl der Professoren sei im Verhältnis zur Zahl der Studierenden in Münster viel zu gering. Die Meldungen zur Oberlehrerprüfung seien in Münster nächst Berlin am zahlreichsten. Auch für die Institute werde in Münster sehr wenig getan. Das sei umso ungerechtfertigter, als die Provinz Westfalen an Steuerleistung unter den preußischen Provinzen an vierter Stelle stehe. […]
Minister führt aus, daß ein Vergleich der Zahl der Studierenden und der staatlichen Aufwendungen zwischen der Universität Münster und den anderen Universitäten deshalb wenig Beweiskraft habe, weil in Münster gerade der klinische Teil der medizinischen Fakultät fehle, für den die höchsten Aufwendungen erforderlich seien. Der Staat habe seine Leistung für Münster immerhin erheblich gesteigert; denn der Staatszuschuß sei von 395.872 M im Jahre 1901 gestiegen auf 541.518 M im Jahre 1910. Man dürfe auch nicht vergessen, daß die Königliche Staatsregierung anfänglich in Münster außer der philosophischen nur noch eine juristische Fakultät hätte einrichten wollen; zur Einrichtung einer medizinischen Fakultät in beschränktem Umfange hätte sich der Staat erst entschlossen, nachdem die Stadt Münster sich bereit erklärt hatte, die Kosten für das Anatomische und

1 *Vgl. Spenkuch, Hartwin, Die Politik des Kultusministeriums gegenüber den Wissenschaften und den Hochschulen, in: Bd. 2/1 der vorliegenden Reihe, S. 178–181.*

Physiologische Institut und deren Unterhaltung zu übernehmen und für eine durch eine stärkere Frequenz von Medizinern erforderliche Erweiterung dieser Institute aufzukommen. Da nun zur Zeit die Zoologie mit der Anatomie verbunden sei, so würde, wenn die Zoologie von der Anatomie abgezweigt und ein eigenes Institut für Zoologie errichtet würde, vorher ein Einvernehmen mit der Stadt erzielt werden müssen. Das sei der Grund, weshalb außer mit Rücksicht auf die Finanzlage des Staates für Münster keine Vermehrung der Professuren beantragt worden sei, obwohl sie an sich vom Standpunkt der Unterrichtsverwaltung wünschenswert wäre; er sei jedoch bereit, in Verhandlungen mit der Finanzverwaltung darüber einzutreten. Hierbei müsse jedoch auch auf die Finanzlage der Stadt Münster Rücksicht genommen werden, die zur Zeit nicht sehr günstig sei. Für orientalische Sprachen sei im Etat nur ein Extraordinariat angefordert worden, um zunächst eine jüngere Kraft zu gewinnen; wenn diese sich bewähre, stehe nichts im Wege, im Laufe der Zeit das Extraordinariat in ein Ordinariat zu verwandeln. Daß die Hörsäle und Seminarräume der Universität Münster unzureichend seien, lasse sich nicht bestreiten; es sei in der Tat wünschenswert, hier Wandel zu schaffen; er werde sich darüber mit der Finanzverwaltung ins Benehmen setzen. [...]

Spezialdiskussion.

Der Kommissar der Finanzverwaltung Geheimer Oberfinanzrat Dr. Dulheuer spricht sich namens der Finanzverwaltung entschieden gegen eine etwaige Erweiterung der medizinischen Fakultät aus; die dazu erforderlichen enormen Mittel könnten bei wesentlicher Besserung der Staatsfinanzen besser zur Ausgestaltung der Institute und Kliniken der vorhandenen medizinischen Fakultäten verwandt werden, und für Münster seien ohnehin erhebliche Mittel nötig, um die dortigen Einrichtungen der philosophischen Fakultät mit Rücksicht auf die gestiegene Frequenz in die Höhe zu bringen. Auch die Errichtung einer evangelisch-theologischen Fakultät würde sich kaum empfehlen, da einmal die Zahl der evangelischen Theologiestudierenden erheblich zurückgegangen sei (zur Zeit 1.202 gegen 2.600 bis 2.700 im Jahre 1890), und da insbesondere auch die nahe Bonner Fakultät stets nur wenig Zuhörer habe (60 bis 90) und daher einen Zuwachs gut vertragen könne. Dem Wunsche der Antragsteller, die bei Kap. 119 Tit. 2 gestrichenen Mittel für Münster zu verwenden, sei zunächst entgegengehalten, daß dieser Abstrich doch noch nicht definitiv erfolgt sei; die Staatsregierung habe jedenfalls den dringenden Wunsch, daß die Position wieder hergestellt werde. Für den zoologischen Unterricht in Münster werde zudem durch den Etat ein neuer Abteilungsvorsteher eingestellt; damit würde dem Bedürfnis wohl zur Zeit genügt. Wenn eine besondere Professur für Zoologie begründet würde, so könne die Verbindung des Zoologischen und Anatomischen Instituts kaum noch aufrechterhalten werden. Da nun die Stadt Münster vertraglich verpflichtet sei, die Kosten der Erweiterung auch der vorhandenen naturwissenschaftlichen Institute, soweit sie durch die Frequenz der Mediziner notwendig werde, zu tragen, so müsse in eine Prüfung eingetreten werden, wie weit diese Voraussetzung zutreffe; der Staat werde dabei möglichstes Entgegenkommen zeigen. Das Extraordinariat für Orientalia werde mit der ausdrücklichen Absicht be-

gründet, es, sofern erforderlich, später in ein Ordinariat umzuwandeln. Nach alledem liege kein Anlaß vor, dem Antrage stattzugeben.
Beschlussfassung zu Haushaltspositionen.
Tit. 11a (Charité-Krankenhaus in Berlin)
Einzelheiten, v. a. zur Frage der Deckung der Fehlbeträge im Extraordinarium.
Der Berichterstatter *Savigny* hebt einleitend hervor, daß trotz der wiederholten Bemängelungen im Abgeordnetenhause und trotz der Zusicherung der Staatsregierung, daß künftighin nachträgliche Bewilligungen für zum Teil weit zurückliegende Mehrausgaben nicht mehr notwendig sein würden, auch der diesjährige Etat wieder außerordentlich hohe Fehlbeträge aufweise, so allein bei der Charité 427.000 M. Die Verwaltung der Institute scheine sich doch in ihren Ausgaben nicht die nötigen Beschränkungen aufzuerlegen. Allerdings seien zweifellos manche Ausgaben infolge des Fortschritts der Wissenschaft unvermeidlich, und es würde sich vielleicht empfehlen, für diese Zwecke dem Minister einen Dispositionsfonds zu nachträglichen Bewilligungen zur Verfügung zu stellen. Jetzt sei jedenfalls ein zu enger Etat maßgebend, und dadurch würden Überschreitungen unvermeidlich. Das bedenklichste sei, daß sich aus den Erläuterungen ergebe, daß auch mit den jetzigen Nachbewilligungen noch nicht alle Fehlbeträge gedeckt seien, sondern die Verwaltung rechne damit, durch die erhöhten Kurkosten die vorhandenen Defizits zu vermindern. Durch ein derartiges Vorgehen würden die Etatsüberschreitungen fast zur Gewohnheit gemacht, und das Budgetrecht des Landtags werde dadurch eingeschränkt. Es sei deshalb dringend erforderlich, wenn wenigstens zum nächsten Jahre ein Vorschlag gemacht würde, wie in Zukunft solche enormen Fehlbeträge vermieden werden könnten.
Abgeordneter v. Pappenheim gibt zu, daß der Staat weit schwerer in der Lage sei als eine Provinzialverwaltung dafür zu sorgen, daß in einer großen Krankenanstalt und Klinik der Etat eingehalten würde. Wenn aber trotz des wiederholten Einschreitens der Budgetkommission doch bei der Charite immer wieder so enorme Fehlbeträge sich herausstellen, so beweise das, daß entweder die Etats nicht richtig aufgestellt würden, oder daß die Verwaltung nicht die genügende Rücksicht auf den Etat nehme. Es müsse nun endlich ernstlich etwas getan werden, um die Wiederkehr so umfangreicher Fehlbeträge zu vermeiden, und es sei zweitens auch, wie er das in Übereinstimmung mit der Budgetkommission schon wiederholt betont habe, erforderlich, derartige Fehlbeträge nicht in das Extraordinarium, sondern in das Ordinarium einzustellen. Er müsse es auch als verfehlt bezeichnen, wenn man die aus den erhöhten Kurkosten zu erwartenden Mehreinnahmen wieder durch eine Vermehrung der Freibetten vermindere und so den Etat der Charité dauernd belaste. [...]
Namens der Unterrichtsverwaltung stimmt der Ministerialdirektor Dr. Naumann den Vorrednern durchaus darin bei, daß die vielfachen Überschreitungen vermieden werden müßten. Es sei aber in Betracht zu ziehen, daß durch den Umbau der Charité, der nun schon 9 Jahre dauert und noch 6 Jahre dauern werde, die Etatsverhältnisse vollständig in Unordnung gekommen seien. Materiell sei die Verwaltung der Charité nicht teuer; die Kosten

der Verpflegung pro Bett seien hier z. B. geringer als in den Berliner städtischen Krankenhäusern. Die Unordnung in der Etatsführung sei einmal hervorgerufen worden durch die Verringerung der Betten; die Zahl sei jetzt von 2.000 auf 1.300 reduziert, hiermit hätte der Etat nicht Schritt gehalten, und so ein großer Einnahmeausfall entstanden. Zweitens seien die Überschreitungen zum Teil darauf zurückzuführen, daß die Charité-Direktion entgegen den Vorschriften laufende Mittel zu extraordinären Zwecken (z.B. umfangreichen Inventarienbeschaffungen und Wäscheergänzungen) verwandt habe, was entschieden zu tadeln sei. Um ein klares Bild über die ganzen Verhältnisse zu gewinnen, hätten der Unterrichtsminister und der Finanzminister angeordnet, daß durch einen besonderen Kommissar eine eingehende Prüfung stattfindet; diese Prüfung sei im Gange und über das Ergebnis werde dem Landtag im nächsten Jahre Mitteilung gemacht werden. [...]
Dem Abgeordneten v. Pappenheim stimme er darin bei, daß diese Fehlbeträge, da sie nicht durch extraordinäre, sondern durch laufende Ausgaben der betreffenden Verwaltungen entstanden seien, sachlich eine Erhöhung der laufenden Ausgaben wären. Nun handle es sich hier aber um Zuschußverwaltungen, und da sei wohl der Standpunkt der Staatsregierung gerechtfertigt, daß als regelmäßige Ausgabe nur der Staatszuschuß in Betracht komme, der im Ordinarium stehe; was der Staat darüber hinaus für diese Verwaltungen leiste, sei als außerordentliche Ausgabe in das Extraordinarium einzustellen.
Namens des Finanzministers *Rheinbaben* gab auch Geheimer Oberfinanzrat Dr. Dulheuer dem Bedauern über die fortdauernden Fehlbeträge Ausdruck, die sich indessen trotz aller Bemühungen der Finanz- und Kultusverwaltung bei den nicht immer vermeidbaren Veränderungen in den Einnahmen und Ausgaben während der dreijährigen Kassenetatsperiode niemals ganz würden beseitigen lassen. Daß diese Fehlbeträge erst so spät im Etat erscheinen, beruhe darauf, daß sich bei den einzelnen klinischen Verwaltungen im Laufe des Etatsjahres schwer übersehen lasse, ob sich Fehlbeträge herausstellen und nicht Mehrausgaben durch Mehreinnahmen ausgeglichen würden; das ergebe sich mit Sicherheit erst bei dem Finalabschluß; so komme ein Fehlbetrag für das Jahr 1908 im allgemeinen erst im Juni 1909 zur Kognition des Kultusministers und könne daher erst im Etat für 1910 seine Dekkung finden. Indessen erfordere nicht allemal ein Fehlbetrag die Inanspruchnahme allgemeiner Staatsmittel. Kleinere Fehlbeträge könnten oft im nächsten Jahr wieder eingespart werden, zumal wenn sie durch Einnahmeausfall oder Mehrausgaben aus vorübergehenden Ursachen entstanden seien. Ob ein Fehlbetrag aus allgemeinen Staatsmitteln zu decken sei und für die Zukunft außerdem eine Erhöhung des laufenden Staatszuschusses nötig mache, erfordere eine Prüfung der Ursachen im einzelnen Falle. Sei das Defizit entstanden durch Steigerung aller Preise, z. B. für Lebensmittel, Verbandstoffe usw., durch Erhöhung der Löhne, und zeige sich darin ein Mißverhältnis zu den bisherigen Kurkostensätzen, so sei tunlichst auf deren Erhöhung Bedacht zu nehmen. [...]
Die von dem Abgeordneten v. Pappenheim bemängelte Einstellung derartiger Fehlbeträge in das Extraordinarium werde sich kaum ändern lassen. Die Universitäten und die Charité seien Zuschußanstalten, bezüglich deren etatsrechtlicher Stellung er Bezug nehme auf seine

vorjährigen Ausführungen bei Besprechung des Defizits der Charité (28. Sitzung der Budgetkommission vom 23. April 1909, S. 15). Danach flössen Mehreinnahmen in einem Jahre diesen Instituten zu und nicht der allgemeinen Staatskasse, und es gehe daher auch nicht an, Mehrausgaben ohne weiteres zu Lasten der Allgemeinen Staatsfonds als Überschreitungen zu behandeln. Die Finanzverwaltung sei der Ansicht, daß es nach der Rechtslage bei dem seit jeher üblichen Verfahren bleiben müsse, wonach solche Fehlbeträge in das Extraordinarium als extraordinärer Zuschuß einzustellen und der Budgetkommission zur Bewilligung vorzulegen seien.
Daß diese Fehlbeträge, wie der Berichterstatter *Savigny* angedeutet habe, auf eine von vornherein zu geringe Bemessung der Etatspositionen in der Ausgabe zurückzuführen seien, treffe nicht zu, namentlich nicht bei der Charité. Die Fehlbeträge seien verursacht einmal durch die Steigerung der Lebensmittelpreise, der, da der Etat für drei Jahre aufgestellt werde, nicht immer rechtzeitig Rechnung getragen werden könne, zweitens durch ein bei vielen Instituten der Universitäten eingeschlagenes, nicht ordnungsgemäßes Verfahren der Leiter. [...]
Abgeordneter v. Pappenheim erklärt es für unerhört, daß bei einer Zuschußanstalt die Mehreinnahmen der Anstalt zugute kämen, während der Staat für die Mehrausgaben aufkommen müsse. Hier werde sich nur Wandel schaffen lassen durch strenge und energische Beaufsichtigung der einzelnen Verwaltungen. Die Beamten in diesen Verwaltungen müßten auf die Leiter, die im einzelnen kaum den erforderlichen Überblick haben könnten, dahin einwirken, daß streng im Rahmen des Etats gewirtschaftet werde. Daß, wie es nach den Ausführungen des Vertreters der Finanzverwaltung *Dulheuer* den Anschein habe, auch für das Jahr 1909 wieder erhebliche Nachbewilligungen erforderlich sein würden, sei sehr bedauerlich. Es sei dringend zu wünschen, daß die für das nächste Jahr in Aussicht gestellte Denkschrift geeignete Wege vorschlagen werde, um diesen Übelständen abzuhelfen; es sei auch zu wünschen, daß sie einen Weg finde, derartige Nachbewilligungen aus dem Extraordinarium herauszunehmen.
Spezialdiskussion.
Beschlussfassung zu Haushaltspositionen.
Extraordinarium Kap. 31 Tit. 6 [und] folgende
Einzelheiten, u. a. zum Betrag von 24.000 M für die Herausgabe einer Geschichte der Universität Berlin, *zu den* Fortschritten in der Syphilisforschung *sowie zur* luftelektrischen Forschung durch die Gesellschaft der Wissenschaften in Göttingen [...] auf Grund eines Beschlusses der Internationalen Assoziation der Akademien.
Beschlussfassung zu Haushaltspositionen.
Höhere Lehranstalten. [...]
Dauernde Ausgaben Kap. 120 [...] Generaldebatte
Einzelheiten, u. a. zu dem Bestreben mancher Kommunen [...], ein höheres Aufsichtsrecht über die Oberlehrer an den kommunalen höheren Lehranstalten zu erreichen *sowie* zur Durchführung des Normaletats bei den Oberlehrern [...].

Zur Beantwortung dieser Fragen führt Geheimer Oberregierungsrat Tilmann folgendes aus: […]

Die Zuschüsse an die kommunalen höheren Lehranstalten zur Durchführung des Normaletats seien den Gemeinden jetzt in Aussicht gestellt worden. Die Angelegenheit habe sich verzögert, da erst im Dezember die Anträge vollständig vorgelegen hätten und dann erst die Prüfung der zahlreichen Gesuche in den beiden zuständigen Ministerien habe erfolgen können.

In Ergänzung dieser Ausführungen teilt Wirklicher Geheimer Oberregierungsrat Dr. Köpke über die Entwicklung der Reformanstalten mit, daß seit dem vorigen Jahre eine Vermehrung um eine Anstalt eingetreten sei.[2] Nach dem Stande für 1910 hätten 105 höhere Lehranstalten Reformlehrpläne, und zwar 6 nach dem Altonaer, die übrigen nach dem Frankfurter System. Von diesen 105 seien 18 staatlich und 87 nichtstaatlich. Die Reformpläne lägen zugrunde bei 24 Gymnasien, 3 Progymnasien, 64 Realgymnasien und 17 Realprogymnasien. Die Zahl sei im stetigen, wenn auch langsamen Steigen begriffen.

Einzelheiten, u. a. zur Erteilung von Unterricht in der Bürgerkunde *sowie zur* Erteilung der Privatstunden durch Lehrer. *Sie* müßte eingeschränkt werden; vor allem sollte es grundsätzlich untersagt werden, daß ein Lehrer Schülern seiner Klasse Privatunterricht erteilt. Angesichts der beträchtlichen Gehaltserhöhung der Oberlehrer würde es ihm auch angebracht erscheinen, wenn den Oberlehrern das Halten von Pensionären,[3] das geeignet ist, das Vertrauen der Schüler in die Unparteilichkeit des Lehrers zu erschüttern, grundsätzlich verboten würde. […]

Beschlussfassung zu Haushaltspositionen.

Einzelheiten, u. a. zur vermehrten Ausbildung von Oberlehrern[4] *sowie zur* Entwicklung des höheren Mädchenschulwesens.[5][…]

Abgeordneter v. Kessel gibt der übereinstimmenden Ansicht seiner Freunde Ausdruck, daß die Kommunalisierung der höheren Mädchenschulen nicht gefördert werden möge. Seine Freunde legten auf die Erhaltung der Privatschulen außerordentlich großen Wert und bäten deshalb, die privaten höheren Mädchenschulen, sie sich jetzt in einer schweren Krise befänden, mit Staatsmitteln reicher als gegenwärtig zu unterstützen.

Ministerialdirektor D Schwartzkopff erklärt, daß die Unterrichtsverwaltung dem privaten Mädchenschulwesen ihr Interesse zuwende und ihm zu Hilfe komme, soweit die vorhandenen Fonds das gestatteten. Daß das Ergebnis nicht ungünstig sei, gehe daraus hervor, daß von den 361 als höhere Lehranstalten anerkannten Mädchenschulen 191 private und nur 170 öffentliche seien. Von den durch das Besoldungsgesetz zur Verfügung gestellten Fonds

2 Anlage 1.

3 *Hier: Schüler, die während der Schulzeit gegen Bezahlung Aufnahme im Haus der Lehrer fanden.*

4 Anlagen 2 bis 6.

5 Anlage 7.

sei die Hälfte für öffentliche und die Hälfte für private Anstalten verwendet worden; ungefähr ebenso werde es auch im laufenden Jahre geschehen. Falls die vorhandenen Fonds nicht ausreichen sollten, habe der Unterrichtsminister *Trott zu Solz* in Aussicht genommen, mit dem Finanzminister *Rheinbaben* in Verbindung zu treten, ob noch weitere Mittel zur Verfügung gestellt werden könnten. Die Unterrichtsverwaltung tue alles, um das private Mädchenschulwesen zu fördern. Es handle sich hier im wesentlichen um eine Geldfrage; ein gesetzliches Eingreifen werde kaum möglich sein. [...]
Abgeordneter Eickhoff: *Er sei* der Ansicht, daß sich ein abschließendes Urteil über die Mädchenschulreform noch nicht fällen lasse. Eins aber stehe schon jetzt fest: daß die Kommunen wegen der hohen Kosten Studienanstalten und Seminarien mit Frauenschulen vielfach nicht errichten könnten. Um der weiblichen Jugend eine gute Ausbildung zuteil werden zu lassen, sei in kleineren und mittleren Städten das einzige Aushilfsmittel die Koedukation, die sich nach dem Urteil des Austauschprofessors Wheeler in Amerika gut bewährt habe und über die auch in Baden im allgemeinen ein günstiges Urteil gefällt werde. Das Privatmädchenschulwesen begünstige die Staatsregierung anscheinend mehr als nötig gegenüber den Kommunalschulen, indem sie (z. B. in Bielefeld und M.-Gladbach) private Studienanstalten genehmige und dadurch den Städten die Errichtung gleicher Anstalten erschwere. Das weibliche Direktorat werde eine Ausnahme bilden; er persönlich habe dagegen nichts einzuwenden.
Spezialdiskussion.
In seinem Schlußwort betont der Berichterstatter *Savigny*, daß der Staat dem Wunsche der Eltern auf Förderung des Privatschulwesens Rechnung tragen müsse. Der Koedukation müsse man skeptisch gegenüberstehen, da die Oberlehrer in Baden sich abfällig darüber geäußert hätten und doch auch in Amerika das Urteil nicht einheitlich günstig sei. Die Verteilung der staatlichen Anstalten über die Monarchie sei etwas merkwürdig, da Berlin zwei Vollanstalten habe und außerdem nur noch die Regierungsbezirke Posen, Merseburg und Trier je eine. Der Staat müsse hier überhaupt mehr tun.
Beschlussfassung zu Haushaltspositionen.

Anlage 1
Reformanstalten in Preußen zu Ostern 1910 [...]

Anlage 2 *bis* Anlage 6
Statistiken zur Ausbildung von Oberlehrern

Anlage 7
Höhere Lehranstalten für die weibliche Jugend. Bestand vom 1. März 1910.
[...]

95. Aus dem Protokoll der 24. Sitzung der Budgetkommission des Abgeordnetenhauses, 21. Legislaturperiode, III. Session. Berlin, 11. April 1910.

Druck, gez. Frh. v. Erffa-Wernburg, Schmedding.
Protokolle der Budget-Kommission 1910, o. O., S. 275–284
(Staatsbibliothek Berlin, Signatur: 4"Sx4643-1910).

Kultusetat: Kunst und Wissenschaft. – Öffnungszeiten und Eintrittsgelder bei Museen. – Der Streit um die Echtheit der von Bode angekauften sog. Florabüste.

Vgl. Einleitung, S. 81 f.

[...]
Kultusetat: Kunst und Wissenschaft.
Einnahme.
Tit. 5 *Einzelheiten zum* Ausfall von 32.200 M *von dem* Pächter der Neubauten *für den Restaurationsbetrieb im Landesausstellungspark Berlin.*
Dauernde Ausgaben.
Kap. 122 Tit. 1 *Einzelheiten, u. a. zur geplanten* Professur für Anthropologie, *dem Neubau* für das Museum für Völkerkunde *sowie zu* den Eintrittsgeldern in der Nationalgalerie und im Kaiser-Friedrich-Museum [...].
Wirklicher Geheimer Oberregierungsrat Dr. Schmidt erwidert darauf, daß Besuchszeiten soweit wie möglich verlängert seien, daß dafür aber keine besonderen Staatsmittel zur Verfügung ständen. Um eine Ausdehnung der Öffnungszeiten zu ermöglichen, würden bei der Nationalgalerie und beim Kaiser-Friedrich-Museum Eintrittsgelder an bestimmten Tagen erhoben. Es seien ungefähr je 13.000 M eingegangen, und dafür habe man Hilfsdiener angenommen. Es sei nicht ausgeschlossen, daß diese Maßnahme auch auf andere Sammlungen ausgedehnt werde. Bei anderen Museen würde aber der finanzielle Erfolg wegen der geringeren Besucherzahl geringer sein.
Beschlussfassung zu Haushaltspositionen.
Tit. 4 *Einzelheiten zum Streit um die als* Florabüste *bezeichnete Wachsbüste, die* Bode *als ein Werk Leonardo da Vincis für die Berliner Museen zum* Preis von 160.000 M *angekauft hatte und deren Echtheit angezweifelt wurde.*
Beschlussfassung zu Haushaltspositionen.

96. Aus dem Protokoll der 25. Sitzung der Budgetkommission des Abgeordnetenhauses, 21. Legislaturperiode, III. Session. Berlin, 13. April 1910.

Druck, gez. Frh. v. Erffa-Wernburg, Gf. Clairon d'Haussonville. Protokolle der Budget-Kommission 1910, o. O., S. 285–296 (Staatsbibliothek Berlin, Signatur: 4"Sx4643-1910).

Kultusetat: Kunst und Wissenschaft. Technisches Unterrichtswesen. – Der Neubau der Königlichen Bibliothek in Berlin. – Die Stellen für wissenschaftliche Mitarbeiter an der Akademie der Wissenschaften. – Das Weiterbestehen eines Prüfungsamtes für landwirtschaftliche Maschinen und Geräte in der Provinz Hannover.

Vgl. Einleitung, S. 81 f.

[…]
Kultusetat: Kunst und Wissenschaft. (Fortsetzung).
Einzelheiten, u. a. zum Stand des Neubaus der Königlichen Bibliothek, die noch nicht endgültig in den neuen Räumen untergebracht ist. Dadurch seien einige Einrichtungen notwendig geworden, die man nicht als mustergültig ansehen könne. Die automatische Bestellung und Zuführung der Bücher gingen z. B. noch nicht nach Stellen, wo sie endgültig hingeleitet werden sollten, da der große Lesesaal noch nicht benutzt werde. Die Fertigstellung werde sich noch mehrere Jahre hinausziehen.
Beschlussfassung zu Haushaltspositionen.
Einzelheiten zur Biologischen Anstalt *sowie dem Nordseemuseum auf* Helgoland *und den dort anfallenden* Eintrittsgeldern *von* über 6.000 M […].
Beschlussfassung zu Haushaltspositionen.
Einzelheiten zur Finanzierung der Ausschmückung der Marienburg, *wofür* ein Verein gegründet sei und die Mittel hauptsächlich durch eine Lotterie aufgebracht worden seien. Der Betrag belaufe sich auf über 1 Million Mark. Außerdem befänden sich, abgesehen von kleineren Beträgen für gewisse Verwaltungsbedürfnisse in Kap. 122 Tit. 24, 28, 29 jährlich 30.000 M für diese Zwecke im Extraordinarium, womit hauptsächlich die laufenden Ausgaben für die Bauleitung und dergleichen gedeckt würden.
Beschlussfassung zu Haushaltspositionen.
Einzelheiten, u. a. zum langsamen Fortschreiten des Neubaues für Landesbibliothek und Museum in Wiesbaden.
Beschlussfassung zu Haushaltspositionen.
Einzelheiten, u. a. zur Finanzierung der Akademie *der Wissenschaften.*
Auf eine Anfrage des Berichterstatters *Friedberg* erwidert Wirklicher Geheimer Oberregierungsrat Dr. Schmidt, daß die ordentlichen Mitglieder der Akademie kein festes Gehalt haben, sondern im allgemeinen nur eine Remuneration von 900 M. Daneben hätten sie

gewöhnlich eine wissenschaftliche Stellung als Professor. Für einzelne besondere Fachstellen seien Gehälter individuell festgesetzt. Bei dem Jubiläum der Akademie vor 10 Jahren seien eine Anzahl wissenschaftlicher Stellen begründet worden, um die dauernden großen Unternehmungen der Akademie durch ständige Kräfte wahrnehmen zu können. In den folgenden Jahren seien noch verschiedene Stellen hinzugekommen, die alle mit dem Gehalt der Oberlehrer ausgestattet seien. Im diesjährigen Etat handle es sich speziell um eine Stelle für die Leibnizforschung.

Beschlussfassung zu Haushaltspositionen.

Einzelheiten, u. a. zu den Ateliers *der* Akademie der Künste *in* Rom *sowie zur Teilnahme deutscher Künstler an Ausstellungen im Ausland wie* in Amerika im vorigen Jahre, *in Brüssel zur* Weltausstellung, *zur* Jubiläumskunstausstellung in Rom *sowie der Exposition in* Buenos Aires.

Beschlussfassung zu Haushaltspositionen.

Technisches Unterrichtswesen.

Einzelheiten, u. a. zur möglichen Verschmelzung der Technischen Hochschule in Charlottenburg mit der Bergakademie.

Beschlussfassung zu Haushaltspositionen.

Tit. 2: Der Berichterstatter *Friedberg* weist darauf hin, daß in Hannover ein Prüfungsamt für landwirtschaftliche Maschinen und Geräte bestehe, welches für die bedeutende Landwirtschaft der Provinz durchaus notwendig sei. Frankreich, Schweden und selbst Rußland haben solche Einrichtungen, während Preußen sie nur an einigen landwirtschaftlichen Akademien besitze. Die oben genannte sei 1905 von der Landwirtschaftskammer eingerichtet, habe sich aber als zu kostspielig herausgestellt und sei deshalb 1908 wieder aufgehoben worden. Jetzt sei sie von einem Professor der Technischen Hochschule übernommen, den die landwirtschaftliche Maschinenindustrie unterstütze. Wenn die Anstalt nicht vom Staate übernommen werde, müsse sie aus Mangel an Mitteln eingehen. Großindustrielle haben sich bereit erklärt, dem Ministerium 15.000 M zur Verfügung zu stellen zur ersten Einrichtung. Die Anstalt solle an die Landwirtschaftskammer und an das landwirtschaftliche Institut in Göttingen angeschlossen werden. Er bitte um Auskunft über den Stand der Angelegenheit.

Ministerialdirektor Dr. Naumann erwidert darauf, daß der Landwirtschaftsminister *Arnim (Criewen)* der Sache ablehnend gegenüberstehe und die Universitätsverwaltung nichts in der Sache tun könne. Die Verhandlungen wegen Göttingen seien ihm unbekannt.

Abgeordneter Dr. v. Campe gibt der Ansicht Ausdruck, daß eine so wichtige Sache nicht durch eine Ablehnung des Landwirtschaftsministers für erledigt angesehen werden dürfe.

Beschlussfassung zu Haushaltspositionen.

Einzelheiten zum Anschluß der Technischen Hochschule an die städtische Kanalisation in Charlottenburg *sowie zum Verhältnis des dortigen Wasserbaulaboratoriums* zu dem des Ministeriums der öffentlichen Arbeiten.

Beschlussfassung zu Haushaltspositionen.

97. Aus dem Protokoll der 26. Sitzung der Budgetkommission des Abgeordnetenhauses, 21. Legislaturperiode, III. Session. Berlin, 15. April 1910.

Druck, gez. Frh. v. Erffa-Wernburg, Gf. Clairon d'Haussonville. Protokolle der Budget-Kommission 1910, o. O., S. 297–304 (Staatsbibliothek Berlin, Signatur: 4"Sx4643-1910).

Kultusetat: Medizinalwesen. – Die Aufhebung der Medizinalkollegien.

Vgl. Einleitung, S. 81 f.

Kultusetat: Medizinalwesen.
Einzelheiten zu den Kriterien, nach denen eine Quelle als gemeinnützige Heilquelle im Sinne des Quellenschutzgesetzes erklärt *werden kann und zur Einstufung der* Apollinaris-Quelle.
Beschlussfassung zu Haushaltspositionen.
Einzelheiten zur Nahrungsmittelkontrolle, *vor allem hinsichtlich der* Zahl *sowie der* Kosten der Untersuchungen. [...]
Weiter weist der Berichterstatter *Osten-Warnitz* darauf hin, daß die Ausgabe von 60.000 M für die Medizinalkollegien in keinem Verhältnis zu den Leistungen dieser Behörde stehe. Hier würde nicht eine Reform, sondern eine Aufhebung dieser Behörden am Platze sein. Als begutachtende Instanz beim Oberpräsidenten könnten sie durch Regierungs- und Medizinalräte oder vielleicht noch besser durch die Ärztekammern ersetzt werden; als Revisionsinstanz seien sie bedeutungslos, und für ihre obergutachterliche Tätigkeit vor Gericht würde sich wohl anderweitig Ersatz finden lassen. [...]
Der Kultusminister weist darauf hin, daß schon seit längerer Zeit Verhandlungen über die Abgabe der Medizinalverwaltung an das Ministerium des Innern schweben. Mit Rücksicht darauf habe er sich nicht für berechtigt gehalten, in dieser Verwaltung an größere organisatorische Fragen heranzutreten und habe sich deshalb auch nicht mit der Frage der Medizinalkollegien beschäftigt, deren Reformbedürftigkeit die Staatsregierung anerkenne; das müsse dem zukünftigen Ressortminister überlassen bleiben.
Einzelheiten, u. a. zur Reformbedürftigkeit der baupolizeilichen Bestimmungen für Kranken- und Pflegeanstalten *sowie* Hebammenlehranstalten, *ferner zur* Einführung der obligatorischen Leichenschau in der Rheinprovinz und zur Zahl der Leprakranken im Regierungsbezirk Königsberg.
Beschlussfassung zu Haushaltspositionen.
Tit. 20c *Einzelheiten zu* den Grundsätzen bei der Gewährung von Beihilfen für das Bezirkshebammenwesen *sowie zur Bestallung von Sachverständigen* im Hauptberuf zur Unterstützung der Behörden bei der Weinkontrolle
Beschlussfassung zu Haushaltspositionen.

Nochmals zur Frage des Neubaus *und der ferneren* Entwicklung des Völkerkundemuseums *in Zusammenhang mit einem* Ordinariat für Anthropologie.
Beschlussfassung zu Haushaltspositionen.

98. Aus dem Protokoll der 15. Sitzung der Verstärkten Budgetkommission des Abgeordnetenhauses, 22. Legislaturperiode, II. Session. Berlin, 26. Februar 1915.

Druck, gez. Winckler, v. Campe, Ernst.
Protokolle der Budget-Kommission 1915, o. O., 15. Sitzung, S. 1–37 (Staatsbibliothek Berlin, Signatur: 4"Sx4643-1915).

Kultusetat. – Auswirkungen des Krieges auf einzelne Etatposten. – Die Kosten für die Vertretung eingezogener Volksschullehrer. – Die Zukunft der Ostmarkenzulagen. – Die beginnende Förderung für die Ausbildung von Kinderhortnerinnen. – Der Ausbau der Universität Münster.

Vgl. Einleitung, S. 81 f.

Kultusetat: Generaldebatte und Ministerium (Kap. 109)
Der Berichterstatter Abgeordneter Heckenroth weist darauf hin, daß der vorliegende Etat außerordentlich sparsam aufgestellt sei. Die dauernden Ausgaben bezifferten sich auf rund 278 Millionen, gegen 281 Millionen M im Vorjahre, die einmaligen und außerordentlichen Ausgaben auf rund 10 Millionen, gegen 21 Millionen im Vorjahre. – Bei dem Titel Ministergehalt sei im vorigen Jahre die Frage der Errichtung einer theologischen Fakultät an der Universität Frankfurt a. M. sehr eingehend erörtert worden. Inzwischen sei die Universität Frankfurt gegründet und eröffnet worden, und bei dieser Gelegenheit sei es am Platze, des vor einigen Wochen gestorbenen Oberbürgermeisters Adickes zu gedenken; dieser verdienstvolle Mann habe den großen Gedanken der Gründung dieser Universität zuerst angeregt und ihn zur Geltung gebracht, so daß ihm eigentlich diese Universität hauptsächlich ihr Dasein verdanke. [...] Eine theologische Fakultät sei an der Universität Frankfurt noch nicht vorhanden. Der Minister *Trott zu Solz* habe früher erklärt, daß eine solche selbstverständlich solle eingerichtet werden, sobald die betreffenden Stiftungsgelder vorhanden seien. – Er *Heckenroth* habe nun einmal etwas darüber gelesen, daß jetzt Stiftungsgelder dazu vorhanden sein sollten; er richte an den Minister die Frage, ob und welche Stiftungen inzwischen ins Leben getreten seien, auf Grund derer man eine baldige Einrichtung der theologischen Fakultät an der Universität Frankfurt erwarten dürfe. – Dann habe er noch die Einrichtung der Zentralstelle für Unterrichtswesen zu erwähnen. Die Bedeutung dieser Zentralstelle sei von dem Minister anerkannt und deren Gründung in Aussicht gestellt

worden; der Etat weise diese Gründung aber noch nicht nach. Er *Heckenroth* könne dies nur dahin verstehen, daß unter den gegebenen Verhältnissen daran noch nicht habe gedacht werden können.

Abgeordneter Cassel weist kurz darauf hin, daß der Abgeordnete Dr. v. Campe und er im vorigen Jahre einen Antrag auf Gewährung von Mitteln für die Zwecke der jüdischen Kultusgemeinden eingebracht habe; dieser Antrag sei damals der Budgetkommission überwiesen worden. Der Abgeordnete Dr. v. Campe und er beabsichtigten nicht, jetzt hier auf diese Angelegenheit zurückzukommen, sie bäten aber, dann, wenn das Haus zu einer längeren Session werde zusammengetreten sein, diesen Antrag in der Budgetkommission zur Beratung zu fördern; für jetzt verzichteten sie auf die Beratung dieses Antrages hier.

Beschlussfassung zu Haushaltspositionen.

Kultusetat: Kultur und Unterricht gemeinsam […]

Zu den einmaligen Ausgaben Tit. 1 bemerkt der Berichterstatter *Heckenroth*, seither seien dem Patronatsbaufonds an dieser Stelle außerordentliche Zuwendungen jährlich von 500.000 M gemacht worden; in diesem Jahre würden ihm nur 200.000 M außerordentlich zugewendet; also 300.000 M weniger.

Beschlussfassung zu Haushaltspositionen.

Kultusetat: Evangelischer Oberkirchenrat, Evangelische Konsistorien

Einzelheiten zur, vor allem bei Kriegsbeginn, teilweise unzureichenden Seelsorge *für die* Soldaten *im Felde.*

Beschlussfassung zu Haushaltspositionen.

Kultusetat: Elementarunterrichtswesen […]

Der Berichterstatter *Osten-Warnitz:* […]

In diesem Jahre zeige sich im Ordinarium eine Ersparnis von 3 Millionen Mark, im Extraordinarium eine solche von 3,675 Millionen Mark, was auf Sparsamkeit in den Bauausführungen zurückzuführen sei. Er *Osten-Warnitz* hoffe jedoch, daß das, was jetzt mit Rücksicht auf die Kriegszeit zurückgestellt sei, rechtzeitig nachgeholt werde und daß sich beim Finanzministerium kein Widerstand dagegen geltend machen werde.

Von Bedeutung seien die Vertretungskosten der zur Fahne einberufenen Volksschullehrer. Die Gemeinden seien dadurch zum Teil recht erheblich belastet, jedoch habe die Königliche Staatsregierung Sorge getragen, daß schwer belasteten Gemeinden Zuschüsse gegeben werden könnten oder die Kreise ermächtigt würden, aus den einbehaltenen 5 % der laufenden Zuschüsse regelmäßige Beihilfen zur gewähren. Mit Rücksicht darauf, daß diese Frage bei längerer Dauer des Krieges von großer Bedeutung werde, erbitte er *Osten-Warnitz* Auskunft darüber, ob eine grundsätzliche Regelung für die Zukunft zu erwarten sei.

Ministerialdirektor Wirklicher Geheimer Rat Dr. v. Bremen erwidert, über die Regelung der Vertretungskosten für die bei den Fahnen und der freiwilligen Krankenpflege eingetretenen Lehrer sei zu bemerken, daß zunächst zur Vermeidung von Kosten nach Möglichkeit von der Anordnung mit Kosten verbundener Stellvertretungen abgesehen sei. Die Vertretung sei vielfach durch die anderen, nicht bei den Fahnen befindlichen Lehrer des

gleichen Verbandes oder durch Nachbarlehrer übernommen. Der Unterricht sei zuweilen eingeschränkt und verkürzt. Wo aber die Stellvertretung erhebliche Kosten verursache, sei durch Gewährung von Ergänzungszuschüssen, soweit nötig, geholfen, so daß begründete Klagen darüber bisher nicht erhoben seien. [...]
Ministerialdirektor Wirklicher Geheimer Rat Dr. v. Bremen weist darauf hin, daß die Unterrichtsverwaltung Ersparnisse aus Tit. 34 zur Unterstützung von leistungsschwachen Gemeinden verwende. Ferner seien, wo es angängig gewesen sei, noch Lehrerinnen angestellt worden.
Beschlussfassung zu Haushaltspositionen.
Kultusetat: Kap. 121 der Ausgaben
Allgemeine Besprechung über das Elementarunterrichtswesen
Einzelheiten, u. a. zu dem Bemühen, daß mit allen Mitteln dafür gesorgt werden müsse, den Unterrichtsbetrieb auf den Volksschulen aufrecht zu erhalten.
Einzelbesprechung
Beschlussfassung zu Haushaltspositionen.
Der Berichterstatter *Osten-Warnitz* bemerkt, das Bedürfnis zur Errichtung neuer Schulstellen sei selbstverständlich in diesem Jahre wieder hervorgetreten; dem trage der Etat Rechnung dadurch, daß in Tit. 36 150.000 M mehr vorgesehen seien. Nichtsdestoweniger würden aus diesem Etatstitel auf die Tit. 34 und 34 a insgesamt 483.058 M übertragen. [...]
Ministerialdirektor Wirklicher Geheimer Rat Dr. v. Bremen bemerkt, die Übertragungen aus dem Tit. 36 auf die Tit. 34 und 34 a beruhten darauf, daß die Mittel des Tit. 36 nur für Errichtung neuer Schulstellen bestimmt seien; nach Ablauf des Etatsjahres seien die Stellen, für welche aus diesem Titel Zuschüsse bewilligt worden seien, nicht mehr neue, sondern bestehende Stellen, und die Mittel müßten auf die Titel für bestehende Stellen übertragen werden. Die Verschiebungen zwischen den Titeln 34 und 34 a hingen damit zusammen, daß Schulverbände aus dem Kreise der mit mehr als 25 Schulstellen zu denen mit 25 und weniger Schulstellen übertreten und umgekehrt.
Beschlussfassung zu Haushaltspositionen.
Einzelheiten zu dem Antrag des Abgeordneten Korfanty, die Ostmarkenzulagen zu streichen *und gegebenenfalls in* unwiderrufliche persönliche Zulagen an Volksschullehrer und –lehrerinnen behufs Förderung des Volksschulwesens in den Landesteilen mit gemischt deutscher und polnischer Sprache *zu verwandeln.*
Abgeordneter Haenisch stimmt sowohl dem Antrag wie den Nebenanträgen zu. Er wolle im Interesse des Burgfriedens keine ausführliche Polendebatte entfesseln. So sehr er selbstverständlich allen Lehrern eine Erhöhung ihres Einkommens wünsche, müsse er nach wie vor diese Positionen ablehnen, das sie den Charakter von antipolnischen Kampffonds trügen. Er *Haenisch* halte eine Ablehnung dieser Fonds gerade in diesen Kriegstagen [für] von besonderer Bedeutung. Bei der großen Bedeutung, die der Antrag nicht nur für die Polenpolitik, sondern auch für den Gang der auswärtigen Politik habe, bitte er, ihm stattzugeben.

Abgeordneter Korfanty sieht in diesen beiden Titeln den Exponenten des Schulsystems in den polnischen Landesteilen und hat deshalb den Antrag gestellt. Die Ostmarkenzulagen hätten seine politischen Freunde außerdem auch stets bekämpft, weil sie sowohl in Beziehung auf die polnische Bevölkerung als auch in bezug auf das Verhältnis der Lehrer zueinander unmoralisch sei. Die Klagen über die Mißstände, die die Ostmarkenzulage stets hervorgerufen habe, seien nicht allein von seinen Freunden, sondern auch von Teilen der Lehrer erhoben worden; von den letzteren insbesondere deshalb, weil dadurch die Kameradschaftlichkeit leide. Die bisherigen Maßnahmen, deren eine die Ostmarkenzulage bildet, seien getroffen worden, weil man geglaubt habe, daß die Polen im Falle kriegerischer Verwicklungen dem Reiche nicht die Treue halten würden, und man andererseits von dem Gedanken des geschlossenen Nationalstaates ausgegangen sei, indem man geglaubt habe, daß ein anderer als ein Nationalstaat nicht bestandfähig sei.
Die Ereignisse der letzten Monate haben beide Auffassungen als irrig erwiesen. Die polnische Bevölkerung habe den Nachweis geführt, daß sie in Bezug auf Treue zum Reiche keinem deutschen Stamme nachstehe, trotzdem es ihr schwer genug gemacht worden sei.
[…]
Die polische Bevölkerung habe mit großem Interesse der Einbringung des Etats entgegengesehen, weil sie sich habe überzeugen wollen, ob die Königliche Staatsregierung den guten Willen zur Änderung der Polenpolitik bekunden wolle, und als in dem Etat die antipolnischen Titel wie früher enthalten gewesen wären, sei es in der Bevölkerung zur Mißstimmung gekommen. Seine Freunde verlangten, daß in den Volksschulen in den polnischen Landesteilen die polnische Sprache die Grundsprache sei, ohne dadurch die Erlernung der deutschen Sprache ablehnen zu wollen, deren Beherrschung den Polen ihr Fortkommen erleichterte. Man habe erwartet, daß im Interesse des Burgfriedens die Verfolgungen der Polen wenigstens auf dem Verwaltungswege eingeschränkt würden. Nichts davon sei eingetroffen; denn die Verordnung des Ministers *Trott zu Solz* über den polnischen Unterricht, die in der Presse sehr aufgebauscht worden sei, hätte gar keine praktische Bedeutung. Die in den polnischen Landesteilen durch diese Haltung der Regierung erregte Mißstimmung sei nicht dazu angetan, die Liebe zum Deutschen Reiche zu fördern. […]
Der Minister des Innern *Loebell* habe nun gesagt, man könne die Ostmarkenzulage nicht aufheben, das würde innere Erregungen und Streit zwischen den Parteien hervorrufen und das Ansehen des Staates nach außen schwächen. Er *Korfanty* weise aber darauf hin, daß gerade die Tatsache, daß die antipolnischen Positionen auch in diesem Etat eingesetzt worden seien, in den ausländischen Zeitungen eine Flut von Artikeln hervorgerufen habe. Auch russische Blätter hätten die Frage behandelt; man verteile diese Artikel in Polen und versuche auf diese Weise der polnischen Legion im russischen Heere neue Anhänger zu gewinnen. Diese Tätigkeit habe aber bisher wenig Erfolg gehabt, da die Polen auch Rußland Mißtrauen entgegenbrächten.
Für die Pflichten, die die Polen jetzt freudig erfüllten – er weise darauf hin, daß 300.000 Polen im deutschen Heere ständen, daß sie keiner anderen Nationalität in ihrer Tapferkeit

nachständen, ihre Verlustziffer höher sei als die aller anderen Stämme – wollten sie nicht etwa eine Art Bezahlung haben; aber kein anderer Teil des preußischen Volkes lebe unter so außerordentlichen Bedingungen wie die Polen. Sie hätten sich durch Taten von allen Verdächtigungen befreit, die Regierung aber habe nur Worte. Sie habe erklärt, nach dem Kriege in eine Revision der Polenpolitik eintreten zu wollen; das sei zu wenig. Die maßgebenden Parteien hätten nicht einmal Worte. Als der Abgeordnete Dr. Seyda vor wenigen Tagen die polnischen Forderungen in bezug auf den Unterricht in der Muttersprache formuliert und auf deren Bescheidenheit hingewiesen habe, habe man in der Kommission gelächelt.
Er *Korfanty* bitte nun, den Tit. 37 des Kap. 121 abzulehnen, eventuell die Ostmarkenzulage unwiderruflich zu gestalten und das Wort „deutschen" zu streichen, was nicht der Ausdruck einer nichtdeutschen Gesinnung sein soll, sondern der Ausdruck der Hoffnung, daß in den polnischen Landesteilen die polnische Sprache zur Unterrichtssprache werde. Die Zulagen mögen als Belohnung den Lehrern gegeben werden, die der deutschen und polnischen Sprache mächtig seien.
Der Minister *Trott zu Solz* erwidert, er müsse es sich versagen, auf die schulpolitischen Ausführungen des Vorredners einzugehen, besonders da diese Fragen bereits in der allgemeinen Besprechung erörtert worden seien und der Minister des Innern *Loebell* im Namen der Staatsregierung eine Erklärung abgegeben habe. Auf diese beziehe er *Trott zu Solz* sich auch heute und bitte die Kommission, dem Etat, wie er vorliege, zustimmen zu wollen.
Abgeordneter Cassel: […]
Den Antrag der Polen könne er jetzt zur Zeit nicht unterstützen, da man die Ostmarkenzulage auch mit Rücksicht auf die im Felde befindlichen Beamten, deren Angehörige auf die Einnahme rechneten, nicht plötzlich aufheben dürfe. Man könne auch nicht die Worte „des deutschen Volksschulwesens" durch „des Volksschulwesens" ersetzen; denn, gleichviel, ob der polnischen Muttersprache in Zukunft eine größere Berücksichtigung zuteil werde oder nicht, bleibe die Volksschule immer eine deutsche Volksschule; dagegen halte er es für zulässig, in Tit. 37 das Wort „widerrufliche" durch „unwiderrufliche" zu ersetzen, die Widerruflichkeit widerspreche der Auffassung seiner politischen Freunde. Die Widerruflichkeit könne die Veranlassung dazu werden, daß der Empfänger der Zulage nun glaube, er müsse eine ganz besondere, den Vorgesetzten angenehme, Tätigkeit entfalten, um sich die Zulage auch für die Zukunft zu sichern. Auch polnische Lehrer, die sich Verdienste um die Volksschule erwürben, müßten die Zulage bekommen.
Abgeordneter Dr. v. Savigny weist darauf hin, daß seine Freunde stets diese Tit. 37 und 37 a abgelehnt hätten, und an der Fassung werde durch den Antrag nichts so Wesentliches geändert, daß man sie jetzt annehmen könne. Seine Freunde erwarteten mit Bestimmtheit, daß nach dem Frieden auf dem Gebiete der inneren Politik, besonders der Polenpolitik, die Änderungen eintreten würden, die sie seit Jahren erstrebt und befürwortet hätten. Seiner Ansicht nach könne auch schon während des Krieges manches geändert werden. Da aber jetzt Einzelheiten nicht erörtert werden könnten, so empfehle er auch, unnötige Aus-

einandersetzungen zu vermeiden, weil sie im Augenblicke nichts an der Sachlage ändern würden.

Abgeordneter Haenisch gibt seinem lebhaften Bedauern über die ablehnende Antwort des Ministers *Trott zu Solz* Ausdruck. [...]

Abgeordneter Korfanty weist darauf hin, daß seine Freunde sich bei der Beratung dieses Etats großer Zurückhaltung befleißigt hätten. Bei der ersten Beratung hätten sie sich an der Diskussion nicht beteiligt. Bei der zweiten Beratung würden sie im Plenum nicht sprechen, sondern würden ihre Auffassungen in der Budgetkommission darlegen. Im Plenum würden sie nur, wie sie es auch früher getan hätten, getrennte Abstimmung über die antipolnischen Titel verlangen. Wenn die Regierung sich nicht verpflichtet halte, den Burgfrieden mit der polnischen Regierung zu halten – und sie habe es nicht getan, das beweise der Etat –, so hätten sie eigentlich das Recht, die ganze Frage vor der Öffentlichkeit aufzurollen. Trotzdem wollten sie sich mit einer Erklärung bei der dritten Lesung begnügen. Man könne nicht verlangen, daß sie einem Etat zustimmten, der dazu diene, ihre Nationalität zu vernichten. Da sie die Verwaltungs- und gesetzlichen Schwierigkeiten anerkennten, so verlangten sie nicht, daß alle antipolnischen Positionen aus dem Etat herausgeworfen würden, sondern sie würden schon darin den guten Willen sehen, wenn man die betreffenden Etatspositionen auch nur um ein Geringes verminderte. [...]

Abgeordneter Cassel legt Wert darauf, festzustellen, daß seine Freunde nichts dagegen hätten, wenn die Regierung durch irgendwelche Maßnahmen ein besonderes Wohlwollen für die Polen zum Ausdruck bringe. Hier seien jedoch keine Maßnahmen zu besprechen, sondern nur zu einem bestimmten Antrage Stellung zu nehmen. Würden die Polen jetzt gegen den Etat stimmen, so würde das einen sehr üblen Eindruck machen, da man besonders im Auslande annehmen würde, daß sie gegen sämtliche Etatspositionen gestimmt hätten, weil sie einzelne Forderungen nicht hätten durchsetzen können.

Ablehnung der Anträge.

Beschlussfassung zu Haushaltspositionen.

Kultusetat: Tit. 43 *Dispositionsfonds für das Elementarunterrichtswesen*

Bei diesem Titel erinnert der Berichterstatter *Osten-Warnitz* daran, daß der vorjährige Etat in einer Etatsbemerkung die Angabe enthielt, daß von der unter Tit. 43 ausgeworfenen Summe ein Betrag von 50.000 M zu Beihilfen für das Kinderhortwesen bestimmt sei. Diese Beihilfen dienten in der Jetztzeit der Erfüllung einer wichtigen staatlichen Aufgabe, nämlich zur Gewährung von Beihilfen zur Ausbildung von Pflegerinnen und Lehrerinnen an Kinderhorten. In dieser Beschränkung sei sie nicht ganz dem großen Zwecke gerecht geworden. Im laufenden Jahre seien nur geringe Summen aus diesem an sich schon geringen Betrag verfügbar. Das scheine daran zu liegen, daß die Beihilfen wegen der etwas engen Zweckbestimmung nicht überall an diejenigen Stellen gelangt wären, die hier hätten fruchtbringend vorgehen können. [...]

Der Minister *Trott zu Solz* erwidert, die Staatsregierung verkenne die Bedeutung der Kinderhorte in den Grenzen, wie sie der Herr Berichterstatter aufgestellt habe, keineswegs.

Aber nach ihrer Auffassung sei die Einrichtung von Kinderhorten Aufgabe der Gemeinden, zumal die örtlichen Verhältnisse außerordentlich verschieden seien. Trotzdem habe die Regierung im vorigen Jahre 50.000 M eingesetzt, um den Gemeinden hilfreich zur Seite zu stehen durch Gewährung von Zuschüssen für die Ausbildung von Kinderpflegerinnen. Die Regierung habe geglaubt, nicht weiter gehen zu können, und er *Trott zu Solz* könne daher auch eine Erweiterung der Zweckbestimmung nicht in Aussicht stellen. Da das Kinderhortwesen eine neue Einrichtung sei, seien im vergangenen Jahre nur etwa 22.000 M verwendet worden, aber das werde sich wohl künftig ändern und der volle Betrag Verwendung finden. […]

Nachdem der Abgeordnete Dr. v. Savigny noch einmal eine Abtrennung der 50.000 M von dem Tit. 43 empfohlen hatte, um es zu ermöglichen, die Ersparnisse des Jahres 1914 in diesem Jahre zu verwenden, bittet Geheimer Oberfinanzrat Löhlein, dieser Anregung nicht stattzugeben, da ihr technische Bedenken entgegenständen. Der Etat sei bereits sehr spezialisiert, und der Verwaltung seien in sehr weitem Maße die Hände gebunden. Wenn auch jetzt ein Übertragbarkeitsvermerk beschlossen werden sollte, so würde das keine Bedeutung für den Etat des Jahres 1914 haben. Ein Beschluß für den Etat 1915 sei nicht notwendig, da die Unterrichtsverwaltung wohl im kommenden Jahre die Mittel voll würde verwenden können.

Der Berichterstatter *Osten-Warnitz* stellt fest, daß nach einhelliger Meinung der Kommission die Frage der Kinderhorte gerade in der Kriegszeit eine besondere Bedeutung gewonnen habe. Im allgemeinen sei sich auch die Kommission darin einig, daß die augenblickliche Zweckbestimmung etwas zu eng gefaßt sei. Nur von einer Seite seien Bedenken geltend gemacht, daß man durch Erweiterung der Zweckbestimmung zu uferlosen Zuständen kommen könne. […] Nach Lage der Sache und der ablehnenden Haltung der Staatsregierung sehe er davon ab, einen Antrag zu stellen, bitte aber die Staatsregierung, bei Aufstellung des nächstjährigen Etats die gegebenen Anregungen erwägen zu wollen und sich besonders darüber schlüssig zu machen, ob nicht eine erweiterte Zweckbestimmung durchführbar wäre und ob nicht ein eigener Etatstitel geschaffen werden könnte.

Beschlussfassung zu Haushaltspositionen.

Kultusetat: Universitäten und Charité-Krankenhaus Berlin.

Kultusetat: Dauernde Ausgaben, Kap. 119

Allgemeine Besprechung

Einzelheiten zu den Wirkungen *des Krieges auf die* Frequenz der Universitäten, *v. a. durch den Frontdienst einer hohen Zahl von* Studenten *und auch von Angehörigen* des Lehrkörpers, *die Einrichtung von Lazaretten in* Kliniken *usw. sowie* die Frage der Notprüfungen.

Beschlussfassung zu Haushaltspositionen.

Einzelheiten zu den Zuschüssen für die verschiedenen Universitäten.

Bei Tit. 6 Zuschuß für die Universität in Kiel, macht der Berichterstatter Savigny darauf aufmerksam, daß nach den Erläuterungen auf Seite 33 ein Mehrbetrag eingestellt sei infolge Übernahme des Instituts für Seeverkehr und Weltwirtschaft auf den Universi-

tätsetat. Diese Gründung der Gesellschaft für Seeverkehr und Weltwirtschaft, die Kaiser-Wilhelm-Stiftung, sei im vorigen Jahre zustande gekommen und bisher aus privaten Mitteln dotiert worden. Die Einnahmen aus privaten Mitteln hätten sich bis auf etwa 40.000 M belaufen. Die Königliche Staatsregierung habe es für angezeigt gehalten, auch aus staatlichen Mitteln einen Zuschuß zu leisten. Dieser Zweckbestimmung dienten die eingesetzten Posten von 4.500 M zur Remunerierung von drei Assistenten und 4.900 M zu sächlichen Ausgaben.
Auf eine Anfrage des Abgeordneten Viereck antwortet der Minister, daß dieses Institut in Kiel unabhängig von dem im vorigen Jahre erörterten Plane der Auslandshochschule betrieben werde. Was aus dieser Auslandshochschule werde, stehe dahin. Zur Zeit sei er nicht in der Lage, zu diesem Problem irgendeine Stellung einzunehmen, weder es aufzugeben noch zu sagen, man werde daran festhalten.
Beschlussfassung zu Haushaltspositionen.
Kultusetat: Tit. 7 Zuschuß für die Universität in Göttingen
Einzelheiten zur veränderten haushaltstechnischen Verbuchung des Zuschusses für die Universität aus dem Hannoverschen Klosterfonds: 74.263 M.
Beschlussfassung zu Haushaltspositionen.
Bei Tit. 10 Zuschuß für die Universität Münster, weist der Berichterstatter *Savigny* auf die unter Ziffer 1 der Erläuterungen angeführte erhebliche Summe hin. Es handle sich um einen Betrag, dessen erste Hälfte bereits im vorigen Jahre gezahlt worden sei. Im übrigen müßten für die Universität Münster die Konsequenzen des vorjährigen Beschlusses gezogen werden, eine evangelisch-theologische und eine medizinische Fakultät zu errichten. Man finde hier die einzige Ausnahme in dem ganzen Etat, daß trotz der Zeitlage solche Neueinrichtungen getroffen würden. […]
Abgeordneter Wallenborn (Remagen) bittet auf Veranlassung des Abgeordneten Dr. Schmedding (Münster), mit Rücksicht auf die erheblichen Ausgaben, die der Krieg auch für die Stadt Münster, die Provinz Westfalen und den allgemeinen Knappschaftsverein zu Bochum mit sich bringe, die von diesen für das Jahr 1915 zugesagten Beiträge zu dem Bau der medizinischen Kliniken von insgesamt 500.000 M erst dann zu erheben, wenn diese Beiträge tatsächlich gebraucht würden. Da die Stadt und die Provinz bereits 300.000 M gezahlt hätten, die Bauten aber wegen des Kriegsausbruches noch gar nicht in Angriff genommen seien, würde es der Billigkeit entsprechen, wenn der Fälligkeitstermin für die weiteren Raten hinausgeschoben würde. Von Bedeutung sei ferner die Frage, die auch bei dem Etat der Eisenbahnverwaltung in Betracht komme, an welcher Stelle des Etats die Zinsen von bereits bezahlten Beiträgen für Bauten in die Erscheinung träten.
[…] Kultusminister *Trott zu Solz* teilt mit, daß bisher noch keine Anforderungen an die Stellen gerichtet worden seien, die sich zu Beiträgen für die Baukosten der medizinischen Kliniken der Universität Münster bereit erklärt hätten. Diese Anforderungen würden nicht eher gestellt werden, als bis die Mittel zur Ausführung des Baues tatsächlich gebraucht würden.

Beschlussfassung zu Haushaltspositionen.
Kultusetat: Höhere Lehranstalten
Kultusetat: Dauernde Ausgaben (Kap. 120)
Einzelheiten zu den Notprüfungen *sowie der* Pension bzw. der Hinterbliebenenversorgung für solche Beamte, die die zehnjährige Wartezeit noch nicht zurückgelegt haben und daher einen Rechtsanspruch auf Pension und Hinterbliebenenversorgung nicht besitzen. Diese Frage sei besonders für diejenigen Beamten von Bedeutung, die als Kriegsfreiwillige in das Heer eingetreten seien [...]. [...]
Auch der Unterrichtsminister *Trott zu Solz* betont, daß es sich hier um eine allgemeine Frage handle, die nicht für die Beamten der höheren Schulverwaltung gesondert geregelt werden könne, sondern eine gleichmäßige Regelung für alle Staatsbeamten finden müsse.
Einzelheiten zur Wirkung des Krieges auf die höheren Schulen.
Beschlussfassung zu Haushaltspositionen.
Kultusetat: Kunst und Wissenschaft. [...]
Kultusetat: Dauernde Ausgaben (Kap. 122).
Der Berichterstatter *Friedberg* hebt hervor, daß die Mehrausgabe von 61.685 M sich aus Gehaltsverschiebungen erkläre. Dieser Mehrausgabe ständen erhebliche Minderausgaben von insgesamt 235.910 M gegenüber; zu erwähnen sei besonders ein Minderbedarf von 100.000 M in dem Fonds für die Sammlungen, von 20.000 M für das Kunstgewerbemuseum, 100.000 M bei dem Dispositionsfonds für Kunst und von 50.000 M bei dem Ankaufsfonds für die Nationalgalerie. Er nehme an, daß diese Kürzungen lediglich mit Rücksicht auf den Krieg erfolgt seien und keinerlei prinzipielle Bedeutung hätten.
Einzelheiten zum Schutz *und zur* Erhaltung der Kunstgegenstände in Belgien.
Beschlussfassung zu Haushaltspositionen.
Kultusetat: Einmalige und außerordentliche Ausgaben (Tit. 112 bis 133).
Der Berichterstatter *Friedberg* führt die Posten auf, die in dem vorliegenden Etat nicht enthalten seien. Die größeren Beträge in der Minderausgaben von ca. 3 Millionen Mark seien die restlichen 500.000 M für das Museum in Dahlem, der außerordentliche Dispositionsfonds für Museumssammlungen von 750.000 M, die Verstärkung des Dispositionsfonds um 50.000 M und der außerordentliche Dispositionsfonds von 100.000 M. Er wolle auch hier annehmen, daß diese Ausgaben nur mit Rücksicht auf die finanzielle Lage fortgefallen seien. Er bitte weiter um eine Auskunft darüber, ob die Staatsregierung dem Beschlusse des Hauses über die Einstellung des Fonds von 100.000 M für die Sammlung der religionsgeschichtlichen Urkunden grundsätzlich ablehnend gegenüberstehe oder die Einstellung in diesem Jahre nur der Ersparnis halber unterlassen habe.
Der Minister erklärt, daß lediglich mit Rücksicht auf die gegenwärtige Lage die Einstellung einer Summe für die religionswissenschaftlichen Untersuchungen ausgesetzt worden sei.
Beschlussfassung zu Haushaltspositionen.

99. Aus dem Bericht zu den Sitzungen vom 12., 13. und 26. November sowie 10. Dezember 1920 des Hauptausschusses der verfassunggebenden Preußischen Landesversammlung. Berlin, 10. Dezember 1920.

Druck, gez. Bartels.

Sammlung der Drucksachen der verfassunggebenden Preußischen Landesversammlung (Anlagen zu den Sitzungsberichten), Tagung 1919/21, Bd. 13, Drucksachen Nr. 3528 bis 3822, Berlin 1921, S. 6312- 6346, DS Nr. 3530.

Etat des Kultusministeriums: Ministerium. Generaldebatte: Einzelberatung: Ministerium und geistliche Verwaltung. – Die Auswirkungen der Inflation sowie der Gebietsverluste im Gefolge des Versailler Vertrages und die Unsicherheit aller Haushaltsanschläge. – Die Finanzierung der Schulen und die Reform des Bildungswesens. – Die Finanzierung der Kirchen.

Vgl. Einleitung, S. 15, 92.

Haushaltsentwurf des Kultusministeriums.
1. Ministerium. […]
Allgemeine Besprechung. […]
Der Berichterstatter: *Abgeordneter D. Rade*: […]
Die Ausgaben betragen rund 271 Millionen gegenüber 282 Millionen im vergangenen Jahre. Dieses Minus werde durchaus erklärt durch die Minderüberweisungen, die leider infolge der Gebietsabtretungen jetzt zu verzeichnen seien. In der Hauptsache seien 2.100.000 M mehr angesetzt für Bedürfnisse, die unter den Bereich des Ministeriums fallen, wovon den Hauptteil die höheren Lehranstalten erhielten. Gegenüber der Mahnung zur Sparsamkeit, die im vorigen Jahre der Minister Südekum an den Ausschuß gerichtet habe, ständen wohl alle Mitglieder des Ausschusses zusammen in der Überzeugung, der auch der Minister *Haenisch* in seiner Schrift[1] Ausdruck gebe, daß die in diesem Etat bewilligten Ausgaben im besonderen Sinne produktiv seien, daß man gewiß sparsam und rechtschaffend haushalten müsse, aber auch stärkere Ausgaben nicht scheuen dürfe, wenn sie zur geistigen Wohlfahrt unseres Volkes notwendig sind. […]
Von den Veränderungen im Etat sei hervorzuheben, daß ein Teil des alten Etats an das Ministerium für Volkswohlfahrt übergegangen sei. Dafür sei ein Titel, der früher im Etat des Kriegsministeriums stand, in diesen Etat hineingewandert, nämlich der des Zeughauses. Dann seien in dem Etat kleine sprachliche Veränderungen zu bemerken, z. B. sei nicht mehr von der Elementarschule die Rede, sondern von der Volksschule. Neu trete die

1 *Haenisch, Konrad, Staat und Hochschule. Ein Beitrag zur nationalen Erziehungsfrage, Berlin 1920.*

Volkshochschule auf. Die stärkste Veränderung in finanzieller Beziehung scheine ihm in Kap. 109 vorzuliegen, wo die vermehrte Heranziehung von Hilfskräften eine beträchtliche Vermehrung der Ausgaben herbeigeführt habe.

Zu den Grundpositionen von Minister Haenisch*, vor allem hinsichtlich* des Verhältnisses zwischen Staat und Kirche *und dessen Auswirkungen auf die* Volksschule*, die* Gymnasien *und die* Universitäten.

Einzelheiten.

Ein Vertreter des Zentrums: […]

Der vom Vorredner geäußerte Gedanke, durch Unterstützung Minderbemittelten zu höherer Bildung und zum Studium in größerem Ausmaße als bisher zu verhelfen, sei von ihm und seinen Freunden schon zu Zeiten vertreten worden, wo der Staat noch wesentlich leistungsfähiger war. Daß in der Vergangenheit nicht die fähigen Köpfe und die tüchtigen Elemente aus den nicht hochstehenden Schichten herausgezogen und aus diesen Intelligenzen für das Deutschtum mehr Kapital geschlagen worden sei, sei ein Fehler und eine Versündigung, von der er diejenigen Kreise, die in der Vergangenheit den maßgebenden Einfluß auszuüben in der Lage gewesen seien, unter keinen Umständen freisprechen könne. Große Mittel seien allerdings dazu nötig. Er bitte die Staatsregierung um Auskunft, wie sie sich die Ausführung der Anregungen, Beschlüsse und Entschließungen vom vorigen Jahre denke. Seine Freunde seien bereit zu helfen, soweit es in ihren Kräften stehe.

Mit dem Minister stehe er durchaus auf dem Standpunkt, den dieser in seinem Vortrag in Münster und in erweiterter Form in seinem Buch dargelegt habe, daß Sparsamkeit auf dem Gebiete des Bildungswesens sehr falsch sein würde. Überall sonst solle man zurückhalten und sparen, nur nicht hier. Mit dem Minister sei er darin einig, das Kapital, das hier investiert werde, verzinse sich am allerbesten. Es handle sich da um Imponderabilien, die weit schwerer wiegen als Zahlen, die man nachweisen könne.

Einzelheiten, u. a. zur Konfessionalität der Schulen *sowie zum Verhältnis zwischen Staat und Kirche und der für letztere geltenden* Besoldungsregelung. […]

Eine ganze Reihe von Lehranstalten werde bekanntlich aus Staatsfonds unterstützt; jetzt würden diese Unterstützungen erhöht, aber unter erstaunlichen Bedingungen: wegen der Erhöhung solle dem Staate ein wesentlicher, größerer Einfluß auf die Besetzung der Stellen an diesen Anstalten gegeben werden. Die Stellen der angestellten Lehrer und akademisch gebildeten Lehrkräfte sollten vom 1. April 1921 ab je zur Hälfte vom Staate und vom Patrone besetzt werden; die an einer Anstalt zuerst frei werdende Stelle besetze der Staat, ebenso alle neu zu errichtenden Stellen; vor der Anstellung solle der Patron gehört werden. Weiter solle die Aufsichtsbehörde die Anzahl der anzustellenden Lehrer festsetzen; die Schuleinrichtungen seien in dem von der Aufsichtsbehörde zu bestimmenden Maße zu beschaffen. Der Preußische Städtetag bezeichne dies als einen unerträglichen Eingriff in die geringen Rechte der Gemeinden auf dem Gebiete des Schulwesens. […]

Der Minister *Haenisch*: […]
Bewegliche Klage habe der Vorredner geführt über die traurige Lage der katholischen Geistlichkeit, besonders der Domherren. Der Vorredner dürfe versichert sein, daß trotz der grundsätzlichen Stellung seiner Partei – wenn er hier einmal als Parteimann reden dürfe – zur Frage der Trennung von Kirche und Staat, solange als diese Trennung mit allen Konsequenzen noch nicht durchgeführt sei und die Geistlichen noch Beamte seien, die Staatsregierung auch der daraus erwachsenden finanziellen Verpflichtungen sich voll bewußt sei und nicht zögern werde, trotz der schwierigen Finanzlage des Staates diesen Verpflichtungen voll Rechnung zu tragen. Dem Vorredner und anderen Herren vom Zentrum sei im einzelnen bekannt, in wie weitgehendem Maße den Wünschen der katholischen Geistlichkeit auf diesem Gebiete entsprochen werde. Wegen besserer Besoldung der Domherren seien von seinem Ministerium Anträge an das Finanzministerium gestellt worden, und er habe gestern in einer Unterredung mit dem päpstlichen Nuntius Pacelli mitteilen können, daß den Wünschen noch für 1920 nachgekommen werden solle. […]
Einzelheiten, v. a. zur Schulpolitik.
Der Staatssekretär *Becker*: […]
Wenn auch Sparsamkeit geübt werden solle, so dürfte das doch in letzter Linie auf dem Gebiete der Kulturaufgaben geschehen. Einige Zahlen, die er nennen wolle, würden da in Verbindung mit dem Thema Abbau der Universitäten wertvoll sein. Er hätte gern eine Denkschrift vorgelegt, um zu zeigen, wie selbst unter Anrechnung der jetzigen Geldentwertung doch die Mittel, die gerade für die Zwecke der Kultur ausgegeben würden, gegenüber den gesamten Staatsausgaben einfach verschwinden. Die Vorlage dieser Denkschrift sei nicht möglich gewesen, weil die wirklichen Ausgaben der Staatsverwaltung in diesem Jahre auch nicht einmal schätzungsweise festgestellt werden könnten. Er werde sich deshalb im Wesentlichen an die Posten des Haushalts halten müssen. Im Haushalt 1920 seien für die dauernden Ausgaben der wissenschaftlichen Verwaltung 30,4 Millionen Mark zur Verfügung gestellt, die voraussichtlich um rund 87,6 Millionen Mark überschritten werden würden. Genaue Zahlen seien nicht möglich wegen der Unsicherheit der Besoldungsordnung sowie der Unsicherheit der Baukosten, der Löhne, der Heizmaterialien usw. Von diesen 30,4 Millionen Mark entfielen 14,6 Millionen Mark auf Besoldungen und andere persönliche Ausgaben – ohne die neue Besoldungsordnung – und 15,8 Millionen Mark auf Sachausgaben. Die voraussichtliche Überschreitung betrage bei den Personallasten 53,3 Millionen Mark, bei den Sachausgaben 34,3 Millionen Mark, so daß man mit einer Gesamtsumme für die speziell wissenschaftlichen Aufgaben – also Universität, Technische Hochschulen, Krankenhäuser, Charité und allgemein wissenschaftliche Verwaltung – von 120 Millionen Mark in ganz runden Zahlen rechnen könne. Das bedeute eine Überschreitung des Ansatzes um rund 300 v. H., so daß sich der Haushalt für diese Zwecke vervierfacht habe. Diese Vervierfachung werde für die übrigen Zwecke der Staatsverwaltung mindestens erreicht werden, so daß das jetzige Verhältnis zwischen den wissenschaftlichen Ausgaben und den allgemeinen Verwaltungsausgaben nicht ungünstiger sei, als es im normalen Haushalt zum

Ausdruck komme. Die dauernden Ausgaben für den Haushalt 1920 machten nur 0,64 v. H. der gesamten Staatsausgaben aus. Gegenüber diesem geringen Anteil sei es unmöglich, von einem Abbau zu reden. Die wissenschaftlichen Ausgaben betrügen 11,21 v. H. der gesamten Ausgaben der Kultusverwaltung. Das Schwergewicht der Kultusverwaltung liege bei den Schulen, und dieser Aufgabe könne man sich natürlich nicht entziehen. Das Ministerium habe bei dem Neuaufbau des Haushalts sein Augenmerk besonders darauf zu richten, daß möglichst keine Mittel auf allen denjenigen Gebieten gespart würden, die dem theoretischen Wissen dienten, dann auf den Gebieten der Lehrerbildung und schließlich auf dem Gebiet, das dazu diene, das deutsche Volk und die deutsche Jugend mit staatswissenschaftlicher Bildung in jeder Form zu durchtränken, damit die künftige deutsche Jugend auch zu deutschen Staatsbürgern erzogen werde. […]

Ein Vertreter der Unterrichtsverwaltung: […]

Das Wort vom Abbau der höheren Lehranstalten habe große Beunruhigung hervorgerufen und bedeute doch nur einen kleinen Ausschnitt aus der ungeheuren Fülle der die Verwaltung jetzt beschäftigenden Schulfragen. Schon vor Jahrzehnten habe man die Einheitsschule gewünscht. Man sei zunächst dabei von dem sozialen Gesichtspunkt ausgegangen, daß die Kinder desselben Volkes möglichst lange dieselbe Schulbildung auf denselben Schulbänken erhalten sollten, und zweitens habe man es vermeiden wollen, daß zu frühzeitig eine Entscheidung über den späteren Schulbesuch eines Kindes getroffen werden müßte. Jetzt sei der Zusammenbruch unserer Finanzen gekommen. Man müsse nach Möglichkeit sparen, andererseits aber dem Bildungsbedürfnis des Volkes genügen. Diesen beiden Gedanken wolle man durch eine sogenannte Planwirtschaft gerecht werden. Es solle ermittelt werden, welcher Teil des Volkes nach humanistischer Bildung verlange, welcher der Realbildung den Vorzug gebe; man wolle prüfen, welche Anstalten lebensfähig seien und welche dem Bedürfnis der Bevölkerung nicht entsprächen. Man wolle dementsprechend in den kleineren Städten nicht voll ausgebaute Schulen schaffen, eine Vollanstalt in einem von allen Seiten leicht erreichbaren Mittelpunkte vorsehen.

Neuerdings komme ein neuer Gedanke hinzu, ob es nicht eine Schulform gebe, die bei geringer Betonung fremder Sprachen den Hauptwert auf starke Betonung des Deutschtums lege. Hierfür habe man zunächst den Ausdruck „Deutsches Gymnasium" gefunden. Jetzt denke man daran, allgemein diese Schulform als „Deutsche Oberschule" zu bezeichnen. Es entstehe weiter die Frage, weil man endlich ganze Arbeit machen wolle, wie viele Jahre die Schüler dieser neu zu schaffenden Anstalt angehören sollten. Es müsse geprüft werden, ob man es auch im Zusammenhang mit den finanziellen Schwierigkeiten verantworten könne, auf die Grundschule, die das Kind vier Jahre in Anspruch nehme, noch neun Jahre draufzusetzen oder ob man sich auf acht Jahre beschränken müsse. […]

Beschlussfassung zu Haushaltspositionen.

Kirchliche Fragen. […]

Der Berichterstatter *Rade* führt aus, im großen und ganzen gleiche der jetzige Haushalt dem vorjährigen. Die Verminderung der Ausgaben sei im Wesentlichen durch die Gebiets-

abtretungen bedingt. Er beschränke sich zunächst auf einige allgemeine Bemerkungen.
Es frage sich, in welchem Maße das Prinzip der Trennung von Kirche und Staat künftig durchgeführt werden solle. Der Minister *Haenisch* habe angenommen, daß der Zeitpunkt, in dem man dem Prinzip dieser Trennung nahetreten solle, in dem Augenblick gekommen sei, wo die finanzielle Auseinandersetzung stattfinde. Das habe viel für sich gehabt, und doch bedeute es, daß bis zu einem gewissen Grade die Auseinandersetzung über das Prinzip ad calendas graecas vertagt werde, da die Auseinandersetzung sich noch lange hinziehen würde. Sie sei auch kompliziert durch das Verhältnis Preußens zum Reich, indem nach Art. 138 der Reichsverfassung die Grundsätze für die Auseinadersetzung vom Reich gegeben werden sollten. Dazu bedürfe es wiederum der entsprechenden Grundlagen seitens der Länder. Preußen sei mit diesen Unterlagen noch rückständig, was durch die besonders schwierigen Verhältnisse in Preußen zu verstehen sei. Die finanzielle Auseinadersetzung zwischen Staat und Kirche stoße dann noch auf ein anderes Hindernis, nämlich dieses, daß der Staat nicht in der Lage sei, zu der Auseinandersetzung zu schreiten, weil er nicht die Mittel dazu habe. Die Kirche werde darauf angewiesen sein, an den Staat heranzutreten, daß er mit seinen Zuschüssen nicht karge, und der Staat werde diese Wünsche nach besten Kräften befriedigen müssen. Das werde noch längere Zeit dauern. [...]
Der Minister *Haenisch*: [...]
Bezüglich des Verhältnisses von Staat und Kirche gebe er folgende Erklärung ab:
Die Reichsverfassung sieht bekanntlich in ihrem Artikel 137 eine grundlegende Neuregelung des Verhältnisses von Staat und Kirche vor. [...]
Die wesentliche Änderung unserer Steuergesetzgebung durch das Eingreifen des Reiches hat auch eine Änderung des kirchlichen Steuerwesens notwendig macht. Sie ist teilweise schon erfolgt, zum Teil schweben noch die dicht vor dem Abschluß stehenden Verhandlungen.
Die fortschreitende Entwertung des Geldes hat auch die Geistlichen beider Bekenntnisse in teilweise sehr bedrückte Lage gebracht. Auf Anregung der Kultusverwaltung hat die Finanzverwaltung in großzügiger Weise der entstandenen Not durch Bereitstellung beträchtlicher Mittel zur Erhöhung der Staatsleistung zugunsten der katholischen und evangelischen Kirche Rechnung getragen. Die Kultusverwaltung ist auch ferner bereit, berechtigte Wünsche der kirchlichen Verwaltungen auf diesem Gebiet nach Möglichkeit zu unterstützen.
Beschlussfassung zu Haushaltspositionen.
Einzelheiten, u. a. zur Besoldung von Geistlichen.
Bei Kap. 115 *Bistümer und die dazugehörigen Anstalten* bemerkt ein Zentrumsmitglied, es habe bereits vor vierzehn Tagen darauf hingewiesen, daß die Diözesaninstitute, die Domkapitel, die Domtitulare und Stiftsvikare den schwierigen Verhältnissen der Jetztzeit nicht entsprechend dotiert seien.
Ein Ministerialdirektor erwidert, der Finanzminister habe einer ganz erheblichen Erhöhung der Gehälter für die Bischöfe, Dignitare und Domvikare zugestimmt. Im Einvernehmen mit der Finanzverwaltung sollten der Erzbischof von Köln und der Fürstbischof von Breslau

zu ihren bisherigen Gesamteinkommen von je 36.000 M einen persönlichen und widerruflichen Zuschuß von je 12.000 M erhalten, so daß sie mit dem 50 prozentigen Zuschlag zu beiden Summen ein jährliches Gehalt von 72.000 M hätten. Der Bischof von Ermland erhalte künftig 55.500 M, der Bischof von Münster 51.000 M, ebenso der Bischof in Paderborn und der Bischof in Trier, der Bischof in Limburg 45.000 M, der Bischof in Hildesheim 42.000 M, ebenso der Bischof in Osnabrück und der Bischof in Fulda. Bei den Dignitaren von Köln und Breslau sei ein Zuschuß von 10.500 M hinzugetreten, bei den Dignitaren in den übrigen Bistümern ein solcher von 8.000 M. Dazu treten der 50 prozentige Teuerungszuschlag, so daß die Dignitare von Köln und Breslau 27.000 M jährlich erhielten, die übrigen Dignitare 22.500 M jährlich. Die Domherren von Köln und Breslau würden durchschnittlich jährlich 18.000 M,[2] die übrigen Domherren jährlich durchschnittlich 17.250 M bekommen, die Domvikare in sämtlichen Diözesen 9.000 M. [...]
Auch den Stiftspröpsten, Stiftsherren, Weihbischöfen usw. sei eine Erhöhung der Bezüge zuteil geworden.
Ein Mitglied der Deutschnationalen Volkspartei ist über die Erhöhung der Bezüge der genannten geistlichen Herren erfreut. Es würde der Gerechtigkeit und Billigkeit entsprechen, wenn auch die ersten Geistlichen der evangelischen Kirche eine entsprechende Erhöhung ihrer Bezüge erführen.
Der nämliche Ministerialdirektor bittet, die Besoldungsfragen im einzelnen im Besoldungsausschuß weiter zu behandeln. Auch die Gehälter der evangelischen Geistlichen sollten erhöht werden. Die kirchlichen Verwaltungsbeamten hätten die Gehaltserhöhung durch die Gesetze vom 7. Mai bereits bekommen. Die Bischöfe und die anderen geistlichen Herren seien keine Staatsbeamten; für sie müsse eine Sonderregelung eintreten. Für die katholische Kirche liege also keine Vorausleistung vor.
Ein Mitglied der Sozialdemokratischen Partei bemerkt, ihre Freunde müßten sich ihre Stellungnahme zu den Titeln vorbehalten, bis sie wüßten, welche Neben- oder Haupteinnahmen diese Herren aus kirchlichen Mitteln hätten, und ob die Staatsregierung diese auch mit in Rechnung gestellt habe. Auch bei den höchsten geistlichen Würdenträgern müsse gespart werden, soweit es erforderlich sei. Daß die evangelische Kirche gleiche Forderungen anmelde, sei selbstverständlich. [...]
Ein Regierungsvertreter führt aus, bei Kap. 115 handle es sich um Dotationen, die sämtlich auf Vereinbarungen zwischen Preußen und der Kurie beruhten und in drei verschiedenen Bullen niedergelegt seien, die gleichzeitig als Gesetze veröffentlicht seien. Danach seien die geistlichen Herren, in erster Linie die Bischöfe, die Domkapitulare und Domvikare vom Staat besoldet worden, und zwar so, daß diese Besoldung nahezu die ausschließliche Besoldung dieser Herren sei. Die Bischöfe hätten überhaupt keine Nebeneinnahmen gehabt, die Domherren 2.000 bis 3.000 M Nebeneinnahmen, die ihnen auf das staatliche Gehalt

2 *In der Vorlage:* 1.800 M.

angerechnet worden seien. Es habe sich die Notwendigkeit der Erhöhung dieses Gehaltes herausgestellt. Der Staat habe, obwohl er auf dem Standpunkt stehe, daß die Dotation geschlossen sei, gemeint, daß aus politischen und moralischen Gründen die Notwendigkeit vorliege, dem gesunkenen Geldwert Rechnung zu tragen. [...] Insgesamt beliefen sich die Bewilligungen auf 2 Millionen Mark. [...]

Ein Regierungsvertreter ergänzt für die Finanzverwaltung die regierungsseitig abgegebenen Erklärungen. Der Vertreter der Unterrichtsverwaltung habe bereits darauf hingewiesen, daß die Staatsregierung an dem Grundsatz der Geschlossenheit der Dotationen der Bistümer festhalte, wie sie in der Bulle De salute animarum und den Ergänzungsbullen festgelegt seien. Bereits 1905 und 1906 seien mit Rücksicht auf den schon damals gesunkenen Geldwert widerrufliche und persönliche Zuschüsse für die Bischöfe, Dignitare und Domherren gegeben worden. Unter derselben Bezeichnung und unter Festhaltung des Grundsatzes in Bezug auf die Dotationen habe der Finanzminister *Lüdemann* seine Zustimmung zu der Aufbesserung der Bezüge der genannten Geistlichen gegeben, und zwar mit Rücksicht darauf, daß zur Zeit diese Bezüge im wesentlichen die ganzen Einnahmen der betreffenden geistlichen Herren bildeten. Mit diesen Beträgen hätten sie nicht auskommen können. [...]

Ein Zentrumsmitglied hebt hervor, die ursprünglichen Sätze seien in der Vereinbarung zwischen dem Staat und dem päpstlichen Stuhl festgesetzt worden. Damals seien für den Erzbischof von Köln 36.000 M und für den Bischof von Trier 24.000 M vorgesehen gewesen. Diese Sätze seien für die damalige Zeit hoch gewesen, was sich aber daraus erkläre, daß aus diesen Bezügen eine ganze Reihe amtlicher Aufwendungen zu decken gewesen seien, nämlich für einen Geheimsekretär, für die Kanzlei u. a. Dazu komme in Betracht, daß die Amtswohnungen meist fiskalisches Eigentum gewesen und die Unterhaltungskosten dafür zu tragen gewesen seien, soweit sie nicht aus Staatsmitteln bezahlt worden wären.

Die Staatsregierung betone immer das Prinzip der geschlossenen Dotation. Dieses Prinzip sei nicht unanfechtbar. In der damaligen Vereinbarung sei nämlich vorgesehen, daß diese Bezahlungen aus Staatsmitteln an die Bischöfe nur ein Provisorium darstellen sollten, und daß möglichst bald – er glaube 1837 – eine Ablösung dieser Zahlungen durch Zuweisung fiskalischen Grundbesitzes habe erfolgen sollen. Wäre das geschehen, dann würde der Grundbesitz jetzt einen ganz anderen Wert darstellen. Die damalige Zusage sei aber nicht erfüllt worden.

Beschlussfassung zu Haushaltspositionen.

100. Aus dem Bericht zu den Sitzungen vom 30. November und 3. Dezember 1920 des Hauptausschusses der verfassunggebenden Preußischen Landesversammlung. Berlin, 7. Januar 1921.

Druck, gez. Bartels.

Sammlung der Drucksachen der verfassunggebenden Preußischen Landesversammlung (Anlagen zu den Sitzungsberichten), Tagung 1919/21, Bd. 14, Drucksachen Nr. 3823 bis 4093, Berlin 1921, S. 7283-7298, DS Nr. 3947.

Kultusetat. Kunst und Wissenschaft. – Die Auswirkungen der Inflation. – Die Notgemeinschaften der deutschen Wissenschaft und für die Kunst.– Staatszuschuss für den Zoologischen Garten Berlin als gemeinnützige Aktiengesellschaft. – Die Besoldung wissenschaftlicher Hilfsarbeiter an der Preußischen Akademie der Wissenschaften.

Vgl. Einleitung, S. 15, 81 f.

Kultusetat: Kunst und Wissenschaft. [...]
Allgemeine Besprechung.
Der Berichterstatter Abgeordneter Dr. Heß: [...]
Insgesamt weise der Etat 684.839 M an Mehrausgaben auf, was nach der deutschen Valuta an sich schon eine Bagatelle sei und die kritische finanzielle Lage scharf beleuchte. Die Mehrausgabe betrage dabei noch für persönliche, also für ganz unvermeidliche Ausgaben, 378.790 M, so daß für dringliche sächliche Ausgaben nur 304.955 M blieben. Der Etat sei im übrigen sehr sorgfältig aufgestellt. Von Einzelheiten wie der Mitteilung der Kosten für die Müllabfuhr der Hochschule für bildende Kunst und Musik sollte besser abgesehen werden. Der Leiter der Nationalgalerie, Professor Justi, tröste sich im übrigen in einer kleinen Denkschrift damit, daß ihm jetzt wenigstens eine größere Bewegungsfreiheit in seinem eigenen Gebiet geschaffen sei, wozu er ihn beglückwünsche. Professor Justi werde übrigens, wie er überzeugt sei, auf Grund seiner künstlerischen Abgeklärtheit den richtigen Standpunkt gegenüber der modernen Kunst zu finden verstehen. Als erfreulich könne besonders die Erwerbung eines Caspar David Friedrich und eines entzückenden Ludwig Richter vermerkt werden. [...]
Die Theater, die vor einer besonders schweren Krisis ständen, bezeugten einen starken Willen zum Leben, der sich in den hohen Eintrittspreisen äußere, die nicht mehr zu erschwingen seien. Die Gründe, die zu der Erhöhung zwängen, lägen vor allem in den Gagen und Löhnen und nicht zuletzt in der Lustbarkeitssteuer. Dem Mittelstand und [der] Arbeiterschaft werde der Besuch des Theaters hierdurch unmöglich gemacht, abgesehen von den weiteren Unkosten für die Fahrt zum Theater, Garderobe und Theaterzettel, der in der Staatsoper 1,50 M koste. Zur Erhöhung der Kosten und der finanziellen Misere hätten bekanntlich auch der Streik während des Kapp-Putsches und der Elektrizitätsarbeiterstreik

beigetragen. Der Streik im März 1920 solle z. B. Reinhardt ¾ Millionen Mark gekostet haben. Wenn dann das Theater auf das Starsystem mit 200 oder 300 Wiederholungen desselben Stückes verfalle, könne von einer Erziehung des Volks zur Kunst natürlich keine Rede mehr sein. Schillers Schaubühne als moralische Anstalt mute immer mehr wie ein Märchen aus uralten Zeiten an. [...]
Ein Ausschußmitglied (Dd) knüpft an eine Entschließung des Vorjahres an, die die Vollendung der Düsseldorfer Kunstakademie verlangt habe und erklärt die Stellung des Finanzministeriums, die Nebengebäude und das fast fertige Hauptgebäude, gegen die ursprünglichen Pläne wesentlich vereinfacht, erst fertig zu stellen, wenn die Baupreise den Stand von 1914 erreicht hätten, für keine wohlwollende Förderung der rheinischen Kunst. Er würde es sehr begrüßen, wenn die Kunstakademie fertiggestellt würde, die Stadt Düsseldorf werde sich gemäß ihrer übernommenen Pflicht weiter beteiligen. [...]
Wie für die Wissenschaft sei eine Notgemeinschaft für die Kunst notwendig, die im Werden begriffen sei. Ein sprechendes Bild von der Not seien die Eisenbahnwartesäle, die bis 1 Uhr nachts und von 3 Uhr nachts weiter von den jungen Künstlern, die kein Zimmer und kein Bett hätten, als Aufenthaltsraum benutzt würden, die von 1 bis 3 Uhr nachts spazieren laufen müßten; ebenso lege die Benutzung des Asyls für Obdachlose durch Künstler ein beredtes Zeugnis von der Notlage ab. [...]
Die als wissenschaftliche Arbeiter bezeichneten Professoren Einstein und Burdach seien bei der Gehaltserhöhung schlecht fortgekommen, da sie nicht als Staatsbeamte gelten. Professor Burdach habe den Ruf nach Berlin nicht angenommen, da er durch die miserable Bezahlung in den letzten Jahren nicht mehr die Frische aufzuweisen habe, die zur Übernahme eines derartigen Amtes erforderlich sei. Es sei nötig, die beiden Herren zu etatisieren. [...]
Staatssekretär Becker macht folgende statistische Angaben: Für die dauernden Ausgaben der Kunstverwaltung ständen im Hauhalt 5,596 Millionen, die voraussichtlichen Überschreitungen würden 16,8 Millionen betragen, also rund 300 von Hundert. Von den genannten Ausgaben entfielen für Besoldung und andere persönliche Ausgaben 2,8 Millionen, die voraussichtlichen Überschreitungen betrügen 9,658 Millionen, rund 345 von Hundert. Von den zuerst genannten Ausgaben entfielen für Betriebs- und sächliche Zwecke, Reisen, Sammlungen, Landeskunstfonds usw. 2,795 Millionen, die voraussichtlichen Überschreitungen betrügen 7,148 Millonen, also rund 256 von Hundert. Die gesamten dauernden Staatsausgaben seien für 1920 auf 4,716 Milliarden veranschlagt, für die Kunstverwaltung also rund 0,12 von Hundert, d. h. auf je 10.000 M Gesamtausgabe 12 M für die Kunstverwaltung. Die gesamten dauernden Ausgaben für das Ministerium seien auf 271,227 Millionen veranschlagt, so daß auf die Kunstverwaltung rund 2,06 von Hundert entfielen.
Die Notgemeinschaft der Wissenschaft sei eine Gesellschaft, die sich auf der freien Selbstverwaltung aufbaue, die unter dem Präsidenten [!] des früheren Kultusministers Schmidt-Ott stehe. Sämtliche Universitäten und andere wissenschaftlichen Hochschulen des Deutschen Reichs sowie die Akademien und andere wissenschaftliche Verbände hätten sich zusammengeschlossen. Ressortmäßig werde die Angelegenheit vom Reichsministerium des

Innern bearbeitet. Der Zweck sei, dort zu helfen, wo im Gegensatz zu den Hochschulausgaben, die den Ländern vorbehalten blieben, neue, vor dem katastrophalen Geldniedergang nicht gekannte Nöte entständen, soweit sie nicht auf die Voranschläge der Länder übernommen werden könnten. Nach einer Verständigung unter den einzelnen Ländern seien 20 Millionen in den Reichsetat eingesetzt worden. Weiter rechne man auf starke Beiträge aus der Industrie, zu welchem Zweck sich eine Stiftervereinigung der deutschen Notgemeinschaft gebildet habe.
Einzelheiten, u. a. zu den Kartenpreisen in den Theatern, der Waffensammlung im Berliner Zeughaus sowie zur äußerst bedrängten materiellen Lage vieler Künstler.
Ein Ausschußmitglied (Sd) setzt sich mit warmen Worten für die lebenden Künstler ein, von denen eine Unzahl reifer Künstler buchstäblich verhungere. Cäsar Flaischlen sei an den Folgen der allgemeinen Unterernährung gestorben, ferner mache er auf Wolzogen und Arno Holz aufmerksam. […]
Ein Vertreter der Kultusverwaltung führt im Anschluß an die Anfrage über die Maßnahmen für eine Notgemeinschaft für die Kunst aus, daß die Notlage auf allen künstlerischen Gebieten vorliege. Er erinnere nur an die teuren Druckkosten. In Verhandlungen zwischen den Ländern und dem Reichsministerium des Innern und dem Reichsjustizministerium sei in Aussicht genommen, die künstlerische Produktion auf ihrer Höhe zu halten, soweit es denkbar sei; die Verhandlungen würden noch fortgesetzt. Die Notlage der Künstler werde ebenfalls nicht aus den Augen gelassen. Auf Einladung der Reichsregierung finde im Januar eine Sitzung mit den beteiligten Landesregierungen in München statt, auf der es hoffentlich zum Zusammenschluß einer Notgemeinschaft der Kunst komme. Als Mittel ergebe sich die Umgestaltung des Urheberrechts, um beträchtliche Summen aufzubringen. […]
Einzelberatung.
Einzelheiten, u. a. zur Überführung des Zeughauses in Berlin auf das Kultusministerium, zur Preußischen Staatsbibliothek, *zur* Biologischen Anstalt auf Helgoland *sowie zur* Reorganisation der Meßbildanstalt *in* Berlin.
Beschlussfassung zu Haushaltspositionen.
Tit. 32 *Beihilfen und Unterstützungen für Kunst- und wissenschaftliche Zwecke*
Der Berichterstatter *Heß* weist darauf hin, daß dieser Titel des Ordinariums zweckmäßig mit Tit. 104/105 des Kap. 31 im Extraordinarium betrachtet werde. In diesen beiden Titeln sei insgesamt eine Summe von 60.000 M vorgesehen. Tit. 105 solle nach der Erläuterung dazu dienen, den durch die allgemeine Notlage gefährdeten deutschen Kulturbesitz zu schützen, neue Kulturaufgaben zu fördern und der Not unter den Künstlern, Gelehrten und Schriftstellern entgegenzuwirken. Selbstverständlich könne man diese ganzen Zwecke nicht mit 50.000 M erfüllen.
Beschlussfassung zu Haushaltspositionen.
Der Berichterstatter *Heß* führt aus, daß Tit. 114 des Kap. 31 einen einmaligen Zuschuß zur Deckung des Fehlbetrages des Zoologischen Gartens in Berlin im Jahre 1920 verlange. Ihm

sei der Gedanke gekommen, ob man diese 100.000 M nicht zur Verstärkung des Tit. 105 Kap. 31 benutzen könnte. Es bedürfe eines Nachweises der Staatsregierung, wieso der preußische Staat den Zoologischen Garten von Berlin zu subventionieren habe. Es gebe doch noch mehr zoologische Gärten, z. B. in Köln. Wäre die Staatsregierung bereit, auch dort die Fehlbeträge zu decken?

Der Minister für Wissenschaft, Kunst und Volksbildung *Haenisch* erklärt, daß es sich bei dem Zoologischen Garten in Berlin um staatliches Tiergartengelände handle. Daraus ergebe sich, daß der Staat zu dem Berliner Zoologischen Garten eine andere Stellung habe als beispielsweise zu dem auch sehr schönen Zoologischen Garten in Köln.

Der Berichterstatter *Heß* erklärt sich durch diese Auskunft nicht für befriedigt.

Ein Regierungsvertreter bemerkt, das Terrain des Zoologischen Gartens sei seinerzeit vom König dem Aktienverein überwiesen worden. Seitdem sei der Zoologische Garten als eminent gemeinnütziges Unternehmen auch von der Staatsregierung gefördert worden; er habe auch in früheren Jahren schon Unterstützungen erhalten, die aber im Etat nicht in die Erscheinung traten, weil sie aus einem Dispositionsfonds gegeben worden seien. An ähnlichen Unternehmungen hätten auch z. B. die Zoologische Station in Neapel, der Zoologische Garten in Posen Beihilfen erhalten, so daß an sich eine staatliche Unterstützung des Zoologischen Gartens in Berlin nicht außerhalb des Rahmens staatlicher Unterstützung liegen würde. Wegen der Errichtung des Zoologischen Gartens in Berlin auf staatlichem Gelände sei bei dem Aktienverein ein Staatskommissar, ein Beamter des Finanzministeriums, bestellt.

Ein Mitglied der Deutschen Demokratischen Partei bemerkt, daß die Position auf Grund eines Antrages in den Etat hineingekommen sei. Es handle sich bei dem Zoologischen Garten in Berlin um etwas anderes als bei denjenigen in Köln oder Düsseldorf. Der Berliner Zoologische Garten sei ein wissenschaftliches Unternehmen; er sei zusammen mit dem Amsterdamer einer der berühmtesten. Seine Erhaltung sei ein dringendes Bedürfnis.

Der Minister für Wissenschaft, Kunst und Volksbildung *Haenisch* weist auf die große Bedeutung des Zoologischen Gartens hin, die auch die europäische Wissenschaft angehe. Augenblicklich befänden sich in ihm die berühmten Menschenaffen aus Teneriffa, an denen sehr bedeutungsvolle Studien über das Seelenleben der Affen gemacht würden. Diese Studien würden jetzt fortgesetzt. Zum Studium dieser Affen kämen Gelehrte aus aller Welt nach Berlin. Hier lägen in der Tat große wissenschaftliche Interessen vor, die es rechtfertigten, für den Berliner Zoologischen Garten einen Beitrag zu bewilligen.

Der Berichterstatter *Heß* bleibt bei seinem Standpunkt, daß es sich hier lediglich um ein Aktienunternehmen handle, wenn auch ein Vertreter der Staatsregierung als Kommissar bestellt sei. Bei anderen derartigen Gärten sei das genau so. Er sehe nicht ein, warum gerade ein Berliner Institut staatlich unterstützt werden solle.

Ein Mitglied der Unabhängigen Sozialdemokratischen Partei *Cohn* weist darauf hin, daß sich der Berliner Zoologische Garten vor allem in einer großen Notlage hinsichtlich der Erhaltung des Tierbestandes befinde. Ein großer Teil des Tierbestandes sei wegen Futtermangels überhaupt schon eingegangen. Der Zoologische Garten sei gar nicht in erster Linie Geschäftsobjekt; er sei eine gemeinnützige Aktiengesellschaft, die statuarisch jede Gewinnbeteiligung ausschließe, die lediglich den Aktionären ein freies Abonnement für sich und ihre Familienmitglieder eingeräumt habe, was jetzt übrigens auch nicht mehr der Fall sei. Durch die Hergabe des Terrains habe der Staat die gemeinnützige Bedeutung des Unternehmens anerkannt. Mit dem Zuschuß von 100.000 M werde man heutigen Tages unmöglich auskommen. Die Stadt Berlin habe beträchtliche Lasten auf sich genommen, indem sie große Zuschüsse zahle; dafür dürfe sie den Zoologischen Garten als Bildungsmittel der Schüler nutzen. Aus allen diesen Gründen beantrage er die Erhöhung des Beitrages auf 250.000 M.

Ein Regierungsvertreter erklärt, daß die Akademie der Wissenschaften eine Affenstation in Teneriffa für anthropoide Affen gehabt habe. Bei dem Stande der deutschen Mark sei es nicht möglich gewesen, diese Station weiter aufrecht zu erhalten. Man hätte deshalb die Station an die Spanier oder Holländer oder aber das wertvolle Affenmaterial nach Deutschland bringen müssen. Bei der Prüfung dieser Frage sei man auf den Zoologischen Garten gekommen, der gleichzeitig die Möglichkeit biete, dieses Material für die wissenschaftlichen Institute auszunutzen, um so mehr, als der bisherige Leiter der Station *Köhler* am Psychologischen Institut der hiesigen Universität tätig sei. Daraus erweise sich die enge Verbindung, die zwischen den wissenschaftlichen staatlichen Instituten und dem Zoologischen Garten bestände. Deshalb werde auch das Aquarium unterstützt. Es wäre zu überlegen, ob man nicht diese Unterstützung des Zoologischen Gartens in den Fonds des Kap. 122 Tit. 32 hineinfließen lassen könnte. Eine solche Verschiebung würde wohl auch bei der Finanzverwaltung nicht auf Bedenken stoßen.

Der Berichterstatter *Heß* betont, daß die Lage der übrigen zoologischen Gärten genau die gleiche wie die des Berliner Gartens sei. Wenn es sich um eine gemeinnützige Aktiengesellschaft handle, müsse aber ein anderer Weg zur Hilfe gesucht werden. Er könne sich aber nicht damit einverstanden erklären, nun ausgerechnet den Berliner Zoologischen Garten zu unterstützen. Es sei ihm sehr zweifelhaft, ob Anträgen anderer zoologischer Gärten stattgegeben würde. Unter der Voraussetzung der Bereitwilligkeit, ähnlichen Anträgen gleicher Institute Folge zu geben, würde er seinen Antrag auf Absetzung des Titels 114 zurückziehen; andernfalls sei er dazu nicht in der Lage und beantrage Absetzung des Titels und Verstärkung des Titels 115 durch die abgesetzte Summe.

Der Minister für Wissenschaft, Kunst und Volksbildung *Haenisch* bemerkt, daß die etatrechtliche Frage, wo man diesen Posten am besten unterbringe, reine Zweckmäßigkeitsfrage sei. Die Hauptsache sei doch die Bewilligung. Es solle sich nicht um die Unterstützung eines Tiergartens, sondern um Aufwendungen für wissenschaftliche Zwecke handeln, die zufällig mit dem Berliner Zoologischen Garten verbunden seien.

Beschluss, einen Zuschuss von 250.000 M zu gewähren.

Kap. 122

Tit. 32 in Verbindung mit Tit. 104/105 des Kap. 31

Einzelheiten und Geschäftsordnungsdebatte zum Antrag, den zur Unterstützung und Förderung von Künstlern bestehenden Fonds (Kap. 122 Tit. 32) von 387.230 M auf 1 Million Mark zu erhöhen.
Nach Ablehnung des Antrags erfolgt Einigung auf den neuen Antrag [...], die Staatsregierung zu ersuchen, in Kap. 122 den Tit. 32 im nächsten Haushalt, der Notlage der Künstler usw. entsprechend, angemessen zu erhöhen.
Beschlussfassung zu Haushaltspositionen.
Einzelheiten zur Stellung und Besoldung der wissenschaftlichen Hilfsarbeiter an der Akademie der Wissenschaften, darunter die Professoren Einstein und Burdach.
Ein Regierungsvertreter bemerkt, daß die Akademie außer ihren Mitgliedern 11 wissenschaftliche Beamte habe, deren Stellen durch den Staatshaushalt bewilligt seien. Die Besetzung der Stellen sei auf Vorschlag der Akademie durch den Kultusminister erfolgt. Bei den sonstigen wissenschaftlichen Hilfskräften handle es sich um Persönlichkeiten, die bisher aus dem sächlichen Fonds der Akademie bezahlt worden seien. Die Schwierigkeit sei dadurch entstanden, daß sich die Annahme dieser Hilfskräfte bisher nach dem vorhandenen Fonds gerichtet habe und nunmehr durch eine Reihe von Tarifverträgen ein Anspruch der mittelbar oder unmittelbar von seiten des Staates Angestellten entstanden sei, automatisch in bestimmte Gehaltssätze einzurücken. So erhalte einmal die Akademie einen bestimmten Staatszuschuß, und auf der anderen Seite entstehe ein Anspruch dieser Hilfskräfte, in ihren Sätzen erhöht zu werden. Die Staatsregierung habe durch Erhöhung des sächlichen Fonds die Bezüge zu zahlen gesucht. Der Akademie in der Auswahl dieser Kräfte eine gewisse Freiheit zu lassen, scheine ihm unbedenklich. Zweifellos werde das Statut der Akademie den heutigen Verhältnissen nicht mehr in jeder Beziehung gerecht. Andererseits aber dürfe doch nicht verkannt werden, daß die wissenschaftliche Autonomie der Akademien, auch der anderen deutschen Akademien, von größter Bedeutung sei und aufrechterhalten werden müsse. Die Entente schließe sich mit ihren Akademien gegen Deutschland ab. Nehme man den Akademien die Autonomie, und damit ihr als Vertreterinnen der Wissenschaft begründetes Ansehen, so fehle Deutschland jedes Gegengewicht. Wenn man also aus Anlässen wie den vorliegenden an eine Revision des Statuts denken könne, so bitte er doch daran festzuhalten, daß die Akademie eine autonome Vertretung der Wissenschaft bleiben müsse. In den Kreisen der Wissenschaft selbst werde ja viel gegen die Akademien als etwas Überaltertes gesprochen. Wenn es aber darauf ankomme, wirklich repräsentativ die Wissenschaft nach außen zu vertreten, seien dem doch vor allem die Akademien gewachsen, weil sie geschlossene Körperschaften seien.
Beschlussfassung zu Haushaltspositionen.

101. Aus dem Bericht zur Sitzung vom 4. Dezember 1920 des Hauptausschusses der verfassunggebenden Preußischen Landesversammlung. Berlin, 7. Januar 1921.

Druck, gez. Bartels.

Sammlung der Drucksachen der verfassunggebenden Preußischen Landesversammlung (Anlagen zu den Sitzungsberichten), Tagung 1919/21, Bd. 14, Drucksachen Nr. 3823 bis 4093, Berlin 1921, S. 7299-7318, DS Nr. 3948.

Kultusetat. Universitäten und Charité. Technisches Unterrichtswesen. – Die Auswirkungen der Inflation auf verschiedene Haushaltspositionen. – Mögliche Zusammenlegung kleinerer Universitäten. – Der Plan einer sogenannten Arbeiterakademie in Berlin. – Die Lage der Assistenzärzte und der Studenten.

Vgl. Einleitung, S. 15, 16.

Kultusetat. Universitäten und Charitékrankenhaus in Berlin. [...]
Technisches Unterrichtswesen. [...]
Allgemeine Besprechung über Universitäten und Technisches Unterrichtswesen.
Der Berichterstatter für das Kapitel ‚Universitäten', Abgeordneter Cunow, führt aus: Die im Etat angenommenen Summen seien mehr relativ, weil die Besoldungsreform noch nicht berücksichtigt und seit der Aufstellung des Etats eine bedeutende Preissteigerung eingetreten sei. Die außerordentlichen Ausgaben seien nur mit ungefähr 16 Millionen Mark höher angesetzt als im vorigen Jahre, besonders infolge der Mehrausgaben zur Steigerung der Baufonds, und im ordentlichen Etat seien im Kap. 119 nur rund 650 Millionen Mark mehr als im vorigen Jahre eingesetzt.
Schon im vorigen Jahre habe Staatssekretär Becker im Hauptausschuß ausgeführt, daß sich die stetige Steigerung der Ausgaben für Lehr- und Lernmittel zu einer Kalamität auszuwachsen drohe. Trotzdem fordere der Etat für die sachlichen Ausgaben aller Universitäten nur rund 1,3 Millionen Mark mehr als im Vorjahre. Gewiß nötige unsere Finanzlage zu größter Sparsamkeit. Andererseits aber dürfe die Sparsamkeit bei den Ausgaben für Bildungszwecke nicht zu weit gehen. Der Wiederaufbau Deutschlands verlange vor allem eine Förderung der wissenschaftlichen Forschung und Erziehung. Zu diesem Ergebnis komme in erfreulicher Weise auch der Kultusminister Haenisch in seiner Schrift „Staat und Hochschule".[1]
Gegen die in Erwägung gezogene Zusammenlegung von Universitäten sei von verschiedenen Seiten, besonders von Greifswalder Studenten, Protest erhoben worden. Die Staatsregierung sei schwerlich durch Voreingenommenheit gegen die Bildungsbestrebungen zu diesen Erwägungen veranlaßt worden, sondern vielmehr dadurch, daß sie sich größere

1 *Vgl. Anmerkung 1, S. 436 im vorliegenden Band.*

Erfolge verspreche, wenn einige Universitäten, vor allem die an den Grenzen, ausgebaut werden, damit diese dort einen Hort für die deutsche Kultur bilden und ausländische Strömungen besser abwehren könnten. Ob sich allerdings die Zusammenlegung werde durchführen lassen, sei eine andere Frage, weil die Entwicklung der Universitätsstädte zum größten Teil von dem akademischen Leben abhingen. Die Übersiedlung würde auch Erweiterungsbauten bei den größeren Universitäten notwendig machen, die Transporte würden bedeutende Mittel erfordern, so daß es zweifelhaft sei, ob durch Zusammenlegung beträchtliche Ersparnisse gemacht werden könnten.

Besser wäre es vielleicht, an kleineren Universitäten solche Lehrstühle eingehen zu lassen, die in nahe gelegenen Hochschulen gut besetzt seien und für die das Interesse und die Hörerzahl im allgemeinen nicht groß seien. Wenn z. B. in Hamburg die Kolonialwissenschaft besonders gepflegt werde, so erübrige sich, in Kiel oder Greifswald oder Rostock dieselbe Wissenschaft eingehend zu behandeln. Das Orientalische Seminar in Berlin mache auch Lehrstühle für orientalische Sprachen an nahegelegenen kleineren Universitäten ziemlich überflüssig. In dieser Beziehung dürften nicht mehr Rivalitätsgründe den Ausschlag geben, sondern man solle die historische Entwicklung und das Bedürfnis entscheiden lassen.

Die völlige Verschiebung der Preisverhältnisse habe auf die Lage der Studierenden sehr ungünstig eingewirkt. Ein großer Teil der Studenten lebe schlechter als die im gleichen Alter befindlichen Arbeiter; viele Studenten könnten sich nur hin und wieder ein warmes Mittagessen leisten. Die Staatsverwaltung werde sich kaum der Pflicht entziehen können, da einzugreifen. [...]

Auch die Not der Privatdozenten fordere dringende Abhilfe, und es sei begreiflich, daß darüber verschiedene Eingaben eingegangen seien, unter anderem vom Vorstande des Verbandes der deutschen Hochschulen unter Bezugnahme auf dessen Tagung am 19. Oktober 1920 in Jena.

Aber auch alle anderen Gruppen der geistigen Arbeiter seien in einer Notlage, vor allem, weil vielfach an wissenschaftlichen Anstalten Hilfskräfte entlassen worden seien. Der Verband der Deutschen wissenschaftlichen Beamten in Berlin bittet deshalb in einer Eingabe, die Entlassungen möglichst einzuschränken, und in einer anderen Eingabe, an wissenschaftlichen Bibliotheken nur Beamte anzustellen, die das Doktorexamen und ein bibliothekarisches Fachexamen gemacht haben.

Berechtigt seien die Klagen der Volontärärzte in staatlichen Krankenhäusern usw., besonders Berlins. Es handle sich dabei meist um Ärzte, die nach Rückkehr aus dem Felde wegen Mittellosigkeit sich nicht wieder selbständig machen konnten, und um mittellose jüngere Ärzte. [...]

Die Klagen der außerordentlichen etatmäßigen Professoren über zu niedrige Bezahlung seien ziemlich verstummt; dagegen klage man darüber, daß die beabsichtigte und von der Landesversammlung beschlossene Schaffung einer einzigen Klasse von planmäßigen Professuren nicht durchgeführt worden sei. Er *Cunow* halte diese Klagen für durchaus begründet. Am wenigsten durchgeführt sei dieser Beschluß in Berlin, das eine Ausnahme-

stellung einnehme, da hier bisher im ganzen nur sieben oder acht außerordentliche Professuren zu Ordinarien ernannt worden seien. Das stehe mit der Verheißung des Kultusministers im Widerspruch, die er in dem Erlaß vom 17. Mai 1919 gegeben habe. […]
Die intelligentere Arbeiterschaft hege ferner den Wunsch, daß in Berlin eine Arbeiterakademie geschaffen werde, ähnlich wie sie in Frankfurt a. M. geplant sei. In Frankfurt wolle man zunächst 1.000 Arbeiter zu einem zweijährigen Studium aufnehmen. Die Kosten des Lehrbetriebes würden dort Staat und Gemeinde tragen, die Unterhaltskosten für die Schüler würden die Arbeiter-, Beamten-, Technikervereine usw. aufzubringen haben. Der Zweck der Arbeiterakademie sei nicht die systemlose Übermittlung von allerlei Kenntnissen an bildungshungrige Arbeiter, sondern eine systematische Ausbildung von Gewerkschaftsbeamten, Arbeitersekretären, Genossenschaftsbeamten, Verwaltungsbeamten usw. Die Volkshochschule könne eine solche systematische Bildung nicht vermitteln. […]
Der Staatssekretär *Becker* bestätigt, daß die Etatansätze nach dem heutigen Stande der Dinge reine Fiktionen seien, da ja der Etat schon vor 1 ½ Jahren aufgestellt sei. Für die Zukunft werde eine einigermaßen zuverlässige Veranschlagung des gesamten Etats erstrebt. Das sei besonders wichtig, weil die Direktoren der Universitätsinstitute sich in einer fatalen Lage befänden. Sie wüßten von vornherein, daß ihr Etat nicht entfernt ausreichen würde, daß sie ihn überschreiten müßten; infolgedessen werde oft die Sparsamkeit etwas außer acht gelassen.
Die Abbaufrage hängt mit der Finanznot eng zusammen. Zwischen Finanz- und Unterrichtsverwaltung bestehe darüber keine Meinungsverschiedenheit. Ohne eine Planwirtschaft werde es nicht gehen. Die Einführung einer solchen bedürfe aber sorgfältiger Prüfung unter Hinzuziehung von Sachverständigen. […]
Die Hochschulreform habe nicht in dem Tempo in Angriff genommen werden können, wie man es sich zunächst gedacht habe, und zwar weil infolge der katastrophalen wirtschaftlichen Entwicklung zunächst ganz andere Probleme in den Vordergrund getreten seien, z. B. die Besoldungsordnung, die alle Universitätsreferenten ausschließlich in Anspruch genommen habe. Er müsse deswegen dem Vorwurf des Berichterstatters *Cunow* widersprechen, daß zu langsam gearbeitet worden wäre.
Der Not der Privatdozenten sei im großen Umfange dadurch gesteuert worden, daß mit den bescheidenen, zur Verfügung stehenden Mitteln das Mögliche getan worden sei. Mit dem Rückgang der Kaufkraft des Geldes könne allerdings die Universitätsverwaltung nicht Schritt halten. Deswegen sei schon für den nächsten Etat eine erhebliche Erhöhung der Stipendienfonds in Aussicht genommen, die auch schon die Zustimmung des Finanzministers gefunden habe. […]
Ein Vertreter des Unterrichtsministers teilte mit, daß in Berlin Verhandlungen mit namhaften Professoren der Technischen Hochschule stattfänden, um dem Beispiel Frankfurt zu folgen. Wenn der Finanzminister einen Dispositionsfonds zur Verfügung stellte, würden die Verhandlungen wohl zu einem Erfolge führen. […]
Ein Vertreter der Unabhängigen Sozialdemokratie *Cohn* führte aus: […]
Heute habe man allgemein die Notwendigkeit eingesehen, auch für die Universitäten und

anderen Hochschulen die Folgerungen aus der jetzigen Lage Deutschlands und Preußens zu ziehen. Es handle sich um eine finanzielle Wurzel dieser Neueinstellung und um die Zweckbestimmung, eine aufbauende Bevölkerungspolitik zu treiben. Die Vorredner hätten sich nur auf die „Rationalisierung“ aus finanziellen Gründen eingestellt. Die Hochschulen wären vielleicht nicht einfach zu kassieren, sondern Schulen mit höheren Zielen seien im einzelnen zu belassen. In der alten Zeit sei auch ein solcher Versuch in Braunsberg und Münster gemacht worden. Aber mit bloßen finanziellen Erwägungen komme man dabei nicht weiter, sondern man müsse den ganzen Universitäts- und Hochschulapparat auf die erwähnte Zweckbestimmung einstellen. [...]
Ein Regierungsvertreter führt aus: [...]
Die Stellen der planmäßigen Assistenten seien bisher als Einzelstellen nach dem Staatshaushaltsplan durch das Abgeordnetenhaus nach Zustimmung der Finanzverwaltung bewilligt worden, dagegen die Stellen der außerplanmäßigen Assistenten über den durch den Etat festgesetzten Bedarf hinaus auf Antrag des Institutsdirektors durch die Universitätsverwaltung aus deren Dispositionsfonds oder aus eigenen Einnahmen der Institute. Nach der Besoldungsreform hätten die planmäßigen Assistenten so hohe Vergütungen erhalten, daß man Bedenken tragen müsse, den nichtplanmäßigen Assistenten gleich hohe Vergütungen zuteil werden zu lassen. Bei den etwa 200 vorhandenen außerplanmäßigen Assistenten würden unter Zugrundelegung von 12.000 M schon 1,5 bis 2,4 Millionen Mark allein aus Dispositionsfonds aufgewendet werden müssen. Das sei nicht durchführbar. [...] Mit der Vermehrung der Stellen der planmäßigen Assistenten werde die bisherige Last der Dispositionsfonds wenigstens zum Teil den allgemeinen Staatsmitteln auferlegt.
Die Volontärassistenzärzte an den Kliniken seien früher lediglich um ihrer eigenen Ausbildung willen an den Kliniken tätig gewesen. Der Staat habe also keine Veranlassung gehabt, ihnen noch besondere Vergütungen zu geben. Die Unterrichtsverwaltung habe trotzdem durch einen Erlaß, der allerdings in Berlin keine Geltung erlangt habe, daran festgehalten, daß an den Universitäten Volontärassistenten nur mit ausdrücklicher Genehmigung der Unterrichtsverwaltung angenommen werden durften. Jetzt sei eine große Menge jüngerer Mediziner aus dem Felde zurückgeströmt, die aus verschiedenen Gründen – einseitige chirurgische Ausbildung im Kriege, Mangel an Mitteln usw. – noch nicht in die Praxis eintreten könnten. Infolgedessen gebe es jetzt an den Kliniken eine große Zahl von Volontärassistenzärzten, die, wie zugegeben werden müsse, nützliche Dienste leisteten. Die Unterrichtsverwaltung sei nun in der schwierigen Lage, diesen Herren helfen zu sollen, sie hoffe, mit der Finanzverwaltung zusammen das Richtige getroffen zu haben, wenn sie zunächst den Herren in Berlin eine einmalige Vergütung von 1.500 M für ein halbes Jahr aus den außerplanmäßigen Fonds des Finanzministeriums zugebilligt habe, unter der Voraussetzung, daß die Herren an den Kliniken selbständige Tätigkeit ausübten, daß sie in Not seien und daß sie approbierte Ärzte seien. Ob und in welcher Höhe die Unterrichtsverwaltung im nächsten Etat auch andere Universitäten werde bedenken können, werde sich erst bei den Verhandlungen über den Etat von 1921 zeigen. [...]
Einzelbesprechung.

Einzelheiten, u. a. zur Reform der Universitäten *und zusätzlichen Lehrstühlen, zur* Zulassung von ausländischen Studenten, *zur* Arbeiterakademie in Berlin, *zum Ausbau der* Technischen Hochschulen.

Einzelheiten zur Erhöhung der Beihilfen und Unterstützungen für Studenten von 74.696 M auf 300.000 M.

Der Vertreter der Finanzverwaltung: […] Die gegenwärtigen finanziellen Schwierigkeiten machten die Prüfung zur Pflicht, ob eine solche Ausgabe wirklich unvermeidlich sei. Für die vorliegende Frage spielten Staatsmittel überhaupt nur noch eine ganz geringe Rolle. Die Hauptmittel für diesen Zweck seien bei den Universitäten vorhanden, jetzt vielleicht jährlich ¾ Millionen [Mark]. Im Jahre 1919 habe der Landtag 80.000 M außerordentliche Verstärkung bewilligt. Mit diesen Mitteln und den im Kriege gemachten Ersparnissen habe die Unterrichtsverwaltung bis jetzt auskommen können, so daß für 1920 seitens des Fachressorts gar kein Antrag gestellt zu werden brauchte. Für 1921 dagegen sei der Finanzminister bereit, sich einem entsprechenden Antrage des Kultusministeriums anzuschließen. Mit Rücksicht auf diese Umstände und die Unmöglichkeit der Deckung müsse von der jetzigen Erhöhung der Summe abgesehen werden.

Beschlussfassung zu Haushaltspositionen.

102. Aus dem Bericht zu den Sitzungen vom 7. und 9. Dezember 1920 des Hauptausschusses der verfassunggebenden Preußischen Landesversammlung. Berlin, 7. Januar 1921.

Druck, gez. Bartels.

Sammlung der Drucksachen der verfassunggebenden Preußischen Landesversammlung (Anlagen zu den Sitzungsberichten), Tagung 1919/21, Bd. 14, Drucksachen Nr. 3823 bis 4093, Berlin 1921, S. 7319-7337, DS Nr. 3949.

Kultusetat. Provinzialschulkollegien. Prüfungsämter. Höhere Lehranstalten. – Die Erhöhung des Schulgeldes für die höheren Schulen und die sozialen Auswirkungen. – Die Entwicklung des höheren Mädchenschulwesens.

Vgl. Einleitung, S. 15, 81 f.

Kultusetat. Provinzialschulkollegien. […]

Prüfungsämter. […]

Höhere Lehranstalten. […]

Allgemeine Besprechung.

Der Berichterstatter über ‚E. Provinzialschulkollegien', Abgeordneter Dr. Gottschalk (Gummersbach) führte aus, daß die in den Haushalt eingesetzten Zahlen wohl wegen der

neuen Besoldungsordnung eine Änderung erfahren müßten. Soweit jetzt schon Veränderungen gegen den vorjährigen Haushalt erschienen, seien sie eine Folge des Dienstalters, des Mehrbedarfs und der Gebietsabtretungen. [...]
Der Berichterstatter zu ‚H. Höhere Lehranstalten', Abgeordneter Oelze, ging ebenfalls auf die im Haushalt angesetzten Zahlen nicht ein, da sie nur rein fiktiven Wert hätten. [...]
Ein besonders trübes Gebiet sei das der Erhöhung des Schulgeldes an den höheren Lehranstalten auf 500 M. Man könne das eine geistige Hungerblockade des Mittelstandes nennen. Ihm werde das einzige genommen, was er seinen Kindern noch gewähren könnte, nämlich ihnen eine gute Ausbildung mit auf den Weg zu geben. Rechne man die Unkosten für die Bücher hinzu, so komme man bei vier Kindern auf Unkosten für den Schulbesuch, die 12 bis 13 von Hundert eines Einkommens von 20.000 M ausmachten. Diese Schulgelderhöhung sei ein einseitiger unsozialer Faktor. Sei eine Erhöhung nicht zu umgehen, so müsse eine Stafflung oder eine Befreiung eingeführt werden, so daß das dritte Kind ganz schul[geld]frei und bei dem zweiten Kinde eine Ermäßigung eintrete. In Hamburg werde sowohl nach der Zahl der Kinder als nach dem Einkommen gestaffelt. Daß der Mittelstand dieses Schulgeld nicht zahlen könne, ergebe sich auch daraus, daß die Unterernährung gerade in den Schichten des sogenannten gebildeten Mittelstandes am allergrößten sei. [...]
Der Erlaß des Ministers vom 10. Oktober über die Gewährung von Staatszuschüssen habe bei den Städten lebhaften Widerspruch erweckt. Es sei danach vorgesehen, daß die Hälfte der Stellen vom Staate besetzt werden könnte, daß die staatliche Verwaltung eingeführt werden könne, und außerdem könnten noch eine Reihe weiterer Bedingungen an die Gewährung von Zuschüssen geknüpft werden. Gewiß könne der Staat bei Gewährung von höheren Zuschüssen größere Ansprüche stellen, aber man sollte die Freudigkeit der Städte an ihrem Schulwesen dadurch nicht beeinträchtigen. [...]
Ein Regierungsvertreter führte aus: [...]
Die Erhöhung des Schulgeldes könne niemand so sehr beklagen wie die Unterrichtsverwaltung selbst, doch seien die Städte dabei vorangegangen, und die Folge sei gewesen, daß in diesen Städten die staatlichen Anstalten von Schülern überflutet worden seien. Man habe deshalb auch hier das Schulgeld erhöhen und den Städten vorschreiben müssen, daß sie über diese Sätze nicht hinausgehen dürften. Wenn man diese Einnahmequelle nicht benützte, würden noch viel mehr Anstalten zugrunde gehen. Wie Unbemittelten zu helfen sei, müsse im Einzelfall erwogen werden. Die Unterrichtsverwaltung werde da mit dem größten Wohlwollen vorgehen.
Der Minister *Haenisch* bezeichnete den Abbau der höheren Lehranstalten als eine der fatalsten Maßnahmen, zu der sich die Unterrichtsverwaltung unter dem Zwange der Verhältnisse habe entschließen müssen. Es gebe in Preußen eine Reihe von höheren Schulen, die weit unter 100 Schüler hätten, und eine weitere Anzahl kleinerer höherer Schulen, die unmittelbar nebeneinander lägen. Bei dem Abbau solle das größte Gewicht darauf gelegt werden, daß wertvolle Anstalten mit großer historischer Vergangenheit erhalten blieben. Es sollten durchaus nicht alle kleinen Städte der höheren Bildungsanstalten beraubt werden.

Die Unterrichtsverwaltung habe zunächst die Provinzialschulkollegien aufgefordert, bis zum 15. Dezember über den Stand der höheren Lehranstalten in den Provinzen zu berichten und genaue Vorschläge über die Möglichkeiten von Zusammenlegungen, Umänderungen, Auflösungen und dergleichen zu machen. [...]
Ein Redner der Deutschen Demokratischen Partei wandte sich gegen die Erhöhung des Schulgeldes auf 500 M, die dem Geiste der neuen Verfassung widerspreche. Gewiß seien die Städte mit der Erhöhung des Schulgeldes vorangegangen, aber die Regierung hätte das nicht zu dulden brauchen, und andererseits habe sie auch darauf hingewirkt. So sei zum Beispiel die Gewährung von Zuschüssen an die Berliner Privatlyzeen, die für Berlin eine Notwendigkeit seien, von einer Erhöhung des Schulgeldes abhängig gemacht worden. Dieses Verfahren widerspreche nicht nur der Verfassung, sondern auch den Grundsätzen der Demokratie und des Sozialismus. Das Verhalten der Regierung sei um so verwunderlicher, als im vorigen Jahre ein Antrag gegen Erhöhung des Schulgeldes angenommen und auch in diesem Jahre von ihm ein Antrag eingebracht worden sei, wonach eine Erhöhung des Schulgeldes nicht ohne Einwilligung der Landesversammlung vorgenommen werden sollte, dessen Annahme sicher zu erwarten gewesen sei. Wenn man ungezählte Milliarden für Luxuswaren ausgeben könne, müßte man auch die Mittel für die Bildung haben. Besonders schwer würden durch die Schulgelderhöhung Eltern mit mehreren Kindern betroffen. Diese Erwägungen hätten gerade dazu geführt, die Unentgeltlichkeit des Unterrichts auch an den höheren Schulen zu verlangen. So weit wollten seine Freunde nicht gehen. [...]
Einzelheiten, u. a. zur Umwandlung der Kadettenanstalten in nichtmilitärische Anstalten *und den Auseinandersetzungen um die Anstalt in* Lichterfelde.
Eine Rednerin der Deutschen Volkspartei[1] wies darauf hin, daß die Etats der höheren Lehranstalten für die männliche Jugend von 1914 an liefen und noch bis 1923 laufen sollten. Da durch die Geldentwertung die angesetzten Mittel aber so klein geworden seien, daß sie gar keine Bedeutung mehr hätten, sollten die Etats schon früher neu eingesetzt werden. [...]
Die Etats für die Mädchenschulen wichen schon früher sehr von denen für die Knabenschulen ab. Das Verhältnis sei dadurch noch ungünstiger geworden, daß eine Reihe von Posten, z. B. für die Luisen-Stiftung und ferner zur Unterhaltung nichtstaatlicher höherer Lehranstalten für die weibliche Jugend abgesetzt oder niedriger angesetzt worden sei. Es sei eigenartig, daß die dadurch ersparten 100.000 M nicht als Mehr zu sonstigen Ausgaben für die höheren Lehranstalten für die weibliche Jugend eingesetzt worden seien. Die Gesamtsumme für die Knabenschulen sei trotz aller ungünstigen Verhältnisse 1 Million Mark höher als im Vorjahre, während der Etat für das Mädchenschulwesen mit 53.000 M weniger abschließe. Ersparnisse aus einem Teil des Mädchenschulwesens sollten auch dem Mädchenschulwesen zugute kommen. [...]
Ein Redner der Deutschen Demokratischen Partei: [...]

1 *Vermutlich Elisabeth Spohr von der Deutschnationalen Volkspartei.*

Nach einem Erlaß des Finanzministers vom 19. Juli sollten Überstunden nicht mehr vergütet werden. Dieser Erlaß sei von U III[2] veröffentlicht, aber auch an die Direktoren der höheren Schulen gegangen. Es scheine also die Absicht zu bestehen, ihn auch dort zur Geltung zu bringen. Die Bemerkung in dem Erlaß, daß die Kraft der Lehrer wegen der Ferien nicht genügend ausgenutzt erscheine, finde lebhaften Widerspruch bei der Lehrerschaft, die sich im Gegenteil ganz reichlich ausgenutzt fühle. Der Minister für Handel und Gewerbe *Fischbeck* halte es für selbstverständlich, daß den Lehrern an den Gewerbeschulen für besondere Leistungen besondere Vergütungen gewährt werden müßten. Die Verfügung müsse gründlich nachgeprüft werden. [...]
Ein Vertreter der Unterrichtsverwaltung: [...]
Was die Vergütung der Überstunden angehe, so habe der Minister *Haenisch* bereits zugesagt, die Angelegenheit noch einmal zu prüfen. Die Abteilung für das höhere Schulwesen stehe auf dem Standpunkt, daß die Nichtvergütung der Überstunden die Anstaltsleiter vor die allergrößten Schwierigkeiten stelle und daß der Schulbetrieb dadurch nicht verbilligt, sondern verteuert werden würde. [...]
Eine Vertreterin des Zentrums wies darauf hin, daß sie gehört habe, daß das Reich sich weigere, Mittel zur Durchführung der Verfassung zur Verfügung zu stellen und der Minister erklärt habe, daß er selbst Mittel nicht besitze, so daß dadurch der Abbau der Unterstufe der Lyzeen sehr gehindert werde.
Rednerin fragte sodann, was die Unterrichtsverwaltung zu tun gedenke, um die Notlage der nichtstaatlichen höheren Lehranstalten einigermaßen zu beseitigen, und betonte, daß auch die Privatschulen in äußerst schwieriger Lage seien. Ihre Freunde beantragten, den anerkannten Schulen auch öffentlichen Charakter zu verleihen. Sie hätten zum Teil schon das Recht, Prüfungen vorzunehmen, aber die Lehrer dürften z. B. nicht die Amtsbezeichnung der Lehrer an öffentlichen Schulen führen.
Sodann forderten ihre Freunde Mittel zur Unterstützung der Privatschulen. [...]
Die Klosterschulen sollten nicht anders behandelt werden wie [!] sonst Privatschulen. Es sei hier bei den Teuerungszulagen ein Unterschied gemacht worden, indem diese an Ordensangehörige gegeben worden seien. [...]
Ein Vertreter der Finanzverwaltung führte aus, über die finanzielle Beteiligung des Reiches an der Ausführung des Schulgesetzes schwebten noch Verhandlungen, auf deren baldigen günstigen Ausgang man hoffe.
Die Finanzverwaltung sei gern bereit, das Mädchenbildungswesen zu fördern. Hierbei müßten öffentliche und private Schulen unterschieden werden. Man sei einhellig der Meinung, daß die öffentlichen Schulen weiter unterstützt werden müßten. Da nach dem neuen Besoldungsgesetz mit den im Haushalt eingestellten Beträgen nicht auszukommen sein werde, werde man trotz der Finanznot weitere Beträge einstellen müssen. Was die privaten

2 *Kürzel für die Abteilung Volksschulwesen im Kultusministerium.*

Lehranstalten angehe, so solle in allernächster Zeit mit dem Preußischen Städtetag verhandelt werden, wie man den Wünschen der Beteiligten am besten entsprechen könne. Die Finanzlage gestatte es natürlich nicht, private Anstalten in großem Umfange auf den Staat zu übernehmen, so daß nur die Verstaatlichung zweier Lyzeen in Frage komme. Die eine dieser Anstalten sei als Ersatz für die Luisen-Stiftung gedacht, die praktisch und rechtlich dadurch eingegangen sei, daß sie in den Machtbereich der Polen gelangt sei. Trotz schwerer Bedenken sei die Finanzverwaltung bereit gewesen, angesichts der überragenden Bedeutung Königsbergs und der dortigen nicht sehr glücklichen Schulverhältnisse das Szit[t]nick'sche Privatlyzeum zu verstaatlichen und die Anstalten in vollem Umfange auszubauen. Zu den einmaligen Ausgaben habe Königsberg einen Zuschuß geleistet, während die laufenden Ausgaben der Staat allein trage. Die zweite Anstalt, die verstaatlicht werden solle, sei das Gertrauden-Lyzeum in Dahlem. Von der Entwicklung der Finanzen würden die weiteren Entschließungen abhängen müssen. [...]
Die höheren Töchterschulen seien Mittelschulen, gehörten zu den Kapiteln „Volksschulen" und erhielten Zuschüsse aus Kap. 121 Tit. 34. Eine rechtliche Verpflichtung zur Unterhaltung dieser Mädchenmittelschulen oder zur Beitragsleistung sei bisher in keiner Weise anerkannt worden und könne auch für die Zukunft nicht übernommen werden. Auf der anderen Seite werde nicht verkannt, daß den Anstalten in dieser schwierigen Zeit geholfen werden müßte. Streitig seien nur der Kreis der Anstalten und das Maß der Unterstützung. Da die Mittel für die Privatmädchenschulen nicht ausgereicht hätten, seien erneut dreiviertel Millionen Mark angefordert worden. Die Finanzverwaltung habe auch wiederholt erklärt, daß die Gehaltsbezüge und die Versorgung der Mittelschullehrerinnen gesetzlich gesichert werden sollten.
Auch eine Unterstützungspflicht für die Lyzeen sei nie anerkannt worden. Im Jahre 1916/17 habe der Staat die Hälfte des Fehlbetrags, der nicht durch eigene Einnahmen habe gedeckt werden können, auf den Staat übernommen unter der Voraussetzung, daß eine andere Partei die andere Hälfte übernehme. Der gleiche Weg sei mit den 150prozentigen Teuerungszuschlägen beschritten worden. Dieses Verfahren könne aber nicht länger beibehalten werden, weil nach dem Gesetz vom 7. Mai 1920 die Teuerungszulagen nicht mehr gewährt werden können. Trotzdem habe die Finanzverwaltung geglaubt, hier einen weiten Spielraum zulassen zu müssen, so daß die Beunruhigung der Träger der Schulen und der Lehrer nicht nötig gewesen sei. Da leider bis zum 1. Oktober neue Grundsätze für die Unterstützung der Lyzeen nicht hätten aufgestellt werden können, habe die Finanzverwaltung zugestanden, daß das bisherige Verfahren auch für das Rechnungsjahr 1920 in Kraft bleiben solle. Es seien 4 Millionen Mark zur Verfügung gestellt, doch fürchte man, daß man auch hiermit nicht auskommen werde. Es sei dies eine Parallelaktion zu der Unterstützung der öffentlichen Lyzeen. [...]
Hildegard Wegscheider von der Sozialdemokratischen Partei: [...]
Sie gebe zu, daß mit einem Antrag die Unterstützung der Privatschulen nicht zu regeln sei, doch vermisse sie ein genügend scharfes Vorgehen der Unterrichtsverwaltung. Der Nor-

malvertrag zwischen den Leitern der Privatschulen und den Lehrkräften sei noch immer nicht vorhanden und ebenso sei die rechtliche und wirtschaftliche Lage der Angestellten der Privatschulen noch nicht genügend geschützt. Unterstützung könne nur den Schulen gewährt werden, für die sich ein wirkliches Bedürfnis herausgestellt habe. Ob die Mittel aus der Unterstützungskasse oder aus einem Dispositionsfonds gegeben würden, sei dann gleichgültig. [...]

Einzelbesprechung.

Einzelheiten, u. a. zu verschiedenen Disziplinarfällen, zur Anstalt in Lichterfelde *sowie zur wiederholten* Hakenkreuzpropaganda *an höheren Schulen.*

Beschlussfassung zu Haushaltspositionen.

Der Minister *Haenisch* wandte sich dagegen, daß die Landesversammlung sich in die Festsetzung des Schulgeldes selbst einmische. Es sei das eine sehr weittragende Verwaltungsmaßnahme, und er möchte wegen der Folgen davor warnen, daß das Parlament sich in die Verwaltungsmaßnahmen hineinmenge. Er weise auf die gestrigen Ausführungen des Ministerialdirektors über das Schulgeld hin, der dargelegt habe, daß die Unterrichtsverwaltung auf die städtischen Schulen in dieser Beziehung keinen Einfluß habe.

Ein Vertreter der Deutschen Demokratischen Partei blieb trotzdem bei seinem Antrage. Zunächst sei die Erhöhung des Schulgeldes auf die städtischen Schulen von der Unterrichtsverwaltung geduldet worden. Und dann handle es sich nicht um reine Verwaltungsmaßnahmen, sondern um Besteuerung eines Teils der Bevölkerung, der wirtschaftlich nicht leistungsfähig sei.

Der Minister *Haenisch* erwiderte darauf, daß nach einer Entscheidung der obersten Verwaltungsbehörde die Schulgelder keine Steuern, sondern Gebühren seien. Auch ihm sei die Erhöhung des Schulgeldes im höchsten Maße unangenehm, aber sie lasse sich nicht umgehen, da Deckung für die Ausgaben geschaffen werden müsse.

Ein Vertreter der Finanzverwaltung bat auch um Ablehnung des Antrages. So schmerzlich auch die Erhöhung des Schulgeldes sei, so lasse sie sich nicht umgehen. Um sie erträglicher zu gestalten, habe man für die staatlichen und städtischen Anstalten eine mittlere Linie gefunden. Bedürftigen und Minderbemittelten sollten nach Möglichkeit Erleichterungen gewährt werden, auch seien bereits 10 von Hundert Freistellen geschaffen worden. Ebenso könnte Abhilfe geschaffen werden, wenn sich die Kommunalverbände zusammentun und auf Grund des Artikels 146,3 der Reichsverfassung selbst Freistellen schafften.

Der Minister *Haenisch* bemerkte noch, er persönlich stehe der Abstufung des Schulgeldes nach Kinderzahl und Einkommen außerordentlich freundlich gegenüber, doch habe sich noch keine endgültige Regelung schaffen lassen. Die Verhandlungen zwischen der Unterrichtsverwaltung und der Finanzverwaltung sollten in dieser Beziehung demnächst wieder aufgenommen werden.

Nach einem Hinweise des Vertreters der Finanzverwaltung darauf, daß sich die Staffelung in Hamburg nicht recht bewährt habe, da bei Einkommen von 20.000 M Sätze erhoben würden, die weit über die preußischen Sätze hinausgingen, bemerkte der Minister noch, daß er vor einer allgemeinen Regelung auch warnen möchte, es aber immerhin für denkbar halte, daß man in Preußen andere Erfahrungen als in Hamburg machen könne. Er wolle zunächst mal in einigen Orten einen Versuch machen. Die große Gefahr, daß die bildungstragenden Schichten geistig durch zu hohes Schulgeld depossediert werden, erkenne er ohne weiteres an.

Beschlussfassung zu Haushaltspositionen.

103. Aus dem Bericht zu den Sitzungen vom 10. und 13. Dezember 1920 des Hauptausschusses der Verfassunggebenden Preußischen Landesversammlung. Berlin, 8. Januar 1921.

Druck, gez. Bartels.

Sammlung der Drucksachen der verfassunggebenden Preußischen Landesversammlung (Anlagen zu den Sitzungsberichten), Tagung 1919/21, Bd. 14, Drucksachen Nr. 3823 bis 4093, Berlin 1921, S. 7338-7359, DS Nr. 3950.

Kultusetat. Volksschulen. Allgemein. – Die geplante Reform der Lehrerbildung. – Die Bedeutung der Volkshochschulen und ihre Rolle in Schleswig-Holstein. – Die schlechte Lage der Junglehrer und die Frage einer möglichen Entlassung verheirateter Lehrerinnen.

Vgl. Einleitung, S. 15, 81 f.

Kultusetat. Volksschulen. […]

Allgemein. […]

Allgemeine Besprechung.

Der Berichterstatter, Abgeordneter König, führte aus: Die staatliche Kulturpolitik, die sich auf die große Masse des Volkes zu erstrecken habe, müsse bei der Bevölkerung Entgegenkommen finden. Bedauerlicherweise sei dafür jedoch in manchen Schichten noch kein Verständnis vorhanden oder nur zum Teil. Unsere heranwachsende Jugend befinde sich körperlich, seelisch und geistig in einer Notlage. Es müsse deshalb die vornehmste Aufgabe sein, mit allen Mitteln diese Jugend körperlich und seelisch zu fördern und sie körperlich nicht zu überanstrengen, damit sie ihren geistigen Aufgaben gewachsen sei. Wenn daher der Pommersche Landbund in einer Eingabe an den Regierungspräsidenten stärkere Ausnutzung der Arbeitskraft der Schulkinder für landwirtschaftliche Arbeiten verlange und vorschlage, den Unterricht im Sommer von 6 bis 9 Uhr morgens stattfinden zu lassen, so führe das dazu, daß es mit der Schulpolitik nicht aufwärts, sondern abwärts gehen würde. Mit Rücksicht auf die Not der Kinder müsse der Staat auch für die vorschulpflichtigen Kinder durch Kindergärten usw. sorgen. […]

Einzelheiten zur Schulreform.

Ein Vertreter der Unterrichtsverwaltung führte aus: […]

Ehe Preußen entscheidende Schritte in bezug auf die Lehrerbildung tun könne, müsse das Reichsgesetz abgewartet werden. Für die preußische Unterrichtsverwaltung lägen die Richtlinien im großen und ganzen fest, und namentlich glaube man sicher zu sein, daß die Kosten der neuen Bildung nicht größer als die jetzigen, vielleicht sogar niedriger sein würden. Alle Anregungen, die Lehrerbildung so auszugestalten, daß man zu 7– oder 8 stufigen Seminaren komme, würden zur Folge haben, daß die Kosten erheblich höher werden würden, als wenn die Absichten der Regierung durchgeführt werden könnten. Die Unterrichtsverwaltung habe im preußischen Staatsministerium sehr ernst betont, daß die Frage der Lehrerbildung eine grundlegende Frage für unser ganzes Unterrichtswesen sei. Die Lehrer müßten nicht nur besser bezahlt, sondern vor allem auch besser vorgebildet werden. […]

Die Unterrichtsverwaltung habe es lebhaft bedauert, daß es nicht möglich gewesen sei, für die Volkshochschulen nicht mehr als 150.000 M einzusetzen. Für diese Zwecke müßten trotz der traurigen Finanzlage Mittel da sein.

Mit den 150.000 M könne keine Volkshochschule nennenswert unterstützt werden, sie müßten im wesentlichen für die staatlichen Lehrgänge, von denen bisher sieben abgehalten worden seien, verwendet werden. Man beabsichtige, in kleinen Kreisen Menschen in die Gedanken der Volkshochschule einzuführen, in dem Sinne, wie die Unterrichtsverwaltung es verstehe, um so den Volkshochschulrummel zu vermeiden, der soviel Unglück angerichtet habe. Er verweise da auf den Erlaß vom 26. März 1920, in dem ausgeführt sei, daß die Volkshochschulen sich noch nicht bewußt seien, daß sie Erweckerinnen eines neuen Volksbewußtseins sein sollten. Ein Erlaß, der in den nächsten Tagen herausgegeben werde, solle das Verhältnis zwischen Volkshochschule und Universität besonders behandeln. Die Unterrichtsverwaltung habe die Stellen des Beraters für Volkshochschulen in Beratungsstellen an den Universitäten umgewandelt. Für das laufende Jahr müsse mindestens eine Verdopplung der Mittel erreicht werden, denn man könne auf die Dauer nicht allen Volkshochschulen, die wirklich gute und tiefe Arbeit leisteten, die Unterstützung versagen, und könne nicht alles auf die Städte abwälzen. Besonders müßten die Volkshochschulen im Rheinland und in Schleswig-Holstein unterstützt werden, zumal auch von dänischer Seite dafür große Mittel aufgewendet würden. Für das nächste Haushaltsjahr sei ein Betrag von 900.000 M angemeldet worden.

Einzelheiten zur Durchsetzung der Hauptamtlichkeit bei der Schulaufsicht.

Ein Vertreter der Unterrichtsverwaltung wies darauf hin, daß sowohl in größeren als in mittleren Städten sich ein starkes Bedürfnis nach Volkshochschulen geltend gemacht habe, so daß die Arbeit als fruchtbar anzusehen sei. Man sei hierbei weit davon entfernt gewesen, zu viel zu reglementieren oder zu bürokratisieren, sondern habe den Grundsatz aufgestellt, intensiv zu arbeiten und nicht quantitative, sondern qualitative Bildung zu vermitteln. Es habe sich ein neuer Typ herausgebildet gehabt, dem zunächst noch die Form der Arbeitsgemeinschaft gefehlt habe, man habe aber allmählich eingesehen, daß es nicht darauf ankomme, große Massen durch Vorträge zu beeinflussen, sondern daß in kleinen Arbeitsgemeinschaften jahrelang bestimmte Gegenstände fortlaufend studiert werden müßten. Die Volkshochschulen müßten scharf gegen die Partei- und Fachschulen abgegrenzt werden. Die begehrtesten Fächer an den Volkshochschulen seien Philosophie und Volkswirtschaft. Es trete allmählich eine Entleerung der Formel hervor und man suche, die Schlagworte wieder in ihrem tieferen Sinn zu erfassen. In der qualitativen Bewertung des Gebotenen komme man zu einer Volkshochschule, die nicht Modesache sei.

Der Volkshochschullehrer, den die Unterrichtsverwaltung sich wünsche, müsse erst noch geschaffen werden. Man suche sich streng paritätisch aus allen Parteien und Richtungen aus den Kursen die Leute heraus, die Tieferes wollten, und habe auch in der Auswahl der Referenten vollste Parität walten lassen. Die Verwaltung habe auch mit den Vertretern der extremen Rechten und Linken Verbindungen angeknüpft und sich dahin geeinigt, daß diese polyphone Form der Volkshochschule das Normale sein solle, wenigstens in den Städten. Dagegen habe man z. B. in rein lutherischen Gegenden diesen Typ der polyphonen Volkshochschule nicht erzwingen wollen.

Leider seien die Mittel nur gering, es könnten nur die dringendsten Kurse damit bestritten werden. Die Volkshochschule werde mit der Zeit eine Kulturarbeit ganz eigener Art werden, nicht verquickt mit politischen Gesichtspunkten, sie werde immer indirekt auf die Massen wirken. Es solle ein spezifisch deutscher Typ der Volkshochschule geschaffen werden, doch brauche man dazu mehr als 150.000 M.

Ein anderer Vertreter der Unterrichtsverwaltung: [...] Er weise darauf hin, daß der dänische Reichstag für die Arbeit in der deutschen zweiten Zone Nord-Schleswigs eine Million Mark bewilligt habe. Die Arbeit, die von Dänemark bisher in der ersten Zone getrieben worden sei, solle in der zweiten Zone fortgesetzt werden. Dieser dänischen Arbeit müsse deutsche Kulturarbeit entgegengesetzt werden. Besonders erfreulich sei, daß die Absicht bestehe, von dem 144 Millionen-Fonds 6 Millionen Mark für Volkshochschulen bereitzustellen. [...]

Ein Vertreter der Finanzverwaltung wies darauf hin, daß die Gesetzentwürfe auf dem Gebiete der Schulpolitik nur einen kleinen Ausschnitt aus dem allgemeinen Komplex der finanziellen Auseinandersetzung des Preußischen Staates mit dem Reiche bildeten. Gegenwärtig fänden Verhandlungen statt, die von weittragender finanzieller Bedeutung seien. Bei dieser Auseinandersetzung kämen als rechtliche Grundlagen einmal der Art. 144 der Reichsverfassung in Betracht, der die Beteiligung des Reiches vorsehe, und zum andern die Bestimmungen des Landessteuergesetzes, nach denen das Reich auch unter gewissen Bedingungen den Ländern Beiträge zu zahlen habe. [...]

Ein Regierungsvertreter erklärte, die Unterrichtsverwaltung habe die ungeheuren Preise für Neudrucke angesichts der Papierpreise und Herstellungskosten mit Sorge verfolgt. Verhandlungen wegen Überlassung von Papier zu billigem Preis seien noch nicht abgeschlossen. Die Unterrichtsverwaltung habe die Absicht, Richtlinien für die Lehrmittel an den Volksschulen herauszugeben. Hindernd ständen die Bestimmungen der Reichsverfassung

entgegen, wonach die Lehrmittel für die Volksschulen unentgeltlich sein sollten, so daß man sich fragen müsse, ob man den beteiligten Gewerbekreisen noch Neudrucke zumuten dürfe, die nachher keine Verwendung mehr fänden. Es sei unmöglich, die Lesebücher in kurzer Zeit von Grund auf umzugestalten, insbesondere aber seien bereits die Lesestücke beseitigt, die mit dem Wesen des heutigen Volksstaates in Widerspruch ständen. Man könne nicht die bisherige Tendenz nur durch eine neue Tendenz ersetzen. Grundsatz müsse sein, daß sich das Lesebuch jeder politischen Beeinflussung der Kinder enthalte. [...]
Einzelbesprechung.
1. Volksschulwesen.
Einzelheiten, u. a. zur geplanten Reform der Lehrerbildung, zur politischen Betätigung von Lehrern und Schulbeamten, zur Konfessionalität der Volksschulen.
Beschlussfassung zu Haushaltspositionen.
Auch ein Mitglied der Deutschen Demokratischen Partei betonte die Notwendigkeit der Herabsetzung der Klassenfrequenz und der Unterbringung der Lehrer. Auf eine dahingehende kleine Anfrage hätten seine Freunde noch keine Antwort erhalten. Es werde behauptet, daß auch in Berlin eine große Anzahl von verheirateten Lehrerinnen beschäftigt sei, was bei der Notlage der Junglehrer unhaltbar sei.
Ein Vertreter der Unterrichtsverwaltung erwiderte, daß seit Kriegsende eine große Anzahl neuer Lehrerstellen eingerichtet worden sei, weil ihre Einrichtung während des Krieges unterblieben sei. Auch habe man dadurch die Zahl der stellenlosen Junglehrer vermindern wollen. Die Einrichtung neuer Schulstellen führe natürlich jetzt zu großen Schwierigkeiten. Man habe vielfach, um die Baulastenfrage nicht zu berühren, angeordnet, daß dort, wo ein zweiter Lehrer angestellt worden sei, die beiden Lehrer abwechselnd am Vormittag und am Nachmittag unterrichten sollten oder auch drei Schulklassen sich in zwei Räume teilen müßten.
Daneben habe die Schwierigkeit der Unterbringung der Lehrer bestanden. Sie hätten teils in Mieträumen untergebracht werden können, doch hätten sich auch einige Dörfer, besonders in Pommern, geweigert, Mieträume zur Verfügung zu stellen. Da habe man sich geholfen, indem man den Lehrer in einem benachbarten Dorfe untergebracht und der Gemeinde Zahlung der Wegegelder auferlegt habe. Das habe geholfen.
Das neue Diensteinkommensgesetz biete die Möglichkeit, weitere Schulstellen zu errichten.
Die Frage der Verheiratung der Lehrerinnen werde befriedigend erst durch das Reichsgesetz gelöst werden können. [...]
Eine Rednerin der Sozialdemokratischen Partei: [...] Auch andere verheiratete Ehefrauen hätten doch unter Umständen ein selbständiges Einkommen. Man wende sich doch auch nicht dagegen, daß verheiratete Geschäftsfrauen ein Nebeneinkommen hätten, und daß auch z. B. eine Frau durch Vermietung von Zimmern ein sehr viel höheres Einkommen erziele, als das Gehalt des Lehrers betrage. Diese Art Gleichberechtigung, die die Frau sich mühsam erkämpft habe, dürfe nicht wieder aufgehoben werden.

Beschlussfassung zu Haushaltspositionen.
Tit. 38 Unterstützung von Schulverbänden (einschließlich Kirchengemeinden bei Küsterschulbauten) wegen Unvermögens bei Schulbauten.
Ein Zentrumsmitglied wies darauf hin, daß aus diesem Titel früher die Zuwendungen zur Förderung des deutschen Unterrichts in polnischen Landesteilen, also auch in Oberschlesien, gegeben worden seien. Da die Lehrer in Oberschlesien wegen ihres Deutschtums außerordentlich bedrängt würden, sollte die Regierung ihnen alle möglichen Erleichterungen verschaffen. Namentlich klage man über Kreisschulinspektoraufseher, in deren Stellungen oft minderwertige Subjekte hineinkämen. Nur wenige Lehrer Oberschlesiens seien auf die Seite Polens getreten. Die oberschlesischen Lehrer seien zu mehr als 90 von Hundert katholisch; ihre Pflichttreue verdiene Anerkennung. [Er] bemerkte hierzu, in Tit. 37 hätten früher die Ostmarkenzulagen, in Tit. 37 a die Zulagen für Oberschlesien gestanden. Beide Titel hätten jetzt als Folge des Friedensvertrages wegfallen müssen, doch erschienen die Beträge, die in Tit. 37 a eingesetzt gewesen seien, jetzt in Tit. 35. Für die oberschlesischen Lehrer könne daher genauso wie früher gesorgt werden.
Ein Mitglied des Zentrums verlangte unter Anerkennung der Notwendigkeit der Einschränkung des Wohnungsbedürfnisses für die Lehrer zum Teil bessere Dienstwohnungen. Ihm seien Nachrichten zugegangen, wonach für Lehrer völlig ungenügende, insbesondere nicht heizbare Räume zur Verfügung ständen.
Der Vertreter der Finanzverwaltung erkannte an, daß mit den bereitgestellten Mitteln nicht in dem wünschenswerten Umfange geholfen werden könne. Die Unterrichtsverwaltung habe deshalb für das nächste Jahr höhere Forderungen gestellt, denen, wenn es die Finanzlage irgendwie gestatte, nachgegeben werden sollte.
Einzelheiten, u. a. zu Zuschüssen bei den Dienstaufwandsentschädigungen für Kreisschulräte sowie zu den Lehrerbildungsanstalten.
Beschlussfassung zu Haushaltspositionen.

104. Aus dem Protokoll der 42. Sitzung des Hauptausschusses des Preußischen Landtags, 2. Wahlperiode, I. Tagung 1925. Berlin, 31. August 1925.

Druck, gez. Hirsch, Höfs (Stettin).
Niederschriften über die Sitzungen des Staatshaushalts-Ausschusses (Hauptausschusses), Jg. 1925, 42. Sitzung, Sp. 1–23.

Etat des Kultusministeriums: Einzelberatung: Ministerium und geistliche Verwaltung. – Die Nachwirkungen der Inflation und der Aufwertung auf verschiedene Haushaltspositionen. – Die Stärkung des Grenz- und Auslandsdeutschtums. – Die Finanzierung der Kirchen und der jüdischen Gemeinden.

Vgl. Einleitung, S. 81 f.

Haushaltsentwurf des Kultusministeriums.
1. Ministerium und Allgemeine Verwaltung
Der Berichterstatter, Abgeordneter D. Schuster (DVp):
Bericht zu den Mehr- und Minderausgaben in den einzelnen Haushaltstiteln.
Außerordentliche Einnahmen fehlten in diesem Jahre, weil Beiträge Dritter wie im vorigen Jahre für Schulneubauten in diesem Jahre nicht vorhanden seien.
Die Einnahmen seien höher infolge höherer Anrechnung der Dienstwohnungen, da die bei der Miete berechneten Prozentsätze der Friedensmiete allmählich erhöht worden seien. Ferner erschienen wieder Einnahmen aus Staatsnebenfonds, für die nach endgültiger Überwindung der Inflation zum ersten Male Einnahmen und Ausgaben ordentlich angesetzt seien. Die Einnahmen aus den Staatsnebenfonds würden sich hoffentlich beträchtlich erhöhen, wenn die Aufwertung sich erst ausgewirkt habe.
Die ordentlichen und die außerordentlichen Ausgaben wiesen eine Steigerung auf um 147 und 5,6 Millionen Mark. […]
Die Erhöhung der ordentlichen Ausgaben erkläre sich zum größten Teil aus der Steigerung der Gehälter im Juni und im Dezember 1924. Das zeige sich besonders bei den Volksschulen, bei denen die große Zahl der Lehrkräfte ausschlaggebend ins Gewicht falle. […]
Die Erhöhung der Ausgaben im Extraordinarium bedeute tatsächlich eine größere Kulturpflege. Bei den Volksschulen seien 1 Million Mark zur Verstärkung des Fonds für Schulbauunterstützungen ausgeworfen und 1,1 Millionen Mark für Fortbildungszuschüsse an Schulamtsbewerber. Außerdem seien Positionen vorhanden für Unterhaltung von Bauten, für Anschaffung von Wäsche in der Charité, für ausländische Literatur usw. Diese Posten würden in den nächsten Jahren bedeutend erhöht werden müssen, vor allem die Ausgaben für die bauliche Unterhaltung. In Göttingen sei z. B. während der Ferien eine Hörsaaldecke eingestürzt.

Von den Ausgaben des gesamten preußischen Haushaltsplans entfielen auf das Kultusministerium 19,64 %. […] Von den Ausgaben entfielen auf Ministerium und allgemeine Verwaltung 0,16, auf Wissenschaft 1,85, auf Kunst 0,24, auf Volksbildung 15,10 und auf die Kirche 2,29 %. Diese Sätze seien höher als vor dem Kriege. Das bedeute aber keine größere Kulturpflege, sondern komme daher, daß die Zuschüsse des Staates an die Volksschulen jetzt größer seien. […]
Dankbar zu begrüßen sein es, daß einzelne Posten sozialer Natur, Unterstützungen und Notstandsbeihilfen, z. B. Kap. 110 Tit. 3 und 10, erheblich erhöht seien. […]
In dem Etat mache sich zum ersten Male der Abbau von 1924 geltend. Im Ministerium seien weniger: 2 Ministerialräte und ein Regierungsrat, ferner 2 Amtsräte der Gruppe 11, 11 aus Gruppe 10, 1 Beamter in Gruppe 7 und je 3 Beamte der Gruppen 6, 4 und 3. […]
Danach seien im Bereich des Kultusministeriums[1] 779 Angestellte mehr als 1913. Diese entfielen aber fast alle auf die Hochschulen, meist auf die Kliniken, dienten also der Volkswohlfahrt und der Gesundheitspflege und seien deshalb nicht zu entbehren. Hilfsbeamte seien 108 weniger und planmäßige Beamte 1.652, nämlich 9.324 anstatt 10.976. Dabei sei für 1913 das jetzige Staatsgebiet in Betracht gezogen. Allerdings müßten die Beamten der Kirchenbehörden abgerechnet werden, ebenso die der abgebauten Seminare. Trotzdem seien es immer noch 800 bis 900 Beamte weniger als 1913. Berücksichtigt man, daß die Aufgaben des Ministeriums vielfach erweitert worden seien, so könne man feststellen, daß im Bildungswesen keine Aufblähung stattgefunden habe, also auch nichts gutzumachen gewesen sei. Im Gegenteil: der Abbau sei überflüssig und schädlich gewesen und die Schädigung des verfehlten Abbaus müsse jetzt durch neuen Aufbau wiedergutgemacht werden.
Zum Grundschulerlaß von Ostern 1925. […]
2. Geistliche Verwaltung
Der Berichterstatter, Abgeordneter Graue (Dd):
Bericht zu den Mehr- und Minderausgaben in den einzelnen Haushaltstiteln.
Die Ausgaben für die Kirchen seien sehr gewachsen. Früher hätten die beiden christlichen Kirchen 27 Millionen Mark erhalten, jetzt seien es über 60. Das erkläre sich daraus, daß die Kirchen aus den Kirchensteuern und dem Pfründenvermögen nicht die alten Einkünfte hätten erhalten können. Die Unterstützung durch den Staat müsse dankbar anerkannt werden.
Zu weiteren Fragen der Kirchenfinanzierung.
Zum Antrag des Landesverbandes der jüdischen Gemeinden um Zahlung einer jährlichen Staatsbeihilfe von 510.000 M ohne gesetzliche Bindung. […]
Gemeinsame allgemeine Besprechung
Abgeordneter Oelze (Dn): *Zur* persönlichen Politik des Ministers Becker.
U. a. zum Fall des Professors Lessing in Hannover. […]

1 *In der Vorlage:* im Ministerium.

Sobald es die Finanzlage erlaube, sollten Professuren für das Auslandsdeutschtum eingerichtet werden. [...]
Gegenüber den Kirchen vertrete der Minister den Standpunkt des Staatskirchentums. Der Reichstag habe für Kirche und Schule einen Fonds bewilligt. Ein Teil davon fließe dem deutschen evangelischen Kirchenausschuß zu. Bayern habe im Reichsrat dagegen protestiert, und Preußen habe sich diesem Protest angeschlossen. Er bitte um Auskunft, weshalb Preußen diese Stellung eingenommen habe. [...]
Abgeordneter Dr. Lauscher (Z): *Zur* Reform des höheren Schulwesens sowie zur Genehmigung privater Schulen. [...]
Die Sorge für das Grenz- und Auslandsdeutschtum sei eine wichtige Aufgabe. Unsere kulturellen Grenzbastionen müßten mit allem Nachdruck geschützt werden, viel mehr als bisher. Belgien habe in dem neuen belgischen Gebiet schon höhere Lehranstalten eingerichtet, um sich kulturelle Bastionen zu schaffen; wir dürften dahinter nicht zurückbleiben. Das allein genüge aber nicht, sondern es müßten auch Unterkunftsmöglichkeiten für die Schüler geschaffen werden, die aus dem weitausgedehnten Hinterland kämen. Diese Schüler könnten z. B. in Monschau nicht in Familienquartieren untergebracht werden. Es müßten also mit Reichs- und Staatshilfe Alumnate eingerichtet werden. Dasselbe gelte für unsere Ostgrenze. Wir könnten unsere Grenzen militärisch nicht mehr genügend sichern und müßten sie deshalb kulturpolitisch so stärken, daß sie gegen ausländische Propaganda immun sind.
Die kleinen Städte seien mit ihren höheren Lehranstalten in der größten Bedrängnis. Im Westen habe sich der Staat früher mit Rücksicht auf die dortige größere Wohlhabenheit weniger des höheren Schulwesens angenommen als in anderen Teilen Preußens. Die Kommunen im Westen hätten lange Zeit, wenn auch unter Schwierigkeiten, ihre höheren Schulen erhalten können. Jetzt aber komme die Not über sie, und sowohl alte Anstalten wie auch solche, die erst in den letzten Jahren ausgebaut worden seien, könnten nicht mehr gehalten werden. Da sollten Finanz- und Unterrichtsverwaltung großzügig eingreifen. [...]
Zur geistlichen Verwaltung erinnere er daran, daß vor 4 Jahren alle Fraktionen darin einig gewesen seien, daß über die endgültige Regelung der Gehälter eine Vereinbarung mit den kirchlichen Stellen stattfinden müsse. Jetzt werde aber in der Presse gegen ein Konkordat mit dem päpstlichen Stuhle Sturm gelaufen. Man sollte meinen, daß ein Zugeständnis, das dem absolutistischen Preußen vor 100 Jahren möglich gewesen sei, auch dem demokratischen Preußen von heute nicht unmöglich sein könne. [...]
Abgeordneter Dr. Boelitz (DVp): *Zur noch immer ausstehenden* Ernennung des Staatssekretärs *sowie zum Ausscheiden von* Ministerialdirektor Krüß *und zu seinem Nachfolger* Richter.
Zur Reform des Bildungswesens. [...]
Abgeordneter Graue (Dd): *Zur* Konkordatsfrage *und zur Kirchenpolitik. Man müsse aber* die Kirchen an ihr Versprechen politischer Neutralität erinnern. Die katholische Kirche habe es versprochen. Auch die evangelische Kirche habe auf der Generalsynode von 1920 unter dem Vorsitz von D. Winckler feierlich und öffentlich versprochen, daß sie absolut

neutral zu sein entschlossen sei. Wenn man jetzt für beide Kirchen über 60 Millionen bewillige, müsse man die Gelegenheit benutzen, um entsprechend einzuwirken. [...]
Abgeordneter König (Sd): *Zur Schulpolitik und* zur Frage der geistlichen Verwaltung.
Es sei anzuerkennen, daß die staatlichen Verpflichtungen, die seit dem 11. Mai 1919 beständen, zu leisten seien. Was nach 1919 geleistet worden sei, erkennten seine Freunde nicht als berechtigt an. Was Abgeordneter Dr. Lauscher sage, sei nicht ganz richtig. 1821 und 1822 sei zwar zwischen der bischöflichen Kurie und dem absolutistischen Staat Ablösung in Landbesitz vereinbart worden. Nun habe man aber im Jahre 1833 stattdessen 10.000 Taler gezahlt, und diese Summe sei von 1833 bis 1905 bezahlt worden, ohne daß in diesen 70 Jahren auch nur einmal etwas geändert worden sei. 1905 habe man erklärt, die Sache sei eigentlich abgeschlossen, man wolle aber eine kleine Aufwertung geben, und man habe damals 500.000 M zugelegt. Im übrigen sei es von 1905 ab bis zum letzten Jahr so geblieben. Wenn seinerzeit Landbesitz gegeben worden wäre, so habe es auch beispielsweise von 1833 bis 1848 Zeiten gegeben, in denen der Landbesitz außerordentlich entwertet gewesen sei. Es sei eine Regelung getroffen worden, mit der sich die Kirche wohl habe zufrieden geben können. Seine Freunde würden daher nur das bewilligen, was am 1. August 1919 bestanden habe; was darüber hinausginge, lehnten sie ab. Die im vorigen Jahre von seinen Freunden gewünschte Trennung zwischen dem, was vor und nach 1919 gewesen sei, sei nicht erfolgt, und daher müßten seine Freunde den ganzen Abschnitt ablehnen.
Abgeordneter Kilian (KP): *Zum Schulwesen.* Namentlich unter dem Kultusminister Boelitz seien die höheren Schulen wieder gegen die aus dem arbeitenden Volk andringenden Kräfte abgesperrt worden. Die einzige Möglichkeit der Hereinnahme dieser Kräfte aus den arbeitenden Schichten hätte in der sozialen Sicherstellung dieser Schüler gelegen. Da aber die Stipendien die seltene Ausnahme geblieben seien, so habe der Grundsatz der Hereinnahme proletarischer Kräfte in die höheren Schulen nicht durchgeführt werden können. Wenn z. B. in Halle die 15 % Freistellen an den höheren Schulen von der armen Bevölkerung nicht in Anspruch genommen worden seien, dann sei das der beste Beweis, daß der armen Bevölkerung nicht damit gedient sei, daß für das Schulkind nicht die 150 M Schulgeld im Jahre bezahlt zu werden brauchten, sondern daß eben die Unmöglichkeit des Unterhalts, der Beschaffung von Kleidern, Lehrmaterial usw. entscheidend sei. [...]
Was das Kapitel der geistlichen Verwaltung angehe, so sei er erstaunt über die Besorgnis des Berichterstatters insbesondere über die Not der armen jüdischen Gemeinden, die sich keinen Geistlichen leisten könnten. [...] Die Not im deutschen und preußischen Volke sei heute so erschreckend groß, daß man allen Anlaß habe, zunächst einmal die sozialen Nöte zu lindern, ehe man daran denke, wie die Bedürfnisse jüdischer Gemeinden gedeckt werden könnten. Seine Freunde ständen nach wie vor auf dem Standpunkt, der ja auch in der Reichsverfassung verankert sei, daß der Staat keinerlei Aufwendungen für die Kirchen zu machen habe. Infolgedessen lehnten sie alle Kapitel des Etats ab, in denen Staatsgelder für kirchliche und religiöse Zwecke bereitgestellt würden.
Vertagung der Beratung.

105. Aus dem Protokoll der 43. Sitzung des Hauptausschusses des Preußischen Landtags, 2. Wahlperiode, I. Tagung 1925. Berlin, 1. September 1925.

Druck, gez. Hirsch, Lehmann.
Niederschriften über die Sitzungen des Staatshaushalts-Ausschusses (Hauptausschusses), Jg. 1925, 43. Sitzung, Sp. 1–33.

Etat des Kultusministeriums: Einzelberatung: Ministerium und geistliche Verwaltung. – Die Übernahme des Ressorts durch Minister Becker. – Die Finanzierung der Kirchen und der jüdischen Gemeinden. – Die Stärkung des Grenz- und Auslandsdeutschtums.

Vgl. Einleitung, S. 81 f.

Haushaltsentwurf des Kultusministeriums.
Fortgesetzte allgemeine Besprechung.
Minister *Becker betont,* daß der Etat noch von dem Ministerium Boelitz ausgearbeitet worden sei.
Formulierung der Grundsätze der zu erwartenden eigenen Politik ohne parteipolitische Bindung.
Stellungnahme zu verschiedenen, in der bisherigen Debatte angesprochenen kulturpolitischen Fragen, u. a. zum Fall Lessing, *zur* Teilnahme von Schülern an politischen Vereinen, *zur Personalpolitik im* Ministerium, *zur* Reform der Lehrerbildung *und zur Finanzierung der Kirchen.*
Bezüglich der Vergütung der Domherren seien die Bezüge der Vorkriegszeit vollkommen wiederhergestellt. Die Erörterung der darüber hinausgehenden Erhöhungswünsche müsse den bevorstehenden konkordatären Verhandlungen vorbehalten bleiben.
Betreffs der Zuschüsse für die jüdischen Religionsgemeinschaften werde er Anträgen aus dem Hause, die auf Erhöhung und auf Übertragung ins Ordinarium hinausgingen, nicht widersprechen. Über das Etatdispositiv müsse noch verhandelt werden.
Preußen habe im Reichsrat gegen einen Reichstagsbeschluß über besondere Zuschüsse für die evangelischen und katholischen Kirchen Bedenken geltend zu machen, weil es die innerpolitischen Kirchenangelegenheiten für Landes- und nicht für Reichssache halte; für gewisse zentrale Organisationen, wie den Evangelischen Kirchenbund, kämen allerdings auch außenpolitische Belange in Frage, [für] die die Bewilligung von Reichsmitteln wohl zu erwägen sei. Bei Nebeneinanderbewilligungen von Reich und Ländern für die kirchlichen Gemeinschaften bestände die Gefahr, daß infolge Uneinheitlichkeit der Kulturpolitik von Reich und Ländern Schwierigkeiten entständen. Die Reichseinheit könne nur gewinnen, wenn man auf kulturpolitischem Gebiet die Selbständigkeit der Länder möglichst wenig berühre.
Abgeordneter Hoff (Dd):
Einzelheiten, u. a. zur Schulpolitik.

Den Zusatz zu § 39 des Lehrerbesoldungsgesetzes bezüglich der Vertretungskosten für Volksschullehrer, die zugleich Abgeordnete seien, halte er für unglücklich. Die Vertretungskosten müßten grundsätzlich auf die Landesschulkasse übernommen werden, oder man müßte durch einen Initiativgesetzentwurf eine Änderung herbeiführen.
Abgeordneter Dr. Hoffmann (Münster) (Dn):
Einzelheiten, u. a. zum Fall Lessing *und zur Volksschullehrerbildung.*
Zum Schutz der deutschen Kultur in den Grenzgebieten dürften keine Mittel gespart werden; die Schule sei hier das einzige Mittel. [...]
Abgeordnete Frau Dr. Wegscheider (Sd):
Einzelheiten, u. a. zu Schulpolitik.
Um die Landschulen zu verbessern, unterstütze es ihre Partei, daß nicht für Ausbildnerlehrer gebrauchte Mittel den Junglehrern zur weiteren pädagogischen Ausbildung zugute kämen. Jede Schulgelderhöhung sei aber zu vermeiden.
Weiter fordere ihre Partei Erhöhung der Erziehungsbeihilfen für Begabte.
Die Klassenfrequenzen seien zu erniedrigen. Die Ausbildungsmöglichkeit für höhere Berufe dürfe nicht von der Möglichkeit der Schulgeldzahlung abhängen. Schon die jetzigen Schulgelder seien vielfach zu hoch. Daher müßte der Schullehrgang abgekürzt, die Zeit wirklich fruchtbringend ausgenutzt werden, damit die jungen Leute möglichst früh in den Beruf hineinkämen.
Durch die Beschäftigung junger Hochschulkräfte bei der Lehrerbildung könnte mancher Privatdozent von wirtschaftlichen Sorgen erleichtert werden. [...]
Für das Grenzdeutschtum und das Schulwesen an den Grenzen seien Taten notwendiger als Worte. Der Minister *Becker* verdiene Dank für seine Bemühungen hierum.
Abgeordneter Prelle (WV) besteht auf gesetzlicher Festlegung der Staatsleistungen für die Kirche; die Kirche habe darauf historisches und moralisches Recht. Er verstehe nicht, warum der Finanzminister auf Grund des Artikels 66 der Verfassung erst Deckung verlange, da doch früher das Finanzministerium diese Bedingung nicht gestellt habe. Mit der Vertröstung auf Wiedereinstellung der Beihilfen im nächsten Etat könne man sich nicht zufriedengeben. Während der Inflation seien die hannoverschen Landeskirchen in arge Bedrängnis geraten. Wenn die Kirche auch politisch neutral sein müsse, so müßte sie doch als Kulturfaktor in der Politik ihre Stimme erheben dürfen.
Zur Geschäftsordnung.
Abgeordneter Kerff (KP) führt aus, die Kulturpolitik im kapitalistischen Staate diene ausgesprochenen Klasseninteressen. Man erweise nicht der Opposition sondern sich selbst einen schlechten Dienst, wenn man über alles, was die Kommunisten zum Kultusetat zu sagen hätten, hinweggehe. [...] Die Ausführungen des Abgeordneten Dr. Boelitz seien insofern von besonderer Bedeutung, als Dr. Boelitz seinerzeit selbst das Ministerium geleitet habe, das für diesen Etat noch mit verantwortlich sei. [...]
Die Kulturpolitik sei in erster Linie von den jeweiligen ökonomischen Zuständen und Interessen eines Landes abhängig. Preußens Lage sei derartig, daß an eine großzügige Reform

des Schulwesens nicht gedacht werden könne, daß nicht einmal die in der Reichsverfassung gewährleistete Freiheit der Lehr- und Lernmittel durchgeführt werden könne. Der Antrag seiner Freunde, die Industrie der Schulmittel zu monopolisieren und dem Staat zu unterstellen, gebe den anderen Parteien Gelegenheit zu zeigen, ob der in der Reichsverfassung ausgesprochene Wille wirklich ernst gemeint sei.
Einzelheiten, u. a. zur Lehrerbildung. [...]
Abgeordneter Wildermann (Z):
Einzelheiten, u. a. zum Verhältnis der Kirchen zu den Schulen.
Was dann die Träger der Schullasten angehe, so hätten seine Freunde schon vor Jahren den Antrag gestellt, daß ein Gesetz kommen möge, das eine Neuordnung der Schullasten herbeiführe. Es gehe tatsächlich nicht, daß kleine Orte allein die Schullasten trügen und die umliegenden Orte nur Nutzen davon hätten. Das höhere Schulgeld schaffe keinen genügenden Ausgleich. [...]
Der Abgeordnete König habe dann gestern gemeint, seit dem Jahre 1830 habe die Kirche keinen Anspruch auf Abfindung mehr erhoben. Die Kirche habe aber immer diesen Antrag wiederholt. Was die Abfindung angehe, so sei nie anerkannt worden, diese festen Summen als dauernd genügendes Gehalt für die betreffenden Stelleninhaber zu bezeichnen. Zu der Zeit, als sie festgelegt worden seien, hätten sie ein ausreichendes Auskommen geboten. Die Leistungen müßten doch aufgewertet werden.
Zu den Gehältern der Domherren, *dem Erhalt der* Domkirchen *als* Denkmäler von größtem Werte *und dem* Gesetz für die evangelischen Kirchenbeamten. [...]
Abgeordneter Kleinspehn (Sd): [...]
Die Ausgaben des Staates für die Kirchen seien im Verhältnis zu den Ausgaben für die übrigen Kulturaufgaben riesig groß. Dazu kämen noch die Zuschläge, die die evangelische Kirche an Steuern erhebe. Man müsse fragen, ob die Regierung die Genehmigung hierzu erteilt habe, und müsse um so mehr Bedenken hiergegen haben, wenn man erwäge, welche Schwierigkeiten den Gemeinden gerade jetzt bei der Erfüllung ihrer sozialen Aufgaben gemacht würden, in einer Zeit, die so schwer sei, daß im letzten Jahre über 13.000 Selbstmorde, überwiegend von älteren Frauen begangen worden seien. Daß die Kirche nicht genügend Wohlfahrt treibe, obwohl sie das betone, daß die Mittel notwendig seien, um die Wohlfahrtseinrichtungen fortzuführen, sei durch diese Zahl bewiesen.
Die jetzige Finanzwirtschaft der Kirche werde aber auch zu einem Wiederaufleben der Kirchenaustrittsbewegung führen. Die weitverbreitete Meinung, daß in neuerer Zeit wieder mehr Kircheneintritte als Kirchenaustritte stattfänden, sei irrig. [...]
Abgeordneter D. Winckler (Dn):
Einzelheiten zur Kirchenpolitik, u. a. zur Haltung der Preußischen Staatsregierung im Reichsrate, als es sich darum gehandelt habe, Reichsmittel dem Deutschen Evangelischen Kirchenbunde zuzuwenden. [...]
Ministerialdirektor Trendelenburg weist gegenüber den Ausführungen verschiedener Redner, daß der Staat den kirchlichen Interessen nicht genügend freundlich entgegenkomme,

darauf hin, daß der Haushalt des Jahres 1914 nicht ganz 40 Millionen Mark, d. h. 1,81 % der gesamten Ausgaben des Haushalts für kirchliche Zwecke ausgeworfen habe, während es jetzt 68 Millionen Mark oder 2,5 % seien.

Der Umlagebeschluß des Berliner Stadtsynodalvorstandes sei von der Verwaltung eingehend geprüft worden. Es sei nicht bedenkenfrei, wenn die Kirchensteuern zu schnell anstiegen. Auf der anderen Seite sei es notwendig, auf eine Ausschöpfung der kirchlichen Steuerkraft hinzuwirken. […]

Was die Besoldung der Pfarrer angehe, so befinde man sich nach der Inflation in einer Übergangszeit. Über die Faktoren, die die Besoldung aufbrächten, könne ein sicherer Überschlag nicht gegeben werden. Sobald die Verhältnisse sich gefestigt hätten, sollte wieder eine feste Grundlage gefunden werden. Die Berufung auf Artikel 66 solle keinen Ausdruck einer allgemeinen Einstellung gegenüber dem Komplex der staatlichen Fürsorge für die Kirche erkennen lassen. Die Regierung beabsichtige, noch im Laufe dieses Monats wegen der Grundlagen eines solchen Gesetzes mit den Kirchen in Verbindung zu treten.

Stellungnahme zu einzelnen weiteren kirchenpolitischen Fragen.

Zur Geschäftsordnung.

Weitere Diskussionsbeiträge zur Kirchenfinanzierung.

Einzelberatung.

Ministerium und Allgemeine Verwaltung.

Routinemäßige Beschlussfassung zu Haushaltspositionen.

Geistliche Verwaltung.

Routinemäßige Beschlussfassung zu Haushaltspositionen und zu Entschließungsanträgen, vor allem zu den Zahlungen an die Synagogengemeinden.

106. Aus dem Protokoll der 44. Sitzung des Hauptausschusses des Preußischen Landtags, 2. Wahlperiode, I. Tagung 1925. Berlin, 2. September 1925.

Druck, gez. Hirsch, Dietrich.
Niederschriften über die Sitzungen des Staatshaushalts-Ausschusses (Hauptausschusses), Jg. 1925, 44. Sitzung, Sp. 1–48.

Etat des Kultusministeriums: Einzelberatung: Lehrerbildung und Volksschulwesen. – Die Förderung der Land- und einklassigen Schulen. – Forderung nach Lehr- und Lernmittelfreiheit. – Verstärkter Schulbau im Osten. – Die Reform der Volksschullehrerbildung und die pädagogischen Akademien.

Vgl. Einleitung, S. 81 f.

Haushaltsentwurf des Kultusministeriums.
Lehrerbildungswesen, Volksschulwesen usw.
Abgeordneter König *als* Berichterstatter führt aus, daß in Kap. 34 *der Einnahmen* ein geringerer Betrag gegenüber dem Vorjahr eingesetzt sei. Das sei darin begründet, daß die Seminare abgebaut seien, daß das Schulgeld verringert sei, ein Teil der Schulen bei den höheren Schulen verrechnet würden.
Einzelheiten, u. a. zur Lehrerbildung und zur Finanzierung der Schulaufsichtsbehörden.
Bei Volksschulen sei im Etat eine Erhöhung der Ausgaben von rund 110 Millionen eingetreten. Diese Vermehrung erkläre sich zum größten Teil daraus, daß die Lehrerbesoldung geändert sei. Die Staatsleistungen in bezug auf Beschulungsausgaben seien um 67 Millionen gestiegen, in bezug auf Ergänzungszuschüsse um 12 Millionen und in bezug auf den Beitrag an die Landesschulkasse um 29 Millionen. Bei den Schulbauten sei eine Erhöhung um 1 Million erfolgt, und zwar bei Tit. 43 bezüglich der Beiträge, die auf Grund von § 17 des Volksschulunterhaltungsgesetzes geleistet werden müßten. Im ganzen enthalte der Etat für Schulbauten die Summe von 9 Millionen M, die wohl nicht ausreichend sei, um die vernachlässigten Bauten instandzusetzen oder neue zu errichten. Es sei wünschenswert, die Summe zu erhöhen.
Einzelheiten zum Abbau im Volksschulwesen. […]
Zur Förderung des Volkshochschulwesens seien 75.000 M ausgesetzt. Diese Summe halte er für unzureichend. Für Förderung der Volksbüchereien enthalte der Etat 200.000 M. Es liege ein Antrag vor, diese beiden Titel zusammenzufassen und die Summe für beide Titel auf eine Million zu erhöhen. Es sei durchaus notwendig, dem Volke die Möglichkeit zu schaffen, gute Bücher zu lesen und den Drang nach Wissen und geistiger Arbeit durch Einsetzung erhöhter Mittel zu befriedigen.

Einzelheiten zur Neuregelung der Bestimmungen über das Mittelschulwesen und die Denkschrift des Ministeriums über das Lehrerbildungswesen. [...]
Abgeordneter Kickhöffel (Dn):
Einzelheiten zum Volksschulwesen.
Die Landschule müsse eine besondere Pflege erfahren. In die Landschule gingen 55,5 % aller Kinder. Die Landbevölkerung trage für die Aufwendungen für die höheren Schulen mehr bei, als sie Nutzen davon habe. Man könne in den mittleren und führenden Schichten nicht auf die wertvollen Kräfte des platten Landes verzichten. Statt einer Pflege zeige sich eine gewisse Nichtbeseitigung von Hemmungen. [...]
Hinsichtlich der Schulunterhaltung sei er der Ansicht, daß verschiedene Fehler durch deutschnationale Kritik und durch die verständige Haltung der Herren von der Landesschulkasse ausgeglichen seien. Die Landbevölkerung sei dem Geheimrat Gürich und seinen Mitarbeitern dankbar, daß sie alles für die Landschule getan hätten, und wünsche ihn als Leiter der Landesschulkasse zu behalten. Die Landesschulkasse müsse immer wieder prüfen, auf welchem Wege man zu einer gerechteren Schulunterhaltung kommen könne. Seine Partei wünsche die Durchführung der Gleichstellung der Lehrer mit den Sekretären der allgemeinen Staatsverwaltung und vor allen Dingen, daß die Junglehrerfrage in günstigem Sinne geregelt werde.
Einzelheiten, u. a. zur Lehrerbildung. [...]
Abgeordneter Schwenk (Oberhausen) (WV) tritt den Ausführungen des Vorredners bezüglich der einklassigen Schule bei. Der Minister müsse bei der Auswahl der Lehrer für die einklassige Schule nur die allertüchtigsten nehmen. Hier sei in der Vorkriegszeit viel gesündigt worden. Die Bezahlung der Lehrer auf dem Lande sei sehr schlecht gewesen. Erfreulicherweise sei dies seit 1909 erheblich gebessert worden. Von diesem Zeitpunkt an sei auch die Flucht der Lehrer in die Stadt geringer geworden. Wenn der Minister gesagt habe, daß man ihm und seinen Mitstreitern etwas Ruhe gönnen solle, um alles durchzusetzen, was sie zugunsten der Schule durchsetzen wollten, so müsse man den Lehrern auch die Ruhe gönnen, die sie gebrauchten, um segensreich wirken zu können.
Einzelheiten zum Volksschulwesen.
Der Staatspräsident Hellpach in Baden habe eine Aufrechnung gemacht, wie teuer der Lehrerstand werden würde, wenn die Lehrer die pädagogische Akademie besuchen und einheitlich besoldet würden. Wer diese Aufrechnung gelesen habe, könne sich des Eindrucks nicht erwehren, daß Hellpach der Lehrerausbildung den Todesstoß versetzen wolle. In den demokratisch regierten Städten sei in der Vorkriegszeit die Besoldung schlechter gewesen. Ein Artikel im „Lokalanzeiger" über das Vorgehen von Hellpach habe ihn an die Zeit erinnert, wo der verstorbene Hofprediger Stöcker, als es sich um eine Gehaltsaufbesserung der Lehrer handelte, sagte: Ich betrachte das Amt eines Volksschullehrers als so hoch und ideal, daß man es mit preußischem Courant überhaupt nicht bezahlen kann. Eine bessere Bezahlung der Lehrer könne man nicht auf die Dauer aufhalten. [...]

Abstimmung über die Anträge zu den Abschnitten „Ministerium und allgemeine Verwaltung“ und „geistliche Verwaltung“.
Routinemäßige Beschlussfassung zu Haushaltspositionen und zu Entschließungsanträgen.
Fortgesetzte allgemeine Besprechung. [...]
Abgeordneter Schwarzhaupt (DVp):
Einzelheiten zur Lehrerbesoldung, u. a. zur Gleichstellung der Volksschullehrer *mit* den Obersekretären *der allgemeinen Staatsverwaltung.*
Einzelheiten zu den Mittelschulen *und zur* Lehrerbildung. [...]
Kultusminister *Becker*:
Stellungnahme zu einzelnen in der Diskussion angesprochenen Themen, u. a. zur Amtsführung des für die Schulaufsicht *zuständigen dissidentischen Ministerialdirektors* Kaestner, *zur Frage der* Landschule. [...]
Die Lage der Junglehrerschaft sei allerdings katastrophal. Das Kultusministerium tue alles, was in seinen Kräften stehe, um die Finanzverwaltung zu bestimmen, hier helfend einzugreifen und der Not nach Möglichkeit zu steuern. Das Reich habe ja in dankenswerter Weise gewisse Mittel zur Verfügung gestellt.
Einzelheiten, u. a. zur Lehrerbildung *und den* pädagogischen Akademien. [...]
Ministerialdirektor Kaestner weist darauf hin, daß die Frage der überfüllten Klassen, der Trennung der Klassen, der besonderen Fürsorge für die Schulen in den Grenzgebieten in allererster Linie immer eine Baufrage sei und man gerade in den letzten Jahren große Schwierigkeiten gehabt habe, die notwendigen Bauten, Schulbauten wie Dienstwohnungen für die Lehrer, auszuführen. Man habe aber die Aussicht, in dieser Beziehung ganz wesentlich vorwärts zu kommen. In dankenswerter Weise habe es die Finanzverwaltung ermöglicht, da die ordentlichen Baumittel, die im Haushalt für die Volksschulen vorgesehen seien, keineswegs ausreichten, daß wesentliche Mittel darlehnsweise zur Verfügung gestellt würden. Die Verwaltung habe dank dem Entgegenkommen der Finanzverwaltung bei der Staatsbank einen Kredit eröffnet bekommen, und zwar schon in Höhe von etwa 15 bis 18 Millionen. Man werde in der Lage sein, aus diesen Mitteln Volksschulbauten ganz besonders in den Grenzgebieten, wo sie so dringend notwendig seien, zu errichten.
Weitere Einzelheiten zum Schulbau, zu den Landschulen, zur Junglehrerfrage *sowie zur Übernahme* der Kosten der Vertretung für Lehrer und Schulaufsichtsbeamte [...], die ihre parlamentarische Pflicht erfüllten [...].
Abgeordneter Dr. Lauscher (Z) erkennt an, daß sich die Unterrichtsverwaltung auch unter den gegenwärtigen ungünstigen Wirtschaftsverhältnissen die Pflege der Landschule angedeihen sein lasse. Die Fürsorge erstrecke sich aber nicht auf alle Landesteile, namentlich erfahre der besetzte Westen nicht das Maß von Fürsorge, auf das er Anspruch habe. Seine Freunde würden dafür sorgen, daß diese ungleiche Behandlung der einzelnen Landesteile und ungleiche Verwendung der dem Staat zur Verfügung gestellten Mittel in Zukunft aufhöre.

Einzelheiten, u. a. zur Lehrerbildung *und den pädagogischen Akademien.*
Kultusminister *Becker*:
Nicht unwidersprochen lassen könne er die Ansicht des Abgeordneten Dr. Lauscher, daß die besondere Vergünstigung, die jetzt in vielleicht erheblichem Maße nach dem Osten fließe, eine Benachteiligung des Westens im Gefolge habe. Gerade in diesem Jahre der Rheinlandfeier sei unendlich viel nach dem Rheinlande geflossen, nicht nur vom Kultusministerium, sondern auch von anderen Ministerien sei angesichts der politischen Notlage des Rheinlandes so außerordentlich viel geschehen, daß schon Stimmen aus dem Osten laut geworden seien, warum immer nur das Rheinland bedacht werde. Das Rheinland sei in der glücklichen Lage gewesen, für seine Schulbauten zum Teil in glänzender Weise zu sorgen. Wenn hier, wo es sich um Schulbauten handle, auch der Osten einmal besonders bedacht werde, so bitte er, daraus nicht den Schluß zu ziehen, daß das Rheinland hier benachteiligt werden solle. [...]
Abgeordneter Kerff (KP): [...]
Er bedaure, daß so wenig über den inneren Aufbau der Volksschule, die Form des Unterrichts und über den gesundheitlichen Zustand der Volksschuljugend gesagt worden sei. Wenn man die Kultur in Preußen beurteilen wolle, müsse man vor die Tore der Volksschule gehen und den Arbeiterkindern in die Augen schauen. Der Gesundheitszustand sei schlecht, über 40 % der Kinder sei unterernährt. Es bestehe keinerlei Aussicht auf Verbesserung, da die Lebenshaltung durch die neuen Steuern und Zölle arg verschlechtert worden sei. Deshalb beantrage die Kommunistische Partei, der Staat möge einheitlich Kleidung und Ernährung der Proletarierkinder in die Hand nehmen. Besonders fordere sie die schulärztliche Kontrolle. Es sei nicht angängig, daß ein Arzt die Kontrolle über 10.000 Kinder ausübe.
Weitere Einzelheiten, u. a. zu den Elternbeiräten und den Junglehrern.
Regierungsrat Richter:
Einzelheiten zur Übertragung der Bestimmungen der Preußischen Besoldungsordnung auf das Volksschullehrer-Diensteinkommensgesetz *sowie zu weiteren Fragen der Lehrerbesoldung.*
Die finanzielle Aufgabe, die vor der Staatsregierung bei der Einrichtung der pädagogischen Akademien stehe, sei sehr gewaltig. Man habe gewünscht, daß im Laufe der Zeit etwa 35 Akademien eingerichtet würden. Für diese Akademien müßten Gebäude geschaffen werden, und es sei leicht auszurechnen, welch ernorme Summen dazu erforderlich wären. Unter diesen Umständen habe es das Bestreben der Staatsregierung sein müssen, auch andere Beteiligte, die an der Einrichtung dieser Akademien interessiert seien, zu den Kosten heranzuziehen. Entsprechend dem vor nicht langer Zeit gefaßten Staatsministerialbeschluß[1] solle das Ziel erstrebt werden, daß die persönlichen Kosten vom Staat und nach

1 *Vom 30.7.1925; vgl. Zilch, Reinhold/Holtz, Bärbel (Bearb.), Die Protokolle des Preußischen Staatsministeriums 1817–1934/38, Bd. 12/I, Hildesheim u. a. 2004, S. 60, TOP 1.*

dem Vorbild auf anderen Gebieten die sächlichen Kosten von den Städten getragen würden, die ja zum Teil wesentlichen Nutzen durch die Akademien hätten, zum mindesten ein lebhaftes Interesse dafür an den Tag legten, daß die Akademien in ihre Mauern kämen.

Einzelheiten

Abgeordneter Simon (Sd) weist darauf hin, daß im kommenden Jahre insbesondere die Gemeinden die Mittel zur Unterhaltung und Ausgestaltung ihrer Schulen nicht mehr zur Verfügung haben würden, die sie notwendig brauchten. In derselben Notlage befänden sich die Eltern. Seine Freunde hätten den Antrag auf Gewährung voller Lehr- und Lernmittelfreiheit für die Volksschulen gestellt. Durch die jetzt im Reichstag beschlossenen Gesetze auf dem Gebiete des Zoll, der Steuern, der Aufwertung usw. sei tatsächlich eine große Belastung der Verbraucher eingetreten. Diese Belastung werde man für den einzelnen mit 200 M jährlich ansetzen müssen. Die Folge werde sein, daß die Eltern die Mittel für Schulbücher und Lernbücher sparen müßten und dann ein Kulturrückschritt zu beobachten sein werde. Der Abgeordnete Kerff habe schon auf die gesundheitlichen Schäden hingewiesen, die infolge der neuen Gesetze bei der Jugend eintreten würden. Eine genügende Ernährung und Bekleidung sei aber Voraussetzung für eine Erhaltung der geistigen und sittlichen Kräfte in der Schule. Durch den neuen Zolltarif würden verschiedene wichtige Lebensmittel wesentlich verteuert, und diese Verteuerung werde zu schweren gesundheitlichen Schäden führen. Deshalb bitte er um Annahme des Antrages auf Gewährung freier Lehr- und Lernmittel.

Einzelheiten, u. a. zur konfessionellen Verhetzung. […]

Einzelberatung.

Routinemäßige Beschlussfassung zu Haushaltspositionen und zu Entschließungsanträgen.

107. Aus dem Protokoll der 45. Sitzung des Hauptausschusses des Preußischen Landtags, 2. Wahlperiode, I. Tagung 1925. Berlin, 3. September 1925.

Druck, gez. Hirsch, Thöne.
Niederschriften über die Sitzungen des Staatshaushalts-Ausschusses (Hauptausschusses), Jg. 1925, 45. Sitzung, Sp. 1–26.

Etat des Kultusministeriums: Einzelberatung: Höhere Lehranstalten und Turnwesen sowie Provinzialschulkollegien, Prüfungsämter usw. – Der verstärkte Besuch der höheren Schulen und die Frage einer Anpassung des Schulgeldes. – Die wachsenden Aufgaben der Provinzialschulkollegien und Prüfungsämter.

Vgl. Einleitung, S. 81 f.

Haushaltsentwurf des Kultusministeriums.
Höhere Lehranstalten und Turnwesen.
[…] Berichterstatter, Abgeordneter Oelze (Dn):
Bericht zu den Mehr- und Minderausgaben in den einzelnen Haushaltstiteln.
Die starke Steigerung der Frequenz der höheren Lehranstalten sei in der Steigerung der Ausgaben nicht entsprechend berücksichtigt. Die höheren Lehranstalten hätten seit dem Kriege um 200 Klassen und um 15.000 Schüler zugenommen.
Erwünscht wäre eine Auskunft darüber, wie weit die Erwägungen über die Schulgelderhöhung gediehen seien, und vor allem, wie man die kinderreichen Familien dabei berücksichtigen wolle. Dem Landtage liege ein Urantrag vor, nach welchem die Erhöhung erst nach Benehmen mit dem Landtage eintreten solle.
Bezüglich des Schullastenausgleichs hätten der Preußische Städtetag und der Reichsstädtebund beantragt, die Beiträge des Staates zu erhöhen. Auch der Staatsrat sei in der Sitzung am 21. Februar 1925 für diese Erhöhung eingetreten. Beim Lastenausgleich spiele die Frage der auswärtigen Schüler eine besondere Rolle. Die Städte hätten die Tendenz, auswärtige Schüler auszuschließen oder von ihnen höheres Schulgeld zu verlangen. Der Reichsstädtebund wünsche, daß die Kosten für auswärtige Schüler zur Hälfte vom Staat, zur Hälfte von der Wohngemeinde des Schülers getragen würden. Das lasse sich aber nicht überall durchführen, besonders nicht, wenn in einem Dorf eine Familie mehrere begabte Schüler in eine höhere Schule schicke; denn dann würde das Dorf in untragbarer Weise belastet werden.
Einzelheiten, u. a. zu den Notstandsbeihilfen an Mitglieder städtischer Kollegien, *zu den* Erfahrungen mit der Aufbauschule *sowie zu den* Richtlinien über die Schulreform. […]
Provinzialschulkollegien, Prüfungsämter usw.
[…] Berichterstatterin, Abgeordnete Frau Dr. Wegscheider (Sd):
Bericht zu den Mehr- und Minderausgaben in den einzelnen Haushaltstiteln.
Der Etat der Provinzialschulkollegien schließe trotz des starken Abbaues mit einer Mehr-

ausgabe von 625.000 M. Durch die Prüfungsämter, bei denen sich infolge der zentralisierten Prüfung die Ausgaben besonders erhöht hätten, entstehe eine Mehrausgabe von 655.000 M. Die Aufgaben der höheren Schulen und der Provinzialschulkollegien hätten zugenommen und würden weiter zunehmen, je mehr bei der Berufsvorbildung ein Zeugnis der höheren Schule verlangt werde. Eine gesunde Entwicklung könne aber nicht eintreten, wenn den erhöhten Anforderungen nicht eine Vermehrung der Stellen auch bei den Aufsichtsinstanzen entspreche.

Einzelheiten, u. a. zum Provinzialschulkollegium Berlin. […]

Gemeinsame allgemeine Aussprache.

Abgeordneter Wildermann (Z):

Einzelheiten, u. a. zu den Aufbauschulen. […]

Seine Freunde würden für die Anträge betreffend sozialere Gestaltung des Schulgeldes stimmen. Was unter sozialer Gestaltung zu verstehen sei, müsse gründlich geprüft werden. Der Bund der Kinderreichen habe in dieser Beziehung beachtenswerte Vorschläge gemacht. Bei der Schulgeldbefreiung dürfe nicht nur das Einkommen, sondern es müsse auch die Kinderzahl berücksichtigt werden.

Einzelheiten, u. a. zu den Provinzialschulkollegien. […]

Abgeordneter Kilian (KP): […]

Der erste Antrag wolle eine soziale Staffelung des Schulgeldes herbeiführen. Auch die Kinder der unteren Volksschichten müßten die höheren Schulen besuchen können. Zur Zeit seien in den höheren Schulen viele Kinder, die die höhere Schule nur besuchen könnten, weil die Eltern das Geld dazu hätten, während intelligente Kinder aus den Volksschulen nur zum kleinsten Teil den höheren Schulen zugeführt werden könnten. Der Antrag versuche, darin wenigstens etwas Wandel zu schaffen.

Die Schulgeldpolitik des Staates zwinge die Gemeinden zu großen Zuschüssen an die höheren Schulen. Die Gemeinden müßten die Möglichkeit haben, von sich aus das Schulgeld sozial zu staffeln. Der Antrag seiner Freunde wünsche eine degressive Staffelung, ausgehend von einem Normalschulgeldsatz nach dem tatsächlichen Kostenaufwand für jeden Schüler.

Die höhere Schule sei jetzt ein Instrument der besitzenden Klassen im Kampfe gegen die proletarischen Klassen. In Halle seien trotz großer proletarischer Bevölkerung die 15 % Freistellen nicht voll ausgenutzt, weil die sozialen Verhältnisse dem hindernd im Wege ständen. Heute müßten aus allgemeinen Steuermitteln Zuschüsse an die höheren Schulen geleistet werden. Die allgemeinen Steuern würden aber zu einem erheblichen Teile von den arbeitenden Schichten aufgebracht. […]

Routinemäßige Beschlussfassung zu Entschließungsanträgen.

Fortsetzung der allgemeinen Aussprache. […]

Minister Becker: *Stellungnahme zu einzelnen in der Diskussion angesprochenen Themen, u. a. zum 100 jährigen Jubiläum des Bestehens der* Provinzialschulkollegien, *zur paritätischen oder konfessionellen Gliederung der* höheren Schulen *sowie zu den* staatlichen Bildungsanstalten. […]

In der Frage des Schulgeldes werde von den Kommunen auf die Unterrichtsverwaltung ein starker Druck auf Erhöhung des Schulgeldes ausgeübt, da die Lasten der Städte für ihre höheren Schulen gewachsen seien. Zwar seien nicht die Kosten für den einzelnen Schüler gestiegen – sie seien dieselben wie in der Vorkriegszeit – aber infolge höherer Frequenz hätten neue Klassen gegründet werden müssen. Eine Einigung zwischen Kultusverwaltung und Finanzministerium sei bisher nicht erzielt. Die Unterrichtsverwaltung sei immer der Ansicht gewesen, daß eine gewisse Relation zwischen Schulgeld und Beamtenbesoldung in bezug auf ihr Verhältnis zum Vorkriegssatz bestehen müßte. Mit einer geringen Erhöhung werde man aber rechnen müssen.
Abgeordneter Meyer (Magdeburg) (Dn):
Einzelheiten, u. a. zu den Verhältnissen an den stiftischen Erziehungsanstalten *wie* der Landesschule Pforta, *die mit* schlechten finanziellen Verhältnissen *kämpfen müsse, sowie zur Besoldung an den* Provinzialschulkollegien. […]
Ministerialdirektor Dr. Jahnke:
Stellungnahme zu einzelnen in der Diskussion angesprochenen Themen, u. a. zur Landesschule Pforta *sowie zu den* Aufbauschulen. […]
Abgeordnete Frau Wronka (Z):
Einzelheiten, u. a. zu den Mädchenschulen *und dem Einsatz von Lehrerinnen.*
Spezialdiskussion.
Einzelberatung.
4. Höhere Lehranstalten und Turnwesen.
Routinemäßige Beschlussfassung zu Haushaltspositionen und zu Entschließungsanträgen.
5. Provinzialschulkollegien, Prüfungsämter usw.
Routinemäßige Beschlussfassung zu Haushaltspositionen und zu Entschließungsanträgen.

108. Aus dem Protokoll der 46. Sitzung des Hauptausschusses des Preußischen Landtags, 2. Wahlperiode, I. Tagung 1925. Berlin, 4. September 1925.

Druck, gez. Hirsch, Thöne.
Niederschriften über die Sitzungen des Staatshaushalts-Ausschusses (Hauptausschusses), Jg. 1925, 46. Sitzung, Sp. 1–56.

Etat des Kultusministeriums: Einzelberatung: Universitäten und Charité in Berlin sowie Technische Hochschulen und sonstige wissenschaftliche Anstalten und Zwecke. – Die Universitätsreform und die Überführung der Extraordinariate in Ordinariate. – Die verstärkte Förderung der Geistes- und Wirtschaftswissenschaften an den Technischen Hochschulen. – Stellungnahmen zu verschiedenen politischen Skandalen.

Vgl. Einleitung, S. 81 f.

Haushaltsentwurf des Kultusministeriums.
Universitäten und Charitékrankenhaus in Berlin
[…] Berichterstatter, Abgeordneter Dr. Waentig (Sd):
Bericht zu den Mehr- und Minderausgaben in einzelnen Haushaltstiteln.
[…] der Haushalt der Universitäten balanciere mit 34,6 Millionen Mark, was eine erhebliche Steigerung gegenüber dem Vorjahre mit 23,67 Millionen Mark bedeute. Noch viel größer sei die Steigerung gegenüber 1914, wo die entsprechende Summe nur 21,56 Millionen Mark betragen habe. Es falle besonders auf, daß die persönlichen Ausgaben außerordentlich gestiegen seien, doch hänge das mit den veränderten Methoden der Besoldung und ihrer Anpassung an die gesteigerten Lebenskosten zusammen. Die sachlichen Ausgaben seien daher nicht annähernd so gestiegen, wie es hätte geschehen sollen. 1914 seien für Institute und Sammlungen an sachlichen Ausgaben 9,71 Millionen Mark, an Baukosten 0,88 Millionen Mark nachgewiesen, während die entsprechenden Summen im Vorjahre 9,22 Millionen und 0,7 Millionen betragen hätten und sich für das laufende Jahr auf 12,84 Millionen und 1,08 Millionen beliefen. Unter Berücksichtigung des Umstandes, daß während des Krieges und nachher wichtige Bauten nicht hätten ausgeführt werden können und überdies die Baukosten gestiegen seien, bleibe offenbar noch sehr viel nachzuholen. Die kultur- wie die naturwissenschaftlichen Disziplinen seien gleichermaßen auf entsprechende Ausstattung mit sachlichen Lehr- und Forschungsmitteln angewiesen.
Einzelheiten, u. a. zu Lehrauftragsvergütungen, zur Frage der Universitätsreform und der Neuregelung der Besoldung, *zur* Überlastung der Universitätsprofessoren in bestimmten Disziplinen *wie* der Nationalökonomie bzw. der Sozialwissenschaften *sowie zur Unterstützung von* Arbeitern *beim* Studium an den Universitäten. […]

Abgeordneter D. Dr. Dr. Kähler (Greifswald) (Dn):
Einzelheiten, u. a. zur Erhaltung des Extraordinariats, *zur* Frage des Arbeiterstudiums, *zu den* Universitätssatzungen, *zum* Fall Lessing *sowie zur politischen Haltung der* Studentenschaft. [...]
Die Übersicht über die Einnamen und Ausgaben der Universitäten zeige eine so große Verschiedenheit zwischen den Zahlen für die Universität Frankfurt a. M. und die übrigen Universitäten, daß er sich vorbehalte, einmal genauere Fragen darüber zu stellen. Die Universität Frankfurt a. M. habe z. B. eine Einnahme aus eigenem Erwerbe von 357.000 M, während Münster als schwächste preußische Universität eine Einnahme von 418.000 M habe. Das sei ein neuer Beitrag dafür, daß das Verhältnis des Preußischen Staates zur Universität Frankfurt a. M. einer dauernden Überwachung bedürfe. Es werde geprüft werden müssen, ob nicht der Vertrag, der damals unter dem Druck der Not abgeschlossen worden sei, geändert werden müsse.
Abgeordneter Graue (Dd) bittet um erhöhte Pflege der Geisteswissenschaften. Es müsse festgestellt werden, daß der Haushalt in hohem Maße die Naturwissenschaften begünstige. Gewiß müßten die sachlichen Ausgaben für ihre Institute und Assistenten sehr hoch sein, doch sollten dabei die Geisteswissenschaften, zu denen er auch die Nationalökonomie rechne, nicht zu kurz kommen. Die Zurückstellung der Geisteswissenschaften entspreche nicht unserer geistigen Gesamtlage. Man werde von einer schweren Krise der deutschen Bildung und Kultur reden müssen. [...]
Abgeordneter D. Schuster (DVp) erkennt die Einstellung von Mitteln für Bauarbeiten an den Universitäten und Hochschulen an, meint aber, daß noch viel mehr geschehen müsse, um die Versäumnisse des Krieges und der Inflationsjahre auszugleichen. Es handle sich um Bauten, die nicht nur der Wissenschaft, sondern auch der Volksgesundheit zugute kämen. Die Gebäude seien heute zum Teil in einem Zustande, der für die Studenten und Professoren lebensgefährlich sein könne.
Einzelheiten, u. a. zur Lage der Privatdozenten *und zu einer* Erhöhung der Gebühren *sowie zur* Pflege der Geisteswissenschaften an den Technischen Hochschulen. [...]
Abgeordneter Leinert (Sd): *Einzelheiten zu politischen Skandalen an Universitäten und Hochschulen wie dem Fall* Lessing, *zu* Beschwerden *des* Abgeordneten Haenisch [...] über den Professor Helfritz aus Breslau *sowie* die Haltung des Professors Binder aus Göttingen. [...]
Routinemäßige Beschlussfassung über die zu den Abschnitten „Höhere Lehranstalten und Turnwesen sowie Provinzialschulkollegien, Prüfungsämter usw.“ gestellten Anträge. [...]
Technische Hochschulen und sonstige wissenschaftliche Anstalten und Zwecke.
[...] Berichterstatter, Abgeordneter Dr. Faßbender (Z):
Grundsätzliche umfangreiche Ausführungen zur Struktur der preußischen Hochschullandschaft, zur Ausrichtung einzelner Studienfächer sowie zur Ausgestaltung des volkswirtschaftlichen Bildungswesens an den Technischen Hochschulen. [...]
Fortsetzung der Generaldebatte. [...]

Abgeordneter Dr. Lauscher (Z):
Einzelheiten, u. a. zu den Lehrauftragsvergütungen für die Privatdozenten, *zur* Errichtung sogenannter Weltanschauungsprofessuren *sowie zum* Zustrom der Studierenden zur Volkswirtschaftslehre. […]
Minister *Becker*:
Stellungnahme zu einzelnen in der Diskussion angesprochenen Themen, u. a. zur Wirksamkeit der Hochschulabteilung im Kultusministerium. […]
Die Sonderstellung des Hochschulwesens im Rahmen des Kultusetats auf einer ganzen Reihe von Gebieten werde dadurch herbeigeführt, daß die preußischen Hochschulen niemals, wie z. B. das preußische Volksschulwesen und höhere Schulwesen, isoliert für Preußen betrachtet werden könnten. Während nur in ganz besonderen Ausnahmefällen einmal ein Oberlehrer oder gar ein Volksschullehrer aus einem anderen Lande angestellt werde, habe man auf allen Gebieten des Hochschulwesens nicht eine preußische, sondern eine deutsche Einstellung. Preußen könne hier nicht isoliert vorgehen, sondern müsse, wenn es nicht Schaden leiden wolle, darauf Rücksicht nehmen, was andere Länder machten. Als Minister wie als Staatssekretär habe er es als seine oberste Pflicht angesehen, die preußischen Universitäten an der Spitze der deutschen zu erhalten.
Einzelheiten, u. a. zur organisatorischen Hochschulreform *und den* neuen Hochschulstatuten. […]
Daß es noch nicht möglich gewesen sei, manche technischen Forderungen durchzusetzen wie die Umwandlung der planmäßigen Extraordinariate in Ordinariate liege in den traurigen Finanzverhältnissen der letzten Jahre begründet. Die Finanzverwaltung sei dankenswerterweise einzelnen Wünschen der Unterrichtsverwaltung entgegengekommen, und sie würde sich noch viel größeren Dank erwerben, wenn sie in Zukunft deren Wünschen in stärkerem Maße entgegenkäme.
Weitere Einzelheiten zu den Extraordinariaten sowie zur Methode der Besoldungen *und der* Erteilung von Kolleggeldgarantien in höherem Maße als die mutmaßliche Einnahme aus den Kolleggeldern des betreffenden Professors sie rechtfertige […].
Einzelheiten, u. a. zur Verschiedenklassigkeit der beamteten Professoren *und zu politischen Skandalen an Universitäten und Hochschulen wie dem Fall des* Breslauer *Professors* Helfritz *sowie dem Studium von Arbeiterkindern.* Es müsse mehr als bisher für die Hebung des Arbeiterstandes geschehen, und soweit die finanzielle Möglichkeit bestehe, sei auch auf diesem Gebiete einiges geleistet worden, und zwar in der Stille, mehr noch durch Organisation als durch direkte materielle Unterstützung. Insbesondere gebühre hier Herrn Regierungsrat Woldt Dank, dessen Tätigkeit im Ministerium dazu beigetragen habe, daß nicht nur die engen Beziehungen zum Reichsarbeitsministerium und zu den Arbeiterorganisationen erhalten geblieben sei, sondern daß die Erfolge des Vorgehens des Ministeriums auch im Auslande bereits die allgemeine Aufmerksamkeit auf sich gezogen hätten, und es vergehe kaum ein Vierteljahr, ohne daß der Referent selbst ins Ausland gebeten werde, um dort über das im Rahmen der Kulturverwaltung auf dem Gebiete bereits Geleistete zu berichten. […]

Abgeordneter Kilian (KP):
Einzelheiten, u. a. zum Arbeiterstudium und zur Lage der Studenten an verschiedenen Universitäten sowie zu den Gebühren- und Kolleggeldern.
[…] Berichterstatter, Abgeordneter Dr. Waentig (Sd):
Einzelheiten, u. a. zur Besoldungsfrage. […]
Ministerialdirektor Professor Dr. Richter:
Einzelheiten, u. a. zur Besetzung verschiedener Lehrstühle sowie zu den Lehraufträgen. […] Das punctum saliens sei, daß es leider der Unterrichtsverwaltung für dies Etatsjahr zu ihrer Überraschung nicht gelungen sei, eine Vermehrung des Fonds für Lehraufträge zu erreichen. Aus diesem Grunde hätten ganz bescheidene Kürzungen – wohl in keinem Fall über 20 % der Anfangsvergütung von Gruppe 10 – stattgefunden. Im Ganzen seien etwa 16 Lehraufträge bei über 290 vorhandenen eingespart worden. Die vorgenommenen Verkürzungen hätten zu einem Teil bereits wieder rückgängig gemacht werden können. […]
Professor Dr. Aumund
Einzelheiten zu den Erfahrungen aus der Besichtigung der amerikanischen Universitäten. […]
Abgeordneter Dr. Steffens (DVp) […] betont, daß seine Fraktion aufs lebhafteste eine weitgehende Pflege der Wissenschaft wünsche, damit sie im Wettkampf der Nationen bestehen könne. Um diese zu erreichen, sei es dringend notwendig, die Beihilfen und Unterstützungen für wissenschaftliche Zwecke sowie für Gelehrte wesentlich zu erhöhen. Auch Reisestipendien für Universitätsdozenten, insbesondere zur Förderung ihrer Auslandskenntnisse, müßten in stärkerem Maße als vorgesehen gewährt werden, da gerade die Verbindung mit dem Auslande dringend notwendig sei.
Der Anregung, den Geisteswissenschaften an den Universitäten und Technischen Hochschulen eine sorgsamere Pflege zuteil werden zu lassen, tritt Redner bei. Gerade auch an den Universitäten sei es dringend erforderlich, die geisteswissenschaftlichen Institute und Seminare mehr als bisher durch Bewilligung größerer Mittel zu fördern.
Einzelheiten, u. a. zur eigenartigen Situation der Universität Königsberg. […]
Geheimer Oberfinanzrat Dr. Helbing bemerkt, obwohl die Zahl der Anträge zum Etat der Universitäten und Technischen Hochschulen in diesem Jahre geringer sei als früher, lasse sich doch zu ihrer Verwirklichung im nächstjährigen Staatshaushaltsplan nach den für dessen Aufstellung von dem Finanzminister festgesetzten und ja auch dem Landtag schon mitgeteilten Richtlinien kaum eine Möglichkeit erwarten. Dies gelte vor allem von der Errichtung neuer Beamtenstellen und von neuen sächlichen Veranstaltungen, mit denen eine finanzielle Mehrbelastung für den Staat verbunden wäre. Vorliegend seien in nicht weniger als 18 Anträgen neue Professuren oder sonstige neue Stellen und in manchen Anträgen sogar eine ganze Reihe solcher verlangt. Es sei doch bereits im Etat für 1925 der Grundsatz durchgeführt, daß die Schaffung neuer Stellen zu unterbleiben habe, und für 1926 sei eine weitere Verschlechterung der Finanzlage sicher absehbar. Die heute besonders betonte Vermehrung der Professuren für Wirtschaftswissenschaften habe die Finanzverwaltung bis

1924 nach Möglichkeit gefördert. Auch hinsichtlich der Neuschaffung von Assistentenstellen für geisteswissenschaftliche Fächer sei von ihr zu Anfang der 1920er Jahre möglichstes Entgegenkommen gezeigt. Ein weiteres Vorgehen in beiden Beziehungen habe die Finanzlage bisher nicht zugelassen.

Bauten für die Hochschulen seien im Etatsentwurf für 1925 in so großem Umfange ausnahmsweise zugelassen, daß man auch für den nächstjährigen Etat das Vertrauen hegen könne, daß die Finanzverwaltung tun werde, wozu sich die Möglichkeit noch biete.

Einzelheiten.

Was die beantragten Fondserhöhungen betreffe, so habe der Dispositionsfonds Kap. 113 Tit. 65 (Beihilfen und Unterstützungen für wissenschaftliche Zwecke) schon in diesem Etat eine Erhöhung von 100.000 M auf 190.000 M (ohne eine für bestimmte Zwecke festgelegte Unterabteilung dieses Fonds) erfahren. Die Finanzverwaltung habe also auch hier die Unterrichtsverwaltung nicht im Stiche gelassen, und eine weitere Erhöhung werde für 1926 erwogen werden.

Der Fonds zu Vergütungen für besondere Lehraufträge an den Universitäten (Kap. 111 Tit. 17) habe vor dem Kriege 104.000 M betragen und sei inzwischen auf 881.000 M erhöht worden. Heute könnten aus diesem Fonds etwa 300 Lehraufträge bestritten werden gegenüber ungefähr 60 vor dem Kriege. Unter diesen Umständen sei es gewiß nicht verwunderlich, daß eine weitere Vermehrung des Fonds unterblieben sei. Vielleicht komme es hier auch weniger auf eine Erhöhung als auf eine zweckmäßigere Verwendung der vorhandenen Mittel an. [...]

[...] Berichterstatter, Abgeordneter Dr. Faßbender (Z):

Einzelheiten zum Antrag bezüglich der Einrichtung des Instituts für Krebsforschungen sowie zur Gewährung von Lehraufträgen für homöotherapeutische Krankenbehandlungsweise. [...]

Einzelberatung.

I. Universitäten und Charitékrankenhaus.

Routinemäßige Beschlussfassung zu Haushaltspositionen und zu Entschließungsanträgen.

II. Technische Hochschulen und sonstige wissenschaftliche Anstalten und Zwecke.

Routinemäßige Beschlussfassung zu Haushaltspositionen und zu Entschließungsanträgen.

109. Aus dem Protokoll der 47. Sitzung des Hauptausschusses des Preußischen Landtags, 2. Wahlperiode, I. Tagung 1925. Berlin, 5. September 1925.

Druck, gez. Hirsch, Kunert.
Niederschriften über die Sitzungen des Staatshaushalts-Ausschusses (Hauptausschusses), Jg. 1925, 47. Sitzung, Sp. 1–38.

Etat des Kultusministeriums: Einzelberatung: Kunst. – Die große soziale Not der Künstler und die Frage von Unterstützungen. – Die staatliche Kunstpflege 1924/25. – Theaterpolitik und Landesbühnenorganisation.

Vgl. Einleitung, S. 81 f.

Haushaltsentwurf des Kultusministeriums.
Kunst.
[…] Berichterstatter, *Abgeordneter Dr. Heß (Ahrweiler)*:
Bericht zu den Mehr- und Minderausgaben in einzelnen Haushaltstiteln.
Der diesjährige Etat befinde sich gegenüber dem Vorjahre in einer erfreulichen Aufwärtsentwicklung. Gegenüber dem Vorjahre sei im Ordinarium eine Erhöhung um mehr als 2 Millionen eingetreten. Im Extraordinarium sei ein Minus von 112.000 M zu verzeichnen. Im Vergleich zu den Gesamtpositionen sei diese Summe ziemlich erheblich. Gegenüber dem Etat von 1913 sei der Etat allerdings noch um 2 Millionen im Rückstand. Die für die Förderung der künstlerischen Produktion ausgesetzte Summe habe eine namhafte Aufbesserung erfahren.
Die größeren Projekte, mit denen der Ausschuß sich früher befaßt habe, gingen zum Teil ihrer Vollendung entgegen, z. B. die Museumsbauten in Berlin, die Bauten in Düsseldorf usw. […]
Es sei beantragt, die für Denkmalspflege eingesetzte Position um 80.000 M zu erhöhen, die vielleicht aus eigenen Mitteln des Kultusministeriums genommen werden könnten. […]
Die Theater seien noch nicht auf die Kunstverwaltung übernommen, weil die Auseinandersetzung mit den Hohenzollern noch nicht zum Abschluß gekommen sei. Sobald diese Frage erledigt sei, müsse die Staatsregierung dem Wunsche des Landtags in dieser Beziehung nachkommen. […]
Für die Zwecke der Landesbühnenorganisation sei in Kap. 19 Tit. 115 die Summe von 100.000 M eingesetzt. Das könne nicht so weitergehen. Die Staatsverwaltung scheine nicht zu begreifen, was der Landtag mit dieser Einrichtung gewollt habe. Die im Extraordinarium des vorigen Jahres enthaltene Summe von 60.000 M habe der Landtag auf eine halbe Million zu erhöhen beschlossen. Da dürfe die Staatsregierung den Landtag nicht in dieser Weise behandeln. Es scheine angenommen zu werden, daß es sich hierbei um Fragen handle, für die sich nur einzelne Persönlichkeiten interessierten. Seine

Fraktion[1] stehe jedenfalls geschlossen hinter dieser Frage. Es handle sich dabei um eine nationale Kulturaufgabe ersten Ranges. Diesem neuen Zweige der Kunstverwaltung dürfe die Regierung nicht weniger Aufmerksamkeit, Liebe und Fürsorge zuteil werden lassen als den anderen Zweigen. Die Kosten, die von den Gemeinden für Theaterzwecke, besonders im Rahmen der Bühnenorganisation, aufgebracht würden, seien geradezu enorm. Einzelne Städte hätten mehrere 100.000 M dafür aufgewandt. Da dürfe die Verwaltung nicht mit der geringen Summe von 100.000 M für den ganzen Komplex kommen. Es liege ein Antrag vor, die Summe auf 1 Million zu erhöhen, und da dies wahrscheinlich nicht genügen werde, sogar auf 1½ Millionen. [...]
Allgemeine Besprechung.
Abgeordneter Beuermann (DVp) beklagt die geringe Ausstattung des Abschnitts Kunst mit Etatsmitteln. Von den 522 Millionen der außerordentlichen Ausgaben entfielen auf die gesamte Kunstpflege nur 6 ¼ Millionen. Im nächsten Jahre müsse unbedingt eine wesentliche Stärkung des Fonds für Kunstpflege herbeigeführt werden. [...]
In den einmaligen Ausgaben sei ein starker Rückschritt zu verzeichnen. Solche Abstriche, wie hier vorgenommen seien, dürften nicht wieder eintreten. Am schlimmsten sei es auf dem Gebiet der Theaterkultur. Die Gesellschaft der preußischen Landesbühnen in Schlesien habe von jeher eine Volkstheaterkultur getrieben [!], die sich vollständig frei entwickelt habe. Das gesamte Schlesien habe eine erfreuliche Theaterkultur aufzuweisen. Diese Bestrebungen seien jetzt nur schwer durchführbar.
Einzelheiten, u. a. zur Frage eines sogenannten Reichsehrenmals. [...]
Abgeordneter Kimpel[2] (Dn) hält es für angebracht, den Kunstfonds wiederherzustellen und gegen früher wesentlich zu erhöhen. Es sei schwer, einen Kunstfonds so zu verwenden, daß er nur der reinen Kunst zugute komme. Heute werde damit stets die Frage der Unterstützung verbunden. Es müsse sich bei der Verwendung des Kunstfonds nur um hervorragende Leistungen handeln, und außerdem müsse es möglich sein, dafür Aufträge zu erteilen. Das sei wichtiger als der Ankauf fertiger Kunstwerke.
Zur Förderung und Anspornung der Kunst empfehle es sich, die goldene Staatsmedaille wieder einzuführen, die von einer Jury der Künstler selbst verteilt werden könne, und zwar von Inhabern der großen goldenen Staatsmedaille.
Einzelheiten, u. a. zur Verleihung des Professorentitels, *zur* Frage der Akademie *der Künste sowie zur* Akademie *in Breslau und* Königsberg. [...]
Abgeordneter Dr. Schwering (Köln) (Z):
Einzelheiten, u. a. zu den Theatern und der Musikpflege.
Abgeordneter Kerff (KP) bedauert, daß die Kunst im Spiegel des Etats ein Bild der vollsten Verzerrtheit und erbarmungslosesten Armut zeige. Die Vertreter der bürgerlichen Parteien

1 *Zentrum.*
2 *In der Vorlage:* Kimbel.

hätten sich auf dem Gebiet der Kunst eine große Mäßigung auferlegt. Man erwarte von der Kunst ein blühendes Menschenleben und finde ein zusammenbrechendes Gerippe. Die 6,9 Millionen, die der Preußische Staat für die Kunst übrig habe, seien nicht einmal ein Trinkgeld. Für unmittelbare Verwendung für die Kunst seien nicht einmal 3,5 Millionen ausgeworfen, zur Förderung der bildenden Künste nur 250.000 M.

Einzelheiten.

Der Minister *Becker* erklärt seine Bereitwilligkeit, nach Möglichkeit den hier gegebenen Anregungen nachzukommen. Es sei erfreulich, daß es in diesem Jahre gelungen sei, aus der Finanznot herauszukommen und geordnete Verhältnisse in den Fragen der Kunst herbeizuführen. Er begrüße es, daß der Ausschuß die Frage der Museumsbauten einem Sonderausschuß überwiesen habe. Besonders erfreulich sei auf dem Gebiete der bildenden Kunst und des Auftragswesens, daß hier wieder eine aktive, wenn auch bescheidene Mitwirkung dem Kunstministerium ermöglicht werde.

Über die staatliche Kunstpflege im Jahre 1924/25 führt der Minister *Becker* folgendes aus:

1. Auftragswesen

Der Grund dafür, daß die Wirksamkeit des früher so genannten Landeskunstfonds, des heutigen Fonds „Zur Förderung der bildenden Kunst, insbesondere durch Aufträge" nicht deutlich in die Erscheinung treten konnte, ist in seiner vorübergehenden Verkürzung während der Kriegsjahre und in den bekannten Auswirkungen der Inflationszeit zu suchen. Seit Eintritt der stabilen Währung lähmte die Abwicklung alter Verpflichtungen, denen sich die Kunstverwaltung im Interesse der Künstler glaubte nicht entziehen zu sollen, die Tätigkeit auf dem Gebiet der Auftragserteilung. Trotzdem gelang es, einige größere Aufträge zu erteilen.

Einzelheiten zu Porträts, die Arthur Kampf, Müller-Schoenefeld, […] Georg Kolbe und Max Slevogt *malten, sowie zu weiteren Aufträgen über insgesamt* 20.000 M.

2. Wettbewerbe

Es wurden insgesamt 65.000 M zur Durchführung von 3 Wettbewerben *zur Anfertigung von Kleinplastiken, Großplastiken sowie von Wandgemälden zur Verfügung gestellt.*

Einzelheiten.

3. Ankäufe

Im Benehmen mit dem Direktor der Nationalgalerie und den Vorständen der betreffenden Ausstellungen wurden im Frühjahr und Sommer 1925 aus Mitteln des Ministeriums für 53.300 M Ankäufe von Werken der Malerei und Plastik getätigt. Die Werke gehen zum Teil in den Besitz der Nationalgalerie über, zum Teil finden sie zur Ausschmückung von Staatsgebäuden Verwendung.

Einzelheiten.

4. Ausstellungen

Das unter den allgemeinen wirtschaftlichen Verhältnissen schwer leidende Ausstellungswesen wurde durch direkte Zuschüsse oder durch rückzahlbare Garantiesummen unterstützt mit insgesamt circa 30.000 M.

Einzelheiten, u. a. zur Förderung der Großen Berliner Kunstausstellung *und zur* Ermäßigung der Frachtsätze für den Transport von Kunstwerken. [...]
5. Atelierfragen
Die Bemühungen der Kunstverwaltung waren
a) auf die Erhaltung der vorhandenen Ateliers in Berlin,
b) auf Neuschaffung von Ateliers gerichtet.
6. Unterstützungen (Vereine)
Die traditionelle Gewährung von Unterstützungen an Kunst- und Künstlervereine konnte z. T. nach Stabilisierung der Mark gleichfalls wieder aufgenommen werden.
Einzelheiten.
7. Unterstützungen (Einzelne Künstler)
Einzelheiten zu den geldlichen Beihilfen zur Förderung der künstlerischen Arbeiten *von 33 jüngeren Künstlern* mit 25.000 M *sowie zur unentgeltlichen* Beschaffung von Arbeitsmaterial *für insgesamt* 10.000 M. [...]
Einzelheiten zur Kunsterziehung sowie zur Entwicklung des Rundfunks.
Einzelheiten zu den Staatstheatern.
Der Voranschlag für das Rechnungsjahr 1925 sah ursprünglich einen Staatszuschuß von rund 2,4 Millionen Reichsmark vor, dazu sollten noch später hervorgetretene Mehrforderungen von 600.000 RM hinzutreten, so daß ein Staatszuschuß von rund 3 Millionen Reichsmark als erforderlich bezeichnet wurde. Ein derartig hoher Staatszuschuß erschien angesichts der schwierigen Finanzlage des Staates nicht tragbar. In mehreren Vorbesprechungen mit den Intendanten und dem Verwaltungsdirektor mußte daher nach Ersparnismöglichkeiten gesucht werden, die geeignet waren, den Staatszuschuß auf einen Betrag von 2 Millionen Reichsmark herabzudrücken, ohne daß dadurch jedoch das bisherige hohe künstlerische Niveau in irgendeiner Weise beeinträchtigt werden sollte. Das bedeutet natürlich in keiner Weise einen Eingriff des Ministeriums in die künstlerischen Angelegenheiten, die ausschließlich zu den Machtbefugnissen der Intendanten gehören.
Einzelheiten.
Im Jahre 1914 betrug der Zuschuß, den die damaligen Hoftheater in Berlin bezogen, 1.377.000 Mark, der sich aber durch die Übernahme des am Schlusse des Rechnungsjahres entstandenen Fehlbetrages von 400.000 M auf 1.777.900 M erhöhte; berücksichtigt man die erheblichen Gehalts- und Gagenaufbesserungen beim Orchester und dem Chor- und Ballettpersonal, die gegen das Jahr 1914 eingetreten sind, so bedeutet die Erhöhung des Zuschusses auf 2 Millionen bei vier Theatern angesichts der schwierigen wirtschaftlichen Verhältnisse immerhin noch ein günstiges Bild. Zu den vorerwähnten Erhöhungen beim Orchester- und Chorpersonal wird erläuternd bemerkt: Das durchschnittliche Jahreseinkommen eines Kammermusikers hat sich gegen das Jahr 1914 auf 130 % und das eines Ballettmitgliedes auf 105 % der damaligen Bezüge erhöht. [...]
Ministerialdirektor Schultz bemerkt zur Landesbühnenorganisation, daß es sich hier um eine neue Aufgabe handle, der der Staat bei der ernsten Finanzlage mit der größten Zu-

rückhaltung gegenübertreten müsse. Wenn bemängelt worden sei, daß sich das Finanzministerium noch in keiner klaren Auffassung über die Landesbühnenorganisation befinde, so müsse er sagen, daß das, was neuerdings darüber bekannt geworden sei, die bisherigen Bedenken noch erheblich verstärkt habe. Das Finanzministerium habe sich die Unterstützung der Landesbühnenorganisation als einer Dachorganisation in der Weise gedacht, daß sie anregend und organisierend auf die Zusammenschließung der Abnehmerinteressen bei den Theatern wirke, und habe geglaubt, mit dem Betrage von 60.000 M, der 1924 eingestellt worden sei, diese organisatorische Arbeit im wesentlichen richtig geschätzt zu haben. Für 1925 ergebe die vorgelegte Nachweisung, daß für Bühnenvolksbund und Landesverband in der Tat nur 50.000 M gegeben worden seien.

Einzelheiten.

Abgeordnete Frau Kunert (Sd) weist auf die innerhalb der Künstlerschaft bestehende große Not hin. Die Bestrebungen zur Herbeiführung einer engeren Verbindung zwischen Kunst und Handwerk fänden bei ihren Freunden volles Verständnis, um so mehr, als sie der Ansicht seien, daß eine solche Verbindung auch geschmacksbildend auf die Industrie wirken werde. Deutschland sei mehr als je genötigt, heute Qualitätswaren zu erzeugen. Ungeheuer sei die Not der Künstler, die sich bereits im reiferen Alter befänden. Aus Verzweifelung hätten schon namhafte Künstler Selbstmord begangen.

Einzelheiten.

Nach der Inflation hätten die Städte ganz allmählich angefangen, durch Ankäufe und Erteilung kleiner Aufträge Kunstpflege zu treiben. Das reiche aber nicht aus, ganz abgesehen davon, daß diese Ankäufe oft nicht sehr glücklich seien und die am stärksten von der Not Getroffenen ihrem Elend nicht entzogen würden. Sie bitte die Regierung um Auskunft, was sie zur Linderung der Not getan habe, und richte in diesem Zusammenhang an das Ministerium die Frage, was mit den großen Überschüssen des Rundfunks zur Linderung der Not unter den Künstlern geschehe. Zweifellos sei durch den Rundfunk die wirtschaftliche Lage einer großen Zahl von Künstlern weiter verschlechtert worden. [...]

Abstimmung über die zu dem Abschnitt „Wissenschaft" gestellten Anträge.

Routinemäßige Beschlussfassung zu Haushaltspositionen und zu Entschließungsanträgen.

Weitere Beratung des Abschnittes Kunst [...]

Abgeordnete Frau Dr. Klausner (Berlin) (Dd) ist ebenfalls der Ansicht, daß mit Rücksicht auf die Notlage der bildenden Künstler und der Kunst überhaupt eine Vermehrung der Mittel wenigstens im Extraordinarium erfolgen müsse.

Einzelheiten.

Die Notgemeinschaft Deutscher Künstler habe lange Zeit hindurch nicht gegründet werden können. Die Länder hätten seinerzeit dagegen Einspruch erhoben, aber nicht dafür gesorgt, daß die entsprechenden Maßnahmen für die Künstlerschaft getroffen würden. Das Reich habe für die Wissenschaft erst 5 und dann 3 Millionen aufgebracht, aber für die Künstler sei nicht entsprechend gesorgt worden.

Die bildenden Künstler seien eigentlich immer in Not gewesen, und es sei kein neues Bild,

das sich heute zeige. Ihre Not habe aber jetzt eine Ausdehnung erreicht und die Gesamtheit mit ganz geringen Ausnahmen in einer Weise erfaßt, daß man wirklich energischer gegen sie vorgehen müsse. Eine soziale Versicherung könne von seiten der Künstler selbst nicht geschaffen werden, weil ihre Einnahmen zu unbeständig, vielfach Einnahmen überhaupt nicht vorhanden seien.
Einzelheiten.
Die gesamten Ankäufe auf dem Kunstmarkt seien außerordentlich niedrig. 1925 seien auf der Großen Berliner Kunstausstellung 55 Werke im Werte von 30.000 M verkauft worden, in der Ausstellung Berliner Künstler 21 Werke im Werte von 5.300 M, von der Novembergruppe 7 Werke. Die Berliner Sezession habe 80 Werke verkauft, das Künstlerhaus 97, die juryfreie Ausstellung im vorigen Jahre im ganzen 42 Werke im Werte von 1.700 M. Der Gesamtbetrag sei etwas höher als 100.000 M, eine Summe, die erschreckend den Tiefstand des Kaufinteresses zeige.
Einzelheiten, u. a. zum Ankauf eines griechischen Kunstwerks für etwa eine Million *und zur* Atelierfrage. [...]
Weitere Einzelheiten zur Frage der Theater und der Musikpflege.
Abgeordneter Leinert (Sd) hält den Etat, soweit es sich um die Vermehrung und Unterhaltung der Sammlungen handle, für außerordentlich dürftig. Wenn der Minister *Becker* nicht die Mitteilung gemacht hätte, daß auch noch andere Mittel für die Vermehrung der Sammlungen vorhanden seien, müßte man daran zweifeln, daß der Kunst die richtige Pflege zuteil würde. Da aber nach außen der Haushalt die Grundlage der Beurteilung bilde, so würde er es für zweckmäßig halten, wenn alle Beträge, die dem Staat für Kunstzwecke zuflössen, in den Etat eingestellt würden, insbesondere die Beträge, die vom Reich oder aus anderen Quellen kämen.
Einzelheiten, u. a. zum Kaiserhaus in Goslar. [...]
Ministerialdirektor Nentwig gibt zu, daß die Not der Künstler in der Tat außerordentlich groß sei. Unter den gegenwärtigen wirtschaftlichen Verhältnissen litten ja alle freien Berufe aufs schwerste, am allerschwersten vielleicht die Künstler insofern, als sich naturgemäß heute jeder Beschränkungen auferlege, soweit es sich um Erwerbungen von Kunstwerken handle. Die Staatsregierung sei, soweit das irgend in ihren Kräften stehe, bemüht gewesen, Abhilfe zu schaffen, und dank des Entgegenkommens der Finanzverwaltung sei es gelungen, auf diesem Gebiete manches zu tun. Natürlich seien die Möglichkeiten sehr beschränkt. Es sei nicht möglich, die ungefähr 10.000 Künstler aus Staatsmitteln zu versorgen, man könne ihnen nur durch Ankäufe und Ausschreibung von Wettbewerben die Möglichkeit geben, sich zu betätigen und so ihren Unterhalt sich zu verschaffen.
Einzelheiten, u. a. zur Frage der Theater und der Musikpflege.
Abgeordnete Frau Kunert (Sd):
Antrag zur Ausdehnung der Sozialversicherung *auf* alle geistig Tätigen. [...]
Einzelberatung.
Routinemäßige Beschlussfassung zu Haushaltspositionen und zu Entschließungsanträgen.

110. Aus dem Protokoll der 116. Sitzung des Hauptausschusses des Preußischen Landtags, 3. Wahlperiode, I. Tagung 1928/30. Berlin, 10. Februar 1930.

Druck, gez. Weissermel, Thöne.
Niederschriften über die Sitzungen des Staatshaushalts-Ausschusses (Hauptausschusses), Jg. 1930, 116. Sitzung, Sp. 1–34.

Etat des Kultusministeriums: Generaldebatte. – Kritische Würdigung von Minister Becker. – Einführungsrede von Minister Grimme. – Die geplanten Einsparungen. – Die Pädagogischen Akademien. – Die Verhandlungen mit der evangelischen Kirche. – Republikanische Erziehung an den Schulen und politische Einflussnahmen.

Vgl. Einleitung, S. 83.

Kultusetat. Generaldebatte.
Berichterstatter Abgeordneter Dr. Steffens (DVp)
Haushaltstechnische Fragen: Einführung des Normalplans ist angesichts der Spezifika der Kultusverwaltung nicht vollständig möglich.
Bericht zu den Mehr- und Minderausgaben in den einzelnen Haushaltstiteln.
Einzelheiten, u. a. zu den Staatsnebenfonds und den Einnahmen für Stiftungszwecke. Die neu aufgestellten Haushaltspläne der Kloster Bergischen Stiftung und des Bergischen Schulfonds sowie für das Stift Neuzelle und für den Haus Büren'schen Stiftungsfonds.
Es sei der Kultusetat an einem kritischen Punkt angelangt […]. Die Gesamtzahl der Staatsbediensteten in der gesamten Kultusverwaltung betrage 23.621, gegen das Vorjahr mehr: 683. Auf Beamte entfalle davon ein Mehr von 607. Von diesen entfielen wiederum auf die höheren Lehranstalten ein Mehr von 280 k[ann] w[egfallen] Studienräten, welcher Vermehrung natürlich eine Verminderung der Zahl der Hilfsbeamten um 280 gegenüberstehe. Hierzu komme ein Mehr von 168 Stellen, die durch Verstaatlichung von drei höheren Lehranstalten, durch Ausbau von Anstalten und Aufbauschulen notwendig geworden seien. Die Museen erforderten 33 Beamte mehr infolge der Inbetriebnahme des Neubaus auf der Museumsinsel. Die Pädagogischen Akademien wiesen 106 Beamte mehr auf infolge der Erweiterung dieser Institutionen. […] Bei den planmäßigen Beamten und Hilfsbeamten zusammengerechnet ergebe sich gegen 1929 ein Mehr von 374, gegen 1913 ein Mehr von 306. Man könne daher angesichts des Hinzutretens einer ganzen Anzahl Aufgaben seit 1913 nicht von einer Aufblähung des Beamtenapparats in der Kultusverwaltung sprechen. Die Zahl der Angestellten habe sich gegen das Vorjahr um 92 vermehrt; der Hauptanteil hiervon entfalle auf die Universitäten und die Charité. Die Gesamtvermehrung der Staatsbediensteten in der gesamten preußischen Staatsverwaltung überhaupt gegen 1929 betrage 1.194; hiervon entfalle auf die Kultusverwaltung ein Anteil von 45 %. […]

Von der Gesamtsumme des Bruttohaushalts des Staates mit 2,3 Milliarden RM entfielen auf die Kultusverwaltung nach Abzug der durchlaufenden Posten 747,7 Millionen = 32,05 % der Gesamtausgaben des Staates. 1929 habe dieser Anteil 31,85 %, 1928: 31,58 % betragen. Der Gesamtzuschußbedarf der Kultusverwaltung mit 725,6 Millionen RM sei um 20,3 Millionen höher als 1929 und übersteige um 152 % den Zuschußbedarf von 1913, wobei man jedoch die neu hinzugetretenen Aufgaben der Kultusverwaltung mitberücksichtigen müsse. Aber tatsächlich habe das Ministerium für Wissenschaft, Kunst und Volksbildung schon 1928 ausweislich der Übersicht über die Staatseinnahmen und –ausgaben einen Zuschuß von rd. 724 Millionen erfordert, da der Voranschlag in diesem Jahre um 40 Millionen überschritten worden sei, so daß von einer wesentlichen wirklichen Vermehrung der Ausgaben nicht gesprochen werden könne. Immerhin müsse man zugeben, daß die Kultusverwaltung im Rahmen des Gesamthaushalts einen ganz außerordentlichen Zuschuß erfordere; es stehe nämlich mit seinem Zuschußbedarf von 725,6 Millionen = 43,64 % von insgesamt 1.662,5 Millionen in der Staatsverwaltung an allererster Stelle, während das Innenministerium mit einem Zuschuß von 240 Millionen erst in weitem Abstand folge. An der gesamten tatsächlichen Verschlechterung der Hoheitsverwaltungen für 1930 mit 48,7 Millionen habe das Kultusministerium einen Anteil von 41,75.
Absolut seien die Ausgaben auf allen Teilgebieten der Kultusverwaltung mit Ausnahme des Ministeriums gestiegen. *Einzelheiten.*
Das Defizit des preußischen Haushalts von 88 Millionen mache Sparmaßnahmen zur unbedingten Notwendigkeit und habe sich durch starke Drosselung der Ausgaben insbesondere auch beim Kultusministerium ausgewirkt. *Die besondere* Kritik *seitens des Staatsrats an den* Pädagogischen Akademien, die einen tatsächlichen Mehrzuschuß von 2,9 Millionen erforderten, *sowie* die Theater, *die bei* Einnahmen *von* 7,9 Millionen *aber* Ausgaben *von* 17,3 Millionen *hätten und damit* über 1,5 Millionen mehr als im Vorjahre *bräuchten.*
Einzelheiten zu Einsparungen, die unter dem Vermerke „Weniger zur Durchführung allgemeiner Sparmaßnahmen" erschienen:
a) Unterstützungen für Geistliche aller Bekenntnisse *minus* 155.000 RM,
b) Instrumentenfonds der medizinischen Universitätskliniken *minus* 130.000 RM,
c) Zwecke der studentischen Wirtschaftshilfe an den Universitäten *minus* 130.000 RM,
d) weitere kleinere Ersparnisse *von* 291.370 RM. Die Gesamtsumme dieser Einsparungen von rund 700.000 RM schlage bei einer Gesamtausgabe von 748 Millionen kaum zu Buche.
Kritik an den Einsparungen bei den Leibesübungen an den Universitäten, technischen Hochschulen und höheren Schulen *von* 16.700 RM, *bei den* Reisekosten *der Schulverwaltungsbeamten von 30.000 RM, bei den* Beihilfen für Privatdozenten und junge Gelehrte, *bei den* einmaligen Ausgaben für die wissenschaftlichen Zwecke der Universität Königsberg *von* 11.000 RM.
Bei der Wissenschaft *insgesamt* betrügen die Abstriche 438.000 RM, die er für die Dauer kaum für tragbar halten würde. Hierzu käme noch eine Reihe 10 % iger Abstriche bei der bildenden Kunst, Musikpflege, Literatur, allgemeinen Kunstpflege, alles kleine Summen

und Sümmchen, die für einen großen Haushalt kaum zu Buche schlügen, aber die betroffenen Personen und Institutionen sehr schwer schädigen würden. [...]
Die Belastung der kleinen und mittleren Städte für die Zwecke der Schule sei in den letzten Jahren vielfach noch weiter gestiegen, so daß sie in eine verzweifelte Lage geraten seien. [...] Das gehe so nicht weiter. Es müsse hier irgendwie ein Ausgleich geschaffen werden, indem entweder eine der genannten Stellen verzichte oder der Staat stärker mit Beihilfen sich beteilige.
Die Kulturforderungen in den Grenzgebieten müßten erfüllt werden. [...]
Die deutsche Volkskunde bedürfe dringend der Pflege in allen Schularten. Lebhaft befürworte er die Schaffung eines deutschen Volksmuseums nach dem Vorbilde von Skansen in Stockholm. [...]
Der neuernannte Minister für Wissenschaft, Kunst und Volksbildung *Grimme: Einführungsrede: Verzicht auf die Skizzierung eines eigenen Arbeitsprogramms, da er erst eine Woche im Amt sei. Kritische Würdigung von Minister* Becker.
Allgemeine Aussprache.
Abgeordneter Oelze (Dn):
Kritische Würdigung von Minister Becker.
Notwendigkeit einer Beibehaltung der bisherigen Ferienordnung an den Schulen.
Frage nach dem Stande der Vertragsverhandlungen mit der evangelischen Kirche *sowie dem Briefwechsel der preußischen* Regierung *mit den Vertretern der katholischen Kirche zur Schulfrage.*
Bitte um eine Stellungnahme des Ministers *Grimme* zur Frage der Einbringung eines Reichsschulgesetzes. *Es seien* die Belange der christlichen Schulen zu sichern.
Einzelheiten zu den Fällen des sozialdemokratischen Oberstudiendirektors Kawerau und des deutschnationalen Studienassessors Helpers in Hagen.
Kritik an Meinungsumfragen bei Schülern zu politischen Themen.
Er *Oelze* würde es als Pädagoge am liebsten sehen, wenn alle irgendwie politisch möglichen Schülervereinigungen an den Schulen strikt untersagt werden könnten *wie z. B.* die sozialistische Schülervereinigung Westend [...]. Da ihm Nachrichten zugegangen seien, nach denen z. B. in Osnabrück den Angehörigen einer nationalsozialistischen Schülerorganisation die Verweisung von der Schule angedroht worden sei, frage er, ob das Ministerium meine, daß gewisse Schülervereinigungen, die völkischen und die nationalsozialistischen, zu verbieten seien.
Gegen eine Übersteigerung der Verfassungsfeier.
Republikanische Erziehung an der Schule.
Abgeordneter Lauscher (Z):
Kritische Würdigung von Minister Becker. [...]
Seine politischen Freunde hätten die stärksten Bedenken dagegen, daß die Pädagogischen Akademien selbst für ländliche Provinzen anscheinend grundsätzlich in großen Städten untergebracht worden seien. Sie fürchteten, daß dadurch die Lebensnähe, die Vertrautheit

mit dem Landvolk, die der Landlehrer und die Landschule brauche, auf diesem Wege sehr schwer oder gar nicht erworben werde, und sie müßten verlangen, daß die Unterrichtsverwaltung diesen Gesichtspunkt für die Zukunft schärfer im Auge behalte als bisher. *Wahl des Standortes* Flensburg oder […] Altona. […]
Abgeordneter König (Sd) betont, daß das bloße Reden über das Berechtigungsunwesen endlich einmal aufhören müsse. Es sei notwendig, daß sich das ganze Staatsministerium einmal zusammensetze, um darüber zu beraten, wie dieser Berechtigungsunfug vermieden werden könne. Hier hätte das Kultusministerium ein weites Tätigkeitsfeld.
Gleichzeitig komme in diesem Zusammenhang hinzu, daß man den Ausbau der Volksschule nicht so einenge, wie es scheinbar in der letzten Zeit im Ministerium geschehen sei. Aber eine Beseitigung der Sperren genüge nicht; sondern das Kultusministerium müsse in Verbindung mit dem Finanzministerium bestrebt sein, den Begabten aus den minder bemittelten Schichten des Volks durch Erziehungsbeihilfen Unterstützungen zu gewähren, damit die jungen Leute aus diesem Kreise nicht genötigt seien, sich durch Werkarbeit die Mittel zu ihrem Studium zu erwerben. Der Preußische Staat müsse – und das sei in der letzten Regierungserklärung, die auf diesem Gebiet abgegeben worden sei, angekündigt worden – einige Millionen für Erziehungsbeihilfen zur Unterstützung der Begabten aus den minderbemittelten Volkskreisen zur Verfügung stellen.
Eine weitere Aufgabe habe das Ministerium darin, daß es der staatsfeindlichen Beeinflussung der Jugend, die von verschiedenen Seiten erfolge, entgegentrete.
Notwendigkeit einer Revision und Vereinfachung der Schulbestimmungen und des Schulrechts. […]
Abgeordneter Schwarzhaupt (DVp):
Kritische Würdigung von Minister Becker. […]
Wenn es zu der baldigen Vorlage eines Vertrages mit der evangelischen Kirche, die die verlorengegangene Parität zwischen den beiden großen Bekenntnissen wiederherstellen würde, käme, würden seine politischen Freunde daraus die Hoffnung auf ein gedeihliches Zusammenarbeiten mit dem Minister entnehmen.
Forderung, daß der Minister von sich aus solchen Geschmacklosigkeiten entgegentrete, wie sie der Freidenkerverband hier in Berlin gegenüber den christlichen Bekenntnissen erlaubt habe.
Das Verhältnis der Neubauten *für die* Universitäten *und für die* pädagogischen Akademien. *Einzelheiten zur konfessionellen Ausrichtung der Akademien. […]*
Abgeordneter Dr. Rhode (Frankfurt/Main) (WP):
Kritische Würdigung von Minister Becker. *Einzelheiten zu schulpolitischen Forderungen.*
Abgeordneter Dr. Ausländer (KP):
Kritische Würdigung von Minister Becker. […]
Es sei bezeichnend, daß gerade diejenigen, die sich ständig als Hüter des Parlamentarismus aufspielten, sich über die demokratischen Grundsätze hinwegsetzten und die wirklichen Gründe des Ministerwechsels beharrlich verschwiegen.

Die Aktivitäten von Minister Grimme noch als Vizepräsident des Provinzialschulkollegiums für Brandenburg und Berlin *gegen kommunistische oder KPD nahestehende Pädagogen und Schülervereinigungen.*

Der neue Etat werde ohne erhebliche Veränderungen vorgelegt, als ob sich im Wirtschaftsleben und im sozialen Leben überhaupt nichts geändert hätte. Man scheine nichts zu wissen von dem Sinken des Reallohns aller Werktätigen um 13 % gegenüber dem Jahre 1927, von der ungeheuren Erwerbslosigkeit, von den neuen Lasten, die die Existenz der proletarischen Kinder bedrohten wie zu den schlimmsten Kriegszeiten. [...]

Seine Freunde verlangten in ihren Anträgen die Bereitstellung von Mitteln für eine großzügige Schulspeisung, für Schulärzte, für Schulhygiene und zur Bekämpfung der Kinderarbeit.

Völlig unnötig seien die Ausgaben für kirchliche Zwecke. Der kapitalistische Staat und die Kirche leisteten sich in ihrem Kampf gegen das revolutionäre Proletariat Hilfestellung. [...]

Er bitte um Auskunft, ob die Absicht bestehe, bei der Reichsregierung auf den Erlaß eines neuen Reichsschulgesetzes auf dem Boden des verhängnisvollen Weimarer Kompromisses zu dringen. Wenn die Schule zerschlagen werde, werde sie völlig der Kirche ausgeliefert sein.

Kritik an dem bestehenden Berechtigungswesen.

Seine Freunde würden ihr Schulprogramm vorlegen, das im wesentlichen das alte sozialistische sei. Auf den Boden der kapitalistischen Republik freilich sei es nicht zu verwirklichen. [...]

Abgeordneter Dr. Bohner (Dd):

Kritische Würdigung von Minister Becker. [...]

Die gegenwärtige Lage an den höheren Schulen lege die Frage nahe, ob man nicht ähnlich wie die französische Republik in den Jahren nach 1870 eine besondere staatsbürgerliche Erziehung einführen solle.

Einzelheiten zu verschiedenen Haushaltstiteln, v. a. hinsichtlich des Schulwesens.

Nachdem in England die Volksschule bis zum vollendeten 15. Lebensjahr ausgebaut sei, müsse auch in Deutschland dieses Problem in Angriff genommen werden. [...]

Abgeordneter Prelle (DF):

Kritische Würdigung von Minister Becker.

Die Bevorzugung der Großstädte bei der Gründung der Pädagogischen Akademien.

Einzelheiten zum Schulwesen.

Die Zuschüsse für die Staatlichen Theater könne man seines Erachtens angesichts des Niveaus, auf das auch die Berliner Theater gesunken seien, sehr wohl streichen. Die heutigen Theater böten keine Förderung der Volksbildung mehr. [...]

Abgeordneter Oelze (Dn):

Das Problem der gemeinsamen Erziehung der Geschlechter auf den Pädagogischen Akademien. [...]

Die Bevorzugung der Großstädte bei der Gründung Pädagogischer Akademien. [...]

Frau Abgeordnete Thöne (DVp):
Die vom Handelsminister geplante Gewerbelehrerausbildung. […]
Das Berechtigungswesen *und die jetzt geschaffene Möglichkeit einer* Ersatzreifeprüfung. […]
Frau Abgeordnete Dr. Wegscheider (Sd) begrüßt es, daß bei Gelegenheit der Gewerbelehrerausbildung neben dem Weg durch die höhere Schule ein neuer Weg eröffnet werden solle.
Widerspruch gegen die Idee pädagogischer Akademien *nur für* Frauen. […]
Abgeordneter Dr. Rhode (Frankfurt/Main) (WP):
Zur Arbeit der Pädagogischen Akademien *und dem Verdienst Minister Beckers daran.*
Der Minister für Wissenschaft, Kunst und Volksbildung *Grimme*:
Information, daß ihm in einer Staatsministerialsitzung […] der Auftrag erteilt worden *sei,* nunmehr in offizielle Verhandlungen mit den evangelischen Kirchen einzutreten.[1]
Staatssekretär Dr. Lammers:
Antwort zur Frage nach der Haushaltsführung gemäß Normalplan *sowie zur* Regelung des Schuljahres und der Schulferien.
[…]

1 *Vgl. Zilch, Reinhold/ Holtz, Bärbel (Bearb.), Die Protokolle des Preußischen Staatsministeriums 1817–1934/38, Bd. 12,1, Hildesheim u. a. 2004, S. 246, Sitzung vom 4.2.1930, TOP 1.*

111. Aus dem Protokoll der 117. Sitzung des Hauptausschusses des Preußischen Landtags, 3. Wahlperiode, I. Tagung 1928/30. Berlin, 11. Februar 1930.

Druck, gez. Weissermel, Rickers.
Niederschriften über die Sitzungen des Staatshaushalts-Ausschusses (Hauptausschusses), Jg. 1930, 117. Sitzung, Sp. 1–46.

Etat des Kultusministeriums: Einzelberatung: geistliche Verwaltung und Volksschulwesen. – Die Zuschüsse an die katholische und an die evangelische Kirche. – Die Reform der Kirchensteuern. – Die Rechtslage bei den Unterstützungsfonds zur Pfarrerbesoldung. – Der Gesetzentwurf zur Neuregelung der Volksschullastenverteilung.

Vgl. Einleitung, S. 81 f.

Einzelberatung
Abschnitt 1 des Haushaltsentwurfs des Kultusministeriums: Ministerium und allgemeine Zwecke einschließlich Staatsnebenfonds
Routinemäßige Beschlussfassung zu Haushaltspositionen.
Abschnitt 2. Geistliche Verwaltung […]
Der Berichterstatter Abgeordneter Graue (Dd) weist darauf hin, daß der Etat der geistlichen Verwaltung des Kultusministeriums nur um 1,125 Millionen gewachsen sei, obgleich er entsprechend dem Abschluß des Vertrages mit der Kurie eigentlich um 1,4 Millionen hätte steigen müssen. Diese Verminderung der veranschlagten Ausgaben sei durch die sich aus dem Etat ergebenden Sparmaßnahmen begründet. 400.000 RM zur Unterhaltung von Kirchen und Schulgebäuden, auf rechtlicher Grundlage beruhend, seien aus dem Extraordinarium in den ordentlichen Etat übernommen. In das Extraordinarium seien Beträge für den Kölner Dom, die Hedwigskirche und den Dom in Berlin eingestellt worden.
Die Eingabe des Deutschen Monistenbundes […], den auf wissenschaftlichem Boden stehenden Weltanschauungsorganisationen dieselben Mittel wie den Kirchen zu bewilligen.
Der baldige Abschluß eines Vertrages zwischen dem Preußischen Staate und den evangelischen Kirchen. […]
Allgemeine Besprechung
Abgeordneter Kleinspehn (Sd) erkennt an, daß nach Annahme des Konkordats im vorigen Jahre die Erhöhung der Dotation der römischen Kirche gewissermaßen zwangsläufig geworden sei. Nichtsdestoweniger würde der Finanzminister, wenn er bei diesem Kapitel und bei den übrigen Etats seine Spargrundsätze durchgeführt hätte, eine Steigerung der Ausgaben für die Kirchen habe vermeiden und vielleicht noch erhebliche Abstriche vornehmen können. Wenn im vorigen Jahre die staatlichen Zuschüsse für die Kirchen durch die Annahme der Pfarrerbesoldungsgesetze um 12 Millionen gestiegen seien, so hätte jetzt untersucht

werden müssen, ob durch genaue Prüfung der direkten Einnahmen der Kirchen nach dem neuen Kirchensteuergesetz nicht die Möglichkeit bestehe, Abstriche an den Zuschüssen zu machen; seines Erachtens sei das möglich, denn man könne feststellen, daß Ausgaben gemacht würden, die darauf hindeuteten, daß die Kirchen in Geld schwimmen müßten. Jedenfalls müßten bei der Notlage der breiten Volksmassen mit der Steigerung der eigenen Einnahmen der Kirchen die Zuschüsse des Staates an die Kirchen herabgesetzt werden. Zudem finde die Steigerung statt in einer Zeit, wo die Gemeinden draußen gezwungen seien, notwendige Ausgaben für tuberkulöse und rachitische Kinder wegen Mangel an Mitteln zu streichen. Die staatlichen Zuschüsse an die Kirchen könnten herabgesetzt werden, ohne daß die eigentlichen Aufgaben der Kirchen dadurch auch nur im geringsten beeinträchtigt zu werden brauchten. […]

In diesem Zusammenhang müsse darauf aufmerksam gemacht werden, daß die Republik in viel größerem Umfange der Kirche und den kirchlichen Interessen entgegengekommen sei, als es jemals unter der Monarchie der Fall gewesen sei, die z. B. die Fürsorge für die jungen Theologen, wie sie jetzt schon vorhanden ist, in der schroffsten Weise abgelehnt habe.

Er verlange nun aber keineswegs ein schroffes Vorgehen der Regierung gegen die Kirche; er bitte nur, daß die Regierung ihre Pflicht als staatliches Organ gegenüber der Kirche mindestens so erfülle wie gegenüber anderen Organisationen und Gebilden.

Die unterschiedliche Haltung von Vertretern der beiden Hauptkonfessionen zum republikanischen Staat.

Abgeordneter D. Koch (Oeynhausen) (Dn):

Kritik an der späten Aufnahme der Verhandlungen mit den evangelischen Kirchen.

Die Pfarrerbesoldung.

Der Abgeordnete Kleinspehn habe eine genaue Prüfung des Kirchensteuerwesens verlangt, um die Zuschüsse des Staates herabzusetzen. Es sei aber gar nicht mehr nötig, das zu verlangen, sondern es finde bereits in einem solchen Maße statt, daß alle seine Wünsche befriedigt würden. *Einzelheiten.*

Abgeordneter Dr. Dr. Linneborn (Z):

Die Haltung der evangelischen *und der katholischen* Kirche *zur sozialen Frage.*

Die Unterdrückung des Christentums in Rußland.

Die Pfarrerbesoldung, Einzelheiten.

Der Schutz der Sonn- und Feiertage*, insbesondere des* sogenannten Buß- und Bettages. […]

Abgeordneter Dr. Rhode (Frankfurt/Main):

Der mit den evangelischen Kirchen *abzuschließende Vertrag.*

Abgeordneter Fladung (KP):

Die finanzielle Unterstützung der Kirchen als Teil der Bestrebungen der Kulturreaktion. […] Das beweise der vorliegende Etat mit seinen direkten und indirekten erhöhten Staatszuschüssen für die Kirchen und die kirchlichen Organisationen. Außer den 86 ½ Millionen, die der Staat dafür zahle, beständen noch Dutzende von Kanälen, durch die den Kirchen

Mittel zugeführt würden, z. B. durch die Wohlfahrtspflegeorganisationen. Die karitative Tätigkeit der Kirchen und ihrer Verbände werde dargestellt als eine Tätigkeit mit eigenen Mitteln, während sie faktisch nur mit den vom Staate, von der Allgemeinheit der Steuerzahler zur Verfügung gestellten Mitteln ausgeübt werde; man hüte sich aber wohl, das zu sagen, weil man einen maßgebenden Einfluß auf die Leute ausüben wolle. Dazu kämen noch die von den Provinzen, Kreisen und Gemeinden für kirchliche Zwecke zur Verfügung gestellten Mittel, die auch aus Steuermitteln stammten. Und dann treibe die Kirche mit ihren Ländereien einen wahren Pachtwucher. Man könne durchaus nicht von einem Abbau der staatlichen Zuschüsse an die Kirchen sprechen. […]

Die Massenflucht aus der Kirche in Rußland.

Die Hetze gegen die Freidenker. […]

In den vorgelegten Anträgen gäben die Kommunisten zunächst die Möglichkeit zur Streichung der Mittel, die der Staat der Kirche für ihre Tätigkeit und für ihre Propaganda gebe. Es handle sich um 86.853.000 RM. […]

Abgeordneter Meyer (Herford) (DVp): […]

Der Staatsvertrag mit den evangelischen Kirchen. […]

Gegenüber den Ausführungen des Abgeordneten Kleinspehn müsse unbedingt verlangt werden, daß aus moralischen und rechtlichen Gründen der Staat seiner Verpflichtung gegen die Kirche nach wie vor nachkomme. Bisher sei sich auch der Staat dieser seiner hohen Aufgabe im allgemeinen durchaus bewußt gewesen, und es müsse erwartet werden, daß er auch in Zukunft sich dessen bewußt bleibe, und zwar nicht um die Kirchensteuerzahler der evangelischen und katholischen Kirche zu entlasten, sondern damit die Kirchen ihren hohen Aufgaben vollkommen nachkommen könnten. Die Kirchen müßten selbstverständlich die übernommenen finanziellen Verpflichtungen erfüllen, und es sei auch von ihnen das Mögliche geleistet worden, um aus eigener Steuerkraft ihre Existenz zu sichern, sie seien aber nicht in der Lage, auf Staatszuschüsse zu verzichten.

Die Pfarrerbesoldung.

Das Verhältnis der evangelischen Kirche zum republikanischen Staat und zu den sozialen Bestrebungen.

Das Freidenkertum. […]

Abgeordneter Graue (Dd):

Der Abschluss eines Vertrags in Verhandlungen mit der evangelischen Kirche. […]

Die Haltung der evangelischen Kirche zur Verfassungsfeier *und zum republikanischen Staat.*

Das Vorgehen der russischen Regierung gegen die christliche Kirche.

Die Stellung zu den kleinen Religionsgesellschaften *und zum* Monistenbunde. […]

Abgeordneter Prelle (DF):

Stellungnahme zu den Ausführungen des Abgeordneten Kleinspehn.

Der proletarische Freidenkerbund. […]

Die Frage der Pfarrerbesoldung. […]

Ministerialdirektor Trendelenburg:
Die Vertragsverhandlungen mit den evangelischen Landeskirchen. […]
Was den Haushalt der geistlichen Verwaltung selbst anlange, so sei speziell von sozialistischer Seite geltend gemacht worden, daß dieser Etat, wie schon im Vorjahre, so auch diesmal eine steigende Tendenz aufweise, während die Forderung einer sparsamen Verwaltung gerade auf diesem Gebiete als berechtigt anerkannt werden müsse. Tatsächlich handele es sich hier aber nur um eine scheinbare Erhöhung. Durch den Vertrag mit der katholischen Kirche ergebe sich die Notwendigkeit eines Mehraufwandes von 1,4 Millionen Reichsmark; dieser Betrag sei in den Etat eingestellt und ihm entspreche auch die Erhöhung in der Schlußsumme. Was aber im Etat nicht ausdrücklich in die Erscheinung habe treten können, seien die bei ihm gemachten Ersparnisse. Diese könnten auf jährlich rund 3 Millionen Reichsmark geschätzt werden, also auf reichlich das Doppelte des Mehraufwands.
Einzelheiten.
Tatsächlich habe also der Etat nicht eine Steigerung um die vermeintlichen 1,4 Millionen Reichsmark erfahren, sondern eine Senkung um mehr als den gleichen Betrag, *u. a. durch* Kürzung der Fonds zur Unterstützung von Geistlichen und Kirchendienern.
Die Pfarrerbesoldung.
Die Kirchensteuern. Über die steuerlichen Verhältnisse jeder einzelnen Kirchengemeinde – und es handelt sich dabei um 10.000 bis 15.000 Gemeinden – würden Nachweisungen aufgestellt und in der Zentralinstanz gründlich unter die Lupe genommen. Ein ständiger Ausschuß, bestehend aus staatlichen und kirchlichen Vertretern, sei dauernd mit dem Kirchensteuerwesen befaßt.
Die Erarbeitung neuer Steuerrichtlinien. […]
Man könne von einer so komplizierten Steuergesetzgebung, bei der es sich um eine Unzahl verschiedengestaltiger Gemeinden handele, nicht verlangen, daß sie überall gleichmäßig schnell durchgeführt würde. Aber die Absicht der Regierung, auch hier Ersparnisse zu erzielen, sei zum Teil bereits in die Tat umgesetzt, und es werde an ihr festgehalten. […]
Die Einstellung der Kirche, insbesondere der evangelischen Kirche, zu Staat und Gesellschaft und insbesondere auch zur sozialen Frage *sowie zur* Feier des Verfassungstages. […]
Die Gesangbuchfrage. […]
Die Friedhofsfrage.
Die Frage der Feiertagsheiligung. […]
Die Frage der kleineren Religionsgemeinschaften und Weltanschauungsverbände *sowie der* Verband für Freidenkertum und Feuerbestattung. […]
Ministerialrat Dr. Meyer (Finanzministerium):
Die Frage der Unterstützungsfonds. […]
Diese stammten aus den 20er Jahren des vorigen Jahrhunderts; das Preußische Finanzministerium habe stets die Auffassung vertreten, daß sie nicht auf Grund einer rechtlichen Verpflichtung gewährt seien, und es habe daher stets die Anerkennung einer solchen aus-

drücklich abgelehnt. Dann sei allerdings Mitte des vorigen Jahrhunderts durch den Artikel 15 der preußischen Verfassungsurkunde von 1850 eine Art Novation vorgenommen und dadurch die Leistung gewissermaßen im Wege einer verfassungsmäßigen Garantie gesichert worden; aber sowohl die Novation wie die verfassungsmäßige Garantie sei wiederum dadurch beseitigt worden, daß der Artikel 15 der preußischen Verfassungsurkunde durch ein besonderes Gesetz vom Juli 1875 aufgehoben worden sei, und seitdem seien die Unterstützungen wiederum ohne Anerkennung einer rechtlichen Verpflichtung gewährt worden. Nach Auffassung des Finanzministers sei auch durch die Reichsverfassung nicht etwa eine veränderte Lage geschaffen worden, sondern der Finanzminister sei der Meinung, daß die Artikel 138 und 173 der Reichsverfassung nur die bestehende Rechtslage fixiert hätten. Er (Redner) sei sich wohl bewußt, daß die Sache zweifelhaft sein könne, und er kenne auch die gegenteilige Auffassung, aber er habe doch die Überzeugung, daß, wenn es zu einem Prozeß kommen sollte, die Stellung der Regierung eine sehr starke sein würde. Aber darüber hinaus sei ja auch gar nicht die Frage der rechtlichen Verpflichtung maßgebend, sondern die Frage der Gerechtigkeit, und da sei das Finanzministerium allerdings der Meinung, daß diese Unterstützungen, die aus einer Zeit stammten und die in einer Zeit gewährt worden seien, in der es um die Pfarrerbesoldung recht schlecht bestellt gewesen sei, in der die Pfarrer hinter den im Range gleichgestellten Staatsbeamten erheblich zurückstehen mußten – daß diese Verhältnisse inzwischen durch die weitere Entwicklung und ganz besonders durch die Pfarrerbesoldung vom Jahre 1928 überholt worden seien. Tatsache sei, daß die Pfarrerbesoldungszuschüsse, die der Staat gewähre und die im Jahre 1913 rund 19 Millionen Mark betragen hätten, inzwischen um mehr als das Doppelte gestiegen seien. [...]

Abgeordneter Dr. Ausländer (KP):

Die möglichen ungeheuren Mehrforderungen *durch das evangelische* Konkordat.

Die Ansprüche der katholischen Kirche *an ein* Reichsschulgesetz.

Die Verleihung der Körperschaftsrechte an den Verband für Freidenkertum und Feuerbestattung. [...]

Abgeordnete Frau Wellmann (Osnabrück) (Sd): [...]

In dieser Zeit schwerer finanzieller Nöte sei es jedenfalls nötig, daß, wenn man sogar an den Ausgaben für Sozialpolitik und für Bildungsbestrebungen spare, auch die Ausgaben für die Kirche eingeschränkt würden.

Zur Haltung der Sozialdemokratie gegenüber der Kirche. [...]

Routinemäßige Beschlussfassung zu Haushaltspositionen und zu Entschließungsanträgen.

Abschnitt 3. Volksschullehrerbildung, Volksschulwesen, Sonstiges. [...]

Der Berichterstatter Abgeordneter König (Potsdam) (Sd) betont, daß, soweit in der Öffentlichkeit bekanntgeworden sei, ein Gesetzentwurf zur Neuregelung der Volksschullastenverteilung vorliege. Der Preußische Staat werde aber augenblicklich nicht in der Lage sein, die ihm durch dieses Gesetz entstehenden Mehrkosten aufzubringen, und deshalb sei die Einbringung des Gesetzes vorläufig aufgeschoben worden. Man habe im vorigen Jahre

eine vorübergehende Lösung mit einer Änderung des Volksschullehrerbesoldungsgesetzes gefunden, die aber am 31. März dieses Jahres außer Kraft trete.
Die Arbeitslosigkeit von 7.000 bis 8.000 *Junglehrern und der aber ab 1932 zu erwartende* Lehrermangel. […]
Abgeordneter Kickhöffel (Dn):
Die Notwendigkeit zum Ausbau der preußischen Landschule, *durch den der unmittelbare* Anschluß an das städtische Bildungswesen *ermöglicht werden soll.*
Durch die Schwierigkeit der Aufbringung der Volksschullasten in den einzelnen Gemeinden werde auch die Landschule gefährdet; desgleichen könne auch der Landlehrer dadurch in eine unangenehme Situation kommen. Der Finanzminister habe in seiner Haushaltsrede zugegeben, daß die Änderung der Volksschulunterhaltung im Interesse der Gemeinden läge. Die in Umrissen bereits bekannt gewordene Novelle scheine im Landtag eine große Mehrheit zu finden, so daß nicht einzusehen sei, warum sie nicht eingebracht werden könne. Es bestehe doch durchaus die Möglichkeit, daß man bei der Einbringung der Novelle nach Wegen suche, um den finanziellen Schwierigkeiten des Staates entgegenzukommen. […]
Abgeordnete Frau Stoffels (Z):
Die Forderung *nach einer für* die Ausbildung der katholischen Lehrerinnen *reservierten* Frauenakademie. […]
Die Frage der Abfindungssumme für verheiratete Lehrerinnen. […]

112. Aus dem Protokoll der 118. Sitzung des Hauptausschusses des Preußischen Landtags, 3. Wahlperiode, I. Tagung 1928/30. Berlin, 12. Februar 1930.

Druck, gez. Hirsch, Spohr.

Niederschriften über die Sitzungen des Staatshaushalts-Ausschusses (Hauptausschusses), Jg. 1930, 118. Sitzung, Sp. 1–38.

Etat des Kultusministeriums: Einzelberatung: Volksschulwesen. – Die Besoldung der aus Oberschlesien gekommenen Lehrer. – Die Schulunterhaltung, die Überlastung der Gemeinden und der in Aussicht stehende Gesetzentwurf. – Die Deutschtumsförderung durch Unterstützung der Volksschulen in den Grenzgebieten des Ostens.

Vgl. Einleitung, S. 81 f.

Weiterberatung *des Haushaltsentwurfs des Kultusministeriums Abschnitt 3* „Volksschullehrerbildung, Volksschulwesen, Sonstiges" […]

Abgeordneter Pischke (Frankfurt/Oder) (DVp): *Die* Verstärkung des Einflusses der Frau auf die Erziehung der Mädchen *und die* Ausbildung der katholischen Lehrerinnen.

Zu einzelnen weiteren Fragen des Volksschulwesens.

Die von Tag zu Tag knapper *werdenden* Zuschüsse für Bibliotheken und andere innere Einrichtungen der Schule. […]

Den aus dem abgetretenen Oberschlesien verdrängten Lehrern sei durch Staatsministerialbeschluß vom 26. Juli 1919[1] das volle Gehalt für 5 Jahre versprochen worden. Höchste Staatsstellen hätten dieses Versprechen auch noch mündlich abgegeben, u. a. der damalige Reichskanzler Wirth. Dem entgegen seien die verdrängten Lehrer auf ¾ des Gehalts gesetzt worden. Sie hätten versucht, Abhilfe zu schaffen. Das sei ihnen aber nicht gelungen. Sie hätten einen Prozeß gegen den Preußischen Staat geführt, der durch alle Instanzen gegangen sei. Das Reichsgerichtsurteil vom 23. April 1929 habe den Staatsministerialbeschluß als bindende Grundlage angesehen und der Forderung der verdrängten Lehrer stattgegeben. Für das Grundgehalt sei die Frage vollständig geklärt, dagegen für die Alterszulagen noch nicht. Die Vertretung der Lehrerschaft habe nun Besprechungen in den Ministerien gehabt und sei auch zunächst auf Entgegenkommen gestoßen. Dann habe sie aber eine Abweisung durch das Finanzministerium erfahren. Die Organisation der verdrängten Lehrer habe den einstimmigen Beschluß gefaßt, mit Einzelprozessen vorzugehen. […]

Abgeordneter Hoff (Kiel) (Dd):

1 *Vgl. Schulze, Gerhard (Bearb.), Die Protokolle des Preußischen Staatsministeriums 1817–1934/38, Bd. 11,1, Hildesheim u. a. 2002, S. 102, Sitzung vom 26.7.1919, TOP 11.*

Die Pädagogischen Akademien *und die* gemeinsame Ausbildung von Lehrern und Lehrerinnen.
Die weiterhin bestehenden einklassigen Schulen mit 60 und mehr Schülern. [...]
Bezüglich der Schulunterhaltung bedauern auch seine Freunde, daß es die Finanzlage des Staates ausdrücklich nicht gestatte, hier eine grundsätzliche und ausreichende Regelung vorzunehmen. Er gebe der Hoffnung Ausdruck, daß man bald zu einer befriedigenden Lösung kommen werde. Auch hier könne er dem Abgeordneten Kickhöffel durchaus zustimmen, daß die jetzige Form der Schulunterhaltung vielfach zu einer Überlastung der Gemeinden führe und damit zu einer ganz schiefen Stellung der Schule und der Lehrer in den Gemeinden.
Zu einzelnen weiteren Fragen des Volksschulwesens.
Frau Abgeordnete Jourdan (Frankfurt a. Main) (Sd):
Die Volksschule *als* Geburtsstätte der modernen Schulreformbewegung. [...]
Die Angriffe in der Demokratischen Presse gegen einen Kultusminister, der aus dem Volksschullehrerstand gekommen sei, sei ein Schlag gegen die Demokratie.
Der Ausbau der Volksschule *um* das 9. und 10. Schuljahr.
Die Notwendigkeit eines Hilfsschulgesetzes, da jährlich 65.000 Kinder hilfsschulbedürftig seien.
Zu einzelnen weiteren Fragen des Volksschulwesens.
Abgeordneter Dr. Ausländer (KP) meint, auch der neue Kultusminister sei offenbar nicht in der Lage, seine Forderungen gegen den Finanzminister durchzusetzen. Das vom Landtag wiederholt geforderte und von der Regierung versprochene Schullastengesetz werde in absehbarer Zeit nicht vorgelegt werden. Der Finanzminister, der nur ein ausführendes Organ des Finanzkapitals sei, habe offenbar nicht die Absicht, den Gemeinden, die sich in einer großen Notlage befänden, zu Hilfe zu kommen. Das gegenwärtig in Geltung befindliche System der Schullastenaufbringung könne nicht mehr aufrechterhalten werden. Das Elend der gegenwärtigen Verhältnisse in bezug auf die Schullastenverteilung komme auch in der Tatsache zum Ausdruck, daß der Ergänzungszuschuß jetzt 57 Millionen betrage, zu den 143 Millionen der Staatsleistungen. Das Wort eines Gemeindevorstehers: „Die Schule macht uns kaputt" sei bezeichnend für die augenblicklichen Verhältnisse. Die Forderung der Deutschnationalen, die Reichssteuerüberweisungen von 2 % auf 4 oder 6 % zu erhöhen, wiesen seine Freunde zurück, weil sie nur eine neue Benachteiligung der großen Städte bedeuten würde. Eine Regelung in dieser Richtung sei nur bei einer vollkommen anderen Gestaltung des Finanzausgleichs denkbar. Die Regierung könne den kleinen Landgemeinden und Städten nur helfen, wenn sie das Volksschulwesen von der augenblicklichen Finanzlage der einzelnen Gemeinden trenne. Das sei nur möglich, wenn der Staat die sachlichen und personellen Kosten für die Volksschule übernehme. [...]
Seine Parteifreunde hätten weitere Mittel für die Bekämpfung der Kinderarbeit gefordert. Um der Kinderarbeit Herr zu werden, sei die engste Zusammenarbeit der Wohlfahrtspflege mit der Schule notwendig. Nicht nur die eigentliche Heimarbeit, sondern auch die

Erwerbsarbeit im Kleinen, die nur von der Schule erfaßt werden könne, spiele in diesem Zusammenhang eine Rolle.

Zu einzelnen weiteren Fragen des Volksschulwesens.

Selbst das neunte Schuljahr für die Volksschulkinder werde nicht eingerichtet werden, weil der kapitalistische Staat erkläre, kein Geld dafür zu haben. [...]

Abgeordneter Grüter (WP): *Zu einzelnen Fragen des Volksschulwesens.*

Die Gemeinden seien nicht in der Lage, bei den hohen Schullasten, die sie jetzt zu tragen hätten, weiter zu bestehen. In diesem Zusammenhange spielten die Klassenfrequenzen eine Rolle. Ihm sei eine Gemeinde von 34.000 Einwohnern bekannt, die ohne Zuschuß aus der Landesschulkasse jährlich 359.000 RM aufzubringen habe, weil die Klassenfrequenz nur 38,5 betrage. [...]

Abgeordneter Prelle (DF):

Die Probleme der Landschule *und die Notwendigkeit*, den kinderreichen Lehrern durch Stipendien und eine Erziehungsbeihilfe *Unterstützung zu geben.* Es sehe beinahe so aus, als ob das Land die Volksschulunterhaltungslasten nicht mehr mittragen könne. Das sei aber nicht der Fall, da es wisse, daß sonst seine Rechte weiter beschnitten würden. Der Bildungsunterschied zwischen Stadt und Land sei nicht mehr so groß, aber die drückenden Lasten könnten von den leistungsschwachen Gemeinden nicht mehr getragen werden, so daß die Regierung zur Vermeidung des Ruins dieser Gemeinden Abhilfe schaffen müsse.

Zu einzelnen weiteren Fragen des Volksschulwesens.

Ministerialdirektor Wirklicher Geheimer Oberregierungsrat Kaestner:

Die vermehrte Einstellung von Junglehrern.

Die Landschulen.

Ganz energisch sei der Bezeichnung „Kulturschande“ zu widersprechen. Die Landschule sei im Gegenteil unser Kulturstolz. Es dürfe nicht alles beim alten bleiben. Die noch vorhandenen Fehler seien erkannt; es sei noch vieles durchaus unzureichend. Schulhäuser, Lehrerdienstwohnungen seien noch zu verbessern. Aber in welchem Haushalt fehle es jetzt nicht an allem Möglichen. Nur allmählich könne das auf lange Sicht aufgestellte Bauprogramm durchführt werden, da sonst 240 Millionen auf einmal benötigt würden, um den Raumbedarf der Volksschule sofort zu decken. In den letzten 11 Jahren seien viele Tausende von Schulklassen hergerichtet worden, eine große Reihe von Landschulen entspreche auch in äußerer Beziehung sehr weit getriebenen Anforderungen, wie sich die Ausschußmitglieder namentlich auch im Osten und in der Grenzmark an Ort und Stelle überzeugen könnten.

Zu einzelnen weiteren Fragen des Volksschulwesens.

Ministerialdirigent Geheimer Regierungsrat Wende:

Zur Wahl des Ortes für die Pädagogische Akademie. [...]

Die Wahl des Ortes sei nicht von der Zahlungsfähigkeit der betreffenden Gemeinde abhängig. Solange freilich das Finanzministerium auf die Einhaltung der bisher bei solchen Verhandlungen von den Gemeinden geforderten Verpflichtungen nicht verzichte, müsse die Unterrichtsverwaltung diese Bedingungen berücksichtigen.

Rückweisung der Kritik an den Kosten *für den Bau der Pädagogischen Akademien.*

Die Anregung, die Stipendienfonds zu erhöhen, begrüße er. In der Tat könne mit 150 RM je Student nicht nachdrücklich geholfen werden. [...] Auch der Fonds für Hilfsleistungen durch wissenschaftliche Kräfte dürfe nicht gekürzt werden, da jetzt schon die Verwaltung durch die ungenügende Höhe des Fonds sehr beengt sei und Damen für den technischen Unterricht nur 3,50 RM für die Stunde bewilligen könnte.

Zu einzelnen weiteren Fragen des Volksschulwesens.

Seit 1925 seien 9.300 Schulräume für 135 Millionen, 366 Turnhallen für 19 Millionen, 2.135 Dienstwohnungen für verheiratete Lehrer für 32 Millionen, 510 Dienstwohnungen für unverheiratete Lehrer für 4 Millionen und 1.178 Wirtschaftsgebäude für Lehrerdienstwohnungen für 6 Millionen neu geschaffen worden. Darin seien die vergrößerten Schulräume, Turnhallen usw. nicht enthalten. Es sei ein gleichmäßiges Ansteigen [bei] der Errichtung der einzelnen Raumarten und der Ausgaben hierfür festgestellt, z. B. für Schulräume mit 1927 2.000, 1928 2.200, 1929 3.100. Der gesamte Kostenaufwand einschließlich der Reparaturen und der Vergrößerungen für Schulräume, Turnhallen, Dienstwohnungen und Wirtschaftsgebäude habe betragen:

1925	15	Millionen
1926	28	"
1927	46	"
1928	55	"
1929	70	"

In diesen Summen seien die Leistungen von Staat, Gemeinden und Dritten einbegriffen.

Trotz dieses Ansteigens der Aufwendungen sei doch nicht ein gleicher Nutzen erzielt worden wie in entsprechenden Zeiträumen der Vorkriegszeit. In den Jahren 1925 bis 1929 habe der Jahresdurchschnitt 43 Millionen betragen, ebensoviel wie 1901 und 19 Millionen weniger als 1911. An neuen Bauten seien an Schulräumen errichtet 1901 3.200, 1906 3.700, 1911 3.900, 1929 nur 3.100, danach erschienen der Verwaltung die Verhältnisse für die folgenden Jahre schwer erträglich, wenn nicht eine besondere Beisteuer im Extraordinarium für diese Aufgaben bewilligt werde. [...]

Solange die Finanzlage so ungünstig wie jetzt sei, könne das Ministerium den fertiggestellten Entwurf über die Volksschullasten nicht vorlegen.

Ministerialdirigent Geheimer Oberfinanzrat Dr. Helbing bemerkt zu den sich unmittelbar auf die Gestaltung des Etats für 1930 beziehenden Anträgen, daß von großer finanzieller Tragweite nur die von der Kommunistischen Partei eingebrachten seien. Hier gehe jedoch der finanzielle Mehrbedarf so hoch in die Millionen, daß schon aus diesem Grunde eine Annahme der Anträge seitens des Hauptausschusses von vornherein als ausgeschlossen gelten müsse. [...]

Abgeordnete Frau Dr. Spohr (Dn):

Die Minderheitenfrage, besonders im Osten.

Infolge der Verschärfung dieses Schulkampfes müsse das Deutschtum mit allen Hilfsmitteln und Unterstützungen versehen werden, die es überhaupt gebe. Bei den Verhandlungen

zwischen Preußen und dem Reich sei die Befriedigung der Kulturbelange in den Grenzgebieten Preußen zugewiesen worden. Im Grenzausschuß sei dagegen von Ministerialrat Rathenau in erster Linie die wirtschaftliche Unterstützung betont worden. Demnach blieben für die Kulturbelange nur die Etatmittel, die unbedingt für die Grenzbelange flüssig gemacht werden müßten. Vor allem seien auch Neuerungen und Instandsetzungen von den z. T. baufälligen und ganz unzulänglichen Schulen und Lehrerwohnungen notwendig. Der Landeshauptmann Caspari habe hierauf bei einem Presseempfang auch hingewiesen. Wenn andere Mittel nicht erzielt werden könnten, sollte beim Bau von Akademien für diesen Zweck gespart werden. […]
Abgeordneter Beuermann (DVp) erkennt die gewaltigen für Schulbauten ausgegebenen Summen an. Die Lasten aber, die die Gemeinden im Krieg und in der Nachkriegszeit getragen hätten, seien so groß gewesen, daß die Pflege der Schulhäuser seit fast 20 Jahren hindurch völlig ungenügend gewesen sei. Der Verfall der Schulhäuser schreite immer weiter fort, so daß es ganz außergewöhnlicher Mittel bedürfe, um hiergegen vorzugehen.
Zu einzelnen weiteren Fragen des Volksschulwesens.
Abgeordneter Lukassowitz (Dn):
Zu einzelnen Fragen des Volksschulwesens.
Die Ausführungen des Regierungsvertreters über die Schulbauten und Lehrerdienstwohnungen in den östlichen Grenzgebieten seien zu optimistisch angesichts der Klagen der Landeshauptleute und ihrer Denkschrift. Es sei bedauerlich, daß alle Anträge in dieser Richtung an dem Widerstand des Finanzministers scheiterten. […]
Abgeordneter Oelze (Dn): […]
Bei den Ausführungen eines Regierungsvertreters über die Kosten der Lehrerbildung umgerechnet auf die Kopfzahl scheinen einige Fehlerquellen unterlaufen zu sein, da die frühere Besetzung der Seminare falsch angenommen worden sei. Er komme auf einen Betrag von 1.300 bis 1.400 bzw. 668 und 680 RM, da die Verdopplung des Lehrkörpers, der Unterstützungen usw. mit in Rechnung gezogen werden müsse. Auch der Vergleich mit Internaten von 360 Köpfen scheine ihm nicht gerechtfertigt, es hätten vielmehr Externate mit 180 Personen in Vergleich gesetzt werden müssen. […]
Einzelberatung.
Dauernde Ausgaben
Kap. 178
Zu Tit. 1 bemerkt Ministerialdirigent Geheimer Regierungsrat Wende auf eine Anfrage des Abgeordneten Oelze (Dn), daß von dem Gerücht einer Zusammenkunft von pädagogischen Akademikern im Kultusministerium, die den Beschluß gefaßt haben sollten, daß in Zukunft nur noch überzeugte Republikaner in den gehobenen Stellen des Kultusministeriums und an den Pädagogischen Akademien zugelassen werden sollen, kein Wort wahr sei.
Routinemäßige Beschlussfassung zu Haushaltspositionen und zu Entschließungsanträgen.

113. Aus dem Protokoll der 119. Sitzung des Hauptausschusses des Preußischen Landtags, 3. Wahlperiode, I. Tagung 1928/30. Berlin, 13. Februar 1930.

Druck, gez. Hirsch, Wronka.
Niederschriften über die Sitzungen des Staatshaushalts-Ausschusses (Hauptausschusses), Jg. 1930, 119. Sitzung, Sp. 1–38.

Etat des Kultusministeriums: Einzelberatung: Höhere Lehranstalten, Provinzialschulkollegien sowie Prüfungsämter usw. – Privatschulen. – Unterstützungen für Schüler und Referendare.

Vgl. Einleitung, S. 81 f.

Weiterberatung *des Haushaltsentwurfs des Kultusministeriums, Abschnitt*
4. Höhere Lehranstalten und Leibesübungen […]
5. Provinzialschulkollegien, Prüfungsämter usw. […]
Der Berichterstatter für den Abschnitt „Höhere Lehranstalten und Leibesübungen“, Abgeordneter Oelze (Dn) weist zunächst darauf hin, daß die Zuschüsse an höhere Lehranstalten – Tit. 70/73 – so gut wie gar nicht hätten vermehrt werden können. Darin liege ein ernstes Gefahrenmoment für die Zukunft der Anstalten. Den Städten werde es immer schwerer, ihre Schulen zu unterhalten, und der Staat könne infolge seiner finanziellen Notlage nicht helfen. Die scheinbare Vermehrung bei Tit. 85 „Unterhaltungszuschüsse für Studienreferendare und Referendarinnen“ usw. um 78.000 RM auf 372.000 RM sei in Wirklichkeit nur eine Übertragung aus dem Extraordinarium in das Ordinarium. Gegenüber der Vorkriegszeit sei diese Summe bei Berücksichtigung der Geldentwertung außerordentlich gekürzt worden. Es könnten daraus etwas ein Viertel der Studierenden 150 RM pro Monat bekommen.
Zu dem sehr knapp bemessenen Extraordinarium *für* Neubauten und Erweiterungsbauten.
Die Denkschrift des Preußischen Philologenverbandes zur Frage der wissenschaftlichen und praktischen Ausbildung der Philologen.
Die die höheren Lehranstalten betreffenden Reformpläne des Magistratsschulrats Heyn in Berlin.
Zu einzelnen weiteren Fragen des höheren Schulwesens.
Die Berichterstatterin für den Abschnitt „Provinzialkollegien, Prüfungsämter usw.“, Frau Abgeordnete Dr. Wegscheider (Sd): Die Frage eines Nachlasses bei den Gebühren für die schulwissenschaftliche Vorprüfung.
Die Verringerung der Reisekostenmittel für die Provinzialschulkollegien. […]
Gemeinsame allgemeine Aussprache.
Abgeordneter Dr. Weisemann (Dn) führt aus, daß das Kapitel der höheren Schulen ein getreues Spiegelbild der gegenwärtigen wirtschaftlichen Not darbiete. Insbesondere die klei-

neren und mittleren Kommunen hätten um die weitere Durchführung ihrer höheren Schulen schwer zu kämpfen. Vor allem die Arbeitslosigkeit, deren Ausmaß vorher gar nicht zu übersehen sei, bringe ihre Etats durcheinander und erschwere die Ausbilanzierung der Etats dieser Kommunen außerordentlich, und da dieser wirtschaftlichen Not dann abgeholfen werden müsse, so laufe das vielfach darauf hinaus, daß gerade an den Ausgaben für kulturelle Dinge gestrichen werde. Diese Verhältnisse würden zwangsläufig zum Zusammenbruch von höheren Schulen auch in Städten mit früher blühendem Schulwesen führen, wenn sich nicht im letzten Augenblick der Staat dieser Not erbarme oder etwa die Kreisbehörden helfend eingriffen. Vielleicht sei es möglich, vor allem im Westen durch die Kompetenz-Kompetenz [!] auf diesem Schulgebiet einzugreifen. Das sei gewiß eine schwierige Aufgabe, aber es werde nichts anderes übrig bleiben, als hier eine Rationalisierung durchzuführen.
Die die höheren Lehranstalten betreffenden Reformpläne des Magistratsschulrats Heyn in Berlin.
Zu einzelnen weiteren Fragen des höheren Schulwesens.
Abstimmung zum Kap. 19 Tit. 135 bis 151 (Pädagogische Akademien)
Routinemäßige Beschlussfassung zu Haushaltspositionen und zu Entschließungsanträgen.
Fortsetzung der Debatte über die Abschnitte „Höhere Lehranstalten und Provinzialkollegien". [...]
Abgeordneter Grebe (Z):
Zu einzelnen Fragen des höheren Schulwesens.
Nach der Statistik der Anlage 10 des Kultushaushalts, deren Richtigkeit er für die städtischen Anstalten bezweifle – bei den Aufbauschulen stimme sie ganz sicher nicht –, würden die laufenden Ausgaben für die höheren Schulen von im ganzen 260 Millionen folgendermaßen bestritten: Aus eigenen Einnahmen flössen 76,5 Millionen, der Staat schieße 38,5, die Gemeinden 143,2 Millionen zu und aus Stiftungsgeldern rührten 2 Millionen her. Das Schulgeld erbringe also 30 %, womit man wohl an der Höchstgrenze angelangt sei. Einer gerechten Verteilung der Aufwendungen für die höheren Schulen stehe die rein zufällige Verteilung der staatlichen und städtischen Anstalten über das ganze Land entgegen; der Osten habe viel mehr staatliche Anstalten als der Westen. Es sei daher bei dem inneren Finanzausgleich zu berücksichtigen, daß den Gemeinden des vernachlässigten Westens für ihre höheren Schulen durch Staatszuschüsse die gleiche Sorgfalt zuteil werde, besonders angesichts der Tatsache, daß der Westen schon 70 Millionen ausgleichen müsse, die den östlichen Provinzen mehr zufließen würden, wenn sie Länder wären.
Zu bedauern sei, daß sich der Staatszuschuß bei solchen Gemeinden, die Träger öffentlicher höherer Lehranstalten seien, und die heute nicht mehr die nötigen Zuschüsse von sich aus aufbringen könnten, gegen die Vorkriegszeit kaum erhöht hätte. Den Antrag der Wirtschaftspartei, die Staatszuschüsse – für die höheren Knabenschulen 6,2, für die weiblichen Privatschulen 2,3 Millionen – zu kürzen, bitte er abzulehnen, denn die Folge würde sein, daß viele Privatschulen eingehen würden und für jedes Tausend ersparter Zuschüsse das Hunderttausend für staatseigene Schulen aufgewendet werden müßte. Der Vorschlag,

den drohenden Zusammenbruch der höheren Schulen der kleineren und mittleren Städte durch die Heranziehung der Kreiskommunalverbände abzuwenden, sei nicht gangbar, da viele kleinere Gemeinden schon jetzt in der Regel den größten Teil der Kreislasten tragen müßten. Auch die Möglichkeit, das bisherige Dotationsverhältnis für die einzelne Schule oder Stadt abzulösen durch einen Finanzausgleich, der alle Städte in die Lage versetze, ihren Aufgaben ohne besondere Staatszuschüsse gerecht zu werden, sei ebensowenig zu verwirklichen, da bei der verschiedenen Leistungsfähigkeit der Städte nur einzelne Städte einen Vorteil haben würden. Man werde vielmehr den inneren preußischen Finanzausgleich, durch den man die Lastenverteilung für die Polizei und – allerdings mangelhaft – für die Volksschulen geregelt habe, auf die höheren Schulen ausdehnen müssen, wobei man die Vorwegbelastung der Städte durch die Ausgaben für die höheren Schulen und auch für die Wohlfahrtspflege berücksichtigen müsse. In der Zwischenzeit jedoch müsse zwecks am-Leben-Erhaltens der Privatschulen diese Position erhöht werden.

Zu einzelnen weiteren Fragen des höheren Schulwesens.

Frau Abgeordnete Thöne (DVp) weist darauf hin, daß die Durchführung der notwenigen Sparmaßnahmen sich bei den Städten, die nur eine höhere Knaben- und nur eine höhere Mädchenschule haben, leider so auswirkt, daß die Mädchen ohne jede Änderung des Knabenschulplans in die Knabenschule überführt werden. Einem solchen Zustand würde sie zum mindesten bei einem Prozentsatz von 30, 40, 50 % Mädchen eine gemischte Schule vorziehen, womit sie nicht etwa der Koedukation im allgemeinen das Wort reden wolle.

Zu einzelnen weiteren Fragen des höheren Schulwesens.

Die ganz geringe Unterstützung der Studienreferendare (-innen) – 60 bis 70 RM, in manchen wenigen Fällen 100 RM monatlich, – dürfte nicht nach dem Vorschlag der Wirtschaftspartei gestrichen, sondern müßte vielmehr um ein Vielfaches erhöht werden, da diese Anwärter sich vielfach über Wasser halten müßten. Die Not sei hier besonders groß und Hilfe dringend nötig. Es sei auch zu bedenken, daß die geplante Gewerbelehrerausbildung und die Ausbildung der Lehrer an den Pädagogischen Akademien unentgeltlich seien, während die Anwärter auf die Laufbahn an den höheren Schulen nach einem kostspieligen Studium sich auch noch auf ihre Kosten ausbilden lassen müßten.

Zu den Mädchenschulen. […]

Abgeordneter Dr. Ausländer (KP): […]

Die Wirtschaftkrise wirke sich namentlich in den Gemeinden aus und treffe besonders die minderbemittelten Schüler. Die Summe von 100.000 RM, die zur Unterstützung von Schülern ausgeworfen sei, sei geradezu lächerlich. Davon könnten in ganz Preußen 333 Schüler im Jahr 300 RM bekommen. Der Staat dürfe sich doch nicht auf die Fürsorge für die Schüler beschränken, die die staatlichen Anstalten besuchten; er müsse hier auch den Gemeinden zu Hilfe kommen. Wenn seine Freunde für diesen Zweck einen Betrag von 5 Millionen Mark forderten, so seien sie sich bewußt, daß auch dieser Betrag nicht ausreiche, um den durch die Not und die Arbeitslosigkeit ihrer Eltern und Verwandten schwer betroffenen Schülern zu helfen. […]

Aus ihrer grundsätzlichen Einstellung heraus verlangten seine Freunde die Streichung der Aufwendungen für die privaten mittleren und höheren Schulen. Darüber, daß im Etat erhebliche Summen für Nebenämter hochbezahltester Beamter ausgeworfen seien, würden seine Freunde im Plenum noch das Nötige sagen.
Der auf den höheren Schulen *ausgeübte* Gesinnungszwang.
Zu einzelnen weiteren Fragen des höheren Schulwesens.
Abgeordnete Frau Dr. Wegscheider (Sd):
Zu einzelnen Fragen des höheren Schulwesens.
Zur Werbetätigkeit des Vereins für das Deutschtum im Ausland. [...]
Abgeordneter Dr. Bohner (Dd):
Zur Entwicklung der Anzahl der höheren Schulen.
In der Regelung der Schulgeldfrage sei das Ministerium mit der Bevorzugung der kinderreichen Familien auf dem richtigen Wege.
Zur politischen Betätigung der Schülerbünde.
Zu einzelnen weiteren Fragen des höheren Schulwesens.
Unerquicklich sei die Besoldungsregelung für Kunsterzieher. Der große Abstand zwischen der Besoldung der Zeichenlehrer und der Oberzeichenlehrer wirke vielfach verbitternd.
Ministerialdirektor Dr. Jahnke bedauert, daß für eine ganze Reihe von Aufgaben nur recht geringe Mittel zur Verfügung ständen, so für die Unterstützung bedürftiger Schüler und die Ausbildung der Studienreferendare.
Zu einzelnen weiteren Fragen des höheren Schulwesens.
Abgeordnete Frau Dr. Neumann (Charlottenburg) (Dn):
Zur Frage der Mädchenschule.
Unverständlich sei der Kampf gegen die Privatschulen grade jetzt, wo finanzielle Nöte im Staat und den Städten zu einer Drosselung der Ausgaben für Schulzwecke führten. Ihre Freunde bäten, die Sexten der staatlich anerkannten oder unterstützten Privatanstalten voll zu besetzten, ehe neue Klassen eingerichtet würden.
Zu einzelnen weiteren Fragen des höheren Schulwesens.
Abgeordneter Dr. Lauscher (Z):
Zu den Pädagogischen Akademien.
Zur Simultanschule.
Zu einzelnen weiteren Fragen des höheren Schulwesens.
Niemand könne sich der Erkenntnis verschließen, daß bei der gegenwärtigen Finanzlage des Reichs und der Länder Anträge über die Entschädigung der Privatschulen, denen man die Unterstufe genommen habe, eine leere Geste seien. [...]
Es sei zu bedauern, daß es aus finanziellen Gründen unmöglich sei, Lehrkräfte an höheren Schulen für wissenschaftliche Zwecke zu beurlauben. Es sei jedoch erforderlich, daß wissenschaftlich begabte Lehrkräfte der höheren Schulen sich den Hochschulen zur Verfügung stellten. [...]

Abgeordneter Dr. Steffens (DVp) bedauert, daß die höheren Schulen immer mehr Stiefkinder des Ministeriums geworden seien.
Zum Verein für das Deutschtum im Ausland.
Zu einzelnen weiteren Fragen des höheren Schulwesens.
Abgeordnete Frau D. von Tiling (Dn):
Zu den Frauenoberschulen.
Zu einzelnen weiteren Fragen des höheren Schulwesens.
Privatschulen seien immer ein Zeichen für den Kulturwillen eines Volkes. Denn alles Privatschulwesen sei mit Opfern verbunden, und man werde immer finden, daß dort der Wille, dem Volke und den Kindern zu dienen, vorhanden sei. Es sei längst bekannt, daß die Leitung einer Privatschule kein Erwerbszweig sei, bei dem man reich werden könne. […]

114. Aus dem Protokoll der 120. Sitzung des Hauptausschusses des Preußischen Landtags, 3. Wahlperiode, I. Tagung 1928/30. Berlin, 14. Februar 1930.

Druck, gez. Hirsch, Becker (Wilmersdorf).
Niederschriften über die Sitzungen des Staatshaushalts-Ausschusses (Hauptausschusses), Jg. 1930, 120. Sitzung, Sp. 1–30.

Etat des Kultusministeriums: Universitäten, Technische Hochschulen und wissenschaftliche Anstalten. – Die Überfüllung der Hochschulen und ihre Reform. – Der wissenschaftliche Nachwuchs. – Ausbau der Staatsbibliothek.

Vgl. Einleitung, S. 81 f.

Weiterberatung *des Haushaltsentwurfs des Kultusministeriums*
Einzelberatung der Abschnitte
4. Höhere Lehranstalten und Leibesübungen […]
5. Provinzialschulkollegien, Prüfungsämter usw.
Routinemäßige Beschlussfassung zu Haushaltspositionen und zu Entschließungsanträgen.
6. Universitäten und Charitékrankenhaus in Berlin […]
7. Technische Hochschulen und Materialprüfungsamt in Berlin-Dahlem […]
8. Sonstige wissenschaftliche Anstalten und Zwecke […]
Der Berichterstatter zum Abschnitt 6 Abgeordneter Dr. Waentig (Sd) […] hebt hervor, daß es aussichtslos sei, bei der gegenwärtigen Finanzlage auch noch so berechtigte Wünsche anzumelden. Das, was geschehen sei, sei erfreulich, und es sei festzustellen, daß wenigstens in engen Grenzen gegenüber dem Vorjahre mehr habe getan werden können.
Die Reformbedürftigkeit der preußischen Hochschulen auf gewissen Gebieten.

Das Verhältnis zwischen den Universitäten und den Forschungsinstituten *und das* Kolleggeldersystem.
Die Lage der Privatdozenten.
Zu einzelnen weiteren Fragen des Universitätswesens.
Der Berichterstatter zu den Abschnitten 7 und 8 Abgeordneter Dr. Faßbender (Z):
Der Mangel an ausreichenden Mitteln für Assistenzleistungen bei den Technischen Hochschulen. [...] Für die Technische Hochschule Charlottenburg seien für Ausgestaltung der Assistenz mindestens 500.000 RM erforderlich; bewilligt habe der Landtag aber für 1929 nur rund 330.000 RM.
Zu einzelnen weiteren Haushaltsposten der Technischen Hochschulen.
Gemeinsame Aussprache.
Abgeordneter Dr. Dr. Hoffmann (Münster) (Dn)
Der Mangel an akademischem Nachwuchs.
Die notwendige Verjüngung *der* Universitäten *durch* neu aufgekommene Fächer. [...]
Die schwerste Sorge bilde die Überfüllung der Hochschulen.
Zu einzelnen weiteren Fragen des Universitätswesens.
Abgeordneter Dr. Nölting (Sd):
Die Universitätsreform.
Die Überfüllung der Universitäten.
Die Studentenunruhen des Jahres 1929.
Die fürchterliche Not *bei den* Studenten.
Zu einzelnen weiteren Fragen des Universitätswesens.
Abgeordneter Dr. Lauscher (Z):
Der starke Andrang zu den Universitäten.
Die Einbeziehung der Hochschulen *in* eine Grenzhilfe vom Reich.
Zu einzelnen weiteren Fragen des Universitätswesens.
Abgeordneter Dr. Boelitz (DVp):
Die Überfüllung der Universitäten.
Zu einzelnen weiteren Fragen des Universitätswesens.
Wenn darüber geklagt werde, daß die Mittel nicht ausreichten, um in unseren Bibliotheken das ungeheure Bedürfnis nach Einstellung von Büchern zu befriedigen, so handele es sich um eine Geld- und Raumfrage. Die Steigerung der Löhne für Buchbinderarbeiten und der Preise der Bücher sei so rapid, daß die Mittel auch nicht entfernt mehr ausreichten. Die Mittel müßten also bedeutend verstärkt werden. Er bitte um Auskunft über den Ausbau der Staatsbibliothek. Vielleicht könne durch Aufstockung der nötige Raum gewonnen werden, wobei die Frage der Magazinierung der wenig genutzten Bücher mit gelöst werden könne. [...]
Ministerialdirektor Dr. Richter:
Zum Stand der Reform der Hochschulen und Universitäten *und der* Überfüllung.
Die Unterschiede im Besuch und in der Stellenausstattung der einzelnen Universitäten und Fakultäten. [...] Es werde schon in den nächsten Jahren dem Landtage eine Umschaltungs-

tafel vorgelegt werden, um eine Planwirtschaft in den Professuren zu gewährleisten, wenn auch die Fakultäten wahrscheinlich nicht leichten Willens diesen Plänen folgen würden. Eine große Vermehrung der Professuren allein sei aber auch kein Heilmittel, weil das Niveau durch Vermehrung nicht ohne weiteres erhöht werde.

Zur Reform einzelner Studienrichtungen.

Zum akademischen Nachwuchs.

Zum Museum König *in Bonn.*

Die Staatsbibliothek habe noch für vier bis fünf Jahre genügend Raum. Eine Aufstockung könne an zwei Stellen mit 600.000 RM aufgeführt werden. Durch eine Aufstockung an weiteren Stellen könne bis 1950 oder 1960 bei gleichbleibender Buchvermehrung Raum geschaffen werden, zumal wenn einige Einrichtungen anderwärts untergebracht würden.

Zu einzelnen weiteren Fragen des Universitätswesens.

Abgeordneter Dr. Ausländer (KP):

Zu einzelnen Fragen des Universitätswesens.

Die Herabsetzung der Wirtschaftsbeihilfe zeige, daß der Wirtschaftsbetrieb des Kapitalismus seine Sklaven nicht mehr ernähren könne. […]

Die Gestaltung der Einnahmen der Dozenten sei so eigentümlich, daß kein Mensch sich dabei herausfinde. Er bitte um eine Aufstellung darüber, wie sich die Summen verteilten, die für die Heranziehung und Erhaltung ausgezeichneter Lehrkräfte usw. ausgeworfen seien. Der Professor und jeder Dozent an der Universität solle mit einer feststehenden Vergütung bezahlt werden. Die Besoldung aus Kolleggeldern und sonstigen Prüfungsgebühren sei grober Unfug. Aufhören müsse auch die Einnahme aus Nebenämtern, die bei den Technischen Hochschulen zum Teil ungeheure Summen ausmache und darauf schließen lasse, daß die Betreffenden keine Zeit für die Lehrtätigkeit an der Hochschule mehr haben könnten. […]

115. Aus dem Protokoll der 121. Sitzung des Hauptausschusses des Preußischen Landtags, 3. Wahlperiode, I. Tagung 1928/30. Berlin, 15. Februar 1930.

Druck, gez. Hirsch, Schwarzhaupt.
Niederschriften über die Sitzungen des Staatshaushalts-Ausschusses (Hauptausschusses), Jg. 1930, 121. Sitzung, Sp. 1–24.

Etat des Kultusministeriums: Universitäten, Technische Hochschulen und wissenschaftliche Anstalten. – Die Überfüllung der Hochschulen und ihre Reform. – Der wissenschaftliche Nachwuchs und seine Besoldung. – Die Staatsbibliothek.

Vgl. Einleitung, S. 81 f.

Weiterberatung *des Haushaltsentwurfs des Kultusministeriums, Abschnitte*
6. Universitäten und Charitékrankenhaus in Berlin [...]
7. Technische Hochschulen und Materialprüfungsamt in Berlin-Dahlem [...]
8. Sonstige wissenschaftliche Anstalten und Zwecke [...]
Fortsetzung der gemeinsamen Besprechung über die Abschnitte 6 bis 8.
Abgeordneter Dr. Rhode (Frankfurt/Main) (WP):
Zur Hochschulreform *und zum* Berechtigungsunwesen. [...]
Hinsichtlich der Hochschullehrer habe sich ein gewisser Personenkult gebildet. Wenn es sich um die Berufung eines Professors, z. B. eines Mediziners, an eine andere Universität handle, dann heiße es: Der Mann muß kommen; er kommt nicht, wenn er nicht eine besondere Villa bekommt und seinen Oberarzt und seine Assistenten mitbringen kann. Das koste viel Geld. Dabei wäre vielleicht eine andere Persönlichkeit auch durchaus geeignet gewesen. Da meine er, es müsse doch möglich sein, daß der Mann sich in die vorhandenen Verhältnisse einfühle; das würde nicht von Nachteil sein, insbesondere nicht für die Finanzen.
Zu einzelnen weiteren Fragen des Universitätswesens. [...]
Abgeordneter Prelle (DF):
Zum Massenandrang zu den Universitäten *und zum* Berechtigungswesen.
Zum Pensionierungsalter der Universitätsprofessoren.
Zu einzelnen weiteren Fragen des Universitätswesens.
Abgeordneter Dr. Bohner (Dd):
Zu einzelnen Fragen des Universitätswesens und der Wissenschaftspolitik.
Die Staatsbibliothek in Berlin leide unter dauernder starker Überfüllung. Er bitte, Mittel zu einem Erweiterungsbau noch in den kommenden Haushalt einzustellen.
Dann frage er, ob es stimme, daß ausländische Bücher aus der Kriegszeit immer noch unter einer gewissen Klausur gehalten würden.
Der studentische Wunsch nach Ausgestaltung der sozialen Einrichtungen der Universitäten. [...]

Abgeordneter Dr. Faßbender (Z):
Zur Frage der Studienreife und die Ablehnung des Abiturs *durch die* entschiedenen Schulreformer. [...]
Die Ausführungen des Abgeordneten Boelitz über die Notwendigkeit der Erweiterung des Krebsinstituts und der vermehrten Anschaffungen bei der Staatsbibliothek könne er nur unterstreichen. [...]
Abgeordneter Dr. Chajes (Sd):
Zur in Aussicht *stehenden* Hochschulreform.
Von der Studentenhilfe sei mit Recht rühmend gesprochen worden. Die ihr zur Verfügung gestellten Mittel dürften nicht aus Sparsamkeitsgründen verweigert werden; das wäre Sparsamkeit an falscher Stelle. Er sei aber für eine Reformierung der Studentenhilfe, insbesondere müsse der Einfluß der Staatsregierung verstärkt werden und der Minister einen größeren Einfluß bei der Beschlußfassung über die Verteilung der Mittel erhalten.
Zur Besoldung der außerplanmäßigen Assistenten.
Zu einzelnen weiteren Fragen des Universitätswesens und der Wissenschaftspolitik.
Der Unfug [...], daß an Universitäten Tanz-, Reit- und Fechtlehrer besoldet würden.
Abgeordneter D. Schuster (DVp):
Zur Reform des Medizinstudiums.
Zu einzelnen weiteren Fragen des Universitätswesens und der Wissenschaftspolitik. [...]
Abgeordneter Moelders (KP):
Zu einzelnen Fragen des Universitätswesens und der Wissenschaftspolitik.
Der Lohntarif der Arbeiter an der Charité stünde einzig da. Der Lohntarif der Gemeinde- und Staatsarbeiter sei, mit diesem verglichen, als gewaltiger Fortschritt anzusehen. [...]
Abgeordneter Dr. Dr. Linneborn (Z):
Die Berufsberatung *für* Studenten.
Zu einzelnen weiteren Fragen des Universitätswesens und der Wissenschaftspolitik.
Ministerialdirektor Dr. Richter:
Zu einzelnen Fragen des Universitätswesens und der Wissenschaftspolitik.
Irgendwelche Vorschriften über die Zurückhaltung von ausländischen Büchern bestünden an der Staatsbibliothek nicht. Allerdings seien in der Kriegsliteratur viele Lücken vorhanden. Zeitungen würden grundsätzlich nicht verliehen.
In den Bezügen der neu eingestellten außerplanmäßigen Assistenten sei in der Tat ein Unterschied vorhanden. Die einen erhielten 337, die anderen 304 RM. Von 524 Assistenten seien 166 vor Einführung dieser Bestimmung im Dienste gewesen und würden daher nicht benachteiligt. An den Provinzuniversitäten betrage der Unterschied nur 8 RM. [...]
Von den 4,5 Millionen, die in diesem Haushalt für Bauten ausgeworfen seien, würden 549.000 RM für die Verbesserung von Personalräumen verwendet werden, das sei ein beachtenswerter Prozentsatz. [...]
Abgeordneter Hoff (Kiel):
Zur Überfüllung der höheren Schulen und Universitäten.

Zur Reform des technischen Schulwesens.
Zu einzelnen weiteren Fragen des Universitätswesens und der Wissenschaftspolitik.
Ministerialdirigent Geheimer Oberfinanzrat Dr. Helbing: […]
Wenn der Finanzverwaltung speziell wegen der im Staatshaushaltsentwurf vorgenommenen Abstriche ein Vorwurf gemacht sei, so bitte er, doch zu bedenken, daß durchgreifende Einschränkung der Staatsausgaben die allenthalben in breiter Öffentlichkeit mit Recht dringend erhobene Forderung der Gegenwart sei und daher ein entschlossenes Vorgehen der Finanzverwaltung in dieser Richtung eigentlich nur begrüßt werden sollte. Da auch in den früheren Staatshaushaltsplänen fürwahr an keiner Stelle „Luxus" getrieben sei, so sei es selbstverständlich, daß sich bei jedem von dem Abstrich betroffenen Etatstitel mit Leichtigkeit Einwendungen gegen die Kürzung erheben ließen. Über sie zielbewußt nach aller Möglichkeit hinwegzukommen, müsse eben das allgemeine Streben sein!
Zu den Universitätsbauten.
Soweit der Finanzverwaltung zu starke Zurückhaltungen bei den Bewilligungen im Extraordinarium der Universitäten verübelt werde, könne sie wohl mit Recht und darum auch wirksam darauf hinweisen, daß das Extraordinarium noch immer über die Höhe der Vorkriegszeit gehalten worden sei, ungeachtet der sich daraus ergebenden Schwierigkeit, daß das Ordinarium der Universitäten von rd. 18 Millionen Goldmark im Jahre 1914 bis auf rd. 55 Millionen RM im Etat für 1930 angewachsen sei.
Zum Museum König in Bonn. […]
Der Berichterstatter Abgeordneter Dr. Waentig (Sd):
Zur Politik des Ministers Dr. Becker hinsichtlich der außerordentlichen Professoren.
Zu einzelnen weiteren Fragen des Universitätswesens und der Wissenschaftspolitik.
Routinemäßige Beschlussfassung zu Haushaltspositionen und zu Entschließungsanträgen.

116. Aus dem Protokoll der 122. Sitzung des Hauptausschusses des Preußischen Landtags, 3. Wahlperiode, I. Tagung 1928/30. Berlin, 17. Februar 1930.

Druck, gez. Hirsch, Jourdan (Frankfurt/Main).
Niederschriften über die Sitzungen des Staatshaushalts-Ausschusses (Hauptausschusses), Jg. 1930, 122. Sitzung, Sp. 1–30.

Etat des Kultusministeriums: Kunst. – Vergleich der Aufwendungen mit denen in Bayern. – Die Museumsneu- und Erweiterungsbauten in Berlin. – Die Finanzierung der Theater vor allem in Berlin. – Der Welfenschatz. – Die Bereitstellung von Rundfunkgeräten für Schulen.

Vgl. Einleitung, S. 81 f.

Weiterberatung *des Haushaltsentwurfs des Kultusministeriums, Abschnitt* 9. Kunst […]
Der Berichterstatter, Abgeordneter Grebe (Z) führt aus:
Der Voranschlag der Kunstverwaltung schließe für das Rechnungsjahr 1930 mit einer Einnahme von 9.900.000 RM und einer Ausgabe von 33.140.870 RM ab. Es sei also ein Zuschuß aus allgemeinen Staatsmitteln in Höhe von 23.240.630 RM nötig. Von den Einnahmen seien 60.000 RM, von den Ausgaben seien 3.338.630 RM einmalig. Die einmaligen Einnahmen ergäben sich aus einem Beitrag der Schiller-Theater-Aktiengesellschaft zu den Instandsetzungsarbeiten im Schiller-Theater-Gebäude. Die Schiller-Theater-Aktiengesellschaft solle im ganzen 100.000 RM in Jahresraten von je 20.000 RM für diesen Zweck beitragen. Weiter seien 40.000 RM Jahreszinsen des Nebenfonds „Hilfsfond für bildende Künstler" als Einnahme angesetzt. Dieser Fonds sei im Rechnungsjahre 1925 mit 500.000 RM in Wertpapieren gespeist worden und bilde den Grundstock der Darlehns- und Unterstützungskasse der bildenden Künstler Preußens. Es handle sich hier um den einzigen Posten, durch den die Not der Künstler etwas behoben werden solle. […]
Der Zuschuß von 23,2 Millionen, den der Staat für Zwecke der Kunst leiste, betrage genau 1 % des Staatszuschusses für den gesamten Haushalt. Dieser Zuschuß von 1 % sei gewiß nicht übermäßig hoch, wenn man aber bedenke, wie sehr man verschiedentlich um viel geringere Beträge kämpfen müsse, so sei dieses eine Prozent doch recht erheblich. Freilich wendeten andere Länder viel mehr für die Kunst auf. Bayern z. B. habe für diesen Zweck in den Haushaltsplan des laufenden Jahres 9,2 Millionen eingestellt. Vergleiche man die Bevölkerung der beiden Länder, so bedeute das, daß Bayern mehr als das Doppelte von dem für die Kunst aufwende, was der Preußische Staat für Kunstzwecke zur Verfügung stelle. Wenn man sich aber ein richtiges Bild davon machen wolle, was Preußen wirklich für die Kunst leiste, so müsse man nachprüfen, wofür die ausgeworfene Summe im einzelnen verwendet werde. Der Löwenanteil der Ausgaben der Kunstverwaltung entfalle auf die Museen, die Schlösser und Gärten und die Staatstheater; sie erhielten zusammen

16,8 Millionen, also 72,4 % der Gesamtsumme. Bayern verwende für die gleichen Posten 5,1 Millionen, also 55,4 % des Zuschusses; Bayern behalte demnach für andere Zwecke eine verhältnismäßig höhere Summe übrig. Die Museen erforderten einen Zuschuß von 5,2 Millionen Mark bei einer Ausgabe von 5,5 Millionen und einer Einnahme von nur 264.500 RM. Von den Ausgaben entfielen auf die Berliner Museen 5,2 Millionen Mark und auf alle anderen Museen – das Saalburgmuseum, das Schloß Marienburg und das Kaiserhaus in Goslar – 289.700 RM. Von den Ausgaben erhalte Berlin allein 94,8 %, während es von den Einnahmen nur 41,1 % aufbringe. Das Kaiserhaus in Goslar sei mit rund 19.000 RM in den Einnahmen höher angesetzt als in den Ausgaben. Es solle an Eintrittsgeld das Doppelte von dem einbringen, was die Nationalgalerie und das Rauch-Schinkel-Museum aufbringen könnten. […]

Der Haushalt enthalte wiederum einen ansehnlichen Betrag für „Erweiterungs- und Neubauten für die Museen in Berlin“, nämlich 1.250.000 RM. Das sei der 23. Teilbetrag der Gesamtaufwendungen. Die Bauten auf der Museumsinsel beschäftigten den Preußischen Staat nunmehr seit einem Vierteljahrhundert. Ein Riesenwerk gehe seiner Vollendung entgegen. Nicht Krieg noch Inflation hätten dieses Werk zum Erliegen gebracht. Das werde für den Staat und für den Landtag ein dauerndes Ruhmesblatt sein. Er möchte sich jedoch die Frage erlauben, ob die für das Rechnungsjahr 1930 angeforderte Baurate nun wirklich die letzte Rate sei und wann der Bau vollendet sein werde. […]

Auf die Vermehrung der Sammlungen und ihre Verwertung durch Führungen und Veröffentlichungen entfielen nur 630.800 RM. Es sei dringend zu wünschen, daß die Sammlungen auf der Höhe erhalten würden. Sehr bedenklich sei es, daß heimische Kunstschätze ins Ausland gewandert seien.

Zum Verbleib des sogenannten Welfenschatzes.

Zu den staatlichen Gärten und Schlössern. […] Es dürfe nicht der Eindruck erweckt werden, als ob mit diesen 2,2 Millionen etwas für die Kunst geschehe. Bayern führe die staatlichen Gärten und Schlösser auch nicht unter dem Kapitel „Kunst“, sondern unter einem eigenen Kapitel „Ehemaliges Krongut“ auf.

Die staatlichen Theater bildeten den Hauptposten des Kunsthaushalts. Sie verursachten eine Ausgabe von 17,1 Millionen und brächten eine Einnahme von 7,9 Millionen. Es sei also ein Zuschuß von 9,2 Millionen erforderlich. Auf die Berliner Theater entfielen von den Ausgaben 11,8 Millionen und von den Einnahmen 5,6 Millionen; sie verursachten also einen Zuschuß von 6,2 Millionen.

Auf die Museen, die Schlösser und die Theater entfielen demnach insgesamt über 70 % des Zuschusses, den die Kunstverwaltung für Zwecke der Kunst leiste. Unter diesen Umständen bliebe für die Pflege der Kunst, für die Anregung zu künstlerischem Schaffen, für künstlerische Ausbildung, für Unterstützung der Künstler usw. recht wenig übrig. […]

Der Schlüssel liege bei den Staatstheatern. […]

Die Staatstheater beanspruchten 9,2 Millionen, die Landesbühnenorganisation erhalte nur 1,2 Millionen, das Mißverhältnis sei also auffallend groß: für 6 Theater an drei Orten würden 9,2 Millionen aufgewendet, für das ganze übrige Deutschland stehe nur der neunte Teil dieser Summe zur Verfügung. Dabei müsse man in Betracht ziehen, daß die Verhältnisse sich gegen früher wesentlich geändert hätten, denn früher hätten die Gemeinden dem Staate sehr wesentliche Aufgaben auf dem Gebiete der Kunst abnehmen können. Das sei heute nicht mehr der Fall, und so seien zahlreiche Theater im Lande in äußerster Gefahr, geschlossen zu werden, weil die Städte nicht mehr die erforderlichen hohen Zuschüsse leisten könnten.

Weitere Einzelheiten zur Theaterfinanzierung.

Die Frage, *ob man sich* in Berlin [...] vier staatliche Theater und ein städtisches Theater *leisten könne.*

Zur Musikpflege *und* Gesangpflege [...]. Für diesen Zweck seien im ganzen 1.149.000 RM ausgeworfen worden. Davon entfielen auf die Hochschule für Musik 690.650 RM und auf die Akademie für Kirchen- und Schulmusik 240.910 RM. Das seien im ganzen 931.560 RM, so daß nur 217.440 RM für Musik- und Gesangpflege im allgemeinen übrig blieben. Bayern wende für die Musikpflege 827.000 Reichsmark auf; das sei im Verhältnis das Vierfache von dem, was Preußen für diesen Zweck verausgabe.

Zur Denkmalspflege, *die mit* 812.000 RM *unterstützt werde.* Bayern gebe verhältnismäßig einen viel höheren Betrag für die Denkmalspflege aus, nämlich 312.000 RM.

Im allgemeinen seien die Ausgaben des Kunsthaushalts zu stark gebunden. Für Museen, Schlösser und Theater seien insgesamt 24,7 Millionen ausgeworfen. Von den Ausgaben für Museen und Schlösser würden nur 630.000 RM für Neuerwerbungen verwendet. Auch hier wende Bayern wiederum verhältnismäßig einen höheren Betrag auf, nämlich 208.950 RM. Für Kunstakademien usw., also für die Kunstbildung, stehe ein Betrag von 4 Millionen zur Verfügung, so daß für die freie Verwendung, für die wirkliche Unterstützung der Kunst nur 3,3 Millionen übrig blieben. Merkwürdigerweise seien gerade solche Titel gekürzt.

Zu einzelnen weiteren Fragen der Kunstpolitik.

Zur Geschäftsordnung.

Allgemeine Aussprache

Abgeordneter Dr. Dr. Linneborn (Z) bedauert, daß für die Denkmalspflege nicht höhere laufende Mittel als die im Haushaltsplane vorgesehenen ausgeworfen seien.

Zur Bedeutung des Patronatsbaufonds *für die* Denkmalspflege.

Zu einzelnen weiteren Fragen der Kunstpolitik.

Zur Ausgestaltung eines Museums für deutsche Volkskunde. [...]

Abgeordnete Frau Oestereicher (Sd):

Zur „neuen Sachlichkeit“ *und den dadurch verringerten* Möglichkeiten der bildenden Kunst.

Zur besonderen Notlage *der* bildenden Künstler Ostpreußens. [...] Am liebsten würde sie es sehen, daß die Summen zum Ankauf von Werken alter Meister beschränkt und stattdessen Werke lebender Künstler angekauft würden; denn es sei zwar recht gut, die Kunstsammlungen durch Einreihung der Werke alter Meister zu vervollständigen, aber schließlich müsse der

Staat in erster Linie für die lebenden und hungernden Künstler sorgen. Die Kunstverwaltung sollte auch nicht den einzelnen Schulen ein paar hundert Mark zum Ankauf von Kunstwerken geben, sondern sollte die Gesamtsumme, die sie hierfür aufwende, dazu benutzen, Werke lebender Künstler anzukaufen, und sollte diese Werke den einzelnen Schulen überlassen.
Zu einzelnen weiteren Fragen der Kunstpolitik.
Es sei bedauerlich, daß die Schulen in den großen Orten mit den besten Radioapparaten ausgestattet würden, während die Schulen in den kleinen, weit abgelegenen Orten, in denen keine Möglichkeit zur Befriedigung des Kulturbedürfnisses bestehe, solche Apparate erst nach immer wiederholten Forderungen und Wünschen erhielten. Es wäre richtig und gut, umgekehrt zu verfahren. [...]
Abgeordnete Frau Noack (Stettin) (Dn):
Zur Not der bildenden Künstler und der Berufsmusiker.
Zu einzelnen weiteren Fragen der Kunstpolitik.
Abgeordneter Buchhorn (DVp) erkundigt sich ebenfalls nach dem Stande der Bauten auf der Museumsinsel und nach der inneren Einrichtung des Museums.
Zu den Bauten im Park von Sanssouci.
Zu einzelnen weiteren Fragen der Kunstpolitik.
Zur Dichterakademie. [...]
Der Rundfunk dürfe nicht für parteipolitische Zwecke benutzt werden. [...]
Abgeordneter Schulz (Neukölln) (KP):
Zum bürgerlichen Kulturbetrieb.
Zur verfassungswidrigen, aber tatsächlich praktizierten Zensur; *Einzelheiten zum Theaterstück* „Giftgas über Berlin“ *und zum* „Potemkin“-Film.
Zu einzelnen weiteren Fragen der Kunstpolitik.
Abgeordneter Dr. Bohner (Dd) erklärt, der Anregung des Berichterstatters, die Abteilung „Schlösser“ dem Finanzministerium zurückzugeben, nicht folgen zu können. Die Abteilung „Kunst“ müsse weiter im Kultusministerium ausgebaut werden.
Zum Neubau auf der Museumsinsel *und zum* Museum für Volkskunde.
Zu einzelnen weiteren Fragen der Kunstpolitik.
Es sei zu bedauern, daß von den in den Etat eingesetzten Mitteln zur Unterstützung des Schrifttums 6.000 RM gestrichen worden seien. Unter den Schriftstellern sei die Not außerordentlich groß. Das Kartell deutscher Lyriker versuche, der Notlage wenigstens etwas abzuhelfen. [...]
Zur Geschäftsordnung.
Abgeordneter D. Schuster (DVp):
Zum Museum für Volkskunde.
Zum Welfenschatz. [...]
Den Neubau der Akademie für Kirchen- und Schulmusik begrüßen seine Freunde. Sie zweifelten jedoch, ob es unbedingt nötig sei, diesen Neubau schon in diesem Jahre zu eröffnen und bäten um eine Erklärung der Regierung hierüber.

Zu einzelnen weiteren Fragen der Kunstpolitik.
Ministerialdirektor Dr. Hübner: [...]
Wenn der Berichterstatter den außerordentlich niedrigen Stand des Erwerbungsfonds moniert habe, so sei zu bedenken, daß sich der Erwerbungsfonds durch den allmählichen Verbrauch der einmaligen Einnahmen einigermaßen erhöhe, so daß wichtige Gegenstände, die auf den Markt kämen, gekauft werden könnten. [...]
Die Frage, ob die jetzt in den Etat eingesetzten 1,25 Millionen die letzte Rate für die Museumsneubauten seien, müsse er verneinen. Der Fonds für die Neubauten sei auf Grund einer Verständigung mit dem Finanzminister auf 1 Million Mark heruntergesetzt worden. Mit diesem Betrag könnten die Neubauten so weit fertiggestellt werden, daß die Eröffnung im Oktober d. J. erfolgen könne. Bis dahin würden fertig: das Pergamonmuseum mit den beiderseitigen Architektursälen, der Innenausbau des Deutschen Museums und der Haupttrakt des Südflügels, so daß eine Verbindungsmöglichkeit von dem Neuen Museum zum Deutschen Museum und dem Kaiser-Friedrich-Museum hergestellt sei. Damit würde der Bau zu einem gewissen Abschluß kommen. Einzelnes freilich müsse noch fertiggestellt werden, vor allem der Innenausbau des Südflügels.
Zum Museum für deutsche Volkskunde. [...]
Der Welfenschatz sei der Generalverwaltung im ganzen zu einem Betrag angeboten worden, der überhaupt nicht diskutierbar gewesen sei. Er sei nunmehr angeblich zum Preis von 12 Millionen Mark in den Besitz des bekannten Kunsthändler-Konsortiums übergegangen, das ihn in verschiedenen deutschen Städten, u. a. auch in Berlin, ausstellen werde. Das Ministerium hoffe, bei dieser Gelegenheit das eine oder andere wichtige Stück für die Museen zu retten.
Wenn der Anregung des Berichterstatters, die Schlösser und Gärten dem Finanzministerium zurückzugeben, stattgegeben werde, würde die Entwicklung rückgängig gemacht werden, die sich in Preußen seit dem Jahre 1927 vollzogen habe. In Bayern sei das gesamte ehemalige Krongut unverändert in einer Masse geblieben; es gebe dafür sogar eine eigene Rechnungsbehörde. Der Preußische Staat habe dagegen aus Sparsamkeitsgründen das, was er aus der Auseinandersetzung mit den Hohenzollern bekommen habe, aufgeteilt. Die Nutzgrundstücke, darunter auch einer Menge sogenannter Schlösser ohne besonderen Kunstwert, seien auf die allgemeine Finanzverwaltung übergegangen. Die landwirtschaftlichen Grundstücke seien dem Landwirtschaftsministerium zugeteilt worden. Die übrigbleibenden eigentlichen Kulturdenkmäler, die Schlösser mit überragendem Kunst- und Kulturwert mit den dazugehörigen Parks, seien selbstverständlich dem Kultusministerium zugefallen. Es sei kaum möglich, diese Verteilung rückgängig zu machen.
Zur Verordnung vom 16. Dezember 1929 *und dem neuen* Naturschutzrecht.
Zur Not unter den Musikern. [...]
Es sei Klage darüber geführt worden, daß die Mittel, die der Staat für die Anschaffung von Radioapparaten in den Schulen zur Verfügung stelle, ungleichmäßig verteilt würden. Das Ministerium sei bestrebt, die Mittel dort zu verteilen, wo andere Mittel nicht vorhanden

seien. So sei im letzten Jahre ein erheblicher Betrag an Subventionen für 2.000 bis 3.000 Apparate für die Landschulen der östlichen Bezirke zur Verfügung gestellt worden.[1]
Abgeordneter Schulz (Neukölln) (KP):
Zu einzelnen Fragen der Kunstpolitik.
Zur Zensur *gegenüber Künstlern wie Heinrich* Zille *und* George Grosz. [...]
Staatsekretär Dr. Lammers:
Zu den Theaterfragen *und den Überlegungen,* wie die Finanzen der Staatstheater zu bessern seien.
Zur Frage, ob man auf die Dauer in Berlin nebeneinander 3 Opernbetriebe unterhalten könne [...]. Sie scheine ihm in der Tat das Kernproblem zu sein. Dieses Problem sei aus der Finanznot des Staates und aus dem Vergleich mit der Lage der übrigen deutschen Theater, insbesondere der Grenztheater, erwachsen. Es habe nicht nur eine finanzielle, sondern auch eine psychologische, staatspolitische und, wenn man so wolle, auch eine parteipolitische Seite.
[...]

117. Aus dem Protokoll der 125. und 126. Sitzung des Hauptausschusses des Preußischen Landtags, 3. Wahlperiode, I. Tagung 1928/30. Berlin, 28. Februar und 1. März 1930.

Druck, gez. Hirsch, Schwarzhaupt.
Niederschriften über die Sitzungen des Staatshaushalts-Ausschusses (Hauptausschusses), Jg. 1930, 125. und 126. Sitzung, Sp. 1–29.

Etat des Kultusministeriums: Kunst. –
Die Finanzierung der Theater vor allem in Berlin.

Vgl. Einleitung, S. 81 f.

Weiterberatung des Haushaltsentwurfs des Kultusministeriums, Abschnitt Kunst, und zwar
a) Theaterwesen. [...]
Der Berichterstatter, Abgeordneter Grebe (Z) weist einleitend darauf hin, daß der Kern des Theaterproblems in diesem Jahre die Unterstützung und die Aufrechterhaltung der Theater im Lande und besonders in den Grenzgebieten sei. Daß der Finanzminister die Hergabe

1 *Vgl. Zilch, Reinhold, Die Einführung der Sütterlin-Schrift und des Schulfunks in Preußen (1910 bis 1924 und 1925 bis 1929) – zwei Schulversuche im Vergleich, in: Bd. 3/ 1 der vorliegenden Reihe, S. 345–408 und Bd. 3/2 der vorliegenden Reihe, S. 381–443.*

von Mitteln zu diesem Zwecke verweigere, sei bekannt. Die Hoffnung, die man bisher gehegt habe, bei den einzelnen Staatstheatern Ersparnisse zu erzielen, um solche Mittel zu gewinnen, habe sich als trügerisch erwiesen; so zeige der diesjährige Haushaltsplan, daß allein bei den Staatstheatern in Berlin die Einnahmen um 679.556 RM zurückgegangen seien, daß also gegenüber dem vorjährigen Haushaltsplan eine Verschlechterung von rund 1.200.000 RM eingetreten sei. Unter diesen Umständen bleibe, wenn man zu den erstrebten Zielen kommen wolle, nichts anderes übrig, als eins der Staatstheater zu schließen, und das könne nach Lage der Sache nur die Kroll-Oper sein. [...]

Allgemeine Aussprache

Abgeordneter Dr. Lauscher (Z) führt folgendes aus:

Wenn man in dem preußischen Haushaltsplan für das Rechnungsjahr 1930 mit allen seinen Kümmerlichkeiten und Unzulänglichkeiten herumgeblättert habe und dann schließlich das Kapitel „Staatliche Theater" betrachte, so könne man beinahe glauben, auf einer Insel der Seligen gelandet zu sein, die von der Not der Zeit nichts wisse und nichts empfinde. Die staatlichen Theater machten sich um ihr Riesendefizit, das mit jedem Jahre höher anschwelle, keine Sorge, brauchten das auch nicht zu tun, denn der Staat trage ja die Kosten für sie.

Weitere Einzelheiten zur Theaterfrage.

Abgeordneter Koch (Berlin) (Dn) erklärt, daß seine Fraktion gegen die Schließung der Kroll-Oper zwei sehr gewichtige Bedenken habe: Sie bezweifle, ob in diesem Falle die soziale Kunstpflege weiterhin so betrieben werden könne, wie es bis jetzt geschehen sei, und sie befürchte, daß dann viele Künstler, Orchestermusiker und Sänger, auch solche von hohem künstlerischem Range, einfach ohne Entschädigung entlassen, also mittellos dastehen würden. Jedenfalls wünsche seine Fraktion nicht, daß die soziale Kunstpflege auf die Oper Unter den Linden übergehe, da das charakteristische Gepräge dieser Oper unter allen Umständen erhalten bleiben müsse.

Weitere Einzelheiten zur Theaterfrage.

Zur Lage des Theaters in Kassel. [...]

Abgeordneter König (Potsdam) spricht sich gegen den von dem Abgeordneten Dr. Lauscher dargelegten Plan für eine Verringerung des Defizits der Staatstheater aus. Bei diesem Plane sei übersehen, daß auch der Zuschuß für die Staatstheater in Wiesbaden und Kassel herabgesetzt werden müßte, wenn man zu einer Sanierung kommen wolle.

Eine Schließung der Kroll-Oper halte er für unmöglich.

Weitere Einzelheiten zur Theaterfrage.

Abgeordneter Schulz (Neukölln) (KP) betont, daß das Defizit der Staatstheater nicht gesunken, sondern immer weiter gestiegen sei. Man könne eben die Theaterkrise nicht durch finanzielle Maßnahmen, sondern nur durch kulturpolitische Maßnahmen bewältigen. [...] Das bürgerliche Theater sei eben bankrott; es könne weder dem bürgerlichen Publikum noch dem Proletarierpublikum etwas bieten. Deswegen sei auch den Staatstheatern nicht zu helfen, selbst wenn die Volksbühne und der Bühnenvolksbund zur Hilfe herangeholt würden.

Weitere Einzelheiten zur Theaterfrage.
Abgeordneter Buchhorn (DVp):
Zur Stellungnahme des Abgeordneten Schulz (Neukölln).
Zustimmung zu den Ausführungen des Abgeordneten Dr. Lauscher.
Weitere Einzelheiten zur Theaterfrage.
Abgeordneter Mentz (Berlin):
Zur Frage einer gütlichen Einigung mit der Volksbühne.
Weitere Einzelheiten zur Theaterfrage.
Staatssekretär Dr. Lammers: […]
Ohne zu verkennen, daß eine bestimmte kunstpolitische Richtung von wesentlicher Bedeutung für die Finanzwirtschaft der Staatstheater sein könne, könne er sich doch von kunstpolitischen Erörterungen bei der Behandlung der finanziellen Seite des Staatshaushalts keinen besonderen Erfolg versprechen. Er wolle sich daher kunstpolitischer Äußerungen enthalten. Daß bei der Führung der Staatstheater auf die verschiedenen geistigen Strömungen im Volke Rücksicht genommen werden müsse, sei selbstverständlich.
Weitere Einzelheiten zur Theaterfrage.
Er habe den Eindruck, als ob der Ausschuß der Meinung sei, daß die Staatstheaterverwaltung nichts getan habe, um die Neuinszenierungen weniger kostspielig zu gestalten, die Zahl der nichtbeamteten Kräfte zu vermindern, das Abonnementswesen neu zu regeln, die Frage der Besucherorganisationen zu klären und überhaupt die Verwaltung der Staatstheater zu vereinfachen. Demgegenüber weise er darauf hin, daß der Generalintendant in Zusammenarbeit mit dem Ministerium alle diese Fragen energisch in Angriff genommen und auch schon finanzielle Erleichterungen erzielt habe. […]
Routinemäßige Beschlussfassung zu Haushaltspositionen und zu Entschließungsanträgen.
Anlage
Einnahmen und Ausgaben für die Berliner Staatstheater *im Haushaltsjahr* 1930 […] *(geschätzt).*
[…]

118. Schreiben des Kultusministers Konrad Studt an Innenminister Georg Freiherr von Rheinbaben. Berlin, 5. Juli 1900.

Revidiertes Konzept.

GStA PK, I. HA Rep. 76, IIa Sekt. 41 Gen. Nr. 29a Bd. 3, n. f.

Aufstellung einer Statistik zu Schenkungen und letztwilligen Zuwendungen nach Konfessionen auch für den Bereich des Innenministeriums.

Vgl. Einleitung, S. 181.

Für das Jahr 1899 habe ich eine Zusammenstellung der im Bereiche des mir unterstellten Ministeriums durch Allerhöchste Erlasse genehmigten Schenkungen und letztwilligen Zuwendungen, vom konfessionellen Standpunkte aus nach Kategorien geordnet, aufstellen lassen, von der ich nicht verfehle, Eurer Exzellenz eine Abschrift[1] beifolgend ergebenst mitzuteilen.

Diese nur für mein Ressort aufgestellte Statistik ergibt jedoch, da die große Anzahl der Schenkungen pp., in welchen dortseits die Allerhöchste Genehmigung erwirkt ist, fehlt, von der Betätigung des Wohltätigkeitssinnes der Bevölkerung mit Rücksicht auf die konfessionellen Verhältnisse[2] kein zutreffendes Bild. Es würde mir deshalb sehr erwünscht sein, wenn Eure pp. die Gewogenheit haben wollten, diese immerhin wertvolle[3] Statistik durch eine für das dortseitige Ressort von den gleichen Standpunkten aus aufzustellende Übersicht ergänzen zu lassen.

Sollte sich dieser Wunsch für das verflossene Jahr nicht mehr erfüllen lassen, so würden Eurer pp. mich zu Danke[4] verbinden, falls Sie wegen Aufstellung[5] einer solchen Übersicht für das laufende Jahr das Erforderliche anordnen würden. Von einer Veröffentlichung der Statistik beabsichtige ich Abstand zu nehmen.[6]

Einer geneigten Rückäußerung darf ich demnächst entgegensehen.

1 *Liegt der Akte bei.*
2 *Geändert aus:* konfessionelle Richtung.
3 *Geändert aus:* ganz wertvolle.
4 *Geändert aus:* besonderem Danke.
5 *Geändert aus:* späterer Aufstellung.
6 *Satz ergänzt.*

119. Schreiben des Innenministers Georg Freiherr von Rheinbaben an Kultusminister Konrad Studt.
Berlin, 26. Juli 1900.

Revidiertes Konzept.[1]

GStA PK, I. HA Rep. 76, IIa Sekt. 41 Gen. Nr. 29a Bd. 3, n. f.

Aufstellung einer Statistik zu Schenkungen und letztwilligen Zuwendungen im Bereich des Innenministeriums.

Vgl. Einleitung, S. 181.

Euer Exzellenz beehre ich mich, auf das gefällige Schreiben vom 5. d. M. – B Nr. 536 –[2] beifolgend ergebenst zu erwidern, daß Zusammenstellungen der im Bereiche des diesseitigen Ressorts durch Allerhöchste Erlasse genehmigten Schenkungen und letztwilligen Zuwendungen bisher nicht gemacht sind. Ich werde aber vom nächsten Jahre ab derartige Zusammenstellungen anfertigen und seinerzeit Euer Exzellenz abschriftlich zugehen lassen.

1 *Gezeichnet:* In Vertretung Bischoffshausen.

2 *Vgl. im vorliegenden Band Dok. Nr. 118.*

Personenregister